LE MONVMENT HENRY

LISTES DES SOVSCRIPTEVRS CLASSÉS MÉTHODIQVEMENT ET SELON L'ORDRE ALPHABÉTIQVE, — PAR PIERRE QVILLARD.

DEUXIÈME MILLE

P.-V. STOCK ÉDITEVR, GALERIES DV THÉATRE-FRANÇAIS, 8, 9, 10 & 11, PALAIS-ROYAL, A PARIS, MDCCCXCIX.

P.-V. STOCK, Libraire-Éditeur

8, 9, 10 ET 11, GALERIES DU THÉATRE-FRANÇAIS, PARIS

PUBLICATIONS SUR L'AFFAIRE DREYFUS

Enquête de la Cour de Cassation. Deux volumes in-8° carré formant ensemble près de 1,200 pages. . . . . 7 »
(Chaque volume se vend séparément : 3 fr. 50)

Débats de la Cour de Cassation. Compte-rendu sténographique *in extenso* (29, 30 et 31 mai, 1er juin 1899). Un volume in-8 carré de 722 pages. Prix 3 50

La Révision du Procès Dreyfus à la Cour de Cassation. Compte-rendu sténographique *in extenso* (27, 28 et 29 octobre 1898). Un volume in-18 de 276 pages. 2 »

Mémoire de Christian Esterhazy. Une brochure in-8 carré de 112 pages. Prix . . . . . 1 »

L'Affaire Picquart devant la Cour de Cassation. Compte-rendu sténographique *in extenso* des débats (8 décembre 1898, 2 et 3 mars 1899). Un volume in-8 carré de 308 pages. Prix . . . . . 2 »

Le Procès Zola devant la Cour d'assises de la Seine et la Cour de Cassation (7 février-23 février ; 31 mars-2 avril 1898). Compte-rendu sténographique *in extenso* et documents annexes. Deux volumes in-8 de 350 pages chacun . . . . . 7 »

Le Procès de la Ligue française pour la défense des droits de l'homme et du citoyen. — Réquisitoire de M. Bulloche, substitut du procureur de la République ; plaidoirie de M. L. Trarieux, sénateur, ancien ministre de la justice, président de la L. F. des D. de l'H. et du C. Une brochure in-18. . . . . . 0 50

YVES GUYOT. — **La Révision du Procès Dreyfus. Faits et documents juridiques.** Un volume in-8. . . . . . 2 »

YVES GUYOT. — **Analyse de l'enquête.** Un volume in-18 de 350 pages. Prix 3 50

RENÉ DUBREUIL. — **L'affaire Dreyfus devant la Cour de Cassation.** Édition populaire illustrée par H.-G. Ibels, Couturier et Léon Ruffe. Un beau volume grand in-8 de 212 pages. Prix . . . . . 3 »

Capitaine ALFRED DREYFUS. — **Lettres d'un Innocent.** Un volume in-18. . . . . . 1 »

HENRI LEYRET. — **Lettres d'un Coupable.** Une brochure in-18 avec un portrait du commandant Walsin-Esterhazy. Prix . . . . . 2 »

LE
MONUMENT HENRY

DU MÊME AUTEUR

Poésie

La fille aux Mains coupées, 1886 (épuisé).
   id   id   édition autographiée du Mercure de France.
La gloire du Verbe, 1890 (épuisé).
La Lyre héroïque et dolente (Mercure de France) 1897.

Traduction

L'antre des nymphes de Porphyre (Librairie de l'art indépendant) 1893.
Le livre des Mystères de Jamblique (Librairie de l'art indépendant) 1895.
Lettres rustiques de Claudius Aléanus (Mercure de France) 1895.
Pheloktêtês de Sophocle, représenté au Théâtre de l'Odéon (Fasquelle) 1895.

Phicologie

Etude phonétique et morphologique sur la langue de Théocrite dans les Syracusaines en collaboration avec Marcel Collière. (Croville-Morant et Foucart) 1894.

Histoire contemporaine

La question d'Orient et la politique personnelle de M. Hanotaux en collaboration avec le Dr L. Margery (P.-V. Stock) 1897.

L'Assassinat du Père Salvatore, en collaboration. (Mercure de France) 1897, avec le chef Aghassi, de Zeïtoun.

LE MONVMENT HENRY

LISTES DES SOVSCRIPTEVRS CLASSÉS MÉTHODIQVEMENT ET SELON L'ORDRE ALPHABÉTIQVE, — PAR PIERRE QVILLARD.

P.-V. STOCK
ÉDITEVR, GALERIES DV
THÉATRE-FRANÇAIS, 8, 9,
10 & 11, PALAIS-ROYAL, A
PARIS, MDCCCXCIX.

Il a été tiré cent exemplaires sur papier de luxe.

PRÉFACE

> Gros (L'abbé) ex-lieutenant, pour une
> descente de lit en peau de youpins, afin de
> la piétiner matin et soir (13ᵉ liste)   3 »
> Vive le général Bathoku ! (6ᵉ liste)   2 »

C'est ici un mémorial de honte, un répertoire d'ignominies.

Un mois durant, aux fenêtres de *La Libre Parole*, un transparent annonça au peuple de Paris les sommes souscrites en l'honneur du faux et pour la plus grande gloire de l'Armée, de la Sainte Église et de la Patrie. Un mois durant la déshonorante enseigne flamboya, provoquant à la haine et au meurtre des juifs et généralement de quiconque ne confessait point sans aucune restriction l'évangile antisémite et soldatesque.

Du 14 Décembre 1898 au 15 Janvier 1899, sous prétexte de venir en aide à Madame Henry que personne n'avait attaquée, des hommes pris de folie sanglante s'inscrivirent sur dix-huit listes infâmes ; et ce fut un débordement inouï de férocité, de sottise, de crapuleuses injures.

Quelques-uns maintenant parlent d'apaisement et d'oubli. S'il ne s'agissait que d'individus malfaisants ou égarés, il serait cruel de perpétuer ainsi et de mettre en pleine lumière leur crime ou leur erreur déjà anciens. Mais de leurs noms rapprochés, de leurs passions confrontées, il se dégage un enseignement historique : c'est tout un parti, hétérogène seulement d'apparence, qui s'est dénombré lui-même dans ces feuilles ; c'est le parti de l'autorité religieuse et militaire qui réclame, avec des clameurs discordantes, l'écrasement de toute pensée libre et l'extermination de tous les dissidents, fussent-il catholiques, qui prétendent s'en tier à leur conscience personnelle plutôt qu'au dogme imposé par un maître.

L'un des signataires des listes avait formulé l'idée commune à tous d'une façon sommaire. « *Pour* l'ordre, *contre* la Vérité et la Justice. » *La Libre Parole*, accoutumée aux pieux mensonges substitua : « Pour l'ordre, la Vérité et la Justice. » Mais c'était bien le sentiment profond de tous ceux d'entre les souscripteurs qui étaient capables de réfléchir : ils se figurent la Cité idéale comme un troupeau d'esclaves silencieux, obéissant à une oligarchie d'officiers et de prêtres et aussi de quelques mandarins. Ils oublient que Torquemada et Napoléon détestent les idéologues.

Mais les gens capables de réfléchir sont rares; il y en a peu dans ces listes et ils ne s'en prendront qu'à eux-mêmes de retrouver leur nom dans la pire compagnie, puisqu'il leur a plu de s'enrôler dans une tourbe abjecte. Nul de ceux qui figurent ici ne s'échappera désormais du pilori volontaire où il s'est attaché.

Il est naturel que l'armée prétorienne occupe

à elle seule plus de la dixième partie du volume et que le nom du général Mercier y précède celui du général baron de Charrette, de cinq autres généraux en activité et de vingt-huit généraux en retraite : les chouans et les protecteurs du commandant comte Walsin-Esterhazy sont faits pour s'entendre.

Il est dans l'ordre également qu'une partie des témoins de Rennes qui se ruèrent contre Dreyfus innocentaient d'abord glorifié le faussaire Henry, non loin des officiers royalistes, cléricaux et nationalistes, et le rapprochement était nécessaire entre le capitaine Valério, Bertillon de seconde classe, le commandant Fleur et les colonels ou commandants Petitgrand, témoin du général de Pellieux dans ses duels, Judet, père d'Ernest Judet et de Parseval, conspirateur au service de S. A. R. Mgr le duc d'Orléans.

Il eût été regrettable enfin qu'il ne se fût pas rencontré avec eux pour exprimer leur pensée latente

Un capitaine de l'Est qui fait des théories morales sur le Youpin à ses hommes et engage ses camarades à en faire autant (*Liste* 6)..... »

et encore à deux reprises

Un groupe d'officiers d'une place frontière qui attendent impatiemment l'ordre d'essayer les nouveaux canons et nouveaux explosifs sur les 100.000 juifs qui empoisonnent le pays (*Listes* 4 et 8)............................ 50 »

Puis le clergé catholique manifeste sa mansuétude et sa tolérance; il lui faut des descentes de lit en peau de juif et les simples vicaires ne se peuvent contenter à moins que d'« écraser le nez de Reinach à coups de talon. »

La noblesse suivit : l'armorial de France presque tout entier se retrouve dans les trente pages qui lui sont réservées, noblesse de Coblentz et noblesse d'Empire, tous les descendants des émigrés ou des fils du peuple qui trahirent le peuple pour César.

La bourgeoisie réactionnaire et cléricale vint à son tour : ingénieurs du Creusot, avocats des royalistes traduits aujourd'hui en Haute-Cour, ceux là et d'autres. Et les enfants imitèrent l'exemple de leurs pères : les cercles d'étudiants catholiques firent merveille et tous les candidats à Saint-Cyr de Stanislas, toute la « corniche » de Lacordaire, tout le pensionnat Saint-Joseph témoignèrent à leur façon un enthousiasme patriotique.

Mais il sied aussi de faire une place d'honneur à la presse de l'Etat-Major; aucun n'a manqué à l'appel, ni Drumont, ni Judet, ni Rochefort, ni Alphonse Humbert, ni les Juifs renégats Arthur Meyer et Pollonnais, ni Maurice Barrès et Charles Maurras qui représentent les belles lettres dans le camp des barbares, ni le grec Nicolaïdès qui a pour fonction spéciale de publier à Paris un journal en l'honneur du sultan Abdul-Hamid, illustre assassin.

Les hurlements de la meute s'accrurent de jour en jour; la scatologie, les appels au massacre collectif et au meurtre individuel augmentèrent. Juifs, protestants, francs-maçons, républicains étaient voués à tous les supplices et si parmi les particuliers M. Joseph Reinach fut honoré d'injures plus nombreuses, plus variées et plus ordurières, M. Hervé de Kerohant, catholique et royaliste ne trouva pas grâce non plus; il fut, comme un immonde Zola, un vil Clemenceau et un odieux dePressensé, traité de vendu, d'espion et de traître.

Pendant plus de cent pages, les pourvoyeurs de bagne et de guillotine aboient à la mort; ils dénomment leurs victimes futures : chancres rongeurs, vomitifs, cloportes, crotales, vermines, poux, punaises, cochons, singes, orang-outangs, gorilles, hamadryas, mille-pattes, amphibies à corps orbiculaire, verruqueux et sale.

Leur fantaisie sauvage est telle que je crains d'avoir omis quelques-unes des inventions qu'elle leur a suggérées contre les juifs et les hommes libres dans ce catalogue à la manière de Rabelais. Ils voudraient :

    les bouter hors de France,
    les envoyer au Sahara,
    les envoyer à l'île du Diable,
    les fesser,
    les jeter à l'égout,
    les loger dans des tinettes,
    les revêtir d'une robe jaune,
    leur administrer des lavements au vitriol,
    leur aesser la gueule,
    leur couper les jambes,
    leur crever les yeux,
    leur écrabouiller la tête,
    leur écraser le nez à coups de talon,
    leur fumer les jambons,
    leur faire cracher les dents,
    leur assouplir la carcasse en rétablissant la torture,
    leur raboter le nez,
    leur tanner la peau,
    leur truffer la peau,
    les bistourner,
    les détruire avec de l'onguent gris,

les passer à l'huile bouillante,
les passer dans la chaudière,
les convertir en hachis,
les circoncire jusqu'au-dessus des épaules,
les couper en deux,
les pendre,
les écorcher vifs,
les massacrer en masse dans une nouvelle Saint-Barthélemy,
les donner à dévorer aux chiens,
les donner à dévorer aux chats, qui mangeraient le foie de Reinach s'il n'était pourri,
les incinérer dans le brasero de Carrara,
les rôtir,
les farcir,
les faire cuire dans les fours de cristallerie,
les flamber avec de la paille,
les étriper,
les écraser entre le marteau et l'enclume,
les chaponner,
les empoisonner avec de la strychnine,
les empoisonner avec de la mort-aux-rats,
les distiller,
les saigner,
les manger en salade,
les guillotiner,
les fusiller,
les embarquer sur des bateaux à soupape,
les piquer à coups d'épingle jusqu'à ce qu'ils crèvent,
les assommer à coup de matraque en gayac,
les mettre mariner dans la saumure, etc., etc.

Ils voudraient :

étrangler le dernier des francs-maçons avec les boyaux du dernier des juifs,
accrocher leur tête à la devanture d'un charcutier,
faire du bouillon de chien avec les cartilages de leur nez,

jouer aux quilles avec leur tête,
faire des tambours avec leur peau,
faire des bottes ou du parchemin avec leur peau,
faire des cordes à violon avec leurs boyaux, etc., etc.

On aurait tort de croire que ces apologistes forcenés du faux et du « grand patriote Henry » se laissent entraîner uniquement à leur goût pour les métaphores grossières et les images de sang. Ils sont tout prêts à passer à l'acte : le doux M. Dubuc conseille à ses amis de « décerveler l'adversaire avec leurs bayados » et de « casser silencieusement le plus de gueules possible », et on lira ici la devise des

Six bons bougres du grand faubourg Saint-Michel de Toulouse qui ont donné sur le museau à Pressensé.

Ils parlent vraiment en toute sincérité d'âme et ce serait à les remercier presque de nous avoir avertis. Ils rêvent d'une France livrée aux faussaires et aux assassins; ils avouent leur pensée secrète, dévoilent leur implacable haine. Ils auraient ainsi dressé eux-mêmes des listes de proscription, s'il y avait parmi les hommes qu'ils désignèrent à l'exécration publique des âmes de proscripteur.

Proscrire ? non; mais nous défendre et mettre hors d'état de nuire les généraux, les moines, les nobles de Coblentz et de Quiberon, la haute bourgeoisie des mines et de la finance, les journalistes de caserne et de sacristie et toute la horde antisémite et nationaliste.

Cela nous suffit, ayant peu de goût pour le métier de bourreaux. Quand le châtiment viendra nous les tiendrons peut-être en pitié : mais eux-mêmes auront déchaîné les noires Erinnyes, les vierges indomptables et terribles, celles qui n'oublient pas et qui frappent, inévitablement, à l'heure fixée par les destins.

16 octobre 1899.

PIERRE QUILLARD.

Voici les dates et les totaux des dix-huit listes de la *Libre Parole* :

liste	date			montant
1re liste.	14	Décembre	1898	2.725 »
2e	15	—	—	8.392 35
3e	16	—	—	10.908 35
4e	17	—	—	12.223 70
5e	18	—	—	11.934 65
6e	19	—	—	11.128 45
7e	20	—	—	10.001 75
8e	21	—	—	10.184 50
9e	22	—	—	10.070 50
10e	23	—	—	10.119 25
11e	24	—	—	6.575 45
12e	25	—	—	5.644 35
13e	26	—	—	1.439 35
14e	27	—	—	4.977 35
15e	28	—	—	1.551 70
16e	29	—	—	7.081 90
17e	1	Janvier	1899	4.426 60
18e	15	—	—	1.624 85

Soit au total (*Libre Parole* du 15 janvier 1899) 131.110 fr. 15.

L'ARMÉE

I

Armée active

Généraux

	Fr. c.
Gerboin (Général), à Nancy (5) (*)............	50 »
Marin (Général) (10).........................	20 »
Prudhomme (Général L.) (10).................	20 »
Tissonière (Général de) (7)..................	10 »
Fleuriot de Langle (Contre-amiral comte) (14)...	5 »

Colonels et Lieutenants-Colonels

Arnould (Le colonel) et tous ses élèves. École des Hautes études industrielles (14)............	25 »
Bertaux-Levillain (G.), lieutenant-colonel d'infanterie de marine, et sa famille (3)..........	30 »
Martenet (Colonel) (14).......................	7 »
Peyrecave (Lieutenant-colonel de), Bordeaux (14)	20 »
Rey (Colonel de), 98ᵉ d'infanterie (9).........	10 »
Rostand (Lieutenant-colonel), commandant le 24ᵉ chasseurs alpins (4).....................	50 »
Roussange (Colonel Paul) (7).................	10 »
Saint-Didier (Colonel de), 1ᵉʳ chasseurs (6)....	10 »
Wilbois (Lieutenant-colonel) (4)..............	5 »

(*) Les chiffres placés entre parenthèses indiquent le numéro de la liste où figure le nom du souscripteur.

Commandants

	fr. c.
Blanqué (Commandant), 6ᵉ hussards, Commercy (8)	10 »
Bréon (Commandant) et Mme Bréon (3)	5 »
Delacressonnière (Commandant) (6)	10 »
Goujet de Handres (Commandant E.), 5ᵉ cuirassiers, à Tours (10)	10 »
Labouret (A.), chef d'escadron d'artillerie de marine, à Toulon (5)	20 »
Lemaître (le chef de bataillon), commandant le bureau de recrutement d'Abbeville (9)	20 »
Louis (Commandant) (7)	5 »
Marchal (Commandant), 30ᵉ dragons (8)	10 »
Messain (Commandant), major au 109ᵉ (7)	20 »
Milleret, chef d'escadron d'artillerie, La Roche (10)	10 »
Mouret (Commandant), Marseille (11)	5 »
Revertegat (Commandant), du 61ᵉ et Madame Revertegat (14)	30 »
Roubeau, chef d'escadron au 9ᵉ régiment d'artillerie, à Castres (16)	5 »

Capitaines

Aubry (Capitaine) (10)	10 »
Babier, capitaine au 20ᵉ d'artillerie (9)	5 »
Bayon (Capitaine) (11)	5 »
Blot (Capitaine) (4)	5 »
Bos (Capitaine), infanterie (voir *Valerio*).	
Breton (Capitaine) (11)	5 »
Caron, capitaine, et Mme Caron (10)	10 »
Champvallier (Capitaine L. de), 14ᵉ hussards (3)	20 »
Clairin (S.), capitaine de cuirassiers, Cambrai (9)	5 »
Claverie (Capitaine) (14)	5 »
Collignon (Capitaine) (6)	10 »
Condat (Capitaine de), 1ᵉʳ chasseurs (8)	3 »
Conigliano (de), capitaine au 9ᵉ dragons (6)	10 »
Coquret (M.), capitaine au 9ᵉ dragons (6)	10 »
Daniel (René), capitaine, Saint-Dié (8)	5 »
Debeney (Capitaine E.) (12)	5 »
Debeugny (Capitaine), 47ᵉ d'infanterie (7)	5 »
Demange (L.), capitaine au 65ᵉ d'infanterie, à Nantes (7)	5 »
Descamps (Capitaine H.), 13ᵉ alpins (11)	5 »

	Fr.	c.
Durand (Capitaine) (8).................................	10	»
Epenoux (Capitaine d'), 18 dragons, Melun (7)...	10	»
Elie (J.), capitaine au 163e...........................	10	»
Eyma, capitaine de gendarmerie, Carcassonne (12)	5	»
Gulary (Capitaine), 139, Aurillac (11)..............	3	80
Genval (S), capitaine-commandant au 3e spahis (10)	5	»
Girolami (Le capitaine), au 144e d'infanterie (5)	5	»
Jankovitz (Baron de), capit. au 36e dragons (11)	20	»
Kemlin (Capitaine) (13)..............................	5	»
Laguérie (V. de), capitaine au 76e (8)............	15	»
Lannes (A.), capitaine d'artillerie, à Tarbes (8)...	10	»
Larminat (Le capitaine et Mme E. de) (7).......	10	»
Latouche (Capitaine de), 14e dragons (11)........	5	»
Latoulie (Capitaine de), 4e dragons (10)..........	5	»
Laurent d'Oiselay (du), capitaine au 9e dragons (6)	5	»
Legrand (Capitaine), 10e hussards, par haine du		
ventre (7)...	5	»
Lenoble (Edmond), lieutenant de vaisseau (8)...	10	»
Lévy (S.), capitaine (12).............................	1	»
Linder (H.), capitaine d'état-major (8)...........	10	»
Louis, capitaine au 130e d'infanterie (9)..........	5	»
Martinet, capitaine au 9e dragons (6).............	5	»
Merlin (Martial), capitaine au 20e d'infanterie (11)	1	»
Michel (Capitaine Ch.) (11)..........................	5	»
Montembault (Capitaine) (9).........................	5	»
Moreau, capitaine (10)...............................	3	»
Morris (Capitaine) (4)................................	5	»
Panouse (Vicomte Louis de la), capitaine au 1er		
chasseurs (10)...................................	20	»
Parent (Capitaine), 78e (6)..........................	5	»
Peyronny (H. de), capitaine au 3e chasseurs (7)	10	»
Poli (X.), capitaine, à Laon (8).....................	30	»
Puisneuf (Capitaine de), 47e d'infanterie (14)....	2	»
Renaud, capitaine. Général X, marchez ! nous		
sommes prêts à vous suivre (16).............	1	»
Sézanne (de), 1er capit. de hussards (9)..........	5	»
Valerio* (Capitaine), artillerie; capitaine Bos, in-		
fanterie; capitaine de Raucourt, cavalerie; offi-		
cier d'administration Decaup (14)............	10	»
Weygand, capitaine au 9e dragons (6)............	10	»

(*) Ce nom ne figure pas à l'annuaire de 1898.

Lieutenants

	Fr. c.
Allard (Lieutenant), 150e d'infanterie (10)........	10 »
Andrieu (L.), lieutenant d'infanterie (10)........	5 »
Angeli (F.), lieutenant (5)...................	5 »
Barret, lieutenant au 55e d'infanterie (7).......	5 »
Bastide (H. de la), lieutenant d'infanterie (13)...	10 »
Baudevin (Lieutenant), lieutenant de Laval et lieutenant de Jouvencel, du 30e dragons (14)	10 »
Belgrand, lieutenant (14)....................	5 »
Belgrand (Paul), lieutenant au 30e dragons (14)..	1 »
Boissieu (Lieutenant de), 131e d'infanterie (17)...	10 »
Carassa (lieutenant), 30e d'artillerie (Anonyme du 17 décembre).	
Caussé, lieutenant de cavalerie (voir *Galerie*)	
Cerlié (B.), lieutenant d'artillerie de marine (12).	5 »
Chalençon (Lieutenant) (12)..................	5 »
Champouillon (Lieutenant) (14)...............	10 »
Charpentier (Lieut.), 4e tirailleurs, à Sousse (12).	5 »
Coral (Lieutenant de), 21e chasseurs, Limoges (9)	20 »
Cuvillier (Lieutenant) (14)..................	5 »
Delage (Lieutenant), lieutenant Gros (14)......	7 »
Derode (Lieutenant), 47e d'infanterie, Saint-Malo (9).................................	5 »
Didierjan (Antoine), lieutenant au 26e d'artillerie, au Mans (9)............................	10 »
Dorange (Lieutenant), 12e chasseurs, Châlons-sur-Marne (9).............................	5 »
Dreys, lieutenant (14).......................	5 »
Ducasse (Lieutenant), 52e d'inf., Lyon (7)......	10 »
Dubail (A), lieutenant, Rennes (9).............	2 »
Etievant (Lieutenant), 109e de ligne, fort Saint-Menge (10)...............................	5 »
Ferry, enseigne de vaisseau, *Neptune* (14).....	2 »
Franclieu (Lieutenant J. de) (6)..............	20 »
Galerie*, Mercier, Caussé, lieutenants de cavalerie (6)................................	15 »
Garcin (F.), lieutenant de marine (10)........	5 »
Girard (Joseph), lieutenant au 9e régiment du génie (16)................................	1 »
Gresy (Lieutenant), 68e, Issoudun (8)..........	5 »

(*) Ce nom ne figure pas à l'annuaire de 1898.

	Fr. c.
Gros (Lieutenant) (voir *Delage*).	
Guidon (Lieutenant) (10).....................	10 »
Guizard (Lieutenant) (10)....................	10 »
Hubert (Lieutenant) (11).....................	5 »
Jeanpierre (Lieutenant) (12).................	20 »
Jouvencel (de) (voir *Beauderin*).	
Keller (D.), lieutenant au 1ᵉʳ régiment étranger (10)..	5 »
Keller (Lieutenant), 30ᵉ d'artillerie (Anonyme du 7 décembre)	
Lachaud (Lieutenant), 47ᵉ d'infanterie (14).....	2 »
Lafrogne (H.), à bord du *Gaulois* (7).........	10 »
Laval (de) (voir *Beauderin*).	
Lecomte, lieutenant (11).....................	5 »
Louiset (Frédéric), lieutenant au 9ᵉ chasseurs (16)	10 »
Maistre de Fontenay (de), lieutenant au 13ᵉ cuirassiers (10)...................................	10 »
Masson (Lieutenant) (3)......................	20 »
Mauduit (R. de), lieutenant de chasseurs, à Châteaudun..	5 »
Mercier, lieutenant de cavalerie (voir *Galerie*).	
Millot (Lieutenant) (11)......................	5 »
Miollau (Lieutenant), 47ᵉ d'infanterie (14).....	2 »
Penither (Albert), lieutenant au 9ᵉ hussards, à Marseille..	2 »
Pighetti (Lieutenant de), des chasseurs alpins (10)..	5 »
Poignant (Paul), lieutenant au 17ᵉ dragons (4)..	10 »
Prudhomme, lieutenant au 14ᵉ, à Abbeville (7)..	2 »
Roland-Gosselin (Marcel), lieutenant au 4ᵉ cuirassiers (10)...................................	20 »
Sampigny (Lieutenant de) (7)................	5 »
Sampigny (Lieutenant de), 3ᵉ souscripteur du nom (10)..	5 »
Tchin, lieutenant aux chasseurs d'Afrique (11)...	5 »
Thellier de Poncheville (Lieutenant) (14)......	10 »
Thiollaz (Lieutenant de) (11).................	5 »
Thiollière (Lieutenant) (11)..................	5 »
Thurneyssen (Lieutenant), 30ᵉ d'artillerie (Anonyme du 17 décembre).	
Touchard, lieutenant au 12ᵉ chasseurs (16).....	5 »
Toulgoët (Lieutenant de), Tours (11)..........	20 »
Trial, lieutenant (11).........................	5 »
Vioujard (Lieutenant et Mme) (11)............	20 »

Sous-Lieutenants

	Fr. c.
Ariste (MM. d') et de Sevin, sous-lieutenants au 9ᵉ chasseurs, en haine des Juifs (15).........	10 »
Bollon, sous-lieutenant au 30ᵉ dragons (voir *Vallier*, vétérinaire).	
Lécuyer (Jules), sous-lieutenant au 1ᵉʳ chasseurs à pied (14)................................	1 »
Sevin (de) (voir *Ariste*).	
Vignerie (Paul de), sous-lieutenant au 10ᵉ dragons (8)...	10 »

Vétérinaires

Gobéant, aide-vétérinaire, 6ᵉ hussards, Reims (17)	5 »
Vallier (MM.), vétérinaire au 30ᵉ dragons et Bollon, sous-lieutenant (14).................	10 »
Verain, vétérinaire en premier au 9ᵉ dragons (6)	5 »

Sous-Officiers et Soldats

Bertram (Henri), caporal au 110ᵉ de ligne. Une journée de prêt pour la veuve du colonel Henry (5)...	0 50
Bornes, surveillant militaire aux Tuileries (6)...	1 »
Cadiot (MM.), Meunier, Plataret, trois gueux du 85ᵉ de ligne (8)...............................	0 30
Célié (H.), sous-officier au 8ᵉ de ligne (8).......	1 »
Coendon, maître-mécanicien de la flotte (8).....	2 »
Corbisier (Adjudant), de l'infanterie de marine, décoré des médailles militaire et coloniale....	5 »
Fabius (Albert), 5ᵉ chasseurs d'Afrique, en mémoire d'un officier supérieur mort pour la cause de son pays (6)...............................	1 »
Hacot (Edouard), soldat français (2)..........	1 »
Marchal, soldat d'infanterie de marine (10).....	1 05
Meunier (voir *Cadiot*).	
Penfentenyo* (H. de), à bord du *Gaulois*........	10 »
Pernet (L.), sergent-major, Clermont-Ferrand..	2 »
Plataret (voir *Cadiot*).	
Soffrey, adjudant d'infanterie de marine........	5 »
Sonis (Gaston de), maréchal des logis 12ᵉ chasseurs (17).....................................	2 »
Sotty (Marcel), soldat musicien d'infanterie (10).	0 50

*) Ce nom ne figure pas sur l'annuaire de la marine de 1898.

II

Armée de réserve, armée territoriale, anciens officiers et officiers retraités

Généraux

	Fr. c.
Amos (Le général) (12)....................	20 »
Bérenger (Le général), à Versailles (8)...........	5 »
Biré (Général de) (14)....................	20 »
Bonnefond (Général) (14)..................	20 »
Bretteville (G. de), général de brigade du cadre de réserve (5)........................	10 »
Charette* (Général baron de) (11).............	50 »
Détrie (Général) (8).....................	50 »
Dionne (Le général de) (4).................	20 »
Duquesnay (Général) (14)..................	20 »
Fabre (Le général A.), divisionnaire, cadre de réserve (6).........................	20 »
Fay (Général) (8).......................	20 »
Gaume (Général), à Carcassonne (9)............	10 »
Gerder (Général), annexé (5)................	20 »
Gicquel de Touches (Vice-amiral marquis) (5)..	45 »
Kerhué (Général de) (8)...................	20 »
Lacombe (Contre-amiral) (4)	20 »
Langlois (Le général Louis) (16)..............	20 »
La Veuve (Le général), général de division, cadre de réserve (6).......................	20 »
Leroy (Général V.), 2ᵉ versement (14)...........	10 »
Marius (Général) * (10)....................	50 »

(*) Ce nom ne figure pas à l'Annuaire.

	Fr.	c.
Mathieu (Contre-amiral) (12)...............................	5	»
Mélizan (Général), avenue Prado,9, Marseille (14)	5	»
Mercier (Général), ancien minis. de la guerre (3)	100	»
Paris (Général) (12)...	5	»
Peaucellier (Général). J'y reviens.. puisque les amis du traître dédaignent les souscriptions anonymes (7)..	20	»
Roussin, commissaire gén. de la marine en retr.	»	»
Serre (Contre amiral) (3)...................................	10	»
Sonnois (Général de) (12)..................................	20	»
Trétorien (Général Gaillard), à Genève (16).....	9	90
Voisin (Général) (9)..	20	»

Colonels et Lieutenants-Colonels

	Fr.	c.
Aubigny (Marquis d'), lieutenant-colonel de cavalerie en retraite (4)...............................	50	»
Bange (Colonel de) (2).....................................	20	»
Bertrand (H. de), capit. de frégate en retraite (2)	5	»
Brémont d'Ars (Colonel Gaston de), victime de Freycinet, menteur et faux bonhomme (6)....	10	»
Chapelet (A.), colonel d'infanterie de marine en retraite (6)..	10	»
Chaussade (M. J.), lieut.-colonel en retraite (4)	5	»
Chevallier, colonel d'infanterie en retraite (7)....	10	»
Claraud (Commandant), cap. de frégate en retraite (4)...	10	»
Coller (Colonel) (4)..	5	»
Courmès (Lieutenant-colonel) (5).......................	5	»
Danède (Edgar), lieutenant-colonel d'artillerie, en retraite (16)..	5	»
Decreuse, lieutenant-colonel d'artillerie (8).....	10	»
Deniéport (Colonel) (6)....................................	10	»
Dupré (Colonel) (7)...	20	»
Eglise (Colonel comte de l') (5).........................	10	»
Fleury (Colonel de) (16)....................................	5	»
Foucher (Colonel) (9).......................................	5	»
Gayraud (Colonel), à Bordeaux (16)...................	5	»
Geynet (Colonel) (14).......................................	20	»
Gourville (de), lieutenant-colonel en retraite, ex-abonné du *Soleil* (6).................................	50	»

(*) Ce nom ne figure pas à l'Annuaire

	Fr. c.
Journel (M. de), capitaine de frégate en retraite, en haine des traîtres (5)...............	10 »
Jouteux (Le), lieutenant colonel en retraite (15).	5 »
Jung (Le lieutenant-colonel), ancien camarade du colonel Henry, à Asnières (10)...............	10 »
Juville (Colonel A.) (4)........................	20 »
Lacollonge (Lieutenant-colonel), lt territ. (10)..	5 »
Lardier, lieutenant-colonel en retraite (6)......	5 »
Latouche (Colonel et Madame de) (10)...........	10 »
Lusson (F.), colonel en retraite au Mans (6)....	20 »
Maillerie (Vicomte de la), lieutenant-colonel de cavalerie (14)................................	10 »
Maine (M.), sous-int. militaire en retr. à Foix (6)	5 »
Marionnalz (Colonel de) (16)....................	10 »
Musclary (Bailond de), capitaine de frégate (9)...	5 »
Maussion (T. de), colonel d'infanterie de marine en retraite (4)..................................	5 »
Montebello (Lieutenant-colonel marquis de) (10).	20 »
Morel, colonel en retraite (6)...................	5 »
Parseval (Colonel de) (3).......................	20 »
Peletingeas (Colonel) (9).......................	10 »
Périssé (J.), lieutenant-colonel en retraite. Pour la justice et la vérité (6).....................	5 »
Perrelle (De la), lieutenant-colonel d'infanterie de marsouins en retraite (5).................	10 »
Petitgrand (Lieutenant-colonel) (2).............	20 »
Philipain (L.), colonel d'artillerie en retraite (8).	10 »
Reiss (Le colonel) (5)..........................	20 »
Renouard (A.), lieutenant-colonel en retraite (1)	5 »
Robin (Le lieutenant-colonel) (6)...............	5 »
Rouvière, lieutenant-colonel (11)...............	5 »
Santeul (Colonel vicomte de) (8)................	10 »
Sarrailh (Léonce), lieutenant-colonel de cavalerie en retraite (7)................................	20 »
Schalkwyck de Boisaubin (Lieutenant-colonel baron E. van) (12)..............................	10 »
Souviat (A.), lieutenant-colonel (9).............	5 »
Talancé (Lieutenant-colonel de) (13)............	10 »
Tournés (M.), lieutenant-colonel d'infanterie en retraite, à Blois (6)..........................	5 »
Vallat, colonel en retraite, à Caen (7)..........	5 »
Villot, colonel retraité (8).....................	5 »
Vitalis, lieutenant-colonel en retraite, à Vals (6)	5 »
Wambergue (Colonel), en l'honneur de l'armée (19)	20 »

Commandants

	Fr. c.
Allard, commandant, fait acte de bon soldat et d'homme de cœur (17)	1 »
Ambrosi (Commandant) (4)	20 »
Ardouin, chef d'escadron de gendarmerie, à Bayonne (8)	5 »
Aubry (Charles), de Metz, commandant du génie en France et lieutenant-colonel directeur du génie au Mexique (4)	10 »
Barazer (Commandant) (4)	10 »
Barberon (Commandant), ex-abonné du *Soleil* (12)	10 »
Bernier (Commandant), en retraite (4)	5 »
Bigo (Commandant), Aix (10)	5 »
Biot (Commandant) (5)	10 »
Bissuel (Commandant), à Mustapha. Au bagne, Reinach! (7)	10 »
Bizemont (Vicomte de), chef d'escadron de cavalerie territoriale (6)	10 »
Bonniot (Commandant), officier de la Légion d'honneur, antijuif, 13, rue Chevreul (7)	5 »
Bonteyre (Roger de), chef de bataillon au 101ᵉ régiment territorial, au Puy (16)	10 »
Boullé (A.), ancien lieutenant de vaisseau (6)	10 »
Bouignol (Commandant), à la Ferté-s-Jouarre (7)	5 »
Bronant, commandant en retraite (6)	5 »
Cathalan (A.), chef de bataillon en retraite, chevalier de la Légion d'honneur, hommages respectueux à Mme Henry (5)	10 »
Chaise (Henry de la), chef d'escadron de cavalerie, 48, rue de Varenne (16)	20 »
Champion (Commandant), major d'infanterie (10)	5 »
Charet (Commandant), chef d'escadron en retraite (2)	5 »
Charonnet (Commandant) (9)	5 »
Charrière, chef d'escadron d'artillerie, 77, quai d'Issy, Issy (9)	5 »
Chauliac (G. de), ex-officier au 54ᵉ, chef de bataillon territorial (11)	10 »
Chave, commandant d'artillerie en retraite (5)	5 »
Compant (Commandant), hors cadre (2)	5 »
Condemine (Arcole), commandant de cavalerie en retraite, officier de la Légion d'honneur et sa famille (6)	8 »

	Fr.	c.
Coste (L.), ancien chef d'escadrons de cavalerie (13)	50	»
Cozanet (Commandant) (8)	10	»
Deléomet, chef de bataillon en retraite (5)	5	»
Dubois (A.), commandant en retraite (11)	20	»
Duclos, chef d'escadron de cavalerie (13)	5	»
Ezcanar (Commandant) (12)	10	»
Ferlet de Bourbonne (Le commandant) (10)	3	»
Fleur (Commandant) (9)	5	»
Guibert (Commandant de) (14)	5	»
Haymann, commandant en retraite (3)	5	»
Henriot (Commandant), Rozoy-en-Brie (8)	5	»
Hivert (Le commandant), officier de la Légion d'honneur en retraite, à Montluçon (9)	5	»
Humbert (G.), chef d'escadron de cavalerie, à Troyes (10)	5	»
Joubert (Commandant André)	5	»
Judet (Commandant), président de la Société des officiers en retraite de la Côte-d'Or (11)	100	»
Klecker (Commandant) (11)	5	»
Kock (Commandant), un protestant, à l'Hôtel national des Invalides (4)	5	»
Kymerlet, chef d'escadron d'artillerie en retraite, à Versailles (6)	5	»
Lambin (Commandant), ex-lecteur du *Soleil* (9)	5	»
Leblanc (Commandant), pour signer (14)	1	»
Le Vallois (M. J.), chef de bataillon en retraite (2)	10	»
Lombard (Georges), chef d'escadrons en retraite, et sa fille Marie-Louise (15)	5	»
Lur-Saluces (Comte E. de), ancien chef d'escadrons au 2ᵉ cuirassiers (3)	500	»
Magnin (Commandant), Rozoy-en-Brie (6)	5	»
Malot, commandant en retraite (12)	2	»
Malot, commandant en retraite. Plus de Dreyfus à l'Etat-major. Faites chasse (16)	2	»
Melin (Commandant), 2ᵉ envoi (10)	10	»
Monluc de Larivière (M.), chef d'escadron d'artillerie de marine en retraite (6)	10	»
Montcuit (Commandant H. de) (14)	10	»
Morchesne (Commandant de) (11)	10	»
Mousseau (Jules), chef de bataillon, 80ᵉ territorial (4)	50	»
Myszkowski (Commandant Em.). 48, rue Cambon (5)	10	»
Onoir (Commandant), Toulon (10)	20	»

	Fr. c.
Orsini, chef de bataillon en retraite (6)............	20 »
Parenty (Commandant) (10).....................	1 »
Perraudière (R. de la), chef de bataillon au 94ᵉ territorial (6)................................	10 »
Prévost (Commandant L.), 51ᵉ régiment territorial d'infanterie (8).............................	5 »
Regnard (G.), chef de bataillon en retraite (7)...	5 »
Renaud, commandant en retraite (9).............	5 »
Reynaud (Commandant), officier de cavalerie en retraite (6)................................	5 »
Richert (Commandant A.) (10)..................	5 »
Roca, commandant en retraite, Versailles (5)...	5 »
Roch (Commandant), Bayonne (12)..............	10 »
Rossignol, commandant en retraite, Nancy (5)..	20 »
Rousseau (Frédéric), chef de bataillon en retraite, camarade d'Henry au 2ᵉ zouaves (4).........	18 »
Samoard (Ch.), major en retraite, Vrai Parisien modèle 1813 (7)............................	8 »
Selpitzer (Commandant) (9).....................	5 »
Sénéchal (Commandant), ancien rédacteur en chef de la *Défense Nationale* (3).............	10 »
Tegrad (Commandant) (7)......................	2 »
Teulières (X.), lieutenant de vaisseau (11).......	10 »

Capitaines

Adriel (Paul), ancien capitaine (6)..............	1 »
Arnault-Thelville, capitaine d'état-major, à Biarritz (16)...................................	5 »
Augerd (Capitaine), à Annecy..................	5 »
Bacquencourt (G. de), capitaine de cavalerie démissionnaire (8).............................	10 »
Bassez (E.), capitaine en retraite, Mostaganem (14)	3 »
Bastard (Charles), capitaine de cavalerie (16)...	10 »
Belat, capitaine de réserve au 16ᵉ (8)............	20 »
Bitterlin (Capitaine), à Vittel (6)................	0 50
Blanckemann, capitaine en retraite (6)..........	5 »
Boppe, ancien capitaine au 10ᵉ hussards (7).....	20 »
Boqué (J.), capitaine en retraite (8).............	5 »
Bouffé (A.), ancien lieutenant de vaisseau (6)....	10 »
Boulet (E.), capitaine, au Havre (15)............	5 »
Caillet (Léopold), capitaine de volontaires de 1870, 44, rue la Colonie (16)..................	5 »

	Fr. c.
Calbiac (De), capitaine en retraite (12)............	10 »
Calisti, capitaine, à Aix (10).....................	5 »
Canet (Le capitaine) et Mme Canet, à Compiègne (15)..	10 »
Chalebat (P.), ancien capitaine au 69e régiment territorial d'infanterie, pour l'expulsion des Juifs de France (6).............................	5 »
Charles (M.), capitaine en retraite (6)............	5 »
Charronet (Jules), capitaine (14).................	6 »
Chasselin, capitaine, à Ogeviller (10)............	5 »
Clavel (A.), capitaine en retraite, adjoint au maire de Virron (Isère) (16).........................	2 »
Clerval (Albert de), capitaine-commandant de cavalerie territoriale (12)........................	5 »
Cliquet (P.), capitaine au 26e territorial, directeur du *Familistère du Commerce* (6)..............	10 »
Costa, ancien capitaine blessé à Ladon (Loiret) (8)	1 »
Coudrayer (Le capitaine). Vive Drumont ! (6)...	10 »
Coudrels (Capitaine, baron des) (14)............	5 »
Crépy, capitaine du génie (10)..................	5 »
Daubas (B.), capit. au 135e territorial (10)......	2 »
Delacour (P.), capitaine de cavalerie (9)..........	20 »
Delafargue (G.), ex-capitaine territorial, à Plougonver. Hors la France les youpins et leurs souteneurs les intellectuels (8)................	5 »
Delibre (Emile), capitaine au 144e régiment territorial d'infanterie (9).........................	10 »
Descoins, capitaine en retraite, à St-Maixent (5).	5 »
Donzel (H.), capitaine en retraite, ancien camarade d'Henry aux 36e et 95e de ligne (4)......	20 »
Doussier, capitaine au 40e territorial, Orléans (5)	2 »
Duval (M.), capitaine de gendarmerie (10)......	5 »
Essars (Capitaine E. des) (8)....................	5 »
Ferrandi, capit. en retraite, abonné. Trois anti-dreyfusards (12)..............................	5 »
Finance de Clerbois (de), capitaine de cuirassiers (10).....................................	5 »
Forest (C.), capit. de cavalerie en retraite, chevalier de la Légion d'honneur, Senil. Tout pour la patrie ! (5)...................................	20 »
Fouque (D.), capitaine en retraite, à Aix (3).....	5 »
Francqueville (de), capitaine d'état-major (9)...	50 »
Frémond, (de), capitaine de cavalerie, château de la Merveillière (16).........................	5 »

	Fr.	c.
Gardon, capitaine, à Dijon (16)..................	5	»
Gauthier (A.), capitaine en retraite, La Flèche (7).	1	»
Gavereaux (Léandre), capitaine au 7ᵉ bataillon territorial de chasseurs alpins (4)..................	5	»
Gayraud (J.), capitaine, Béziers (14).............	5	»
Gillier (Capitaine) (1)...........................	10	»
Goin (M.), capitaine au 90ᵉ territorial, Mme Goin et leurs enfants (3)..............................	5	»
Hallion, capitaine en retraite (4).................	5	»
Hendecourt (Vicomte d'), ancien capitaine d'artillerie (6).......................................	50	»
Hennezel (Capitaine d'), à Pontécoulant (11)......	5	»
Henry, capitaine en retraite, à Nice, rue Lépaute, 32 (14).....................................	5	»
Hervey (M.), capitaine breveté de réserve (3)....	20	»
Hiardez, capitaine en retraite, à Couvron (17)....	5	»
Hudiart (Capitaine J.) (9)........................	1	»
Jogueaux, capitaine retraité (12).................	3	»
Joubert (G. H.), capitaine de zouaves, chevalier de la Légion d'honneur (16)........................	5	»
Joubert (H.), capitaine de zouaves en retraite (17)	0	55
Julien, capitaine d'artillerie de réserve (8).......	5	»
Lambert (Eugène), ancien capitaine au 1ᵉʳ voltigeurs de la garde impériale, chevalier de la Légion d'honneur (5).............................	10	»
Lartail, capitaine. La France aux Français ! (11).	5	»
Legrand (Fernand), capitaine de l'armée territoriale, Fécamp (12)................................	20	»
Legrand (Marcel), capitaine d'infanterie territoriale, à Fécamp (12)................................	20	»
Legrand (Capitaine), Arras. A bas les Juifs ! (10).	1	»
Legros (T.), capitaine en retraite, à Dax (4)......	2	»
Lejeas (Comte), ex-capitaine au 1ᵉʳ hussards de marche (11).....................................	10	»
Lequin (Le capitaine), 20, rue Gassies, Pau (13)..	1	»
Lesage (Georges), capitaine au 80ᵉ territorial d'infanterie (3).................................	5	»
Lescure (de), ancien capitaine d'état-major (8)...	10	»
Lescure (Capitaine), en haine des Youpins, 1 fr.; A bas Reinach et les sales voleurs Lévy. 1 f. (8)	2	»
Leiris (N. de), capitaine de cavalerie, à Vesoul (16)	5	»
Lours (de), capitaine en retraite, Toulouse (11)..	5	»
Lur-Saluces (Comte de), ancien capitaine au 6ᵉ dragons (4)....................................	100	»

	Fr.	c.
Mahé (Edouard), capit. en retraite, Hennebont (4)	10	»
Maillard, capitaine au 108e territorial (12)........	1	50
Marbeau (Edouard), ancien cap. de mobiles (4)..	10	»
Marliave (Henri de), capitaine de réserve (11)....	5	»
Maupeou (Vicomte de), capitaine d'artillerie (9)..	30	»
Mayniel, capitaine d'infanterie en retraite (5)...	5	»
Mayran de Chamisso, ancien capitaine d'infanterie, camarade du lieutenant-colonel Henry (5).	50	»
Mège (Charles), capitaine de réserve, chevalier de la Légion d'honneur. Puisque c'est défendu : de tout cœur à la veuve du colonel Henry et pour l'orphelin. Mme Mège, vraie Française ; Rose Mège, qui voudrait voir tous les Juifs de Lyon en Judée. Ensemble (16).............	6	»
Mentrel (J.), capitaine en retraite (4)............	10	»
Mertian (Paul), capitaine de cavalerie démissionnaire, premier semestre de son traitement de chevalier de la Légion d'honneur, pour le fils du colonel Henry (7)............................	125	»
Meyer (Capitaine L.), Marseille (17).............	1	»
Mignard (Capitaine Francis) (11)................	10	»
Moncuit (L. de), ancien capitaine (14)............	10	»
Morin (Ch.), cap. d'infanterie démissionnaire (6)	5	»
Nerey (N. G.), ex-capitaine-commandant de cavalerie, Lille (4).................................	5	»
Noailles (Vicomte de), ancien capitaine au 8e bataillon de chasseurs à pied (12)......	20	»
Olm, capitaine d'infanterie (6)...................	5	»
Olmi, capitaine en retraite, à Calvi (17).........	5	»
Pacot d'Yenne (L.), capitaine en retraite, 72, rue d'Arcueil (Malakoff) (4).....................	10	»
Parat (G.), capitaine, Salins (Jura). Dieu et Patrie (10)...	3	»
Partout (Le capitaine) (5).......................	5	»
Pélissier (Capitaine G.) (3)......................	2	»
Pointreau, capitaine-major en retraite, Dreux (8)	3	»
Pontac (Le comte de), ancien capitaine de cavalerie (14)......................................	10	»
Pux (V.), capitaine du génie territorial (6)......	10	»
Quinard, capitaine en retraite (8)................	5	»
Raffin (A.), capitaine (9).........................	5	»
Raucourt (Capitaine de) (voir *Valerio*)		
Renaudeau d'Arc (Capitaine) (4)................	50	»
Renou (Raymond), chevalier de la Légion d'hon-		

neur, ancien capitaine aux chasseurs à pied. Antijuif (6).. 1 »
Ribardon (Capitaine) (16)............................... 5 »
Rizot (Capitaine d'état-major G.) (11).............. 10 »
Robbier (Emile), capitaine territorial (7).......... 5 »
Roble (F.), capitaine d'infanterie (7)............... 10 »
Rousseau (Capitaine A.), cavalerie territoriale à Breteuil-sur-Iton (Eure) (8).......................... 5 »
Sandras (Raoul), capitaine au 68e territorial (4)... 5 »
Séjourné (G. de), ancien capitaine au 117e réserve d'infanterie (9)... 20 »
Semper (Capitaine) (17).................................. 5 »
Sormain (M.), ancien capitaine d'infanterie de marine, chevalier de la Légion d'honneur (15)... 5 »
Stoffel (Louis), capitaine en retraite (5)........... 10 »
Strohl (A.), capitaine de cavalerie en retraite (3) 5 »
Taille (de la), capitaine d'artillerie (5)............. 5 »
Tessereau (M.), capitaine en retraite (8)........... 1 »
Tessereau (M.), capitaine en retraite, chevalier de la Légion d'honneur. Bravo! bravo! (16)...... 1 05
Testard (Arthur), capitaine au 36e régiment territorial d'infanterie (4)................................... 5 »
Tharaud (Martial), capitaine au 82e territorial 1870-71 (7).. 3 »
Thézillat (R. de), capitaine de cavalerie démissionnaire, et Madame (11)............................ 10 »
Tiébaut (Capitaine), Nantes (6)....................... 5 »
Tinel (Le capitaine H.) (4).............................. 5 »
Tobin (Edmond), capitaine de cavalerie en retraite (8).. 10 »
Vernay (C.), capitaine au 6e rég. territorial (16) 2 »
Vernhes (Capitaine) (10)................................ 10 »
Vilarem (A.), capitaine de zouaves en retraite (12) 5 »
Vital de Luzarey, capitaine de cavalerie du service des remontes (16)................................... 2 »
Wendling (L.), capitaine au 53e territorial (8)... 5 »

Lieutenants

Anthoine (M.) lieutenant d'artillerie territ. (16). 3 »
Baillon (G.), lieutenant au 70e territorial (10).... 1 »
Berthomieu (L.), lieutenant de réserve (10)...... 5 »
Blondel (Charles Le), lieutenant démissionnaire de territoriale (16)....................................... 5 »

	Fr. c.
Bréda (Comte Pierre de), lieutenant de cavalerie (8)...	3 »
Routtier, lieut. au 42ᵉ territorial d'infanterie (4)..	3 »
Calemar (Henri), lieutenant au 305ᵉ de réser. (16)	3 »
Caron (E.), lieutenant au 14ᵉ régim. territ. (3)	2 »
Castellane (Comte Jean de), ancien lieutenant au 29ᵉ dragons, pour protester contre les insulteurs de l'armée (9).................................	50 »
Chaise (Lieutenant Jean de la) (11)................	3 »
Chambure (Remis par le lieutenant de réserve A. de) Six officiers du 6ᵉ corps (7)....................	30 »
Chauvy (H.), lieutenant d'infanterie (6).........	3 »
Chevalier Chantepie (René), lieutenant de cavalerie démissionnaire (7)........................	20 »
Courille (Le lieutenant d'infanterie et Mme P. J. de) (9)..	5 »
Cuinat (G.), lieutenant 101ᵉ territorial (14)......	3 »
Decramer (Louis), lieutenant au 1ᵉʳ territorial (14)	2 »
Dervaux (Ferdinand), lieutenant au 2ᵉ régiment territorial d'infanterie. *Fiat lux* (7)...........	3 »
Duvillain (Lieutenant) (11)........................	3 »
Esnault-Pelterie, lieutenant de cavalerie territoriale au service d'état-major. Sympathie et respect au malheur! (6)......................	10 »
Gilly (Jules), lieutenant au 15ᵉ territorial de hussards, et sa famille, à Marseille (15)...........	3 »
Goubier (Edouard), lieutenant de réserve de cavalerie, antidreyfusard, Bordeaux (14).............	2 »
Gout (Emmanuel), lieutenant de réserve au 125ᵉ d'infanterie (9).................................	20 »
Grandonie, lieutenant de cavalerie de réserve....	3 »
Grosjean, lieutenant, Marseille. A quand tous les Juifs hors de France après leur avoir enlevé le fruit de leurs rapines? (12)..................	2 »
Jeanson (G. de), lieutenant de cavalerie légère territoriale (2).................................	5 »
Jollivet, lieutenant au 113ᵉ territorial, 24, avenue Herbillon, à Saint-Mandé (2)...................	25 »
Lagoutte (Lieutenant de) (11).....................	5 »
Landre (Baron Henri de), lieutenant de réserve (10)	5 »
Lassus (En mémoire du lieutenant), ancien officier au 14ᵉ bataillon de forteresse (10)........	1 05
Level (P.), lieutenant de réserve au 65ᵉ d'infanterie (10)..	5 »

	Fr. c.
Mallez (Ernest), lieutenant de réserve d'état-major, à Carnières (41)....................................	10 »
Marquiset (Adrien), ancien lieutenant au 12ᵉ hussards (16)...	5 »
Mettrie (De la), lieutenant (11)............................	5 »
Montagné (A.), ex-lieutenant territorial, Caudéran (14)...	2 »
Mougen, lieutenant de cavalerie territoriale (4)..	5 »
Naudin (R. de), lieutenant de chasseurs, à Châteaudun (11)...	5 »
Pelletier (A.), lieutenant de réserve de cavalerie, 39, avenue Pézenas, Béziers (9)...............	50 »
Polisse (A.) et P. Polisse, lieutenants de réserve (10)...	10 »
Richet aîné, ancien porte-étendard au 91ᵉ territorial (11)...	2 »
Tersonnier, lieutenant de réserve au 12ᵉ d'infanterie (8)...	5 »
Tissier, lieutenant de réserve, 3ᵉ d'artillerie (14).	5 »
Vachon, lieutenant de cavalerie démission. (11).	5 »

Sous-Lieutenants

Beguinot (Henri), sous-lieutenant de réserve au 13ᵉ dragons (dragons de l'Impératrice) (12)....	10 »
Bernard, sous-lieutenant au 113ᵉ territorial. (8)..	1 50
Coquelin, sous-lieut. territorial d'artillerie (11).	5 »
Garnier (Athanase), sous-lieutenant de territoriale, ancien sous-officier au 2ᵉ zouaves (16)...	1 »
Luisses (Vicomte de), sous-lieutenant de réserve au 26ᵉ dragons (14)............................	20 «
Proust (René), sous-lieutenant de réserve au 25ᵉ dragons. Jules Morisset, ancien négociant, sous-officier au 25ᵉ dragons. Vive l'armée ! (4).....	10 »
Riols, ex-maréchal des logis de spahis, sous-lieutenant de réserve au 13ᵉ chasseurs (17)....	25 »
Romezin (Geoffroy), sous-lieutenant de réserve au 258ᵉ d'infanterie (9)................................	5 »
Roux, sous-lieutenant de réserve, 2ᵉ infanterie de marine (5)...	1
Sencier (Ch.), sous-lieutenant de réserve au 56ᵉ, 24, rue Dauphine, à Paris (9).....................	5 »
Thuillier (Léandre), sous-lieutenant de réserve au 72ᵉ de ligne, Amiens (6).........................	1 »
Trippier (Gaston), sous-lieutenant au 70ᵉ territorial d'infanterie (4)..................................	10 »

III

Initiales et anonymes

Généraux

	Fr. c.
B. (Général) (2)	100 »
B. (Général), en souvenir de son camarade Bovet (7)	100 »
B. (Baron général de) (7)	10 »
D. (Général) (10)	20 »
G. (Le général) (3)	20 »
P. (Général) (4)	10 »
T. (Le général). Un Lorrain écœuré et profondément indigné de l'odieuse campagne juive (4)	20 »
X. (Général) (4)	10 »
X. (Général). Un bon coup de balai, le pays vous attend et vous suivra (12)	1 »
Général (Un) espagnol carliste, réfugié chez ses amis de France (12)	0 50

Colonels et Lieutenants-Colonels

A. G., sous-intendant militaire (6)	5 »
B. (Colonel baron), sincère et respectueuse sympathie pour la noble cause qu'elle défend (9)	5 »
B. L., sous-intendant militaire (4)	5 »
C. (Colonel) (4)	5 »
C. V., lieutenant-colonel territorial (10)	5 »
Ch. (Lieutenant-colonel) (2)	5 »

Fl. A. (Lieutenant-colonel) (5)...............	5 »
G. L., lieutenant-colonel d'infanterie (12).......	10 »
M. (Colonel), pour la veuve de son ancien frère d'armes du 2 zouaves (2)..................	10 »
M. (Lieutenant-colonel de) (6)................	5 »
M. (Lieutenant-colonel de) (5)................	5 »
Q. de R., colonel en retraite (2)...............	20 »
R. D. (Le capitaine de frégate et Mme) (9)........	20 »
R. R., capitaine de frégate (9)................	5 »
Un ancien militaire, intendant du cadre de rés. (5)	5 »
Un sous-intendant militaire en retraite abonné à la *Libre Parole* (3)...............	5 »
Anonyme. Un colonel de l'ancienne armée, ex-lecteur du *Soleil* (8)...............	10 »
Un Colonel (6)...............	10 »
Un Colonel (10)...............	5 »
Colonel du génie (Un ancien) (5)...............	20 »
Un colonel antijuif (4)...............	10 »
Un colonel ayant hâte de voir enfin la France sortir du cauchemar judéo-maçonnique (7)....	10 »
Un colonel de cavalerie (11)...............	20 »
Colonel de cavalerie en retraite (8)...............	5 »
Un colonel d'artillerie (14)...............	50 »
Un colonel de l'armée française (8)...............	20 »
Un colonel en retraite (3)...............	30 »
Un colonel en retraite (14)...............	10 »
Un colonel en retraite, La Flèche (8)...............	3 »
Un colonel qui ne fume que des londrès d'un sou (6)	5 »
Un vieux colonel de marsouins en retraite (7)...	5 »
Un lieut.-colonel de l'active. A bas les juifs! (6)	10 »
Un lieutenant-colonel de l'armée active (6).......	10 »
Lieutenant-colonel (Un ménage de) de l'active ruiné par un Juif après six mois de mariage (11)	5 »
Un lieutenant-colonel de l'active qui, lorsqu'il présidera un conseil de guerre, ne prendra pas modèle sur la cour de cassation (11)............	5 »
Un lieutenant-colonel de l'armée active (12).....	5 »
Un lieutenant-colonel de cavalerie écœuré de la lâcheté d'un ministre de la guerre qui, par peur d'une interpellation misérable, n'hésite pas à frapper les plus loyaux et les meilleurs des serviteurs de la France (17)...............	2 »
Lieutenant-colonel d'infanterie (9)...............	10 »
Un capitaine de frégate (6)...............	20 »

	Fr.	c.
Un capitaine de frégate, Escadre du Nord (17)....	20	»
Un capitaine de frégate, Toulon (16)............	20	»

Commandants

B. (Commandant) (4)...........................	5	»
B. B. d'I., chef de bat. d'infanterie (6).........	5	»
C. (A. de), chef d'escadron en retraite (6)......	50	»
C. (commandant), Sarlat (16)..................	5	»
C. D., chef de bataillon territorial (8)..........	5	»
C. F., chef de bataillon en retraite (12)........	5	»
Ch. (commandant en retraite). Avec ma vieille peau au besoin (3)............................	5	»
C. W. M., commandant en retraite (5)..........	5	»
D. (Commandant) (5)	5	»
F. (Commandant), souvenir du 2ᵉ zouaves (17)...	10	»
G. (Le commandant), un Messin et sa femme. Vive la France et vive l'armée ! (6)............	20	»
G. G. (Commandant et Mme) (4)................	40	»
G. G. (Commandant), officier de la Légion d'honneur ; Souhait d'un vieux guerrier de l'année terrible pour qu'il surgisse un vengeur impitoyable du glorieux Henry, victime de son patriotisme et des abominables Youtres (6)......	1	»
H. D. (Commandant) (5)......................	5	»
J. (de), chef d'escadrons en retraite (9)........	10	»
L. (Le commandant) (6).......................	5	»
L. (Commandant), un soldat (4)...............	5	»
M. (Commandant) (11).........................	5	»
N. de G., commandant (10)....................	5	»
O. B. L., chef de bataillon, ancien officier au 73ᵉ d'infanterie (17).............................	5	»
S. (Commandant) (3)..........................	10	»
X., commandant en retraite, à Biarritz (10)....	10	»
Un chef de bataillon d'infanterie (8)	10	»
Un chef de bataillon de marsouins, admirateur de Drumont (5)...............................	5	»
Un chef d'escadrons en retraite d'Hesdin (8).....	5	»
Un chef d'escadrons, *pro aris et focis* (14)	1	»
Un chef d'escadrons de cavalerie (14)..........	20	»
Un chef d'escadrons de chasseurs (5)...........	5	»
Un commandant (8)...........................	5	»
Un commandant d'artillerie à Nice, contre les antifrançais, souteneurs du Syndicat de trahison (10).......................................	5	»

	Fr.	c.
Un commandant de dragons qui voudrait voir Boule-de-Juif, tout le Syndicat avec la belle collection des intellectuels quelque part, 10 fr.; sa femme patriote et chrétienne, avec toutes ses sympathies pour la malheureuse femme,5 fr; leurs deux enfants pour que le petit Jésus n'oublie pas leur gentil et infortuné camarade dans la nuit de Noël, 5 fr. (10)	20	»
Un commandant de génie pour qu'on renvoie en Palestine toute la vermine Juive, 1 fr.; sa femme détestant les noms finissant en « mann » 1 fr.; sa fille aînée, antisémite, 1 fr.; sa fille cadette et son chien, qui trouvent que les Juifs empestent, 0 30; sa bonne qui trouve que ce sont des voleurs, 0 20; son ordonnance (cinq jours de prêt),0 25; les adjoints du commandant pour affirmer leur profond dégoût pour les dreyfusards; 1 fr. 55 (8)	5	»
Un commandant de l'armée territoriale dégoûté du gouvernement judéo-maçonnique (6)	10	»
Commandant de marsouins. A bas Reinach! (9)..	5	»
Commandant du génie, à C. (5)	10	»
Un commandant en retraite, à Langres (13)	5	»
Un commandant en retraite, vieux turco, vieux zouave et anc. officier de la Garde impériale (7)	5	»

Capitaines

	Fr.	c.
A. (Capitaine), La Rochelle (6)	5	»
A.. capitaine d'artillerie (7)	5	»
A. C., capitaine d'infanterie (6)	5	»
A. M.. capitaine en retraite, à Nice (14)	5	»
A. V.. capitaine d'artillerie (9)	5	»
B. (Capitaine), à Nantes. Merci à Drumont et à la vaillante *Libre Parole* (4)	5	»
B. (Capitaine de) (11.)	10	»
C., capitaine aux chasseurs alpins (5)	10	»
C. (M. de), capitaine d'infanterie (7)	5	»
C. (Le capitaine), sa femme et ses cinq fils, victimes de la race maudite. Vive l'armée! A bas les juifs! (5)	5	»
C... capitaine de territoriale (8)	2	»
C. (A. de), capitaine d'infanterie (11)	5	»

C. (E. de la), capitaine d'infanterie, Tours (11)...	1 50
C. D., capitaine français, victime des Anglais et des Juifs (4)..................................	5 »
C. P., capitaine en retraite à Versailles (3)......	5 »
C. S., capitaine de dragons-lanciers (5).........	10 »
Ch. (Capitaine), à Limoges (10)................	3 »
D. (Capitaine) (2).............................	10 »
E. R., capitaine de gendarmerie en retraite (8)..	1 »
E. F., capitaine en retraite (12)................	5 »
E. M., capitaine d'artillerie (11)...............	5 »
E. M., capit. territorial, combattant de 1870 (7).	10 »
E. P., capitaine sorti du rang. Un peu plus qu'une journée de retraite et de pension de la Légion d'honneur (12)........................	10 »
E. V., capitaine d'artillerie breveté (10)........	5 »
E. X. (Capitaine) (5)..........................	5 »
F. J., ancien capit. de réserve et ses enfants (16)	1 »
G. (Capitaine de) (10).........................	10 »
G. (Capitaine), Valence (10)...................	3 »
G. (Le capitaine), un cadet de Gascogne, et Mme G., ex-lecteurs du *Soleil* (12).................	5 »
G. B., capitaine d'état-major (7)...............	5 »
G. C. (Capitaine) (8)..........................	2 »
G. V., capitaine de territoriale (10).............	20 »
H. C. C., capitaine de réserve d'état-major (16).	5 »
H. D. (Le capitaine), de l'armée territoriale, à Saint-Mandé (7).............................	5 »
H. B., capitaine d'inf., Verdun (8).............	5 »
H. G., capitaine d'infanterie (10)..............	5 »
H. V. (Le capitaine d'artillerie), pour la veuve du martyr des Juifs (6).........................	5 »
J. B. (Le capitaine) (12).......................	10 »
J. L., capitaine d'infanterie (5)................	5 »
J. R., capitaine en retraite, Limoges (12).......	1 05
L. (Le capitaine) (3)..........................	20 »
L. (De), capitaine d'état-major (11)............	5 »
L. G., capitaine territoriale (3)................	10 »
L. N., capitaine d'infanterie, Dunkerque (12)....	10 »
L. R., capitaine d'artillerie (10)................	5 »
L. T., capitaine de cavalerie breveté (8)........	10 »
M. (Capitaine) (4).............................	5 »
M., capitaine à Arras (5)......................	10 »
M. P., capitaine d'infanterie (7)...............	5 »
N. P., capitaine d'artillerie (5)................	5 »

	Fr. c.
O. N., capitaine d'artillerie (12).............	5 »
P. (Capitaine) (3).........................	5 »
P. (Capitaine) (9).........................	5 »
P. (Le capitaine de), à Nancy (6)...........	10 »
P. (Capitaine de), Vive la France ! (6)......	5 »
P. (Capitaine vicomte de), Verdun (14)......	20 »
P. J. (Capitaine), armée du Nord, 1870 (14)..	5 »
P. P., ancien capit. au 1er hussards, Nancy (4)..	20 »
R. (Capitaine), de Dijon (7).................	10 »
R. D. (Le capitaine de cavalerie) (4).........	20 »
R. D. G. (Capitaine), de Bordeaux (10)......	20 »
R. G., capitaine de cavalerie (8).............	100 »
R. H. E. G. (Capitaine) et sa famille (6).....	3 »
R. M., ancien capitaine de territoriale (11)....	10 »
S. G., capit. de réserve, ex-lecteur du *Soleil* (3).	5 »
S. J., capitaine de territoriale, pour la confusion des Youpins en la personne de Reinach, en attendant leur expulsion de la terre de France (9)	5 »
S. T., capitaine d'infanterie (3).............	5 »
T P., capitaine territorial d'artillerie (3).....	5 »
V. A. (Capitaine et madame) (10)............	10 »
W. (Capitaine), Nancy (8)..................	5 »
X., capitaine de cavalerie (5)...............	10 »
X., capitaine au 38e territorial (10)..........	10 »
X., capitaine de réserve (8).................	100 »
X. (Charles), capitaine d'artillerie (14).......	2 »
Un capitaine (16)..........................	5 »
Un capitaine (5)...........................	2 »
Un capitaine (14)..........................	0 50
Un capitaine (14)..........................	2 »
Un capitaine breton (6)....................	5 »
Capitaine à l'École supérieure de guerre (9)....	5 »
Un capitaine au camp de Châlons (8)........	5 »
Un capitaine de Dijon (3)..................	5 »
Un capitaine de Dijon (9)..................	5 »
Un capitaine de Nancy (4)..................	5 »
Un capitaine de Saint-Étienne (10)...........	1 »
Un deuxième capitaine de Saint-Étienne (10)...	1 »
Un capitaine, Montélimar (10)..............	10 »
Un capitaine, Montélimar (8)...............	10 »
Un capitaine, Vannes (8)...................	20 »
Un capitaine du 6e corps (5)................	20 »
Un capitaine instructeur (8).................	5 »
Un capitaine persuadé qu'une aussi belle occa-	

	fr.	c.
sion encouragera d'ici peu les 25.000 officiers de l'armée à manifester en masse en apportant leur plus modeste obole à cette belle cause (7).	1	»
Un capitaine qui a la haine du Juif demande un Morny et un Saint-Arnaud pour sauver la Patrie, 2ᵉ envoi (9)............................	1	»
Un capitaine qui conseille à l'infâme Dreyfus de ne jamais rentrer en France (6)................	5	»
Un ex-capit., lecteur assidu de *La Libre Parole* (10)	3	10
Un ancien capitaine du 2ᵉ hussards (6)...........	10	»
Un ancien capit., camarade du colonel Henry (9).	5	»
Un capitaine en retraite (4).....................	3	»
Un capitaine en retraite (8).....................	2	»
Un capitaine en retraite, Biarritz (6)............	5	»
Un capitaine en retraite, Digne (17).............	0	50
Un capitaine en retraite. Montélimar (8).........	5	»
De la part d'un capitaine en retraite et sa famille (5).......................................	6	»
Un capitaine en retraite. En haine des Juifs, de Reinach en particulier (3)......................	5	»
Un capit. en retraite, survivant de Reischoffen (6)	5	»
Un capitaine en retraite, sa femme et sa belle-mère (8)....................................	10	»
Deux capitaines (16)............................	10	»
Deux capitaines de Nancy (8)...................	5	»
Deux capitaines qui désirent se joindre au groupe de lieutenants d'infanterie et de cavalerie (16)	4	»
Groupe de capitaines d'Avignon (8).............	8	»
Une table de capitaines à la frontière (8)........	10	»
Un capitaine d'artillerie (2)....................	10	»
Un capitaine d'artillerie (4)....................	5	»
Un capitaine d'artillerie (6)....................	5	»
Un capitaine d'artillerie (8)....................	5	»
Un capitaine d'artillerie (8)....................	5	»
Un capitaine d'artillerie (7)....................	10	»
Un capitaine d'artillerie (8)....................	5	»
Un capitaine d'artillerie (10)...................	5	»
Un capitaine d'artillerie (11)...................	5	»
Un capitaine d'artillerie (12)...................	2	»
Un capitaine d'artillerie (12)...................	3	»
Un capitaine d'artill. ayant horreur des Juifs (5)	3	»
Un capitaine d'artillerie ayant déjà souscrit, et pour dire « zut » à Freycinet qui prohibe toute participation à la souscription Henry (16)...	2	»

	Fr. c.
Un capitaine d'artillerie et sa belle-mère (11).....	10 »
Un capitaine d'artillerie et sa femme (14)......	5 »
Un capitaine d'artillerie et sa femme (16)......	5 »
Capitaine d'artillerie, sa femme et ses enfants (9).....	3 »
Un capitaine d'artillerie de l'Ecole de guerre (12)	1 »
Un capitaine d'artillerie de la garnison du Mans, lecteur assidu de *La Libre Parole* depuis 1892 (9)	5 »
Un capitaine d'artillerie de Nancy, qui, non plus que sa famille, ne met jamais les pieds dans un magasin juif (9)...............	5 »
Un capitaine d'artillerie de Rennes (10)........	10 »
Un capitaine d'artillerie, à Toulon (12)......	20 »
Un capitaine d'artillerie de Toulon (12).....	5 »
Un capitaine d'artillerie de Valence (13)......	3 »
Un capitaine d'artillerie de Versailles (11)......	10 »
Un capitaine d'artillerie de Versailles, indigné non seulement de ce qu'il y ait encore des officiers juifs dans l'armée, mais encore de ce qu'ils ne soient pas les derniers à recevoir décorations et avancement (12)...............	5 »
Capitaine d'artillerie à Vincennes (4)...........	10 »
Un capitaine d'artillerie de marine (16).........	6 »
Un capitaine de réserve d'artillerie, ennemi d'un gouvernement républicain représenté par des Félix Faure, des Freycinet, etc. (6)............	3 »
Deux capitaines d'artillerie (3)..................	15 »
Deux capitaines d'artillerie de la garnison de Nantes (8).......................	10 »
Une table de capitaines d'artillerie et d'infanterie au camp de Châlons (5)................	20 »
Un capitaine de cavalerie (5)....................	3 »
Un capitaine de cavalerie (6)....................	10 »
Un capitaine de cavalerie (6)....................	10 »
Souscription d'un capitaine de cavalerie (7).....	10 »
Un capitaine de cavalerie, ami de Lasies (13)....	5 »
Un capitaine de cavalerie démissionnaire, Dijon. Trompettes, sonnez la charge !............	5 »
Un capitaine de caval.lég. d'un régim. de l'Est (10)	5 »
Un capitaine de cavalerie qui veut prouver qu'aucune circulaire n'empêchera la « Grande Muette » de passer et de donner 5 fr. Le même qui demande : 1° 500 hommes pour conduire le colonel Monteil à l'Elysée; 2° deux minutes pour fusiller Reinach... 5 fr. (10)............	10 »

	Fr. c.
Un capitaine de cavalerie légère qui voudrait être assez indépendant pour pouvoir provoquer les infâmes bandits du Syndicat de trahison (10)..	5 »
Un capitaine de cavalerie qui supplie le général X... seul sauveur possible, de mettre fin à l'agonie de la France (4).............................	5 »
Un capitaine de cavalerie en retraite, à St-Sever (Landes), voudrait voir un général Lamarque à la tribune française pour défendre l'armée, comme il sut si bien la défendre après 1815 (6)	5 »
Deux capitaines de cavalerie d'un régiment frontière (5)..	6 »
Deux capitaines de cavalerie. Pour protester contre les arrêts de leurs camarades (16)........	10 »
Ancien capitaine-commandant de cavalerie (10)..	5 »
Capitaine de chasseurs alpins (11)................	5 »
Capitaine de chasseurs alpins. La Grande Muette n'est pas sourde ! (11)...........................	2 »
Cinq capitaines de chasseurs alpins (10)........	25 »
Un capitaine de chasseurs à pied (3)............	20 »
Un capitaine de chasseurs à pied (4)............	10 »
Un capitaine de chasseurs à pied (5)............	5 »
Un capitaine de chasseurs à pied (6)............	5 »
Un capitaine de chasseurs à Remiremont (12)....	1 »
Un capitaine qui répond de ses chasseurs, Grenoble (13)...	2 »
Un vieux capitaine du 1ᵉʳ et du 2ᵉ chasseurs d'Afrique (10).....................................	5 »
Un capitaine de cuirassiers (5)..................	3 »
Un capitaine de cuirassiers (6)..................	20 »
Un capitaine de cuirassiers, Bellac (8)..........	5 »
Un capitaine de cuirassiers, antisémite (6)......	20 »
Deux capitaines de cuirassiers, anciens chasseurs d'Afrique, qui n'aiment pas l'odeur du juif (8).	10 »
Quatre capitaines de cuirassiers (11)............	15 »
Un capitaine des douanes retraité à Dieppe (7)..	5 »
Capitaine de dragons (2).........................	20 »
Un capitaine de dragons (11).....................	10 »
Un ancien capitaine-comm. du 25ᵉ dragons (10)..	10 »
Un capitaine d'état-major (6)....................	5 »
Un capitaine d'état-major (7)....................	20 »
Un capitaine breveté d'état-major (10)..........	2 »
Capitaine d'infanterie, état-major, Paris (9)......	5 »
Deux capitaines d'état-major (9).................	20 »

	Fr.	c.
Deux capitaines d'état-major (10)...............	10	»
Un ancien capitaine d'état-major, maire depuis près de trente ans dans sa commune (14)......	3	»
Un capitaine des gardes mobiles de Metz (5).....	5	»
Un capitaine de gendarmerie (6)................	6	»
Un capitaine du génie (10).....................	5	»
Un groupe de capitaines du génie et de médecins-majors (8)..................................	20	»
Un capitaine de houzards et sa famille (16).....	10	»
Un capitaine de hussards (4)....................	5	25
Un groupe de capitaines de hussards et un capitaine d'artillerie.............................	»	»
Un capitaine d'infanterie (3)...................	20	»
Un capitaine d'infanterie (3)...................	5	»
Un capitaine d'infanterie (4)...................	10	»
Un capitaine d'infanterie (10)..................	3	»
Un capitaine d'infanterie (11)..................	10	»
Un capitaine d'infanterie (2ᵉ versement) (15).....	2	»
Un capitaine d'infanterie (12)..................	5	»
Un capitaine d'infanterie. Le Juif, voilà l'ennemi! Vive la France! (6).........................	5	»
Un capitaine d'infanterie, Vive la France! Silence aux sans-patrie! (11).....................	5	»
Un capitaine d'infanterie, père de famille (9).....	1	»
Un capitaine d'infanterie, anonyme par ordre (16).....................................	10	»
Un capitaine d'infanterie breveté (11)...........	20	»
Un capitaine d'infanterie, ex-abonné du *Soleil* (12)	10	»
Capitaine d'infanterie, ex-lecteur du *Soleil* (10)..	5	»
Un capitaine d'infanterie escroqué par le baron juif Erlanger (14)............................	2	»
Un capitaine d'infanterie, sa femme et sa fille (11)	10	»
Un capitaine d'infanterie et son beau-frère. Dans l'espoir d'être débarrassés des traîtres (12)....	4	»
Capitaine d'infanterie, à Aix (9)................	3	»
Un capitaine d'infanterie, Cambrai (9)..........	2	10
Un capitaine d'infanterie de la promotion de Plewna (13)..................................	10	»
Un capitaine d'infanterie de St-Etienne inflige un blâme à M. de Freycinet pour la circulaire interdisant aux officiers de souscrire. Qu'il défende les officiers s'il ne veut pas que nous manifestions à notre façon! (15).................	1	»
Un capitaine d'infanterie du camp de Sathonay		

	Fr. c.
que la récente circulaire de M. de Freycinet empêche de signer (16)...............	2 »
Un capitaine d'infanterie, Tarbes (4)...............	5 »
Un capitaine du 4ᵉ régiment d'infanterie (5)....	5 »
Un capitaine du 21ᵉ d'infanterie (16)...............	5 »
Un capitaine du 27ᵉ d'infanterie (14)...............	5 »
Un capitaine du 107ᵉ. En haine du Juif (8)......	5 »
Un capitaine du 121ᵉ, à Montluçon (9)............	5 »
Un capitaine du 130ᵉ (4)...............	2 »
Un capitaine d'infanterie chargé de famille (10).	3 »
Deux capitaines d'infanterie (16)...............	5 »
Sept capitaines d'infanterie, tous outrés de l'ignoble manœuvre des Reinach et Cⁱᵉ (16).........	17 »
Une table de capitaines d'infanterie, Lyon (10)..	10 »
Groupe de capitaines d'infanterie, St-Mihiel (10).	10 »
Un capitaine d'infanterie en retraite, père de famille qui, étant en activité, a été victime de ces coquins de Juifs, 2ᵉ versement (12).......	1 »
Capitaine d'infanterie de marine (3)...............	5 »
Un capitaine d'infanterie de marine, admirateur passionné du Grand Français Drumont (6)....	5 »
Onze capitaines d'infanterie de marine, défenseurs de la veuve et de l'orphelin contre l'immonde Reinach (7)...............	22 »
Un capitaine d'infanterie de marine en retraite, à Bussy-le-Repos (8)...............	5 »
Un capitaine de l'armée active, à Blois (16).....	2 »
Un capitaine de la division de fer (11)............	5 »
Un capitaine de l'Est, antisémite, antimaçon, antihuguenot (16)...............	10 »
Un capitaine de l'Est qui est navré de voir des officiers Juifs dans l'armée française, alors qu'il n'y en a pas dans les autres armées de l'Europe (16)...............	10 »
Un capitaine de l'Est qui fait des théories morales sur le Youpin à ses hommes et engage ses camarades à en faire autant (6)............	5 »
Un ancien capitaine de l'armée de la Loire (4)...	5 »
Un ancien capitaine de l'armée de la Loire et ses enfants (4)...............	2 »
Un capitaine de marsouins (2)...............	2 »
Un capitaine de marsouins (9)...............	3 »
Un capitaine de marsouins (9)...............	3 »
Un capitaine du Sud-Oranais (5)...............	5 »

	Fr. c.
Un capitaine de marsouins. Pour celles que je suis prêt à recevoir pour la France contre les Juifs (10)...................................	7 »
Un capitaine de la territoriale (5)............	10 »
Un capitaine de l'armée territoriale (16)........	5 »
Un ex-capitaine de territoriale, père d'un futur soldat (13)..	2 »
Un capitaine de l'armée territoriale, qui serait heureux de commander le feu pour fusiller tous les traîtres et les vendus qui les soutiennent (9)...	5 »
Un capitaine au 11ᵉ territorial d'infanterie et un officier de réserve du 267ᵉ (16).................	4 »
Un capitaine de lanciers de Rezonville : Pour l'attaque, chargez! (13).............................	1 »
Un Hirsonnais, ex-capitaine de territoriale (8)...	5 »
Un capitaine du train des équipages exécrant les Juifs et maudissant la haute magistrature (4).	2 »
Deux capitaines de turcos (17)................	5 »
Un capitaine du 2ᵉ zouaves (17)...............	5 »
Un capitaine de zouaves à Alger (10)...........	10 »
Un capitaine adjudant-major du 2ᵉ zouaves (17)...	5 »
A.. lieutenant de vaisseau (10)................	10 »
Un lieutenant de vaisseau (5)..................	5 »
Un lieutenant de vaisseau (5)..................	5 »
De la part d'un lieutenant de vaisseau (9).......	3 »
Un lieuten. de vaisseau et sa femme, à Brest (11).	10 »
Un lieutenant de vaisseau de l'école de canonnage (10)...	5 »
Un lieutenant de vaisseau en retraite (17).......	10 »
Un lieutenant de vaisseau, Lorient (8)..........	10 »
Quatre lieutenants de vaisseau de l'école de canonnage (6).....................................	20 »

Lieutenants

A.. lieutenant (6)............................	2 »
B.. lieutenant, du 9ᵉ dragons, Lunéville (16)...	5 »
C.. lieutenant de réserve au 33ᵉ d'infant. (4)...	2 »
C. A.. lieutenant de territoriale (8)............	5 »
C. M.. lieutenant de réserve, au 1ᵉʳ zouaves (7).	2 »
E. D.. lieutenant de réserve (9)................	2 »
E. M.. lieutenant de cuirassiers (7)............	10 »
E. N.. lieutenant d'artillerie territoriale (7).....	0 50

	Fr. c.

F. M., lieutenant d'infanterie contre la plus célèbre crapule du dix-neuvième siècle, von Reinach (11).................................... 5 »
J. D., lieutenant d'infanterie (8)..................... 5 »
J. R., lieutenant antisémite d'une garnison du plateau central (17)............................ 2 »
J. T., lieutenant d'infanterie, à B. Obole bien humble, à côté des treize millions du Syndicat des Youtres (3)................................ 10 »
M. (D'A. de), lieutenant d'infanterie (12)......... 2 »
M., M., deux lieutenants alpins (10)............. 10 »
M. P., lieutenant d'artillerie (12)................. 5 »
M. P., lieutenant au 120ᵉ territorial (10)......... 1 »
N. R., lieutenant (3)................................. 10 »
K. A., lieutenant au 120ᵉ (4)........................ 3 »
R. de L., lieutenant d'infanterie (10).............. 3 »
T., lieutenant d'artillerie de marine (14)......... 5 »
V., lieutenant, 26, boulevard Poissonnière (7)... 2 »
V., lieutenant retraité, Fontainebleau (5)......... 5 »
V. (J. de), lieutenant de cuirassiers (8).......... 5 »
V. J., lieutenant, et sa lieutenante, en dépit du fourbe Freycinet (16).............................. 2 »
V. L., Un lieutenant pauvre, que la circulaire du ministre de la guerre oblige à rester anonyme (16)... 12 »
W., lieutenant (4)................................... 10 »
Z. G., lieutenant de territoriale.................. 12 »
Un lieutenant (5).................................... 12 »
Un lieutenant (5).................................... 5 »
Un lieutenant (5).................................... 2 »
Un lieutenant (5).................................... 3 »
Un lieutenant (6).................................... 5 »
Un lieutenant (9).................................... 2 »
Un lieutenant (5).................................... 2 »
Un lieutenant (5).................................... 2 »
Un lieutenant (5).................................... 1 »
Un lieutenant antisémite du Mans (10)............. 5 »
Un lieutenant, Montélimar (8)...................... 5 »
Un lieutenant à qui les poings démangent b... beaucoup (6)...................................... 5 »
Un lieutenant berrichon, 2 fr.; Vive l'Espérance! 2 fr.; Un sous-lieutenant qui n'a que sa solde, 2 fr. (9)... 6 »

	Fr. c.
Un lieutenant démocrate, mais pas à la façon d'Urbain, 3ᵉ souscription (16)............	2 »
Un lieutenant et un sous-lieutenant démocrates. Oui, M. Urbain Gohier, ils composent la presque totalité de l'armée française, les officiers issus du peuple, conservant précieusement les traditions et les vertus de la Révolution (16)..	
Lieutenant d'un régiment de Paris (9)............	40 »
Lieutenant, élève de Godard, cours 93-94 (12)....	3 »
Un lieutenant, protestant contre l'infamie des Juifs ignobles (5)......	2 »
Un lieutenant qui a soupé du *Soleil* (4).........	1 »
Un lieutenant strasbourgeois et protestant se joint à son jeune camarade (7)............	2 »
Deux lieutenants et quatre sous-lieutenants (6)..	6 »
Trois lieutenants gascons d'un régiment du Sud-Ouest (4)............	3 »
Trois lieutenants pauvres de Gap. Pour l'honneur du jeune Henry (7)............	2 »
Sept lieutenants de la 11ᵉ division et deux lieutenants du 10ᵉ corps (7)............	20 »
Un lieutenant de l'armée d'Afrique, en congé (10)	5 »
Groupe de 15 lieutenants et sous-lieutenants des bords de la Garonne (10)............	7 50
Un groupe de lieutenants antisémites d'une garnison de l'Ouest (4)............	20 »
Un groupe de lieutenants d'Angers (9).........	13 »
Groupe de lieutenants et sous-lieutenants au Blanc (12)............	10 »
Lieutenants et sous-lieutenants d'un régiment de l'Est, réunis pour une réception (11)............	50 »
Un petit groupe de lieutenants célibataires à Orléans (3)............	23 »
Un groupe de lieutenants de Périgueux (6)......	7 »
Un groupe de lieutenants et sous-lieutenants sur la frontière (10)............	28 »
Un groupe de lieutenants du 7ᵉ de l'armée, qui regrettent de ne pouvoir manifester autrement leurs sentiments patriotiq. et antiyoupins (14)	20 »
Réunion de lieutenants et de sous-lieutenants (12)	35 »
Une table de lieutenants (5)............	17 »
Une table de lieutenants à St-Mihiel, 10 et 5 fr(10)	15 »
Un lieutenant d'artillerie. A bas Picquart! (8)...	5 »
Un lieutenant d'artillerie d'un fort de l'Est (7)..	5 »

	Fr. c.
Un lieutenant d'artillerie, qui voudrait voir tous les Youpins à la chaudière (4)..........	5 »
Un lieutenant au 35ᵉ d'artillerie (4)...........	2 »
Un lieutenant d'artillerie absent hier à l'heure de la collecte faite par ses camarades (12).......	5 »
Un lieutenant d'artillerie honteux de voir tant de Juifs dans son arme (10).....................	5 »
Un lieutenant d'artillerie. La France aux Français ! (16)..................................	5 »
Un lieutenant d'artillerie qui aime Drumont plus que son colonel (7)........................	5 »
Un groupe de lieutenants d'artillerie (8).........	55 »
Un groupe de lieutenants d'artill., à Épinal (14).	16 »
Un lieutenant d'artill. à cheval, à Lunéville (12).	5 »
Un lieutenant d'artillerie de Rennes (6)........	5 »
Les lieutenants d'artillerie de Schwobldorf (2ᵉ versement) (12)..............................	5 »
Un lieutenant d'artillerie de Versailles (6)......	5 »
Un lieutenant d'artillerie de Versailles (6)......	5 »
Un lieutenant d'artillerie de Versailles (6)......	5 »
Un lieutenant d'artillerie de Versailles (6)......	5 »
Un lieutenant d'artillerie de Versailles (6)......	5 »
Un lieutenant d'artillerie de Versailles (8)......	5 »
Le plus gros lieutenant d'artill. de Versailles (6).	5 »
Deux lieutenants d'artillerie (10)...............	5 »
Lieutenants d'artill. et du génie de Briançon (10)	40 »
Les lieutenants d'un régiment d'artillerie (2)....	50 »
Groupe de lieutenants du 16ᵉ d'artillerie, Clermont-Ferrand (11)	13 »
Un groupe de lieutenants d'artillerie et la caissière du Cercle militaire de Bourges, pour l'entretien des sécateurs (9)....................	20 »
Un lieutenant d'artillerie de marine (13)......	3 »
Un lieutenant d'artillerie territoriale, à Billy-Montigny (14)................................	2 »
Lieutenant de cavalerie (10)....................	3 »
Deux autres lieutenants de cavalerie (10).......	2 »
De la part d'un lieutenant de cavalerie légère (17)	5 »
Un lieutenant de cavalerie qui apprendra à ses cinq enfants à profiter des leçons de l'heure présente (10)................................	10 »
Quinze lieutenants et s.-lieutenants de cavalerie légère en vedette (9)........................	100 »
Un lieutenant de chasseurs (4).................	5 »

	Fr. c.
Un lieutenant du 9ᵉ chasseurs. Vive *La Libre Parole*! Vive la France! (7)....................	10 »
Dix lieutenants célibataires du 19ᵉ chasseurs (11)	10 »
Un lieutenant de chasseurs à cheval d'Auch. Vive la France aux Français! (7)............	10 »
Quinze lieutenants de chasseurs; trois sous-lieutenants; un médecin-major (10)............	36 »
Un groupe de lieutenants de chasseurs alpins (10)	30 »
Groupe de lieutenants de chasseurs alpins (13)..	20 »
Un lieutenant de chasseurs à pied (10)........	5 »
Un lieutenant de chasseurs à pied des Vosges (13)	2 »
Un lieutenant du 5ᵉ chasseurs (5)............	1 »
Obole d'un lieutenant du 10ᵉ chasseurs à pied, sa femme et son petit garçon. Honneur à la veuve et à l'orphelin! (12)....................	2 10
Obole d'un lieutenant du 23ᵉ bataillon de chasseurs à pied (10)......................	2 »
Lieutenants d'un bataillon de chasseurs à pied (4).	50 »
Groupe de lieutenants d'un bataillon de chasseurs à pied (10)........................	32 »
Un groupe de lieutenants de chass. vosgiens (7).	22 »
Un lieutenant de cuirassiers (1).............	5 »
Un lieutenant de cuirassiers (8)..............	5 »
Un lieutenant du 2ᵉ cuirassiers (6)...........	10 »
Un lieutenant du 2ᵉ cuirassiers (5)...........	10 »
Un lieutenant de cuirassiers de l'Est (5).......	10 »
Un lieutenant de cuirassiers de Paris (3)......	5 »
Un lieutenant de cuirassiers de la garnison de Paris (6).............................	5 »
Un lieutenant de cuirassiers qui, grâce aux dreyfusards, comprend la Saint-Barthélemy (1)....	10 »
Deuxième versement d'un lieutenant de cuirassiers, pour protester contre la circulaire de la Souris blanche, inspirée par la Synagogue et le Grand Orient. Allons! camarades, faites tous de même! (16)......................	10 »
Quinze lieutenants de cuirassiers (9)..........	70 »
Un lieutenant de dragons (5)...............	10 »
Un lieutenant de dragons (4)...............	100 »
Un lieutenant de dragons, pour le sabre avec ou sans goupillon (3)......................	10 »
Les 22 lieutenants d'un régiment de dragons dont les sabres sont prêts (5)..................	100 »
Un groupe de lieuten. de dragons prêts à agir (5)	140 »

Plusieurs lieutenants de dragons dans l'Est (12)..	100 »
Un ancien lieutenant de francs-tireurs, sa femme et leurs six enfants, pour aider M⁻ veuve Henry à défendre la mémoire de son mari et le nom de son garçon. A défaut et en attendant mieux (12)...	10 »
Un lieutenant de gendarmerie (6)..................	2 »
Un lieutenant de gendarmerie (10).................	3 »
Un lieutenant de la 3ᵉ légion de gendarmerie (3).	3 »
Un lieutenant du 7ᵉ génie (17).....................	3 »
Un groupe de lieutenants du génie (6).............	20 »
Un groupe de lieutenants du génie (10)............	20 »
Lieutenants et sous-lieuten. du 14ᵉ houzards (11)	170 »
Un lieutenant de hussards (4).....................	20 »
Un lieutenant de hussards (6).....................	10 »
Deux lieutenants de hussards (6)..................	10 »
Un lieutenant de hussards, vieux camarade de Lasies, à Laghouat (6)............................	5 »
Un lieutenant de hussards, à Bordeaux (9)......	5 »
Trois lieutenants de hussards contre le Juif Reinach, Bordeaux (4)................................	15 »
Trois lieutenants de hussards qui crient bien fort : A bas les Juifs ! (6)...............................	15 »
Un lieutenant pauvre d'argent, mais riche de haine et d'audace, qui regrette de ne commander qu'un modeste peloton, au lieu du Gouvernement militaire de Paris. Ce serait vite fait!!! (Troisième envoi) (16)	1 05
Un lieutenant d'infanterie (5).....................	10 »
Un lieutenant d'infanterie (3).....................	2 »
Un lieutenant d'infanterie (3).....................	2 »
Un lieutenant d'infanterie (5).....................	5 »
Un lieutenant d'infanterie (5).....................	20 »
Un lieutenant d'infanterie (3).....................	2 »
Un lieutenant d'infanterie (3).....................	2 »
Un lieutenant d'infanterie (3)	2 »
Un lieutenant d'infanterie (3).....................	3 »
Un lieutenant d'infanterie (5).....................	5 »
Un lieutenant d'infanterie (6).....................	5 »
Un lieutenant d'infanterie (9).....................	5 »
Lieutenant et s.-lieut. d'infanter., en fin de mois (9)	3 »
Un lieutenant d'infanterie qui serait heureux et fier de servir sous les ordres du lieutenant-colonel Rostand (6).................................	30 »

	Fr.	c.
Un tout petit lieutenant. Ayant le droit d'être franc-maçon (Freycinet l'a dit), j'ai le droit de souscrire et je souscris. Deuxième versement.	5	»
Des lieutenants d'infanterie, tout à côté de la frontière (8)............	15	25
Lieutenant d'infanterie, Chalon-sur-Saône (10)...	2	»
Lieutenant d'infanterie, Coulommiers, 15; sa fille Yvonne, 5 (8)............	20	»
Un lieutenant d'infanterie d'Évreux (6).......	10	»
Un lieutenant d'infanterie, à Gérardmer (5).....	10	»
Un lieutenant d'infanterie de Nancy (11).......	1	»
Un lieutenant d'infanterie de Nancy (11).......	1	»
Un lieutenant d'infanterie de Nancy (11).......	5	»
Un lieutenant d'infant. et sa femme, Narbonne (10)	2	»
Lieutenant au 32e d'infanterie (3)............	10	»
Un lieutenant du 33e, Arras (3)............	1	»
Deux lieutenants du 33e d'infanterie, Arras (3).	2	»
Un lieutenant du 92e d'infanterie (9).........	2	»
Un lieutenant du 68e, Issoudun (9)..........	5	»
Un lieutenant du 91e (10)................	1	65
Un lieutenant du 121e, Lyon (11)............	2	50
Un lieutenant du 131e de ligne (12)..........	5	»
Un lieutenant au 135e de ligne (5)...........	5	»
Un lieutenant du 138e régiment d'infanterie (5).	30	»
Un lieutenant d'inf. qui n'a que sa solde, Nancy (3)	1	»
Un lieutenant d'infanterie de marine, pour la suppression des Juifs (7).............	2	»
Lieutenants d'infanterie de Lisieux (9).........	10	»
Deux lieutenants du 2e de marine (10)........	5	»
Quatre jeunes lieutenants d'infanterie qui, au milieu des gaîtés du réveillon de Noël, n'oublient pas leur devoir (15)............	8	40
Six lieutenants d'infanterie (14).............	3	»
Six lieutenants et un sous-lieutenant du 121e d'infanterie en garnison à Lyon (11)............	24	»
Un groupe de lieutenants d'infanterie (4)......	15	»
Deux lieutenants du 15e d'infanterie (12).......	5	»
Un groupe de lieutenants du 66e de ligne (10)....	15	»
Un groupe de lieuten. du 35e de ligne, Belfort (6)	17	50
Lieutenants et sous-lieuten. du 162e, à Verdun (14)	27	50
Groupe de lieutenants et la mère d'un officier (10)	10	»
Groupe de lieutenants et sous-lieutenants d'infanterie, Le Mans (10).............	14	»
Groupe de lieutenants et sous-lieutenants du 154e,		

à Lérouville (11).....	10	»
Groupe de lieutenants d'infanterie de Lyon (7)...	7	»
Les lieutenants d'infanterie de Nogent-le-Rotrou (13).....	20	»
Un groupe de lieutenants et de sous-lieutenants d'infanterie de Vannes (13).....	15	»
Groupe de lieutenants d'infanterie et de cavalerie (12).....	70	50
Pension de lieutenants d'infanterie d'un régiment en garnison dans une grande ville de l'Ouest, tous antisémites (6).....	17	»
Une table de lieutenants d'infanterie (9).....	25	»
Une table de lieutenants d'infanterie de la garnison de Paris (3).....	60	»
Lieutenant d'infanterie de marine (9).....	2	»
Un lieutenant d'infanterie de marine (4).....	7	»
Un lieutenant d'infanterie de marine (11).....	5	»
Un lieutenant d'infanterie de marine en haine de l'escroc de Nivillers et de son gendre (5).....	5	»
Un lieutenant d'infanterie de marine. Pour la confusion des Juifs et le triomphe des honnêtes gens (16).....	3	»
Un lieutenant d'infanterie de marine et sa femme (3).....	20	»
Un lieutenant d'infanterie de marine, Brest (16).	2	»
Un lieutenant de marsouins (8).....	5	»
Un lieutenant de marsouins (9).....	2	»
Un lieutenant du 3e tirailleurs (8).....	5	»
Quatre lieutenants de turcos (17).....	10	»
Quatre lieutenants du 2e zouaves (17).....	10	»
Des lieutenants du 2e zouaves à Oran (16).....	12	»
Un lieutenant de réserve (8).....	20	»
Un lieutenant de réserve (12).....	0	25
Un lieutenant de réserve d'infanterie, à G (10)...	5	»
Un lieutenant de réserve breton, antijuif, antihuguenot et antifranc-maçon (6).....	2	»
Un ex-lieutenant de réserve du 37e régiment de ligne (17).....	5	»
Un lieutenant du 26e régiment territorial d'infanterie (2).....	20	»
Un lieutenant du 77e territorial (3).....	5	»
Un lieutenant du 99e territorial, à Clermont-Ferrand (10).....	1	»
Un lieutenant au 128e territorial (4).....	2	»

3

	Fr.	c.
Un lieutenant territorial. A Cayenne Reinach et les vieux vendus ! A quand le sabre ? (7)	5	»
E. P., enseigne de vaisseau (21)	10	»
Un enseigne de vaisseau à Cherbourg (16)	20	»
Un enseigne de vaisseau en congé (4)	2	»
Un enseigne de vaisseau, pour la souscription (10)	5	»

Sous-lieutenants

	Fr.	c.
A. B., sous-lieutenant de réserve au 128ᵉ d'infanterie (4)	5	»
A. M., sous-lieutenant au 65ᵉ territorial (7)	5	»
L. M., ex-sous-lieutenant au 159ᵉ d'infanterie. Vive la France ! A bas les youtres et les francs-maçons qui insultent l'armée ! (9)	5	»
P., sous-lieutenant, 6ᵉ territorial (15)	2	»
P. F., sous-lieutenant de cuirassiers, à Lunéville (10)	5	»
W. X., ancien sous-lieutenant de réserve et de territoriale (4)	5	»
Sous-lieutenant, Chalon-sur-Saône. Sabre au clair ! (7)	2	»
Un sous-lieutenant de l'active (3)	5	»
Un sous-lieutenant d'infanterie (3)	2	»
Un sous-lieutenant d'infanterie A bas tous les Juifs ! (10)	5	»
Un sous-lieutenant d'artillerie (6)	1	»
Un sous-lieutenant de cavalerie (10)	5	»
Un jeune s.-lieutenant qui déteste les Juifs (14)	2	»
Un sous-lieutenant sorti du rang. La Roche-sur-Yon (6)	1	95
Un Picard, sous-lieutenant de réserve de chasseurs à pied (6)	5	»
Un sous-lieutenant de réserve au 1ᵉʳ régiment de dragons, Dole (15)	3	»
Un sous-lieutenant de réserve au 36ᵉ d'artillerie. Où êtes-vous mon général ? et à quand le coup de balai salutaire ? Faites vite, avant que retentisse le commandement : Mobilisation (9)	2	»
Un de vos dévoués lecteurs, sous-lieutenant de territoriale (17)	5	»
Un vieux sous-lieutenant de territoriale de Besançon (11)	5	»

— 30 —

	Fr. c.
Un sous-lieutenant du 18e territorial (2)............	5 »
Un ex-sous-lieutenant au 12e mobiles de la Seine (4)...	5 »
Un sous-lieutenant du 33e, qui exècre Boute-de-Juif et sa clique (7).............................	1 »
Un sous-lieutenant au 71e territorial (8)............	10 »
Un sous-lieutenant au 242e à Belfort (5)..........	10 »
Les sous-lieutenants du 1er chasseurs (12).........	10 »
Deux sous-lieutenants à la fin du mois (14)......	3 »
224 sous-lieutenants (7).............................	421 30
Un chef de musique patriote (10)...................	1 »
Un chef de musique en retraite, père de trois officiers (6)	15 »
Un porte-drapeau d'infanterie de marine (16)....	2 »
Les aspirants de marine d'un cuirassé (8)......	20 »
Réparation d'un oubli. Trois élèves-officiers de Versailles (9).....................................	3 »
Quatre-vingt-cinq élèves-offic. de Versailles (6)..	85 »
Futur élève-officier de Versailles (11).............	1 65

Médecins et Vétérinaires militaires

Devie (Al.), ex-vétérinaire militaire, à Tours (16)	5	»
Guesquin de Bitche, ex-aide-major pharmacien (6)	20	»
A. G., vétérinaire au 17e chasseurs (8)............	5	»
M. (Docteur), médecin de l'armée de mer, fils, petit-fils et neveu d'officiers sans fortune (6)..	5	»
J. C., vétérinaire militaire (8).......................	5	»
P. V., vétérinaire militaire (10)....................	5	»
Aide-major de l'armée active (5)...................	2	»
Un médecin de la marine, à Cherbourg (9)......	3	»
Un médecin-major (13)..............................	2	»
Un médecin-major antisémite (4)..................	5	»
Un médecin de la marine qui n'est pas docteur (soigne quand même les Juifs) (13)............	1	»
Un médecin militaire (17)...........................	5	»
Un médecin militaire de Lyon, qui voudrait que l'on pratiquât la vivisection sur les Juifs plutôt que sur d'inoffensifs lapins (11).................	5	»
Un médecin militaire à Grenoble (17).............	3	»
Un médecin militaire en retraite. Vive la France aux Français ! (10).................................	5	»
Un vétérinaire militaire (5).........................	5	»

	Fr. c.
Un vétérinaire militaire. Vivent Rochefort et Drumont ! (15)..	5 »
Un vétérinaire militaire en retraite. Mort aux Juifs ! — Honte à la magistrature ! (5)........	7 »
Deux vétérinaires de la 8ᵉ section de Vierzon, 2 fr.; un martyr des Comptes-Courants, 0 fr. 50; un Auvergnat, 0 fr. 10 (40)...................	2 60

N. B. — Pour les officiers de l'armée active, de la réserve, de la territoriale et anciens officiers sans distinction de grade, voir ci-dessous le chapitre **Officiers sans distinction de grade.**

IV

Officiers et anciens officiers, sans distinction de grade.

	Fr.	c.
Astruc, officier en retraite (5)...............	2	»
Bailly (B.), ancien officier de marine (3)........	10	»
Banvieux (E.), officier de marine (12)............	5	»
Barbier (Armand), officier en retraite (2).......	10	»
Barrere (Henry), officier de réserve d'artillerie(4).	10	»
Barrère (Ch.), officier de réserve (5)........	5	»
Bethout (M.), officier de réserve (17)..........	2	»
Bethout (M.), officier de réserve, à Boulogne (16)	2	»
Bibet (A.), officier de cavalerie démissionnaire (17)	10	»
Borja (Comte C. de), ancien officier de l'armée portugaise (17)..	2	50
Breton, officier en retraite (8)..................	20	»
Bridel (H.), officier d'infanterie de marine, à Issé (6)...................................	10	»
Cabanes (Henri), officier de cavalerie (14)	10	»
Cabanes (Henri), officier d'infanterie..........	10	»
Carlo, ancien major au 10ᵉ, contre le sâle youpin Boule de Juif (11)............................	1	»
Caron, officier de réserve de chasseurs à pied (3)	1	»
Chabaud-Latour (Baron de), ancien officier (6)...	50	»
Champgrand (Hubert de), officier de cavalerie (9)	20	»

	Fr.	c.
Chazelle (Comte de), ancien officier (11)..........	10	»
Clinchamp (Comte de), ancien officier de chasseurs d'Afrique (7)...................................	10	»
Combalot, officier supérieur en retraite (7)......	5	»
Corbin (Léonce), officier de cavalerie territoriale, Poitiers (3).....................................	5	»
Cordier, officier supérieur (10)...................	1	»
Crespel (M.), officier de territoriale (8)..........	20	»
Darcourt (A.), officier de réserve (12)............	2	»
David-Marescot (G.), ancien officier (14)........	5	»
Decamp, officier d'administration (voir *Valerio*)		
Delaitre, officier territorial (12).................	1	»
Delerue (Henri), offic. de rés. au 129ᵉ de ligne (16)	10	»
Denjean (Charles), ex-officier de mobiles, et son petit Pierre, futur soldat de France. Pour protester contre l'attitude antifrançaise des Jaurès, Delpech et autres sans-patrie (15)...............	2	»
Desgeorge (Marcel), officier de rés. de caval. (4).	10	»
Dezerzeul (Comte de), ancien officier supérieur au Val (14)......................................	20	»
Dupuy (M.), ancien officier de réserve au 36ᵉ de ligne (3)......................................	5	»
Dutheillet (H.) de Lamothe, ancien officier (8)...	10	»
Duval (Charles), officier en retraite (7)..........	20	»
Enseuq (A.), ancien officier de zouaves (17).....	1	»
Exéa (Marquis d'), ancien officier (14)...........	20	»
Farcy (M.), officier supérieur de la marine en retraite, ancien député (8).......................	10	»
Finot-Prevost, ancien officier de cavalerie (4)....	20	»
Fitz-James (Comte de), ancien officier de cavalerie (8)......................................	20	»
Fitz-James (Comte Jacques de), ancien officier de cavalerie et ses deux fils Etienne et Edouard (10)	30	»
Fosse (Comte Bernard de la), ancien officier de cavalerie (11).................................	20	»
Fouché (H.-E.), ancien officier d'artillerie (6)...	20	»
Froyé (A.), officier de marine en retraite (4).....	5	»
Gaillard, officier territorial (8)...................	1	»
Galembert (Baron de), ancien officier de cavalerie (6)......................................	10	»
Garrigue (Léon), ancien officier d'infanterie, 10, rue de Grenelle (8).............................	5	»
Girandon (V.), officier mécanicien de la marine en retraite, à Sanary (5)...........................	5	»

	Fr. c.
Goërg (J.), ancien officier au 2e zouaves et à la légion étrangère. A la mémoire de son très vénéré chef (7)	5 »
Gontaut-Biron (Raoul de), ancien officier (3)	20 »
Grammont* (Comte de), anc. off. d'infanterie(12).	100 »
Guillemot (A.), ancien officier de cavalerie, à Couchey (Côte-d'Or) (10)	5 »
Hendecourt (H. d'), ancien officier (4)	20 »
Huin (H.), officier démissionnaire ; Mme L. Huin; A. Gondois (10)	3 »
Joussan (A.), officier d'infanterie démissionnaire (promotion Plewna) (4)	10 »
Kœchlin (Marcel), ancien officier au 1er régiment de la légion étrangère et au 90e régiment d'infanterie. En souvenir de ses chefs, de ses camarades et de ses hommes morts pour la patrie (4)	1000 »
Krebs, officier de réserve (3)	2 »
Lachèvre (L.), officier de réserve (10)	5 »
Laferrière, officier en retraite, à Lunéville (5)...	10 »
Lallemand (Mme et M.), officier en retraite (5)...	10 »
Laurent (M.), officier territor. au 30e dragons (11)	5 »
Lauriston (G. de), ancien officier de chasseurs à pied (10)	40 »
Le Brun de Rabot, officier supérieur (9)	5 »
Leprenez (Paul), officier de réserve au 18e bataill. de chasseurs à pied (4)	5 »
Linière (Raoul de), ancien officier, château de Maurice, par Foulletourte (9)	5 »
Maenerbe (Comte de), ancien officier de cavalerie (11)	20 »
Malmanche, officier de cavalerie, Brest (11)	5 »
Meilheurat des Pruveaux, officier de territor. (8)	5 »
Michel, officier retraité (8)	5 »
Mille, officier d'administration en retraite (6)	5 »
Milleret, officier d'artillerie, La Roche (8)	10 »

---

* On lit dans le *Temps* :

« Nous recevons au sujet des listes de la *Libre Parole*, la déclaration suivante :

« Le comte A. de Gramont, docteur ès sciences, désireux d'éviter toute confusion, prie le journal le *Temps* de vouloir bien faire connaître que ce n'est pas lui dont le nom figure sur les listes de la souscription Henry à la *Libre Parole*. »

	Fr. c.
Monthel (Comte de), ancien officier, petit-fils du dernier ministre des finances du roi Charles X, fils d'officier, père d'officier, courtisan du malheur (11)...	20 »
Morel, officier en retraite, Bourg (8)...............	5 »
Munier (M.), officier en retraite (3)..................	5 »
Noblet, à Vouvray, ancien officier (6)...............	5 »
Orgeval (Baron G. d'), ancien officier de mobiles (3)..	10 »
Paquin (Fred.), ancien officier de turcos, agent de change honoraire (6)................................	20 »
Penchenat (E.), ancien officier de lanciers, son fils et son neveu. Vive le Prince Victor ! (6)..	2 »
Penguerin (A. de), officier démissionnaire (12)..	50 »
Péquet (R.), commerçant, officier de réserve au 146e, et son employé Charles Lettery (6).......	2 »
Périn, Angers, ancien militaire, 14 ans de service, colonel en 1870, magistrat en retraite (4)	3 »
Perthuis (Vicomte de), officier de cavalerie démissionaire (5)...	20 »
Petetin (Eugène), ancien officier de marine (3)..	20 »
Plasse, officier d'administration, à Briançon (4).	10 »
Pomairol (Marquis Jean de), officier de réserve de cavalerie (47)....................................	5 »
Quesnoy (Du), ancien officier, à Rouen (8)........	20 »
Raissac, officier charentais. Par sympathie pour les souffrances imméritées de Mme Henry avec un bon gros baiser pour le bébé (10)...........	3 »
Ramet, officier d'administration (16)...............	5 »
Rochechambert (La), officier de cavalerie (16)..	10 »
Rohrbacher (G.), officier d'artillerie en retraite, chevalier de la Légion d'honneur ; Mme Rohrbacher, fille de magistrat, et leurs 4 enfants (5)	2 »
Ruelle (Edmond), officier d'administration de l'intendance militaire, en retraite, Bourges (5).	5 »
Saboulin (A. de), ancien officier. Protestation d'un père de dix enfants, dont huit garçons, qui s'unissent à lui contre les ennemis de la France (11)...	10 »
Simonnet (A.), officier en retraite, chevalier de la Légion d'honneur, à Lyon (16)..................	5 »
Sonnet (E.), officier de réserve (8)...................	5 »
Steenman, officier de réserve (5).....................	3 «
Tripogney, officier territorial (10)....................	5 »

	Fr. c.
Troussaint (J.), ancien officier, ex-lecteur du *Soleil* (4)	5 »
Vasse, officier démissionnaire, officier de réserve au 5ᵉ d'infanterie (17)	100 »
Vaucelle (Comte J. de), officier de réserve (25)	10 »
Vauguion (Charles de), ancien officier (14)	25 »
Ventrillon (E.), officier de territoriale (16)	1 »
Ville (Charles), ancien officier en 1874; Charles Ville fils, du 6ᵉ bat. d'art.; René Ville fils, du 24ᵉ de ligne.; Mme Ville	10 »
Vinsonnaud (M.), officier supérieur en retraite et sa famille (7)	10 »
Vivarès (J.), ancien officier de réserve, 62, rue du Bac. Pour laver le groin à Reinach (16)	1 »
A. (d') Ancien officier espagnol pour la victime des traîtres à la France (4)	2 »
A. de B., ancien officier, Nantes (5)	5 »
A. F., officier en retraite (4)	3 50
A. L., officier à Lyon (8)	5 »
A. M., officier de marine	20 »
A. M., officier de marine (7)	20 »
B., ancien officier ruiné (6)	1 »
B. F., ancien officier au 133ᵉ rég. territ. (10)	1 »
C. A., officier du 19ᵉ escadron du train (3)	5 »
Ch. du B., officier supérieur en retraite (12)	10 »
C. F., ancien officier (5)	5 »
D. Q., ancien volontaire, ancien officier territorial (17)	5 »
E. G., ancien officier d'administration de l'armée territoriale (9)	2 »
E. G., une table d'officiers (7)	7 »
F. T., ancien officier (2)	5 »
G. F., officier d'artillerie (7)	2 »
G. L., officier en retraite (2)	5 »
G. M., officier de cavalerie (4)	3 »
H. A. B. A., officier (9)	1 20
H. B., officier de réserve au 10ᵉ chass. à pied (5)	5 »
H. S., officier de marine en retraite, Montpellier (5)	5 »
H. de T. (Comte), ancien officier supérieur (6)	50 »
J. P., officier en retraite (3)	1 »
J. V., officier d'infanterie (3)	50 »
K. B., officier de réserve, le plus ancien lieutenant de l'armée française (15)	2 »

	Fr.	c.
L. C. M., officier (4)	90	»
L. D., ancien officier d'état-major (14)	200	»
L. D., de Garlin (Basses-Pyrénées), ancien officier du 14ᵉ d'artillerie (12)	1	»
L. H. T., officier démissionnaire (6)	5	»
M. A. F. P. B., ancien officier (11)	2	»
M. D., officier, Saumur	5	»
M. F., officier au 135ᵉ rég. territ., Toulouse (10)	1	»
P. A., officier de réserve (2)	2	»
R., officier d'administration en retraite (15)	5	»
R. C., J. C., I. C. Un officier, sa femme et son fils (6)	3	»
R. D., officier démissionnaire (6)	20	»
S. C. D., officier d'état-major (6)	10	»
V. (Marquis de), ancien officier de marine (8)	20	»
V. M., officier de réserve (6)	5	»
X.., officier, Montélimar. Pour "désinfecter la France (8)	5	»
X. de L., officier supérieur (8)	5	»
X. et Z., officiers d'administration et patriotes (9)	5	»
X. J., ancien officier, magistrat en retraite. Honneur à Drumont (8)	2	»
Y., officier, Montélimar (8)	5	»
Z., officier pauvre	0	15
Un officier (2)	10	»
Un officier (5)	25	»
Un officier (6)	20	»
Un officier (6)	20	»
Un officier (6)	5	»
Un officier (9)	5	»
Un officier (9)	10	»
Un officier (10)	5	»
Un officier (10)	2	»
Un officier (14)	5	»
Un officier (3)	16	»
Obole anonyme d'un officier (16)	10	»
Participation d'un officier (7)	5	»
Un officier pour aider au relèvement de la France par l'abaissement des Juifs et des Francs-Maçons (3)	10	»
Un officier. Protestation contre les agissements de la haute magistrature (6)	5	»
Un officier. Que l'Alsace-Lorraine conserve toute confiance en nous! (8)	2	50

	Fr.	c.
Un officier. Que Lyon est à plaindre! Voyez son journal *Le Progrès* (11)........	1	05
Un officier. Un franc pour nettoyer la corde lorsqu'elle aura servi (13)........	1	»
Un officier qui voudrait essayer son sabre sur l'immonde Reinach (17)........	0	50
Un officier, ancien abonné du *Soleil* (6)........	10	»
De la part d'un officier (4)........	5	»
Faible offrande d'un officier (11)........	5	»
Un officier (4)........	20	»
Sa femme (4)........	10	»
Sa mère (4)........	5	»
Ses enfants (4)........	5	»
Un officier (9)........	20	»
Femme d'officier (9)........	10	»
Fille d'officier (9)........	10	»
Un officier, un vicaire, Faure d'Hippolyte (7)...	5	»
Officier et couturière, A bas les Juifs! (7)......	5	»
Un officier et son amie G. (16)........	2	»
Un ménage d'officier (14)........	5	»
Un officier breton (6)........	5	»
Un officier breton (12)........	2	»
Un officier et ses deux fils (4)........	5	»
Un officier français, chevalier de la Légion d'honneur (16)........	2	»
Un officier de la garnison d'A... — Pour la veuve et son fils qui deviendra défenseur de la France si Dieu lui prête vie (10)........	3	»
Un officier, à Angers (5)........	5	»
Un officier, Biz-Harmada (9)........	5	»
Un officier, Chalon-sur-Saône (9)........	2	»
Un officier, à Châteauroux (4)........	4	»
Un officier, à Cherbourg (5)........	5	»
Un officier, à Dijon (8)........	2	»
Un officier, Épinal. Que Dieu protége la France (6)	5	»
Un officier, Fougères (9)........	2	»
Un officier, à Issoudun (4)........	5	»
Un officier, à Langres (7)........	5	»
Un officier, Libourne, 2ᵉ envoi (17)........	0	50
Un officier de la garnison de Limoges (5).......	5	»
Un officier antijuif de Nantes. A bas les Juifs!(5).	5	»
Un officier, Paris (4)........	5	»
Un officier de Paris (9)........	1	»
Un officier de Reims (11)........	5	»

	Fr.	c.
Un officier, pas riche, de Saint-Malo (12)............	1	»
Un officier de Sampigny (7)........................	5	»
Un officier de Sampigny (20ᵉ chasseurs (12).....	5	»
Un officier et sa femme, Toulouse (6)............	10	»
Un officier de la Valbonne (10)....................	5	»
Un officier de Versailles (16)......................	5	»
Un officier alsacien, ancien zouave (10)..........	2	»
Un officier antisémite (4).........................	5	«
Un officier, camarade d'Henry, et son fils Georges et son neveu Henri, saint-cyrien (10)........	10	»
Un officier corse. A bas les traîtres! (7).........	2	»
Un officier aux arrêts. Merci au brave Freycinet qui a montré son courage en nous fichant au clou (17)...	1	»
Un officier aussi dégoûté des gredins qui insultent l'armée que des pleutres représentants qui ne la défendent pas (16).....................	10	»
Un officier. Pour que les écailles tombent des yeux des aveugles (10).................................	5	»
Un officier. Youdi beni kelb (Juifs fils de chiens) 14	1	»
Un officier ayant servi au 2ᵉ zouaves sous les ordres du colonel Henry (7).....................	2	»
Un officier champenois et catholique (11).......	2	»
Un officier charentais grand admirateur de Drumont et de ses dévoués collaborateurs (16).	1	05
Un officier de l'active, parce qu'on vient de défendre de souscrire. Deuxième versement (14).	5	»
Un officier de l'armée, contre les Juifs, qui inscrit sur son carnet les noms des quarante-quatre Prussiens du Conseil municipal (7)....	1	05
Un officier de l'armée active, fils d'officier. Pour la mémoire du colonel Henry, héros de « servilité *(sic)* et de grandeur militaires » (6).......	2	»
Un officier de remonte d'Algérie (17).............	3	»
Un officier démissionnaire (7)....................	50	»
Un officier démissionnaire et pauvre, officier de la Légion d'honneur (7)..........................	2	25
Un officier dévoué à toutes les causes justes que vous défendez (11)................................	50	»
Un officier d'ordonnance, à Paris (9).............	10	»
Un officier d'ordonnance alsacien et sa femme (10)...	10	»
Obole d'un officier écœuré des agissements de la chambre bien nommée criminelle (10)........	1	»

	Fr. c.
Faible offrande d'un vieil officier de Crimée écœuré de ce qui se passe, Blois (4)............	5 »
Un officier, en admiration de la belle œuvre entreprise par *la Libre Parole* (16)............	1 50
Un coup de cravache bien appliqué par un officier français (16)............	1 »
Un officier patriote (14)............	20 »
Un officier pauvre (3)............	10 »
Un officier pauvre (6)............	2 »
Un officier pauvre (10)............	1 05
Un officier pauvre (14)............	5 »
Un officier pauvre donnerait une année de solde pour voir chasser à coups de pied dans le dos tous les Youpins de France et d'Algérie (17)...	5 »
Humble offrande d'un officier pauvre (7)........	1 35
Un officier protestant (5)............	5 »
Un officier protestant, désireux de ne pas voir confondre ses coreligionnaires français avec une tourbe d'immigrés se réclamant de l'Eglise réformée (5)............	5 »
Un officier puni pour avoir souscrit (17)........	1 50
Deux officiers (1)............	30 »
Deux officiers (12)............	2 »
Deux officiers : Pierre et Jean (12)............	2 »
Deux officiers annexés à qui les Juifs et les Prussiens ont tout pris et dont les sabres sont prêts (8)............	8 »
Deux officiers de fortune (3)............	1 »
Deux frères officiers qui seront toujours Siamois contre les Juifs (12)............	4 »
Deux officiers du train, fils d'officiers (14)......	2 »
Un groupe d'officiers du train des équipages (8) ..	35 »
Trois officiers. A quand le vernissage? (10)......	15 »
Trois officiers que la discipline force de garder l'anonyme, Albi (16)............	3 »
Officiers et fonctionnaires du Vermout-Club, de Montargis, Vendée (10)............	5 »
Quatre officiers contre le sale Youtre Reinach (6)	27 »
Un groupe d'officiers (5)............	300 »
Un groupe d'officiers (9)............	73 50
Un groupe d'officiers (5)............	23 »
Un groupe d'officiers (10)............	26 50
Résultat d'une partie de 3 officiers, chevaliers de la Légion d'honneur (7)............	15 »

	Fr.	c.
Offrande d'un petit groupe d'officiers (16)......	10	»
Trois officiers d'Argentan (10)............	6	»
Une table d'officiers de Bourg (6)...........	10	»
Un groupe d'officiers de l'armée de terre, à Brest (6)	150	»
Un officier de Châlons, qui hait les Juifs (8)......	5	»
Quatre officiers du 2e gr. au camp de Châlons (10)	5	»
Quelques jeunes officiers du camp de Châlons (16)	5	»
Groupe d'officiers, Dijon (9)..............	13	25
Un groupe d'officiers de Dunkerque (8)........	34	»
Groupe d'officiers d'un régiment de l'Est (11)....	75	»
Un groupe d'officiers d'une garnison de l'Est (4).	25	»
Trois officiers Alpins, de Grasse (7)..........	6	»
Un groupe d'officiers de Juvigny (9)..........	29	»
Un groupe de trois officiers au café du Commerce, Le Blanc (11)......................	8	»
Un groupe d'officiers de Montauban (6)........	10	»
Une pension d'officiers, Montélimar (8)........	10	»
Quelques officiers de la garnison de Nancy. A la veuve du colonel Henry (5).............	10	»
Quatre officiers en garnison à Nice (12)........	7	»
Une table d'officiers, Noisy (6).............	50	»
Un groupe d'officiers, Pithiviers (5)..........	3	»
Un groupe d'officiers des Pyrénées (15)........	63	50
Quatre officiers de Nancy (6)..............	20	»
Un groupe d'officiers de l'active de Rouen (15)...	15	»
Un groupe d'officiers de Saint-Maixent (10)	7	»
Un groupe d'officiers de S.-et-O (6)...........	44	»
Des officiers de Tarbes (12)................	11	65
Deux officiers de Tebessa (Algérie) (17)........	4	»
Quelques officiers de la garnison de Vienne (8)...	10	»
Un officier de zouaves (6).................	5	»
Un officier d'administration (6).............	5	»
Un officier d'administration (17)............	5	»
Un officier d'administration et sa famille (14)...	10	»
Un officier d'administration. A la porte les Juifs! A bas les judaïsants! (17)...............	2	»
Officier d'administration du service de santé (9).	2	»
Un officier d'administration adjoint de 2e classe à 195 fr. par mois depuis 9 ans (7)...........	0	50
Un officier d'administration en retraite. Pour l'expulsion des Youddis (3)...............	5	»
Un officier d'administration demande la suppression du café en tablettes, invention d'un Juif, nuisible au soldat (7)................	2	»

	Fr. c.
Groupe d'officiers d'administration (10)	10 »
Un groupe d'officiers d'administration de la place de Besançon (10)	10 »
Un officier d'artillerie (7)	5 »
Un officier d'artillerie (8)	2 »
Un officier d'artillerie (11)	5 »
Un officier d'artillerie, auteur de la chanson, le « Youddi » (14)	10 »
Un officier d'artillerie, à Angoulême (6)	2 »
Un officier d'artillerie d'Angoulême. En haine des Juifs (6)	5 »
Un officier d'artillerie, Orléans (3)	10 »
En mémoire d'un officier d'artillerie qui souffrirait de la turpitude de la cour supérieure (4)	5 »
Vingt-huit officiers d'artillerie de la garnison d'Orléans (10)	104 »
Groupe d'officiers d'artill., garnison de l'Ouest (10)	26 »
Un officier d'artillerie, Poitiers (8)	20 »
Un officier d'artillerie de Poitiers et sa famille (9)	20 »
Un officier d'artillerie, à Versailles (3)	5 »
Un groupe d'officiers d'artillerie, à Tarbes (8)	40 »
Deux officiers du 33e d'artillerie (10)	10 »
Groupe d'offic. d'artill. de marine de Lorient (10)	32 »
Un officier de cavalerie (7)	5 »
Un officier de cavalerie (13)	5 »
Un officier de cavalerie (14)	50 »
Un officier de cavalerie. Sus aux Juifs! Pour l'attaque, chargez!.. Mort aux traîtres! Vive la France aux Français! (8)	1 »
Un officier de caval., ancien lecteur du *Soleil* (7)	5 »
Un officier de cavalerie, Cambrai (10)	5 »
Un officier de cavalerie de l'Est (10)	10 »
Un officier de cavalerie et un bon Français de Lorraine (8)	5 »
Officier de cavalerie à Lunéville (9)	10 »
Un officier de cavalerie, Meaux	20 »
Un officier de cavalerie de Reims, 10 fr.; sa femme, 5 fr., ensemble (10)	15 »
Un officier de cavalerie de Sedan (10)	5 »
Un officier de cavalerie de la promotion de Morès, une journée de solde (5)	10 »
Un officier de cavalerie qui prie ses camarades de ne plus lire le *Figaro*, tant que Cornély n'aura pas présenté ses excuses à l'armée (6)	5 »

	Fr.	c.
Un ancien officier de cavalerie en retraite, qui crie et criera toujours : « Vive l'armée et mort aux traîtres ! » (6)	3	»
Au nom d'un officier de cavalerie en retraite, de sa femme et de ses cinq garçons, dont quatre militaires (4)	2	»
Quelques officiers de cavalerie (6)	20	»
Deux officiers de cavalerie, un léger et un gros frère (7)	20	»
Vingt-six officiers d'une brigade de cavalerie de l'Ouest (9)	56	»
Un officier de chass., Limoges. Vive la France! (14)	5	»
Un officier de chasseurs alpins (10)	3	»
Un officier de chasseurs alpins, antiyoupin (5)	2	»
Un officier de chasseurs à pied (3)	2	»
Un officier de chasseurs à pied (8)	10	»
Officier de chasseurs à pied de la frontière des Vosges (11)	1	»
Un officier de chasseurs à pied. Pour l'enfant du colonel Henry (6)	10	»
Groupe d'officiers du 16ᵉ bat. de chass. à pied (10)	100	»
Deux officiers de chasseurs à pied. Pour l'enfant du colonel Henry (6)	10	»
Un groupe d'officiers de chasseurs à pied, en avant-garde à la frontière des Vosges (9)	40	»
Officiers de chasseurs à cheval à la frontière ont l'ennemi en face, regrettent d'avoir les traîtres derrière (4)	60	»
Un officier de cuirassiers (4)	5	»
Un officier de dragons, à Évreux (5)	10	»
Un groupe d'officiers de dragons (10)	35	»
A la veuve et au fils d'un camarade contre un sale Juif chassé de l'armée! Des officiers de dragons (8)	193	»
Un groupe d'officiers de dragons, Nantes (14)	72	»
Un groupe d'officiers de l'Ecole de guerre (8)	20	»
Un groupe d'officiers de l'Ecole de guerre envoie sa modeste obole en regrettant de ne pouvoir signer, car le silence et l'abstention pèsent aujourd'hui bien douloureusement au cœur de la Grande Muette (7)	20	»
Un officier d'état-major (8)	20	»
Un officier d'état-major (11)	5	»
Un officier d'état-major (16)	5	»

	Fr.	c.
Un officier d'état-major qui regrette d'être obligé de garder l'anonyme (15)	10	»
Un officier d'état-major qui se fiche de la circulaire Freycinet (16)	1	»
En souvenir des officiers de l'état-major de Boulanger (3)	2	»
Un officier du génie du gouvernement de Paris	3	«
Un officier de hussards (12)	5	»
Trois officiers de hussards d'un régiment de frontière (6)	15	»
Trois amis des officiers de hussards à Bordeaux (9)	15	»
Un groupe d'officiers de hussards qui ne comprend pas qu'on accepte les Juifs dans les états-majors (9)	50	»
Un officier d'infanterie (4)	5	»
Un officier d'infanterie (6)	5	»
Un officier d'infanterie (9)	1	»
Un officier d'infanterie (9)	1	»
Un officier d'infanterie (12)	2	»
Un officier d'infanterie (16)	3	»
Officier d'infanterie. *Pro patria* (9)	5	»
Un officier d'infanterie (7)	3	»
Sa femme et ses enfants (7)	1	»
Un officier d'infanterie et sa fantassine qui profitent de cette unique occasion pour protester à la muette contre l'ignominie des Youpins (9)	2	»
Un officier d'infanterie, à Aix (10)	5	»
Un officier d'infanterie, à Mamers (6)	10	»
Un officier du 31e régiment d'infanterie (7)	10	»
Officier du 34e d'infanterie (11)	0	25
Officier du 35e, Belfort (9)	8	50
Un officier du 119e (4)	5	»
Un officier du 132e (10)	2	»
Deux officiers d'infanterie (5)	10	»
Quatre officiers d'infanterie à 2 galons pour la veuve et l'orphelin, dans la mesure de leurs moyens (16)	5	»
Quelques officiers d'infanterie, de Nîmes (11)	10	»
Un groupe d'officiers d'infanterie (13)	11	»
Groupe d'officiers d'infanterie (10)	77	35
Une table d'officiers d'infanterie (6)	13	»
Groupe d'officiers d'infanterie, Lyon (8)	16	»
Une table d'officiers d'infanterie, Orléans (5)	12	»

	Fr.	c.
Un groupe d'officiers d'infanterie d'une garnison du Midi. Vive la France aux Français! (8)	17	»
Groupe d'officiers du 30ᵉ d'infanterie (12)	27	»
Groupe d'officiers du 38ᵉ (10)	10	»
Deux officiers d'infanterie de marine (6)	5	»
Un officier d'infanterie de marine protestant (8)	20	»
Un groupe d'officiers d'infanterie de marine (2)	35	»
Groupe d'officiers du 4ᵉ de marine (12)	93	»
Un deuxième groupe d'officiers d'infanterie de marine (4)	30	»
Un troisième groupe d'officiers d'infanterie de marine (7)	20	»
Un groupe d'officiers d'infanterie de marine de la brigade de Cherbourg (6)	80	»
Un officier de marine (5)	5	»
Un officier de marine (6)	25	»
Un officier de marine (6)	1	»
Un officier de marine (9)	5	»
Un officier de marine (13)	3	»
Un officier de marine, a Brest (5)	20	»
Un officier de marine, Cherbourg (16)	2	»
Un officier de marine de Lorient (11)	25	»
Un officier de marine de Toulon (4)	5	»
Un groupe d'officiers de marine, Toulon (7)	15	»
Un groupe d'officiers de marine, patriotes et antisémites (5)	33	»
Deux officiers de marine à Cherbourg (6)	5	»
Groupe d'officiers de marine (10)	9	»
Un officier de marine en retraite (3)	5	»
Un officier de marine en retraite et sa femme (6)	10	»
Officiers du *Cassini*, à Brest (14)	20	»
Cinq officiers de la *Foudre*, escadre de la Méditerranée (9)	25	»
Un Normand, officier de réserve, se f... de Freycinet (17)	5	»
Un officier de réserve (4)	2	»
Un officier de réserve (7)	0	50
Un officier de réserve (9)	1	»
Un officier de réserve, antisémite (9)	5	»
Un officier de réserve et sa femme (12)	2	50
Modeste obole d'un officier de réserve, époux et père, à la malheureuse veuve et à son cher enfant (8)	5	»
Un offic. de réserve du 13ᵉ escadron du train (17)	5	»

Un officier de réserve du 38ᵉ d'artillerie habitant Aix-en-Provence (11).....................	2 »
Un officier de réserve au 76ᵉ (6).....................	1 »
Un officier de réserve du 127ᵉ. Pourquoi n'a-t-on pas fusillé D....? (8).....................	2 »
Un officier de réserve du 132ᵉ (5).....................	2 »
Officier de réserve de Nancy (9).....................	2 »
Un officier de réserve, à Toulon (6).....................	3 »
Un officier de réserve lyonnais, au 78ᵉ, qui a honte d'avoir des camarades juifs, 1 fr.; sa femme qui n'aime pas la race des Judas, des Dreyfus, des Reinach, 1 fr. (7).....................	2 »
Un officier de réserve rouennais (17).....................	3 »
Un officier de réserve d'artillerie (3).....................	10 »
Un officier de réserve d'artillerie indigné de la campagne juive (6).....................	1 »
Officier de réserve de caval. Honneur au drapeau et à la veuve de l'infortuné défunt! (6)......	4 »
Un officier de réserve de cavalerie. Pour protester contre la mesure inique du ministre de la guerre (16).....................	5 »
Sa femme. En haine des Juifs et du lâche Reinach en particulier (16).....................	5 »
Un officier de réserve de cavalerie, profondément antidreyfusard, ne demandant qu'à massacrer les sales Youpins (8).....................	5 »
Un officier de réserve de marsouins (12).........	2 »
Un officier de réserve de la marine (6)..........	5 »
Un Lyonnais, officier d'infanterie territoriale (8)	10 »
Un officier de territoriale (6).....................	10 »
Un officier de territoriale de la Ferté (7).........	1 »
Un officier de territoriale, à Vittel (6)............	0 50
Un officier territorial que Reinach dégoûte (3)..	2 »
Un officier territorial voudrait voir les Juifs expulsés (17).....................	0 60
Un officier, 5ᵉ territorial d'artillerie (3)..........	50 »
Un officier territorial de cavalerie frémissant à l'idée d'être subordonné à Reinach (6)........	2 »
Un officier en retraite (2).....................	10 »
Un officier en retraite (5).....................	2 »
Un officier en retraite (6).....................	5 »
Un officier en retraite, Lyon (5).................	3 »
Offre d'un officier en retraite, abonné à *la Libre Parole* (7).....................	5 »

	Fr.	c.
Un officier en retraite, abonné de *la Libre Parole* et du *Petit Caporal* (2)............	5	»
Un officier en retraite, Rougival (5)............	1	05
Un officier en retraite à Dijon, indigné de l'impunité accordée aux ennemis de la patrie (5)..	5	»
Un officier en retraite au Havre, abonné de *la Libre Parole* (5)............	5	»
Un officier en retraite, à Nancy (8)............	5	»
Un officier en retraite, Paris (4)............	5	»
Un officier en retraite, au Vésinet (4)............	10	»
Protestation d'un officier en retraite (8).........	5	»
Un officier retraité qui voudrait pouvoir sabrer les Juifs et les dreyfusards (8)............	2	»
Deux officiers en retraite (16)............	5	»
Un ancien officier (3)............	5	»
Un ancien officier (8)............	10	»
Ancien officier (10)............	5	»
Un ancien officier de 1870 (3)............	5	»
Ancien officier du 96ᵉ et son fils, futur soldat (9).	1	»
Un ancien officier du 120ᵉ de ligne, en haine des Juifs et de ceux qui les soutiennent (6).......	2	»
Un ancien officier de réserve pour l'aplatissement d'Israël (8)............	10	»
Un ancien officier d'artillerie (4)............	10	»
Un ancien officier de réserve du 36ᵉ d'artill. (12)	5	»
Un ancien officier de cav., catholique et chauvin (16)	20	»
Un ancien offic. de mobiles de 1848 et de 1870 (14)	5	»
Un ancien officier écœuré de voir les cosmopolites internationalistes maîtres de la Républ. franç. (6)	3	»
Un ancien officier et sa mère (3)............	15	»
Un ancien officier rengagé, fils d'un magistrat, démissionnaire et révoqué pour refus de concours aux infâmes décrets de 1881 (8).........	5	»
Un ancien officier royaliste et huguenot (5)......	400	»
Un ancien officier territorial ruiné par un Juif (6)	1	»
Un ancien officier du 14ᵉ territorial (8)............	5	»
Un vieil officier, ancien condisciple du fripouillard Manau au séminaire de Moissac (6)......	5	»
Vieil officier franc-comtois, pas intellectuel pour un liard (8)............	10	»
Un ancien officier rappelle à Reinach que le conseil de discipline l'a rejeté hors de l'armée en lui enlevant un grade que jamais il n'aurait dû avoir (14)............	5	»

	Fr. c.
Un officier supérieur (3)..............................	5 »
Un officier supérieur (8)..............................	10 »
Un officier supérieur (11)............................	5 »
Un officier supérieur (7).............................	5 »
Un officier supérieur (14)............................	20 »
Un officier supérieur. En attendant qu'on boute les Juifs hors de France (7).........................	10 »
Un officier supér. L'honneur contre l'argent (6).	8 »
De la part d'un officier supérieur (2)...............	5 »
Un officier supérieur antisémite (8)................	10 »
Protestation d'un officier supérieur contre la circulaire de Freycinet (16)..........................	2 »
Un officier supérieur d'infanterie trouvant qu'on a assez berné la Grande Muette et qu'il est temps qu'elle se défende elle-même (14)...............	10 »
Un officier supérieur d'artillerie (8)...............	10 »
Un officier supérieur d'artillerie du 1ᵉʳ corps d'armée (15)...	5 »
Un ancien officier supérieur du 2ᵉ bureau (4)...	20 »
Un officier supérieur de cavalerie (6)...............	10 »
Un officier supérieur de cavalerie (15).............	10 »
Un officier supérieur de cavalerie contre les Youtres (8)...	5 »
Un officier supérieur de cavalerie. Pour la veuve et l'orphelin (16).....................................	20 »
Un officier supérieur de cavalerie légère (13).....	10 »
Un officier supérieur et ses enfants. En haine des Juifs et de la séquelle gouvernementale (15)...	10 »
Un officier supérieur de Bordeaux (12).............	5 »
Un officier supérieur de la garnison de Lyon (6).	5 »
Un officier supérieur, Rouen (7)....................	10 »
Un officier supérieur, à Saint-Denis (10)..........	6 »
Un officier supérieur, à Tours (16)..................	5 »
Un officier supérieur, Versailles (8)................	5 »
Un officier supérieur en retraite (3)................	20 »
Un officier supérieur en retraite. Basses-Alpes (8)...	5 »
Un officier supérieur en retraite. Vive la France, A bas les traîtres et leurs défenseurs! (16)...	5 »
Un officier supérieur en retraite et sa femme (3).	10 »
Un officier supérieur en retraite, chargé de famille et obligé de travailler après 40 ans de service, au nom de ses enfants (4)..........................	1 »
Un amputé, officier supérieur en retraite (8)......	6 »

	Fr. c.
Un officier supérieur d'inf. de marine en retr. (4)	5 »
Un ancien officier supérieur. Pour la veuve du colonel Henry (9).............................	100 »
Un officier supérieur qui serait heureux de voir la France aux mains des Français (7).........	5 »
Un officier supérieur ruiné par les Juifs (10)....	2 »
Des officiers juifs, il n'en faut plus! (9)........	5 »
Un petit ménage d'officier qui aime la France avant tout (3)	5 »
Un officier à qui la licence dont jouissent les dreyfusards fait regretter les lettres de cachet (3)..	2 »
Un officier qui attend l'heure de la justice (2)...	10 »
Un officier qui, comme Cyrano, a des fourmis dans son épée (6).............................	10 »
Un jeune officier qui commence à en avoir assez et qui regrette de ne pouvoir signer (6).......	1 »
De la part d'un officier qui est d'avis de fusiller les chefs de la bande dreyfusarde et de chasser de France tous les Youtres. Ce serait le salut de la Patrie (5)................................	5 »
Un officier qui hait les Juifs (4)................	2 »
Un officier qui méprise les intellectuels et les vendus (11)...................................	2 »
Un officier qui n'aime pas les Juifs (5)..........	5 »
Un officier qui n'aime pas les Juifs (16).........	1 »
Un officier qui ne reconnait aucun droit au Juif anglais Freycinet de l'empêcher de secourir l'orphelin d'un officier français (13)............	5 »
Un officier qui présente ses hommages respectueux à Mme Henry (3).............................	5 »
Un officier qui regrette de ne pouvoir offrir davantage (6)....................................	10 »
Un officier qui réserve son sabre pour l'étranger, mais espère bien voir avant la charogne des traîtres se balancer aux lanternes (8).........	5 »
Un officier qui rougit d'avoir pour chef un produit du Panama et de Cornélius Herz (16)......	1 05
Un officier qui trouve que cette mauvaise plaisanterie dure vraiment un peu trop longtemps (16)	10 »
Le groupe d'officiers déjà écœurés le 17, de plus en plus écœurés (10)...........................	16 »
Groupe d'officiers de la frontière et leurs amis (10)	15 »
Petit groupe d'officiers d'un fort de la Meuse (11)	5 »
Une table d'officiers d'une garnison frontière (16)	27 »

	fr. c
Une petite pension d'officiers qui ont le malheur d'avoir un Juif à leur table (12).............	6 »
Un groupe d'officiers écœurés de la lâcheté de von Reinach (6)...............................	10 »
Un groupe d'officiers en activité. Achat de clous pour crucifier les Juifs (5).....................	70 »
Groupe d'officiers. En témoignage de leur sympathie (10)......................................	23 »
Quelques officiers incapables de faire une manifestation susceptible de devenir politique (16).	6 »
Un groupe d'officiers qui attendent impatiemment l'ordre d'essayer, sur les cent mille Juifs qui empoisonnent le pays, les nouveaux explosifs et les nouveaux canons (4)..................	25 »
Un groupe d'officiers d'une place frontière, qui attendent impatiemment l'ordre d'essayer les nouveaux canons et nouveaux explosifs sur les 100,000 Juifs qui empoisonnent le pays (2e envoi) (8)....................................	25 »
Un groupe d'officiers qui souhaitent l'extermination des Juifs (5)................................	10 »
Un groupe d'officiers. Pour l'honneur, pour la France ! (6)......................................	36 25
Un officier d'Alexandre III (10)...................	1 50
Un officier russe (17)............................	20 »

V
Sous-officiers
Anciens sous-officiers

	Fr.	c.
Allard (A.), adjudant en retraite (6)............	2	»
Aymée, ex-adjudant d'artillerie (17)............	0	25
Aynié (N.), ex-adjudant d'artillerie, 8, rue de la Poste, Toulouse (4).................................	2	»
Carré (Gaston), ex-adjudant au 130ᵉ, régisseur au château de Presles (7).............................	3	»
Bourlange, adjudant d'infanterie de marine en retraite depuis 8 jours (6).........................	5	»
Corbisier, adjudant de l'infanterie de marine, décoré des médailles militaire et coloniale (14)	5	»
Ferrandi, ex-adjudant au 119ᵉ de ligne (3)......	2	»
Foucault, adjudant de réserve, 20ᵉ bataillon de chasseurs à pied, en souvenir d'un de ses officiers Saint-Maixentais (2ᵉ offrande) (14)......	0	50
Leroy, adjudant d'inf. en retraite, Le Perreux (12)	2	»
Royer, ancien adjudant d'infanterie de marine, à Garches (4).......................................	5	»
Saffrey, adjudant d'infant. de marine (9)........	5	»
A. B., adjud. au 51ᵉ, aura toujours confiance dans ses chefs. Vive la France! A bas les traîtres! (6).	2	»
L. (Paul), adjudant de réserve (6)...............	0	50
V. S. et L. F., adjudants d'infanterie	2	»
Un adjudant du 2ᵉ d'infanterie, ami de Valentin Leconte (6)	1	»
Un adjudant au 36ᵉ (12)........................	2	»

	Fr.	c.
Un adjudant du 41e, Rennes (8)................	1	»
Un adjudant du 113e d'infanterie (6)...........	1	»
Un adjudant du 304e et sa femme (*Nouvelliste de la Sarthe*) (16).................	5	»
Deux adjudants d'infanterie (14)...............	1	»
L'adjudant du 15e bataillon de chass. vosgiens (16)	2	»
Un adjudant du 1er tirailleurs (10).............	2	»
Un adjudant de réserve au 20e bataillon de chasseurs à pied, Argences (6)...............	1	05
Un adjudant de réserve du 20e bataillon de chasseurs à pied, Argences (14)..............	1	05
Un ancien adjudant au 15e de ligne (10)........	3	»
Un ancien adjudant de la légion étrangère (5)...	5	»
Un adjudant en retraite (8)...................	2	»
Un adjudant retraité, Bordeaux (34)............	0	50
Un vieil adjudant d'artillerie (8)...............	1	»
Les adjudants garçons d'un régiment d'artillerie d'Auvergne. Pour soutenir la cause de la veuve Henry.................................	5	»
Deux adjudants du 155e bataillon de forter. (9)...	2	»
Un adjudant et deux maréch. des logis-chefs (4).	6	»
Un adjudant de cavalerie en retraite et deux amis de table (3).............................	3	»
Un adjudant de cavalerie en retraite ; un ancien moniteur d'escrime; un ancien brigadier du 32e d'artillerie; un ancien tambour du 113e, et un ancien lecteur du *Soleil* (10)...............	3	»
Ex-adjudant de cavalerie. Les Juifs au Ghetto, les protestants sectaires et antipatriotes hors la loi, les insulteurs à la douche! (8)................	2	»
Un capitaine d'armes retraité (19)..............	0	50
Belon (G.), ex-s.-officier de secrét. d'ét.-major (4)	1	»
Bergeron, ex-sous-officier aux chasseurs à pied, qui crache sa haine et son mépris à la face des Juifs (9).................................	1	»
Bidel, ancien sergent des 4e et 8e marsouins. Cent mille coups de cadouille à Boule de Juif (6)...	0	60
Biscaye (P.), brigadier de réserve (9)..........	20	»
Bissoudre (Albert), ex-sergent au 92e et au 139e. Patriote et antisémite (10)..................	1	»
Boiron (A.), sous-officier au 48e territorial (4)...	2	»
Bouzmac (Henri), ex-maréchal des logis chef au 9e d'artillerie (5).........................	5	»

4

	Fr.	c.
Bruerre (A.), ex-sous off. 19e escadr. du train (10)	5	»
Cabrol (M.), un ex-maréchal des logis du 29e d'artillerie (9)	5	»
Carrié (P.), sous-officier retraité et lecteur assidu de la *Libre Parole* (4)	1	20
Castelain (E.), ex-sous-officier au 74e de ligne (16)	3	»
Catrony (Eug.), ex-sous-officier au ⁕ alpins (9)	2	»
Célié (H.), sous-officier au 8e de ligne (10)	1	»
Chabaud (E.), sous-officier de réserve (9)	20	»
Chaix (H.), à Marseille, ancien sous-officier au 36e de ligne, aimant toujours ardemment le drapeau. A connu au 95e le bon et brave Henry (14)	1	»
Chauvin (E.), sous-officier en retraite (8)	1	»
Clémence (G.), ancien s.-officier au 13e hussards	1	»
Courrier, sous-officier en retraite (12)	»	»
Cyrille, ex-sous-off. au 10e bataillon de chass. (8)	1	»
Dandois (Paul), ex-sergent au 101e de ligne (3)	1	»
Delage (Jules), ancien s.-officier de dragons (16)	1	»
Delanze (Ch.), ancien s.-officier au 71e de ligne (7)	1	»
Delay (J.), anc. s.-officier combattant de l'armée du Rhin à Julbé (3)	20	»
Didier (E.), maréchal des logis chef au 8e régiment territorial d'artillerie (8)	1	»
Digue (E.), ancien s.-officier, 1 fr.; Mme Digue, 1 fr.; leur fille, 0 fr. 50 (8)	2	50
Duclos (Adrien), ex-s.-officier au 48e de ligne. Pour la veuve et l'orphelin contre Reinach et toute la clique à Dreyfus (14)	1	»
Duclos (Albert), ex-s.-officier au 48e de ligne (14)	0	50
Dupré (Joseph), ex-s.-officier au 38e de ligne, Marseille (12)	5	»
Durand (Adrien), ex-maréchal des logis au 3e chasseurs à cheval. Vive la France. Vive l'armée! (7)	5	»
Duriez (François), ex-sous-officier, qui a goûté les tablettes de l'oncle à Joseph (1)	2	»
Effel, ex-brigadier au 11e cuirassiers. Mort aux traîtres (4)	1	»
Fagniez (G.), ancien brigadier de spahis (17)	0	80
Faure (F.), — ne pas confondre avec Félix — ex-sous-officier, veut contribuer à l'emplette du plus énergique des désinfectants pour assainir tous les endroits de France contaminés par la présence du chafouin Dreyfus, du crotale Picquart, du ouistiti Reinach et du putois Zola (16)	0	50

— 63 —

	Fr. c.
Feuillet, ex-caporal au 48e (14)...............	1 »
Galland (A.), ex-sous-officier au 12e bataillon de chasseurs alpins (4)........................	1 »
Gallet, ancien sergent au 3e zouaves, et Miganne (2e versement), ancien fourrier au 1er hussards, devenus amis, à M'Silah (Algérie), il y a vingt-six ans, crient : « Vive l'armée » (15)...	5 »
Gaujal (L.), caporal de réserve (9).............	20 »
Géronimi (P.), ancien sous-officier, voyageur de commerce. Pour l'extermination complète des dreyfusards, ces ennemis de la patrie (5).....	5 »
Granville (A. C.), ancien maréchal des logis fourrier aux spahis d'Oran, victime des Juifs (12)..	2 »
Guillon (G.), ex-fourrier du 1er dragons, 12, rue Gît-le-Cœur, Paris (6)........................	5 »
Guitard (L.), anc. sous-officier de spahis (11)....	5 »
Halloux, sous-officier de réserve (3)...........	5 »
Hamant (L'), serg.-fourrier retraité, 1870-71 (10).	2 »
Haudot (René), ancien sergent-fourrier au 72e (8)	1 »
Hénin, sous-officier de gendarmerie retraité, à Billy-Montigny (10)............................	2 »
Jacquemin (H.), sous-officier territorial, à Longchamp, près Genlis (Côte-d'Or) (16)............	2 »
Jobelot, ex-sous-officier, employé à la Compagnie du gaz, r. Mathilde, Ivry-Pet.-Bourg (16)........	1 »
Janosut, ex-s.-officier, secrétaire du trésorier du 158e d'infanterie à Lyon (12)	2 »
Joseph (Camille), ex-sous-officier au 34e de ligne. A bas les traîtres, à bas les Youpins ! (9)......	1 »
Kœstel (Henri), ancien s.-officier de cavalerie (5)	2 »
Krier (Ch.), maréchal des logis de gendarmerie en retraite	3 »
Lansac, ex-brigadier de dragons (9)..............	0 25
Laugel (L.), ancien brigadier au 11e hussards, classe 1874. En souvenir respectueux de ses chefs (16)	5 »
Llopet, ex-margis au 9e chasseurs (10)...........	2 »
Luc, ex-brigadier du 4e chasseurs à cheval (4)...	0 50
Marul (Gaston), ancien sergent au 4e de ligne (1).	5 »
Masselin (Alphonse), ex-sous-officier au 46e de ligne (14).	0 25
Maugras, anc. sergent-major de chass. à pied (15)	2 »
Métois-Maulvrier (Alexandre), ex-sous-officier d'infanterie de marine (6)....................	2 »

	Fr. c.
Miganne (voir *Gallet*).	
Mire (Henry Le), ex-sergent-major au 48e (12)...	5 »
Mocquet (J.), ex-sergent-major au 25e de ligne (7)	1 »
Monot (Robert), ex-sous-officier au 63e de ligne. Vive l'armée! (3)............................	2 »
Morisset (Jules) (voir *Proust* (René), sous-lieutenant de réserve).	
l'ain (C.), ex-s.-officier du génie, à Épinal. Honte aux insulteurs de l'armée (10)...............	7 »
Pernet (L.), sergent-major, Clermont-Ferrand (9)	2 »
Plaquet (Lucien), anc. sous-off. au 119e d'infanterie (3).......................................	5 »
Petit-Jean, ancien sous-officier au 32e d'artill. (9)	1 »
Ponard (Raoul Le), William le s.-officier, Gaston l'ex-clerc, navrés de voir leur oncle archi-millionnaire Polyte et son fils, le jurisconsulte, plus juifs que Reinach (43).................	1 50
Renner (P.) ex-sergent au 3e bataillon de chasseurs à pied (5)..............................	2 »
Rocher (G.), en haine des Juifs, ancien sous-officier (8).......................................	2 »
Rognagné, ex-sous-officier (17)..................	1 20
Sabatier (P.), sous-officier de réserve (9).........	20 »
Sergent (Charles), ex-s.-officier du 4e génie (16)..	2 »
Terré (Édouard), ex-sergent au 24e d'inf. (2)....	1 »
Thisorain (A.), ex-s.-officier de francs-tireurs. Antisémite, qui regrette d'avoir voté pour Baudin (16).......................................	1 »
Tissenne, ex-sous-officier (8).....................	0 15
Toulier (Aug.), ancien fourrier au 17e d'artil. (12).	1 »
Tournemine (de), ex-maréchal des logis chef du 10e chasseurs (10)............................	5 »
Touzaint, sous-officier en retraite (12)...........	0 50
Vidal, ex-sous-officier, adorateur de l'armée (4)..	» 50
William, sous-off. (voir *Ponard*).	
Vrignault (A.), ancien sous-officier d'artill. (8)..	20 »
A. (Ch.), ancien sergent sous l'Empire (16).....	0 50
A. B., ancien maréchal des logis au 1er chasseurs d'Afrique, Nantes (4).........................	5 »
A. et C., à B., deux sous-officiers (11)...........	2 »
A. C., à Cannes, ancien musicien au 141e de ligne (classe 93), qui voudrait voir Yousouf et le babi Zola quelque part (9)..........................	1 »
A. D., ancien sergent-major, adjudant du colonel	

	Fr.	c.
Henry, au 2ᵉ zouaves (4).............................	5	»
A. F., ex-sous-officier du génie (3)..................	5	»
A. L., ex-s.-officier au 76ᵉ de ligne (10)..........	0	50
A. M., ex-double au 138ᵉ, son sabre est aiguisé, Viviers (Ardèche) (16).............................	0	50
A. N., ancien caporal clairon au 73ᵉ d'infant. (6)	1	»
A.P. Un s.-officier de la caserne Saint-Louis (6)	1	»
A. R., ex-sous-officier d'intendance, boulevard Baille, Marseille (6)...............................	2	»
A. T., ex-caporal du 166ᵉ, qui part en Afrique pour servir son pays en criant « A bas les Juifs! » (10)	0	50
B. (F. de), ex-brigadier au 27ᵉ dragons (8)......	2	»
C., ancien sous-officier, 2ᵉ dragons (16)..........	5	»
C. C., ancien sergent-major du 57ᵉ (12)........	1	50
C. M. (Paul), ex-sous-officier au 28ᵉ de ligne, de Tananarive (Madagascar). Vive l'armée! (8)....	5	»
C. M., ex-caporal de la garde impériale, ancien combattant de Gravelotte. A bas les traîtres! (8)	0	50
C. P., ex-sous-officier au 75ᵉ.. De Genève, groupe d'antijuifs (14)....................................	0	50
C. S., sous-officier, vétéran des armées de terre et de mer (9).......................................	0	25
D. (Georges), ex-sergent adjoint au trésorier du 29ᵉ chass. à pied, s.-officier au 36ᵉ territorial. Flétrit les sans-patrie (4).........................	5	»
E. G., ex-brigadier de chasseurs, ennemi acharné du chimpanzé Reinach (9)...............	0	50
E. G., ex-sergent-major au 97ᵉ de ligne (16)....	7	»
E. M., un ex-brigadier trompette prêt à sonner la charge (15)......................................	1	»
E. S., de Sèvres, ex-sergent-major, 1870-71. A quand la cour martiale pour les traîtres? (6)..	2	»
E. S., ex-s.-officier au 28ᵉ de ligne et sa mère (8).	3	»
F. A., ex-sergent-fourrier au 120ᵉ (14)............	0	60
F. M., sous-officier d'état-major (9)...............	1	»
G. (P. du), élève-officier (17)......................	2	»
G. F., ex-s.-officier de zouaves, Aïn-Sefra, 1882 (17)	5	»
G. G., ex-chef d'artillerie. A bas les Juifs! Vive l'armée!...	0	50
G. M., comptable, ex-sergent, 1ᵉʳ secrétaire du trésorier du 12ᵉ de ligne (5).......................	1	»
G. M., sous-officier au 57ᵉ de ligne (16)........	1	05
G. R., ex-sous-officier au 10ᵉ régiment de chasseurs à cheval (5)...................................	2	»

	Fr. c.

G. T., sergent réserviste. Quand vous voudrez, chefs! (4).................... 5 »

H. C., ancien brigadier au 25° dragons, camarade alors de Robert Cahen d'Anvers (3)............ 5 »

H. D., caporal colombophile au 31° territorial (6) 5 »

H. L., ex-fourrier de la 9°.Affectueux souvenir au 69° de Nancy (11).................... 2 »

J. A., ex-sergent-major du 69° régiment d'infanterie à l'armée du Rhin (6)............ 2 »

J. B., ex-sergent-major au 47° (11).............. 1 05

J. C. Un ancien sous officier qui donne gratis des leçons de boxe pour boxer plus tard avec les sales Youpins (14)....................... 5 »

J. D., ex-maréchal des logis au 1ᵉʳ dragons. Sus aux Juifs et aux judaïsants! (13)............. 2 »

J. G., ancien sous-officier du 128° de ligne, à Amiens, qui hait le Juif Reinach et toute sa sale bande (11)....................... 0 50

Sa fille A. G. (11).......................... 0 50

J. M. (M. et Mme), sergent-major (6)........... 5 »

J. P. Un ex-sergent-fourrier du 31° de ligne (5).. 0 50

L. B., mar. des logis des cuirassiers sédentaires de Lille. Malgré la frousse de Freycinet (17)... 1 »

L. B., ancien maréchal des logis-chef de gendarmerie (9).............................. 5 »

L. B., ancien sous-officier au 4° zouaves (11).... 1 50

L. B., ex-sous-off. de cavalerie, constate avec plaisir que son cousin G. T... se convertit à la bonne cause, et qu'il criera avec lui : A bas les Youpins (8)............................. 1 »

L. B., ancien sous-officier au 4° zouaves (13).... 1 50

L. D., ex-sous-officier de hussards (10)......... 1 »

L. M.. ex-sous-officier de cavalerie et A. M., frère du précédent, à Fougères (10)................ 1 »

L. P., ancien brigadier secrétaire au 12° dragons (10)..................................

L. P., vieux sous-officier de 1870, qui mitraillerait avec plaisir la bande des Youpins (5).......... 0 25

M.. sous-officier en retraite. abonné à la *Libre Parole* (5)................................. 2 »

M. G., anc. sous-off. d'infanterie (4)............ 1 »

M. V., sous-officier au 107° d'infanterie, Angoulême (11).................................. 1 »

P., sous-off. de cavalerie, prêt à faire son devoir

	Fr. c.
avec Dieu, pour la patrie et contre les traîtres (6)	1 »
P. A., ancien sous-officier au 55° de ligne. Respectueux hommages à ses anciens chefs. Honte à l'immonde insulteur de la veuve et de l'orphelin (11)	2 »
P. G., ex-sous-officier du 162° (6)	1 »
P. L., ex-sergent (10)	5 »
P. M., ex-sous-officier au 17° bataillon de chasseurs à pied, alors que M. Sandherr y était capitaine (6)	2 »
P. M., ex-fourrier au 24° dragons (9)	1 05
P. P., ancien sous-officier au 56° d'infanterie (6)	1 »
P. R. L., ancien sous-officier du 84° de ligne (7)	0 50
R., ancien sous-officier du 86° de ligne à Saint-Bonat, qui fournira quelques mètres de bon chanvre le jour venu (6)	1 »
S. D., ex-maréchal des logis du 4° régiment de chasseurs à cheval. Pour la purification du territoire (10)	5 »
T. C. sous-officier de dragons (9)	2 »
X., marchis au 17° dragons (5)	3 »
Un maître mécanicien de l'escadre de la Méditerranée (7)	2 »
Un maître sellier d'artillerie (16)	1 »
Un marchis-chef de gendarmerie (7)	0 50
Un maréchal des logis d'artillerie (4)	1 »
Ancien maréchal des logis de carabiniers et de cent-gardes (11)	0 50
Un ancien maréchal des logis d'artillerie de la garde impériale (5)	5 »
Un ancien maréchal des logis au 3° chasseurs (3)	5 »
Un ancien maréchal des logis du 9° chasseurs à cheval, 1871 (5)	10 »
Un ancien maréchal des logis du 14° chasseurs. C. V., une Parisienne patriote. Ensemble (16)	1 »
Un ancien mar. des logis du 11° cuirassiers (11)	1 »
Ex-maréchal des logis au 4° cuirassiers (9)	5 »
Un ex-maréchal des logis au 7° cuirassiers. Un ex-brigadier de l'escadron du 2° dragons. Un patriote Bellimois (9)	3 »
Un ancien maréchal des logis du 3° cuirassiers qui eut l'honneur d'avoir pour major le commandant de Sabran-Pontevès. Vive Sabran! (12)	5 »

	Fr. c.
Un ancien maréchal des logis du 5e dragons (3)..	10 »
Un ancien maréchal des logis au 20e dragons (6).	5 »
Un ex-maréchal des logis de dragons, Brignoles (12)............	5 »
Un ex-maréchal des logis chef de Margouillats (8)............	1 05
Maréchaux des logis d'une batterie du 16e d'artillerie (4)...........	5 »
Les maréchaux des logis chefs des quatre escadrons de guerre du 9e dragons (12)......	20 »
Deux vieux maréchaux des logis d'artillerie vendéens en garnison à Vannes (9)........	2 »
Vingt-huit maréchaux de logis d'un régiment de cuirassiers qui tiennent gratuitement l'extrémité de leurs bottes à la disposition des Youtres (10)............	14 25
Sergent de chasseurs à pied (4)............	1 »
Un sergent de recrutement (9)............	2 50
Un sergent et un caporal de chasseurs à pied, économie sur leur prêt (7)............	1 »
Un ancien sergent du 10e bataillon de chasseurs à pied (16)............	1 »
Un ancien sergent du 50e mobiles (1870) (5)....	2 »
Un sergent du 21e antireinackien, mais qui ne reinacklera pas le jour du chambardement promis à la façon de Bard-Bari mon ami (13).....	5 »
Un ex-sergent au 76e de ligne avec ses imprécations contre les Juifs (4)............	» 50
Son père qui ne les maudit pas moins (4)........	1 »
Une mauvaise tête, ex-sergent, engagé au 11e alpins, quarante jours de prison et cassé de son grade après une prévention de soixante jours de cellule en hiver. Vive le Drapeau! Vive la discipline! (12)............	1 »
Un ancien sergent-major de la justice militaire, en mémoire du colonel Henry, mort pour la Patrie (2)............	1 »
Un sergent-major de marsouins (10)............	1 »
Un sergent-major rengagé du 4e corps (9).......	1 50
Son camarade et collègue (9)............	1 25
Deux sergents-majors de territoriale, natifs de Sagny (3)............	2 »
Un ancien sergent-major de la garde nationale (8).	10 »
Un ancien sergent-major du 43e d'infanterie (6).	1 »

	Fr. c.
L'ancien sergent-major du 113ᵉ (16)............	2 »
Un sergent-major d'administration. Pour la France contre les Juifs (6)................	1 »
Un sergent-major et un sergent du 1ᵉʳ régiment d'infanterie (16).....................	1 05
Un sergent-major qui tapera ferme sur les Youpins au jour du « grand chambardement » annoncé par M. Joseph (5)...............	1 05
Un sergent-major qui voudrait bien... Vive Drumont! (8)..............................	5 »
Un ex-sergent-major du 3ᵉ marsouins (6)......	3 »
Un ex-sergent-major du 77ᵉ de ligne en souvenir de ses officiers (11)......................	1 »
Un ex-sergent major d'un régiment de Lyon accepterait volontiers de remplacer M. Deibler, lorsque le moment sera venu de conduire à l'échafaud les traîtres Reinach, Clemenceau, Trarieux, etc. (16)........................	0 50
Un sergent-major qui voudrait être chargé de la destruction de Dreyfus, Boule de Juif et Cⁱᵉ (10)	1 05
Ex-sergent-major, victime de la lâcheté d'un dreyfusard (12)........................	1 05
Six sergents-majors d'un régiment d'infant. (12)	2 30
Les sergents-majors de Lisieux (9)............	2 »
Six sergents-majors de chasseurs à pied de la trouée de la Moselle (16)................	10 »
Deux sergents-majors du 117ᵉ (10)............	1 »
Les doubles d'une garnison de l'Ouest, pour achat de désinfectants (8).....................	2 35
Un sous-officier de Lille. Honneur aux braves officiers de dragons qui ont eu le courage d'avertir les Juifs que leurs sabres étaient prêts à défendre le drapeau menacé (14)...........	1 »
Un sous-off. de 1870 (11)...................	1 »
Sous-officier de 70, victime des Mosse, Michaud, Crémieux, Lyon et autres, Cahenailles (16)...	0 50
Un ex-sous-officier (4)......................	5 »
Obole d'un ancien sous-officier (9)..............	0 25
Un ancien sous-officier (2)...................	25 »
Sa femme qui abhorre tous les Youpins (2).....	0 25
Son fils (2)................................	0 25
Ancien sous-officier (9)......................	1 »
Un gratte-papier sous-officier (16).............	1 »
Un ex-sous-officier alsacien (2)...............	3 »

	Fr. c.
Un ancien s.-off. cassé, forte tête, qu'on a fourré dedans comme un tambour et qui ne l'avait pas volé. Vive le 14e tringlot ! Vive l'armée, nom d'un sabre ! (16)	5 »
Un ancien sous-officier ayant servi dans un des régiments du regretté lieut.-colonel Henry (6)	3 »
Un vrai fils de chouan, sous-officier à Fontainebleau (13)	1 »
Un ancien sous-officier antijuif à Rouen (2)	2 »
Un vieux sous-officier de Vierzon, 1870 (11)	1 »
Un sous-officier qui voudrait voir tous les Juifs au mur en face de sa section (4)	1 »
Un sous-officier victime des Youpins (5)	2 »
Un sous-officier retraité, chevalier de la Légion d'honneur (6)	1 »
Une journée de solde d'un sous-officier d'artillerie, Le Mans (6)	1 60
Un vieux sous-off. d'artillerie (1843) (3)	5 »
Un ex-sous-officier d'artillerie (9)	1 »
Un ancien sous-officier d'artillerie, royaliste (9)	1 »
Un ex-sous-officier du 3e d'artillerie (14)	1 »
Un ancien sous-officier du 8e d'artillerie, Noisy-le-Sec (8)	1 »
Un ex-sous-officier du 8e régiment d'artillerie, à Reims, en l'honneur des vaillants rédacteurs de *la Libre Parole* (12)	1 »
Un Caennais, ex-sous-officier au 11e d'artillerie, indigné de la conduite des intellectuels qui insultent l'armée et qui n'ont pas eu le courage de servir leur pays (5)	1 05
Deux sous-officiers du 21e d'artillerie, Angoulême (9)	0 60
Un ancien sous-officier du 29e d'artillerie et son frère sous-officier au 40e (6)	2 »
Un ex-sous-officier d'artillerie, forgeron, souhaitant tenir la g.... de Reinach sous son marteau-pilon (11)	1 »
Un ancien sous-officier de cavalerie et sa famille (4)	1 50
Un sous-officier de cavalerie (7)	1 »
Un ancien sous-officier de cavalerie de l'armée d'Italie. Constituante et Appel au peuple. A bas les Juifs ! (7)	» »
Un ancien sous-officier de cavalerie pour dé-	

	Fr. c.
fendre l'armée et conduire les Juifs à la frontière (7)...............	1 »
Un ancien sous-officier de cavalerie, pour empêcher les insultes à l'armée. Les Juifs à la frontière, commençons par les gros ! (2ᵉ versement) (11)..........	1 »
Un sous-officier de chasseurs alpins (9).........	1 »
Un sous-officier du 5ᵉ bataillon de chasseurs à pied. A bas les traîtres ! (6)............	1 »
Un ancien sous-officier du 7ᵉ chasseurs, cl. 92; Pour Dieu, pour la France, Vive l'armée ! (14).	1 »
Un ancien sous-officier au 15ᵉ chasseurs, qui demande combien il y a de dreyfusards non francs-maçons et de francs-maçons non dreyfusards (5)...........	1 15
Un ancien sous-officier de chasseurs à pied, qui conserve le culte du drapeau et de la patrie, et qui hait le Juif, Toulouse (8)........	10 »
Un ex-sous-officier du 2ᵉ batail. de chasseurs (16)	0 25
Un ex-sous-officier du 2ᵉ chasseurs qui conspue les Juifs (5)...........	1 »
Ex sous-officier du 12ᵉ chasseurs (2).........	1 »
Un ex-sous-officier du 29ᵉ chasseurs à pied (10)..	0 50
Un ex-sous-officier de chasseurs à pied, qui n'a pas perdu la ligne de mire, 0 fr. 50. — Loupie au bouillon. — A bas les Juifs ! — Restitution ou pendaison, 0 fr. 50. — Un Alençonnais, adjudant de réserve. A bas les traîtres ! 0 fr. 50 (8)	1 50
Un vieux sous-officier de cuirassiers décoré de la médaille militaire (6)..............	0 50
Ex-sous-officier, 2ᵉ cuirassiers (11).............	1 05
Un ex-sous-officier de cuirassiers (3)...........	5 »
Un ancien sous-officier du 5ᵉ cuirassiers (5).....	5 »
Un sous-officier de cuirassiers, footballer (7)....	1 05
Un sous-officier de cuirassiers qui était à Reischoffen et un sous-officier de marsouins qui était à Madagascar (16)............	0 50
Un ancien sous-officier du 11ᵉ dragons (17)......	0 75
Un ancien sous-officier de cuirassiers, en souvenir de ses bonnes années passées dans l'armée (2)............	2 »
Ex-sous-officier d'une section d'état-major (17)...	1 »
Un sous-officier d'état-major (17).............	0 50
Un ancien sous-officier d'état-major (14)........	1 »

	Fr. c.
Un ancien sous-officier de la garde qui voudrait voir conduire à la butte tous les traîtres (13)..	2 »
Un sous-officier du génie (9)	1 »
Ancien sous-officier du 3ᵉ génie (9)............	1 »
Un ex-sous-officier du 7ᵉ génie (6).............	1 »
Ex-sous-officier de hussards, Chamboran (8).....	2 »
Un ex-sous-officier du 5ᵉ hussards, Thiaucourt (16)..................................	0 50
Un ancien sous-officier d'Italie, d'Afrique. A quand le coup de balai? (4).............	5 »
Ex sous-officier de la classe 1880, instructeur au peloton spécial des Juifs algériens. Déteste le Juif depuis cette époque (7)..............	2 »
Trois ex-sous-officiers d'Afrique (15)...........	3 »
Un ancien sous-officier de l'armée du Rhin (1870-1871) (6).............................	1 »
Un sous-officier du 123ᵉ (6)..................	1 05
Un ancien sous-officier de l'armée d'Afrique (17).	0 60
Un ancien sous-officier de l'Empire (14).........	0 50
Un sous-officier corse de la garnison de Paris, marié et père de famille, en attendant l'anéantissement des traîtres et des vendus (9)......	1 »
Un ex-sous-officier évadé de Metz (4)..........	1 05
Un sous-officier nantais, 70-71 (9)	0 50
Un ancien sous-officier de la légion romaine, contre les protestants (12)................	2 »
Respect d'un humble sous-officier du 1ᵉʳ de ligne, enfant de Paris, à la veuve et à l'orphelin d'un colonel (10)........................	0 50
Un sous-officier breton du 8ᵉ de ligne (16).......	1 »
Le même respectant la mémoire de l'officier mort (16).............................	1 »
Le même demandant que les chefs de la bande fassent ménagerie avec le prisonnier de l'Ile du Diable (16).............................	1 »
Le même demandant l'amélioration de la défense des côtes (16)........................	1 »
Le même confiant dans le retour des malheureux égarés, les prie, s'ils sont Français, de crier avec lui : « Honneur et Patrie! » et « Vive l'armée! » (16).........................	1 »
Un ancien sous-officier du 11ᵉ de ligne, membre de la Ligue des Patriotes (4)................	1 »
Un ex-sous-officier du 13ᵉ de ligne, qui verrait	

	Fr. c.
avec plaisir expérimenter les feux de rafale sur Reinach et sa bande (9)........................	1 »
Un ancien sous-officier du 14e de ligne (7).......	1 »
Un ancien sous-officier du 36e de ligne. Vive le général de Pellieux ! Mirabel-aux-Baronnies (16)	0 50
Ex-sous-officier du 28e d'infanterie (11).........	1 »
Ex-sous-officier au 28e d'infanterie (10).........	1 »
Ancien sous-off. du 39e (12).....................	1 15
Un ancien sous-officier du 55e, Marseille (13)....	1 »
Un Français, ex-sous-offic. au 41e, qui admire l'énergie et l'activité déployées par Félix contre les outrages adressés au pays et à l'armée (5).	0 50
En souvenir du colonel Aubry, ex-sous-officier du 46e (11).....................................	1 05
Ex-sous-officier au 65e d'infanterie (10).........	1 »
Un ex-sous-officier au 67e de ligne, pour aider à confondre l'orang-outang Reinach (6).........	2 »
Un ex-sous-officier du 77e de ligne (6)...........	1 »
Trois sous-officiers du 82e d'infanterie (10).......	1 50
Un ancien sous-officier du 87e de ligne. Vive Drumont ! (13)..................................	3 »
Un sous-officier du 97e, Chambéry, qui a la botte bien pointue et qui n'attend que l'occasion.... Vivent nos chefs ! (5)............................	1 05
Un ancien sous-officier du 102e de ligne (8).....	20 »
Un ex-sous-officier du 106e (7)....................	0 50
Trois sous-officiers du 113e, qui se feraient un grand plaisir de posséder le mannequin Reinach pour exercer les recrues à l'escrime à la baïonnette (11)................................	0 75
Un sous-officier du 123e (6)......................	1 05
Un ancien sous-officier du 148e. Vive l'armée ! Vivent les chefs ! A bas les Juifs ! (16)........	1 »
Un ex-sous-officier du 151e (16)..................	1 25
Un ex-sous-officier du 162e (8)	0 50
Un ancien sous-officier d'infanterie de marine en retraite (3).....................................	1 »
Un ex-sous-officier d'infanterie de marine, employé au P.-L.-M., bon patriote, qui désirerait voir tous les traîtres à l'Ile du Diable (9)......	0 50
Un sous-officier de recrutement (6)..............	1 »
Un sous-officier de réserve du 79e de ligne (8)....	20 »
Un sous-officier de réserve et son patron (16)...	2 50
Un sous-officier de réserve (12)..................	5 »

	Fr. c.
Deux sous-officiers réservistes nantais (9)......	1 »
Sous-officier territorial, chrétien (10)............	2 »
Un sous-officier de territoriale qui vient de passer 15 ans à l'étranger (4)...................	50 »
Un sous-officier au 47ᵉ territorial (4)............	5 »
Un ancien sous-officier du 2ᵉ zouaves (11)....	2 »
Deux anciens sous-officiers du 2ᵉ zouaves (4)...	2 »
19,327, ex-sous-officier, 2ᵉ zouaves (6)........	1 »
Un ex-sous-officier de l'école de Montreuil-sur-Mer, à Valenciennes (6)....................	0 50
Un ex-sous-officier du 2ᵉ bataillon de chasseurs, Valenciennes (6).........................	0 50
Un ex-sous-officier du 127ᵉ régiment, indigné de ce que le maire de Valenciennes ait empêché la location de l'hippodrome au patriote Déroulède quand il l'accordait au sieur Jaurès, l'enjuivé, Valenciennes (6).....................	0 50
Un ex-sous-officier du 145ᵉ, qui a eu le malheur de faire le coup de feu à Fourmies sur l'ordre du purulent Juif Isaac, Valenciennes (6)..	0 50
Du Creusot. — Quatre sous-officiers de l'Ecole de cavalerie d'Autun. Un ex-sous-officier du 3ᵉ dragons. Un ex-tambour du 37ᵉ. Un ancien caporal du 104ᵉ. Un ancien ouvrier de la 7ᵉ compagnie. Un pharmacien. Un boucher (10)......	6 »
Deux sous-officiers. A bas la vermine juive! (8)..	2 »
Deux sous-officiers, Digne (17)................	1 »
En haine d'un préfet juif. Un groupe de sous-officiers en vedette à la frontière (8).........	7 50
Un groupe d'anciens sous-officiers et caporaux de Lille (16).................................	9 »
Un groupe de sous-officiers ayant les Youtres en horreur (4).................................	3 »
Deux sous-officiers écœurés par les Juifs (6)....	2 »
Trois sous-officiers gavrais, antiyoupins (7)....	3 »
Un groupe de sous-officiers indignés de voir insulter leurs chefs (4).....................	5 »
Un groupe de sous-officiers qui méprisent les insulteurs d'une femme et d'un enfant et flétrissent l'ignoble et néfaste Reinach (9)..........	9 »
Deux ex-sous-officiers français. Odessa. En Russie, la légende dit que le Juif descend du cochon. Qu'en dis-tu, Reinach ? (17)...........	5 »

	Fr. c.
Un groupe de sous-officiers d'artillerie du 1er corps d'armée (14)..................................	10 50
Deux sous-officiers d'une batterie d'artil. de 120 court dont Dreyfus a livré le plan en 1894 (6)	2 »
Les sous-officiers d'une batterie à cheval de division de cavalerie (9)..................................	9 60
Un groupe de sous-officiers de cavalerie (16)....	1 05
Quatre sous-officiers de cavalerie légère (14).....	20 »
Cinquante-six sous-officiers d'un régiment de cavalerie légère, Est (11)..................................	41 20
Trois sous-officiers de cavalerie, qui regretteront toute leur vie d'avoir été obligés de saluer Reinach dans la cour du 2e cuirassiers (3).....	1 50
Un groupe de sous-officiers de cavalerie qui s'empressent de souscrire parce que c'est défendu (17)..................................	7 »
Cinq sous-officiers de cuirassiers, patriotes et pas riches (4)..................................	5 »
Un groupe de sous-officiers de cuirassiers et de hussards en garnison à Reims (11)............	8 »
Un groupe de sous-officiers de dragons (3)......	2 »
Quelques sous-officiers de dragons de Lunéville, ennuyés par un certain Lazare (16)..........	2 »
Deux ex-sous officiers du 19e chasseurs. Pour la destruction de Reinach et Cie (5)	1 »
Un groupe de sous-officiers de la 40e brigade d'infanterie (12)..................................	23 30
Deux sous-officiers du 35e de ligne, à Belfort, exécrant les Juifs (4)..................................	1 »
Un groupe de sous-officiers du 51e envoie son obole pour soutenir la bonne cause (5)........	6 »
Douze sous-officiers du 8e de marine, qui n'admettent pas qu'un misérable Youpin dégalonné ose insulter la veuve d'un des meilleurs officiers français (16)..................................	5 75
Quatre-vingts sous-officiers d'infanterie de marine du port de Toulon (16)..................................	25 »
Huit sous-officiers de hussards d'Alençon (6)....	5 »
Un groupe de sous-offic. de la garnison d'Autun (5)	5 »
Une table de sous-officiers, caserne du Château, Caen (12)..................................	11 »
Groupe de sous-officiers d'un rég. de l'Est (9)....	5 »
De la part de cinq sous-officiers d'un régiment du Midi (14)..................................	5 »

	Fr. c.
Un groupe de sous-officiers de Paris, pour nettoyer la vermine juive (8)....................	2 »
Cinq sous-officiers de Rennes (9)...............	5 »
Six sous-officiers en garnison à Rennes (14).....	6 »
Un groupe de sous-officiers d'un régiment du Sud-Ouest, qui seraient heureux de tenir le manche du balai devant servir à balayer la Juiverie (12)................................	2 »
4 sous-officiers de la défense mobile de Toulon et leur garçon se chargeraient de museler tous les Youpins de France en les incarcérant au fond de cale de *Co Cérès* (8)....................	2 50
Un tambour-major qui casserait volontiers sa canne sur le dos de Reinach (11).............	1 »

VI

Soldats et anciens soldats

	Fr. c.
Alexandre, ex-voltigeur de la garde. A bas Reinach! (5)	0 25
Ariès (Maurice), ancien chasseur d'Afrique. A bas Reinach! (5)	0 50
Augé (A.), ancien enfant de troupe au 6ᵉ bataillon de chasseurs à pied (3)	5 »
Boudrot (Louis), ex-cavalier de 1ʳᵉ classe au 9ᵉ dragons, fier d'avoir servi trois ans à la frontière (6)	1 »
Bourdain (J.) (voir *Ferrand* [E.]) (11)	1 »
Bricud (T.), ancien combattant de 1870 (8)	1 »
Cassel (Ernest), ex-territorial. Salut au drapeau! (6)	2 »
Caviar, ancien conditionnel au 82ᵉ (10)	1 »
Chêne (E.), en l'honneur de mes anciens officiers : capitaine Montarby et commandant Paullin de Saint-Morel (6)	1 05
Cloteau, soldat de Bourbaki (voir *Pillet* [R.]) (10)	
Curé, ancien soldat (11)	1 »
Daret (Alfred) et Eugène Petit, ex-volontaires de 1870, qui demandent la peau du vilain singe Reinach pour en faire une descente de lit (11)	5 »

— 78 —

	Fr. c.
Dominique, artilleur de Lang-Son (voir Pillet (R.)) (10)	
Drumez, militaire retraité, à Vitry-sur-Seine (16)	0 60
Duclos (Ernest), ancien soldat au 131e, ayant fini son congé sous les ordres du lieutenant Thibaudin, l'un des juges de Dreyfus (14)	0 25
Duriez (A.), ancien militaire (3)	2 »
A. Enreng, ancien mobile breton de 1870. *Pro Deo ! Pro patria !* (16)	1 »
Espanet (voir *Ferrand* [E.]) (11)	
Ferrand (E.). — J. Bourdain. — Ex-sous-officier de chasseurs à pied. — Ex-caporal de la 4e du 4. — Ex-sous-officier antidreyfusard. — Ex-sous-officier du 90e. — Ex-garde national. — Ex-capitaine de moblots. — V. Espanet. — Ensemble (11)	9 »
Filly (J.-L.) (voir *Pillet* [R.]) (10)	
Forlin, ex-pointeur au 12e d'artillerie, jardinier à Evry-Petit-Bourg, un lascar qui n'a pas peur (16)	1 »
Foucault père, ex-voltigeur qui, en 1857, connut les Juifs au Sud Oranais et leur garde, non une dent, mais toutes ses dents (14)	1 »
Fourmy (A.), ancien soldat au 43e (11)	1 »
Garnier (E. C.), vieux soldat d'Orient et par conséquent antisémite convaincu (4)	2 »
Laglantine (Jean), ex-cavalier de remonte. Respectueux souvenir à ses chefs bienveillants (6)	1 »
Lajousse (M.), ancien tirailleur sénégalais (7)	2 »
Lamotte, ex-chasseur, 20e bataillon, pour la France, en haine des Juifs et des judaïsants (14)	0 25
Lang, ex-dragon au 8e, à Lonchamp, près Genlis (Côte-d'Or) (16)	2 »
Lebris, ancien de la marine, antisémite (5)	1 »
Lernould, ancien marin médaillé, membre de la Ligue (2e versement) (14)	2 »
Legis (Henri), ex-chasseur d'Afrique, qui a déjà botté le derrière à plus d'un Youddi et attend l'occasion de recommencer (5)	0 50
Maltrot (H.), ancien musicien du 10e de ligne, à Lonchamp, près Genlis (Côte-d'Or) (16)	0 50
Mançois, ex-chasseur à cheval de la garde impériale, 23, boulevard Haussmann (11)	2 »
Manin (A.-L. de), un réserviste (5)	5 »
Maréchal (E.), ancien artilleur qui est prêt à faire	

son devoir quand le jour de la revanche aura sonné. Il y a encore des Jean Bart en France. Vive Drumont ! (10)............................	1 50
Metz (M.), ancien soldat (8)......................	0 25
Michel, ancien combattant de 1870 (12)...........	2 »
Molouan (Eugène), un ancien du 13ᵉ dragons (4).	2 »
Membré-Mullier, ancien zouave, négociant, membre de la Ligue (14).............................	10 »
Numa, ancien zouave, antisémite (5).............	1 »
Papulus, ancien conditionnel du 37ᵉ de ligne (16)	0 50
Paul, ancien cuirassier du 13ᵉ. Vive l'armée ! Vive la France ! A bas les Juifs ! à Vaucresson (Seine-et-Oise) (5)................................	1 »
Paul, Un ex-pioupiou qui serait heureux d'assister au massacre de la canaille juive (10)......	1 »
Perdriser (Henri), ex-chasseur à pied, à Longchamp, près Genlis (Côte-d'Or) (16).............	0 50
Petit (Armand), ex-combattant de 1870 (14)......	1 50
Petit (Eugène) (voir *Daret*).	
Pierre, ancien zouave du 3ᵉ. Contre un lâche (5).	1 »
Pillet (R.), prisonnier de Magdebourg ; J. Pillet, soldat du Bourget ; M. Pillet, moblot de Conlie ; J. Pillet, ouvrier à l'arsenal de Rennes ; François Rossard, soldat au 70ᵉ ; Renault, infirmier ; J.-L. Filly ; Cloteau, soldat de Bourbaki ; Dominique, artilleur de Lang-Son (10).............	1 25
Pinet (Eugène), gendarme en retraite, garde-champêtre à Herblay (Seine-et-Oise) (6).......	1 »
Raikinger, à Asnières. En souvenir de mes chefs du 30ᵉ d'infanterie (16)........................	1 »
Regnault, un ancien marsouin (6)................	1 »
Renault, infirmier (voir *Pillet* [R.]) (10)........	
Rossard (F.), soldat au 70ᵉ (voir *Pillet* [R.]) (10)	
Soulé, engagé volontaire, blessé à dix-sept ans, reprendrait du service pour l'extermination des Juifs (9)....................................	1 »
Totor, du 5ᵉ ex-chasseurs d'Afrique, qui a fait Madagascar (5)................................	0 25
Totor, ex-musicien de la flotte (6)................	2 »
A. G., ancien conditionnel au 3ᵉ dragons (5).....	5 »
A. M., un vieux chasseur d'Afrique (6)..........	5 »
B., garde républicain, connaissant très bien la cuisine, voudrait faire un pot-au-feu de Reinach, pour empoisonner tous les Youpins et les Drey-	

	Fr. c.
fusards (9)...	0 50
B., ancien mobile de la Haute-Saône, 88, avenue de Saint-Mandé (10).................................	1 »
C. (Pierre), soldat au 106ᵉ régiment d'infanterie, à Châlons-sur-Marne (4)...............................	20 »
C. M., ancien cent-gardes (5)........................	2 «
C. V., ancien conditionnel au 124ᵉ de ligne (5)...	1 »
Ch. (C.), ancien mobile (16).........................	10 »
D. (André), ex-soldat au 51ᵉ de ligne (11)........	1 »
E. C., anc. soldat du 42ᵉ d'infanterie, 1870-71 (9)	10 »
E. I., ex-dragon (9)....................................	5 »
E. N., ex-lancier de la garde, pour la mémoire du martyr (6)...	2 »
G. F., réserviste au 9ᵉ bataillon du génie (4)....	0 50
H. A., T. M., E. B., artilleurs au 33ᵉ d'artillerie. A bas Reinach ! (5).................................	2 »
H. B., ancien soldat, fils et petit-fils de soldats. mon fils soldat (16).................................	2 »
H. Dr., ancien conditionnel au 79ᵉ (8).............	5 »
J. V., ancien cavalier au 5ᵉ hussards (5)...........	2 »
L. R., soldat d'infanterie. Pour la circoncision radicale des youpins, peste de l'univers (16).....	1 »
M., artilleur, par l'intermédiaire de son frère Raoul, en attendant de tenir le voyou de Reinach sous son pied pour lui dégrossir gentiment la figure à coups d'éperon (6)............	0 50
M. (Henry), un ancien du 9ᵉ dragons (4)........	1 »
M. M., ex-artilleur, vive la France ! (4).........	0 50
P. (Louis). Un simple soldat qui aime la France et l'armée (6).......................................	0 50
T., G. Deux soldats qui ont en exécration Reinach et ses complices (5).................................	10 »
T. G., ancien conditionnel au 67ᵉ de ligne (16)...	10 »
X., soldat du génie. A bas les dreyfusards, Brisson, l'infâme huguenot ! (11)......................	0 20
X. S., ancien militaire retraité (7).................	1 »
Un amputé de 1870 (4)...............................	10 »
Un ancien de 1870, qui regarde les Juifs comme les dix plaies d'Egypte réunies (10).............	2 »
Un ancien du 28ᵉ de ligne et son ami Kermadec (12)	1 »
Un ancien pied de banc du 51ᵉ qui prétend que les Juifs, aussi fourbes qu'il y a 1900 ans, ne parviendront pas à sauver leur Barabbas (13).....	2 »
Un ancien du 13ᵉ chasseurs (8).....................	10 »

	Fr. c.
Un ancien du 3ᵉ grenadiers, avec autant de gifles sur la face de Reinach qu'il y a de centimes dans sa modeste souscription (9)............	0 30
Quatre anciens (cl. 1889) du plus beau régiment de France, en l'honneur de leur brillant colonel (16).................................	2 »
Un artilleur (13)................................	0 50
Un artilleur de la rue André, Amiens (8).........	5 »
Un artilleur, Versailles (16)....................	20 »
Un artilleur du 12ᵉ (10).........................	0 50
Un artilleur. Pour acheter les allumettes et la mèche qui mettront le feu aux poudres (8).....	0 40
Un artilleur de Nîmes, qui attend avec impatience un rapide coup d'Etat (5)....................	1 »
Un ancien artilleur (3).........................	1 »
Un artilleur prêt à pointer, Coanaze-Nay (17)....	1 »
Un ancien artilleur de la 2ᵉ batterie (Mobiles de la Seine, 1870-71) (16)........................	1 50
Un ancien artilleur des batteries des Vosges, qui voudrait faire un feu en avant sur tous les Youpins (6)...................................	2 »
Un ancien artilleur du 8ᵉ qui ne voudrait pas les racler (8).....................................	1 »
Un ancien artilleur qui demande à voir la justice civile se faire aussi loyalement que la justice militaire (5)..................................	2 »
Un ex-artilleur (8).............................	0 20
Un ex-artilleur du 11ᵉ, Bolbec (16)..............	0 20
Un ex-artilleur qui voudrait voir chez les juges de la cour suprême autant d'intégrité que chez ceux du conseil de guerre (7)...................	1 50
Un vieil artilleur (7)..........................	2 »
Trois artilleurs et un sapeur, à Versailles (11)...	20 »
Groupe d'artilleurs d'Angoulême (9).............	8 »
Neuf artilleurs simples troubades. Bravo, les femmes! Vive l'armée! Vivent nos chefs! Versailles (16)......................................	4 »
Le quartier du 22ᵉ régiment d'artillerie (12).....	0 60
Deux bleus trop guerriers. Contre les Juifs (9)..	0 30
Un brigadier d'artillerie. A bas les Youtres! (14)	0 15
Un ancien brigadier au 18ᵉ d'artillerie, qui n'aime pas les lâches (3)............................	20 »
Un ex-brigadier du 5ᵉ cuirassiers, à Londres (8).	5 »
Un ancien brigadier de la garde républicaine en	

	Fr. c.
retraite (2)..	2 »
Un vieux brigadier du 15e dragons (16)............	1 50
Un ex-brigadier-fourrier du 24e dragons (5).....	3 »
Un ancien brigadier du 15e dragons, 5 fr. ; un Français qui a appris l'histoire dans *La France Juive*, ce qui lui permet d'en savoir plus long que les intellectuels, 5 fr. (9)...................	10 »
Un brigadier de gendarmerie (5).....................	2 »
Un brigadier et ses hommes de la garde républicaine (12)..	0 75
Un ancien brigadier de chasseurs à cheval de la garde, 1870 (4).......................................	5 »
Un ex-brigadier de spahis (5).........................	1 »
Ancien brigadier du train, Algérie (6)............	1 »
Un canonnier (6)...	20 »
Un ex-canonnier (9).....................................	3 »
Un cantinier patriote. Vive la France ! A bas Dreyfus ! (4)...	0 50
Une cantinière de marsouins, qui trouve que le ciel de la Guyane est trop doux pour Dreyfus, Reinach et Cie (11).....................................	8 »
Un caporal (9)...	0 50
Un caporal d'infanterie (4).............................	2 »
Un caporal d'administration. Vivent les chefs, à bas les traîtres ! (6)...................................	1 »
Un caporal du 44e de ligne (8).......................	1 20
Un caporal du 89e de ligne (16).....................	2 10
Un caporal du 10e de marsouins, à Hué (5)......	5 »
Le prêt d'un caporal du 39e (16).....................	1 10
Ancien caporal du 25e de ligne (10)...............	0 50
Un caporal de réserve qui a fait son service sous le commandement d'un sale Youpin (10)	0 50
Un caporal réserviste, soufflet à Reinach (14)...	1 »
Un caporal-tambour du 64e territ. de Denzé (11)..	0 50
Un caporal zéphir antidreyfusard (3)...............	0 50
Un ancien caporal, attendant le plaisir d'écraser le groin de Reinach (9)................................	1 »

Un ancien caporal du 56e à l'armée d'Italie (1859). — Mlle Jeanne C..., deux ans et demi, fille d'un brave adjudant de cavalerie, orpheline, à Mme Henry et son petit orphelin, pour la confusion d'Israël, 1 fr. — Son grand père, ayant trois fils officiers et sous-officiers détestant les sales Juifs, 1 fr. — Son ami, vieux cuirassier

de la garde impériale, qui regrette son grand sabre pour taper sur la clique, 1 h. (8).......	3 »
Un ex-caporal du 76ᵉ (9)............................	2 »
Un ancien caporal de la 22ᵉ section (11)..........	0 25
Un autre ex-caporal de la même section, qui partage les idées antisémites de son copain (11)...	0 25
Un ancien caporal des mobiles d'Eure-et-Loire, sa femme et son jeune fils (9)........................	5 »
Un ex-caporal au 2ᵉ zouaves (7)...................	3 »
Un ancien caporal du 2ᵉ zouaves, et son fils, brigadier de hussards, qui voudraient étrangler Reinach et tous les Juifs (10).................	0 50
Un ex-caporal du 3ᵉ turcos, qui serait heureux de marcher avec Guérin (3).......................	0 50
Sa femme, en haine du répugnant Reinach (3)...	0 25
Sa fillette, pour l'honneur du petit Henry (3)....	0 25
Un ex-caporal cordonnier au 4ᵉ d'inf., Bolbec (16)	0 50
Deux caporaux du 113ᵉ (11)........................	0 20
Réponse à de Freycinet, 20 caporaux de Nice (17)	1 »
Un ancien cavalier de la garde impériale (3).....	3 »
Un ancien cavalier du 3ᵉ cuirassiers (8).........	1 »
Un ex-cavalier du 8ᵉ hussards (8)................	0 50
Un vieux chacal du 2ᵉ, blessé à Fræschviller aux côtés du colonel Dretri (sic), aujourd'hui général de division (4)...................................	1 »
Un chasseur (8).....................................	10 »
Un chasseur à pied (5).............................	5 »
Un chasseur à pied (1870-1871) (4)...............	2 50
Un chasseur à pied de St-Dié. Hommage au colonel Henry. Que son fantôme glorieux guide nos pas dans la bataille! (10)....................	1 »
Ancien chasseur à pied, mon pied au c . des Youtres (10)......................................	2 »
Un chasseur à pied, à Vittel (6)..................	0 50
Un ex-chasseur à pied du 2ᵉ bataillon, Passy (6)	1 »
Un chasseur d'Afrique de 1870 (5)................	1 »
Un ancien chasseur d'Afrique (5).................	5 »
En souvenir de mon officier puni pour avoir corrigé un sale Youtre. Un ancien chasseur d'Afrique..	0 50
Un ex-chasseur d'Afrique 1870. Antijuif et huguenophobe (5)..................................	2 »
Un ancien chasseur de la 4ᵉ compagnie du 3ᵉ bataillon. Vive l'armée! (6)....................	2 »

	Fr.	c.
Un ancien chasseur de la garde impériale et son gendre, lieutenant du génie (7)..............	4	»
Un ancien chasseur du 11ᵉ bataillon qui demande à faire partie du peloton d'exécution pour fusiller Dreyfus et Picquart (8)..............	1	»
Un petit chasseur d'Afrique qui exècre les Juifs, Lunéville (16)..............	5	»
Un ex-chasseur antijuif (8)..............	0	20
Un breton ex-chasseur à pied (5)..............	0	95
Groupe de chasseurs bretons (9)..............	6	»
Deux anciens chass. d'Af. (4)..............	5	»
Un clairon et un sapeur du 1ᵉʳ étranger (8)......	1	10
Un combattant de 1870-71 (16)..............	0	25
Un combattant du 1ᵉʳ zouaves, sa femme et ses enfants (7)..............	1	50
Les anciens combattants de 1870-71, des faubourgs de Saint-Omer (Pas-de-Calais)..............	2	15
Un ex-conditionnel du 38ᵉ d'artillerie (12)..............	5	»
Un ex-conditionnel du 5ᵉ chasseurs à cheval (6)..	5	»
Ancien conditionnel du 9ᵉ hussards (12)..............	1	»
Un ancien conditionnel du 25ᵉ de ligne. Vive la France ! (16)	1	»
Un cuirassier (13)..............	0	50
Un cuirassier de Gravelotte (10)..............	5	»
Un cuirassier et un zouave. A bas le panamiste Freycinet ! Vive le général Galliéni ! (16)......	3	»
Un ancien cuirassier du 97 boulevard Haussmann (3)..............	2	»
Un ex-cuirassier (10)..............	0	50
Un ex-cuirassier antisémite du 10ᵉ de l'arme (4).	0	50
Un ex-cuirassier, nouveau chasseur (6)..............	5	»
Un cuirassier en retraite, à Thougny (5)..............	10	»
Les anciens cuirassiers de Marseille (6)..............	3	»
Quatre cuirassiers Vellaves prêts au combat. A une Française (6)..............	10	»
Un ménage de cuirassiers, à Tours (14)..............	20	»
Une table de cuirassiers (8)..............	20	»
Un pauvre diable du 64ᵉ qui n'en pense pas moins (9)..............	1	»
Un dragon (13)..............	0	50
Un 3ᵉ dragon qui hait ces mufles de Juifs (12)...	0	45
Un ancien dragon, à Hulluinck (16)..............	10	»
Un ancien dragon de l'impératrice. Vive l'armée ! A bas les traîtres ! (4)..............	2	»

	Fr. c.
Un ancien dragon du 6e. N'en déplaise à la cour suprême? (3)	2 »
Un ancien dragon de 70, du 1er régiment bis (16)	1 »
Un ancien dragon du 9e (8)	3 »
Un ex-dragon de Sedan (5)	1 »
Quatre dragons antiyoupinards (7)	20 »
Groupe de dragons qui voudraient la peau de Reinach pour faire des selles d'ordonnance (12)	3 15
Quelques dragons, leur solde de ce jour (8)	1 50
Un ancien élève de bataillon, à Dijon (10)	0 50
Deux élèves musiciens, 2e versement (8)	1 »
Un employé de la marine militaire (10)	3 »
Un ex-enfant de troupe du 6e de ligne, ancien chef de musique à Mulhouse (16)	5 »
Un engagé volontaire (7)	0 50
Un engagé volontaire, fils, petit-fils d'officiers, sa solde du mois de décembre à ce jour (16)	2 »
Un engagé volontaire au 2e zouaves, en 1870, qui espère voir étrangler le dernier des Juifs avec le dernier boyau des panamistes et autres chéquards (6)	5 »
Enjeu d'une partie de billard, Nancy, cercle militaire (9)	4 »
Un fantassin (13)	0 50
Un fantassin et deux artilleurs d'Angoulême (8)	5 »
Un figaro, ex-sergent au 138e (9)	1 »
Un fourrier d'artillerie de réserve, qui crie bien haut : Vive l'armée ! A bas les Juifs ! (16)	2 »
Un ancien fourrier de la 4e du 39e (4)	2 50
Un ancien fourrier de la mobile de la Charente, 96e de marche en 1870, ancien notaire (16)	0 50
Un ex-fourrier de la flotte, à Marseille (14)	1 »
Ex-fourrier de la 12e du 68e (10)	2 »
Un ex-fourrier de la marine (9)	5 »
Un Français soldat de la classe qui, vu l'ordre d'un ministre de passage, ne peut manifester.	0 25
Un Gascon, caporal tailleur (9)	2 »
Un hussard (tous ennemis des Juifs) (13)	0 50
Un ex-hussard du 1er régiment (16)	2 »
Un ancien gabier (4)	5 »
Ex garçon de cercle du 12e cuirassiers, en bon souvenir de ses chefs. Vive la 2e division de cavalerie indépendante dite de fer, classe 79 ! Mort aux Juifs ! (17)	0 50
Un du 90e (7)	2 »

	Fr. c.
Un garde d'artillerie en retraite (11)	1 »
Un garde républicain et sa femme (8)	2 »
Un garde républicain. Pour acheter du persil pour garnir les narines à Reinach (5)	0 50
Un ex-garde républicain (6)	0 25
Un groupe de gardes républicains (3)	7 50
Un gars de la Vendée militaire, qui attend la venue d'un grand sabre pour faire respecter l'honneur de notre armée et l'intégrité de tous les Français de France (7)	2 »
Un gendarme, père de quatre enfants, qui serait heureux de mettre les menottes à cette bête immonde de Reinach (10)	0 60
Un vieux gendarme fatigué de ne poursuivre que les petits voleurs (8)	1 05
3ᵉ génie, classe 80; confiance et respect aux chefs	2 »
Un vieux guerrier du 43ᵉ dans l'espoir de voir crever l'abcès qui ronge la France (14)	1 50
Un ancien guide (9)	20 »
Une table de bataillon d'infanterie. Merci aux organisateurs de la souscription (5)	10 »
Un injurié du 33ᵉ, Arras (10)	10 »
Un ancien joyeux qui a servi sous les ordres du lieutenant-colonel Henry (12)	0 50
Trois anciens légionnaires qui ont été comme le colonel Henry au 2ᵉ zouaves (4)	1 50
Un marin de Brest (16)	2 »
Un vieux marin français, Bordeaux (14)	1 »
Un vieux marin Honfleurais. Vive l'armée! Vive Drumont! A bas Félix! A bas les Juifs! la France aux Français! (6)	5 »
Un marsouin (4)	0 25
Un marsouin (12)	0 25
Un marsouin. A bas les Juifs! (5)	5 »
Un marsouin. Achat d'un sécateur pour Picquart s'il n'a pas subi l'opération (9)	3 50
1 marsouin, 1 biffin, 1 pékin, 1 mathurin, etc (13)	0 50
Un marsouin. Emprunté à un Juif à 200 0/0 (9)	1 »
Un marsouin du 1ᵉʳ régiment, qui eut l'honneur de servir sous les généraux Dodds et Galliéni et qui, plus fort que jamais, crie : « Vivent nos généraux! Vive la France! » (16)	0 50
Un marsouin, pour acheter un collier au macaque Reinach (9)	1 »

	Fr.	c.
Un marsouin qui n'a cure des instructions Freycinet, Lockroy et Cie (17)	0	50
Un ancien marsouin (3)	1	»
Un ancien marsouin, A 10411 (12)	1	»
Un ancien marsouin du 4º. Surveillant de chantier (12)	2	»
Un ancien marsouin qui voudrait voir tous les Juifs et Reinach sécher sous les cocotiers de l'Ile du Diable (14)	1	»
Ancien marsouin Saint-Quentinois (14)	1	»
Un vieux marsouin blessé à Bazeilles (3)	2	»
Un vieux marsouin de Bazeilles (14)	2	»
Quatre marsouins du 4º désirent faire partie du peloton qui exécutera Dreyfus (17)	1	40
Un matelot en retraite (12)	2	»
Un ancien matelot, 2 B. C., 5 fr.; un patriote des Basses-Alpes, 5 fr. (6)	10	»
Un ex-mécanicien de la flotte, un ex-maréchal des logis-chef d'artillerie, un frère d'officier d'artillerie (14)	2	»
2º semestre 1898 du traitement d'un médaillé militaire de 1870 (3)	30	»
Un militaire (3)	5	»
Un militaire (6)	10	»
Un militaire, Saint-Cyr (5)	5	»
Obole modeste mais sincère d'un militaire (17)	1	05
Un ancien militaire, à Cherbourg (15)	5	»
Un vieux militaire, Thiaucourt (16)	0	40
D'un militaire appartenant à un régiment-frontière commandé par un colonel franc-maçon et un lieutenant-colonel juif, versement expiatoire (10)	0	60
Un militaire de Belfort (10)	2	»
Un militaire patriote (9)	2	»
Un ancien militaire et un ancien capitaine d'infanterie de marine retraité (2)	6	»
Un militaire retraité, St-Servan (12)	2	»
Un ancien militaire, sa femme et leur chien et chat (17)	5	»
Un militaire qui espère impatiemment le chambardement, mais pas celui rêvé par Reinach (4)	3	»
Quatre militaires, Verdun (9)	6	15
Un mobile de 1870 (3)	5	»

	Fr. c.
Un mobilot 1870-71, Dijon (8)...............................	1 »
Deuxième moblot (8)..	0 50
Un ancien moniteur du 3e sans cravate, à Clermont-Ferrand (11)..	1 50
Un ancien moniteur de gymnastique de Joinville (2)...	2 »
Un ancien musicien de 1re cl. au 25e de ligne (4).	1 »
Un ordonnance du 91e de ligne (10).....................	0 50
Un ancien ordonnance de l'intendant général Segonne (10)...	1 05
Un ancien ordonnance d'un commandant de recrutement de Béziers (10).................................	2 »
Deux ordonnances (14)..	0 25
Un ouvrier d'artillerie. Son prêt (9).....................	0 25
Un peloton de cavalerie légère, le prêt du jour (8)	1 25
Le personnel d'un cercle militaire au 13e corps d'armée. À bas la canaille juive! (12)...............	1 »
Un pioupiou d'un régiment décoré de la Légion d'honneur (15)...	1 75
Un pioupiou du 43e Vive *La Libre Parole!* (11)..	0 50
La semaine d'un pioupiou français, Lyon (16)....	0 30
Ex-pioupiou Madagascar 1895, Vive la France! (9)	1 »
Trois pioupious de Dijon, sur leur prêt (8).........	1 »
Quelques simples pioupious en souvenir du colonel Henry, victime immolée pour son pays (9)	1 05
Un premier pointeur du 26e d'artillerie (9).........	0 50
Pauvres, nous abandonnons ce que l'État nous donne. Quelques pioupious aimant leurs chefs et la France..	2 »
Deux jours de prêt d'une escouade du 18e régiment d'infanterie, à Pau (9)...............................	1 »
Un réserviste (8)..	5 »
Un réserviste de Gérardmer (Vosges) (14).........	10 »
Un réserviste pauvre (9).......................................	0 15
Huit prêts de réservistes secrétaires (7).............	2 »
Un vieux réserviste (7)..	0 50
Un ancien sapeur du génie qui demande le chambardement général des Youpins, Viviers (Ardèche) (16)..	1 »
Un sapeur du génie. Pour la pose d'un pétard de mélinite au bas du dos de Reinach (11)...........	0 50
Un ex-sapeur du génie (9)....................................	2 »
Un ex-sapeur du génie, pour l'honneur de la veuve et de l'orphelin (5).....................................	1 »

	Fr. c.
Deux sapeurs qui se sont fait mordre par un mulet pour l'avoir appelé Reinach (10).........	1 »
Un secrétaire d'état-major. Honneur à Henry (16)	0 15
Un servant à cheval (14).................	0 15
Obole d'un soldat sans fortune (6)..........	2 »
L'obole d'un soldat pauvre, mais honnête, auquel les procédés des de Pressensé et Cie et leur séquelle, Juifs et francs-maçons) ont fait comprendre la Saint-Barthélemy. Où es-tu, Grand Montluc ? et toi Philippe-Auguste ? Les caisses de l'État sont vides ! Regrettable, mais ils l'auront bien voulu (7).....................	1 25
Un soldat (4).........................	20 »
Soldat de 2e classe (10).................	3 »
Un soldat (11)........................	1 »
Un soldat. Vive la France ! (3)...........	1 »
Un vrai soldat. Vive l'armée ! Levallois.....	0 50
Un soldat. A bas ceux qui fouillent les morts le soir d'une bataille ! (11)................	1 »
Un soldat. Au pilori tous les Prussiens de France ! (14)........................	1 50
Un soldat. Pour défendre une femme contre le Juif (8)............................	10 »
Un soldat. Un crachat sur la face de Reinach et pour le petit Henry mon traitement de 3 semaines (6)...........................	1 »
Soldat du 112e (11)....................	0 30
Un soldat contre les immondes listes piquardo-dreyfusardes de Bergerac (8).............	3 »
Un soldat de la France, de père en fils, depuis trois cents ans, qui ne se résigne pas à sa prétendue décadence, en ce moment prédite par les chancelleries (16)...................	10 »
Un soldat souscrit pour l'achat d'une veste à Pressensé remportée à la conférence de Toulouse (16)...........................	0 50
Un soldat de Bazeilles (4)................	5 »
De la part d'un soldat. Rochefort (6)........	2 »
Le prêt d'un simple soldat (16)............	0 35
Un soldat de Brest, qui donnerait sa vie pour qu'il n'y ait plus de traîtres (9)................	0 50
Un jeune soldat du 60e de ligne (11)........	3 »

Un jeune soldat né Français à Mexico, venu à Tours s'engager pour trois ans au 66e de

	Fr.	c.
ligne (13)..	2	»
Un pauvre soldat anglais qui hait les Juifs (16)..	1	»
Un soldat pauvre de la frontière des Alpes, qui attend avec impatience le grand chambardement, pas tout à fait celui rêvé par Reinach (16)...		
Le petit soldat (11)...	1	»
Un petit soldat aimant ses chefs (5).................	2	»
Un soldat dégoûté. A bas les Juifs ! (7)..........	2	»
Un soldat de l'armée auxiliaire (16).................	1	»
Un soldat d'infanterie (13).................................	2	»
Un soldat du 53e d'infanterie, à Tarbes (6)......	1	»
Soldat du général Lamoricière, 60-61 (16).......	5	»
Un soldat corse qui voudrait pouvoir donner rendez-vous à tous les Juifs, non pas dans le maquis de la procédure, mais dans ceux de son pays (13)...	1	»
Un soldat laboureur (16)......................................	10	»
Un soldat laboureur, Nantes (17)........................	1	05
Deux prêts d'un soldat corse dont les premières balles sont pour les traitres (16).................	0	75
Un soldat qui s'évada deux fois en 1870 (17).....	5	»
Un soldat qui tapera dur au jour du chambardement (4)..	2	»
Un soldat de 2e classe qui abandonne avec joie deux prêts pour maudire l'affreux Reinach (9).	0	50
Un soldat d'infanterie de marine, Cherbourg (7).	1	20
Un soldat d'infanterie de marine de Madagascar (17)..	0	25
Deux soldats du 77e de ligne (11)......................	0	75
Le prêt de trois soldats du Mans (17)...............	0	90
4 soldats écœurés des Juifs et de Freycinet (4)..	20	»
Dix soldats français. Puisse le vert-de-gris de ces quelques sous empoisonner tous les Juifs ! (8)..	1	75
Cinquante soldats de l'active (8)........................	20	»
Un groupe de soldats et patriotes (16)..............	4	50
Un groupe de soldats de la 10e section et leur cantinière, qui détestent les Juifs (6)..................	1	05
Un ancien soldat (3)...	0	50
Un ancien soldat (5)...	10	»
Sa femme...	5	»
Son fils..	2	»
Sa fille...	2	»

	Fr.	c.
Leur bonne...............	1	»
Ancien soldat, 119ᵉ d'infanterie (10).............	3	»
Un larbin, ancien soldat (16).................	0	45
Un ancien soldat de 2ᵉ classe (9).............	1	»
Un ancien soldat blessé en 1870 (2)...........	5	»
Ancien soldat de l'armée de la Loire (9).......	1	»
Un ancien soldat de Crimée, fils d'un capitaine d'artillerie du premier Empire (4)...........	5	»
Un ancien soldat du 67ᵉ de ligne (12).........	2	»
Un ancien soldat de 2ᵉ classe du 69ᵉ de ligne (16).	1	»
Un ancien soldat de 1870, Nancy (11)........	1	»
Un ancien soldat du colonel Sandher (16)......	1	»
Un ancien soldat du 51ᵉ, en souvenir de ses chefs (11).............................	0	60
Un ancien soldat du 61ᵉ de ligne (11).........	1	»
Un ancien soldat de 1870 croyant toujours au relèvement de la patrie française (4)........	1	95
Un ancien soldat médaillé et sa famille (13)....	1	»
Un ancien soldat prêt à reprendre les armes pour combattre les Juifs (16)...................	0	50
Un ancien soldat qui comprend la Saint-Barthélémy (6)............................	0	50
Deux amis anciens soldats du 76ᵉ. Vive l'armée ! A bas les juifs ! (6).....................	2	»
Groupe d'anciens soldats, à Clichy (11)........	8	»
Un groupe d'anciens soldats, ouvriers à l'arsenal de Puteaux, indignés de voir insulter l'armée et ses chefs (10).......................	20	75
Un ex-soldat cuisinier au 28ᵉ d'infanterie, Bolbec (16).............................	0	20
Un ancien soldat de 1870 (6)................	5	»
Un ex-soldat en horreur des Juifs, Bolbec (16)...	0	25
Un vieux soldat, Thiaucourt (16).............	0	20
Un vieux soldat (9).......................	2	»
Un vieux soldat, 0 fr. 50 ; sa fille, 0 fr. 50 c. (11)	1	»
Un vieux soldat et ses quatre filles (2)........	2	50
Un vieux soldat du Mexique (9)..............	5	»
Un vieux soldat. Vive la France ! (14)........	1	»
Un vieux soldat. Vive l'armée ! Quand même ! (9)	5	»
Un vieux soldat, pour Mme veuve Henry (5)...	3	»
Un vieux soldat abonné (9)..................	5	»
Un vieux soldat de Gaalon (8)...............	10	»
Un vieux soldat d'Afrique, toujours prêt. Haut la matraque ! (10)........................	2	»

	Fr.	c.
Un vieux soldat qui a concouru à la conquête de l'Algérie (12)........................	2	10
Un vieux soldat qui a toujours respecté ses chefs (14)............................	1	»
Un vieux soldat qui souscrit pour la 2ᵉ fois (14).	0	25
Un vieux soldat pour la veuve et le fils du calomnié (9).............................	3	»
Un spahi (13)..................................	0	50
Un ancien spahi, admirateur du grand talent et du beau caractère de Drumont (5)............	20	»
Un 12ᵉ territorial Amiens. Vive l'armée, quand même! (4)................................	3	»
Un territorial de 2ᵉ classe, anonyme. Vive l'armée! (14)................................	1	»
Un territorial du 7ᵉ escadron du train des équipages militaires (4)....................	1	»
Un territorial qui crache à la face de Reinach, Nancy (14)...............................	1	»
Deux tirailleurs, Bourg (14)...................	2	»
Un ex-tringlot royaliste et antidreyfusard et trois antijuifs lillois, anciens abonnés du *Soleil* (14)	2	»
Un trompette de la garde républicaine qui sera au comble de ses vœux lorsqu'il sonnera la charge contre la Juiverie (6).................	1	05
Ancien trompette du 8ᵉ dragons (10)..........	1	»
Un vieux troupier qui a reçu ses premières leçons d'antisémitisme de ce bon Picquart lui-même (7).................................	10	»
Un turco (13).................................	0	50
Un turco, à la Villette (4)....................	0	50
Un ancien turco du 3ᵉ, fier de son drapeau (14)..	0	50
Un ex-turco (3)...............................	2	»
Ex-vaguemestre au 7ᵉ de marine (7)...........	2	»
Un vétéran de 1870-71 (5)....................	5	»
Un volontaire de 1870, pour l'honneur de l'armée et de ses chefs (4)..........................	10	»
Un volontaire du 61ᵉ, à Marseille (14).........	0	50
Un volontaire de 1870-71 (5)..................	1	»
Volontaire de 1870. Respectueux hommages à la mémoire du colonel Henry (4)..............	20	»
Un ancien volontaire de 1870. Finistère (5)....	20	»
Un zouave (13)...............................	0	50
Un zouave (17)...............................	1	05
Je ne boirai pas mon champoreau, mais vive la		

	fr. c.
France ! Un zouave (8)...............................	0 50
Respect aux femmes : un zouave en souvenir du capitaine Henry (11).............................	1 50
Un ancien zouave (7)................................	2 »
Un ancien zouave 1859 (6)..........................	5 »
Un zouave du 1er, qui connaît les Juifs, à Rives (6)	1 50
Un ancien zouave. Quand débarrassera-t-on l'armée de la puante lignée de Judas et de Barabbas ? (8)..	1 »
Un ancien du 2e zouaves (8)........................	5 »
Un ancien zouave du 2e (classe instruite par le capitaine Henry) (3)...............................	5 »
Un ancien du 2e zouaves et un moblot de 1870 (10)	1 »
Un ancien au 3e zouaves (10).......................	0 50
Ancien zouave pontifical antisémite et ses sept enfants (6)..	5 »
Un ex-zouave de 1870 (17)..........................	5 »
Un vieux zouave (7).................................	2 »
Un vieux zouave de Pie IX (3)......................	1 »
Un vieux zouave qui n'a pas le sou donnerait tout son sang pour son pays (7).................	2 10
Une escouade de zouaves d'Alger. Vive l'armée ! (8)	1 50
Deux vieux zouzous retirés à Belleville (4)........	1 »
Morte la bête, mort le venin. Un ancien fourrier de zouaves habitant Dijon (16)..................	1 20
Un ancien pied de banc du 2e zouaves désirant savoir quand Freycinet se décidera à purger les rangs des premiers soldats du monde de toute la teigneuse descendance de Judas et de Barabbas qui les infecte (13)......................	0 50

LE CLERGÉ

Prêtres et Moines

	Fr. c.
Alain (Envoi du prêtre) (12)....................	5 »
Allain (L'abbé), recteur de Plouhan, ex-zouave pontifical (6)....................	5 »
Alliot (L'abbé) (7)....................	5 »
Arnaut (L'abbé), frère, oncle et neveu d'officiers, sous-officiers et d'étudiant militaire (10)....................	5 »
Bechee (M.), curé (13)....................	10 »
Bellet (Charles-Félix), protonotaire apostolique, à Tain (7)....................	10 »
Bigourd (Abbé) (12)....................	1 »
Bordron (L'abbé), curé de Boussy-St-Antoine (5)	1 »
Bougny (Abbé Ed. F.), curé de Villerville (12)...	3 »
Bourdeau (Abbé), curé de Champeaux (17)......	2 »
Bresson (A.), prêtre, à Provins (5)....................	5 »
Briand (L'abbé François), ex-supérieur de grand séminaire (9)....................	0 60
Bromed (L'abbé), curé-doyen (16)....................	5 »
Brunel (Abbé C.), curé-doyen de Charensac (Gard) (5)....................	5 »
Buisson (Abbé J. P.) (12)....................	1 »
Caron (Abbé Max) (1)....................	5 »
Cauterot (L'abbé) (5)....................	3 »
Chartier (L'abbé Ed.) (16)....................	10 »
Chaux (L'abbé H. Le), recteur de Plusquilloc (Côtes-du-Nord) (11)....................	5 »
Chavauty (Abbé), école Saint-Jean (14)....!...	10 »
..Chesne (J.-M.-A.), curé à Châtelain (Mayenne), ancien zouave pontifical (5)....................	10 »

	Fr. c.
Chêtel (Abbé), l'union fait la force (4)...........	1 50
Collot (L'abbé), Lorrain et prisonnier des Prussiens, qui a confiance au jugement de la justice militaire et de cinq ministres de la guerre (16).	5 »
Cornu (Is.), supérieur du séminaire des facultés catholiques de Lille (14)........................	5 »
Couteyral, curé de la Jonchère (Hte-Vienne) (16)	2 »
Couturaud (B.), curé de Thénon (12).............	1 »
Crocquempot (Abbé) (12)........................	1 »
Cros (L'abbé), ex-lieutenant, pour une descente de lit de peau de Youpins, afin de les piétiner matin et soir (15).............................	5 »
Dauphin (Abbé A.), Belfort (9)..................	1 75
Declerck (Abbé Henri), de Roubaix, 92, rue Denfert-Rochereau (13)...........................	5 »
Decottignies (Abbé), de Saint-Omer (12).........	1 »
Demaison (Abbé Ch.) (12).......................	1 »
Demniso (Abbé), vicaire de Notre-Dame-de-Lorette, ex-prisonnier des Allemands (1).........	20 »
Denain (Abbé E.), curé de Saint-André (13).....	2 »
Destres (L'abbé) (14)............................	5 »
Dubois (L'abbé J.), à Chauny. Vive l'armée ! (6).	5 »
Drouet (En souvenir de M. l'abbé) (3)............	5 »
Duclaud (Abbé H.), vicaire de Ribérac (6).......	1 »
Duparc (Abbé Adolphe), vicaire (3)..............	1 05
Estibayre (L'abbé) (voir Mathieu [l'abbé]).	
Favier (L'abbé), qui espère que bientôt Dieu vengera la France (5)............................	5 »
Fèvre (Monseigneur), protonotaire apostolique (9)	5 »
Finet (E.), curé de Sailly (14)..................	1 »
Fornerot (Abbé), à Cieurac (10).................	20 »
Fradin (Abbé), curé d'Arvert (10)...............	5 »
Gaillard (Ar.), curé de Saint-Joachim (Loire-Inférieure) (15)...................................	6 »
Galey (L'abbé H.), pour la défense du droit éternel contre le cabotinage des puritains et la fourberie judéo-huguenote (5)..................	5 »
Garcin (Abbé P.), ancien aumônier des mobiles de la Loire en 1870 (17).......................	3 »
Gaugain (Abbé) (9)..............................	10 »
Gaussin (Abbé E.) à Ailloncourt (16)............	1 »
Girard (L'abbé) (8)..............................	3 »
Giraudon (L'abbé), Pierrefitte (14)..............	0 50
Goudeville (Abbé). Pour l'orphelin. Vive la	

France ! (6)..	5 »
Guérin (Abbé L. J.) (3)....................................	5 »
Guilbert (L'abbé), Seine-et-Oise (5)...................	2 »
Hébrard (L'abbé Fernand), licencié ès lettres, Le Dorat (Haute-Vienne) (6).......................	0 90
Henry (Abbé J.) (12)..	1 »
Houard (L'abbé), vicaire de Plouhan (6)............	1 »
Huet (L'abbé), ancien combattant de 1870-71 (15).	1 »
Isambert et Thioux (Les abbés), Meaux (7).......	2 10
Jaud (M.), curé de la Boissière-de-Montaigu (Vendée) (10)...	20 »
Jorcin (Abbé C.) (12).......................................	1 «
Labbé (Abbé A.), vicaire (14)...........................	5 »
Lajaire (L'abbé de), Vive l'armée ! (5)..............	10 »
Lamy (E.), prêtre. Pour la défense d'un enfant de France (4)...	1 »
Laurens (Abbé) (2)...	2 »
Leclerc (Abbé) (12)...	1 »
Lefebvre, curé à Orcey (16).............................	1 »
Leroy (L'abbé) et son petit René pour la Noël du petit Henry (7)...	5 »
Lhémeau, curé d'Apriers (Vienne) (4)..............	20 »
Loureau (Max), curé de Bosjean (11)...............	1 50
Mainet (Abbé), curé de Neuville-lès-Dieppe, ancien aumônier militaire (8).........................	5 »
Manceurt (Abbé) et M. Gely à Pessac (Gironde). Deux admirateurs de la belle campagne contre nos vrais ennemis (11)...............................	1 20
Mangot (E.), curé de Bourré (Loir-et-Cher) (6)...	5 »
Marchand (Abbé), curé-doyen de Delle, indigné des accusations odieuses tolérées contre les chefs de l'armée (6)....................................	5 »
Mathieu (M. l'abbé) et M. l'abbé P. Estibayre (17)	2 10
Mathieu (Abbé), vicaire à Rambervillers (16)....	3 »
Mée (Abbé Le), vicaire de Plouhan (6)............	2 »
Menant des Chesnais (René Le), missionnaire apostolique (7)...	5 »
Menvielle (Abbé B.) (5)....................................	2 »
Merrien (L'abbé), vicaire à Telgrue. Son traitement d'une journée de vicaire. Vive Lasies, député antidreyfusard ! (16)........................	1 05
Métais (Abbé) (16)..	1 »
Mifflo et Muflette, deux bons chiens qui gardent un monastère et résistent résolument à la loi	

d'accroissement (10)...............................	10 »
Millo (Abbé J.), vicaire à Nice (12)................	1 »
Montels (Abbé Auguste), chanoine honoraire, missionnaire apostolique, curé de Grabels (Hérault) (14)..	10 »
Mun (L'abbé de) (8)................................	20 »
Mustel (Abbé), à Avranches (6)....................	2 »
Nouaille (Abbé), curé d'Ajat (6)...................	1 »
Ollivier (Abbé J.), vicaire à Sainte-Elisabeth (2).	5 »
Pascal (J. de), missionnaire apostolique (14).....	5 »
Passot (G.), curé, Plottes (13)....................	3 »
Pécaud (L'abbé), curé de Quincy-Ségy (Seine-et-Marne) (5)...	2 »
Philippe (L'abbé), chanoine honoraire, curé doyen de Pont-de-l'Arche (10)...........................	5 »
Planche (L'abbé), Bar-le-Duc (11).................	0 25
Port (M. l'abbé), curé de Brignan, et l'abbé Videli, vicaire. Vive la patrie! (7)........................	10 »
Prud'homme, doyen de Charny (12)...............	5 »
Potin (L'abbé B. du), missionnaire apostolique. Que Dieu protège la France! (10).................	3 »
Raquin (Abbé J.) (8)...............................	5 »
Régalin (Abbé J.), à Dancevoir (4)................	5 »
Rivet (L'abbé Victorin), curé à Sainte-Dame-de-Villard (Savoie) (12)..............................	0 50
Rivière (Abbé), vicaire (10)........................	8 »
Robert (Abbé Ch.) (9)..............................	5 »
Rondeau (Abbé), curé à Thairé (12)..............	5 »
Taravel (Abbé A.) (12).............................	1 »
Tartelin (Abbé), curé de Montcoy (Saône-et-Loire), 1 fr.; un prêtre, diocèse d'Autun, 1 fr.; Maurice, Lucien, Pierre, Jean, Gabriel, 0 fr. 50. Que les catholiques ne se servent plus chez les Juifs, 0 fr. 50 (12).................................	3 »
Théole (Abbé de la) (3)............................	10 »
Thioux (Abbé) (voir *Isambert*).	
Tinturier (Abbé), ancien soldat au 37ᵉ de ligne (5)	3 75
Tour de Noé (Abbé de la), à Toulouse (4)........	5 »
Vallée (Abbé J.), de l'action catholique de Versailles (9)...	5 »
Verguet (L.), prêtre chanoine, Carcassonne (14)..	1 »
Vidal (Abbé)..	1 »
Vidal (Au nom de M. l'abbé), curé de St-Hippolyte et de M. Paul Chabrol, maire de St-Hippolyte	

	Fr. c.
(Cantal) (9)..	20 »
Videli (L'abbé) (voir *Port* (l'abbé).	
Villain (Abbé A.), curé de Chaumontel, ancien soldat au 79ᵉ de ligne. Vive l'armée ! (3)......	2 »
A. (L'Abbé) (5)..	5 »
A. (L'Abbé Th.), aumônier des prisonniers de guerre en 1870 (9)..	5 »
A. B., aum. des P.S.D.P. Un prêtre fermement convaincu de la bonne foi du colonel Henry (6)....	5 »
A. B., curé de campagne (10).............................	2 »
A. B., prêtre, Montastruc (14)............................	2 »
A. E. G., curé de Livry (9).................................	5 »
A. P. (Abbé) (5)..	5 »
B. (M. le curé de) (9).......................................	0 25
B. (L'abbé), à Saint-Nicolas (16)........................	1 »
B. (Abbé), Badrignans (10)...............................	4 »
B. (L'abbé), ex-fourrier à la 6ᵉ. Affectueux souvenir au 81ᵉ de ligne. Vive l'armée ! (16)..........	2 »
B. N. L. (M. l'abbé), frontière Est (17)...............	0 50
C. (Abbé) Le sang du colonel Henry crie vengeance (6)..	3 »
C. D. (Abbé) (11)..	2 »
E. B. Paris. Un prêtre convaincu de la perversité des Juifs (8)...	0 50
F. B. Un prêtre antisémite (9)............................	2 »
F. C., prêtre à Saint-Pé (6)................................	5 »
F. M. (Abbé). Vive la France, à bas les traîtres et tous leurs complices de haut et de bas étage, y compris les enjuponnés ! (4)............................	10 »
G. (L'abbé), pour dire au jeune Henry qu'il n'a pas à rougir de son père (10)..........................	5 »
G. G., curé de campagne (9).............................	2 »
J. D., prêtre (10)...	2 »
J. G. (Les abbés), P. P., J. A., L. Hubineau; J. L., A. J., R. S. (6)..	14 »
L. (L'abbé) (8)..	2 »
L. M. (L'abbé), de Nantes (14)..........................	1 »
Lz, prêtre, abonné de la *Libre Parole* (6)..........	3 »
M. (L'abbé), en attendant la souscription du ministre de la guerre (5).................................	5 »
M. M., prêtre (5)...	5 »
P. M., prêtre, professeur. Que Dieu ait pitié de notre chère France ! (10)..............................	2 »

		Fr. c.
O. et T., religieux, patriotes réfractaires à la loi d'abonnement (6)		2 10
P. (Abbé) (1)		2 »
P. (L'abbé) et sa sœur N. P., hommage à la veuve et à l'orphelin, Tarbes (11)		2 »
P. B. (Abbé) (1)		5 »
P. C. (Abbé), Pas-de-Calais (7)		1 50
X. (L'abbé), pensant comme la *Libre Parole* (7)		5 »
X. (L'abbé), aumônier (9)		1 05
X. (Obole du pauvre abbé. Sus aux traîtres! (6)		2 »
Un abbé (3ᵉ versement) (14)		1 »
Un abbé antidreyfusard (9)		5 »
Un abbé de Dunkerque (6)		3 »
Un abbé, ex-abonné du *Soleil*; il ne doit plus en rester (16)		7 »
Un abbé patriote (3)		1 »
Un groupe d'abbés patriotes de Driencourt (Somme) (6)		35 »
Deux abbés patriotes de la frontière de l'Est, qui souhaitent voir leur 50,000 confrères envoyer leur obole (10)		2 »
Un ancien aumônier (9)		2 »
Un ancien aumônier militaire aux armées du Nord, du Rhin et de Versailles, 1870-71 (2)		10 »
L'ex-aum. de la redoute de Montretout en 70 (7)		5 »
Un pauvre aumônier d'hospice, pour le fils du vaillant Henry (6)		1 »
Un fils d'officier, aumônier militaire (3)		2 »
Un vieil aumônier militaire (9)		3 »
Un capucin, Théaucourt (16)		0 10
Un chanoine d'Annecy pour le petit et contre les monstres (16)		2 »
Le clergé de la vallée de la Soanne (17)		3 »
Le clergé de Nontron. Hommage à l'armée (16)		5 »
Un curé. Avec son plus profond respect pour la mère et sa meilleure bénédiction pour le fils (14)		1 »
Un curé anonyme (9)		5 »
Un curé anonyme de Seine-et-Marne (14)		1 »
Un curé antisémite (14)		2 »
Curé d'Azay (10)		1 »
Un curé collectionneur de la *Libre Parole* (8)		2 »
Un curé dans la petite Irlande (13)		1 50

	Fr. c.
Un curé de campagne (2)............	10 »
Un curé de campagne, ancien volontaire de 1870 (10)............	1 »
Un curé de campagne, petit-fils d'un soldat de l'Empire (9)............	5 »
Un petit curé de campagne de l'Auxois (11)......	1 05
Un pauvre curé de campagne du diocèse de Rouen (6)............	1 »
Un curé de campagne fait des vœux ardents pour l'extermination des Juifs et des Francs-Maçons (15)............	5 »
Un curé de campagne, frère d'un officier de marsouins (15)............	2 »
Un pauvre curé de campagne pour la restauration de la justice et du patriotisme en France (14)	5 »
Un pauvre petit curé de campagne et une bonne vieille dame (10)............	7 »
Un curé de campagne, qui fait les vœux les plus ardents pour l'extermination des deux ennemis de la France : le Juif et le Franc-Maçon (10)...	5 »
Une journée de traitement d'un curé de campagne (10)............	2 40
Un tout petit curé de campagne (6)............	2 »
Un des plus pauvres curés de France, qui n'admire pas tous les jours la conduite de son archevêque, l'ancien barnum de Zadoc-Kahn (17)	1 05
Curé de Fontaine, Henry (Calvados) (16)........	2 »
Un curé de la Haute-Savoie (16)............	1 »
Un curé de l'arrondissement de Melun étonné et scandalisé de la placidité de nos officiers (16)..	3 »
Un curé Rouergat, à Naut (Aveyron) (16)......	2 »
Un curé de la Vallée-d'Aillant (Yonne) (16).....	2 10
Un curé de l'Yonne (8)............	3 »
Vive le Christ ! Vive la France ! Vive l'armée ! Un curé de petit village bien antisémite (6).......	1 »
Curé de Pénol (Isère), sous-officier volontaire de 1870 ; à Drumont, l'honneur de la France et le défenseur providentiel de ses nobles causes (6)	5 »
Le curé de Saint-Barthélémy (11)............	1 05
Un curé de Seine-et-Oise chargé d'œuvres (11)...	10 »
Obole d'un curé de village qui prie pour l'âme du colonel Henry, persuadé qu'un acte de désespoir accompli dans de telles circonstances ne lui aura pas attiré toutes les rigueurs de la justice	

	fr.	c.
divine (6)..	1	05
Un curé doyen et ses vicaires (10)...............	3	»
Un curé du diocèse d'Arras (11).................	3	»
Un curé du diocèse de Bayeux. A bas les républicains de tout acabit : Youpins, huguenots, francs-maçons et tous les enjuivés comme eux ! (16)...	1	»
Un curé du diocèse de Moulins. *Pro patria*. H. B (12)	2	»
Un vieux curé du pays nantais et son vicaire (11).	2	»
Un curé du Poitou (12)............................	5	»
Un curé et un médecin (16).......................	1	»
Un curé et un vicaire du diocèse de Sens (11)....	2	»
Un curé Haut-Alpin (10)...........................	1	05
Un curé landais (12)..............................	2	»
Un curé normand, ancien aumônier militaire (10).	5	»
Un curé patriote..................................	2	»
Un curé patriote de la Haute-Savoie (16)........	0	50
Un curé Seine-et-Marnais et ses vicaires (7).....	10	25
Un petit curé poitevin qui chanterait avec plaisir le *Requiem* du dernier des Youpins (15)....	1	»
Trois curés du canton d'Essoyes (6).............	3	»
Deux pauvres petits curés du diocèse de Cahors(11)	4	»
Trois curés, Français de France (Mauriennais), qui voudraient appliquer leurs trente doigts sur la figure immonde du Juif Reinach (13).......	3	»
Deux curés qui ne veulent pas de Juifs (11).....	2	»
Une fille de Saint-François-d'Assises, amie dévouée de saint Antoine de Padoue, qui aime mieux les va-nu-pieds que les voleurs millionnaires (10)..	1	05
L'Hospitalité sacerdotale de N.-D. de Lourdes, avenue de Wagram, 154, Paris (5).............	25	»
Un antijuif ami de l'œuvre de l'Hospitalité sacerdotale (5)...	10	»
Pour un petit Goy de France, les employés de l'Hospitalité sacerdotale (5)..........................	6	75
Institut catholique de Vaucouleurs (Meuse) et ses ouvriers, au martyr colonel Henry, 50 fr. ; les frères Derobe, de Vaucouleurs, à l'orphelin Henry, 4 fr. ; un prêtre, enfant de Vaucouleurs 1 fr. — Total (5)................................	55	»

Un missionnaire du Tonkin, qui voudrait voir tous les millions du Syndicat de trahison employés à la construction du chemin de fer d'Ha-

	Fr. c.
noi à Laokay (10)..	1 »
Les trois missionnaires de Saint-Bernard-de-la-Chapelle (4)	3 »
Un père blanc (13)...	3 »
Un père mariste qui désire vivement voir l'enseignement libre catholique produire des hommes comme Drumont, Lasies et Max Régis (16)....	0 50
Un prêtre (3)..	1 »
Un prêtre (1)...	0 50
Un prêtre alsacien, pour le triomphe de la justice et de la vérité (5)...................................	5 »
Un prêtre agrégé de l'Université, mais fils d'un soldat d'Afrique et d'Italie, pour l'orphelin et la veuve..	0 50
Un prêtre antidreyfusard (6)............................	5 »
Un prêtre attaché aux ambulances, 1870-71 (10)..	5 »
Un prêtre breton (4)...	1 »
Un prêtre breton, ancien soldat du 62ᵉ de ligne (10)	1 »
Un prêtre breton des Côtes-du-Nord (11)...........	5 »
Un jeune prêtre bas-alpin, sa mère et une patriote	2 10
Un prêtre de Fontenay (17)..............................	2 »
Un prêtre de l'Aude, fils de soldat. Pour la France ! En avant ! (12)................................	2 »
Un prêtre de la Basse-Bretagne, Pontivy (10).....	2 »
Un prêtre de l'Aude, fils de soldat. En avant, pour Dieu, pour la France! (5).............................	2 »
Un prêtre de la Dordogne. Vive Drumont! (10)..	1 »
Un prêtre de Paris, pour la confusion de Reinach (8)...	5 »
Un prêtre de province (11)...............................	1 »
Un prêtre de Rouen (12)..................................	3 »
Un prêtre du diocèse d'Autun (10)...................	1 »
Un prêtre du diocèse d'Autun (voir *Tartelin* [Abbé]).	
Un prêtre du diocèse de Nancy (16).................	2 »
Un prêtre infirme qui voudrait pouvoir manier l'épée aussi bien que le goupillon (4)...........	0 30
Un pauvre prêtre (3)..	2 »
Un pauvre prêtre (10).......................................	1 »
Un prêtre, pauvre et âgé, compatriote de Manau, en esprit de réparation (11)..................................	4 50
Un prêtre pauvre, à Lyon, volé par les Juifs (10).	1 50
Un pauvre prêtre de la Drôme (9)....................	1 »
Un prêtre pauvre de Nice (14)..........................	5 »

	Fr. c.
Un prêtre pauvre, écœuré de constater qu'aucun évêque de France n'envoie son obole pour venger la veuve et l'orphelin français des insultes du bandit allemand Reinach (12)	1 »
Un pauvre prêtre irlandais écœuré (8)	1 »
Un pauvre prêtre, pour la conversion du curé Juif Olma (16)	1 50
Un prêtre qui a une soutane verte en attendant la violette (11)	1 »
Un prêtre qui prêche contre les Juifs	2 »
Un prêtre qui prie Dieu de sauver la France (13)	1 05
Un prêtre qui travaille à désenjuiver les baptisés (8)	10 »
Un prêtre pyrénéen (14)	3 »
Un prêtre savoyard (16)	1 »
Un prêtre très pauvre. Pour la veuve du soldat assassiné par les Juifs (6)	1 »
Un vieux prêtre de Rouen (10)	10 »
Un vieux prêtre, fils d'officier, à l'orphelin Henry, enfant adoptif de la vraie France, Bordeaux (14)	5 »
Plusieurs prêtres d'Ancenis (9)	4 »
Quatre prêtres bretons. Vive l'armée ! (16)	5 »
Deux prêtres de Rouen (6)	40 »
Trois prêtres de Saint-Brieuc. Combattons, Dieu donnera la victoire (11)	3 »
Trois prêtres d'Ille-et-Vilaine, qui protestent avec éclat contre les Dreyfusards (4)	3 »
Quatre prêtres du Morbihan (10)	2 »
Quatre prêtres meusiens (10)	8 »
Un groupe de prêtres professeurs (5)	12 »
Un groupe de prêtres professeurs savoyards (11)	3 »
Deux prêtres Rennais, pour l'humiliation des Juifs (11)	2 »
Un groupe de prêtres unis à tous les patriotes pour la défense de l'armée (4)	11 »
Un professeur d'un petit séminaire de la Haute-Savoie (16)	1 »
Province des capucins de Toulouse (5)	50 »
Du petit séminaire de la Chapelle-St-Mesmin (10)	10 »
Un séminariste Vannetais (10)	0 50
Plusieurs séminaristes (14)	2 50
Plusieurs séminaristes soldats. Pour l'orphelin (6)	5 »
Séminaristes patriotes de Sens (12)	1 05
Petite obole d'un vicaire (6)	5 »

	Fr. c.
Un vicaire antisémite (4).............................	2 »
Un vicaire aveyronnais, à Naut, (Aveyron) (16)..	1 »
Un vicaire breton (8)................................	2 »
Un vicaire clairacais (10)...........................	1 95
Un vicaire de campagne (6).........................	2 »
Un petit vicaire de faubourg, Paris (11)..........	1 50
Un vicaire de Gérardmer (9).......................	5 »
Un vicaire de la Haute-Savoie. Vive l'armée ! (16)	1 »
Un vicaire de La Villette (12)......................	1 »
Un vicaire de La Villette, auquel le seul Juif qu'il connaisse a volé 200 francs (16)................	1 »
Un vicaire de Maisons-Blanche (8)................	5 »
Un vicaire de Marseille (10).........................	1 »
Un vicaire de province, pour la confusion de Reinach et de sa bande (3).......................	5 »
Un vicaire du diocèse de Nancy (6)................	3 »
Un vicaire patriote (11).............................	1 »
Un jeune vicaire qui voudrait du talon écraser le nez de Reinach (7)................................	2 »
Un vicaire savoyard qui voudrait bien avoir l'occasion d'imiter l'abbé H. (12).....................	2 10
Deux vicaires de la Nièvre (17)....................	2 »
Cinq vicaires de la rive gauche, profondément antisémistes et ne lisant plus le *Soleil* (8)........	10 »
Les vicaires de Saint-Sauveur de Brest. Vive la France ! (10).......................................	5 »
Deux vicaires ennemis des Youpins voleurs (7)..	4 »

LA NOBLESSE

	Fr.	c.
Audiffret-Pasquier (Duc et duchesse d') (11)	40	»
Avaray (Duchesse d') (12)	50	»
Brissac (Duc de) (7)	50	»
La Rochefoucault, duc de Doudeauville (5)	100	»
Luynes (Duc de) (12)	50	»
Mortemart (Duchesse de), 1, rue St-Dominique (8)	20	»
Uzès (Duchesse d'), née Mortemart (6)	100	»
Broglie (Princesse de) (6)	20	»
Broglie (Prince Jacques de) (7)	20	»
Radziwill (Prince Léon) (9)	50	»
Audiffret-Pasquier (Marquis d') (9)	10	»
Barthélémy (Marquis de) (10)	50	»
Beauchesne (Marquis de) (14)	100	»
Beaumont (Marquis de), château de Reignefort (Haute-Vienne) (10)	50	»
Belloy (Marquis de), de Saint-Liénard) (7)	10	»
Biron Lavergne (Marquis de) (9)	10	»
Boury (Marquis de) (12)	20	»
Broc (Marquis et marquise de) : Que Dieu protège la France ! (16)	25	»
Cambiaire (Marquise de), veuve du général (14)	10	»
Campagne (Marquise de) (10)	30	»
Chaumont-Quitry (Marquis de), à Maubranche	50	»
Chauvelin (Marquis de) (5)	20	»
Clermont-l'Hérault) (Charles, marquis de) (14)	5	»
Choiseul (Marquis de) (14)	10	»
Corneville (Marquis H. de), de la *Revue Interna-*		

	Fr. c.
tionale du *Mexique* (3).............................	10 »
Elbée (Marquis d') (6).............................	10 »
Gontaut (Marquis de) (17)........................	20 »
Goujon (Marquise du). Quoique Marquise du Goujon roulée par un certain administrateur d'une banque, rue de la Banque, d'apparence aussi fashionable que vénérable, je n'ai plus qu'un franc à offrir à la veuve, à l'orphelin (16)...	1 »
Grave (Marquis de) (7).............................	10 »
Ivry (Marquis d'), à Corabœuf (Côte-d'Or) (18)...	20 »
Lalande (Marquis de) (14)........................	20 »
Langle (Marquis de), contre les sales Juifs (16)..	20 »
Lastic (Marquis de) (10)............................	20 »
Lostanges-Sainte-Alvère (Marquis de), au château du Sablon, Montignac (Dordogne) (12)........	10 »
Lubersac (Marquis de), 69, rue de Varenne (1)...	100 »
Ludre (Marquis de) (4).............................	50 »
Luppé (Marquis de) (2).............................	100 »
Mauroy (Marquis et marquise de) et leurs onze enfants (3).......................................	20 »
Moutiers-Mérinville (Marquis des) (9)............	10 »
Musset (Marquise de), ex-abonnée du *Soleil* (5)..	5 »
Nattes (Marquis de) (3)............................	20 »
Palaminy (Marquis de) (12)........................	10 »
Pennautier (Marquis et marquise de), 24, rue du Théâtre (5).......................................	20 »
Périgny (Marquis de) (6)...........................	5 »
Polignac (Marquis de) (2)..........................	200 »
Prévalaye (Marquis de la).........................	10 »
Quinsonas (Marquise de), château de Mérien (Isère) (5)...	100 »
Saint-Geniez-Thézan (Marquis et marquise de) (13)	20 »
Saint-Pierre (Marquis et marquise de) et leurs enfants (4).......................................	50 »
Sauzillon (Marquise de), à Périgueux (14).......	2 »
Ségur (Marquis de) (2).............................	20 »
Sers (Marquis de) (4)..............................	10 »
Tour du Pin La Charce (Marquise La) (4).......	20 »
Trans (Marquis de (12).............................	20 »
Vibraye (Marquis de) (3)..........................	20 »
Villaines (Marquis de) (7).........................	20 »
L. (Marquise de) (12).............................	5 »
L. (Marquis de) (4)...............................	5 »

	Fr. c.
L. (Pierre), marquis....................	10 »
S. (Marquise E. de), femme d'officier supérieur (7)	20 »
Adhémar (Comte d') (9)	50 »
Armaillé (Comtesse d'), née de Ségur (6)	20 »
Arnaud de Gironde (Comte), n'a jamais traîné son blason dans les salons de la juiverie (7) ..	50 »
Auger (Comte Duboys d'), à Ambillou (17)	20 »
Bausset (Comtesse de) (9)	10 »
Beauchamps (Comte de), 7, rue de Tilsitt (2)	100 »
Beaumont (Comte de) (4)...................	100 »
Beaumont (Comtesse de) (9)................	5 »
Beaupoil (Comte A. de), de Saint-Aulaire (7) ...	50 »
Bedous de Pierrefeu (Comtesse) (10)	20 »
Begouen (Comte et Comtesse) (5)............	50 »
Belinaye (Comte de la) (16)	20 »
Belmont (Comte Robert de) (10)..............	5 »
Bermoud (Comtesse de) (7).................	20 »
Berthellière (Comte Fernand de la) (14)........	5 »
Bertier de Sauvigny (Comte L. de) (5)	20 »
Beugnot (Comte), 101, av. des Champs-Elysées (6).	50 »
Blotterie (Comte de la) (5)..................	20 »
Boigne (Comtesse Elzéar de) (17).............	20 »
Boissone (Comte G. de) (9)	20 »
Bonadona (Comte de), à Blauvac (Vaucluse) (14)..	10 »
Bonchamps (Comte de) (15)	10 »
Bonneval (Comte Artus de), Vannes (6)........	5 »
Bostel (Comte de), à Lenteuil (15)	5 »
Bouillé (Comte R. de) (10)..................	20 »
Bouillée d'Orfeuil (Comte) (10)..............	50 »
Bouillée d'Orfeuil (Comtesse) (10)............	50 »
Bourbon-Lignières (Comte de) (5)............	100 »
Bourcier (Comte G. de). L'armée d'abord (14) ...	9 90
Bourdonnaye (Comte de la) (13)	20 »
Boutetière (Comte J. de la) (3)...............	20 »
Bréda (Comte de), directeur du Journal d'Albert (6)	5 »
Brissac (Comtesse de) (7)..................	100 »
Broissia (Comte de), ancien officier, maire de Rochefort-sur-Brevon, et M. Barrochin (17)....	80 »
Buisseret (Comte R. de) (12)	5 »
Castries (Comtesse de) (17)	20 »
Chabannes (Comte H. de) (8)................	10 »
Chantérac (Comte et Comtesse F. de) (4)........	25 »

	Fr.	c.
Chassy (Comte L. de), vétéran de Crimée (10)....	10	»
Chastellux (Comte de), à Chastellux-s-Yonne (10)	10	»
Chaumont-Guitry (Comte de), 21, av. Kléber (2)..	100	»
Chérisey (Comte Guy de) (4)....................	20	»
Choulot (Comtesse de) (3)......................	10	»
Clapiers (Comte de) (4)........................	100	»
Clermont-Tonnerre (Comte de) (9)...............	10	»
Colbert-Laplace (Comte de) (9).................	10	»
Couespel (Comtesse de), Genève (8).............	9	90
Courtis (Comte Raoul des) (12).................	20	»
Cuverville (Comtesse de) (7)...................	20	»
Diesbach (Comte E. de) (3).....................	10	»
Dion (Comte de) (8)............................	50	»
Dubreuil, comte de Landal (2)..................	30	»
Dubreuil (Louis), comte de Landal (11).........	10	»
Dymer de la Chevalerie (Comte) (12)............	20	»
Espivent de Perrau (Comtesse) (9)..............	20	»
Esterno (Comte d') (10)........................	20	»
Fayet (Comte de) (11)..........................	5	»
Fitz-James (Comte Jacques de) (9)..............	30	»
Foucaud (Comte de) (9).........................	10	»
Francqueville (Comtesse de) (16)...............	40	»
Freslon (Comte et Comtesse de) (14)............	5	»
Fresnaye (Comtesse de la) (7)..................	10	»
Fresson (Comtesse) (7).........................	10	»
Ganay (Comte André de), 9, avenue d'Antin (15).	100	»
Gercourt (Comte Emile de), abonné de la *Libre Parole* (6)...................................	5	»
Germiny (Comte M. de) (9)......................	10	»
Gicquel des Touches (Comte) (12)...............	20	»
Gironde Lamothe-Fezensac (Comte de) (6)........	20	»
Grille d'Estoublon (Comte de) (11).............	1	»
Guère (Comte Olivier de la) (13)...............	10	»
Guerne (Comte de) (2)..........................	20	»
Guernissac (Comtesse de), à Le Mur (Finistère) (8)	20	»
Guéronnière (Comtesse de la), à Usson (Vienne)(13)	5	»
Guinaumont (Comte de) (10).....................	10	»
Hallez-d'Arros (Comte) (7).....................	5	»
Harcourt (Comte P. d') (8).....................	50	»
Haudicourt (Comte et comtesse d') (3)..........	5	»
Hauteclocque (Comte Adrien de), 8, r. de Varenne (6)	10	»
Hauteclocque (Comtesse Henri de) (11)..........	20	»
Hespel (Comte Gaston d'), président de la Jeunesse royaliste de Boulogne-sur-Mer (16)............	10	»

	Fr.	c.
Humières (Comte d') (14)......................	10	»
Hunolstein (Comte d') (4)......................	20	»
Isnards (Comte des), engagé volontaire au 16ᵉ bataillon de chasseurs, blessé et décoré le 2 septembre 1870 à Strasbourg. Ses appointements de la Légion d'honneur (16).............	250	»
Jonglez de Ligne (Comte), à Lille (6)............	20	»
Jouffroy-Gonzans (Comte de) (10)...............	50	»
Keraufflich-Kerun (Comte de) (10)..............	20	»
Larouzières (Comte de) (9).....................	20	»
Le Marois (Comte A.) (15).....................	100	»
Lesseps (Comte Mathieu de) (3).................	10	»
Luçay (Comte Charles de) (4)...................	20	»
Ludre (Comte de) (3)..........................	100	»
Lusignan (Comte de), Poitiers (7)...............	6	»
Maillé (Comtesse A. de) (7)....................	20	»
Malestroit de Bure (Comte de) (10).............	10	»
Marcillac (Comte A. de). Pour la justice et la patrie (16)......................................	5	»
Marquiset (Comte Alfred) (12)..................	10	»
Martimprez (Comtessse de), à Bel-Air (12)......	20	»
Massougnes (Comte E. de) (10).................	20	»
Merlemont (Comtesse de) (14)..................	10	»
Mizaël du Pas (Comte et comtesse) (8)..........	10	»
Montbel (Comte Paul de), Toulouse (16).........	10	»
Montbron (Comte de) (7)......................	20	»
Montebello (Comte Jean de) (6).................	50	»
Montesquiou (Comtesse Odon de), née princesse Bibesco (7)...................................	500	»
Montesquiou (Comte Raoul de) (7)..............	100	»
Montesquiou (Comte Léon de) (7)..............	100	»
Montesson (Comte de) (4)......................	50	»
Monthon (Comte Joseph de) (10)................	10	»
Monti (Comte René de) (8)....................	20	»
Montlivault (Comtesse Isère (sic) de) (14).......	20	»
Montlivoux (Comte Jacques de) (13)............	27	»
Mony-Colchen (Comte de) (8)..................	50	»
Murard (Comte de) (9)........................	5	»
Nauville (Comtesse Marion de), Bordeaux (7)....	20	»
Néverlay (Comtesse de) (11)....................	100	»
Noailles (Comte de) (4)........................	20	»
Nayolle (Comte de), Toulon (14)................	20	»
O'Mahony (Comte) (10)........................	10	»
Osternbourg (Comtesse d') (12).................		

	Fr.	c.
Oudinot de Reggio (Comtesse) (7)...............	20	»
Pange (Comte Maurice de) (8).................	100	»
Parseau du Plessix (Comte de) (16)............	20	»
Périgord (Comte de) (7).......................	100	»
Plas (Comte Ludovic de). Un royaliste qui regrette l'article de M. le baron de Claye dans le Moniteur Universel (14)..............................	20	»
Plessis de Grénédan (Comte du) (7)............	5	»
Poli (Comte Henri de) (7).....................	10	»
Polignac (Comte Max de) (10)..................	20	»
Polignac (Comte de) (7).......................	40	»
Pontevès (Comte de) (7).......................	20	»
Poterie (Comte de la) (13)....................	5	»
Preameneu (Comte de) (5)......................	50	»
Puiseux (Comte de) (3)........................	100	»
Puységur (Comte R. de), les Mortiers (Sarthe) (5)	50	»
Rasilly (Comte de), au Mans (14)..............	5	»
Régis (Comte de) (11).........................	10	»
Rochebrochard (Comte Raoul de la) (6).........	40	»
Rochechouart (Comte et comtesse de) (8).......	20	»
Rochefort d'Ailly (Comte de) (10).............	10	»
Rochefoucauld (Comte Jules de la) (7).........	50	»
Sabran-Pontevès (Comte de), à Lamanon (7).....	20	»
Sabran-Pontevès (Comte Emmanuel de) (16)......	20	»
Saint-Angel (Comte de) (12)...................	5	»
Saint-Exupéry (Comtesse de), à Périgueux (14)..	5	»
Saint-Marsault (Comte de) (9).................	2	»
Saint-Phalle (Comte de) (14)..................	20	»
Saint-Seine (Comtesse de) (4).................	20	»
Saint-Sernin (Comte de). Vive l'armée! (5)....	5	»
Ségur (Comte de) (2)..........................	20	»
Selle (Comte de la), à la Barbée (6)..........	20	»
Sommeyevre (Comtesse de) (4)..................	50	»
Terves (Comte de) (5).........................	50	»
Tour du Pin Chambly (Comte de la), à Hamarande (Loire) (9)...................................	50	»
Tournemire (S. de B., comtesse de), château de Pierrefitte (6)...............................	10	»
Trédicini de Saint-Séverin (Comtesse) (16).....	20	»
Tréprel (Comte de) (12).......................	25	»
Vendegis (Comte R. de), Cambrai (10)..........	5	»
Verthamon (Comtesse de), à Périgueux (14).....	2	»
Villebois-Mareuil (Comte de) (7)..............	20	»
Villechaise (Comte de), ancien sous-officier aux		

	Fr.	c.
zouaves pontificaux (14)	20	»
Villeneuve (Comte Robert de la) (7)	20	»
Virieu (Comte Raoul de) (8)	20	»
Waziers (Comtesse de), antijuive, 8, rue de Varennes (10)	20	»
Yzarn de Valady (Comte d') (4)	20	»
Yzarn-Fressinet (Comte d') (3)	5	»
B. (Comte de). Honte à la noblesse qui fréquente les Juifs (9)	5	»
B. (Comte F. de) (3)	50	»
B. (Comte H. de) (2)	100	»
C. (Comte de) (10)	10	»
F. (Comte de) (17)	10	»
G. (Comte H. de) (6)	20	»
G. (Comtesse de) (3)	10	»
R. C. (Comtesse G. de). Pour la veuve du colonel Henry (13)	10	»
H. L. (Comtesse) (8)	20	»
L. (Comtesse B. de), fille et femme d'officier (5)	10	»
L. G. de L. (Comtesse) (15)	10	»
L. M. (Comte) (4)	100	»
R. (Comtesse de) (5)	5	»
S. (Comte de) (7)	5	»
V. (Le comte de), concierge, ruiné par les Juifs (14)	0	55
Alès (Vicomte d'), à Orléans (10)	50	»
Alzon (Vicomte d'), pour la victime du complot (7)	5	»
Amphernet (Vicomte d'), Versailles (7)	20	»
Argy (Vicomtesse d') (2)	20	»
Arquinvilliers (Vicomtesse du Chatel d') (3)	100	»
Bailly d'Inghuen (Vicomte le), maire de Neulette (6)	10	»
Beauchamps (Vicomte de), 195, boulevard Saint-Germain (2)	2	»
Becdelièvre (vicomte Christian) (voir *Farguettes*, page 119).		
Bizemont (Vicomtesse de) (6)	10	»
Bobery (Vicomte H. du), Tulle (10)	10	»
Bonald (Le vicomte de), à Las Canals (7)	20	»
Bourqueney (Vicomte de) (9)	10	»

	Fr.	c.
Caqueray-Valolive (Vicomtesse) (4)...............	5	»
Carué (Vicomte de) (par le Journal *La Vérité*) (5)	50	»
Chabannes la Palice (Vicomte de) (10)	10	»
Dreux-Brézé (Vicomte et vicomtesse de) (13).....	20	»
Fayet (Vicomte de)...............................	5	»
Félix (Vicomte de) (11)	5	»
Fresnaye (Vicomte de la).........................	10	»
Galamet (Vicomte de), à Arras (4)..............	100	»
Garets (Vicomte F. des), à la Grande-Borne (Saône-et-Loire) (5)..............................	5	»
Gastines (Vicomte Emmanuel de) (16)............	5	»
Guérivière (Vicomte du Pin de la) (13)...........	10	»
Guibourgère (Vicomte de la) (10)	10	»
Lantivy (Vicomte de), de Treilion (7)............	10	»
Loneux (Vicomte de), Auxonne (9)...............	5	»
Liautaud (Vicomte de) (3).......................	10	»
Lorgeril (Vicomte Alain de) (6)..................	20	»
Loriol (Vicomtesse de), à Rouen (6)..............	10	»
Lucinge (Vicomtesse Louis de) (9)................	20	»
Meaux (Vicomte de) (5)..........................	40	»
Mirandol (Vicomte de) (7).......................	20	»
Montalivault (Vicomte de) (7)....................	20	»
Montbel (Vicomte Henry de) (14)................	5	»
Montjoie (Vicomte René de), membre du Conseil héraldique de France et de plusieurs sociétés savantes, à Châtel-Censoir (Yonne) (16).......	2	»
Montlovier de Roynac (Vicomte et vicomtesse de) (6)...	20	»
Panouse (Vicomte de la) (5).....................	40	»
Peloux (Vicomte et vicomtesse du), 4, avenue Hoche (6).....................................	2	50
Perrien (Vicomte O.), Locguénolé, par Hennebont (Morbihan) (10)..................................	10	»
Peysoux (Vicomte du) (9)........................	20	»
Poli (Vicomte et vicomtesse), Dieu, famille, France (7)...	20	»
Reals (Vicomtesse de), Saumur (3)..............	50	»
Rességuier (Vicomte de) (9)	20	»
Ribains (Vicomte de) (9).........................	10	»
Richemont (Vicomte R. de) (7)...................	10	»
Rivaud (Vicomtesse de), à Montcorbin (Vienne) (15)	20	»
Rivaud (Vicomte de), à Montcorbin (Vienne) (15).	20	»
Rivoire (Vicomte de) (16)........................	5	»
Rozière (Vicomte et vicomtesse de), Blois (10)...	40	»

Saint-Cyr de Monlaux (Vicomte de), à Soussac-Pellegrue (Gironde) (14)	20 »
Saint-Marsault (Vicomte G. de) (13)	20 »
Savignon (Vicomte de) (11)	10 »
Sorgéril (Vicomte Robert de) (13)	5 »
Tristan (Vicomte de), conseiller général d'Indre-et-Loire, au château de Rouvray (Indre-et-Loire) (16)	10 »
Truchi (Vicomte de), à St-Julien-du-Sault (10)	5 »
A. (E. d'), à Mme Henry qui fait son devoir (2)	500 »
C. (Vicomte A. de) (9)	50 »
K. (Vicomte de). A bas Reinach le lâche! (5)	5 »
L. (Vicomtesse de) (12)	5 »
L. L. (Vicomte de). Au nom de ses enfants (5)	100 »
M. R. (Vicomte A. de la). Frères du pays d'Armor, soyons prêts à suivre la bannière d'un connétable redresseur des torts, vengeur de la veuve et de l'orphelin, quand il surgira. Filez vos quenouilles, femme de Bretagne. Notre-Dame : Guesclin : Hardi les gars! (7)	10 »
N. (La vicomtesse de) (5)	100 »
T. (Vicomte G. de) (8)	10 »
V. (Vicomte de la), un ex-lecteur du *Soleil*. Plus de Juifs en France! Vive Drumont! (8)	10 »
Arthuys (Baron Jacques d'), par haine des Juifs dont la laideur égale l'ignominie et qu'il désire bientôt voir tous pendus haut et court (9)	10 »
Audebert de Lapinsonie (Baron et Baronne G.)	30 »
Aymery (Baron Louis d') (4)	20 »
Barre de Nanteuil (Baronne de la) (6)	20 »
Beaucorps (Baron Adalbert de) (4)	25 »
Belloc de Chamborant (Baron de) (10)	20 »
Bessières d'Istrie (Baronne) (6)	30 »
Bigeon de Coursy (Baronne), à Sartène (Corse) (8)	5 »
Bohério (Baron F. de), Saint-Etienne (15)	5 »
Boissière (Baron de la) (11)	5 »
Boissière (Baron de la) (11)	15 »
Boissieu (Baronne de) (17)	20 »

	Fr.	c.
Boissonnet (Baron de) (10)....................	10	»
Brosse (Baron de) (14)....................	20	»
Bully (Baron de) (5)....................	20	»
Commaille (Baron de) (9)....................	100	»
Couffe (Baron La), à Besançon (16)...........	2	»
Creutzer (Baronne de) (5)....................	20	»
Dallemagne (Baron A.) (10)....................	10	»
Elloy (Baron d'), de Latillé (9)...............	20	»
Fabre de Roussac (Baron) (16)..............	20	»
Fabvier (Baron) (11)....................	50	»
Feule (Baron de) (2)....................	20	»
Fraville (Baron de) (6)....................	10	»
Gail (Baron de), Nantes (4).................	20	»
Galembert (Baron et baronne de) (11)...........	20	»
Girod de Montfalcon (Baronne) (15)	20	»
Gombault (Baron de), Razac (10)...............	10	»
Grandière (Baron de la) (6)....................	20	»
Guittard de Ribérolle (Baronne de) (14)...........	10	»
Hemelin (Baron) (12)....................	10	»
Kersabiec (Baron André de) (8)....................	10	»
Lagrange (Baron Gustave de) (10)...............	10	»
Lamothe (Baron Maurice de) (12)...............	10	»
Langsdorff (Baron Emile de) (6)	50	»
Lormais (Baron de), président de la fédération de la Jeunesse royaliste de la banlieue nord-ouest de Paris (9)...........	25	»
Luttichau (Baronne de) (5)....................	20	»
Montbel (Baronne Hyppolyte de) (8)...........	20	»
Montesquieu (Baron Albert de) (9)...........	20	»
Montesquieu (Baron Gaston de), la Brède (14)...	20	»
Montesquieu (Baron Gérard de), la Brède (14)...	20	»
Morand (Baron) (11)....................	10	»
Péniot (Emile, baron antisémite), (6)	0	50
Rapaschich (Baron de). Ne pas confondre avec Rothschild (16)...	100	»
Ravignan (Baron Gustave de) (5)...............	20	»
Rivières (Baron de) (Tarn), catholique-royaliste (14)....................	5	»
Rochefort (Baron V. de), à Neuville (7)...........	20	»
Rochetaillée (Baron de), château du Vignau (8)...	50	»
Rouville (Baron François de). Vive Gamelle et Vive l'armée ! (10)....................	5	»
Roux-Larcy (Baron de) (13)....................	10	»
Saint-Preuve (Baronne de) (4)....................	10	»

	Fr.	c.
Sancy (Baron de) (14)........................	10	»
Schonen (Baron E. de) (8).....................	10	»
Sibert (Baron de) (2)........................	20	»
Testa (Baron A. de), 2 fils sous les drapeaux (11)	5	»
Uexküll-Tallenay (Baronne d') (9)............	20	»
Tonge (Baronne et Mlles de), Avranches......	5	»
Vaux (Baron Raoul de), 8, rue Royale (9)......	10	»
Vavasseur (Baron A. le) (12)..................	20	»
Verlagères (Baron de) (11)....................	5	»
Viard (Baron L.) (3).........................	20	»
Villefranche (Baronne de) (6).................	10	»
Wolbock (Baron de), à Kercudo (Morbihan) (11).	5	»
A. D. (Baron) (11)...........................	1	»
B. (Baron de) (2)............................	50	»
C. (Baron et baronne de) (2).................	20	»
F. (Baronne) (6).............................	5	»
P. D. (Baron) (16)...........................	2	»
T. (Baron de) (1)............................	10	»
T. (Baron de), pacha (10)....................	10	»
Abbadie (V. d') (10).........................	100	»
Aiguebelle (P. d'), 38, avenue Thiers (10).....	20	»
Andeville (Vve André d') (5)..................	2	»
Aravéna (Jules d') (6).......................	10	»
Arbigny (M. d'), de Chalus (Calvados) (12).....	10	»
Argœuvres (Ferrand de Gorguette d') (16)......	10	»
Arnal de Serres (Mme) (2)....................	20	»
Arrighi de Casanova. En souvenir du martyr, pour l'orphelin (14)............................	10	»
Assigny (Louis d') (12).......................	20	»
Aubigny (Jacques d') (4).....................	1	»
Audiffret (M. et Mme d'), Versailles. Honneur à l'armée (10).................................	20	»
Aurelles de Paladines (Veuve Adolphe d') (7)...	10	»
Auribeau (Louis d'), 70, rue St-Lazare (5).....	10	»
Avaray (de la part de M. Élie d'). Pour la veuve (8)	50	»
Aveli (Gaston d') s'unit aux souscripteurs et à la protestation de l'argent français contre l'argent juif (14).....................................	5	»
Avezac de Moran (M. et Mme Rémy d') (4)......	20	»

		Fr.	c.
Badts (A. de), de Cognac (9)		5	»
Bagneux (Z. F. de), 86, rue du Bac (2)		20	»
Baillencourt (R. de) (10)		5	»
Bailly du Pont (8)		20	»
Banges (D. de) (5)		5	»
Bantel (René de) (13)		20	»
Barberey (De) (5)		20	»
Bastide (Charles de la). Hors France les Juifs ! (17)		10	»
Baudicour (Mme de) (14)		5	»
Baudreuil (Ch. de) (8)		20	»
Beauchamp (Georges de) (12)		5	»
Beauchamp (Elisabeth de) (12)		5	»
Beauchamps (Christiane de), dix ans (2)		2	»
Beauchamps (François de), onze ans (2)		3	»
Beauchamps (Hubert de), dix ans (2)		1	»
Beauchamps (Jean de), quatre ans (2)		1	»
Beauchamps (Louis de), onze ans (2)		1	»
Beaumelon (Mme H. de) (7)		10	»
Beaumont (Germaine et Yvonne de), royalistes (8)		10	»
Beaumont (H. de) frères, négociants, Cambrai (3)		20	»
Beaumont (Jean et Jacques de) (10)		5	»
Beaumont (L. de) (10)		10	»
Beaupré (H. de) (13)		2	»
Beauval (M. de) (16)		10	»
Beauvallon (De). Que le fils du brave Henry, quand il sera grand, soit digne de l'armée, toujours gardienne de l'honneur et de la gloire de la France ! (16)		2	»
Beauvoir (M. de) (4)		10	»
Bellardière (Mme R. Paris de), femme d'officier (10)		5	»
Bergasse du Petit-Thouars (Mme) (12)		10	»
Bernoville (Hennet de), conseiller honoraire à la cour des comptes (7)		20	»
Besancenet (Etienne de) (7)		10	»
Bigault de Fouchères (De) (7)		10	»
Biré (Louis de) (15)		100	»
Bissiat (Jehan de) (12)		5	»
Blanchardière (Lucien de la), ancien inspecteur de l'enregistrement (12)		2	»
Blesson (Jean de), à Marseille (16)		10	»
Blotterie (Mlles de la) (6)		5	50
Boery (Jean de), président de la Ligue nationale antijuive de Toulouse, en haine de Boule-de-Juif (9)		5	»

	Fr.	c.
Boisandré (A. de) (5)....................	10	»
Boisbrunet (Mme de) (3).................	20	»
Boissay (M. R. de), Saint-Remy (9).......	5	»
Boisset-Glassac (Alfred de) (10)...........	100	»
Bonnardière (D. de la) (3)...............	3	»
Bony (P. J. Ch. et R. de), Limoges (17)...	5	»
Borel (Amédée de), Raincourt (7).........	20	»
Bornans (M. de) (2).....................	10	»
Bouralière (A. de La) (4)................	10	»
Bournet (Arsène de), château de Bournet, par Rounis (Ardèche) (16)............	20	»
Bovet (Mlle Anne de) (1).................	100	»
Boyères (A. de), Vive l'armée! (5)........	10	»
Brandeuil (E. de) (10)...................	10	»
Braquilanger (Mme de), à Périgueux (14)...	5	»
Brébannes (Mme de) (7).................	20	»
Brébières (Prévost de) (11)..............	20	»
Breinard (Mme A. de) (11)...............	5	»
Bréville (André de) (6)..................	20	»
Bréville (Pierre de) (2)..................	5	»
Brisoy (M. de) (8)......................	50	»
Brissac (Louis de) (7)...................	10	»
Broutel (M. du) (9).....................		
Brouassin (Louis de), Paramé. En haine des Juifs et des Judaïsants. A bas les Juifs! (6)........	5	10
Broutel (H. du) (16)....................	50	»
Bruyère (G. F. de la) (7)................	0	50
Brueys de St-André (M. et Mme), profonde sympathie et grande admiration pour le grand patriote Drumont..................	20	»
Buffards (G. des) (10)...................	20	»
Bufférent (Mme de), mère d'un officier.....	5	»
Buis (M. de), à Boulogne-sur-Seine. Vive Guérin! A bas les Juifs! (8).............	2	»
Buzareingues (G. de) (12)................	5	»
Cadoudal (de) (voir *Laurent* [Mme du])		
Callenstein (De) (14)...................	8	»
Caqueray-Valolive (Félix de) (4)..........	5	»
Caqueray-Valolive (Frédéric de) (4).......	5	»
Castro (Hernand de), villa Saint-Gaëtan, rue de Magnan, Nice (6)................	5	»
Carville (Gauthier de) (10)...............	10	»
Cé (E. de), Cé (J. de), Cé (F. de). A bas les Juifs et leurs acolytes! (12)...........	5	»

	Fr.	c.
Celle (Léonce de la) (11)	10	»
Chabaud-la-Tour (Georges de) (8)	20	»
Chabert d'Hières (F.), à Moulbonnel (15)	50	»
Chamberet (Paul de), ancien sous-préfet (3)	5	»
Chameslat (MM. Roger et Alain de), Mlle Renée de Chameslat (16)	15	»
Champeau (M. et Mme de) (8)	20	»
Champeaux (Octave de) (16)	20	»
Champouin (Mlle de) (2)	10	»
Champvallier (Mme Marie de) (3)	20	»
Charbon (Madame A. de) (7)	5	»
Charmasse (A. de)	10	»
Charnacé (Guy de) (4)	10	»
Châteaubourg (Christophe de), petit neveu de Chateaubriand (10)	20	»
Chavanne de Dalmassy (Ad.) (10)	10	»
Chère (Gaston de la) (8)	20	»
Chesnes (Madame des) (5)	10	»
Chevardière de la Grandville (Henri de la) (6)	100	»
Chèze de Beausoleil (Mlle) (4)	10	»
Chiavary (H. de), à Arles (4)	100	»
Clairval (H. de) et son fils (9)	10	»
Conigliano (De) (6)	10	»
Cotardière (M. et Mme Th. de la) (12)	10	»
Courayre du Parc (M.) (10)	5	»
Courcelles (P. de) (3)	10	»
Couret (Thérèse du) et G. F. (17)	2	»
Coursac (Henry de), Poitiers (6)	5	»
Coursac (M. Théophile de), Poitiers (12)	6	»
Courville (Valia, Marie-Ange, Guy et Xavier de) (9)	10	»
Coutard de la Haie (Henry) (11)	5	»
Couturier de Versan (H.H.), Bordeaux (14)	25	»
Coynart (Charles de), Dreux. Vive la France! (5)	10	»
Crozals (H. de) (9)	20	»
Curières de Castelnau (J. de) (8)	1	»
Devise (A. de), château de Salency, à Noyon (6)	20	»
Dieuleveult (Mme Albert de), à Tréguier (16)	5	»
Docq (Camille de), pour le relèvement de la France, de la patrie et de l'honneur. — Vive l'armée! (4)	2	»
Dubois de Narelles (Mme) avec sa profonde sympathie pour Mme Henry et son profond mépris pour son insulteur (6)	20	»
Ducout de Lapeyrière (Mme), à Périgueux (14)	3	»
Dugas de la Boissonny (L.). Au petit Goy, fils		

	fr.	c.
d'officier français (7)..................	50	»
Duval de Fraville (G.) (8)..................	100	»
Elissagaray (D') (5)..................	10	»
Essarts (J. Conrard des) (9)..................	5	»
Esménard (J. de P.) (10)..................	5	»
Estang (Henri de l'), avec l'armée (8)...........	5	»
Farguettes (M. de) et M. le vicomte Christian de Recdelièvre (16)..................	10	»
Failly (De) (3)..................	10	»
Fallois (Robert de) (4)..................	1	»
Fallois (Théodore de) (4)..................	1	»
Fargiar de Besson (J.) (8)..................	10	»
Fay (M. de) (13)..................	10	»
Fesquet (Louis de) (12)..................	20	»
Florian (Mme Marthe de) (4)..................	0	50
Floris (Jules de), Caudéran (14)..................	25	»
Fontenilles (Marie de) (12)..................	1	»
Fontenilles (Paul de), pour le petit garçon de Mme Henry (12)..................	1	»
France (Henri de) (7)..................	10	»
Francqueville (Bernard de) (16)..................	5	»
Frasnois (Madame de). Vive l'armée ! (9)........	20	»
Frémoire (Armand de la) (3)..................	5	»
Freslon de la Freslonnière (Mlle de) (14).......	5	»
Froment (L. de) (11)..................	4	»
Ganay (Gérard de) (2)..................	500	»
Gicquel des Touches (Mlle) (5)..................	5	»
Girodon-Pralon (F. de) (11)..................	20	»
Givenchy (Charles de) (13)..................	20	»
Golbéry (Mme de), Epinal (5)..................	5	»
Gouzillon de Bélizal (Hyacinthe) (12)..................	10	»
Grandmaison (De) (6)..................	10	»
Grangeneuve (A. de) (10)..................	5	»
Graveron (Mme de), née de Moloré de Saint-Paul (16)..................	5	»
Greling (Ferdinand de) (8)..................	20	»
Grellet de la Deyte (10)..................	5	»
Groussouvre (Envoi de M. de) (13)..............	10	»
Guédan de Roussel (MM. et Mme), avec une bien tendre caresse pour le cher petit orphelin (2)..		
Guerche (De la), contre cette infecte canaille de Reinach (6)..................	15	»
Guibert (Louise de), Tarbes (5)..................	10	»
Guigné (A. de)..................	20	»

	Fr.	c.
Guiny (Henri du), 26, rue de Babylone (2)	2	»
Guyot de Villeneuve (François), Limoges (5)	50	»
Hamel (André du), à Sennecé-les-Macon (7)	10	»
Hauguinée (M. de la), château de Marigné (Sarthe) (6)	5	»
Hauteclocque (Guy de) (13)	10	»
Héricault (Charles d') (11)	10	»
Heunel de Goutel (4)	20	»
Hauterive (Mme d'), à Périgueux (14)	2	»
Horta-Hurbin (J. d'). Le Juif! voilà l'ennemi (8)	1	»
Jasse de la Touloubre, Marseille (5)	5	»
Johner (Léon), petit-fils des de Laribardière (3)	1	05
Junquières (Maurice de) (3)	20	»
Kerguelen (Xénophon de). Pour Mme Henry (8)	1	50
Keroman (H. D. de) (9)	5	»
Laage (M. de) (13)	10	»
Laas (Maurice de) (6)	10	»
Laborderie (A. de), Saint-Yrieix (Hte-Vienne) (6)	5	»
Labrardery (G. de) (6)	5	»
Labriolle (A. de) (3)	5	»
Labriolle (E. de) (3)	5	»
Labriolle (Roger de) (6)	5	»
Labrouhe de la Borderie (F. de), Les Cars (Haute-Vienne) (11)	5	»
Lacourbe (Charles de) (3)	10	»
Lalaire (G. de), Villeneuve-Saint-Gautier (Indre) (14)	5	»
Lafarge (M. Albert de) (7)	25	»
Lafond (A. de) (8)	5	»
Lafosse (Victor de), 53, rue Royale (14)	10	»
Lagarde (Mme de). Que Dieu sauve la France! (12)	5	»
Lagrené (Edmond de) (5)	20	»
Laire (Raoul de) (16)	50	»
Lajacemont (M. de) (5)	10	»
Lamarque (M. et Mme Henri de) (10)	1	»
Lamarzelle (Gustave de) (11)	20	»
Lambert (De), à Clem (6)	20	»
Lamotte (Martial de), Briey (16)	1	»
Lamurien (Mme Et. de), douairière (9)	20	»
Landurée (Séraphine de), rue du Bassin, Périgueux (7)	0	90
Langlade (De Courtois de) (11)	5	»
Lanone (Alex. de) (11)	3	»
Lantharel (Mme de) (14)	10	»

	Fr.	c.
Lapeyrière (M. de), Les Granges, près Avallon (10)	20	»
Lapomarède (Mme de), fille d'officier, mère d'officier (16)	5	»
Laporte de Beauregard (Joseph), à Nevers, pour protester contre la condamnation d'un humble employé d'un grand bazar juif, sur la plainte du directeur juif, à deux ans de prison et 100 francs d'amende, pour prétendu détournement d'une somme de 102 francs au préjudice du directeur juif (10)	5	»
Largère (Hardy de la) (9)	5	»
Lasseur de Ranzay (Louis de) (10)	10	»
Lalaude (Félix de), château d'Agès, Landes (11)	2	»
Laurencie (Jean de la) (7)	20	»
Laurent (Madame du), à Laval (8)	10	»
Ses petits enfants, Anne, Paul, Alain et Yvonne de Cadoudal (8)	4	»
Laurent d'Oisely (Du) (6)	5	»
Lauriers (Roger des), Suresnes (5)	2	»
Lavergne (Anatole de) (5)	20	»
Lecomte de Villedieu (L. et V.) (8)	1	10
Léséleuc (A. de) (11)	10	»
Léséleuc (H. de) (11)	10	»
Lhodet (J. de), de la Jeunesse royaliste des Pyrénées-Orientales (8)	5	»
Lichtenberg (Charles de) (4)	2	»
Linéjo (Mme de) (4)	40	»
Livry (Marie-Thérèse de). Vive l'armée ! (2)	5	»
Longueville (Henry de), Boulogne (7)	10	»
Lucinge (Aymon de) (8)	100	»
Magallon (Xavier de) (10)	25	»
Maillepré (Georges de) (14)	1	»
Maillepré (G. de), Lyon (8)	1	05
Mailly (Anselme de) (5)	50	»
Maismont (M. de) (3)	20	»
Majance de Camiran (Georges de) (1)	5	»
Malleray (P. de) (9)	10	»
Marçay (Edgar de) (3)	25	»
Marçay (Edmond de) (6)	10	»
Marilland de Goursac (Henri de) (5)	5	»
Marolle (V. de) (8)	10	»
Martray (Mme du) (12)	5	»
Mathonnet de Saint-Gorges. N'ayant pas fusillé Dreyfus, on devrait décorer Vacher (4)	2	»

	Fr.	c.
Mauduit (Yves de) (9)	5	»
Gramont (Mauvel de) (5)	5	»
Méaulne (Gaëtan de) (4)	5	»
Meaux (Ch. de), ancien inspecteur des finances (3)	50	»
Sa femme M. G. (3)	10	»
Mégret (Mme de) (4)	10	»
Meilleurat de Montombroux (Victor et Andrée), en souvenir du passage de l'état-major du 13ᵉ corps, manœuvres de 1898 (14)	20	»
Mérigot de Treigny (P.), contre Reinach (16)	5	»
Molande (A. de) (7)	10	»
Montarnal (F. de) (4)	5	»
Monthel (M. et Mme Philippe de), à Argent (Cher) (17)	5	»
Montenon (Charles de) (6)	5	»
Monthault (Henri de), au nom de son fils Bernard, pour le petit Henry (4)	5	»
Montigny (Mme E. de) (12)	20	»
Montigny (I. de) (9)	100	»
Morlaix (E. R. de) (2)	5	»
Mory de Neuflieux (Octave de) (16)	10	»
Motte (A. de la) (13)	20	»
Deux futurs antisémites :		
Mothe (Henry de la), 20 mois (5)	5	»
Mothe (Pascal de la), 3 ans (5)	10	»
Mouy (Mme Philippe de) (2)	5	»
Nanteuil (H. de) (9)	10	»
Néboud (Maurice de), de Riberd, étudiant, à Condom (8)	2	»
Nedde (M. de) (4)	5	»
Neyron de Méons (G.) (9)	5	»
Noaillat (Mlle Simone de) (6)	5	»
Nogilif (Michel de). Dreyfusards et consorts, hors la loi ! (4)	5	»
Noiron (André de), Autun (7)	10	»
Nomexy (H. P. de) (9)	100	»
Nyon (Jean de) :		
Des cœurs français, vrais symboles		
Au nez du Juif embêté,		
Qu'elles chantent, nos oboles,		
Dieu, Patrie et Liberté ! (11)	5	»
Ocagne (Guy d') (7)	2	»
Oriola (Henri d'), royaliste (10)	20	»
Palluat de Besset (Alp) (9)	20	»

	Fr.	c.
Pallnau (J. G. de) (10)............................	1	»
Paschal de la Mothe (Mme) (2)..................	5	»
Péraudière (Xavier de la), 2ᵉ versement (9)......	5	»
Perrinelle (Alph. de) (6).........................	10	»
Perron (R. Anisson du) (4).......................	100	»
Peyrade (Henry de la), château de la Trémissière, près Nantes (6).................................	5	»
Piermont (De) (4)................................	20	»
Pinel (E. du), du Bouchet, soldat de demain (11)	3	»
Plantade (L. de la), à Montpellier (11)..........	5	»
Plessis-Montbason (De) (14).....................	5	»
Poix de Fréminville (Yves et Louis de la), pour leur futur camarade (14).......................	20	»
Poligny (R. de), ex-abonné du *Soleil* (5)........	10	»
Pontalba (Michel de) (8).........................	20	»
Ponts (R. T. de) (6)..............................	2	»
Portes (Mme des) (7).............................	10	»
Potelle (G. de) (9)................................	5	»
Pouget de Saint-André (9).......................	10	»
Pouget de Saint-André (H.) (14).................	10	»
Pouzols (H. de), Vincennes, cours Marigny (9)...	5	»
Poy (H. du), à Meysonnave, près Dax (11)......	20	»
Prémonville (De) (12)............................	5	»
Prureaux (Mme des) (2)..........................	100	»
Puyjalon (René Jalard de), château de Loit (14)..	20	»
Puyraimond (Alfred de), Amiens (8).............	10	»
Raymond (H. de) (12)............................	5	»
Resnes (H. de), Beaumetz-les-Loges (5).........	20	»
Rivau (Du), château du Moiré (12)...............	20	»
Robiers (Guy de), 10 ans, dans l'espoir qu'à sa majorité il n'y aura plus un seul Juif en France (12)......................................	2	»
Rocca Serra (Raphaël de) (9)....................	10	»
Roche (F. de la) (5)..............................	5	»
Rocque (M. de la) (5)............................	10	»
Rocquigny-Adanson (G. de) et ses enfants (9)....	120	»
Rodel (F. de), Les Morellet (7)..................	5	»
Roque d'Authéron (Z. La) (3)....................	5	»
Roquigny (C. de), Pour l'enfant (16).............	10	»
Ronseray (Maurice de) (16)......................	5	»
Rougé (S. de) (9).................................	50	»
Rougefosse d'Arc (Roger de la), 20 mois, Rouen (6)	2	»
Rouget (Albert de) (14)..........................	1	»
Roux (M. de), Marseille (8)......................	5	»

	Fr.	c.
Sahuqué (Mme de), Versailles (6)	20	»
Saint-Henry (V. J. de) (10)	20	»
Saint-Jean (Ludovic de), Versailles (7)	5	»
Saint-Julien (G. de) et R. Geneuil (13)	2	»
Saint-Léger (Maurice de) (7)	10	»
Saint-Léger (P. de), à Paris (7)	100	»
Saint-Luc (H. de) (10)	5	»
Saint-Mars (Henri de) (1)	20	»
Saint-Meleuc (Raoul de) (7)	5	»
Saint-Pastou (Max de), engagé dans l'armée active pour la durée de la guerre en 1870 (6)	5	»
Saint-Victor (J. de) (16)	10	»
Salignac-Fénelon (Mlle de) (10)	20	»
Salle (Mme de la), à Périgueux (14)	2	»
Salmonière (M. de la), trésorier-payeur général en retraite (14)	5	»
Saluces (O. de) (17)	5	»
Salve (Jean et Pierre de), osant se dire Bas-Alpins, depuis que leur département a vomi Reinach (16)	17	»
Sanoit (A. de) (3)	10	»
Sarzeau (De), Morbihan (6)	40	50
Sauville (Mme G. de) (3)	10	»
Solignac (J. de) (12)	10	»
Sonis (Gaston, Jeanne et Raymond de) (6)	5	»
Souza (A. de). En protestation contre l'infâme campagne antifrançaise (2)	10	»
Tandeau de Marsac (Henri) (5)	5	»
Tappie de Vinnac (M. et Mme R. de)	10	»
Tarbé des Sablons (Mme) (9)	40	»
Tassin de Montaigu (J.), 48, rue d'Auteuil, à Paris (11)	5	»
Tassin de Villiers (M.) (8)	10	»
Tastevin de Nouvel (A.). Osez! c'est le secret des révolutions (16)	10	»
Terrefranche (Ch. de). Guerre aux vendus hypocrites qui, avec l'aide de l'étranger, le laissez-faire des égoïstes et des aveugles, préparent si visiblement la ruine et l'asservissement des Français (8)	20	»
Testas de Folmont (H. de). Pour la France! Pour le roy! contre les Juifs! (14)	5	»
Thez (C. de), frère de deux officiers (11)	10	»
Tinchebray (Jehan de) (14)	10	»

	Fr.	
Tinseau (Edgar de) (8)...................	5	»
Touche (Ed. de la), Saint-Brieuc (13)...........	2	50
Touelzardière (H. de la), château de Chanteuil, Mayenne (11)...................	2	25
Tousche (Mme O. de la) (3)................	5	»
Tresvaux du Fraval (Ch.), ancien prisonnier de Castel-Fidardo, au Cône, Sainte-Pélagie, n'en veut qu'aux Juifs et aux Francs-Maçons, mais de tout son cœur de chrétien et de Français (14)	5	»
Trolon du Rumain (A. de) (16).............	10	»
Trolong du Rumain (Ed. de) (16)............	10	»
Tugny (Maurice de) (7)..................	0	75
Turet (E. de), à Riom (11)................	5	»
Turquet de la Boisserie (12)...............	20	»
Upanhi (Noël d') (13)...................	0	75
Vallée (Mme Oscar de), Onzain (L.-et-C.) (4)...	40	»
Vallée (Pierre de), Onzain (4).............	20	»
Vallée (Pierrette de), sept ans. Jean de Vallée, cinq ans (8).....................	10	»
Vallée (De La), Poussin (5)...............	20	»
Vallières (Jean des), fils d'officier (9).........	10	»
Vaubernier (P. de) (10)..................	20	»
Vaucelles (René de), 43, boulevard La Tour-Maubourg (3)........................	50	»
Vaumesle d'Enneval (R. de) (2)............	5	»
Vergie (Georges de) (8)..................	20	»
Vergis (M. de) (8).....................	20	»
Verneuil (L. de) (7)....................	10	»
Vignières (Antoinette de) (7)..............	5	»
Vignières (Fanny de) (7).................	5	»
Villegosse (De la), patriote, 147, boul. Saint-Germain (4)..........................	10	»
Villeray de Galhan Vaudrevonge (5)..........	100	»
Viviès (T. de) (12)....................	10	»
Viviez (M. et Mme de) (5)................	20	»
Waru*(André de), administrateur des chemins de fer du Nord (5).....................	10	»

(*) La *Libre Parole* a publié une rectification ainsi conçue :

« M. André de Waru, administrateur des chemins de fer du Nord dont le Conseil a pour président M. de Rothschild, et M. Paul Ravaut, interne des hôpitaux (dont un mauvais plaisant

	Fr. c.
Wouille (G. de) (10)..	5 »
B. (Le petit Gaston de), au petit Henry (6)......	0 25
B. (Marc de) (4)...	5 »
B. (P. de). Un royaliste antisémite qui ne lit plus le *Soleil* (5)...	10 »
B. (Mlle S. de la). Sur ses économies de jeune fille, de passage à Paris (10)..	1 »
C.. (B. de), adhérent à la corniche d'une école libre catholique (16)...	3 »
C. (De) (5)...	20 »
C. (Ch. Henry de), 10 ans, 7, rue Bassano (3)....	2 »
C. (G. de), en manifestation d'une haine implacable des Juifs (3)...	5 »
C. (Mercédès de). Que Dieu protège la France! (12)	1 »
C. (Pierre et Karl de) (2)....................................	2 »
C. de L..., ancien abonné au *Soleil* (9).............	20 »
C. (P. de) (11)...	1 »
C. (P. de), à Saint-Germain (10).........................	2 »
C. de R., pour une botte de foin aux soupeuses de la *Fronde* (11)..	0 25
C. de V. (Famille), pour protester quand même contre tous les Juifs en général et les Israélites en particulier (16)..	2 »
F. (E., de), Angoulême. Vive l'armée! (8)........	10 »
F. (E. de), la Bernerie (13)................................	5 »
F. (L. de), à la Bazoche (8)................................	5 »
F. (Mme de), femme d'un ancien camarade de Picquart (5)...	5 »
G. (A. du), Paris (4)..	5 »
G. (De), ancien fonctionnaire, victime financière et administrative des Juifs et des Francs-Ma-	

---

avait déjà fait inscrire indûment le nom sur les listes de l'*Aurore* sont venus nous déclarer qu'ils étaient portés à tort sur les listes de souscription.

« Nous leur donnons acte, bien volontiers, de la rectification qu'il demandent.

« Il est certain que les sommes inscrites à leur nom ont bien été versées à notre caisse. On comprendra qu'il nous soit impossible de demander aux milliers de souscripteurs qui défilent devant nos guichets, la justification de leur identité. Rien ne pouvait mettre M. de Waru ou M. Ravaut à l'abri de l'honneur qu'ils déclinent ».

	Fr.	c.
çons (16)	5	»
G. (Mme M. du), mère d'un sous-lieutenant d'infanterie et d'un Saint-Maixentais (10)...............	2	»
G. (P. de). A bas les juifs ! (14)....................	1	»
G. (R. de) (2)	10	»
K. (H. de), royaliste antidreyfusard (3)...........	2	»
Laure de... 10 ans, fille d'un colonel qui ne lit plus le *Figaro* (7)	2	»
L. (Famille de) (7)	1	»
L. (Mme de), mère d'un soldat	20	»
L. (Jean de), fils d'un spahi soudanais, à son petit camarade (6)	5	»
L. (M. G. de) (3)	20	»
L. (Yvonne et Pierre de). Pour que l'enfant puisse défendre la mémoire de son père Henry (4)....	5	»
L. B. (V. de), amie de l'armée (17)................	10	»
L. F (Henry de), gentilhomme verrier (5).......	20	»
L. P. (Monsieur de) (3)	5	»
M. (K. de), trésorier-payeur général (14)	5	»
M. (H. P. du) (2)	5	»
M. (S. T. de) Souhaite qu'un officier de notre Etat-Major venge la veuve de l'orphelin en crevant la sale bedaine de l'infect Reinach (5)	2	»
N. (F. de), en souvenir des bijoux Bloch (16)....	10	»
N. (Mlle de), fille et sœur d'officiers supérieurs. Tarbes...	5	»
P. (H. de) (10)...	3	»
P. (J. de) (10)	4	»
P. (J. de), ennemi des juifs ; a ses cartouches prêtes pour la prochaine lutte (6).........................	20	»
P. (Magdeleine de). De la part d'une petite fille qui ne voudrait jamais que l'on dise du mal pas vrai de son papa (6)	1	05
P. (M. de) (10)...	3	»
R. (A. de), Carcassonne (9)	10	»
R. (D. de) (2)	2	»
R. (Charles de) (16).....................................	2	»
R. (M. de), à Drumont, 5 fr. ; B. de R., à l'armée 5 fr. ; R. de R. Vive l'armée ! 5 fr. (16)........	15	»
R. B. (Monsieur de) (3)	5	»
T. de M. (Yvonne), fille et petite fille d'officiers. Pour les étrennes du petit Henry, Lyon (16)...	1	»
S. (de), Montélimar (8).................................	5	»
S. (De) (9)	0	25

	Fr. c.
S. (Veuve de), en souvenir de son cher défunt, lecteur assidu du *Soleil* et qui ne voudrait pas y toucher du pied depuis que son rédacteur a reçu les poignées de mains de l'*Aurore* et de la *Fronde* (16)..	0 50
V. (M. de), rue des Grands-Champs, à Orléans (12)	5 »
V. (G. de). Un écolier (7).................................	1 »
V. (G. de) (6)...	20 »
V. (Mme J. de) (11)	5 »
V. (H. de) (4)...	5 »

HOMMES POLITIQUES

Sénateurs

	Fr.	c.
Béjarry (A. de), sénateur de la Vendée (3).......	20	»
Le Cour Grandmaison (Charles), sénateur de la Loire-Inférieure (5)..................................	20	»
Le Provost de Launay, sénateur des Côtes-du-Nord (3)...	50	»
Treille (Alcide), sénateur de Constantine (3).....	10	»

Députés

Baron (Jules), député de Maine-et-Loire (6)......	10	»
Baudry-d'Asson (de), député de la Vendée (10)...	10	»
Berry (Georges), député de Paris (11)...........	20	»
Blanc (Edmond), député des Hautes-Pyrénées (8).	100	»
Bougère (Ferdin.), député de Maine-et-Loire (8).	20	»
Bougère (Laurent), — — — (8).	20	»
Bourdonnaye (Vicomte de la), député de Maine-et-Loire (11)..	40	»
Boisset (Charles), député de Saône-et-Loire (8)...	10	»
Broglie (Prince de), député de la Mayenne (4)....	20	»
Castellane (Comte de), député de Castellane (8)..	200	»
Cluseret, député du Var, (11)....................	5	»
Dansette (Jules), député du Nord (8).............	20	»
Delpech-Cantaloup (J.), député du Gers (11).....	20	»
Denis (Théodore), député des Landes (8).........	10	»
Déroulède (Paul), député de la Charente (2)......	50	»
Drumont (Edouard) (voir chap. *Publicistes*).		

	Fr.	c
Dumas (Julien), député de l'Ariège (6).............	20	»
Duquesnay (O.), député de la Martinique (8)....	10	»
Elva (Comte d'), député de la Mayenne (11)......	20	»
Estourbeillon (Marquis de l'), député du Morbihan (8)..	20	»
Faure (Firmin), député d'Oran (3).................	10	»
Ferronnays (Marquis de la), député de la Loire-Inférieure (8)..	20	»
Galpin, député de la Sarthe (12)....................	10	»
Gauthier de Clagny, député de Seine-et-Oise (2).	20	»
Gay (Victor), député de la Loire (10).............	10	»
Gervaize, député de Nancy (3).....................	10	»
Grandmaison (Georges de), député de Maine-et-Loire, ancien officier, pour l'enfant d'un calomnié (6)...	20	»
Habert (Marcel), député de Seine-et-Oise (3)......	20	»
Halgouet (Lieutenant-colonel du), député d'Ille-et-Vilaine (8)...	20	»
Humbert (Alphonse), député de Paris (*) (4).....	10	»
Humbert (Alphonse), député de Paris (5).........	10	»
Jacquey (Général), député des Landes (6)........	20	»
Lasies (J.), député du Gers (1)....................	10	»
Loyer (E.), député du Nord (8).....................	20	»
Magne, député de la Dordogne (5).................	100	»
Massabuau (M.), député de l'Aveyron (1).........	10	»
Maussabré (Marquis de), député des Deux-Sèvres (8)..	20	»
Méry (Paulin), député de Paris (3)................	10	»
Millevoye (Lucien), député de Paris (3)...........	20	»
Montaigu (Comte de), député de la Loire-Infér. (8)	20	»
Montalembert (Comte G. de), député du Nord (8)	50	»
Montfort (De), député de la Seine-Inférieure (8).	20	»
Morinaud, député de Constantine, Vive la République sociale ! A bas les Juifs ! (14)...........	10	»
Mun (Comte Albert de), député du Finistère (6).	50	»
Pascal, député du Gard (8).........................	20	»
Ramel (Fernand de), député, conseiller général du Gard, maire d'Alais (9)............................	20	»
Roche (Ernest), député de la Seine, rédacteur à l'*Intransigeant* (2).................................	10	»

(*) M. Alphonse Humbert figure dans les 4e et 5e listes, pour 10 fr. chaque fois.

	Fr. c.
Salignac-Fénelon (De), député de la Hte-Saône (8)	20 »
Savary de Beauregard (H.), député des Deux Sèvres, Le Petit Casino (7).........	5 »
Surcouf, député d'Ille-et-Vilaine (8).............	10 »
Vacher (Léon), député de l'Allier (4).............	20 »
Villiers (Emile), député du Finistère (10)........	20 »
E. G., député de la Gironde (*) (4)..............	10 »

Anciens Députés

Aboville (Comte d'), ancien député du Loiret (11)	20 »
Barrès (Maurice), ancien député (2).............	50 »
Beauregard (G. de), ancien député (8)...........	20 »
Blachère-Taillaud, ancien député, ancien offic.(5)	10 »
Bouvatier, ancien député (4).....................	5 »
Caffarelli (Comte de), ancien député (7).........	20 »
Gabriel, ancien député, rédacteur à l'*Intransigeant* (2)..	10 »
Gaudin (G.), ancien député (3)...................	100 »
Keller (M.), ancien député (7)...................	10 »
Lallié (A.), ancien député (12)..................	10 »
Laporte (Gaston), ancien député de la Nièvre (9)	20 »
Saussay (Du), ancien député (10)................	20 »
Tholozou-Larcinty (Marquis de), ancien dép. (14)	50 »
Villeneuve (Marquis de), ancien député de la Corse (10).......................................	20 »
Un ancien député (10)...........................	10 »
Un ancien député à l'Assemblé Nationale (3)....	10 »

Conseillers Généraux et Conseillers d'Arrondissement

Barison (Marius), conseiller d'arrondissement à Nîmes (16).....................................	5 »
Chareton (Docteur), conseiller général de Saône-	

(*) La *Libre Parole* a publié dans son numéro du 20 décembre 1898 la rectification suivante :

« Dans notre liste de samedi, lire E. G., député de la Seine, au « do E. G. député de la Gironde. »

Ces initiales semblent désigner M. Goussot (Marie-Emile).

	Fr.	c.
et-Loire, maire de Cusery (11)......	5	»
Cibien (M.), conseiller général de la Haute-Garonne (11)......	30	»
Delpit (René), conseiller gén. de la Dordogne (12)	25	»
Desgenétais (Louis A.), conseiller général de la Seine-Inférieure (12)......	100	»
Dugué (A.), conseiller général (11)......	10	»
Farcy (Paul de), conseiller général d'Ille-et-Vilaine (11)......	10	»
Grumès (D.), conseiller d'arrondissement (9)...	10	»
Hémard (A.), conseiller général de la Seine, Montreuil (4)......	10	»
Labour (Edmond), conseiller général de Seine-et-Marne (10)......	10	»
Labriffe (Marquis de), conseiller général de Seine-Oise, chef de bataillon au 32ᵉ régiment d'infanterie territorial (4)......	20	»
Le Jouteux, conseiller général (15)......	5	»
Maillard (Léonide), conseiller général de la Seine-Inférieure (11)......	5	»
Thoinnet de la Thurmelière (Comte), conseiller général de la Loire-Inférieure (11)......	50	»
Vigne-Bernard (Yves de la), conseiller général de la Manche......	10	»
D. de D., conseiller général breton, à Daoulas (13)	5	»

Maires, Adjoints et Secrétaires de Mairie

Abellard (B.), maire de Chanteloup (8)......	5	»
Ambrois, maire d'Aiglon, Digne (17)......	1	»
Bailly d'Inghuen (Vicomte le), maire de Neulette (voir ce nom au chapitre *Noblesse*).		
Bohaux (G. de), maire de Fresne (Marne) (9).....	5	»
Bouchaud (Joseph), maire de Paulx (Loire-Inférieure) (15)......	5	»
Boucherot (Raoul), maire de St-Jouen, conseiller d'arrondissement (10)......	5	»
Bouloumié (Mme et M. A.), maire de Vittel, conseiller général des Vosges (6)......	10	»
Boyer, maire de Sillans (Var) (16)......	5	»
Brault de Bournonville (A.), m. de Montguyon (12)	20	»

	Fr. c.
Broissia (Comte de) (voir *Broissia* au chapitre *Noblesse*).	
Chabrol (Paul), maire de Saint-Hippolyte (Cantal) (voir *Villain* (Abbé A.) (9)...............	
Charrasse (Dʳ), maire de Mazan (Vaucluse) (4)...	5 »
Charreton, maire de Cuisery (8)...............	5 »
Denizat, maire de Vauroy (16).................	5 »
Dupont (Lucien), maire de Castres (Aisne) (10)..	2 »
Durand (Xavier), adjoint au maire de Bellencombes (8)..	2 »
Goyeneche (Le docteur Albert), maire de Saint-Jean-de-Luz (9)..................................	10 »
Imbard-Sarrazin, maire à Bas-en-Basset (Haute-Loire (5)......................................	20 »
Lebour (H.), maire de Camphon (8).............	10 »
Lecacheux, maire de Flottemanville (16)........	5 »
Morel de Villers, maire de Villiers-le-Duc (Côte-d'Or), ancien officier de chasseurs à pied (8)..	20 »
Najac (R. de), maire de Pont-l'Abbé (7).........	10 »
Poupardin du Rivage, maire de St-Ay (3).......	5 »
Quellec (Louis Le), adjoint au maire, Bordeaux(14)	20 »
Roux de Beficux (Renée), maire de Limonet (5)..	20 »
Royer (P.), maire de Saint-Saturnin (Marne) (3).	5 »
F. C. de B., maire de Chaource (10).............	100 »
M. M., maire et avocat ( )......................	10 »
P. H., secrétaire de mairie (M.-et-L.), lecteur de la *Libre Parole*, pour la défense de la veuve et de l'orphelin insultés par un lâche (11).......	2 »
Maire d'Anyoute (17)...........................	1 »
Un maire des Landes (5).......................	5 »
Un maire des Landes (11)......................	10 »
Un petit maire de l'Orne (9)....................	3 15
Un maire de campagne et deux professeurs antisémites. Pour la veuve et l'orphelin (9)........	4 »
Un maire de village qui souhaite aux grands d'Israël de s'arrêter (7)............................	1 05
Un ancien et fidèle maire de Napoléon III (chef-lieu de canton, Loire). S'incline avec respect et émotion devant la noble veuve, et embrasse tendrement son cher enfant. Vivent les vaillantes femmes françaises! Vive l'armée! Vive l'empereur! L'écharpe tricolore ne l'a pas enrichi (14)	5 »

	Fr.
Un maire rural écœuré par la haute clique universitaire qui se courberait plus bas que nous devant un maître si la France, lasse des Juifs, s'en donnait un (13)	1 »
Pour la veuve Henry, modeste offrande d'un maire de campagne (14)	2 »

Conseillers Municipaux de Paris

Lambelin (Roger), conseiller munic. de Paris (2)	46 »

Conseillers et anciens Conseillers Municipaux

Boyer (Léon), ancien conseiller municipal de Neuilly-sur-Seine (6)	3 »
Debeauvais (Ed.), conseiller municipal à Pierregot, Somme (3)	5 50
Dumeige (Adrien), conseiller municipal à Albert, Somme (3)	20 »
Faisse, ancien conseiller municipal royaliste (14)	20 »
Ferré (E.), conseiller municipal indépendant et antiopportuniste, La Charité (6)	0 25
Galan (J.), conseiller municipal de Libourne (16)	5 25
Maho (M.), conseiller municipal, à Sèvres (2)	5 »
Poinsignon (Charles), conseiller municipal, Neuilly-Plaisance (14)	2 »
Renard (Jean), conseiller mun., à Saint-Ouen (6)	5 »
Sennelier, conseiller municipal, Saint-Ouen (9)	1 05
Sizalon (Marius), conseiller municipal, à Nîmes (14)	10 »
Second (J.), conseiller municipal (15)	5 »
A. D., conseiller municipal (9)	5 »
Un conseiller municipal antidreyfusard (11)	10 »
Un conseiller municipal de Loubillé (Deux-Sèvres) (14)	2 »
Le petit conseiller municipal, à Magny-le-Freule, en horreur des Juifs (14)	1 »

LE PALAIS

Magistrats et anciens Magistrats

	Fr.	c.
Bastie (A.), ancien magistrat (11)...............	5	»
Baumann (Antoine), ancien magistrat (2).......	10	»
Bondon (Edmond J.-B.), ex-magistrat, ennemi des Juifs (14)....................................	1	»
Brault (Edgard), ancien magistrat, Versailles (4)	10	»
Chaize (M.), ancien magistrat, à Montbrison (8)..	20	»
Delmas (J.), ancien magistrat (6)...............	5	»
Dorouet (Camille), ancien magistrat (3)..........	20	»
Dumas, ancien magistrat (11)..................	2	»
Dumas (Francis), ancien magistrat (8)..........	5	»
Dumas (Paul), ancien magistrat (8).............	5	»
Orgeval Dubouchet (G. d'), ancien magistrat et ses quatre fils, prêtres et soldat (6)...............	5	»
Fouqueray (Paul), ancien magistrat (9)..........	5	»
Geoffroy, ancien juge de paix à Nogent. Une victime du plus grand dénonciateur de 1851 ; se joint aux braves patriotes pour offrir sa modeste obole (6)......................................	2	»
Humbert (L.), ancien magistrat (4)..............	20	»
Loiseau (Auguste), ancien magistrat, ex-lecteur assidu du *Soleil* (4)............................	20	»
Moüy (M. de), ancien magistrat (2).............	20	»
Parmentier (Ch.), ancien magistrat (5)..........	20	»
Perrot-Morend, juge au tribunal de commerce de Cusset, près Vichy (9)..........................	5	»
Renouard, ancien magistrat (6).................	5	»

D., juge à Libourne. Honte à Trarieux! (16)....	0 60
M. (Robert de), magistrat de la République, anciennement d'Orléans (14).................	5 »
V. P. L'heure de la justice viendra. Un ex-magistrat (3)..............................	10 »
Un greffier de tribunal écœuré. A bas les traîtres et les vendus! (4).......................	1 50
Un juge au tribunal (6)....................	2 »
Un magistrat écœuré (10)..................	5 »
Un magistrat, pas de la chambre criminelle (6)...	10 »
Un ancien magistrat (6)....................	5 »
Un ancien magistrat (6)....................	5 »
Un ancien magistrat, Douai (8)..............	20 »
Un ancien magistrat, à une infortunée (2)......	20 »
Un vieux magistrat de la vieille école, qui resterait pauvre et ne transigerait pas avec sa conscience (17).............................	1 »
En souvenir d'un magistrat breton, fils, petit-fils et gendre d'officiers, épuré parce que trop pur. Vive la Force au service du Droit! (14)........	10 »
Deux anciens magistrats, Nancy (8)............	10 »
Deux anciens magistrats (9)..................	20 »
Deux anciens magistrats, 2ᵉ versement (12)......	20 »
Ancien élève de l'école royale de cavalerie de Saumur, ancien magistrat, chevalier de la Légion d'honneur, fils et père d'officiers, chevaliers de la Légion d'honneur, petit-fils, arrière petits-fils d'officiers, chevaliers de Saint-Louis (11)...............................	2 »
Protestation d'un ancien greffier de justice de paix à X. (Isère) (12).......................	1 »

Notaires, Avoués
Clercs d'Avoués, d'Huissiers, de Notaires

Auger (Alfred), notaire, Baud (Morbihan) (14)...	5 »
Barnicaud, avoué à Ambert (8)..................	10 »
Beauvais (Ch. de), notaire, à Conquet, abonné à la *Libre Parole* (7)........................	5 »
Blondel, notaire, à Passy (8)..................	10 »
Brèches (M.-C.-A.), notaire (10)................	4 »
Cassagnou, notaire, à Jonzac (7)................	5 »

Clais (Etienne) notaire (12)	10 »
Croizillac (F.), avoué, Epernay (17)............	5 »
Dransart (E.), notaire, Arleux (17).............	5 »
Drapeau (P.), notaire, à Grand-Couronne (14)....	1 »
Dufay (Jules), notaire, à Salins (3)...............	50 »
Duglantier (H.), notaire (17).....................	5 »
Eymer (Paul), notaire, à Saint-Maixent (3)......	5 »
Fillatrau, ancien notaire, rue de Thann (16).....	10 »
Foissin, avoué (voir *Souques*, avocat).	
Fromenty (Paulin), avoué. Huit timbres copies pour huissier pour les assignations des témoins (16)	9 60
Henocque (M.), notaire, à Liornes (Somme) (8)..	10 »
Jacquel, notaire, à Badonviller (6).............	5 »
Jacquel, notaire honoraire, à Badonviller (Meurthe-et-Moselle) (8)	10 »
Lafon, notaire, à Beynac-Sarlat (16)	1 »
Lelièvre, ancien avoué, directeur-fondateur de la Mutuelle générale française, au Mans (7)......	10 »
Longepierre (P.), notaire, Mâcon (10)...........	20 »
Luneau (Louis), notaire, à Carnac (Morbihan) (6).	5 »
Manderon (Henry), notaire, à la cour d'Aigues (10)	5 »
Maugard (Jules), notaire, à St-Pierre-le-Moutier (7)	5 »
Morel (D.), avoué, Libourne (13)................	2 »
Niesh, ancien avoué, Nancy (6).................	10 »
Paul (E.), ancien notaire, à Correns (8)	5 »
Roux (P. de), avoué (14)	5 »
Théron (Victor), ancien président de la Chambre des notaires de Foix (Ariège) (6).............	3 »
L.., avoué à la cour d'appel de Paris, et sa femme (8)	10 »
Un avoué agenais antisémite (8)................	5 »
Un avoué de l'île Maurice, Français d'origine (6).	5 »
Un notaire antisémite, Vittel (6)................	0 50
Un notaire campagnard breton (6)...............	2 »
Le notaire d'un petit trou français (7)...........	5 »
Un notaire, abonné de la première heure à la *Libre Parole* (5).................................	5 »
Un notaire, ex-abonné du *Soleil* (10)............	5 »
Un notaire honoraire (4).......................	5 »
Un notaire de l'Anjou (11).....................	10 »
Un notaire girondin qui a la haine du Juif et du Franc-Maçon (10).............................	5 »

	Fr. c.
A la veuve du colonel Henry, hommage respectueux d'un ancien notaire du Haut-Rhin. Français toujours (4)............................	20 »
Un notaire de la Manche et deux de ses amis (8).	5 »
Un notaire de Paris (3)............................	20 »
Un notaire rochois (Haute-Savoie) (16)............	1 »
Amiel, clerc de notaire ; J. de Vivier ; Henri Griolet, de Toulouse (3).........................	8 »
Aubert, clerc de notaire (6)......................	2 »
Brunet (Louis), clerc d'avoué (12)................	0 50
Gandinaux (Emile), clerc de notaire et son gendre, avenue Gambetta, à Saint-Mandé (9)...........	2 »
Grimal (C.), clerc d'avoué, sous-officier au 108e territorial, Chambéry (14).....................	1 »
Hugo (H.), clerc de notaire (10)..................	1 »
Kinjoneau (Léopold), principal clerc d'avoué (9).	1 »
Marcou (Pierre), clerc d'avoué à Brive. Pour Dieu, pour son pays et l'extermination des Juifs (10)	0 50
Martini (Paul), clerc de notaire, à Authon. Honte à Reinach (16)..................................	1 »
A. (Charles), clerc de notaire (11)...............	0 50
E. V. Je suis troisième clerc d'avoué, je gagne 50 francs par mois et j'ai deux enfants (11)......	1 »
G. (Le principal clerc), le petit clerc, la cuisinière et la femme de chambre d'un officier ministériel (Allier), envoient leur modeste offrande (14)	3 »
L. B., 1er clerc de notaire à Paris, 5 fr. ; un ex-spahi anti-intellectuel, 5 fr. (6)................	10 »
M. S., clerc de notaire orléanais, antijuif, admirateur de Drumont (5)...........................	1 »
Un clerc de notaire, ancien fourrier au 154e (10).	2 »
Un clerc de notaire entouré de Juifs et profondément antisémite (6)............................	1 »
Un clerc de notaire de l'Oise, qui n'est pas circoncis (4)...	0 50
Un principal clerc de notaire (10)................	1 »
Un principal clerc de notaire, pour mettre tous les Youpins de France dans la fosse aux ours du Jardin des Plantes (10).....................	0 50
Un clerc de C. P. (4).............................	2 »
Un petit clerc de notaire (4).....................	5 »
Un petit Breton, clerc de notaire (7).............	0 60

	Fr.	c.
Un principal clerc d'huissier à Paris (12)........	1	»
Une étude d'huissier de Nice désirant saisir et expulser 100 Juifs par jour (10)...............	7	»
Collecte de clercs d'huissiers français (10)......	3	»
Les clercs de Mᵉ Dordet, à Morlaix (9)..........	2	»
Clercs de notaire, à Saint-Etienne. Allons! justice enfin! Qu'on colle au mur les traîtres et les vendus! (11)................................	10	»
Deux clercs de notaire de Giraumont, qui seraient heureux de faire passer un vilain quart d'heure au dernier des Youpins (6)...................	1	25
Trois clercs de notaire de banlieue contre le Juif allemand Reinach (6).........................	2	»
Trois clercs de notaire antidreyfusards (3)......	3	»
Quatre clercs de notaire qui sont prêts à descendre dans la rue pour f.... à la porte les Juifs et Reinach en particulier (5)..................	11	»
La France aux Français, un groupe de clercs de notaires d'Orléans (5)........................	5	»
Deux clercs de notaire mâconnais. Or ça! quand sonnera-t-on l'hallali contre les puants chacals Reinach et consorts (10).....................	2	»
Cinq clercs de notaire mortagnais (6)..........	5	»
Un groupe de clercs de notaire (6).............	5	50
Un groupe de clercs de notaire de la rive gauche. Vive l'armée! (8)...........................	11	»
Un groupe de clercs de notaire grenoblois (14)...		
Un huissier audiencier, capitaine de territoriale (11).....................................	5	»
Un officier ministériel et ses clercs, contre le Youtre Reinach (10)........................	2	»
Un officier ministériel marseillais, lecteur occasionnel du *Journal de Marseille*...............	9	»
Son fils, étudiant.............................	1	»
Ses sœurs, chrétiennes et patriotes (14)........	2	»

Avocats

Alba (Joseph), avocat. Vive l'Armée! (14)......	5	»
Apchié (Charles), avocat (11)..................	5	»
Auffray (Jules), avocat à la cour (4)...........	20	»
Barry (Paul), avocat (5).......................	1	»

	Fr. c.
Basquin (*), avocat à Lille, chevalier de la Légion d'honneur (10)....................................	1 05
Berryer (Henry), avocat (17).....................	5 »
Bertrou (Gabriel), avocat à la cour d'appel (7)....	5 »
Bois (Georges), avocat à la cour d'appel (10).....	20 »
Boulin (Abel), avocat à la cour d'appel ; E. Houssard, avocat à Tours ; G. Hacault, ingénieur des Arts et Manufactures ; R. Hacault ; L. Chemin, professeur d'anglais à l'Association polytechnique ; L. Lebreton, étudiant en médecine ; Anonyme (2).......................................	10 »
Brillat-Savarin (A.), avocat, à Belley (4)..........	5 »
Brodu (Jules), avocat (10).......................	5 »
Caire (César), avocat à la cour d'appel, lieutenant de réserve d'artillerie (4).....................	20 »
Castara (Henri), avocat, place du Château, 9, Lunéville (10)....................................	5 »
Chabrol (Paul), avocat (6).......................	5 »
Chatin (Fernand), avocat à la cour d'appel (11)...	10 »
Colin (P.), avocat, à Châlons-sur-Marne (6).....	10 »
Dodemau (E.), avocat, à Caen (13)...............	3 »
Elslandt (A. Van), avocat, membre de la Ligue (14)...	10 »
Farnié (Gaston), docteur en droit, avocat à la cour d'appel, vice-président général des comités plébiscitaires de la Seine (11)..............	5 »
Fayé (Alfred), avocat à la cour (3)..............	25 »
Foissin (J.), avoué (voir *Souques*, avocat).	
Fourest (Georges), avocat près la cour d'appel de Limoges (11)...................................	5 »
Garcin (O.), avocat (10).........................	5 »
Gavouyère (Armand), avocat (13).................	5 »
Gayant (René), avocat (12)......................	5 »
Gayffier, avocat, Le Mans (3)....................	10 »
Gavraud (E.), avocat (9).........................	10 »
Geny (Aug. Benoît), avocat (13)..................	10 »
Gouzian (Edouard), avocat, à Toulon (6).........	5 »
Guillibert (M.), avocat à la cour d'Aix, ancien bâ-	

(*) La *Libre Parole* a publié la rectification suivante :

« M. Basquin, avocat à Lille, nous écrit pour nous dire que c'est par erreur qu'il a été inscrit sur nos listes de souscription ».

	Fr. c.
tonnier de l'ordre (16)....................	10 »
Guillonnet (Armand), avocat, docteur en droit, Ville-d'Avray (6).........................	5 »
Hadouin (Philippe), avocat à la cour d'appel, ancien magistrat, Amiens (6)..................	10 »
Houssard (E.), avocat, à Tours (voir *Boutin* avocat).	
Hubert (Raymond), avocat, 17, rue de Lépaute, Nice (16)...............................	5 »
Huet (Louis-Emile), avocat (14)...............	10 »
Jénouvrier (L.), avocat à la cour de Rennes, ancien bâtonnier (6)........................	10 »
Joly (Michel), avocat à la cour (5).............	5 »
Kuger (Léon), avocat, docteur en droit, ancien lecteur du *Soleil*. A bas les Juifs, à bas les traîtres ! (5)..................................	5 »
Lacoste-Lareymondie (Léon de), avocat (10)......	5 »
Latolade (G. de), avocat, à Dax (4)............	20 »
Laya (Louis), avocat à la cour d'appel de Paris, lieutenant de réserve au 31ᵉ d'infanterie (7)...	5 »
Lebocq (Alphonse), avocat (5).................	10 »
Le Brun (Léon), avocat, 3, rue des Bosquets, Lunéville (6).............................	20 »
Lecasble (Philippe), avocat (2)................	50 »
Lefebvre (Pierre), avocat, vice-président du Cercle de l'U. C. (14)...........................	1 »
Lemarignier (Louis), avocat à la cour d'appel (9).	5 »
Maire (Georges), avocat, à Avesnes (10)........	10 »
Massol, avocat, ancien bâtonnier (9)...........	20 »
Maisonnave (Mathieu), avocat (11).............	5 »
Martin Saint-Léon (A.), avocat à la cour, président honoraire de la Jeunesse plébiscitaire (16)	10 »
Merklen (L.), avocat, à Mirecourt (12)..........	10 »
Monanges (M.), avocat (9)....................	5 »
Nourrisson (Paul), avocat à la cour d'appel (9)...	10 »
Pajot (Paul), avocat (2).......................	5 »
Pattecher (Charles), avocat (6)................	10 »
Picquet (Alfred), avocat, membre de la Jeunesse royaliste (8).............................	5 »
Pillot, avocat à la cour d'appel (11)............	10 »
Ponsonaille (Charles), avocat (10)..............	10 »
Pontnan (Raymond), docteur en droit, à Saint-Sulpice-la-Pointe (11).......................	3 »
Reullier (Paul), avocat à la cour d'appel (6)	5 »

	Fr. c.
Rey (M.), avocat, ancien agréé au tribunal de commerce de la Seine (5)..................	10 »
Robert (Jacques), avocat à la cour d'appel (7) ...	10 »
Roubert (Jules), licencié en droit, à Nice (11)....	5 »
Rousseau (E.), avocat (10).....................	5 »
Roux (Joseph), avocat à la cour d'appel (4)......	10 »
Sabatté (Charles), avocat (1)	5 »
Salvy (Georges), avocat, Riom (4)...............	10 »
Schmitz, avocat, Paris (3)....................	5 »
Scoffier (M.), avocat, Nice (4).................	5 »
Second (M.), avocat à la cour d'appel (8)	20 »
Serre (Georges), avocat, docteur en droit (8)....	40 »
Souques (J.), avocat, 5 fr. ; J. Foissin, avoué, 5 fr.; l'homme le plus heureux du succès de cette souscription, 3 francs (12)................	13 »
Tézenas du Montcel (P.), avocat (5).............	5 »
Tribou (F.), avocat, Cambrai (10)...............	5 »
Vallat (Henri), avocat, Montpellier (5)..........	5 »
B., avocat à la cour de Paris (3)................	10 »
D., avocat, fils d'un colonel (11)................	10 »
E. D., avocat (12)...........................	5 »
E. L., avocat à la cour d'appel (6)..............	5 »
J. M. V., avocat, Saint-Brieuc (9)..............	5 »
L. B., docteur en droit (8)	10 »
L. D., docteur en droit, antisémite lillois (9).....	1 »
M., avocat à la cour d'appel (5).................	10 »
P. C. E. J., avocat (6).......................	1 »
R. (Armand), avocat à la cour d'appel (3)........	10 »
R. A., docteur en droit (8)....................	5 »
R. C., avocat à la cour de Paris (3).............	10 »
V. (Ch.), docteur en droit (8)..................	20 »
Un licencié en droit de Lyon (5)................	10 »
Un bâtonnier et quatre avocats patriotes (11)....	5 »
Un avocat à la cour d'appel de Paris (1).........	10 »
Un avocat à la cour de Paris, Alsacien-Lorrain (5)	20 »
Un avocat à la cour de cassation, ancien lecteur du *Soleil* (3)................................	10 »
Futur avocat antisémite (9)....................	3 »
Un avocat de Cochinchine (5)..................	5 »
Un avocat belge abonné à la *Libre Parole* depuis sa fondation (8).............................	2 90
Un avocat Marseillais qui n'a pas encore digéré	

	Fr. c.
Bertulus (7)..	0 75
Un vieil avocat de Moulins. Que Dieu sauve la magistrature de l'invasion des Bard-Bard ! (13)	1 »
Un avocat convaincu que la calomnie de Reinach tombe parfaitement sous le coup de la loi (3)...	5 »
Un vénérable avocat châlonnais (6)..............	0 15
La femme d'un avocat à la cour de Paris et son mari (2)..	10 »
Un ancien avocat à la cour de Cassation (4).....	20 »
Un avocat qui, en présence de l'attitude de la chambre criminelle, a toutes les peines du monde à respecter son serment de respect à la magistrature (5).....................................	2 »
Un avocat qui voudrait voir nettoyer la France (4)	2 »
Un avocat pour la veuve et l'orphelin (12)......	5 »
Ses trois fils, sur leurs économies (12).........	1 »
Un avocat, pour la revision devant la Faculté de droit de Paris des diplômes de docteur des 3 secrétaires de la cour de cassation ; nouvel interrogatoire sur les matières suivantes : 1° Cassation absurde du procès de l'ordurier Zola et règlement imbécile de juges dans l'affaire Picquart 2° Pour la riche trouvaille maçonnique de l'avocat-général, épurateur qui demande un juge de paix pour départager les officiers au conseil de guerre ! 3° Pour la destruction par le sabre du goupillon *rabbinique et maçonnique*, tenue mortuaire (16)...	3 »
Un docteur en droit du Mans, pour témoigner son profond mépris aux Juifs de la cour de cassation (13)..	8 »

INGÉNIEURS

	Fr. c.
Allimant (E.), ingénieur civil des mines (6).....	5 »
Armengaud aîné, ingénieur conseil (3)..........	50 »
Arnould (Charles), ingénieur (16)..............	1 »
Bailleau, ingénieur agronome (8)..............	10 »
Bellom (J.), ingénieur en chef des ponts et chaussées en retraite (4)........................	100 »
Bret (Jean Le), ingénieur civil des mines (10)...	20 »
Capol (G. de), ingénieur, Nantes (5)...........	5 »
Combes (Ch.), ingénieur (4)..................	100 »
Debar (A.), ingénieur (8)....................	5 »
Dinechin-Dupont (M. de), ingénieur à Montceau-les-Mines (9)................................	5 »
Durand (Joseph), ingénieur, Fourmies (14)......	5 »
Goguel, ingénieur, à Saint-Dié (11)............	10 »
Gouin, ingénieur des ponts et chaussées (10)....	25 »
Gradet (Georges), ingénieur, ancien élève de l'Ecole des ponts et chaussées, pour la veuve du colonel Henry et son enfant, avec toutes ses félicitations à M. Drumont (5).................	5 »
Guédon (Pierre), ingénieur, à Paris (2)..........	5 »
Hacault (G.), ingénieur des arts et manufactures (voir *Boutin*, avocat) (2).....................	
Hacault (R.) (voir *Boutin*, avocat) (2)..........	
Hervouet (M.), ingénieur, à Etreux (Aisne) (6)..	10 »
Jeantet, ingénieur des arts et manufactures (12).	5 »

	Fr. c.
Jousselin (Armand-Paul), ingénieur civil, à Paris (4)	10 »
Martin (Xavier), ingénieur, à Montceau-les-Mines (9)	5 »
Obé (L.), ingénieur (11)	2 »
Ocagne (Paul d'), ingénieur des arts et manufactures, 72, avenue Victor-Hugo (7)	10 »
Peteau de Mauletto (G. G.), ingénieur civil des mines et membre de la Ligue des patriotes. En réponse à l'ignoble insolence d'un envoi des *Droits de l'Homme*, j'ai écrit au gérant par lettre recommandée que de son sale journal je faisais du feu (8)	10 »
Pétin, ingénieur civil des mines, à Marseille (4)	50 »
Quéhant, ingénieur, ancien maire de Levallois, 32, rue Collange (14)	5 »
Rameau (Louis), ingénieur (10)	5 »
Renaud (Eugène), ingénieur (6)	5 »
Rionot (Jules), ingénieur civil des mines, à Montceau-les-Mines. Pour la veuve Henry, avec ses félicitations aux vaillants champions de la bonne cause (12)	5 »
Rouge (E.), ingénieur, Arras (14)	5 »
Sordaillat (Pierre), ingénieur (12)	10 »
Tissot (A.), ingénieur, à Lens (8)	5 »
Verses (Leo), ingénieur, et J. S., négociant en vins (5)	10 »
A. (A. d'.), ingénieur, Vichy (9)	20 »
A. et M. Quatre patriotes ingénieurs, au Creusot, témoignage d'admiration pour le héros Henry, de sympathie pour sa veuve et d'indignation pour l'infect Reinach, l'affreux Reinach et tout le Syndicat (6)	10 »
E. B., ingénieur, à Entrains (12)	20 »
E. C. P. Un ingénieur (6)	1 »
E. C. P., ingénieur, le Mans (8)	2 »
E. C. P., ingénieur, 2ᵉ versement (17)	2 »
H. H., ingénieur, et A. M., jeune lycéen (6)	5 »
H. L., ingénieur civil, ancien capitaine à l'armée de la Loire, ancien capitaine au 11ᵉ territorial d'artillerie (8)	20 »
H. R., ingénieur (3)	5 »
J. J. L. F., ingénieur (4)	10 »

	Fr. c.
M. C., ingénieur civil des mines : J'ai rêvé cette nuit, songe qui me chagrine, Qu'un souffle de Youpin empoisonnait ma mine. (14)	2 »
M. G., ingénieur civil des mines (14)	2 »
M. M., E. T., ingénieurs (4)	10 »
P. F., ingénieur civil des mines ; arrière petit-fils d'un grognard de l'Empire (14)	2 »
P. M., ingénieur (7)	20 »
P. P., ingénieur (5)	20 »
S., ingénieur (6)	5 »
Ingénieur, victime des Juifs (7)	2 »
Un ingénieur, Bordeaux (10)	20 »
Un ingénieur, Toulon (10)	10 »
Un ingénieur de la marine en retraite (10)	10 »
Deux ingénieurs de la marine du port de Cherbourg (16)	5 »
Un ingénieur de la marine qui n'est pas Juif (13)	1 »
Un ingénieur des arts et manufactures (7)	2 »
Un ingénieur des arts et manufactures de 1859 (16)	10 »
Un ingénieur d'une grande compagnie (14)	10 »
Un ingénieur des ponts et chaussées (11)	10 »
Un ingénieur en chef des ponts et chaussées (6)	20 »
Un ingénieur qui a vu de près les Juifs (4)	5 »
Un ingénieur qui trouve ridicule la Ligue des Importants (6)	2 »
Trois ingénieurs. En témoignage de leur antipathie pour l'inoubliable coquin Reinach (11)	300 »

UNIVERSITAIRES

Professeurs, Instituteurs, Institutrices, etc.

	Fr. c.
Brun (A.), R. Trijasse, H. Lacroix, professeurs à Richemont, qui se font gloire de n'être pas des intellectuels (8)..................................	5 »
Cambon (L.), professeur en retraite (11).........	10 »
Chemin (L.), professeur d'anglais à l'Association polytechnique (voir *Boutin*, avocat) (2).	
Chrétien (Docteur), professeur à la Faculté de médecine (Nancy) (3)..........................	20 »
Colomb (M.) (*), universitaire (7)................	5 »
Dalzat (E.) (voir *Godineaud*).	
Delamarre (L. M.), professeur honoraire à l'Institut Catholique (10)............................	10 »
Delbet (Docteur Paul), ancien prosecteur de la faculté, chef de clinique chirurgicale, 3, rue Saint-Simon (6)................................	20 »
Detaille, professeur, antianarchiste dans toute l'acceptation du terme (7).....................	5 »
Dives (Paul), instituteur (6).....................	3 »
Ducellier (voir *Godineaud*).	
Duhem (P.), professeur à la Faculté des sciences de Bordeaux (6).................................	5 »

(*) Le *Temps* a publié la note suivante :

« M. Georges Colomb, sous-directeur de laboratoire à la Sorbonne, nous écrit, pour éviter toute confusion, qu'il n'est pas l' « universitaire du nom de Colomb » qui a pris part à la souscription. »

— 148 —

	Fr.	c.
Durand (Docteur E.), préparateur à la Sorbonne (5)	5	»
Fajou (Henri), profes. honoraire de l'Université (6)	5	»
Ferrand (Docteur P.), médecin de l'Hôtel-Dieu, membre de l'Académie de médecine (4)	20	»
Godineaud, L. Marcombes, E. Dalzat, Ducellier, professeurs (10)	6	»
Guermonprez (Docteur), professeur à la Faculté catholique de médecine (14)	2	»
Guerriera (Salvator) et Torbes, professeurs (7)	4	»
Henry (Paul), professeur de rhétorique au lycée Janson-de-Sailly (3)	20	»
Jeunet (M.), ancien professeur à l'Université (2)	5	»
Jeunet, ancien universitaire, 2ᵉ versement, pour réclamer la lumière et la vérité sur l'affaire Picquart, étouffée par la cour de Cassation, sur les instances des dreyfusards, apôtres de la lumière et de la vérité (15)	5	»
Jodin, professeur au lycée Montaigne (7)	5	»
Lacroix (H.) (voir *Brun*).		
Lebaigue (Ch.), profes. honor. de l'Université (14)	5	»
Lignon (J.), professeur en retraite (7)	5	»
Marcombes (voir *Godineaud*).		
Martin, professeur, Sarlat (16)	0	25
Moquin-Tandon (G.), professeur à la Faculté des sciences, Toulouse (7)	50	»
Pasquier (Louis), professeur, à Tours (10)	5	»
Regnault (A.), licencié ès lettres et en droit, ancien prof. de l'Université, 14, r. Duban, Paris (5)	2	»
Rémy-Saint-Loup, maître de conférences à l'Ecole pratique des hautes études (4)	20	»
Salembier (Chanoine L.), professeur (14)	5	»
Seignour, professeur au collège de Grasse (12)	5	»
Torbes (voir *Guerriera*).		
Trijasse (R.) (voir *Brun*).		
Vanlaer (Maurice), avocat, professeur à la Faculté libre de droit (14)	5	»
Vareilles-Sommières (M. de), doyen de la Faculté de droit à l'Université catholique de Lille, et plusieurs professeurs de la Faculté (14)	10	»
Vélain (Charles), professeur à la Sorbonne (11)	20	»
A., G. et Y. Trois universitaires (3)	3	»
E. L., instituteur, à Lille (3)	1	»
E. W., professeur au Séminaire des facultés		

	Fr.	c.
catholiques (14)...............	2	»
H. I., univers. en retr., fils et parent de soldat (7)	2	»
H. M., universitaire (9).................	2	»
L. (Docteur), professeur à la Faculté catholique de médecine (14)................	1	50
L. (Octave), ancien universitaire, Toulon (10)...	1	»
P. V., répétiteur de lycée, et un Gaulois son ami (6)	2	»
Un agrégé de la Faculté de médecine, chirurgien des hôpitaux, côté des charnels (12).........	10	»
Un agrégé de l'Université (6)..................	20	»
Un agrégé de l'Université, Brive (11)...........	2	»
Un agrégé de l'Université qui commence à comprendre la St-Barthélemy et le 18 Brumaire (6)	2	»
Un instituteur (4).........................	1	»
Un instituteur admirateur du « féminisme chrétien » (11).................................	0	25
Un instituteur, ennemi juré des sans-patrie (16).	1	50
Un ancien instituteur, indigné des menées des Juifs (4)..................................	2	»
Un instituteur en retraite, à Velars-sur-Ouche (16)	1	»
Un instituteur laïque devenu antisémite (8).....	1	»
Un instituteur patriote antisémite (6)...........	0	40
Un instituteur primaire, indigné de voir un Buisson, Suisse de Lausanne, ennemi de la France, donner à titre officiel des ordres ou des conseils aux éducateurs des petits Français (13)..	1	»
Un instituteur public du Jura, qui ne manque pas de dire à ses élèves que les Juifs et leurs amis sont les vampires de la France (12)...........	1	»
Un instituteur qui dit que la République est perdue, si elle ne bride fortement les Juifs et judaïsants (12)..........................	3	»
Deux instituteurs publics et un brigadier de gendarmerie antisémite, à Marseille (4)..........	6	»
Trois pauvres instituteurs patriotes (10).........	3	»
Un groupe de six instituteurs primaires (10)....	5	»
Institutrice chrétienne (9).....................	5	»
Une institutrice pauvre trompée par de riches Youpins (14)................................	0	25
Une institutrice qui réclame les noyades de Nantes (17)..................................	1	»
Quatorze Intellectuels, professeurs au lycée de Toulon, patriotes (10).......................	27	»

	Fr. c.
Un licencié d'histoire qui trouve l'Inquisition une institution d'utilité publique et la Saint-Barthélemy une œuvre d'assainissement national. Félicitations à Drumont, un des rares écrivains dont la plume n'est pas aux gages des Juifs (7)	5 »
Trois pauvres pions en dèche (11)	0 45
Un professeur (3)	3 »
Un professeur (16)	1 »
Un professeur, officier de réserve (8)	5 15
Un professeur agrégé de l'Université (5)	5 »
Un professeur agrégé de l'Université (5)	3 »
Un professeur agrégé de l'Université (6)	5 »
Un professeur, ancien soldat. Vive la France!...	0 50
Son père. Vive la France!	0 50
Sa mère. Vive la France!	0 50
Et comme l'armée c'est la France, vive la France! (16)	0 50
Un professeur antijuif et antihuguenot (14)	2 »
Un professeur, antisémite depuis la *France juive* (8)	3 »
Un professeur de faculté pas intellectuel (12)	5 »
Un professeur de l'enseignement secondaire, qui fut longtemps abonné au *Temps* (4)	40 »
Un professeur de l'enseignement supérieur, pour la veuve d'un patriote calomniée par un sale Juif (4)	20 »
Professeur de l'Université (9)	5 »
Un professeur d'histoire, pour offrir un peu de bon sens aux intellectuels et leur rappeler que les sophistes ont perdu la Grèce (11)	5 »
Un professeur, docteur ès sciences, universitaire aimant l'armée en respectant les chefs et considérant le lieutenant-colonel Henry comme une victime du devoir (6)	2 »
Un professeur du lycée de Cherbourg (6)	5 »
Un professeur du lycée de Laval (Mayenne) (6)	2 »
Un professeur du lycée de Tarbes (16)	1 05
Un professeur d'un lycée de Paris (4)	5 »
Un professeur, lycée Henri IV (11)	5 »
Un vieux professeur que les lois scélérates ont réduit à la mendicité (10)	2 »
Un professeur savoyard qui ne peut être avec les traîtres (16)	1 »
Un des professeurs de philosophie de Sainte-	

	Fr. c.
Barbe (*) (10)....................................	2 »
Un groupe de professeurs de l'école Saint-Caprais, Agen (3)...................................	7 »
Trois professeurs de Brive, qui rougiraient d'être Français si la France c'était la République maçonnique et youpine (8)...................	1 50
Les professeurs d'un petit séminaire (8)........	19 »
Plusieurs professeurs du petit séminaire, qui repoussent les dires de l'abbé Pichot et qui silencieusement, dans leur sillon, sèment l'amour de la justice, de la patrie, des humbles de ce monde (16).............................	3 »
Des professeurs français d'un lycée de la rive droite. Vive l'armée! (5)....................	45 »
Cinq répétiteurs du lycée de Quimper (10)......	5 »
Un ancien répétiteur du même lycée. A bas les juifs! (10).....................................	1 »
Un universitaire (17)............................	2 »
Un universitaire (4).............................	5 »
L'universitaire (7)..............................	5 »
Universitaire, officier de territoriale (3)........	5 »
Un universitaire charentais (8)..................	2 »
Un universitaire. Vive Déroulède! (7)..........	5 »
Un universitaire patriote, ni intellectuel ni franc-maçon (16)....................................	5 »
Un universitaire qui n'est pas un intellectuel (10)	20 »
Un vieil universitaire (12).......................	1 »
Un universitaire de la vieille école (11).........	5 »
Un universitaire écœuré du cynisme et de la lâcheté de Joseph Reinach ( )..............	2 50
Un universitaire indigné de voir l'Université dirigée par des protestants (16)................	3 »
Un universitaire et un pot à tabac des contributions indirectes, enragés antisémites (5)......	2 »
Un universitaire et un professeur de Toulon (17).	2 »
Un universitaire patriote ( ).....................	2 »
Un universitaire patriote (5)....................	5 »
Un universitaire patriote alsacien (3)............	5 »
Un universitaire, pour aiguiser la machine à Deibler (5).......................................	5 »

(*) A propos de cette souscription, MM. Gaston Levert et L. Revelin, les deux professeurs de philosophie de Sainte-Barbe, ont écrit à la *Libre Parole* qu'ils n'avaient point souscrit.

	Fr.	c.
Un ancien universitaire, pour que Madame Henry confonde les calomniateurs de son mari (8)...	3	»
Un universitaire protestant contre la coalition judéo-maçonnique protestante (7)............	1	»
De la part d'un petit universitaire qui en sait long sur la bande Monod, Stapfer et Cie (16)..	2	»
Un universitaire républicain socialiste (12).....	1	05
Un universitaire St-Quentinois, contre les calomniateurs (6).................................	5	»
Un universitaire, victime des intellectuels (16)..	20	»
Un universitaire, à Toulon (6)..................	5	»

MÉDECINS

	Fr. c.
Adam (Docteur Maurice) (4)....................	5 »
Ardillaux (Docteur), à Brienon (Yonne) (5)	5 »
Arnaud (Docteur J.) (6)........................	5 »
Audollent (Docteur P.), président de l'Association Kneipp, de France (8)........................	5 »
André (Docteur Auguste), Péronne (17).........	5 »
Auyat (Docteur Léonce), ex-sous-officier au 6ᵉ de ligne (4).....................................	5 »
Baieu (Docteur), 56, boulevard de Strasbourg (16)	5 »
Ballouhey (Docteur) (3)........................	5 »
Barbillon (Docteur) (8)........................	5 »
Baroux (Docteur), médecin de territoriale (10) ...	5 »
Béchet (Docteur Gaston) (5)....................	10 »
Bertrand (Docteur F.), La Celle-Dunoise (5).....	7 »
Bitterlin (Docteur) et ses fils, pour la veuve et l'orphelin (15)................................	10 »
Bodin (Docteur Léonce), ancien interne des hôpitaux de Paris (3).............................	5 »
Bonnecaze (Docteur Armand) (10)	10 »
Bougit (Docteur Théophile), à Darnétal (Seine-Inférieure) (12)	5 »
Bourbon, médecin à Mennetou-sur-Cher (8)	5 »
Bourguelle (Docteur), à Cambrai (10)............	1 »
Boyé (Docteur), à Béziers, médecin aide-major de 1ʳᵉ classe de l'armée territoriale ; Paul Thomas, médecin auxiliaire au 125ᵉ territorial (9)......	2 10

	Fr.	c.
Brénac (Docteur). A la veuve infortunée, hommage respectueux ! (3)	20	»
Bruyelles (Docteur), à Cambrai (10)	1	»
Burlat (Docteur), à Roïba, Algérie (16)	1	10
Carayon (Docteur), officier de la Légion d'honneur, à Chazelles-sur-Lyon (10)	5	»
Carlieu (Docteur A.) (8)	5	»
Castelet (Docteur), Marseille (17)	5	»
Catuffe (Docteur) (6)	5	»
Cauvin (Docteur) (14)	2	»
Cavayé (Docteur), à Villepreux (17)	5	»
Cazaubon (Docteur), Yzosse (Landes) (17)	10	»
Cazaubon (Mme) — (17)	5	»
Cazaubon (Marie) — (17)	5	»
Cazeneuve (Le docteur A.), à Pessac (10)	5	»
Cesbon (Docteur) (9)	5	»
Chaix (Le docteur Ant.) (14)	1	»
Changarnier (A.), docteur en médecine, Marseille (14)	5	»
Charpentier (Docteur Paul) (17)	5	»
Chateaubourg (Docteur de) (3)	10	»
Chrestofini (Docteur) (2)	5	»
Chaudet (Docteur), St-Jaumes, 3 fr. ; Pierre Chaudet, 2 fr. (7)	5	»
Collin (Docteur) (10)	5	»
Constantin (Docteur), à Poitiers (9)	5	»
Courtin (Docteur) (11)	10	»
Daniel (Docteur), à Gorron (Mayenne). Pour la veuve et l'orphelin. Vive l'armée ! (8)	5	»
Dassonville, docteur de la Faculté de Paris, commandeur de l'ordre du Christ, à Roubaix. Aux Antisémites contre les Juifs (16)	5	»
Demartial (Docteur N.) (12)	10	»
Desfosses (Docteur) (14)	5	»
Desplats (Docteur) (14)	5	»
Devillas (F.), médecin auxiliaire de réserve, 22e d'artillerie (10)	2	»
Devillers (Docteur P.) (3)	5	»
Dissandes (Docteur), de Lavillatte, Guéret (4)	20	»
Dordelu (Docteur), Meuse (8)	1	50
Douvrin (Docteur C.) (14)	1	»
Dubrandy (Docteur), médecin de 1re classe de la marine en retraite, Hyères (6)	5	»
Dubousquet-Laborderie (Docteur) (5)	5	»

	Fr. c.
Ducerf (Docteur), à Saint-Hippolyte-du-Fort (Gard) (8)	1 50
Duchastelet (Docteur) (2)....................	20 »
Dufour (Docteur) (2e versement) (17)............	1 »
Dumarot (Docteur) (8)....................	5 »
Dupont (Docteur) (9)....................	5 »
Dupuis (Docteur), à Cuisery (Saône-et-Loire) (5).	2 »
Dupouy (Docteur) (5)	10 »
Faurie (Docteur) (5)	5 »
Francus (Docteur) (9)....................	5 »
Frogé (Docteur), à Saint-Brieuc (10)..........	5 »
Galland de Belval (Docteur), pour le comité provisoire de la Ligue des Patriotes en formation à Marseille (8)....................	100 »
Gautier (Docteur) (4)....................	10 »
Giraudon (Docteur), 4, boulevard Saint-André, médecin aide-major de réserve (17)............	5 »
Gourraud (J.), médecin (11)....................	2 »
Gouzannat (Docteur), à Bonnat (Creuse) (8).......	3 »
Gremillon (Docteur) (8)....................	1 »
Guérard de la Quesnerie (Docteur W.), médecin de la marine (réserve) (3)....................	10 »
Guillou (Docteur) (2)....................	20 »
Haste (Docteur L.), à Romans (7)..............	10 »
Hébert (Docteur Jules), à Brest (8)	5 »
Hébert (Docteur R.), à Angers (3)..............	5 »
Hervier (Docteur O.), à Vierzon (14)	5 »
Lac (Docteur D. du), à la Dauphine (13)	5 »
Lasjègue (Docteur), ancien médecin militaire, en l'honneur de ses braves camarades officiers et soldats des 34e d'artillerie, 2e zouaves, 9e chasseurs à cheval et 98e d'infanterie (12).........	5 »
Lebrun (Docteur A.), de Versailles, abonné au journal le *Soleil*, indigné de l'incompréhensible palinodie de Kérohant (5)....................	20 »
Le Clerc (Docteur), à Marseille (11)	7 »
Lecreux (Docteur L.), ex-interne des hôpitaux de Lyon, à Sainte-Foy-l'Argentière (4)............	5 »
Le Cudennec (Docteur) (16)....................	3 »
Lortat-Jacob (Le docteur et Mme) (4)	10 »
Malapert du Peux (Docteur). En haine des Juifs (4)	5 »
Malherbe (Docteur de).. Rien du préfet d'Oran (4)	5 »
Martel (Docteur E.), Saint-Malo (8)	5 »
Mavel (Docteur Victor), à Ambert (16)............	10 »

	Fr.	c
Merley (Docteur V.) (8)............................	5	»
Milleret (Docteur A.) (5)............................	1	»
Molinie (Docteur R.) et sa fille Marthe (5).......	10	»
Moncoq (Docteur), à Caen (10)...................	5	»
Monestié (Docteur F.), antisémite et royaliste, Albi (5)...	1	»
Mortagne (Docteur H.), au Merlerault (Orne) (10)	5	»
Mouzon (Le docteur et Mme), avec leurs respectueux hommages et compliments à Mme Henry (6) Leurs deux fils, Marcel et Jean, futurs camarades du jeune Henry dans une armée où il n'y aura plus que des Français, c'est-à-dire pas de traîtres (6)...	5 2	» »
Moynier (Docteur Eug.) (12).......................	5	»
Noquet (Docteur Emile) (14).......................	10	»
Papillon (Docteur) et ses fils (7)..................	10	»
Paquelin (Docteur) (5).............................	10	»
Paris (Docteur), à Luxeuil (11).....................	20	»
Paul (Docteur) (13).................................	1	»
Pauper (Docteur). Hors de France les Youpins ! (4)	3	»
Pechdo (Docteur), Villefranche (10)................	25	»
Perchet (Docteur), 2 fr.; Mme Perchet, 2 fr., Auguste Perchet, 1 fr.; François Perchet, 1 fr.; Charles Perchet (8)................................	7	»
Périer (Docteur Charles du) (11)...................	5	»
Peteghen (Docteur Emile Van) (8).................	15	»
Pibre (Docteur A.), Bellegarde-du-Gard. A bas les Juifs ! (10)...	5	»
Picard (Docteur Henri) et Mme Henri Picard (3)..	10	»
Pichon (Docteur) (9)...............................	1	»
Pilatte (Docteur E.), à Nice (4)....................	20	»
Pilvin (Par l'intermédiaire du docteur A.) (10) ..	8	»
Rabi (Docteur M.), ancien interne des hôpitaux (6)	2	»
Rambert (Docteur) (10).............................	10	»
Rendu (Docteur H.) (12)...........................	20	»
Renet (Docteur) (11)...............................	5	»
Renoul (J.-A.), docteur en médecine, Nantes (16)	5	»
Reveil (Docteur), à Lyon (16)......................	10	»
Reymond (Doct. Georges), 110, rue Rambuteau (7)	10	»
Reynès (Docteur), vice-président de la L. A. de Marseille (10)......................................	5	»
Rigaud (Docteur), La Bazoge (Sarthe) (7).........	3	»
Robert (Docteur Constant) (8)......................	10	»
Robert (Docteur), à Pau, président du comité de la		

	Fr.	c.
Croix-Rouge (12)...................................	10	»
Rolet (Docteur). Vive Drumont! (15)............	1	»
Roques (Docteur Edouard) (12)...................	10	»
Rouget (Docteur), médecin-major en retraite, Poitiers (4)...	10	»
Rouhaut (Docteur) (14)............................	5	»
Rousseau (Docteur), de Pont-l'Abbé (Finistère) (6)	1	»
Roux (Docteur E.), à Riom (9)....................	10	»
Roux (Docteur J.) (5).............................	5	»
Royer-Collard (Docteur M.) (3)...................	5	»
Rymon (Docteur de). Vive la France! Vive l'armée! (4)..	10	»
Saengéry (Docteur) (4)............................	5	»
Saint-Germain (Docteur Louis de) (14)...........	20	»
Sanyas (Docteur), Bordeaux (14)..................	5	»
Simon (Docteur), père de cinq petits goym (16)...	5	»
Suchet (Docteur) (3)..............................	10	»
Thiroloix (Docteur) (6)...........................	20	»
Thomas (Paul) (voir *Boyé*, docteur).		
Tison (Docteur) (6)..............................	5	»
Topart (Docteur A.), délégué cantonal, à Pont-de-l'Arche (5).......................................	2	»
Touvenaint (Docteur Léon) (12)...................	10	»
Truchy (Docteur) (10).............................	2	»
Vacher (Docteur L.), anc. conseiller municipal (3)	2	»
Vandrenne (Docteur A.), à Cannes (4).............	20	»
Varraillon (Docteur), Noyant (10)................	5	»
Veniel (Docteur), 7, rue Blanche (6).............	10	»
Vigenaud (Docteur), ancien médecin principal des armées de terre et de mer, Clermont-Ferrand (6)	10	»
Vinache (Docteur Alex.) (2).......................	5	»
Vince (Docteur), aide-major de territoriale (5)...	5	»
Vincent (Docteur) (8).............................	5	»
Vivier (Docteur). Que Dieu garde la France et qu'il protège la veuve et l'orphelin! (11)......	10	»
Voulet (Docteur), à Dourdan (10).................	3	»
Watelet (Docteur) (8).............................	5	»
Zabé (Docteur) (6)................................	5	»
A. D. et C. D. (Docteurs), Saint-Servan (6)......	10	»
B. (Docteur), ancien condisciple de G. Méry (9)..	5	»
B. (Docteur). Qui vive? France et Drumont! (7).	1	»
B. (Docteur Albert), Bordeaux (12)...............	2	»
C. (Docteur) (2)..................................	5	»

	Fr.	c.
C. (Docteur). Dire que les Egyptiens se sont fait prier pour laisser partir les Hébreux (6)......	5	»
C. T. (Docteur) (12)..................................	5	»
Ch. (Docteur), à C. (Ille-et-Vilaine) (11).........	5	»
D. (Docteur) (2)......................................	5	»
D. (Docteur), antisémite (6).........................	5	»
D. (Docteur), à T. (Nord) (5).......................	3	»
D. (Docteur). A bas les Youpins et les Parpaillots! (7)..	1	»
Dt. (Docteur), à Lille (5)............................	5	»
E. (Un Sarladais et le docteur) (9)................	3	»
E. C. (Docteur) (5)..................................	5	»
G. (Docteur) (3).....................................	10	»
G. (Docteur), Saint-Brieuc (13)....................	2	»
G. E. (Docteur), rue Sylvabelle, Marseille (8)...	10	»
H. (Docteur). Honneur et reconnaissance à Drumont (12)..	1	»
H. M., médecin auxiliaire (9)......................	5	»
L. (Docteur), petit-fils d'un officier de la Grande-Armée (5)..	3	»
J. (Docteur), près Nantes. Haut le cœur, droit le nez, sus aux Juifs! Bergerac (10)...............	2	»
L. (Docteur) (1)......................................	25	»
L. (Docteur) (6)......................................	5	»
L. C. (Le docteur) et sa mère (7)..................	5	»
L. F. (Docteur), que dégoûtent ces eunuques d'Intellectuels (7)..	4	»
L. M. (Docteur) (4)...................................	5	»
L. V. (Docteur) (10).................................	5	»
M. (Docteur) (10)....................................	30	»
M. (Docteur) (16)....................................	20	»
M. (Docteur de). A bas Jaurès, Clemenceau et en général toutes les fripouilles! Vive R. Viau! (7).	1	»
M. (Docteur), indigné de la conduite des soi-disant intellectuels (3)..............................	5	»
P. (Docteur). Un Dix-huit brumaire guérirait la France (12)...	1	»
R. C. (Docteur). Côte-d'Or. Ardent patriote, donc antisémite (16).......................................	1	»
R. O. (Docteur). *Sunt gaudia rerum* (11).........	5	»
U. F. (Docteur), Bordeaux (14)....................	10	»
X. (Docteur), de vieille souche française (13)...	5	»
X. (Docteur), pour le triomphe du droit (12)....	5	»
X. X. (Docteur) (2)..................................	20	»

	Fr.	c.
Un ancien chirurgien aux ambulances actives de l'armée d'Afrique, ancien maire de Biarritz, toujours fanatique de l'armée (12)............	5	»
Un docteur algérois, *Væ Judæis !* (10)............	10	»
Un docteur allemand antisémite, qui aime la France (8)...........................	10	»
Un docteur breton et ses serviteurs (14).........	10	»
Un docteur de la rue du Bœuf, à Lyon (16)......	0	25
Un docteur en médecine du boul. St-Michel (4)	2	»
Deux docteurs marseillais (11).................	4	95
Un docteur-pharmacien chimiste pas riche, mais pas à vendre. Pour trouver le contrepoison du sel uminé de picrate de dreyfusisme, c'est fort plus dangereux que l'acide prussique (16).....	0	60
Une jeune doctoresse qui maudit le docteur Hayem (7).................................	1	»
Premier médecin. Pour rabattre l'orgueil des Juifs qui font la lèche à la Faculté (16).............	0	50
Deuxième médecin. Arrivent aux honneurs par la déchatomie et méritent l'intimité du chef de l'Etat. *O Samuel, quousque tandem !* (16)...	0	50
Un médecin antisémite Ardennais (7)..........	5	»
Un médecin auxiliaire de réserve (5)...........	2	»
Un médecin de campagne (6)..................	5	»
Un médecin de campagne (17).................	5	»
Un médecin Haut-Marnais, écœuré de la conduite de Duclaux de l'Institut Pasteur (16)..........	3	»
Un médecin français (9)......................	5	»
Un pauvre médecin de Chabonnayes (10)........	1	»
Un pauvre médecin de la campagne (3)..........	5	»
Obole d'un petit médecin de campagne, antisémite, non à vendre comme le hideux nabot Laborde, avorton scientifique, professeur de physiologie, lequel quinze jours après avoir traité Zola de paralytique général, passa bruyamment au dreyfusisme aigu à la suite de tractions rythmées sur les cordons de la bourse du Syndicat, ainsi que son sous-verge Langlois, agrégé ès lèchement de pieds de la Faculté de Paris (7)..	1	05
Un petit médecin de campagne et son beau-frère, catholiques (16).............................	2	»
Un médecin praticien pauvre (13)...............	1	»
Un médecin qui pense que M. Duclaux déconsidère l'Institut Pasteur, en faisant cause com-		

	Fr.	c.
mune avec les anarchistes (6)...............	10	»
Un médecin savoyard, ancien élève du dreyfusard Lépine, de Lyon (16).......................	2	»
Deux médecins et un avocat antijuifs (2)........	6	»
Deux médecins antijuifs, de Marseille (4)........	10	»
Deux médecins bordelais (17)...................	10	»
Deux médecins demandent la démission de deux sénateurs dreyfusards, Raynal et Trarieux (17)	2	»

PHARMACIENS

	Fr. c.
Abadie (M), pharmacien, à Tarbes. Admiration à Drumont, son obole à Mme Henry, ses crachats à l'immonde Reinach (10)...............	5 »
Delaroche (Th.), pharm., à Ducey (Mayenne) (10).	5 »
Dezoteux (G.), pharmacien (10)	3 »
Duffau, pharmacien (15).........................	5 »
Emmanuel, pharmacien, 44, rue Montmartre (6).	10 »
Gallais, pharmacien, Saumur (9)................	2 25
Chambard (J. Gaston), pharmacien-major de 1re classe en retraite (16).....................	5 »
Gendre, pharmacien (7).........................	1 »
Gourion (A.), pharmacien, à Morlaix (5)	3 »
Grandvaux (M.), pharmacien, à Vincennes ; Mlle Grandvaux ; M. Doussot, étudiant ; Mme Jules Girod, à Vincennes ; Mme Magnin, à Poligny (11)	10 »
Cayla (Marius), pharmacien, à Aiguesmortes (17)	5 »
Labrot, pharmacien, Sarlat (16)	2 »
Lamblin (F.), pharmacie Française, à la Clavette (7)	1 50
Langrand (André), pharmacien de 1re classe, essayeur diplômé de l'Hôtel des Monnaies, secrétaire du syndicat général des pharmaciens, admirateur de MM. Drumont et Millevoye (7).	1 50
Lecerf, pharmacien, Paris (3)...................	10 »
Mas (François), pharmacien (17)................	3 »
Plodcki, pharmacien (8).........................	0 50
Poupon (H.), pharmacien (10)	5 »
Remy (O. S.), pharmacien, Chatel (Vosges) (11)...	3 »

	Fr.	c.
Soupre (P.), pharmacien, Bayonne (14)	1	»
Traissac (L.), pharmacien (12)	1	»
Verger (P.), pharmacien, Roanne (8)	2	»
J. D., pharmacien (16)	0	50
P. G., pharmacien, à Villefranche (6)	5	»
Un apothicaire socialiste anticlérical (12)	1	50
Un pharmacien (4)	2	»
Un pharmacien (10)	2	»
Un pharmacien antisémite (17)	5	»
Pharmacien basque (13)	3	»
Un pharmacien Lillois (14)	2	»
Un pharmacien, sa femme, son fils, ses élèves, tous antisémites, pour la veuve et l'orphelin. A bas la Franc-Maçonnerie ! (14)	6	»
Un pharmacien en haine des grandes pharmacies d'origine juive (14)	2	»
Un pharmacien de Montmartre, qui prendrait de la graisse du gorille mort pour faire un onguent afin de détruire la vermine youpine (5)	5	»
Un pharmacien du Nord, désireux de renvoyer Yousouf-Zézève et toute la bande des Youpins, insulteurs de la France, de la religion, de l'armée et de la femme (14)	1	»
Un pharmacien pour confondre les calomnies de la bande judéo-maçonnique (6)	3	»
Un potard (14)	1	»
Un potard. Enlevez les juifs ! (14)	0	50
Un potard antidreyfusard, à Vittel (6)	0	50
Un potard Belfortais antisémite (4)	2	»
Un pauvre potard forézien (11)	2	»
Un potard mamertin (8)	5	»
Un potard désireux d'avoir la g... à Reinach sous son pilon (14)	0	50
Envoi de deux potards toulousains voulant fêter un succès à Toulouse (15)	1	»
Quatre élèves en pharmacie. Mme Mallebay et le garçon de laboratoire (8)	12	50

ARTISTES

PEINTRES, SCULPTEURS, ETC.

	Fr. c.
Baffier (*)(Jean), sculpteur (8)..................	2 »
Bellnis (J.), dessinateur (3).....................	2 »
Bogino (Em.), statuaire, son obole à Mme Henry, sa botte à Reinach (11)..................	2 »
Boucher (Louis), peintre (8)....................	1 »
Briffault (E.), sculpteur (8)....................	1 »
Brisset (Emile), peintre (17)....................	5 »
Chazerain (Ed.), professeur de dessin, à Nantes (9)	2 »
Claude (M. E.), artiste peintre, hors concours, 90,	

(*) En même que sa souscription, M. Baffier a envoyé à M. Edouard Drumont la lettre suivante :

« Mon cher maître,

« Les appointements somptueux que me procurent les nombreux emplois de sculpteur berrichon berrichonnant, de président de la Société des Gars du Berry, de directeur du *Réveil de la Gaule*, de membre du Comité de l'Union française antijuive, etc., joints à ma situation de professeur d'esthétique française à la Jeunesse antisémite et nationaliste, m'ont permis de souscrire deux fois pour la veuve et l'orphelin du colonel Henry.

« Quel succès remporte votre liste et quel courant d'idées indique votre souscription ! C'est touchant, et ça nous revenge un peu des cent mille francs d'aumône dont Rothschild soufflette

	Fr.	c.
rue de Châteaudun, Asnières (11)..............	1	»
Dandois père, artiste peintre verrier (3).........	1	»
Darville (Paul) et Mathilde Darville, artistes, donnent au petit chérubin un gros baiser (4)......	2	»
Delaborde (E. M.), professeur au Conservatoire (3)	20	»
Esprit, compositeur de musique, ré, mi, fa (17)...	0	50
Ferville (Lucien), sculpteur (9).................	2	»
Freyné-Godefroy (L'atelier d'architecture) (4)....	7	50
Froment-Meurice (Jacques), statuaire, officier de réserve de cavalerie (12)......................	20	»

annuellement la Ville de Paris. Il ne faut pas en rester là. Tandis que le fer est chaud, il faut le battre, comme il est dit dans notre vieux proverbe.

« Depuis plus de cent ans que furent proclamés les droits du Juif, toutes les magistratures en France se sont organisées, petit à petit, pour servir les intérêts des Juifs et des Judaïsants, au détriment des nôtres. L'armée, jusqu'à ces temps derniers, portait dans les plis de son drapeau l'intérêt d'Israël, et, pour avoir manqué à cette tradition sémitique, elle sait aujourd'hui ce qu'il lui en coûte.

« Grâce à votre éloquente parole, à votre caractère ferme, aux efforts soutenus de courageux et dévoués Français de tous rangs et de toutes classes, la situation commence à se déterminer. La *Lumière* et la *Vérité* pénètrent les esprits, et le grand souffle national renaît.

« Entre vous, qui êtes un grand ouvrier, et moi, qui ne suis qu'un petit artisan, il y a aujourd'hui des vibrations que bien des gens ne pouvaient pas soupçonner il y a seulement un an.

« Je me revois encore, c'était en 1888, là-bas à Bourges, où est né Brisson l'austère, faisant, à moi seul, le président, le maître de cérémonie, le porte-bannière de la Société des Gars du Berry. Je marchais en tête de mes vielleux et cornemuseux à travers les rues de la vieille Avarich pour réveiller la grande âme celtique. Les bourgeois judaïques qui déshonorent l'ancienne capitale de la Gaule sous Ambigat, et de la France sous Charles VII, pensaient tout haut, sur mon passage, que décidément j'étais à enfermer comme fou.

« Côte à côte, sans nous connaître, vous avec une valeur très haute, moi avec mon intuition native, nous avons marché au même but. L'AFFAIRE a déterminé en peu de temps une situation nette. Deux partis sont en présence à cette heure : les hommes du pays et les cosmopolites, le parti français face à face avec le parti Juif.

« Nos ennemis ont leurs tribunaux, nous n'avons plus de magistrature, et il commencerait d'être temps de songer que si nous voulons une justice, il faudra l'ordonner nous-mêmes.

	Fr. c.
Gazel, artiste peintre, 43, rue de Chabrol (8)....	1 »
Guénot (Eugène), statuaire (12)................	5 »
Guillet (F.), artiste peintre, patriote, contre les traîtres (3)...........................	10 »
Hébert-Stevens (Georges), artiste-peintre, critique d'art, officier de la guerre 1870. Dieu met le triomphe de la France en l'impérissable honneur de l'armée, âme du Christ (4)................	5 »
Hermellin, peintre, à Digne, qui a pour Reinach et ses acolytes le plus profond mépris (7).....	2 »
Laferrière (René), artiste peintre (5)............	5 »

« Conséquemment, ne pensez-vous pas, mon cher maître, qu'il ferait bon de se compter ?

« On m'a écrit pour souscrire à la statue du colonel Henry. Je ne suis pas outrancier statuomane ; je l'aurais été que je n'aurais pas souscrit. Mais ce cadavre est à nous, c'est un paysan, un homme du pays de France, ce vaillant et malheureux soldat tombé si tristement, et nous devons le pleurer.

« Les intellectuels ont tout l'or, toute l'intelligence et tout le talent du monde, mais ils ne se servent de tous ces trésors que pour désagréger, démoraliser, saccager et détruire. Nous n'avons que nos misères, nos humiliations, nos rancœurs, nos hontes, nos souffrances et nos larmes, mais, aujourd'hui comme hier, nous pouvons être magnifiques. Ce sont les gueux, les barbares, les brutes, qui ont édifié nos splendides cathédrales, lesquelles dominent encore, malgré tout, les tripots, les hangars, les banques des agioteurs et des brocanteurs de l'Intellectualité universelle. C'est la gueuserie, sous l'aspect d'une jeune fille, qui sauva la France au quinzième siècle. Les gueux, en 1792, firent trembler l'Europe coalisée.

« J'ai idée que les gueux de France sont encore capables d'étonner le monde...

« Si le jour où aura lieu le procès Veuve Henry-Reinach, on invitait les Français habitant Paris, il doit y en avoir un certain nombre, je pense, à se réunir pour cette cérémonie pénible ? Il y a bien longtemps qu'on nous sature de mascarades et d'industries juives, si on revivait un peu d'art français ? Que pensez-vous des corporations, des groupes constitués ou se constituant pour la cérémonie, bannières flottantes, cravatées de crêpe, avec musique en tête, défilant religieusement, silencieusement, devant le Palais de Justice ? Réfléchissez à cela, mon cher maître, et dites-nous ce que vous en pensez.

« En attendant, veuillez agréer l'assurance de mes respectueux sentiments.

« JEAN BAFFIER,
« Ouvrier sculpteur. »

	Fr.	c.
Lambert (Henri), artiste peintre (6)..............	2	»
Lamoureux (A.), dit le Petit Polyte, artiste, Toulon (10).....................	6	»
Lebeigt, artiste peintre, 79, rue Geoffroy-de-Montbray, à Coutances (Manche) (16).............	1	»
Lecomte (E.), professeur à l'École des Beaux-Arts, Nancy (9).....................	3	»
Martin (V.), professeur honoraire de dessin (8)..	1	»
Mayer (Alfred), artiste peintre, ancien lieutenant de la 8ᵉ compagnie du 174ᵉ bataillon de Florents, en 1870. Vive la Patrie ! (9).............	3	»
Roussat (Antoine), professeur de musique, à Saint-Pourçain. Pour le Français contre l'étranger (16)	2	»
Rousseil (Rosélia), ex-artiste à la Comédie-Française ( ).....................	5	»
Sabattier (Louis) (5).....................	5	»
Sennecy, artiste lyrique (14)...............	2	»
Ulysse, artiste peintre (11)...............	10	»
Valadon (Jules) (1).....................	5	»
Vallet (J.), sculpteur (3)...............	5	»
Véel (A. Le). Modeste offrande du vieux sculpteur d'antan, auteur de la statue équestre de Napoléon Iᵉʳ, lequel seul osa, en plein second Empire, écrire en cette grande page de bronze une haine vieille bientôt de cinq siècles, la haine de l'Anglais, Cherbourg (16).............	10	»
A. B., artiste peintre. A bas le veau d'or ! (5) ...	0	50
H., artiste peintre (4)...............	10	»
J. B. B., professeur au Conservatoire (7)........	10	»
L.-G. X., artiste peintre (14).............	2	»
L. P., artiste peintre. Pour l'achat d'une concession à perpétuité pour Boule-de-Juif, à l'île du Diable (5).....................	2	»
F. L. R. Pour les frais de transport du susdit à la dite concession (5).............	1	»
P. Orléans, sculpteur (8)	1	»
Aquafortiste désireux de faire avaler le contenu de son flacon d'eau-forte à la bande judéo-intellectuelle (6).....................	1	»
Un jeune artiste antisémite pauvre (2)...........	0	50
Un artiste lyrique de Rouen (17).............	1	»
Un artiste lyrique de passage au Puy, étonné de		

	Fr. c.
ne pas voir sur cette liste de protestation nationale le nom des artistes des principaux théâtres ou concerts de France (7)..............	2 »
La femme du même artiste, fille de marin retraité, sœur d'un franc-tireur tué en 1870 (7)..	1 »
Poupoule, Lolotte et un artiste lyrique, pour bouter hors de France Reinach et sa bande (5)....	5 »
Un artiste patriote (3)........................	5 »
Un artiste patriote (16).......................	2 25
Un artiste qui proteste contre le Salon juif du Champs-de-Mars (11).........................	1 »
Un artiste, victime d'un sale Youtre (17)........	5 »
Deux artistes peintres russes (4)...............	10 »
Un groupe de dessinateurs (2)..................	24 25
Un artiste : O perfides rhéteurs, et vous bons démagogues ! Grands pourfendeurs de prêtres et pourfendeurs de rois, Aujourd'hui sur vous tous comptent les synagogues, Pour soustraire un félon aux rigueurs de nos lois. (14)...	2 »
Un atelier de dessinateurs (4).................	5 »
Un peintre et sa femme (7).....................	2 »
Un peintre et son ami de Beauvais (8)...........	1 »
Un peintre, jésuite, mais antiyoupin (10)........	2 »
Un peintre marseillais (14)....................	1 60
Un peintre qui voudrait potasser Reinach (14)...	1 »
Un autre peintre qui voudrait le passer à la lampe (14)....................................	1 »
Un troisième peintre veut enduire de céruse les voies respiratoires de Reinach (14)............	1 »
Un quatrième, empêché de faire du mal aux Juifs par la loi Grammont (14).................	0 50
Un cinquième voudrait voir tous les Youddis à la frontière (14)..............................	0 50
Un professeur de musique, à Bordeaux (11)......	0 50
Un sculpteur antisémite (6)....................	2 »
Un sculpteur du faubourg (14)..................	0 50
Un sculpteur, membre du Souvenir français, Thiaucourt (16)...............................	0 50
Un violoniste anonyme (9)......................	5 »

GENS DE LETTRES
ET PUBLICISTES

	Fr	c.
Allard (Léon), homme de lettres (5)...............	5	»
Artus (Louis), homme de lettres (9).............	20	»
Amouretti (Frédéric) (3).........................	10	»
Aubert (Octave) (*), direct. de l'*Indépendant* (12).	1	»
Aunar (Johel d'), directeur de la *Vérité Lorientaise*. (Voir *Vérité Lorientaise*. § *Journaux*.		
Ayraud-Degeorge (H.), secrétaire de la rédaction de l'*Intransigeant* (2)........................	10	»
Bard, Hervagault, Gabriel Strous, Petit-Barmon, Navarre, Coudy, Coldre, Petithenry, Talabard, Meulet, rédacteurs à la *Croix* (5)...............	20	»
Barmon (Aug.), directeur de la *Gazette critique* (6)	5	»
Behanzin (Charles), poète (6)..................	2	50

(*) Le *Siècle* a publié la protestation suivante :

« Pau, le 26 décembre 1898.

« Mon cher confrère,

« La *Libre Parole* d'hier, dans sa liste de souscription, fait figurer les deux mentions suivantes, très contradictoires.

« — Pour faire roaspetter l'*Indépendant de Pau*, 0 fr. 50.

« — Octave Aubert, directeur de l'*Indépendant*, 1 franc.

« Inutile de vous dire que quelque drôle antisémite a abusé de mon nom. Pour faire une bonne farce, il a commis une action mauvaise, contre laquelle je proteste dans votre journal.

« Si toutes les souscriptions recueillies par le journal de M. Drumont ont ce caractère d'authenticité, on peut se demander de quel syndicat lui viennent les indications et l'argent.

« Croyez, mon cher confrère, à mes sentiments cordiaux et dévoués.

« Octave AUBERT,
« Rédacteur en chef de l'*Indépendant*. »

	Fr. c.
Bellay (F.), rédacteur à l'*Intransigeant* (2)	10 »
Biot (Commandant), rédacteur à la *Libre Parole* (5)	10 »
Blais et Roy, directeurs du *Journal de l'Ouest* et *Journal de la Vienne*, à Poitiers (10)	90 »
Blanc (Edmond), journal., à Thonon-les-Bains (12).	1 »
Boisandré (A. de), rédacteur à la *Libre Parole* (5).	10 »
Bois-Glavy, rédacteur au *Journal* (3)	5 »
Bon (Joseph), rédacteur en chef de la *Flandre*, Dunkerque (7)	5 »
Bonnières (Robert de) (3)	20 »
Bonzonville (Michel) (*), rédacteur du *Clairon*, de la Villette-Combat (9)	2 »
Boret-Petijean, rédacteur à la *Revue Parisienne*, la *Mandoline* (5)	1 »
Bouisson (Emile), rédacteur à l'*Intransigeant* (2)	10 »
Bovet (Mlle Anne de) (voir au chapitre *Noblesse*).	
Bovet (remis à Mlle Anne de): MM. Delhorbe, Eveillé, Iribe, Lindenlaub, Perreau, Thiébault-Sisson, Rousseau, Villetard de Laguérie, journalistes, 40 fr.; X., 5 fr.; Huteau, 5 fr. (1)	50 »
Bréda (Comte Jacques de), directeur du *Journal d'Albert*, complément de la souscription (6)	15 »
Cadot de Solange, dir. de la *France artistique* (16).	3 »
Cavaillon, Bruxelles. Auteur des poèmes « les *Dreyfusardes* » (14)	1 »
Chambon (Oct.), rédacteur en chef de la *Bourgogne*. Honneur aux femmes de France ! Si elles voulaient (4)	5 »
Chambure (A. de), direct. de l'*Argus de la Presse* (8)	20 »
Châtillon (Horace de), rédacteur au *Boute-Selle* (11)	5 »
Chauny (Paul de), directeur du *Patriote du Cambrésis* (8)	10 »
Cloutier (Charles Roger *alias* Daniel), rédacteur à l'*Intransigeant* (2)	10 »
Coldre (voir *Bard*).	
Collot (Victor), directeur de la *Croix de Lorraine*, Epinal (6)	5 »
Condy (voir *Bard*).	
Coppée (François), de l'Académie française (2)...	20 »
Cordier (A.), directeur du *Nouvelliste de Bordeaux* (14)	10 »

(*) Ce nom figure deux fois, avec la même somme, dans la 9e liste.

	Fr.	c.
Coursac (M. H. de), et la rédaction du *Réveil du Poitou* (7)...	10	»
Crépeaux, directeur de la *Gazette des Campagnes*, 10 bis, rue Piccini, Paris (2)	20	»
Cros (L.), rédacteur correspondant du journal l'*Éclair*, de Montpellier (6)...........................	1	»
Dasté (L.), réd.a la *Franc-Maçonnerie démasquée* (10)..	10	»
Debans (Camille) (8)...................................	5	»
Delhorbe, ancien correspondant du *Temps* à Madagascar, ancien représentant du *Comptoir d'Escompte* à Tananarive (voir *Bovet*).		
Deschamps (Gaston) (*) (9)............................	2	»
Deschaumes (Edmond), homme de lettres (3)....	10	»
Desprey (B.), rédacteur au *Petit Lensois* (13).....	5	»
Diogène, publiciste antijuif, qui répudie la justice vendue, Levallois (14).........................	0	50
Drault (Jean), rédacteur à la *Libre Parole* (5)....	10	»
Druilhet (Georges), homme de lettres. Pour la veuve du colonel Henry contre le juif Reinach (3)..	5	»
Drumont (Edouard) (1)..................................	100	»
Duché (Paul), rédacteur à l'*Express du Midi* (15).	10	»
Dupouy (D^r), rédacteur de la *Libre Parole* (5)....	10	»
Duranthon, rédacteur de la *Libre Parole* (5).....	10	»
Eveillé (Claude), rédacteur au *Temps* (voir *Bovet*).		
Fachoda, de la *Croix du Var* (6)....................	5	»
Farjat (Adrien), rédacteur à l'*Intransigeant* (2)..	10	»
Ferry (Mme), directrice du journal le *Timbrophile Gaulois*, à Moyenmoutier (6)....................	1	05
Faure (Jean-Baptiste), félibre marseillais (17)....	1	»
Felgères (Pierre), 79, rue d'Amsterdam (2).......	20	»
Fourreau (Auguste), rédacteur à l'*Intransigeant* (2)	10	»
Froissard (Jean), rédacteur à la *Libre Parole* (5).	5	»
Galli (H.), rédacteur à l'*Intransigeant* (2)........	10	»
Gascogne (Jean), rédacteur à la *Libre Parole* (5).	5	»
Gauthier-Villars (Henry) (1)...........................	20	»

(*) Au sujet de cette souscription, le *Temps* publia la rectification suivante :

« Le nom de M. Gaston Deschamps figure dans les listes de souscription publiées par la *Libre Parole*. Notre collaborateur nous déclare qu'il n'a point souscrit. »

	Fr.	c.
Giffault (Emile), rédacteur à l'*Intransigeant* (2)..	10	»
Gouzien (Alain), publiciste (10)	0	50
Goyer, gérant du *Clairon*, de la Villette-Combat (9)	1	»
Gyp (9)..	1	»
Harel (Paul) (8)..................................	5	»
Hervagault (voir *Bard*) (5).......................	20	»
Huteau (voir *Bovet*).		
Ichac (Alfred), rédacteur à l'*Intransigeant* (2)...	10	»
Iribe (*), rédacteur au *Temps* (voir *Bovet*).		

(*) Sous ce titre *La colonne Vendôme et la souscription Henry*, la *Fronde* a publié cette note :

« On a beaucoup remarqué, parmi les souscripteurs de la *Libre Parole*, les noms de sept rédacteurs du *Temps*, les « sept Souabes », comme on les appelle dans le grand journal révisionniste du soir.

« L'un de ces rédacteurs est un homme qui a joué, sous la Commune, un rôle des plus importants. Pendant que M. Alphonse Humbert rédigeait le *Père Duchêne*, M. Iribe — car c'est lui — déboulonnait la colonne Vendôme.

« M. Iribe, avant d'être rédacteur au *Temps*, était ingénieur. Quand la Commune eut décrété le déboulonnement de la colonne napoléonienne, les amateurs manquèrent pour exécuter cette besogne devant les Prussiens qui occupaient encore Saint-Denis. Une prime de 15.000 francs avait été cependant promise à celui qui renverserait sur un tas de fumier le monument de gloire et de bronze.

« Ce fut alors que M. Iribe se mit sur les rangs. Il fut agréé. Il décida de couper la colonne *en sifflet*. Il se mit à l'œuvre.

« L'excellent Cavalier, dit Pipe-en-Bois, en sa qualité d'ancien polytechnicien, prédisait, tous les soirs, à la Cave, qu'Iribe échouerait, que la colonne ne tomberait pas.

« Ferré, cependant, veillait. Il fit signer, par avance, un mandat d'amener contre l'entrepreneur et ses principaux collaborateurs pour le cas où la colonne résisterait.

« Iribe, médiocre journaliste, est un déboulonneur incomparable. Il prit avec grand soin toutes ses mesures. Au jour dit, devant une innombrable assistance, sous les yeux des belles dames qui occupaient les balcons du ministère de la justice, la colonne s'écroula sur son lit de fumier.

« Pipe-en-Bois était penaud. Le soir, à la Cave, Iribe, rayonnant, recevait les félicitations les plus chaleureuses des fédérés enthousiastes.

« Iribe toucha sa prime. Puis les Versaillais entrèrent à Paris. Et Iribe partit en exil. Il fut amnistié en 1879.

« Aujourd'hui, le déboulonneur de la colonne, est, avec M. Humbert, la deuxième colonne communarde du grand parti nationaliste.

« Oh ! les métamorphoses des hommes ! »

	Fr. c.
Isnard (Alfred), directeur du journal l'*Echo et l'Avenir de Grasse* (4)	20 »
Jean (Léon), rédacteur à l'*Intransigeant* (2)	10 »
Jeanne (A.), rédacteur à la *Croix* (4)	5 »
Jeantet (Félix), direct. de la *Revue hebdomadaire*. (8).................	10 »
Jollivet (Gaston) (4)....	20 »
Lagonde (Julien de), directeur du *Nouvelliste de la Sarthe* (4)	10 »
Lainé (Georges), de la *Nouvelle Revue* (16)......	5 »
Lambs, rédacteur de la *Libre Parole* (5).........	10 »
Laporte (Gaston), rédacteur à l'*Intransigeant* (2).	10 »
Laurent (Louis), directeur de la *Croix du Forez* (6)	2 »
Léautaud (Paul) (*), collaborateur au *Mercure de France*. Pour l'ordre, la justice et la vérité (7).	2 »
Lelièvre (Henri-Gustave), rédacteur à l'*Avant-Garde de l'Ouest* (7)	2 »
Lemaire, administrateur du journal *le Journal* (15)	10 »
Lindenlaub (Théodore), rédacteur au *Temps* (voir *Bovet*).	
Linolina, rédacteur à la *Vérité Lorientaise* (voir *Vérité Lorientaise*, § *Journaux*).	
Lionne, rédacteur à l'*Antijuif algérien* (4)	20 »

(*) Au sujet de cette souscription, la *Libre Parole* a reçu la lettre de rectification suivante, qu'elle n'a pas publiée :

« Paris, le 20 décembre 1898.
« Monsieur le Secrétaire de rédaction,

« Dimanche soir, 18 décembre, en même temps qu'un ami, j'ai porté ma souscription aux bureaux de la *Libre Parole*. En la versant, j'ai demandé si l'on acceptait, pour être mise après mon nom, cette mention : *Pour l'ordre, contre la justice et la vérité*. Il me fut répondu affirmativement.

« Or, ce matin, dans la *Libre parole* datée de ce jour, et au cours de la liste des souscripteurs — seconde moitié de la 2ᵉ colonne de la 2ᵉ page — je lis, à la suite de mon nom : *Pour l'ordre, la justice et la vérité*.

« Il y a là, volontaire ou non, une dénaturation absolue de ma pensée, puisque vous me faites être *pour* la justice et la vérité, alors que je suis *contre*, et je vous prie de m'accorder, en insérant la présente lettre à la fin de votre plus prochaine liste, une rectification qui m'importe, me réservant, si vous n'y consentez, de vous y obliger par les voies de droit.

« Recevez, Monsieur, mes salutations distinguées.
« Paul Léautaud,
« Collaborateur au *Mercure de France*. »

	Fr. c.
Lorrain (Jean) (3)..................................	20 »
Louys (Pierre) (8)..................................	20 »
Maingot (Charles), Argenteuil (1)................	2 »
Maizeroy (René), droits d'auteur de la 50e représentation de *Papa la Vertu*, à l'Ambigu (*). (12)	58 75
Maldague (Georges) (3)..............................	100 »
Mandre (Pierre), rédacteur à la *Libre Parole* (5)	10 »
Marcadé (Claudius), ancien secrétaire de la rédaction du *Petit Caporal* (3)...................	10 »
Meaulne (Gaëtan de) (voir chap. *Noblesse*, p. 122)	5 »
Méguin (Paul), rédacteur au *Petit Bleu* (3).......	5 »
Méry (Gaston), rédacteur de la *Libre Parole* (5)	10 »
Meulot (voir *Bard*).	
Meyer (Arthur), directeur du *Gaulois*, pour le malheureux enfant du colonel Henry (5)...........	250 »
Millot, rédacteur à la *Libre Parole* (5)..........	10 »
Mollet (Joseph), rédacteur à la *Vérité* (5).......	2 »
Monniot (Albert), rédacteur à la *Libre Parole* (5).	10 »
Montbressac (L. de), directeur du *Patriote* et de son annexe le *Petit Patriote* (16)...............	20 »
Montégut (A.-H.), rédacteur à l'*Intransigeant* (2)	10 »
Montorgueil (Georges), rédacteur à l'*Eclair* (2)..	10 »
Morras (sic) (Charles) (1)..........................	10 »
Musnier (Simon), auteur de *Jeanne et France* (10)	5 »
Navarre (voir *Bard*).	
Nemours-Godré (L.), rédacteur de la *Vérité* (8)...	5 »
Noiracque, correspondant du journal l'*Action catholique*, Mantes (12)...........................	0 50
Norture (Georges), publiciste, ex-secrétaire en chef de la sous-préfecture de Mortagne (12)...	0 50
O'Divy, rédacteur à la *Libre Parole* (5)..........	10 »
Pain (Olivier), rédacteur à l'*Intransigeant* (2)...	10 »
Papillaud (Ad.), rédacteur à la *Libre Parole* (5)..	10 »
Pâquerette, directeur du *Phare de Port-Saïd*.	

(*) La *Libre Parole* a reçu à ce propos la lettre suivante:

« Monsieur et cher confrère,

« Veuillez faire toucher à la Société les droits d'auteur que me rapportera la cinquantième de *Papa la Vertu* et les ajouter à la Souscription pour la courageuse et noble veuve du colonel Henry.

« Cordialement vôtre

« René MAIZEROY, *ancien officier*. »

	Fr.	c.
Fraternelle assistance du pauvre, *pro Patria* (6)	2	»
Passama-Domeyelch, homme de lettres (3)......	10	»
Pédrille, rédacteur à l'*Intransigeant* (2)	10	»
Perreau (Achille), rédacteur au *Temps* (voir *Bovet*).		
Perthou (L.), rédacteur à l'*Intransigeant* (2).....	10	»
Petit (Louis), directeur du *Courrier de la Vienne* (6)	10	»
Petit-Barmon (voir *Bard*).		
Petithenry (voir *Bard*).		
Pollonnais (Gaston), directeur du *Soir* (3).......	50	»
Pomerol, directeur de la *Tribune de Nice*, dont l'abominable Youtre J. Reinach doit avoir conservé le souvenir (4)	10	»
Pomeys (René des), rédacteur au *Tout Lyon* (6) .	3	»
Possien (Adolphe), rédacteur à l'*Intransigeant* (2)	10	»
Povolni (J. V.), rédacteur du journal *Le Nord*, collaborateur de deux journaux russes (4).....	10	»
Pron (E.), rédacteur sportif à la *Libre Parole* (7).	5	»
Réau (M. Léon), public., à Avignon (Vaucluse) (9)	3	»
Réjou (Louis), directeur de l'*Union Nontronnaise* (Journal de Nontron (16)..................	3	»
Réjou (F.), directeur du *Journal de Ribérac* (6) .	5	»
Renauld (Ernest), publiciste (3)................	10	»
Rey (Paul), rédacteur au *Petit Bleu* (3).........	5	»
Rincé (Ch.), rédacteur en chef du journal *la Vendée* ( )..................................	14	»
Rochefort (Henri) (2).........................	100	»
Roger, publiciste, rue Gravel, Levallois (14)....	2	»
Roque (H), secrétaire de rédaction du *Clairon*, de la Villette-Combat (9)	5	»
Rosny (Marcel), rédacteur en chef de l'*Emancipateur*, Cambrai (10)........................	5	»
Rouët (Marcel), du journal de la *Jeunesse royaliste de Touraine* (12)............................	2	»
Rousseau, rédacteur au *Temps* (voir *Bovet*).		
Roussel (Auguste), rédact. en chef de la *Vérité* (5)	20	»
Rouvier (Gaston), licencié ès lettres, rédacteur au *Temps* (2)................................	5	»
Rouvre (Charles de), homme de lettres (1).......	20	»
Roy (voir *Blais*).		
Sabatier (Guillaume), directeur de l'*Eclair* (3)..	100	»
Sadet (Charles), publiciste (8)	2	»
Sand (Robert), rédacteur au *Petit Bleu* (3).......	2	»
Schneider (Gustave), publiciste, ne pas confondre avec le Louis Schneider des *Droits de*		

	Fr.	c.
l'Homme (3)..	0	30
Solange (Cadot de) (voir *Cadot de Solange*).		
Soleilhac (Paul), rédacteur en chef de la *Gazette d'Annonay*, officier de réserve au 86ᵉ d'infanterie (6)..	3	»
Strous (Gabriel) (voir *Bard*).		
Taillez (Paul), rédacteur à la *Vérité* (5)..........	2	»
Talabard (voir *Bard*).		
Talmeyr (Maurice) (4)................................	20	»
Téramond (Guy de) (3)................................	10	»
Thiébault-Sisson rédacteur au *Temps* (voir *Bovet*)		
Thierry (Victor), rédacteur à la *France libre* (Lyon) (17)...	2	»
Toulier (Ernest), rédacteur au *Donjon*, journal de Vincennes, antidreyfusard (9)..................	1	»
Valéry (Paul-Ambroise), non sans réflexion (7)..	3	»
Vérola (Paul) (12).....................................	20	»
Vernier (H.), rédacteur à la *Libre Parole* (5).....	5	»
Vervoort (André), directeur du *Jour* (3).........	20	»
Viau (Raphaël), rédacteur à la *Libre Parole* (5)..	5	»
Villetard de Laguérie, rédacteur au *Temps* (voir *Bovet*).		
Vincent (Charles), rédacteur à la *Gazette de France* et sa famille (9).......................................	10	»
Vincent (M. G.), publiciste, à Saint-Jean-le-Centenies (Ardèche) (5).................................	10	»
Le correspondant du *Deutsche Volksblatt*, de Vienne (9)..	2	»
Un ancien journaliste devenu fonctionnaire et qui regrette le bon vieux temps (2).................	20	»
Un rédacteur du journal *la Cote de la Bourse et de la Banque*, pour poursuivre l'infect Youtre Reinach, dit Boule-de-Juif (6)..................	0	50
Un ex-rédacteur du *Siècle* avant les hontes du Dreyfusisme (2).....................................	2	»

ÉTUDIANTS

ET ANCIENS ÉTUDIANTS

	Fr. c.
Agnus (P.) (voir *Dujardin*).	
Althoffer, étudiant lorrain (14)................	0 50
Ardely, étudiant antisémite (7)................	0 50
Aublin (N.) (voir *Dujardin*).	
Auger senior et Auger junior (voir *Thierry de Martel*).	
Bacler (M.) (voir *Dujardin*).	
Barbin (C.) (voir *Dujardin*).	
Bardin (J.), étudiant. A bas les vendus! Vive l'armée! (5)..................................	1 »
Barenne (Maurice), étudiant en droit (15)........	1 »
Baubière (A.) (voir *Dujardin*).	
Bauscart (H.) (voir *Dujardin*).	
Benne (voir *Valençon*).	
Bernard, étudiant en lettres (14)................	0 50
Besson (Adrien), interne des hôpitaux, vice-président du Cercle de l'U. C. (14)................	1 »
Binot (Jean), ancien interne des hôpitaux de Paris, préparateur à l'Institut Pasteur (microbie technique) (4)..	10 »
Bonte (H.) (voir *Dujardin*).	
Boulanger (Louis), étudiant en droit, 3ᵉ année (4)	2 »
Boulenge (F.) (voir *Dujardin*).	
Bouquemour (voir *Dujardin*).	
Bourdeau, étudiant (14)........................	0 50

	Fr. c.
Boutmy (M.) (*), élève de l'Ecole des sciences politiques (7)............	2 50
Boyaval (C.) (voir *Dujardin*).	
Brulé (G.), étudiant en médecine (14)............	2 »
Caplain (F.), rhétoricien à Janson-de-Sailly, que la race puante dégoûte profondément (6).....	1 »
Caron (Paul) (voir *Dujardin*).	
Carpentier (A.) (voir *Dujardin*).	
Chaillous, J. Malartic-Maély, Lissier, internes à Tenon (9)............	10 »
Chambon (Marius), élève à l'Ecole des Beaux-Arts (10)............	1 »
Champenois (voir *Goret*).	
Cheurlot (voir *Valençon*).	
Chouquet (voir *Valençon*).	
Clément (voir *Valençon*).	
Cocural (voir *Valençon*).	
Courgenon (R.), étudiant en médecine (14).....	2 »
Couron (J.) (voir *Dujardin*).	
Courtois (V.) (voir *Dujardin*).	
Cousin (A.) (voir *Dujardin*).	
Crémon (voir *Dujardin*).	
Croix (Jean de), étudiant en médecine (8)........	2 »
Cugnon (voir *Goret*).	
Cyr (voir *Dujardin*).	
Dalmar (B.) (voir *Dujardin*).	
Dard (Baron Henry), étudiant en droit (14)......	1 »
Dassonville (J.) (voir *Dujardin*).	
David (André), étudiant en droit (14)............	1 »
Degraeve (E.) (voir *Dujardin*).	
Dehais (voir *Goret*).	
Dehouck (D.) (voir *Dujardin*).	
Delahousse, étudiant en médecine (14)..........	0 50
Delanze (H.), étudiant en médecine (7)..........	1 »
Delattre (voir *Goret*).	
Delattre (N.) (voir *Dujardin*).	
Delfour (Léon), étudiant à l'Université catholique de Lille (14)............	1 »
Delhaye (G.) (voir *Dujardin*).	
Delhorbe, étudiant antisémite (7)...............	0 50

(*) M. Boutmy, directeur de l'Ecole libre des sciences politiques, a protesté contre l'inscription de son nom sur la liste de souscription de la *Libre Parole*.

	Fr. c.
Desmerger (Jules), étudiant en pharmacie (12)...	1 »
Didry (Henri), étudiant, licencié ès lettres, Hazebrouck (8)............	5 »
Doussot, étudiant (voir *Grandraux*, pharmacien).	
Dubuisson (E.) (voir *Dujardin*).	
Dufeutrelle (H.), étudiant en médecine (10).......	2 »
Duflot (R.) (voir *Dujardin*).	
Dujardin (A.), Th. Wacogne, E. Dubuisson, Th. Pécourt, A. Cousin, A. Macarez, E. Moulin, P. Verhaere, M. Baeler, R. Duflot, A. Léman, G. Verstavel, F. Frinou, J. Lorthioir, P. Raoult, A. Moreu, Paul Caron, A. Thiri, J. Peters, G. Delhaye, N. Delattre, D. Debouck, J. Dassonville, A. Baubière, Pl. Penaers, A. Carpentier, J. Wadouré, Maréchal, G. Duriez, Th. Gallet, P.-G. Leprette, H. Dutoil, P. Grard, Cyr, Gauton, B. Dalmar, E. Evrard, C. Boyaval, N. Piat, H. Boute, A. Laisnez, J. Couron, Léghers, E. Degraeve, P. Agnus, J. Singer, P. Hanotel, Crémon, C. Barbin, N. Aublin, G. Rivet, H. Bauscart, Th. Thellier de Poncheville, V. Courtois, E. Gagny, Bouquemour, P. Lepry, S. Lenaert, L. Lenne, Wacquier, F. Boulenge (14)	13 65
Duriez (G.) (voir *Dujardin*).	
Dutoil (H.) (voir *Dujardin*).	
Ertaud (Emile), élève de 4ᵉ du collège libre de Nantes (Voir p. 190, *Les élèves de philosophie et de rhétorique du collège libre de Nantes*.	
Evrard (E.) (voir *Dujardin*).	
Falaize (M.), étudiant en lettres (14)............	0 50
Ferrand (J.-B.), interne des hôpitaux (4).......	5 »
Frinou (F.) (voir *Dujardin*).	
Gagny (E.) (voir *Dujardin*).	
Gaillard (Léon), étudiant en droit, 5 rue St-Denis (7)	1 »
Gallet (Th.) (voir *Dujardin*).	
Gauton (voir *Dujardin*).	
Un groupe d'internes en pharmacie et leur camarade A. Gilles, étudiant en pharmacie (6).....	10 »
Goret (Maurice), Gaston Champenois, internes des asiles; Dehais et Delattre, étudiants en pharmacie; Cugnon, étudiant en médecine (7)	5 »
Goubie (Pierre) (*), étudiant en droit, patriote,	

(*) Ce nom figure également dans la seizième liste pour 5 fr.

	Fr. c.
royaliste et chrétien (5)...................	10 »
Gouget (voir *Valençon*).	
Grard (P.) (voir *Dujardin*).	
Guilluy, étudiant en médecine (14)............	0 50
Haniquet, étudiant en médecine, et son beau-frère, L. B., éditeur (12)....................	10 »
Hanotel (P.) (voir *Dujardin*).	
Jeannerat (Fernand), étudiant en médecine (3)...	5 »
Jobbé (Félix), élève de l'Ecole des Beaux-Arts (3)	1 »
Jotau (M.), étudiant en droit toulousain (4)......	1 »
Laffont (Pierre), collégien Privadois, futur officier, aime la France et admire les députés patriotes: Drumont, Lasies, Déroulède, etc. (15)........	0 60
Laisnez (A.) (voir *Dujardin*).	
Lebar (Zèbu) (voir *Thierry de Martel*).	
Leberge (voir *Valençon*).	
Lebreton (L.), étudiant en médecine (voir *Boutin*, avocat (2)................................	1 »
Le Chazaréen (voir *Thierry de Martel*).	
Lecoq (André), étudiant en médecine (2)........	2 »
Legascon (voir *Thierry de Martel*).	
Leghers (voir *Dujardin*).	
Legras (Raoul), vice-président du comité des étudiants plébiscitaires (4)....................	3 »
Le Madéal (voir *Thierry de Martel*).	
Léman (A.) (voir *Dujardin*).	
Lenaert (S.) (voir *Dujardin*).	
Lenne (L.) (voir *Dujardin*).	
Lenormand (Charles), interne des hôpitaux. Une poigne s. v. p. (7).........................	1 »
Leprette (P.-G.) (voir *Dujardin*).	
Lepry (P.) (voir *Dujardin*).	
Lescot (Marc), étudiant en droit, à Grenoble. La voilà vraiment, la France juive, devant l'opinion (13).................................	10 »
Letourneur (René) (voir *Thierry de Martel*).	
Leuillette (Lucien), étudiant en sciences sociales et politiques (14).........................	1 »
Lissier (voir *Chaillous*).	
Lorthioir (J.) (voir *Dujardin*).	
Lothringer, étudiant en médecine (14)..........	0 25
Lucas (voir *Valençon*)	
Macarez (A.) (voir *Dujardin*).	
Malartic-Maély (voir *Chaillous*).	

	Fr. c.
Maréchal (voir *Dujardin*).	
Maurin (Julien), étudiant en droit (14).........	1 »
Mérens et Tourron, étudiants antisémites toulousains (4)............................	4 »
Moog, lycée de Reims, classe de 2ᵉ, 0 fr. 25. — Bezons de Bazins, 0 fr. 05 (17)...............	0 30
Moreu (A.) (voir *Dujardin*).	
Morisset, étudiant en méd., futur antisémite (14)	0 50
Moulin (E.) (voir *Dujardin*).	
Mouy (M. de), étudiant en droit (2)...........	5 »
Noel (voir *Thierry de Martel*).	
Pécourt (Th.) (voir *Dujardin*).	
Pelletier, étudiant en médecine (14)............	0 35
Pelloux (M.), étudiant en médecine, pas intellectuel (12)...............................	1 »
Perrin (André), élève de l'Ecole nationale des Arts décoratifs (15).......................	2 »
Peters (J.) (voir *Dujardin*).	
Petit (Edmond) fils, étudiant en droit (6).......	1 »
Peyon (voir *Thierry de Martel*).	
Piat (N.) (voir *Dujardin*).	
Piettre, étudiant en médecine (14)..............	0 25
Piget (A.), étudiant en médecine (8)............	5 »
Pineau (Maurice), étudiant en médecine, 33, rue Monge (9)...............................	5 »
Poinsot (voir *Thierry de Martel*).	
Ponthière (H.), étudiant en droit, rue du Pont-Neuf (14).................................	0 50
Prieur (voir *Thierry de Martel*).	
Prouvot (Georges), étudiant (14)...............	1 »
Puget (Xavier), étudiant en droit, à Nantes (5)..	2 »
Rabonicci (voir *Valençon*).	
Raillet (voir *Valençon*).	
Raoult (P.) (voir *Dujardin*).	
Ravaut, interne à St-Antoine. A bas les Juifs! (5)	0 25
Raymond-les-Fort, étudiant en médecine (10)....	10 »
Renouard (Pierre), étudiant en droit (7)........	5 »
Rivet (G.) (voir *Dujardin*).	
Robert, étudiant en médecine (14)..............	1 »
Roblot (voir *Valençon*).	
Roger, étudiant, et Isabelle, fleuriste (6).......	0 20
Sainte-Anne (J. de), élève de l'Ecole des Mines (3)	5 »
Savornin (H.), externe des hôpitaux (1)........	10 »
Singer (J.) (voir *Dujardin*).	

	Fr. c.

Sotty (Joseph), étudiant (10).................... 0 50

Thellier de Poncheville (Th.) (voir *Dujardin*).

Thierry de Martel, Le Médaï, René Letourneur, Peyon, Noël, Zébu Lebar, Le Chazaréen, Legascon, Poinsot, Prieur, Auger senior, Auger junior. Un groupe d'élèves du 4ᵉ pavillon de dissection de l'École de médecine. La dissection du Youtre est impossible, la peau en est trop coriace et l'odeur trop nauséabonde. Ne pourrait-on pas nous livrer le sycophante Reinach? Nos scalpels l'immoleraient volontiers aux mânes du grand Hippocrate. Pour la désinfection préalable de la victime, ci (16)............ 13 »

Thiri (A.) (voir *Dujardin*).

Tournier (Léon), étudiant, à Lyon (7)............ 2 »

Tourron (voir *Mérens*).

Valençon, Benne, Chouquet, Roblot, Gouget, Leberge, Raboniel, Cocural, Raillet, Vermorel, Clément, Cheurlot, Lucas, tous étudiants en médecine, 6 fr. 50; un antisémite normand, 0 fr. 50; Picard, 0 fr. 25; de la Haute-Auvergne, 0 fr. 50; anonyme, 0 fr. 50. Puisse cette souscription pour une malheureuse femme montrer à la France toute l'horreur et l'indignation provoquée par les horribles Youpins (4).......... 8 25

Vasseur (Paul), à Orsay, élève architecte, pour jeter le juif Reinach à l'égout (6)............ 2 »

Verhaere (P.) (voir *Dujardin*).

Vermorel (voir *Valençon*).

Veslot (Joseph), étudiant (14).................... 0 50

Verstavel (G.) (voir *Dujardin*).

Wacogne (Th.) (voir *Dujardin*).

Wacquier (voir *Dujardin*).

Wadouré (J.) (voir *Dujardin*).

A., élève de l'École des Chartes. En protestant contre les agissements de son directeur (3).... 5 »

A. D. C., étudiant en médecine (14)............. 1 »

A. G., étudiant en médecine (7).................. 2 »

B. (Henri), étudiant en pharmacie, Lyon, catholique, royaliste et patriote. *Quousque tandem.* Reinach? (11)................................ 0 50

D. B. et J. R. Deux Turgotins, pour voir Reinach en marmelade (8).......................... 0 20

	Fr. c.
E. B. Une ancienne élève de la Légion d'honneur et sa famille (6)...	5 »
E. J., étudiant normand antisémite (14)..............	1 »
E. (Louis), étudiant (3).................................	2 »
E. M., élève du lycée Henri IV. — Vive la France ! Vive l'armée ! A bas les Juifs ! (6).................	1 »
F. S., élève de l'Ecole nationale des arts décoratifs (15)...	1 »
G., étudiant en médecine, pour aiguiser le sabre de Zurlinden (4)......................................	2 »
G. (Ch.), élève de troisième (10).....................	5 »
G. D., étudiant en médecine (10).....................	1 05
G. et J., camarades de franchise à l'Ecole polytechnique (12)...	10 »
G. L., ancien élève Tinchebray (14).................	0 50
G. S., élève d'un lycée de la rive droite, outré de la façon d'agir de la gent youpine (12)............	1 »
L. (Joseph), étudiant (14).............................	0 25
J. B., étudiant lorrain (14)............................	0 50
J. D., élève en pharmacie (7)........................	3 »
J. T., étudiant à Lille (12).............................	2 »
L., A. et S. Trois étudiants pauvres (16)..........	3 »
L. B., élève à l'Ecole supérieure de commerce (14)	1 »
L. M., dit Tunion, élève de Saint-Nicolas, pour l'écrasement des Juifs (8)...........................	1 »
L. M. Un étudiant en médecine (6).................	10 »
M. G., étudiant, sous-officier de réserve (14).....	2 »
M. (Maurice), candidat à Saint-Cyr, Perpignan (10)	1 »
M. S., étudiant à Bordeaux, pour pendre Stapfer avec les boyaux de Dreyfus (14).................	2 »
M. S., étudiant. Pour la mère et le fils outragés, contre le singe (14)..................................	5 »
P. A. R. E. F., étudiant (14)..........................	0 25
P. C. et P. B., étudiants en médecine, qui attendent une nouvelle Saint-Barthélemy des admirateurs de l'Ancêtre (Lille) (16)....................	2 »
P. D., étudiant (14)....................................	2 »
P. G., étudiant en médecine (14)....................	10 »
P. H. Un étudiant patriote, admirateur de Drumont (7)...	1 05
P. J., étudiant lorrain (14)............................	0 50
R. M., interne des Asiles, à Rouen (10)...........	2 »
R. P., étudiant à la Sorbonne, licencié ès lettres (14)	3 »
R. P., lycée Henri IV (5)..............................	5 »

	F.	c.
T. M., élève au lycée Voltaire, gifleur de Youpins, qui voudrait voir Reinach monter sur l'échafaud (5)...............	1	»
V., étudiant (14).................	0	25
X. (Louis), externe des hôpitaux de Paris (2)....	0	15
École d'application, Fontainebleau (11)........	3	»
Deux rapins purée, Zola à la voirie, Picquart à l'écurie et Reinach à l'égout (4).............	0	50
Élève de Th. Dubois (9)..................	1	»
Un élève peintre de l'école des Beaux-Arts (4)...	2	»
Un groupe de jeunes filles de l'École nationale des arts décoratifs : Louise D., Berthe B., Claire C., Juliette O., Louise P., Alice C., Marguerite S., Pauline B., Marguerite B., Yvonne P., Marguerite B., Wilhelmine G. (4)...................	4	05
Un groupe d'élèves architectes à l'École des Beaux-Arts (14).....................	14	»
Un élève de l'École centrale (5)............	5	»
Un élève de l'École centrale (11)............	10	»
Un groupe de centraux (5)...............	8	»
Un groupe de centraux (3)...............	10	»
Un groupe de centraux (10)..............	5	»
Cinq bizuths de l'École Centrale (10).........	2	50
Groupe de candidats à l'École Centrale (Piston P.) (11)......................	35	50
Les élèves du cours supérieur de Chagny (16)...	1	75
Un élève de l'École des Chartes (10)...........	0	50
Un élève de l'École des Chartes (10)...........	0	50
Un élève de l'École des Chartes (10)...........	0	50
Un élève de l'École des Chartes (10)...........	0	50
Un élève de l'École des Chartes (10)...........	0	50
Un élève de l'École des Chartes (10)...........	0	50
Un élève de l'École des Chartes (10)...........	0	50
Un élève de l'École des Chartes (10)...........	0	50
Un élève de l'École des Chartes, antimillardiste (9)	1	»
Un élève de l'École des Chartes, auquel Meyer n'est point sympathique (5).............	1	»
Un élève de l'École des Chartes, écœuré par la conduite de quelques-uns de ses professeurs (4)	1	»
Un élève de l'École des Chartes, outré de Reinach, l'insulteur (5).................	1	»

	Fr. c.
Un élève des Chartes, pas intellectuel du tout (4)	2 »
Un ancien élève de l'Ecole des Chartes, qui crache à la figure de Paul Meyer et de ses complices (15)	5 »
Un élève de l'Ecole des Chartes, pour faire rebaptiser Meyer à Saint-Sulpice (5)	1 »
Deux élèves de l'Ecole des Chartes (2)	2 10
Trois élèves de l'Ecole des Chartes (2)	3 »
Un groupe d'anciens élèves de l'Ecole des Chartes, qui tiennent Paul Meyer pour un lâche polisson (5)	50 »
Un ancien élève de l'Ecole des contremaîtres de Cluny, promotion 93-96 (12)	0 60
Ancien élève de l'Ecole supérieure de commerce, Rouen (10)	1 05
Réflexion d'un étudiant en droit : Au Moyen Age les chevaliers, comme pillards et soudards, sans doute, considéraient comme le plus saint et le plus impérieux des devoirs de défendre la veuve et l'orphelin ; aujourd'hui, Reinach, en sa qualité de Juif raffiné et d'intellectuel, juge plus beau et plus noble de les attaquer (6)	1 »
Un étudiant clerc de notaire (14)	0 50
Un étudiant en droit (6)	2 50
Un étudiant en droit français (10)	5 »
Un étudiant en droit offre à Reinach tout ce qu'il a tiré d'une obligation de Panama (14)	0 50
Un étudiant en droit qui a cassé sa canne en défonçant la porte du dreyfusard Buisson (17)	0 10
Un étudiant en droit qui défendra la veuve et l'orphelin (10)	5 »
A la veuve et à l'orphelin, humble obole d'un étudiant en droit (5)	1 »
Un étudiant en droit royaliste (7)	1 »
Deux étudiants en droit (14)	1 50
Deux étudiants en droit (14)	1 »
Quelques étudiants en droit de 1re année, bons patriotes (3)	10 »
Pipe-en-Bois, bazochien, à Bar (14)	0 50
Cinq étudiants en droit dijonnais (10)	5 »
Un groupe d'étudiants en droit de Dijon dans la purée, tel Trouillot, leur illustre prédécesseur (10)	4 »
Groupe d'étudiants de la Faculté de droit de l'Etat, Lille (11)	17 30
Un étudiant en droit du Mans, officier supérieur	

	Fr.	c.
d'artillerie (10)...	10	»
Dix étudiants patriotes de la Faculté de droit de Nancy (10)..	11	»
Un étudiant en droit, de Rennes (5)........................	5	»
Deux étudiants en droit, de Rennes (12)..................	1	»
Un étudiant à l'École des Hautes-Études industrielles de l'Université catholique, ex-sous-officier du colonel juif d'artillerie Naquet (14)....	1	»
Quelques élèves de l'École d'hydrographie de Dieppe, patriotes et antidreyfusards (6)................	7	»
La classe de mathématiques élémentaires de l'école Laplace (12)...	73	»
Une ancienne élève de la Légion d'honneur (6)...	5	»
Deux anciennes élèves de la Légion d'honneur (10)	2	»
Élève chirurgien-dentiste voudrait arracher la mâchoire de Reinach (8)..................................	2	»
Étudiant en médecine, démocrate, chrétien, antisémite (9)..	1	»
Un étudiant semblable (9)....................................	1	»
Étudiant en médecine qui voudrait « couper » quelques Youtres (14).......................................	1	»
Externe de la Pitié (8)...	2	»
Un ancien élève de Duclaux qu'il croyait estimable (6)..	2	»
Un carabin qui a horreur du Juif et de Reinach particulièrement (14)...	5	»
Un élève de Crépieux-Jamin, dentiste graphologue (7)..	5	»
Un étudiant antidreyfusard, qui a savouré la véracité des paroles du docteur Roux : « L'Université est un foyer de science indépendante » le jour où un de ses camarades antisémites fut obligé, afin de réussir un examen, de signer une liste professorale en l'honneur du faussaire Picquart (14)...	1	»
Un étudiant en chimie, pour protester contre la conduite de Duclaux et Roux (5)	1	»
Un étudiant en médecine (14)	0	30
Un étudiant en médecine (4).......................	1	»
Un étudiant en médecine (4).......................	1	»
Un étudiant en médecine et un élève de la Sorbonne, pour protester contre la campagne des Intellectuels (4)..	1	»
Un étudiant en médecine, Limousin (8).............	1	»

	Fr. c.
Un étudiant en médecine qui souhaite que Duclaux et Roux découvrent le sérum antidreyfusard (6)	1 »
Un étudiant en médecine patriote (4)	5 »
Un étudiant en médecine, royaliste, calotin et antisémite (4)	5 »
Un externe de Necker (6)	1 »
Un futur carabin qui aiguise déjà ses scapels pour disséquer le macchabée de Dreyfus, troué par les douze balles du peloton (14)	0 25
Cinq externes des hôpitaux écœurés de l'attitude de quelques-uns de leurs maîtres (6)	5 »
Deux étudiants en médecine de Lariboisière, honteux d'avoir pour chef le parent de Dreyfus (11)	4 »
Deux étudiants en médecine qui recherchent le bacille dreyfusard. A bas les Juifs ! (9)	3 »
Deux internes de l'hôpital St-Louis (12)	2 »
Un groupe de carabins désireux de voir confier à leur bistouri le baptême des fils d'Israël (10)	7 »
Groupe de carabins. Sabre avec bistouri (9)	12 »
Quatre étudiants en médecine (14)	1 25
Trente-sept étudiants de la série impaire du P. C. N. Hommages respectueux et sincères condoléances à la pauvre veuve. Affectueux dévouement au petit orphelin, se mettent à la disposition des Français pour préparer au vampire un bain d'acide azotique (12)	30 »
Trois carabins qui voudraient disséquer Boule-de-Juif (14)	0 50
Trois stagiaires du service de chirurgie de Laënnec, qui en ont assez des prêches anarcho-intellectuels du sympathique agrégé (11)	6 »
Un Corse, étudiant en médecine, à Angers, voudrait disséquer tous les Youpins de France (6)	1 50
Trois étudiants de la Faculté de médecine de Bordeaux, crient : « Vive l'armée ! » et crachent leur mépris à la figure du caméléon Jaurès, du pitre Pressensé et de l'infect gorille Reinach (12)	3 »
Trente et un étudiants en médecine de Dijon (11)	33 50
Un étudiant en médecine de Lyon (9)	2 »
Un étudiant en médecine de Rennes (12)	0 50
Vingt-cinq élèves de l'Ecole supérieure des Mines (5)	35 »

	Fr. c.
Un candidat à Navalo (9).............................	1 »
Quatre Antiyoupins candidats au *Borda* (17)....	0 50
Trois aspirants de marine de l'*Amiral-Duperré* (13)	30 »
Normalien de 1867 (10)................................	2 »
Un ancien élève de l'École normale supérieure, agrégé des lettres (5)................................	5 »
Un ancien élève de l'École normale supérieure, qui déplore l'aveuglement des intellectuels (4).	5 »
Les internes en pharmacie de l'hôpital Lariboisière (4)...	10 »
Un étudiant en pharmacie, ex-caporal d'infanterie au 36ᵉ chasseurs alpins (16)................	1 05
Un groupe d'étudiants en pharmacie de Marseille, contre le macaque Reinach (9)..............	7 50
Un interne en pharmacie ; gain d'une partie de manille (7)...	19 »
Ancien élève de l'École polytechnique (12)........	2 »
Une division de candidats à l'École polytechnique pour protester contre l'invasion juive (*) (9)...	84 70
Un vieux Polytechnicien (4)...........................	5 »
Groupe de Saints-Cyriens (10)........................	20 »
Quelques Saints-Cyriens (12).........................	10 »
Un futur Saint-Cyrien (9)..............................	1 »
Un groupe de futurs Saints-Cyriens (16)...........	11 55
Un groupe de futurs Saints-Cyriens (9)............	46 30
Un Saint-Cyrien antisémite (14).....................	5 »
Deux sœurs, anciennes élèves de Saint-Denis (10)	3 »
Une ancienne élève de Saint-Denis (8).............	3 »
Un groupe d'élèves de l'École du service de santé militaire (17)...	5 »
Deux Turgotins antijuifs (10).........................	0 50
Un étudiant des Facultés catholiques, Angers (14)	2 »
Un élève de la Faculté de théologie protestante, pauvre, mais patriote, qui ne signe pas parce	

(*) L'*Aurore* du 5 mai 1899 a publié un article de M. Urbain Gohier, dont nous extrayons les lignes suivantes :

« Toutes les classes préparatoires des établissements congréganistes, pour Saint-Cyr et pour Polytechnique, ont souscrit « en masse ». Chez les Jésuites, dans la classe de Polytechnique, un seul élève a refusé avec dégoût : *il a été renvoyé* dans la quinzaine. A l'École polytechnique même, les « Postards » ont affiché l'avis et l'organisation de la souscription. »

	Fr. c.
qu'on lui rendrait la vie impossible, si son nom était connu de ses professeurs et de ses camarades, tous dreyfusards avérés (5)............	1 05
Un groupe d'étudiants de l'Institut catholique (9)	31 65
Deux élèves de l'Institut commercial (11)........	0 50
D'un étudiant de la Sorbonne (8).................	3 »
Un fils d'officier, étudiant en Sorbonne, et néanmoins antidreyfusard (16).................	5 »
Cinq étudiants antisémites indignés du dreyfusisme des professeurs de la Sorbonne, 5 fr.; trois patriotes de Bercy, trouvant ignoble la conduite de leurs députés Millerand et Grousset 5 fr. (12)...........	10 »
Deux élèves de la Sorbonne, qui ne sont pourtant pas dreyfusards (4).................	2 »
Quelques étudiants à l'Université catholique, pour donner une gifle sur la face immonde de Reinach (14)............	14 70
Deux étudiants de l'Université de Lyon (14)......	0 05
25 Etudiants patriotes de l'Université de Poitiers (4)	25 »
Groupe d'élèves du lycée Buffon (10)............	20 »
Un élève du collège Chaptal (6).................	1 »
Un groupe de taupins du collège Chaptal (8)....	10 »
Un groupe du collège Chaptal (3)................	7 25
Un groupe d'élèves du collège Chaptal, qui protestent contre les agissements de certains de leurs professeurs dreyfusards (9)............	12 »
Deux élèves du lycée Condorcet (10)............	10 »
De la part des élèves de philosophie patriotes du lycée Henri IV (*) (5).................	5 »
Deuxième versement d'un groupe d'élèves de philosophie du lycée Condorcet, qui, par erreur, ont	

(*) La *Libre Parole*, au sujet de la souscription des élèves du lycée Henri IV, a reçu la lettre suivante :

« Nous lisons dans le *Temps* d'hier soir, parmi les souscripteurs pour Mme Henry : « Les élèves de la classe de philosophie du lycée Henri-IV ».

« Nous qui avons souscrit, nous avons le devoir de faire une rectification : la classe de philosophie n'a pas fait une souscription collective. Un certain nombre d'élèves seulement ont souscrit. »

	Fr.	c.
été inscrits sous la rubrique « deux élèves » (14)	1	»
Un élève de Condorcet, futur officier (6)...........	2	»
Les élèves du cours de Saint-Cyr du lycée Henri IV (4)..	20	»
Un ancien d'Henri IV (7)............................	10	»
Un ancien d'Henri IV, déplore la défection de J. Barbier (8)..	10	»
Un élève du lycée Henri IV (12)....................	1	»
Lycée Hoche, groupe d'élèves de spéciale protestant contre l'admission souvent favorisée de candidats juifs à l'École polytechnique (10)....	11	»
Les élèves de différentes classes du lycée Hoche, pour payer des bougies à la suprême cour et débarbouiller les conseillers à l'acide sulfurique (H²S.) (10)..	74	»
Les philosophes de Janson, tous antijuifs (16)...	24	40
Un élève du lycée Janson-de-Sailly au jeune Henry (14)..	0	50
Un élève patriote de troisième du lycée Janson-de-Sailly (10)......................................	1	»
Un groupe de flottards du lycée Janson-de-Sailly (16)..	7	»
Un groupe d'élèves de mathématiques spéciales et élémentaires supérieures du lycée Janson-de-Sailly (9)..	45	50
Un groupe de 44 pistons de Janson-de-Sailly (8)..	41	50
Un élève de J. B. S. (5)............................	5	»
Un groupe de taupins de Lacordaire (16).........	30	»
Groupe de rhétoriciens patriotes du lycée Louis-le-Grand (7)..	20	»
Les élèves de mathématiques spéciales du lycée Louis-le-Grand (6)................................	31	»
Les élèves du cours de Saint-Cyr de Louis-le-Grand, à une veuve sans défense, insultée par un lâche (3)..	12	»
Un élève de Michelet (6)............................	1	»
Un ancien élève du lycée Montaigne, en souvenir du Juif Salomon (4)................................	2	»
Une ancienne élève du lycée Racine, qui déteste les Juives (9).......................................	1	»
La classe de Saint-Cyr du collège Rollin. Pour apprendre à un Youtre à respecter l'honneur de l'armée (8).......................................	10	»
Trois élèves de philosophie de Rollin (9).........	1	30

	Fr.	c.
Un groupe d'élèves patriotes des classes de philosophie et de mathématiques élémentaires du collège Rollin (9)...	16	»
Un rare groupe d'élèves patriotes et youtrophobes du collège Rollin (8)...	1	50
Deux barbistes (9)...	1	50
Un élève de Sainte-Barbe (9)...	2	»
Deux élèves du lycée Saint Louis, patriotes antisémites (10)...	10	»
Deux potaches de Saint-Louis Vive Drumont! Vive Régis! (11)...	2	»
Les élèves de mathématiques élémentaires B., lycée Saint-Louis (12)...	25	»
Les élèves des classes préparatoires à Saint-Cyr, lycée Saint-Louis, 100 élèves (10)...	100	»
Un élève de Saint-Louis. Élémentaire A. (16)...	1	»
Un groupe d'élèves de mathématiques spéciales du lycée Saint-Louis et de Sainte-Barbe (4)......	40	»
Un petit groupe de Saint-Louis. A bas les Juifs! (16)	4	»
Les candidats à Saint-Cyr du collège Stanislas (8)	142	»
Les élèves du collège Stanislas se préparant à l'École polytechnique (15)...	90	»
Un groupe d'élèves antisémites du lycée d'Angers (16)...	6	»
Un ancien élève du collège d'Arras, antidreyfusard (6)...	10	»
Deux élèves du collège de Chalon-sur-Saône (10).	0	50
Un lycéen Grenoblois (5)...	2	»
Un lycéen de Marseille, qui a une profonde horreur du Juif (4)...	1	»
Un ancien élève du lycée de Metz (3)...............	5	»
Quelques rhétoriciens du bahut de Nancy (8)......	1	»
Les élèves de philosophie et de rhétorique d'un collège libre de Nantes, sauf un Intellectuel « poseur », 22 fr. 10. Émile Ertaud, élève de 4e du même collège. A bas la Youpinerie! 0 fr. 50 (12)	22	60
Un lycéen de Nîmes dégoûté de son professeur juif (16)...	0	50

La majorité des élèves de seconde classique (division A), un groupe important de philosophie et de rhétorique, pour protester contre les professeurs dreyfusards qui se livrent pour la plupart à une honteuse propagande en classe; — la grande majorité des élèves

	fr. c.
de mathématiques spéciales, de mathématiques élémentaires et la classe de préparation à Saint-Cyr, à l'*unanimité*, tous élèves du lycée de Rouen (6)...	42 »
Un groupe de candidats à Saint-Cyr et des candidats à Polytechnique, lycée Carnot, Dijon (5).	16 »
Un groupe d'élèves du lycée de Saint-Quentin, jeunes Français et bons patriotes qui crient encore, « A bas les Juifs! vive la France! et vive l'armée! » (10).................................	20 »
Les divisions des grands et des moyens d'un collège catholique (10).............................	12 »
Groupe de philosophie d'un collège libre du Nord (11)...	20 10
La division des grands. Institution Join-Lambert (10)...	50 »
Un groupe de potaches de l'institution Saint-Joseph, Épinal (12)................................	5 20
Un élève de Ste-Croix de Neuilly, 3ᵉ année (14)...	1 »
Un groupe d'élèves du pensionnat St-Joseph, à Toulouse, Vive l'armée! A bas de Pressensé! (16)	10 »
Pour Saint-Maurice. Un groupe d'élèves d'une institution religieuse de province, futurs défenseurs du pays, antisémites dans l'âme, ne souffriront jamais que d'infects Youtres de Francfort salissent de leur bave les officiers, l'armée et l'emblème de la Patrie (14).....................	6 »
Un petit collégien (12).................................	1 »
Deux collégiens auxquels l'histoire contemporaine apprend ce que valent les Juifs (3)......	5 »
Deux collégiens qui plaignent les Intellectuels amis de Zola (16)...................................	1 05
Une écolière montargoise : Je suis petite, mais je remarque que tout le monde dit : « Bravo! » pour les officiers qui ont souscrit. Je fais comme eux : 2 fr. 50. Un vrai petit gars du Gâtinais : sans les francs-maçons judaïsants, le député provisoire de Montargis ne pourrait vivre : 2 fr. 50 (16).................................	5 »
Un ancien élève de ce singe de Molinier (12).....	2 »
Un élève de 5ᵉ (4).....................................	0 50
Un élève de Ferdinand Brunot (6).................	0 50
Un ancien élève, mais antidreyfusard, de Lavisse et Monod (11).......................................	2 »

	Fr. c.
Un élève de l'École supérieure (17)............	0 50
Un élève de M. E. D., patriote (5)..............	2 »
Un ancien élève de Paul Meyer : un Vacher pour les Juifs (17)................................	0 50
Un élève de philo proteste contre son professeur qui étale l'*Aurore* (12).........................	0 30
Un élève de philosophie, patriote et antisémite (5)	0 50
Des élèves de philosophie qui ne sont pas intellectuels (6)...................................	13 »
Un ancien élève de Picquart (5)................	3 »
Élèves de 2º seconde des Frères Maristes (10)....	3 »
Un jeune élève des Jésuites, qui ne laissera pas insulter ses maîtres par les Youpins (17)......	2 »
Pour le petit goy. Un élève d'humanités des Pères Jésuites de la rue de Madrid (5).............	15 »
Un groupe d'élèves de philosophie (8)...........	3 »
Deux anciens élèves du Père Duco (11).........	3 »
Un groupe d'élèves marseillais partant en vacances. « Que les centimes de notre obole se changent en autant de coups de battoir sur les nez de Reinach, Dreyfus, Zola et Cie » (12)...	5 50
Un étudiant (14)...............................	0 20
Un étudiant (16)...............................	1 »
Un étudiant (6)................................	2 »
Un étudiant admirateur de Drumont, un petit antisémite, un ancien du 7ᵉ de ligne, une émule de Jeanne d'Arc (7)............................	1 50
Un étudiant antisémite (4)......................	0 50
Un étudiant antisémite de la rue Yvers, à Niort (3)	1 »
Un étudiant antisémite de Lyon (7).............	10 »
Un étudiant bourguignon (14)...................	0 20
Un étudiant breton, en haine des Juifs (4)......	3 »
Un étudiant catholique, admirateur de Drumont (6)......................................	1 »
Un étudiant catholique antisémite (2)..........	1 »
Un étudiant, chasseur au 10ᵉ bataillon, Saint-Dié (10).....................................	3 »
Un étudiant de la rue de Thionville (14).........	0 50
Un étudiant de Lille qui a toutes les raisons de croire que le professeur F... est circoncis (12).	0 50
Un étudiant démocrate chrétien (14)............	0 10
Un étudiant de Rennes, fine fleur d'antisémite (8)	1 »
Un étudiant de Strasbourg, qui méprise Lœw et sa femme (12)..................................	0 25

Un étudiant écœuré de la faiblesse du gouvernement (12)	0 25
Un étudiant électeur qui n'était pas antisémite avant l'Affaire (14)	0 50
Un étudiant en dèche (12)	0 50
Un étudiant en lettres (14)	0 25
Un étudiant, frère d'officiers (3)	2 »
Un étudiant, habitant des bords de la Deule (14)	0 50
Un étudiant Lorrain. Vive Lasies! (10)	5 »
Un étudiant marié d'origine étrangère (3)	1 »
Un étudiant méridional, fervent admirateur de Mistral et de Jean Carrère, est très surpris du silence gardé dans une crise aussi grave par ces deux apôtres populaires du Midi (11)	1 »
Un étudiant patriote (4)	5 »
Un étudiant patriote (14)	2 »
Un étudiant patriote (16)	1 »
Un étudiant patriote à Mme Henry (3)	1 »
Un étudiant patriote de Montpellier (7)	6 »
Un étudiant patriote et antijuif, heureux de servir la France comme soldat de 2e classe au 15e d'infanterie, à Carcassonne (8)	1 50
Un étudiant patriote, indigné de l'odieuse campagne de Reinach et de ses acolytes (4)	2 »
Un étudiant pauvre, qui voudrait voir crever tous les Youpins (16)	0 50
Un étudiant protestant de Montpellier (4)	2 »
Un étudiant qui admire Brunetière dans sa lutte contre les Intellectuels (17)	0 50
Un étudiant qui espère que les gens de justice ne prendront que strictement leurs frais de papier timbré (6)	1 »
Un étudiant trop intelligent pour être intellectuel (6)	3 »
Un étudiant : Vive l'armée! Vive le roi! (16)	1 »
Cinq étudiants au P. C. N. de la catho (14)	1 40
Deux étudiants, anciens soldats au 76e d'infanterie (8)	4 »
Deux étudiants de Clermont (13)	2 »
Deux étudiants de Limoges (8)	2 »
Deux étudiants d'Eure-et-Loir (16)	1 »
Deux étudiants français qui espèrent en une prochaine vengeance (16)	1 05

	Fr. c.
Etudiants dreyfusistes qui espèrent voir clair (*) (12)	10 »
Un groupe d'étudiants (7)	26 »
Groupe d'étudiants (13)	6 »
Un groupe d'étudiants Manceaux (16)	3 »
D'un groupe d'étudiants patriotes qui espèrent avoir bientôt le bonheur d'écharper les Juifs (4)	6 »
Un groupe d'étudiants nationalistes d'Orléans (6)	6 »
Quatre étudiants dans la purée (8)	1 »
Trois étudiants. A bas les Dreyfusards de l'Université de Paris (6)	3 »
Quatre internes. Contre la campagne antifrançaise (9)	8 »
Un lycéen (8)	4 »
Un jeune lycéen en mémoire de son bisaïeul vieux grenadier du premier Empire (6)	0 50
Un lycéen protestant (8)	2 »
Deux lycéens Nantais (11)	2 »
Deux Poitevins, étudiants en philosophie (8)	2 »

(*) Cette souscription était accompagnée de la lettre suivante que la *Libre Parole* n'a pas publiée, et qui a été insérée par le *Siècle*.

« Monsieur,

« Très enthousiastes de l'idée qu'a eue M. Reinach en poussant Mme Henry à l'attaquer devant un tribunal où la preuve est permise, pour avoir l'occasion de mettre en lumière les relations d'un faussaire avec un traître, tous deux vos dignes clients, nous désirons nous associer à cette œuvre.

« De plus il nous semble très à souhaiter que Mme Henry ne soit pas forcée par un manque d'argent, d'arrêter des poursuites qui doivent faire naître un jour éclatant et attendu ! Aider Mme Henry à soutenir son procès, c'est servir la cause opposée, celle de la vérité.

« C'est pourquoi nous vous prions de bien vouloir joindre aux sommes déjà reçues pour Mme Henry la cotisation ci-incluse, quelque modestes que soient ces dix francs. Les petits ruisseaux font les grandes rivières.

« Nos salutations.

« *Un groupe d'étudiants.* »

P.-S. — Nous désirons voir notre cotisation figurer sur votre liste avec ces mots : « Etudiants dreyfusistes qui espèrent voir s'éclaircir, au cours du procès Reinach-Henry, les relations du faussaire avec le traître Esterhazy. »

	Fr.	c.
Jeune potache, ennemi des Youpins (11)........	1	»
Un tas de potaches antisémites du Loiret (14)....	5	»
Quête faite à la dernière séance du groupe des étudiants royalistes de Paris (4).............	11	20
Un répétiteur de lycée (11).....................	1	»
Un rhétoricien catholique de Calais (10).........	1	»

VOYAGEURS DE COMMERCE

	Fr.	c.
Ash (John d') (voir *Desgranges*).		
Barbieux (Elie-Léon), voyageur de commerce, avec ses regrets de ne pas voir Cavaignac en tête de la première liste (4)...............	5	»
Barmout (voir *Desgranges*).		
Beaugé (A.), voyageur d'Elbeuf (5)...............	20	»
Bertrand (L.), voyageur de commerce (10).......	1	50
Bodard (voir *Desgranges*).		
Bonay, voyageur de commerce (4)..............	2	»
Bonnet (Ferdinand), voyageur de commerce, qui a écrit à Waldeck-Rousseau et à ses amis de ne plus mêler le nom de Gambetta à leur politique antifrançaise (6)...............	5	»
Bourgeois (Emile), voyageur de commerce, à Paris (4)...............	2	»
Briand (voir *Picq*).		
Desgranges, Vinot, Barmout, Lambert, John d'Ash, Bodard, voyageurs de commerce, de passage au Mans, désirent voir cette somme destinée à soutenir la veuve d'un martyr dans son procès avec le Youddi von Reinach (6)...............	10	»
Dovergne (P.), voyageur, antisémite ardent (16).	1	»
Duchâteau (Jules), voyageur en houblons, 4, rue Bourignon (14)...............	1	»
Dumur (C.), voyageur de commerce, à Dôle (7)..	3	»
Espargillière (Léon), voyageur de commerce (12).	3	»
Fages (L.), voyageur de commerce (2)...........	5	»
Gaillard (A.), ancien voyageur, boulevard Vol-		

	Fr. c.
luire (2)..	3 »
Gros (Albert), voyageur de commerce, Nancy (4)..	2 »
Jacquemard (A.), voyageur, à Port-Lesney, admirateur de Drumont (5)............................	3 »
Jamont (H.), voyageur. A bas les Juifs ! (16).....	3 »
Henry (Edouard), représentant, 247, rue de Lille, à la Madeleine-le-Lille. Antijuif et patriote (10)	1 »
Lambert (voir *Desgranges*).	
Leconte (Valentin), voyageur de commerce, à Bolbec, ancien fourrier au 2ᵉ d'infanterie (5)......	1 05
Malod (J.), voyageur de commerce, ex-chasseur alpin (16)....................................	2 »
Marigot (voir *Picq*).	
Martin (Louis), voyageur de commerce (10)......	10 »
Mignard (Joannès), voyageur de commerce (7)...	2 »
Poirrier (voir *Picq*).	
Picq, Marigot, Briand, Poirrier, à Quimper, quatre voyageurs de commerce (7)................	4 »
Rollin (Alexis), voyageur antisémite (7)........	1 »
Roumestant (Antonin), voyageur de commerce, Alais (11).....................................	1 »
Rozet (Ch.), voyageur de commerce, Lorrain, Français et antidreyfusard (16)..............	1 05
Thon (L.), voyageur, membre de la Ligue antisémitique (6)...................................	1 »
Ungérer, voyageur de commerce (7)............	5 »
Vernoullet (Jacques), voyageur de commerce, de passage à Rennes (7)........................	5 »
Viard (A.), voyageur de commerce, Grenoble (5).	2 »
Vilain (L.), voyageur (13).......................	1 »
A., voyageur de commerce, à Laon (10).........	2 »
A. F., voyageur de commerce (7)................	2 50
DE., GH., PR. Sous les yeux d'une tablée de Youtres visqueux, de la part de trois représentants de commerce réunis à Verdun (Meuse) (4)........	3 »
E. C., voyageur de commerce. Sus aux Youpins ! (5)....................................	1 05
E. J. A. Pour le fils du colonel Henry, un voyageur de commerce, sa femme et ses cinq enfants (7).....................................	2 »
G. (Gaston), voyageur de commerce, antisémite et patriote (1)...................................	2 »
G. B., voyageur de commerce. A quand l'expul-	

	Fr.	c.
sion de la race Juive? (11)............	1	»
H. J., voyageur de commerce (11)............	1	»
J. B., voyageur (11)............	1	10
J. C., voyageur de commerce (5)............	5	»
L. H., voyageur, ex-sergent-major au 95ᵉ en 1871 (17)............	2	»
Appel aux voyageurs de commerce, pour que Brisson débarrasse notre société qu'il déshonore comme président d'honneur s'il ne veut recevoir ses huit jours (12)............	1	»
Un voyageur, admirateur de MM. Drumont, Rochefort et Judet (8)............	2	»
Un pauvre voyageur belge (6)............	3	»
Un voyageur de commerce antijuif, qui attend un 2 décembre libérateur! (6)............	5	»
Un voyageur de commerce bourbonnais (14)....	5	»
Un voyageur de commerce d'Aurillac (3)........	3	»
Un voyageur de commerce. En quarantaine les Juifs, en attendant leur expulsion (5)........	2	»
Un voyageur de commerce. Pour l'extermination des Juifs (10)............	1	05
Un voyageur de commerce français, de passage à Littry (Calvados) (4)............	2	»
Un voyageur de commerce, pour honorer le courage de Drumont et de ses amis (12)............	5	»
Un voyageur de commerce qui souhaite un coup d'État (13)............	2	»
Un voyageur de commerce royaliste militant, sa femme et ses quatre enfants, Louis, Jean, Joseph et Pauline (5)............	6	»
Un voyageur de commerce toulousain (4)........	3	»
Un voyageur de commerce toulousain, Bédarieux (14)............	2	»
Un voyageur de ferraille de l'Est, qui n'aime pas les Youpins (9)............	5	»
Un voyageur en graines fourragères (11)........	2	»
Un voyageur en rubans (11)............	2	»
Un voyageur lyonnais, de passage à Montauban (5)............	5	»
Un voyageur marseillais patriote (5)............	0	50
Un voyageur qui s'honore de posséder un autographe de M. Drumont (6)............	0	60
Un voyageur qui voudrait bien savoir quelle com-		

	Fr. c.
mission Rouanet a touchée de la caisse juive (14)	1 25
Deux voyageurs de la ligne de Marly-le-Roi, pour la faiblesse contre la lâcheté (5)..............	10 »
Cinq voyageurs habitués du train de 7 h. 02 pour la Varenne-Saint-Hilaire (9)................	5 »
Quatre voyageurs patriotes veulent manger des nez de Juifs (13)............................	4 »
Quatre voyageurs passant à Moulins (9)	8 »
Un groupe de voyageurs de commerce, de passage à Alençon, en horreur des Juifs et surtout de la bande du même nom et qui espèrent que leurs collègues feront de même (3)............	8 »
Un groupe de voyageurs de commerce, café de Foy, Troyes (3).................................	6 »

EX-LECTEURS DU SOLEIL

et autres Journaux insuffisamment orthodoxes

	Fr. c.
Berthomier (Mme G.), ex-lectrice du *Soleil* (2)...	10 »
Blanc (E.), ex-lecteur du *Soleil* (4).............	0 50
Bouillié (G.), ex-lecteur du *Soleil* (7)...........	1 »
Bouillié (Mme J.), ex-lectrice du *Soleil* (7)......	1 »
Bourdon (Famille), anciens lecteurs du *Soleil*. En haine du Juif et en souvenir de Morès (3)....	2 »
Bouvier (C.), ex-lecteur du *Soleil* (4)..........	1 »
Chatelain (Adolphe), ex-lecteur du *Soleil* (6).....	0 50
Dallest. Un lecteur écœuré du *Soleil* (7)........	2 »
Doby (M.), ancien abonné du *Soleil* (7).........	5 »
Dupleix (J.), monarchiste, ex-lecteur du *Soleil* (7)	1 »
Genest (Jules), ex-lecteur du *Temps* (4)........	1 »
Grolhe (E), ex-lecteur du *Soleil*, qui plaint son directeur, M. Hervé de Kerohant (3)...........	5 »
Jean (Fils), ex-lecteur du *Soleil* (16)..........	5 »
Jugan. Un ex-abonné du *Soleil* dreyfusard (5)...	1 »
Kempsen (Georges Van), ex-abonné du *Soleil*, à St-Omer (3)..................................	5 »
Mauras, qui ne lit plus le *Soleil* (8)............	2 »
Niel (H.), ancien lecteur du *Soleil* (14).........	2 »
Nortier (J.), ancien lecteur du *Siècle* d'autrefois (10)	20 »
Zaupa, ex-lecteur du *Soleil* (15)................	3 »
A. M. (Mme), dégoûtée du journal le *Soleil* (6)...	1 »
A. O., ex-abonné du *Soleil*, dégoûté des Kerohant, Urbain Gohier et autres rédacteurs anarcho-	

	Fr.	c.
dreyfusards de ce journal (13)...............	2	»
A. P., ex-lecteur du *Soleil*. Bravo, Lasies ! (10).	5	»
C. M., ancien abonné au *Soleil*, Sarlat (16)......	0	50
D., femme d'officier, ex-abonnée du *Soleil* (11)...	10	»
D. (Vve), vieille abonnée du *Soleil*, qui cesse de l'être (3).......................	5	»
D. G., ex-lecteur du *Soleil* (6)................	2	»
E. D., ex-lecteur du *Soleil*, proteste contre son attitude (4)........................	10	»
E. de M., pour protester contre l'attitude du *Soleil*, dont j'étais lecteur (6)...............	5	»
E. G. Un lecteur du *Soleil*, catholique et patriote de Saumur (16)......................	7	»
F. O., ancien abonné ou lecteur du *Soleil* depuis sa fondation (4)......................	5	»
G. (Mme). Une ex-abonnée du *Soleil* (5)........	5	»
G. L., un ex-fidèle du *Soleil*, 1 fr. ; N., le devoir de Kerohant était de se taire, 1 fr. ; ensemble (10)	2	»
G. R., ex-lecteur du *Soleil* (7)................	2	»
H. D. A moi Auvergne ! c'est l'ennemi. Ex-lecteur du *Figaro* (5).......................	2	»
H. G., ex-abonné du *Soleil* (11)...............	1	»
H. T., Valence. Un lecteur de l'*Aurore*, que n'ont pas convaincu les trémolos du sire Clemenceau. (15)............................	2	»
J. B. et P. B. Deux petits fils d'abonné au *Soleil* (11)	20	»
J. P. H. Acheteur fidèle du *Soleil* pendant plus de 20 ans. Ne l'ouvrira plus que lorsque le syndicataire de K... n'y écrira plus (11).............	0	50
J. D., un ex-lecteur du *Soleil* (10).............	2	»
J. K., ex-lecteur du *Figaro* (4)	2	»
J. et A. C., ex-abonnés du *Soleil* (5)	5	»
J. M., un ex-lecteur du *Soleil* (8).............	1	»
L. B., une ancienne lectrice du *Soleil* Une pauvre femme de chambre (2ᵉ envoi) (12)............	1	»
L. et P., ex-abonnés du *Soleil* : Écrasez l'infect Reinach (6).........................	10	»
L. V., ex-lecteur du *Soleil* (7)........	5	»
M. D., un lecteur du *Temps* (4)...............	2	»
M. M., un ex-abonné du *Figaro* (8).............	1	»
M. T., une ancienne lectrice du *Soleil* (4).......	1	»
N. (voir *G. L*)		
N. (Emile), ex-lecteur du *Soleil* (5).............	0	30
P. C... ex-lecteur du *Soleil* (5)...............	1	»

	Fr. c.
R. D., ex-lecteur du *Soleil* (4)	1 »
R. E. (M. et Mme), abonnés au journal *le Soleil* (4)	5 »
S. (de), ancien lecteur du *Soleil*, Sarlat (15)	0 50
S. F. Un ex-abonné du *Temps*, ennemi de l'hypocrisie et de la lâcheté (4)	10 »
V. D., ex-lectrice du *Soleil* depuis sa fondation. Un vieux juif afin d'y voir clair arrêta le soleil en l'air ; est-ce là la cause secrète qui fait que mon *Soleil* s'arrête ? Dieu sauve la France au nom du Sacré-Cœur ! (8)	2 »
Un rendu antidreyfusard par la lecture de la *Cloche* (9)	2 »
Prix de mon abonnement à la *Cote de la Bourse* (11)	23 »
Un lecteur de la *Cote de la Bourse et de la Banque* (5)	0 50
Un lecteur de la *Cote de la Bourse et de la Banque*. A bas les Juifs ! A bas Reinach et ses succédanés Clemenceau, l'ivre Guyot, Trarieux et Jaurès (7)	0 30
Pour l'*Eclaireur* (13)	0 50
Marseillais, ex-lecteur du *Figaro* (10)	5 »
Un abonné du *Figaro* et un ex-lecteur du *Soleil* (8)	20 »
Une désabonnée du *Figaro* (4)	5 »
Une désabonnée du *Figaro* dégoûtée de la campagne qu'il a entreprise (4)	10 »
Un ex-abonné du *Figaro* (16)	20 »
Une ex-abonnée du *Figaro*, dégoûtée des articles de Cornély (4)	20 »
Pour la veuve. Un ex-abonné du *Figaro* (14)	5 »
Trois ex-lecteurs du *Figaro* (4)	5 »
Un Bordelais, en haine du journal la *Gironde* (12)	10 »
Protestation contre le *Journal de Genève* (16)	1 05
Un Marseillais indigné contre le *Journal de Marseille* (12)	0 50
Officier ministériel marseillais, lecteur occasionnel du *Journal de Marseille* (14)	9 »
Deux lecteurs, malgré eux, du *Journal de Marseille* (4)	2 »
Un Auvergnat, ex-lecteur du *Moniteur du Puy-de-Dôme* (13)	0 50
Un ancien lecteur du *Moniteur du Puy-de-Dôme*. Vive l'armée ! (16)	0 30
Un Marseillais antijuif, ex-lecteur du *Radical de*	

	Fr.	c.
Marseille (6)...	5	»
Un ex-lecteur du *Radical de Marseille* (13)......	1	»
Un socialiste dégoûté de la *Petite République* (16).	0	10
Un ex-lecteur du *Petit Parisien* (4)................	1	»
Un groupe d'amis patriotes du *Petit Parisien*, hommage à Mme Vve Henry (3)................	14	»
Six mois d'abonnement au *Progrès du Nord*, lâché depuis qu'il est devenu dreyfusard (12)........	10	»
Zut à la *Cloche*, vive le *Petit Caporal*! (4)........	0	50
Pour le *Rémois* (13)...................................	0	10
Un lecteur du *Soleil* (7)...............................	2	»
Un royaliste qui proteste contre la politique du *Soleil* (9)..	1	05
Deux abonnés du *Soleil* qui regrettent leur argent (16)..	1	»
Un Nivernais et lecteur du *Soleil* (8)...............	1	»
Un Algérois, ex-lecteur du *Soleil* (3)...............	1	»
Un ancien abonné du *Soleil*, à Cherbourg (6)....	3	»
Un ex-abonné du *Soleil* (11)..........................	3	»
Un ex-abonné du *Soleil* (6)..........................	10	»
Un ex-abonné du *Soleil* (1)..........................	5	»
Un ex-abonné du *Soleil* (6)..........................	1	»
D'un ex-abonné du *Soleil* (11)......................	1	»
Un ex-abonné du *Soleil*, catholique, royaliste, mais pas dreyfusard (6).............................	5	»
Un ex-abonné du *Soleil* depuis sa fondation. Pour le petit Henry. Hommage à notre cher Drumont! Que Dieu le conserve pour la confusion des sales Youtres, et pour la honte des infectes turpitudes de la Chambre criminelle! (7)	2	»
Un ex-abonné du *Soleil* et un ex-abonné de la *Gazette des Beaux-Arts* (17)........................	2	»
Une ex-abonnée du *Soleil*, indignée de l'attitude de Kerohant (10)...	0	90
Un ex-abonné du *Soleil*, Kerohant, Sept-Pons (Allier) (6)...	2	»
Un ex-abonné du *Soleil* ne veut plus lire la prose de Kerohant (14)....................................	5	»
Un abonné du *Soleil* qui ne renouvellera pas son abonnement à un journal dreyfusard (16)......	1	»
Une ex-abonnée du *Soleil*. Vive l'armée! Mon fils est soldat (2)......................................	5	»
Un astronome fatigué de voir sur le *Soleil* la tache Kerohant (12)..................................	1	»

	Fr.	c.
Une désabonnée du *Soleil* (6)....................	1	»
Une désabusée du *Soleil*, révoltée de sa nouvelle voie politique (4).........................	10	»
Une famille qui a vomi son abonnement au *Soleil* (11)	20	»
Un ancien lecteur du *Soleil* (3)....................	5	»
Un ancien lecteur du *Soleil* (2)....................	2	»
Un ancien lecteur du *Soleil* (5)....................	2	»
Un ancien lecteur du *Soleil* (3)....................	10	»
Un ancien lecteur du *Soleil* (4)....................	2	»
Un ancien lecteur du *Soleil*, Sarlat (16)..........	2	»
Un ancien lecteur du *Soleil*, Sarlat (16)..........	0	50
Un ancien lecteur du *Soleil*, protestant contre l'infamie de Boule-de-Juif (6).................	5	»
Un ancien lecteur du *Soleil*, qui voudrait voir tous les Juifs à l'Ile du Diable (6).....	0	25
Un ex-lecteur du *Soleil* (5)......................	0	90
Un ex-lecteur du *Soleil* (3)......................	5	»
Un ex-lecteur du *Soleil* (9)......................	2	»
Un ex-lecteur du *Soleil* (11).....................	3	»
Un ex-lecteur du *Soleil* (7)......................	1	»
Un ex-lecteur du *Soleil* (17)....................	5	»
Pour la souscription Henry, avec le désir qu'il reste quelque chose au petit orphelin. Un ex-lecteur du *Soleil* (6)..........................	3	»
Ex-lecteur du *Soleil*, dégoûté de l'incohérent Kerohant et de sa pataujade dans la Juiverie (14)	1	»
Un ex-lecteur du *Soleil*, dégoûté de sa palidonie (14)	1	»
En souvenir de Sidi-Brahim. Un ex-lecteur du *Soleil* (7)..	5	»
Un ex-lecteur du *Soleil*, partisan de l'expulsion des Juifs (11)...................................	1	»
Cinq anciens lecteurs du *Soleil* (8)..............	5	»
Trois ex-lecteurs du *Soleil*, écœurés des articles de Kerohant (9)..................................	1	05
Quatre ex-lecteurs du *Soleil*. Honte au renégat ! Soldats français, défendez les chrétiens et soutenez l'orphelin (7)...............................	4	»
Une ex-lectrice du *Soleil* (11)...................	1	»
Une ex-lectrice du *Soleil*, pour une noble cause (11)	2	»
Une lectrice du *Soleil*, qui tient à protester contre la campagne revisionniste de son rédacteur en chef (8)..	2	»
Deux ex-lectrices du *Soleil*... tournant (5)......	1	»
Un ancien magistrat, ex-lecteur du *Soleil* (12)...	5	»

	fr.	c.
Un patriote champenois, ex-lecteur du *Soleil* (16)	1	»
Un patriote, ex-lecteur du *Soleil* (5)	0	50
Un patriote, ex-lecteur du *Soleil*, qui ne passera jamais dans le camp des vendus et des traîtres (6)	1	»
Le prix de mon abonnement au *Soleil*, une désabonnée de Versailles (7)	14	»
Professeur honoraire de l'Université, ex-lecteur du *Soleil* (11)	5	»
Une vieille rancunière, ancienne lectrice du *Soleil* (6)	1	»
Une femme d'officier, ex-abonnée du *Soleil* (5)	20	»
Un Français de France, ex-lecteur du *Soleil* (5)	1	»
Un royaliste antisémite, ex-lecteur de l'ignoble *Soleil* (5)	1	»
Un royaliste, ex-abonné du *Soleil* (14)	1	»
Un royaliste qui renie le *Soleil*, son journal habituel (8)	1	»
Un royaliste qui proteste contre le *Soleil* (9)	1	05
Un universitaire qui a lu le *Soleil* pendant plus de 25 ans, mais qui ne le lit plus (6)	0	50
Une veuve d'officier, ex-abonnée du *Soleil* (3)	2	»
Un Dauphinois, abonné au *Temps* depuis sa fondation, sauf interruption de 6 mois, lors des révélations panamistes, sera ex-abonné du 1ᵉʳ janvier prochain (3)	10	»
Un ex-abonné de 35 ans du journal le *Temps* (11)	5	»
Un Vosgien, abonné honteux du *Temps* (17)	10	»
Un ancien lecteur du *Temps* (3)	10	»
Un abonné du *Temps* (2)	20	»
Un abonné du *Temps* (1)	10	»
Un lecteur du *Temps*, intellectuel ayant encore du bon sens (5)	10	»
Un protestant lisant le *Temps* (16)	10	»

LECTEURS DE LA LIBRE-PAROLE

et autres journaux

———

	Fr. c.
Arsac (Alfred), abonné à la *France Libre* (14)....	0 25
Ballin, abonné de la *Libre Parole* (5).............	5 »
Bernard, lecteur assidu de l'*Intransigeant* (5)....	0 50
Blancq (Alfred), abonné à la *Libre Parole*. Vive l'Empereur ! Vivent Brumaire et Décembre ! (9)	20 »
Bourgeret, abonné de la première heure à la *Libre Parole* (6).........................	1 05
Brondeau (de), abonné à la *Libre Parole* (5).....	20 »
Chédé (L.), abonné à la *Libre Parole*, fils de militaire (12).........................	10 »
Coste (Charles), abonné (7).....................	10 »
Derome (A.), ancien abonné de la *Libre Parole* (11)	1 »
Gaudin-Servinière, abonné, à Saint-Aubin (5)...	1 05
Henri, cordonnier, correspondant de la *Libre Parole*, trois fois condamné par ordre (17).....	3 »
Heudier, lecteur de la *Libre Parole* (6)..........	5 »
Laver. Un abonné, à Céry (6)...................	10 »
Lavergne (J.), château de Bel-Air, abonné de la *Libre Parole* (7)..........................	2 10
Lebourg (L.), dentiste, abonné (17)..............	5 »
Maupeur (Fanny), abonnée de la *Libre Parole* (6)	5 »
Mazeau, lecteur de la *Libre Parole* et bon patriote (16).....................................	0 10
Meyrueis (Justin), lecteur de la *Libre Parole*, qui	

	fr.	c.
a suivi Drumont depuis la *France Juive* (11)...	0	50
Schramer (Charles), un lecteur de l'*Autorité* (15)	0	50
Titard, abonné depuis sept ans à la *Libre Parole* (3)	20	»
Vedel (Mme), fervente lectrice de la *Libre Parole*, veuve et mère d'officiers (3)............	2	»
Verstraete (L.), abonné de la *Croix* et lecteur de la *Libre Parole* (6)..................	1	»
Vieille, frotteur, 45, rue Boulard, ex-sous officier, lecteur de la *Libre Parole*. Vive l'armée ! (6)..	1	»
A. B., lecteur assidu de la *Libre Parole* (5)......	5	»
A. C., lecteur de la *Libre Parole* (4)...........	5	»
A. D., lecteur de la *Libre Parole* depuis sa fondation (4)........................	2	»
A. F., lecteur de la *Libre Parole* (5)...........	0	50
A. R., abonné (4).............	5	»
C. (Veuve Ch.), une lectrice de la *Libre Parole* (7)	5	»
C. G., abonné à l'*Antijuif* (14).............	0	50
D. B., lecteur de la *Libre Parole* (2)...........	20	»
E. H., abonné de la *Libre Parole* (5)...........	5	»
E. M., lectrice de la *Libre Parole* (3)...	5	»
G., un lecteur assidu, à Riom (12)...........	1	05
G.-A., abonné du *Petit Caporal* (3)....	5	»
G. P., abonné, victime des Juifs : Union-Panama (17).................	5	»
H. B., un lecteur assidu et sa famille. A bientôt le coup de balai ! (3).................	5	»
H. C., un lecteur. Hôtel des Colonnes, Marseille (14).....................	3	»
H. E., lecteur de la *Libre Parole* dès sa fondation, Douai (10)...............	2	10
J., un fidèle lecteur (10)...........	5	»
J. A., ouvrier serrurier. Bravo au journal l'*Eclaireur de Saint-Denis!* (7)............	0	50
J.C. Un lecteur qui sollicite de Mgr le duc d'Orléans une réponse à la lettre de M. l'abbé Rigaut (8)	2	»
J. P., un abonné (3).............	5	»
K. L., un lecteur de la *Libre Parole* (5).........	3	»
L.. lecteur de la *Libre Parole* (9)............	5	»
L. N., lecteur douaisien antijuif (12)..........	1	»
M. D. Deux vieux lecteurs de la *Libre Parole* (7).	5	»
M. M., un lecteur, à Bessé-sur-Braye (5)........	5	»
M. V., lecteur de la *Libre Parole*, à Alfortville (3)	5	»
P., lecteur de la *Libre Parole* (9)............	5	»

	Fr.	c.
P., de Beauvais. Gloire à la *Libre Parole !* A bas les Juifs ! (7)	1	»
P. C., abonné du journal (11)	1	55
R. E., un lecteur de la *Libre Parole* et de l'*Intransigeant* (14)	2	»
T. B., antisémite, lecteur assidu de la *Libre Parole* (16)	2	»
Un lecteur de l'*Antijuif* (4)	1	»
Un abonné du journal l'*Appel au Peuple* (3)	2	»
Un lecteur assidu de l'*Aurore* (5)	5	»
Un lecteur de l'*Autorité* (9)	0	50
Un lecteur de l'*Autorité* (16)	2	»
Un lecteur de l'*Autorité* (8)	0	50
Un lecteur de l'*Autorité*, qui voudrait voir ce journal plus antidreyfusard (10)	2	»
Trois lecteurs pauvres du *Bonhomme Percheron*, à Mortagne (7)	1	50
Un abonné du *Clairon de la Villette*, crie : Vive Sabran ! A bas les Juifs ! (16)	2	»
Une abonnée de la *Croix* (17)	10	»
Une abonnée du journal la *Croix*, lectrice assidue de la *Libre Parole*, à Carpentras (9)	1	»
Un groupe d'ouvriers, lecteurs de la *Croix*, d'Arras (8)	1	60
Un abonné de la *Croix du Loiret* (9)	0	60
Trois abonnés de la *Croix Meusienne* (12)	5	»
Un abonné du *Démocrate de l'Oise*, à Beauvais (4)	2	»
Un lecteur de l'*Echo de Paris*, Reims (9)	0	50
Un lecteur du *Figaro*, dégoûté des articles de Cornély (3)	5	»
Une lectrice du *Figaro* (11)	10	»
Deux frères, anciens lecteurs du *Globe Solaire*, pleins de mépris pour Urbain l'apostat et de commisération pour Toqué de Kairouan (14)	10	»
Un Rémois, qui aurait désiré voir l'*Indépendant Rémois* et l'*Eclaireur* vous imiter. Pour l'*Indépendant* (13)	0	25
Un lecteur assidu de l'*Intransigeant* et un patriote surtout (17)	1	05
Cinq lecteurs douaisiens de l'*Intransigeant* (7)	5	»
Un lecteur du *Journal*, Châlons (9)	1	»
Un lecteur du *Journal de l'Oise*. Bravo à son directeur ! (4)	5	»

	Fr.	c.
Un abonné (9)..		»
Un abonné (9)..		»
Une abonnée (9)..		50
Un abonné, à qui un margi juif du train a volé 10 francs (17)...	0	55
Abonné de Culli, Mayenne (10).........................		»
L'abonné de Gouex (9)..................................	10	»
Un abonné de la *Libre Parole* (11).....................	10	»
Un abonné de la *Libre Parole* (5)......................	20	»
Un abonné de la *Libre Parole*, à Bretenoux (5)..		»
Un abonné de la *Libre Parole*, Paris (3)..........	5	»
Un abonné de la *Libre Parole*, pour une veuve patriotique (7)..	20	»
Une abonnée de la *Libre Parole*, qui est allée chercher Drumont à la gare de Lyon à son retour d'Alger (11)...................................	5	»
Un abonné de la première heure, à Beaufort (12).	2	10
Un abonné de Nîmes (11)...............................	5	»
Une abonnée à la *Libre Parole* depuis sa fondation (7)..	20	»
Une abonnée de la *Libre Parole* et de l'*Echo du Merveilleux* (3)..	5	»
Un fidèle abonné de la *Libre Parole* (11)...........	10	»
Un fidèle abonné de la *Libre Parole*, fils de militaire, qui souhaite d'être débarrassé de cet ignoble gredin de Reinach (6).......................	10	»
Un abonné marseillais patriote (14)..................	0	45
Un nouvel abonné à la *Libre Parole* (4)............	5	»
Un admirateur de la *Libre Parole* (4)..............	0	50
Un admirateur de la *Libre Parole*, Marseille (10).	1	»
Un ami de la *Libre Parole* (10).......................	5	»
Un ami de la *Libre Parole*, Bordeaux (9).........	5	»
Une vieille amie de la *Libre Parole*, Le Cateau (5)	5	»
Un ami pauvre de la *Libre Parole* (17)............	1	»
Un Autunois, ami de la *Libre Parole*. Vive la France ! (7)...	5	»
Un conscrit, lecteur de la *Libre Parole* (8).......	1	05
Une vieille dame, pas riche, lectrice de la *Libre Parole* (4)..	1	05
Une domestique abonnée. Cocote (9).............	5	»
Un enseigne de vaisseau, lecteur assidu de la *Libre Parole* (11).....................................	5	»
Un fervent de la *Libre Parole* prie Anatole France, en réponse à sa dernière Bergeretquinade.		

	Fr. c.
d'expliquer le sens de la justice républicaine qui bourre de Juifs le conseil d'Etat, la cour de Cassation des Lœw et des Bard, l'Algérie de Lutaud et autres célébrités juives (16)........	1 »
Un lecteur de la *Libre Parole* (8)	5 »
Un fidèle de la *Libre Parole*, Toulouse (11)......	1 »
Pour Mme Henry, une jeune fille peu fortunée mais patriote, lectrice de la *Libre Parole* (4)..	1 05
Une Française de Saint-Mihiel, lectrice de la *Libre Parole*, qui aime l'armée et qui hait la race maudite (12).............................	3 »
Une jeune Française enthousiaste de la *Libre Parole* (9)......................................	0 50
Un lecteur assidu, à Oran (13)	5 »
Un lecteur assidu d'Annecy (11).................	2 »
Un lecteur assidu d'Anvers (11).................	5 »
Un lecteur assidu d'Auxonne (3).................	1 05
Un lecteur assidu de la *Libre Parole* (6).........	1 »
Un lecteur assidu de la *Libre Parole* (4).........	20 »
Un lecteur assidu de la *Libre Parole*, à Cognac (5)	10 »
Un lecteur assidu de la *Libre Parole*, à Flers (11)	3 »
Un lecteur assidu de la *Libre Parole*, ami de l'armée (6)..	5 »
Un lecteur assidu de la *Libre Parole*, à Nice (9)..	2 »
Un lecteur assidu de la *Libre Parole* depuis sept ans (11).......................................	1 05
Un lecteur assidu de la *Libre Parole* et de l'*Antijuif* (3)	2 »
Un lecteur assidu de la *Libre Parole*, qui voudrait voir Reinach à cent pieds sous terre (12).	9 »
Un lecteur assidu de la *Libre Parole*, Rouen (7).	2 »
Un lecteur assidu de la première heure de la *Libre Parole* et de l'*Antijuif* (7)................	1 05
Un lecteur assidu du journal la *Libre Parole* et antisémite (5).................................	5 »
Un lecteur assidu, Varmes (8)...................	5 »
Un lecteur convaincu de la *Libre Parole* (10)..	5 »
Un lecteur d'Arles, 39, rue de l'Hôtel-de-Ville (12)	1 »
Un lecteur de la *Libre Parole* (5)................	5 »
Un lecteur de la *Libre Parole* (9)................	1 »
Un lecteur de la *Libre Parole* (3)................	5 »
Un lecteur de la *Libre Parole* (3)................	3 »
Un lecteur de la *Libre Parole* (4)................	5 »
Un lecteur de la *Libre Parole* (6)................	1 »

	Fr.	c.
Un lecteur de la *Libre Parole* (2)	5	»
Un lecteur de la *Libre Parole* (6)................	5	»
Un lecteur de la *Libre Parole* (3)	5	»
Un lecteur de la *Libre Parole*, à Dijon (10)	3	»
Un lecteur de la *Libre Parole*, à Dijon (5).......	20	»
Un lecteur de la *Libre Parole*, à Angers (4)......	5	»
Un lecteur de la *Libre Parole* de la première heure (10)..	5	»
Un royaliste, vieux lecteur de la *Libre Parole* (7).	20	»
Un lecteur de la *Libre Parole* et de l'*Autorité*, admirateur de Drumont, de Paul de Cassagnac et de Paul Déroulède qui sont l'honneur de la Chambre (6)......................................	4	50
Un lecteur de la *Libre Parole*, Melun (7).........	1	15
Un lecteur de la *Libre Parole*, Montauban (14)...	5	»
Un lecteur de la *Libre Parole*, pour aider une honnête femme à défendre son nom contre les adorateurs du veau d'or (2)......................	5	»
Pour la *Gazette cosgienne* de St-Dié, des Vosges. Un lecteur de la *Libre Parole* (17)	0	45
Un lecteur de la *Libre Parole*, victime du Panama (14)...	1	05
Un lecteur de la première heure (4)...............	5	»
Un lecteur de la rue du Cherche-Midi (3).........	2	»
Un lecteur de Paris, qui aime la noyade (14).....	1	»
Un lecteur d'Epernay (9).........................	2	»
Un lecteur de Thiviers (12)......................	3	»
Un lecteur enthousiaste de la « Bonne Parole » (7)	50	»
Un lecteur Marseillais de la *Libre Parole* (12)	10	»
Un lecteur pauvre, mais pas à vendre, du canton de Moustiers (4),................................	0	50
Un de vos lecteurs qui les a connus et appréciés en Algérie et ailleurs (6).......................	1	»
Deux lecteurs assidus : Bravo, Drumont ! (10)...	2	»
Quatre lecteurs assidus de la *Libre Parole* (4) ...	2	»
Lecteurs de la *Libre Parole*, de Virieu-le-Grand (6)	52	»
Une lectrice (12).................................	0	60
Une lectrice Fécampoise (14)....................	5	»
Une lectrice de la *Libre Parole* (12)	0	80
Une lectrice de la *Libre Parole* (2)	10	»
Une lectrice de la *Libre Parole* (2)	20	»
Une lectrice de la *Libre Parole*, dont un fils est capitaine d'état-major et l'autre lieutenant (6).	5	»
Une lectrice de la *Libre Parole* qui, mieux que		

	Fr. c.
qui que ce soit, comprend le malheur de Mme Henry et qui voudrait pouvoir la consoler (8)..	1 05
Une lectrice de la *Libre Parole*, Toulouse (8)	5 »
Une fidèle lectrice de la *Libre Parole*, à La Rochelle (4).................................	10 »
Une lectrice protestante de Reims (10)...........	2 »
Un Lorrain annexé, abonné à la *Libre Parole* (2).	10 »
Un Lorrain, lecteur assidu de la *Libre Parole* (4).	10 »
Trio mangeur de Youpins, lecteurs de la *Libre Parole* et de l'*Antijuif* (6).....................	1 20
Monsieur, Madame et Bébé, Calaisiens amis de la *Libre Parole* (9)...........................	1 »
Un Normand abonné de la *Libre Parole* (8)......	2 »
Obole du pauvre à la vaillante *Libre Parole* (11)..	1 05
Un patriote lunellois, lecteur assidu (17)........	0 45
Deux patriotes périgourdins, lecteurs de la *Libre Parole* (11)......................................	1 »
Ex-porteur de la *Libre Parole* (8)................	0 50
Un protectionniste enragé, lecteur assidu de la *Libre Parole* (12)...................................	5 »
Un protestant abonné à la *Libre Parole* (16).....	5 »
Veuve d'artiste peintre et ses filles, lectrices de la *Libre Parole* (3)...............................	5 »
Une veuve et mère, lectrice assidue de la *Libre Parole* (5)...	10 »
Un voisin de la *Libre Parole* (3).................	20 »
L'envoi d'un Nantais abonné au *Nouvelliste de l'Ouest* (13).......................................	2 »
Un lecteur de la *Patrie* (5)......................	9 30
Un lecteur de la *Patrie* (3)......................	5 »
Un lecteur de la *Petite Gironde*, victime du Panama (14)...	1 »
Un lecteur du *Petit Journal* (3)..................	1 »
Un tailleur de Tarare, lecteur assidu du *Petit Journal* (7)...	1 »
Un lecteur de la *Revue Médicale* (7)..............	5 »

JOURNAUX

	Fr. c.
Aigle de Marseille (L') (11)	11 »
Antijuif (L') (4)	100 »
Le personnel et quelques amis du journal l'Antijuif, pour aider la veuve du regretté colonel Henry à poursuivre le répugnant microbe qui a nom de Reinach : Julien Pesty, 1 fr. ; Louis Oudart, 1 fr. ; William Rousseau, 0 fr. 50 ; Léon Chanteloube, 1 fr. ; Soibinet, 1 fr. ; Pottier, 1 fr. ; Jaboulay, 1 fr. ; Spiard, 1 fr. ; L. M., 1 fr. ; J. Girard, 1 fr. ; E. Copréaux, 1 fr. ; Isidore, 1 fr. ; G. L. Roulin, 0 fr. 50 ; Lucain, 1 f. G. Thomas, 1 fr. ; B'ynan, 1 fr. ; Dupin de Valène, 1 fr. ; J. Garcia, 1 fr. ; L. Radigois, 1 fr. Lejeune, 1 fr. ; Un ami, 1 fr. — Et nous crions tous en chœur : « A bas les Juifs ! »..Total (3)	20 »
Ligue Antisémitique de France : Collecte faite à la salle d'escrime de l'Antijuif pour la défense de la veuve et de l'orphelin d'un vaillant officier français, victimes des Juifs (5)................	26 35
Antijuif Marseillais (L') (6).....................	10 »
Arvor (L'), journal catholique de Vannes (12).....	10 »
Clairon de la Villette-Combat (Le) (8)	100 »
Courrier de la Vienne et des Deux-Sèvres (Le). Produit d'une liste de souscription faite par le Courrier de la Vienne et des Deux-Sèvres (10)..	135 05

	Fr.	c.
Croix (La) (4)	100	»
Croix de Marseille (La) (10)	20	»
Croix des Pyrénées-Orientales (La) et plusieurs prêtres Roussillonnais, pour la veuve et l'orphelin et contre les traîtres et les lâches (9)	7	»
Echo de l'Est (L'). Souscription de l'Echo de l'Est, atelier de Bar-le-Duc (9)	18	50
Eclair (L'), de Montpellier (11)	100	»
Journal des Basses-Alpes (Digne) (17)	10	»
Journal de Péronne. Souscription recueillie par M. Quentin, directeur du Journal de Péronne (16)	351	05
Journal de Saint-Quentin. Souscription recueillie par M. Elie Fleury, directeur-gérant du Journal de Saint-Quentin (16)	300	»
Son personnel (16)	40	»
Libre Parole (La) (1)	200	»
Les typographes de la Libre Parole (5)	20	»
Les clicheurs de la Libre Parole (4)	14	»
Nouvelliste de Bordeaux (Le) (4)	50	»
Nouvelliste de Lyon (Le) (3)	100	»
Nouvelliste des Vosges (Le directeur du) (12) ..	20	»
République Progressiste (La), Digne (17)	10	»
Réveil des Campagnes (Le), Péronne (17)	57	50
Réveil du Poitou (Le). Envoi de 600 cultivateurs et ouvriers de Poitiers par le Réveil du Poitou, 1re circonscription (17)	72	60
Socialiste Patriote (Le), Marseille (10)	25	50
Vendée (La) (9)	9	»
Vérité Lorientaise (La). Un lecteur de la Vérité Lorientaise, 0,50 ; Johel d'Aunar, directeur 2 fr. ; Linolina rédacteur, 1 fr. ; un lecteur de la Vérité, officier d'artillerie de marine, en attendant qu'une balle troue la peau de Dreyfus, 1 fr. A bas les sales Youpins et la hure de Reinach ! 0 fr. 50 (10)	10	»
Vérité Vychissoise (La), 5 fr. ; son imprimeur, 3 fr. ; les typographes, 1 fr. 50 ; les margeurs, 1 fr. 50 (9)	11	»
Voix de la France (La), à Marseille (10)	10	»

GARDIENS DE LA PAIX

	Fr.	c.
V. B., ex-sous-brigadier de gardiens de la paix, et sa femme (4)..	2	»
Un gardien de la paix alsacien (6)......................	1	»
Un gardien de la paix qui est de planton chez Rothschild (9)...	0	25
Deux gardiens de la paix du 3ᵉ, qui attendent le futur chambardement annoncé par Reinach, pour pouvoir casser la g... à tous les Juifs et à tous leurs défenseurs (9).............................	1	»
Un groupe de gardiens de la paix, respectueux de la discipline, ne voulant pas dire ce qu'ils pensent de Dreyfus, mais s'associant de grand cœur à la souscription ouverte en faveur de la veuve du colonel Henry insultée et d'un malheureux orphelin (9)..	15	»
Un groupe de gardiens de la paix qui seraient très heureux de cogner dur et ferme sur les Dreyfusards et les sales Youpins, tandis que, par ordre et sous peine de révocation, ils sont obligés de protéger ces coquins (6)...............	12	50
Deux sergents de ville du XII° (4).....................	2	50

ROYALISTES, CÉSARIENS & CLÉRICAUX

	Fr. c.
Archdeacon (Ed.), catholique et patriote (9)	50 »
Aubertin (Paul). Un petit caporal et un 18 Brumaire, S. V. P. (4)	1 »
Barbot. Appel aux camarades du 2ᵉ hussards (8)	0 25
Beauchesne (Gabriel), représentant de commerce, royaliste, Paris (4)	2 »
Bertin (Pierre), vice-président de la Jeunesse royaliste de Paris (4)	20 »
Bézine (Paul), président d'honneur de la Jeunesse royaliste de Paris, lieutenant de réserve d'artillerie (16)	10 »
Blanque-Belair (Edmond), ancien sous-préfet. Vive le Roy ! (12)	1 05
Boulon (F.), antijuif, antifranc-maçon. Qui donc nous débarrassera en France de cette vermine ? Quel bras de fer nous rappellera le vainqueur d'Austerlitz ? (8)	2 »
Brémond (Eugène), secrétaire particulier du prince de Broglie (7)	5 »
Carillot, à Neuilly. Un pur bonapartiste (10)	0 25
Cartaux (Mme). Deux victimes de Juifs. Dieu veuille nous ramener un Bonaparte (6)	1 50
Carles (Georges). Vive la France ! Vive le duc d'Orléans ! (14)	5 »
Casareto (Paul), vice-président de la Jeunesse plébiscitaire de l'arrondissement de Lisieux (7)	1 »
Clapier (M.), catholique qui veut la France aux	

	Fr. c.
Français (3)	10 »
Cordier (Charles) : Vive le Roi ! Bordeaux (14)...	1 »
Cordier (Jean) : Vive le duc d'Orléans ! Bordeaux (14)	1 »
Cordier (Marguerite) : Vive le duc d'Orléans ! (Bordeaux (14)	1 »
Cordier (Paul) : A quand le duc d'Orléans ? Bordeaux (14)	1 »
Cordier (Pierre) : Vive le duc d'Orléans ! Bordeaux (14)	1 »
Cordier (Thérèse) : Vive le duc d'Orléans ! Bordeaux (14)	1 »
Clément (Léon), royaliste, antisémite, jésuite, calotin, etc., etc. (13)	0 50
Couchotte. Un nouveau Fructidor ce serait l'âge d'or (16)	1 »
Créqui (Mme de), 130, boulevard Malesherbes. Vive l'empereur !	25 »
Crocket (Marianne du). Une abonnée du *Petit Caporal*. Vive l'Empereur ! 47, rue Saint-Didier (5)	25 »
David (Adrien) et ses trois fils. Vive l'armée !...	10 »
Derigo (P.), républicain-radical, mais catholique et patriote (3)	2 »
Doppler, Alsacien. Vive celui qui sera la tête du mouvement (17)	1 »
Dubois, rue du Hâvre. Vive l'Empereur (9)	5 »
Duchossoy (Mme), cantinière du Comité royaliste du 19ᵉ (9)	0 50
Duval (Alphonse). En l'honneur de la très sainte Vierge (11)	1 »
Duval (F.) Nous voulons Dieu dans les écoles (11)	1 »
Erasme-Auger (H.), intellectuel et royaliste (7)..	1 »
Fouquet, adhérent au Comité royaliste du 19ᵉ (9)	1 »
Gilmer, chef de section du Comité royaliste du 19ᵉ (9)	1 »
Godefroy (Eugène), président de la Jeunesse royaliste de Paris (4) (*)	5 »
Guillandin (Mʳ Eugène). En l'honneur de Saint-Antoine de Padoue (6)	5 »

(*) M. Eugène Godefroy figure également dans la sixième liste pour 50 francs.

	Fr.	c.

Hatary (versé par M.), secrétaire de la rédaction du *Petit Caporal*, pour le Comité plébiscitaire du 3ᵉ arrondissement (4)............ 20 »

Hyronimus, chef de section du Comité royaliste du 19ᵉ (9)............ 50 »

Jorger (Lucien), président du Comité royaliste du 19ᵉ (9)............ 5 »

Krumenacker (A.), soldat du Christ (8)....... 1 »

Lacaze (Maurice). Vive Jésus-Christ ! Vive la France! Vive le Roi (6)............ 5 »

Lefèvre (Mme). Vive l'Empereur ! (4).......... 1 50

Levecque (Paul), gagne-petit, catholique et patriote (4)............ 2 »

Leys (Léon), président du Cercle des Etudiants de l'Université catholique (14)............ 1 »

Lourdes, à Toul, ancien élève des Frères (5).... 5 »

Magnotte (La) qui attend son caporal (8)........ 1 »

Mazier, catholique, anti-juif et anti-franc-maçon (8)............ 15 »

Michel (J.), de l'Action catholique de Versailles (9)............ 2 »

Michel (L.), de l'Action catholique de Versailles (9)............ 2 »

Michelin (F.), ancien secrétaire de la Jeunesse royaliste de Paris (5)............ 5 »

Montespan (Ulysse de). Vive l'Empereur! Vive le sabre libérateur ! (6)............ 1 »

Muller, concierge à l'Ecole des frères de la rue Lafayette (9)............ 1 50

Osmont (A.-D.), royaliste catholique et patriote (7) 5 »

Péner (M. J.), président de la Jeunesse royaliste du Finistère (14)............ 20 »

Pineau (A.), catholique et Français (7)......... 1 »

Reynard (M.), pour le comité plébiscitaire du 17ᵉ arrondissement (10)............ 20 »

Ridel (Georges), typo à Albert. Vive l'Empereur ! A bas les Juifs (6)............ 1 50

Rohmer, royaliste berrichon, pour la création d'un nouveau journal royaliste nationaliste pour remplacer le journal Dreyfusard le *Soleil* (14)............ 0 25

Roque (Mme H.), présidente du comité des Dames royalistes du 19ᵉ (9)............ 2 »

Saint-Denis (Noé de), catholique et patriote (8).. 10 »

	Fr. c.
Sallon (Maurice), vice-président de la Jeunesse catholique (Arras) (10)......................	1 »
Vallée (J.), de l'Action catholique de Versailles (9)	2 »
A. B. C. D., Rouen. Un frère de Chouan qui a foi dans la parole de six ministres de la guerre (11)...	5 »
A. G. Qu'attend l'armée ? (14)...................	1 »
A. J., en hommage aux catholiques (14).........	1 »
A. P., protestant désabusé. Demande un sabre pour exterminer la race juive (7).............	5 »
A. P. Plus royaliste que jamais (17)............	10 »
B. E. Une mère catholique et française (11).....	2 »
C. B., à Béthune. A quand les coups de sabre? 1 fr.; Mme C. B., 1 fr.; Geneviève, Robert et Paul B., 0,75 (12)	2 75
C. F., C. M., S. G., M. F. et A. R., cinq Français courrameaux qui regardent l'horizon dans l'espoir de la botte libératrice. Saint-Chamond (6)...	5 »
D. (Georges). Vive l'Empereur ! (6).............	5 »
D. (Pierre). Pour dérouiller le sabre libérateur contre les ignobles juifs et judaïsants. Un sans-travail (9)..	0 50
E. B. Vive la France ! Vive Gamelle ! (8).........	1 »
E. V., père et fils, deux patriotes corses. Vive Brumaire et Décembre ! A bas les Juifs ! (8)...	1 »
G. F., à Angers. Christ et France (10)..........	2 »
G. G. Si comme patron je commande, comme soldat j'obéirai. Vivent les chefs ! (14)..........	2 »
G. R. Vive le sabre ! A bas le goupillon et les Juifs ! (14).......................................	1 »
G. R. (La famille). Pour Dieu et pour la Patrie (8)	2 »
G. R. (La famille). Pour Dieu et pour la Patrie (9)	2 »
H. de L. Gloires napoléoniennes : Waterloo, Sedan ! — Gloires républicaines : Kiel, Fachoda ! Vive le Roi ! (14).................................	0 25
H. V., dégoûté de la République des Youtres. Vive l'Armée ! A quand le sabre libérateur ? (16)...	2 »
J. D. La France du Sacré-Cœur ne sera jamais la patrie du juif (14)............................	0 50
J. G. Très sincèrement Républicain ! mais Français avant tout, qui crierait volontiers : Vive le Roi ! (6).......................................	5 »

	Fr.	c.
J. M., patriote catholique, Antijuif ligueur (2ᵉ versement) (14)...........	0	50
J. P. Eh bien! Guérin! (9)..................	1	50
J. R., jeune bonapartiste (9)................	0	50
L. (Alphonse). Vive l'Empereur! (14).......	1	»
L. (Alfred). Qu'il vienne le sauveur! Vive l'Empereur! Vive Drumont! Vive la France! Que Dieu nous garde l'espérance (14)........	1	»
L. G. Un royaliste (8)......................	10	»
L. J. Un dégoûté de la République des Juifs (6)..	1	»
L. R. (Mlle), catholique (4)................	0	25
L. S. Une fille de lieutenant-colonel du génie, Française catholique (16).................	2	»
L. V. R. Un épicier qui a assez de la République (16).....................................	0	50
M. (Mme), navrée de ne pas avoir vu un seul évêque prendre part à la souscription (16)....	2	»
M. B. Fruitier catholique du XIVᵉ (4).......	1	»
M. B. Une catholique et une Française (16)....	2	»
M. B., à Bourbonne-les-Bains, 10 fr. Un petit groupe de patriotes bourbonnais appelant de ses vœux le grand sabre qui débarrassera les Français de toute la vermine judéo-protestante, 15 fr. (7).....................................	25	»
M. C. Une mère chrétienne (9)..............	0	45
M. H. Que la Ste-Vierge sauve son royaume de France (14)...............................	20	»
M. P., bonapartiste antisémite (10)..........	1	»
N. (Alexandre). Un fils d'officier catholique (3)...	0	50
N. R. Quand nostre roy Charles huictième, quasi sans tirer l'épée du fourreau (7)..............	0	75
P. (Jean-Pierre.) Pour le drapeau! Un coup d'Etat sauveur! (8)................................	1	»
P. G., membre de l'Union fraternelle des patrons chrétiens. Un Français qui voudrait voir la France gouvernée par Saint-Louis. La perfide Albion n'aurait jamais alors osé la gifler (11)..	25	»
R. L., M. R., F. R., D. P., F. D., sa fille, son fils, un royaliste, son fils. Saint-Rémy (12)........	2	30
R. V. Pour le sabre qui nous débarrassera des sans-patrie (11).............................	2	»
V. M., à Charenton. Pour armer le bras vengeur (14).....................................	2	»
V. T., ancien Franc-Maçon devenu catholique		

	Fr. c.
pratiquant (17)	1 »
Un allumeur de gaz bonapartiste (12)	0 60
Un Alsacien catholique (3)	2 »
Un Alsacien. Comte de Paris où êtes-vous? (10).	1 05
Une amie inconnue pour Mme Henry. Que Dieu protège la France! (8)	2 »
Un ex-anticlérical qui comprend enfin qu'on s'est fichu de lui (4)	0 50
Un antirépublicain et un antijuif enragé (4)	5 »
Un antisémite qui porte le nom d'un évêque français (8)	1 »
Un jeune Antisémite royaliste, à Agen (10)	0 50
Un vieil assureur catholique et Français (11) ...	5 »
Un ancien bonapartiste patriote, chauvin et antijuif (6)	1 »
Un bonapartiste que l'article de Cassagnac n'a pas étonné (14)	2 »
Un bonapartiste qui attend chaque jour la souscription de P. de Cassagnac (10)	3 »
Un bonapartiste qui voudrait être quarante-huit heures ministre de la justice (11)	1 05
Un bonapartiste qui se demande ce que le prince Victor Napoléon attend pour agir (4)	1 »
Un petit boulangiste (9)	0 25
Un Breton royaliste (11)	1 50
Une caissière de la régie, catholique et patriote (10)	1 »
Un groupe de jeunes calotins de Bercy (16)	7 »
Un jeune catéchumène qui remercie Reinach de lui avoir fait prendre en horreur ses coreligionnaires (16)	0 75
Un catholique (4)	1 »
Un catholique de Draguignan (10)	2 »
Un catholique bonapartiste. Vive l'empereur! (12)	1 »
Un catholique, à Maureilhan (6)	0 25
Une catholique d'Anjou (13)	2 10
Un catholique antisémite de Périers (4)	1 »
Trois catholiques de Bar-le-Duc (8)	5 »
Un groupe de 30 catholiques du 14e arrondissement (14)	4 »
De la part d'un catholique pour la veuve Henry (10)	1 »
Une catholique de Cergy (8)	5 »
Un habitant de Baccarat qui se demande pourquoi	

	Fr. c.
les généraux attendent si longtemps pour débarrasser la France des vendus (16).........	0 50
Un membre du Petit Chapeau (10)..............	10 »
Un Douaisien légitimiste (7).................	5 »
Catholique français (7).....................	2 »
Un catholique qui prie pour le repos de l'âme du suicidé par patriotisme (10)................	5 »
Un catholique Sarregueminois (4).............	20 »
Un vieux catholique et ses deux filles, à Tours (13)	3 »
Les catholiques roulés par la fripouille juive (10)	0 50
Une catholique pour que Saint-Michel délivre la France des Youpins et des Francs-Maçons (17)	1 50
Un groupe de membres du cercle catholique d'étudiants (3)...............................	43 »
Un Césarien (15)...........................	5 »
28 membres d'un Cercle catholique d'ouvriers de Paris, après avoir rempli leurs devoirs religieux à la messe de minuit (16).................	8 20
Le cercle chrétien de Fumay (14)..............	5 »
Un chouan d'Anjou (4)......................	5 »
Un vrai chouan (14)........................	1 »
Un chouan qui a eu la preuve absolue de la trahison de Dreyfus (3)......................	1 »
Un chouan de la Cie d'Assurances générales (7).	2 »
Un chouan de la Cie d'assur. la Providence (7)..	1 »
Fille et petite fille de chouans (11).............	5 »
Une chrétienne révoltée contre la législation de 1881 qui ne protège pas même la mémoire des morts (2)..................................	2 »
Une femme d'officier d'artillerie en communion parfaite d'idées avec son mari. A quand la charge ? (16)............................	2 »
Un clérical (16).............................	0 50
Groupe de cléricaux qui protestent contre l'article de M. de Cassagnac (14)..................	1 25
Une croyante française (4)...................	0 25
Un groupe de cultivateurs patriotes de l'arrondissement de Coutances, contre la République des Juifs et des Francs-Maçons qui déshonorent la France (7)............................	2 50
Un dégoûté de la République des Youtres, des parpaillots, etc. (12)......................	0 25
Un dégoûté de la République enjuivée (7)......	20 »
Un électeur royaliste et drumontiste de la Haute-	

	Fr.	c.
Ville, à Boulogne-s-Mer. La France se réveille! (16)......	20	»
Un groupe d'employés de commerce catholiques français de Reims (9)......	10	»
Trois épiciers royalistes, Alsaciens expulsés (11)	3	»
Une famille catholique et antijuive (9)......	5	»
Une famille chrétienne, unie et patriote (17).....	25	»
Un de ses fils, ex-sous-officier devenu royaliste (17) (*)......	0	50
Une famille chrétienne, pour la Justice et pour la France (3)......	20	»
Une famille chrétienne de Limoges (8)......	10	»
Une famille chrétienne de Montmartre (3)......	2	»
Une famille catholique de Thiers (12)......	1	50
Une famille catholique de neuf enfants (10)......	3	»
Une famille de cordonniers demande un Napoléon (17)......	0	60
Une famille patriote et bonapartiste (6)......	5	»
Une famille française et catholique (3)......	2	»
Une famille monarchiste et catholique (12)......	1	»
Une famille qui attend impatiemment le roi (6)..	5	»
Fédération des groupes populaires de la banlieue Nord-Ouest de Paris (9)......	45	»
Une femme chrétienne de Basse-Normandie (12).	1	»
Un groupe de femmes patriotes et antisémites de la rue de Bruxelles. Vive Napoléon V, espoir de la France! (7)......	8	»
Un Français catholique de Paray-le-Monial (12).	2	»
Un Français catholique (5)......	1	50
Un Français chrétien (17)......	1	»
Une Française royaliste (2)......	5	»
Français et catholique (11)......	10	»
Un Français pour rappeler leur devoir au duc d'Orléans et au prince Napoléon (9)......	5	»
Un Français pour savoir ce que le comité de la libre-pensée a payé! (9)......	1	»
Une Franc-Comtoise. Vive le duc d'Orléans, qui seul peut chasser les vendus! (16)......	1	05
Un franc-maçon, un catholique, un protestant (9)	6	»

(*) Cette souscription est précédée de celle-ci :

« Mme Carrey, Franc-Comtoise, mère de huit enfants dont cinq sous les drapeaux... 0 50 ».

	Fr.	c.
Le frère et la sœur catholiques, à leur grande sœur et à leur petit frère en Jésus-Christ (5)..	10	»
Un gas de la Villette, chef de section du comité royaliste du 19e (16)	0	50
Un Gascon catholique (3)	1	»
Un gosse royaliste, à Lyon (7)	2	»
Un graveur royaliste qui n'attend que la fin de la Gueuse pour enfoncer son burin dans le ventre d'un Juif (10)	0	50
Douze petits jésuites qui ne sont pas comme Reinach et qui ont fait vœu de pauvreté (14)	0	60
Plusieurs jeunes gens catholiques des Lilas (8)..	2	25
Deux jeunes filles royalistes. La femme écrasera la tête du serpent (6)	5	»
Un groupe de jeunes Français qui font un appel désespéré à un sabre patriote pour sabrer tous les fourbes, tous les dreyfusards (16)	1	05
Un groupe de la Jeunesse catholique. A bas les Juifs ! (6)	105	»
La Jeunesse royaliste d'Avignon (9)	20	»
La Jeunesse royaliste de Frontignan (16)	10	»
Jeunesse royaliste de Loir-et-Cher (Quête au banquet de la) (8)	78	65
Le groupe de la Jeunesse royaliste de Lyon (6)..	25	»
Jeunesse royaliste de Toulouse (Collecte de la) (10)	10	60
La Jeunesse royaliste de Paris (4)	100	»
Le groupe de la Jeunesse royaliste du 5e arrondissement (3)	2	»
Groupe de la Jeunesse royaliste du 8e arrondissement (4)	20	»
Souscription du groupe de la Jeunesse royaliste du 16e arrondissement, après la réunion du 14 décembre (3)	40	70
Le comité de la Jeunesse royaliste des Pyrénées-Orientales dans son assemblée générale du 18 courant a manifesté son indignation contre les meneurs de la campagne Dreyfusarde et contre le Juif Reinach et une souscription faite au sein du dit comité a produit : (9)	70	85
Un légitimiste breton (10)	5	»
Une vieille lessiveuse, une cuisinière, une femme de chambre. Vive le roi ! (10)	2	50
Un groupe de Levalloisiens plébiscitaires, Leval-		

	fr.	c.
lois.............................	3	60
Un retardataire républicain catholique (17)......	0	10
Deux Roubaisiens et un Wattrelosien catholiques qui ont chassé l'infâme socialiste dreyfusard Jules Guesde (14)........................	1	»
Trois ménages royalistes (16).................	1	50
Une royaliste (4)............................	10	»
Un royaliste qui aime l'armée (8).............	3	»
Un royaliste d'Angoulême (10)................	5	»
Un royaliste et sa femme, à Antibes (16)......	5	»
Un royaliste antisémite Marseillais (12).......	1	»
Un royaliste d'Asnières (17)..................	2	»
Un royaliste breton. A bas les Youtres ! (9)....	1	»
Un royaliste catholique (14)..................	2	»
Un royaliste de Cherbourg qui veut la France aux Français (14)...............................	10	»
Un royaliste honteux de l'enjuivement de la noblesse française (16).........................	2	»
Un royaliste impénitent (10)..................	1	»
Un royaliste qui attend l'expulsion des Juifs (5).	0	25
Un royaliste qui n'a pas été étonné de l'entrée de Kerohant dans le syndicat (3).............	2	»
Un vrai royaliste octogénaire réduit par des voleurs à l'hospice Galliera, admirateur et ami de tous ceux qui honorent la France (9).........	2	»
Un royaliste pas riche. Pauvre France ! (8).....	3	»
Un royaliste pauvre qui voudrait voir le duc d'Orléans et les nobles Français moins rampants devant la juiverie (5).................	1	»
Un royaliste prolétaire, à Sarlat (16)..........	0	25
Un royaliste de Rouen (9)....................	5	»
Un royaliste Mantais (14)....................	1	»
Un royaliste de Ménigoutte (16)..............	1	»
Un royaliste Toulousain (8)..................	10	»
Un peu de pain court d'un sacristain qui a la tête près du bonnet (12).........................	0	25
Deux sœurs Alsaciennes catholiques et patriotes et une veuve fille d'officier, dont les cœurs sont plus remplis de patriotisme que la bourse d'argent (17)................................	1	05
Produit d'une souscription faite au café catholique de Saint-Didier entre les quelques habitués présents. Vive la France ! Vive l'armée ! (9)	25	»
Un travailleur Dunkerquois qui demande un 18		

	Fr. c.
Brumaire pour nous débarrasser de la fripouille juive et franc-maçonne (16)............	1 05
Pour embêter les républicains (14)............	0 25
Ses deux filles, enfants de Marie (8) (*)......	0 50
Un Versaillais royaliste, 1 fr.; au nom de sa fiancée, 0 fr. 50 (9)...............	1 50
Denier de la veuve de l'Évangile, vers le Christ (16)	0 50
Une veuve et son fils, en souvenir de leur bien-aimé prince tué au Zoulouland (9).........	5 »
Une veuve légitimiste qui regrette le vieux passé où les Juifs étaient tenus à leur place (12)....	2 »
Une veuve pauvre Française et patriote. Courage et espoir! Dieu soutient les affligés (6)......	3 »
Une veuve qui élève son fils pour Dieu et la France et en haine des Francs-Maçons et des Juifs, 0 fr. 15. Nous voulons que Dieu et sa justice règnent partout, 0 fr. 15; pour que Mme Henry fasse de son fils un chrétien et un soldat, 0 fr. 15; une admiratrice de Drumont qui voudrait le voir gouverner la France avec un pouvoir de roi ou d'empereur, 0 fr. 15. Total (16)............	0 60
Une victime des sœurs juives de l'Assomption du couvent du Bouscat près Bordeaux (14).......	5 »
Ah! l'inquisition ou le Comité du Salut public (4)	0 25
À la rescousse, Philippe! En avant! Vive le roi! (14)............	1 »
Alerte! Hardi général! Sauveur de la France. À cheval! (11)............	1 »
Allons, Bonaparte, dépêchons-nous, il est temps (2e versement) (15)............	0 50
Allons Déroulède, en avant! Tant pis pour qui tombe! (16)............	10 »
Allons, Messieurs les généraux, un brave s. v. p. (16)............	0 50
Allons, généraux! Groupe de sous-officiers d'artillerie (9)............	10 »
Allons, M. de Mun, laisserez-vous passer, sans	

(*) Cette souscription est précédée de celle-ci :
Père de famille............ 0 50

	Fr.	c.
protester, les infamies de Freycinet? (16).....	1	»
Alors que ce pays n'a plus ni foi ni loi, Ce n'est plus un prévôt qu'il lui faut, c'est un roi!		
Vive Philippe VIII ! (14)...............	0	50
A pleins poumons : Vive l'empereur ! (13)	1	»
A quand le coup de balai? (17)...............	2	»
A quand le sabre! (10).................	10	»
A quand le sabre vengeur ? Au drapeau! A bas les Juifs! Famille A. G., Marseille (11)......	5	»
A quand le sauveur et le châtiment de toute la canaille? (9)...........................	0	50
A quand le sauveur et justicier Napoléon V? Vive l'Empereur ! (14).......................	1	»
A quand le signal? (8).....................	0	25
Arborer les fleurs de Lys (16)..............	0	25
Arrive donc, monarque libérateur ! (17)........	0	50
Au Drapeau! (8)........................	1	50
Cedant arma togæ est une bêtise (9)...........	5	»
Ceux qui croient que l'agitation actuelle peut amener au régime une poigne sont, suivant l'*Aurore*, des esprits faibles et maladifs (*sic*). — Un de ces pauvres imbéciles (16)............	1	05
Crosne. Un sauveur quel qu'il soit. Vive l'armée! Vive la France ! (5)......................	10	»
Dans l'attente du coup de balai final! (5)........	5	»
De la poudre et des balles ! (14)....	2	»
Domine salvum fac patriam ! (12)...............	3	»
Duc d'Orléans, venez sauver la France, il n'est que temps ! (14)........................	1	20
Empereur. Vive la France aux Français ! (4).....	1	»
En avant ! général ! (14)...................	0	25
En avant pour le coup de balai! Un jeune bonapartiste enragé de St-Ouen (11)	1	»
Enfin les officiers font preuve d'existence ! (11)..	0	50
En haine des vendus de la cour de cassation. Un patriote qui attend le sabre vengeur (5).......	5	»
Faites sonner la charge, Drumont ! (8)..........	0	50
Français, l'êtes-vous encore ? (4)	0	25
France, sonne la Diane ! (16)	0	25
Généraux français, si vous laissez rentrer Dreyfus, vous n'êtes plus dignes de porter l'épée ! (14)	1	»
Généraux!! sabre.... main!! Le peuple est avec vous (14)	0	50

	Fr.	c.

Gloire au sabre libérateur! Nancy (11).......... 1 »
Hardis, partons en guerre! Le vrai soldat français se f..... des circulaires. Au pékin Freycinet (16)............................. 0 45
Haut les sabres! (9)............................. 3 »
Hommage à Judet et au général Chanoine (11).. 1 »
Il nous ferait regretter le tyran Louis XIV, disant: « L'État, c'est moi! » (16)............... 2 »
Il n'y a pas encore d'évêques à côté des généraux (14)... 2 »
Jeanne d'Arc, aide-nous à chasser ces nouveaux Anglais! (9)................................... 1 »
L'arrière petit-fils de Louis-Philippe 1er ne doit pas s'appeler Philippe VIII (16).............. 0 25
Les généraux attendent-ils que le peuple fourbisse leur sabre? (8).......................... 0 50
Le prince Gamin ne doit pas s'appeler Gamelle (16) 0 25
Noël! Noël! Vienne le Rédempteur! Marseille (11) 3 »
Nos cartouches sont embusquées. Un signe de nos généraux. Un fantassin (8)................... 0 30
Nos généraux vont-ils se laisser impunément insulter? (6)..................................... 5 »
O héros d'Austerlitz! puissent tes mânes inspirer les descendants! (9)......................... 1 »
O Jeanne d'Arc, revenez avec votre drapeau blanc! Vive le drapeau blanc qui a donné Alger à la France! J. du Doré (16)....................... 1 05
On attend une tête et un bras (9).................. 0 46
On demande un homme à poigne pour débarrasser la France des sales Youpins et leurs souteneurs, 1 fr.; Choumara, voyageur de commerce, 1 fr.; Agathe Soisy, 1 fr. (12)........... 3 »
On demande un Napoléon (13)....................... 0 50
On demande un revenant d'Egypte, il y a urgence! (5)... 2 »
Orléans (au nom du duc d') (17)................... 0 25
O Sacré-Cœur de Jésus, délivrez la France de ses ennemis! (6).................................. 1 »
Où est le chef et on marchera (6)................. 0 30
Pauvre France habillée en sale République, tu en mourras (17)................................. 0 50
Par haine de tout ce qui n'est pas patriote. Vive Philippe! (9)................................. 5 »
Pour le prochain avènement de la génération des

	Fr.	c.
Monteil et des Marchand, appelés à reconquérir la France de Jeanne d'Arc et de Duguesclin (10)	5	»
Pour le sabre, avec ou sans goupillon (11)	1	»
Pour le sabre et le goupillon contre la bombe ou le poignard de la vermine juive (14)	0	25
Pour le sabre et le goupillon et pour faire enrager un dreyfusard rédacteur à l'*Aurore*. 2ᵉ versement (10)	0	30
Pour les funérailles de la République, si ça continue (16)	2	»
Pour participer à la dépense du voyage de retour du général Galliéni. Puisque les généraux de France ne veulent pas donner le coup de balai, allons, mon général, sabre en mains et chargeons ! (12)	50	»
Pour terminer l'affaire Dreyfus, il faudrait un ministre de la guerre qui ait l'énergie de faire arrêter et f..... au bloc toute la crapule qui siège à la Cour de Cassation (6)	1	»
Prince Philippe d'Orléans, vous êtes doué pour le veau d'or puisque votre journal en est ? Vive le prince Victor ! (16)	0	55
Prince Victor Napoléon, sire, qu'attendez vous ? (16)	0	55
Quand donc marcheront nos généraux ? dit mon capitaine. Nous les suivrons tous. Une ordondonnance (9)	1	»
Quand donc serons-nous gouvernés ? Une grenouille qui demande un roi, même une grue, mais pas un soliveau (14)	0	50
Quatre écœurés qui réclament instamment le grand sabre (11)	1	05
Qu'attend l'armée ? (8)	1	50
Que les généraux fassent comme Déroulède, qu'ils risquent leur peau pour sauver la patrie ! (13)	5	»
Quel malheur que le petit prince soit mort, assassiné par les Anglais ! (14)	0	25
Qui nous fera un Brumaire contre la canaille ? (16)	2	»
Quoi donc ! plus de poil, Messieurs les Généraux ? (14)	0	50
Revenant de rendre hommage aux héros de Sidi-Brahim (17)	1	»
Robespierre ou Charles X ! (8)	1	»

	Fr.	c.
Le sabre qui mettra en morceaux les juges criminels de la Cour de cassation (6)	5	»
Seul un Napoléon saura faire respecter la France ; seul un César saura écraser la vermine juive (16)	2	»
Si la République n'est possible qu'avec les sans-patrie, vive l'empereur ! (17)................	1	»
Si la suprématie du civil sur le militaire a pour but le droit d'insulte à l'armée, gar · à la revanche (14)	0	50
Si le prince Victor ne marche pas, c'est qu'il n'en veut plus (14)	1	»
S'ils rendent la justice, nous avons le nombre : finissons-en par la force. Un Golbichon (8)	1	»
Sept Giennois attendent le grand jour (8).......	6	10
Trois prêts au premier signal (10)	15	»
Un dévoué à Louis Napoléon (16)...............	2	»
Un flingot, s. v. p. (11)......................	5	»
Un grand parti de réaction patriotique est né. Les énergies sont prêtes. Vive la réaction ! (9)	5	»
Un Napoléon pour cravacher l'Angleterre et un Richelieu pour décapiter tous les traîtres ! (10).	0	55
Un pays grandit par la charrue et l'épée (13)....	0	10
Un qui préfère le sabre et le goupillon au sécateur (11)	0	45
Un qui trouve que la patience des généraux devient de la peur (5)..........................	2	»
Un sabre pour l'écurage des immondes vendus (8)	5	»
Un sabre pour leur couper les oreilles. Un goupillon pour les moraliser et les rendre moins voleurs (9)....................................	1	»
Un qui crie : Vive l'armée ! Vive le sabre qui nous débarrassera de toute la vermine ! Vive Drumont ! (16)	1	»
Vive Brumaire ! A bas les traîtres ! (16).........	0	50
Vive Catherine de Médicis ! (8)................	2	»
Vive Dieu! nos généraux ! *Fortuna juvat!* (16) ..	1	»
Vive l'armée ! A quand la charge ? (9)	5	»
Vive le Christ qui aime les Francs et a maudit le Juif ! (8)	1	»
Vive le Christ trahi par Judas ! (9)..............	1	50
Vive le comité de Salut public ! (7)	0	50
Vive le duc d'Orléans ! (16)....................	3	»
Vive le duc d'Orléans ! (16)....................	10	»
Vive le général Bothoku ! (16)..................	2	»

	Fr. c.
Vive le duc d'Orléans ! Mais à bas les Juifs et de Kerohant ! Saint-Brieuc (6).................	0 50
Vive le général X.. qui commandera la charge ! (6)	5 »
Vive l'empereur ! (6)............................	5 »
Vive l'empereur ! (6)............................	5 »
Vive l'empereur ! (16)...........................	0 50
Vive l'empereur ! A bas les Juifs ! (8)...........	1 »
Vive l'empereur ! En voilà un qui n'aurait pas toléré tout ce qui se passe actuellement. Mais tout a une fin ici-bas (5)....................	2 »
Vive l'empereur ! Un Corse qui voudrait débarrasser la France de la vermine juive (6)	2 »
Vive le Plébiscite ! (2)...........................	0 50
Vive le prince Napoléon qui seul pourra sauver l'armée et la France ! Un soldat de 1870 (12)...	1 »
Vive le roi et à bas les Juifs ! (6)..............	2 »
Vive le roi ! Saint-Gaudens (10).................	1 »
Vive l'armée ! Vive le roi ! (16)	2 »
Vive la France ! Vive l'empereur ! (14)..........	0 25
Vive la France, vive l'armée et un grand sabre ! (11)	5 »
Vive le sabre ! Montpellier (9)	20 »
Vive le sabre ! Vive le balai ! (5)................	20 »
Vive l'Inquisition ! (11)........................	1 »
Vive Napoléon et Jeanne d'Arc ! (14)............	0 30
Vive Napoléon le Russe ! (13)	0 50
Vive Napoléon qui seul peut sauver la France ! (11)	1 »
Vive Napoléon V, espoir de la France ! (8)	1 »
Zurlinden, dictateur ! Un ancien du 102e (17)...	2 »

DIPLOMATES

	Fr. c.
Bailly (M.), secrétaire d'ambassade (8)	20 »
Béclard (Léon), secrétaire d'ambassade (5)	20 »

DIVERS

	Fr. c.
Abangit (Joseph) (17)..	0 50
Abaret (Mme), à Montpellier (16)............................	20 »
Abeille (Pierre), 23, rue de Lodi, à Marseille (6)..	3 »
Abel (7)...	0 50
Ableaux (Louis), à Templeuve (6)............................	2 »
Abram (Maurice) (2)...	1 »
Achard (Edouard) (3)..	1 »
Achaume (Louis), à Monteux (Vaucluse) (11)........	1 »
Achille (J. Alex.) (12)...	1 »
Agaesse (voir *Germain* [Alfred]).	
Agard (V. L.), Les Arcs-sur-Argens (12).................	1 05
Agussan (Jeanne) (voir *Andurans* au chapitre : *Excitation à la haine et au meurtre collectif des Juifs, Protestants,* etc.)...	1 »
Ahmed (Marie) (9)..	
Ailhet (Henry) (voir *Germain* [Alfred]).	
Aïtoff (10)..	0 50
Ajac (Pierre) (16)...	15 »
Alaine (Georges), à Paris (6)...................................	20 »
Albaret (Benj.), de Clermont-Ferrand, ouvrier tailleur (12)...	0 15
Albarracin (Francisco) (8)......................................	5 »
Albert, 66, rue du Cardinal (10)..............................	2 50
Albert (Charles et Victor) (8).................................	1 50
Alers (Eugène) (11)..	2 »

	Fr. c.
Alexandre (8)	1 »
Alexandre (Jean) (4)	2 »
Alexandre (Paul) (4)	2 »
Alexandre (Pierre) (4)	2 »
Alexandre (M. et Mme) (4)	5 »
Alexandre, 9, rue Gay-Lussac (14)	1 »
Alice (11)	3 »
Alice, 2ᵉ femme de chambre chez Mme de Crochet (5)	0 45
Alice (Mme) (14)	1 »
Allain (8)	0 50
Allard, rue de Courcelles, à Levallois (14)	0 50
Alleaume (Mlle E.), à la Tannerie (Indre-et-Loire (16)	1 »
Alleman (M.) (8)	0 25
Allemand (Gr.), à La Londe (Var) (6)	5 »
Alliod (Sophie), à Paris (6)	1 »
Aloype (Madeleine-Marie-Thérèse) (15)	0 75
Alric, à Marseille (5)	0 50
Altimar, à Marseille (5)	1 »
Amart (E.), à Nîmes (7)	10 »
Ambert (F. C.) (16)	5 »
Amé (Jules) (7)	2 »
Amel (3)	5 »
Amélie, 1ʳᵉ femme de chambre chez Mme de Crochet (5)	0 45
Améri (L') (12)	1 »
Amiel (Jude) (15)	1 »
Amiel (Pierre), à Marseille (13)	5 »
Amiel, camionneur, à Marseille (13)	2 »
Ammann (M. G.) (10)	20 »
Anatole, de Vevey, à Dijon (17)	0 50
Anchier (Camille), archiv.-paléogr. (4)	1 50
Andemard (Félix) (6)	20 »
André (7)	1 »
André et Marguerite, à Vincennes (7)	1 »
André, garçon de laboratoire (11)	0 40
André (E.) (8)	5 »
André (J.), rue d'Angoulême (12)	5 »
André (Joseph) (9)	0 50
Andrieu (Gaston) (16)	20 »
Andrieu (Mme E.) (4)	10 »
Anferte (voir *Germain* [Alfred]).	
Angèle (11)	0 30

	Fr.	c.
Angelfred (10)...	2	»
Angilard (M. et Mme) et leur fils (10).............	1	»
Antoine (Paul), industriel à Vecoux, ancien capitaine au 49e terr. d'infanterie (6)..............	20	»
Antoinette et Yvonne (4)...............................	2	»
Apchié (Mlle) (14).......................................	5	»
Archimbaud (J.) (3).....................................	5	»
Archimbaud (Mme), femme d'officier de marine (3)	5	»
Archimbaud (Mme J.) (3)..............................	5	»
Ardelle, 40, rue des Jeûneurs (8)...................	5	»
Ardibus (Octave), au Blanc (8)......................	3	»
Arène (J.), pauvre Marseillais (10).................	1	»
Arènes (9)...	1	»
Argaud, de Crest, ouvrier tailleur (12)............	0	10
Armand (voir *Clergel*).		
Armand (5)..	50	»
Armand (P.), 6, rue Montbernard, à Lyon (10)..	10	»
Armandine (Marie) (9)..................................	0	25
Armengaud (E.) (3).....................................	1	»
Arnaud (A.) (8)..	10	»
Arnaud (Henri), à Monteux (Vaucluse) (11)......	0	50
Arnaud (Joseph), à Monteux (Vaucluse) (11)....	0	50
Arnay (Lucette d') (6).................................	2	»
Arnoult (M. et Mme) (6)..............................	1	»
Aron (Joseph) (1).......................................	10	»
Arondel (A.) (6)...	5	»
Arthaud (Claude) (14).................................	2	»
Arthur (7)...	0	25
Asselin (Georges) (7)..................................	100	»
Athé (16)..	1	05
Attano (Henri), à Pau (11)............................	1	»
Aubart (4)...	1	»
Aubé, à Rouen (17)....................................	2	»
Aubé (Henri) (7)..	5	»
Aubert, au Vésinet (7)................................	5	»
Aubert (A.), membre de l'Union fraternelle (5)..	5	»
Aubert (Gustave) (6)..................................	20	»
Aubert (Henri), à Cette (5)..........................	10	»
Aubertin (Henri) (14)..................................	10	»
Aubès (Joseph), de Toulouse (5)...................	5	»
Aubin aîné, marchand boucher (5).................	10	»
Aubineau (Charles) (voir *Gaston* au chapitre : *Excitation à la haine et au meurtre de MM. de Pressensé, Reinach, etc.*)		

	Fr.	c.
Aublet (E.) (4).....	5	»
Aubry (12).....	1	»
Aubry (Mme Charles) (4).....	5	»
Auceil (A.), à Asnières (7).....	5	»
Aucher, à Poitiers (13).....	0	50
Audenet, à Paris (4).....	20	»
Audouin (Monsieur) (8).....	1	»
Auffret (Petit Yves), pour sa mère malade (8)....	0	25
Augé (Mme C.) (7).....	5	»
Auger (Henry) (2).....	1	»
Auger *senior* et Auger *junior* (voir *Thierry de Marcel* dans le chapitre *Etudiants*).		
Augereau, à Bordeaux (14).....	3	»
Augustin (9).....	1	»
Aupoulat (Jules) (Lozère) (10).....	1	»
Auraynier (Gabriel), maison Bonnard-Jaume et Cie (5).....	1	»
Aurregio (E.), à Lyon (5).....	10	»
Auriol, de Nîmes, ouvrier tailleur (12).....	0	10
Auvray (Lucien) (7).....	10	»
Auvray (Paul) (7).....	2	»
Auvray, au Havre (voir *Bourgais*).		
Auzat (Joseph), à Monteux (Vaucluse) (11).....	1	»
Avenel (Joseph) (17).....	1	»
Aventin (voir *J. P. L.* [Mme]).....		
Axling (Gustaf), 19, boulevard Bon-Accueil, à Mustapha (13).....	20	»
Ay, des Nouches, à Paris (6).....	5	»
Aymès (voir *Chevalier* [G.]).		
Azaïs et Douzon, directeurs d'assurance (9).....	10	»
Babaud (Pierre) (10).....	20	»
Babin (Albert) (3).....	5	»
Babin-Ramage, à Paray-le-Monial (11).....	1	50
Babut (11).....	10	»
Bachelier (Mme la générale) (2).....	10	»
Baclet (H). (11).....	4	»
Bacqua (Joseph) (5).....	5	»
Badenier (Paul) (3).....	2	50
Bagès (Maurice) (5).....	10	»
Bahier (J.), à Saint-Brieuc (16).....	3	»
Baillet, inspecteur d'assurances (12).....	5	»
Baillods, 3, rue Carnot, à Levallois (14).....	1	»
Bailly (André) (6).....	2	»
Bailly, propriétaire, à Quincy-ss-Senart (5).....	2	»

	Fr.	c.
Bailly (Ch.), membre de la Ligue (14)	0	25
Bailly (Eugène) (2)	2	»
Baillif (G.) (3)	3	»
Balbaud (L.), à Cherbourg (13)	1	95
Baldani (9)	2	»
Ballières (C. A.), à Cessy-Bois-Halbout (8)	5	»
Balmilgère (voir *Courtois*).		
Baloche (A.), chapelier, à Vernon (11)	2	»
Ballot (E.) (5)	20	»
Bandat (Louis), concierge (8)	0	50
Baratte (Mme Vve), Le Rosey (7)	2	»
Barbal (A.) (2)	10	»
Barbel (17)	10	»
Barbey (G.), à Nancy (3)	20	»
Barbier (4)	0	50
Barbier-Bouvet (Félix) (3)	5	»
Barbier (De la part de Jacques, Pierre, Germaine et leurs parents) (3)	30	»
Barbier (A.) (8)	6	»
Barbier (4)	0	50
Barbin, au Lion-d'Angers (4)	10	»
Barbou (P.), les Courrières (9)	10	»
Barbut (J.) (11)	1	»
Bardin (Ed.) (5)	10	»
Bardon (E.) (12)	5	»
Barentin (D. H.) (10)	2	»
Bargues, 70, rue Vallier, à Levallois (14)	0	25
Barjavel (H.), à Arras (8)	5	»
Barghon (Edmond) (5)	2	»
Barné (M.), à Orléans (6)	1	»
Baron (Jules) (9)	2	»
Baron (André), 18, avenue Labourdonnais (2)	5	»
Barot (A.) (4)	2	»
Barrail (Sixième), cordonnier, à C. (11)	1	»
Barré (P.), à Dom-le-Mesnil (9)	1	50
Barres, cordonnier, à Maureilhan (16)	0	50
Barrilliet, architecte, rue Toccard, à Levallois (14)	2	»
Berrochin (voir *Broissia* [comte de]).		
Barthe (11)	2	»
Barthé (Camille) (13)	1	»
Barthe (Louis), entrepreneur à Aspect (14)	3	»
Barthel (Hélène et Jeanne) (16)	2	»
Barthélemy (Mme veuve) (1)	10	»
Barthelmé (Louis), à Paris (9)	5	»

		Fr.	c.
Barthelot, à Marseille (13)		5	»
Barthes, à Maureilhan (16)		1	»
Barthomneuf (M. E.), négociant, à Clermont-Ferrand (16)		60	»
Bartomeuf (Etienne), ouvrier tailleur, à Clermont-Ferrand (12)		0	10
Barucq (François) (12)		0	50
Bary (Ernest) (9)		20	»
Basley (Louise) (14)		0	50
Basset (Mlle Eugénie) (8)		3	»
Bastien, Paris, pour Mme Henry (9)		0	60
Bastien, Hubert, Steil et de Chaigneau, employés d'assurances (6)		4	»
Bataille (E.), au Havre (12)		0	45
Batelière (Favie) (7)		0	60
Batelo (François) (6)		5	»
Bathereau, négociant, ancien conseiller municipal de Levallois, boulevard Bineau (14)		2	»
Batlo, à Dampmart (5)		0	50
Baud (Ferdinand) (11)		20	»
Baudat (Ephiphanie) (8)		0	50
Baudot et sa mère, rue Rodier (4)		5	»
Baudouin (A.), à Marseille (8)		5	»
Baudouin, (L.), à Marseille (8)		5	»
Baudry (François), à Bonneville-la-Louvet (17)		0	50
Baujard (M.) (10)		5	»
Baumann (T.) (14)		2	»
Bay (5)		1	»
Bayard (Ch.), à Lyon (11)		20	»
Bayon (L.) (4)		0	50
Bayon (J.) (voir *Dupleix*).			
Bazilles-Fressinnères (2)		5	»
Béarnais (Le) (17)		2	10
Beau (7)		5	»
Beaudoin (V.) (12)		1	»
Beaufumé (8)		0	50
Beaujard (Fernand) (4)		1	»
Beaujean (J.) père, à Bordeaux (4)		1	20
Beaume (François) (9)		10	»
Beaussant (Paul) (14)		1	»
Beauvais (H.) (2)		10	»
Béatrice (7)		1	»
Beaulieux (Ch. de), sa femme et sa cousine G. (9)		2	10
Beckers (Ch.) et Camille Jobard, à Menton (16)		3	»

Becquet (voir *Burosse*).	
Bedel (Joseph) (6)	3 »
Bédrines, à Maureilhan (16)	1 »
Bédu (Mme Marie) (2)	2 »
Beech-Vollenhoven (Mme veuve van) (3)	20 »
Beghin (Auguste), à Roubaix (3)	2 »
Begin, à Bonneville-la-Louvet (17)	0 50
Bégué (Félix), à Cherbourg (7)	5 »
Béguin (E.) à Boussac (7)	1 »
Béguinot (François) (12)	10 »
Béguinot (J.), à Langres (8)	50 »
Bégule (M. et Mme Léon), née de Clairval (11)	10 »
Behrend (Emilie) (3)	10 »
Belabre, 216, rue de Rivoli, à Paris (5)	2 »
Belin (3)	1 »
Belin (P), à Laon (8)	5 »
Beliveau (9)	1 »
Belkassin (Ali), de Constantine (5)	2 »
Bellanger, à Orléans (9)	1 »
Bellême, à St-Martin-du-Vieux (10)	1 05
Bellevaux (8)	0 50
Bellevaux fils (8)	0 50
Bellini (A.), Eden-Hôtel, à Nice (11)	3 »
Bellom (Yves), d'Uzel (12)	0 50
Belmontet (A.) (8)	20 »
Bénédict, cafetier, 70, rue Vallier, à Levallois (14)	1 »
Benguey (E.) (voir *Detaille* [Albert]).	
Benne (voir *Valençon*).	
Benoit (Célestin) (16)	2 »
Béquet (8)	2 »
Béquinot (Jean), 49, rue Bonaparte (6)	10 »
Bérat (E.), lecteur à Epernay (3)	5 »
Béraud-Villars (C.), à Châteauroux (6)	5 »
Berga (René) (9)	5 »
Bergasse (Al.) (8)	50 »
Bergasse (Alexandre), à Montceau-les-Mines (9)	5 »
Berge (Fernand) (3)	10 »
Berger (Mme) (3)	5 »
Berger (Henri) (10)	5 »
Berger (M. et Mme Michel) (7)	20 »
Berger (M. et Mme Michel) (8)	20 »
Bergeron (M.) (8)	0 50
Bergeron (Mlle) (8)	1 »
Bergès (14)	5 »

	Fr.	c.
Bergounhou (Marie) (7)	1	»
Berland (P.) (10)	4	60
Berlioz (M. et Mme Georges) (7)	10	»
Bernadou (Alfred), 14, rue Mathieu (14)	1	»
Bernadoux (Charles), à Bayonne (9)	5	»
Bernard (9)	1	»
Bernard (A), à Bruls (9)	20	»
Bernard (Alf.), à Dijon (11)	2	»
Bernard (André) (3)	20	»
Bernard (Benjamin) (17)	5	»
Bernard (Ch.), à Cambrai (10)	2	»
Bernard (Charles), à Monteux (Vaucluse) (11)	1	»
Bernard (Charles), maison Bonnard-Jaume et Cie (5)	1	50
Bernard (Léopold) (6)	5	»
Bernard (Mme) (12)	0	25
Bernard (S. A.) (3)	0	50
Bernay (Aimable), à Bonneville-la-Louvet (17)	0	25
Bernay père, à Bonneville-la-Louvet (17)	0	50
Berne (A.) (9)	2	»
Berne (Victor) (11)	5	»
Bernet (Mme la colonelle) (1)	50	»
Bert (9)	1	»
Bert (Louis), à Barsac (Gironde) (3)	5	»
Bertal, à Loudun (Vienne) (11)	2	»
Berthault, à Longchamp près Genlis (Côte-d'Or (16)	0	25
Berthault père et fils (4)	2	»
Berthet (M. et Mme) et leurs deux mignonnes (14)	5	»
Berthet (Louis), aux mines d'asphalte de Pyrimont (16)	2	»
Berthier (Louis), rue de Corneille, à Levallois (14)	5	»
Bertho (P.), à Saint-Cyr-sur-Loire (5)	2	»
Berthomieu (G.) (13)	5	»
Berthon (J.), à Lyon (11)	5	»
Bertin (Ed.) (5)	10	»
Bertin (L.), sa femme, ses enfants, à Paris (3)	3	»
Bertre (Roger Le), 21, rue Lapérouse (2)	100	»
Besançon (Julien) (6)	5	»
Besmes (Lucien), 36, rue Petit-St-Denis (5)	5	»
Besnard-Tulasne et le curé de Rouziers (7)	2	»
Besnus (Georges), 16, boulevard Châteaudun, à Saint-Denis (5)	20	»
Besombes, à Clairac (16)	1	»

	Fr.	c.
Besombes (Paul) (10).............................	2	»
Bessière (9).......................................	1	»
Besson (André) (11)..............................	10	»
Bettivy, à Bordeaux (14)..........................	»	50
Bezay (Mme), à Lyon (6)..........................	2	»
Bezons de Bazins (voir *Mooy*, étudiant).		
Beylot frères, à Saint-Denis (6)...................	4	»
Beyron (J.).......................................	2	»
Biagiotti (J.) (7).................................	10	»
Biard (Mlle Émilie) (4)...........................	0	50
Biderman (3).....................................	1	»
Biernawski (Louis), à Vichy (4)..................	2	»
Bierset (Alfred), à Besançon (10).................	2	»
Bigaud-Renaud (J.) (10)..........................	30	»
Bigot (Edgard), 103, rue Monge (13)..............	1	»
Bilhaud (Paul), 6, cité Monthiers (5).............	10	»
Billaudeau-Lussac (A.) (5).......................	10	»
Billet (Léon) (12)................................	1	»
Billottet (A.) (5).................................	3	»
Binet (Raoul) (8).................................	5	»
Binoux (Fernand), à Saint-Denis (12).............	20	»
Bioletti (Marius) et sa sœur (10).................	1	50
Biollay (Léon) (2)................................	50	»
Biortin (A.) (7)..................................	0	50
Biré (Alfred) (11)................................	5	»
Biré (Raymond), (Vendée) (11)...................	5	»
Biscay (8)..	1	»
Biscaye (14).....................................	0	50
Bise (E.) (2).....................................	5	»
Bisson, garde nationale en 1870, à Longchamp, près Genlis (Côte-d'Or) (16).......................	10	»
Bize (E.) (5).....................................	5	»
Bizot (Mme Georges) et ses filles (4).............	10	»
Blacas (Jules), com. postes, 57, rue Réaumur (11)	5	»
Blache (Henry) (5)...............................	3	»
Blaise (Édouard) (6).............................	0	50
Blaisse (H.) (11).................................	2	»
Blamonteau (Madeleine) (10)....................	2	»
Blanc (A.), à Monistrol (4).......................	5	»
Blanc (G.), à Marseille (16)......................	5	»
Blanc, boulanger au Chambon (Lozère) (10).....	1	»
Blanc (Henri) (5)................................	0	50
Blanc (Irène), de Dijon, ouvrier tailleur (12).....	0	25
Blanc (V.), à Dermey (9).........................	5	»

	Fr. c.
Blanc, de Nîmes, ouvrier tailleur (12)	0 05
Blanc (Joseph), à Digne (17)	5 »
Blanchard (voir *Boully*).	
Blanche (A.), à Liverdun (12)	2 »
Blanche (La petite) (14)	2 »
Blanchet (M.) (17)	0 50
Blanchet (Augustin), à Monteux (Vaucluse) (11)	0 50
Blancheteau (M.), à Noisy-le-Sec (5)	1 »
Blancheteau (Mlle), à Noisy-le-Sec (5)	1 »
Blanchy (Maurice) (10)	20 »
Blanckaërt (Romain), Steenvoorde (Nord) (13)	3 »
Blancq (M. et Mme) (3)	100 »
Blancq (Le petit Louis) (9)	10 »
Blasset (Louis) (16)	0 25
Blaviel (Joachim), à Paris (6)	3 »
Blavot (Mme) (11)	5 »
Blay (J.), à Nangis (Seine-et-Marne) (17)	2 »
Bleynie (Pierre) (17)	1 »
Bloc (E.) (7)	0 05
Blondeau et Sénart (4)	20 »
Blondel, 98, Grande-Rue, à St-Mandé (5)	1 »
Blondel, 85, rue Rambuteau (8)	1 »
Blondin, de la Bibliothèque Nationale (4)	1 »
Bluges (A.), à Tulle (6)	5 »
Boabdil (3)	2 50
Bobelot-Michaud, ancien combat. du Mexique (7)	3 »
Bocquet (J.), 5, boulevard Raspail (17)	10 »
Bodersbachar (12)	0 50
Bodèxe (E.), à Maureillas (11)	1 05
Bohême (A.), à Jussey (11)	5 »
Boïeldieu (P.), G. Nourry, P. Lefèvre (6)	6 »
Boin (4)	1 »
Boiperthuis (E. J.), à Puteaux (10)	1 05
Boirac (J.), à Bordeaux (14)	1 »
Boissel, à Bonneville-la-Louvet (17)	0 50
Boisserand (Mme) et son fils (5)	2 »
Boisset (J.) (7)	1 »
Boissière, 1, rue Maublanc, à Paris (5)	1 »
Boissonnet (4)	10 »
Boitel, de Dienval (M. N.) (12)	2 »
Bollée (G.), de St-Jean-de-Braye (Loiret) (7)	3 »
Bolot (Mlle) (7)	5 »
Bompais (Louis) (8)	1 »
Boncourt (M.) (9)	2 50

	Fr.	c.
Bondais (voir *Bride*).		
Bonin (G.) (9)............	10	»
Bontils (Valentin), industriel, à Roubaix (12)....	20	»
Bonnafus (8)............	0	50
Bonnais (L.), architecte (11)............	5	»
Bonnal (Raoul) (9)............	20	»
Bonnard (Joseph), mais. Bonnard-Jaume et Cie (5)	1	»
Bonnard (Julien), mais. Bonnard-Jaume et Cie (5)	5	»
Bonnard (P.) (6)............	10	»
Bonnardelle (J.-B.) socialiste français (10)......	2	»
Bonnel (H.), à Cambrai (10)............	15	»
Bonnet (D.), à Digne (17)............	5	»
Bonnet (Georges), à Boulogne-sur-Mer (2)......	1	05
Bonnet (Henri) (14)............	2	»
Bonnet (Henry) (3)............	20	»
Bonnet (Marthe et Madeleine) (9)............	5	»
Bonnevie (Famille) (10)............	3	»
Bonneville (Mme) (2).......*............	20	»
Bonnin (4)............	0	50
Bonptemps (A.), à Noisy-le-Sec (5)............	1	»
Bonsergent (3)............	0	50
Borde (Jules) (5)............	1	»
Bordereau, d'Angers, ouvrier tailleur (12)......	0	25
Borderies (J.), à Toulouse (14)............	5	»
Bordes, horloger, à Sarlat (16)............	1	»
Bordes (Jules), à Lourdes (10)............	2	»
Bordet (Eug.), de la Cie Franco-Égyptienne (12).	5	»
Borelli (Mlle Eugénie) (14)............	1	»
Boré-Verrier (Raymond) (4)............	20	»
Boret (voir *Petitjean*).		
Bories (E.), à Bordeaux (11)............	20	»
Borios (F.) (7)............	2	»
Borliachon-Lesparre (9)............	10	»
Bornet (M. et Mme F.) (5)............	2	»
Borrelly (Émile), château de la Samejane (17)...	10	»
Bosssu (Mlle), à Bruxelles (5)............	9	90
Bosais-Caussade (Louis) (14)............	5	»
Bottard (J.) (9)............	0	50
Sa femme (9)............	0	50
Bottel (Léon) (8)............	1	»
Bouat (Victor), à Nant (Aveyron) (16)............	1	»
Boubou (7)............	3	»
Boucand (voir *Lepret*).		
Bouchage (M.) (2)............	10	»

	Fr.	c.
Bouchard (A.) (7)	20	»
Bouche (3)	2	50
Bouchand (voir *Bride*).		
Bouché (Edouard, Marie et Henri) (4)	3	»
Boucher (Anna), à Rouen (3)	10	»
Boucher (E.), à Montrouge (7)	5	»
Boucher (Le) (16)	2	»
Bouchet (R.), à Bazouges-sur-le-Loir (Sarthe) (14)	10	»
Bouchet (Th.) (9)	1	»
Bouchez (Edouard) (3)	5	»
Bouchoux (Pierre) (3)	1	»
Boucaskist (E.), à Nantes (11)	5	»
Boudaille (Mme) (4)	20	»
Boudet, éditeur (2)	10	»
Boudier, 6, rue Bichat (10)	0	25
Boudin (3)	0	50
Boudin (Eug.), à Bonneville-la-Louvet (17)	0	50
Boudrouet (8)	1	»
Bouhibent (A.) (12)	1	»
Bouillard, dessinateur-lithographe (7)	3	»
Boulais, 30, rue de Courcelles, à Levallois (14)	1	»
Boulet, à Sorcy (11)	5	»
Boulot (14)	0	75
Boully et Blanchard (5)	10	»
Bouloux (René) (10)	1	»
Bounard et fils (8)	20	»
Bour (Joseph) (14)	1	»
Boura (Joseph) (6)	1	»
Bourbonnais (G.), à Marolles (8)	5	»
Bourceret (Emmanuel), 26, rue de Berri (16)	20	»
Bourden (C.), avec Louis, René et Robert (12)	1	»
Bourdier, conducteur des ponts et chaussées (12)	1	»
Bourdoncle, ancien sous-préfet (5)	10	»
Bourgais (M.) et M. Auvray, au Havre (3)	10	»
Bourgeois (Ch.), à Cambrai (10)	5	»
Bourgeois (G.), à Troyes (11)	1	05
Bourgeois (A. Le) (4)	100	»
Bourgerie (L), à Saint-Cloud (16)	10	»
Bourgogne (E.) (8)	2	»
Bourgoin (A.) (3)	2	»
Bourgoin (Henri, Paule, Simone, Yves et Odette) (10)	25	»
Bouriames, à Maureilhan (16)	1	»
Bourières (M.) (12)	5	»
Bourilhet (9)	1	»

	Fr.	c.
Bourlier (O.), dit Tristan (6)......................	1	»
Bournand (François) (5)...........................	5	»
Bourne (François Le) (12).........................	2	»
Bournet (4)......................................	0	50
Bournon (Mme), veuve d'officier (10)..............	5	»
Bourraux (Georgette), 28, rue St-Claude (9)......	2	»
Bourrié (J. Martin et Henri) (7)..................	5	»
Bourrier, courtier en vins, au Chambon (Lozère) (10)	1	»
Boursier (G.) (12)................................	1	»
Boussenot (F.) (8)................................	20	»
Boutiq (V.), boulevard Saint-Denis (8)............	5	»
Boutros (Paul) (10)..............................	10	»
Boutron (Eugène) (11)............................	5	»
Boutry (A.) (5)..................................	2	»
Boutry, 5, rue Henri-Loyer (14)...................	5	»
Bouteiller (Henry) (5)............................	10	»
Bouttier (M. et Mme) (4).........................	10	»
Bouvet, emp., à Longchamp, p. Genlis (C.-d'Or) (16)	1	»
Bouvier (C.), à Chambéry (10)....................	6	»
Bouvier (F.) (2)..................................	2	»
Bouvier (Henri) et Florine (N.), employés de la maison Frilley (6)............................	2	»
Bouvot (Du) et sa famille (12)....................	5	»
Bouyer (Pierre) (voir *Duperray*).		
Boyer, Digne (17)................................	1	»
Boyer (Mme Eugène) (2)..........................	10	»
Boyer (Esther) (voir *Pellegrin*).		
Bozzini (Ant.) (11)..............................	2	»
Brabant (Edouard) (4)............................	20	»
Brandstetter (E.), alsacienne, (12)................	2	»
Branet (M. et Mme), à Charenton, 5 fr. ; M B., 2 fr.; S. B., 1 fr. (11).......................	8	»
Brange-Penaud (E.), à Clisson (10)..............	10	»
Braouezec (Victor), à Morlaix (7)................	10	»
Brard (Collin), à Flers (12)......................	5	»
Brasse (M. Léon) (8)............................	3	»
Brau de Saint-Pol-Lias (X.), 47, rue de Passy (5)	5	»
Brault (Ph.) (12)................................	5	»
Brault (Alfred et Henry) (5).....................	20	»
Brechet (M.) et H. Massé (10)...................	1	50
Bréda (J. van), expert d'assurances (4)..........	10	»
Brégère (3)......................................	1	»
Brehier (17)....................................	1	»
Brehier (J.), manufacturier (12)..................	20	»

	Fr.	c.
Breilly (René), à Paris (3)	5	»
Breittmayer (Lucy) (5)	10	»
Breittmayer (Paul) (5)	100	»
Breittmeyer (Georges), 35, rue Vineuse (3)	50	»
Brem (M. et Mme) (7)	2	»
Bremond (Achille), le Havre (6)	5	»
Brémond (voir *Bugeaud* (Chéri)).		
Brémond (voir *Costu*).		
Brenn-Irard, à Reims (3)	1	25
Bregson (Mme) (6)	0	50
Brès (J.) (17)	0	50
Breton (Alcide), à Bourré (11)	5	»
Brettmayer (André) (7)	10	»
Brettmayer (Julia), protestante (7)	20	»
Brettmayer-Muzard (Eliane), protestante (7)	10	»
Bretz (Jean) (8)	2	»
Breuil (Louis) (9)	10	»
Breuil (Ph.), à Dijon (8)	20	»
Breuillard (Mme). Honte à tous les traîtres! (16)	2	»
Breval (MM.), à Bonneville-la-Louvet (17)	0	50
Bréviaire (Léon) (4)	5	»
Briant (E.) et son fils, à Saint-Pétersbourg (17)	2	»
Brice, à Longchamp, près Genlis (Côte-d'Or) (16)	1	»
Bricogne (M. et Mme) (8)	10	»
Bricout (Albert), à Cambrai (10)	5	»
Bricout (Edouard), à Cambrai (10)	5	»
Bride, Bondais, Brujas, Bouchaud, ensemble (6)	3	50
Bridel (Emile), ancien volontaire de l'Ouest (12)	5	»
Bridoux (Al.) (12)	11	»
Brière (Alphonse) (12)	10	»
Brière (Louis et Henry), à Oran (9)	10	»
Brière (R.) (9)	5	»
Brigonnet (Ch.) (9)	5	»
Brigonnet (Mlle Hortense), patriote (5)	5	»
Bril (2)	5	»
Brimborion (M. et Mme) (6)	10	»
Briot (J.), à Cambrai (10)	1	»
Brisson (C.), La Tremblade (6)	2	»
Brizon (Alexandre) (10)	10	»
Brizon (René), à Périgueux (14)	5	»
Broart (MM.), à Bonneville-la-Louvet (17)	0	50
Bronstal-Nicolet (3)	10	»
Brossard (J.), à Nantes (14)	2	»
Brosse (E.), 22, rue Béranger (3)	3	»

	Fr. c.
Bosse (Félix) et Devaux, 22, rue Béranger; A. Martin, 61, avenue de la République; L. Peigné, 22, rue Béranger; Châtelain, 22, rue Béranger (1)..........	23 »
Bouard et Alix, 10 fr. — G. D., 0 50. — En souvenir de Morès! (6)............	11 50
Boussier (Lucien) (14)............	1 »
Broux (L.) (8)............	1 »
Brown, 85, rue de Courcelles, à Levallois (14)...	1 »
Bruel (F.), de Bordeaux (17)............	1 50
Bruguet (Henri) (11)............	2 »
Brujas (voir *Bride*).	
Brulez, ex-musicien, à Longchamp, près Genlis (Côte-d'Or) (16)............	0 50
Brun (A.) (10)............	2 15
Brun (G.) (10)............	5 »
Bruneau (9)............	2 »
Brunel (L.), à Maisons (10)............	5 »
Brunet (12)............	0 25
Brunet, à Bonneville-la-Louvet (17)............	0 50
Brunet père (5)............	5 »
Brunet fils (5)............	1 »
Brunet (Eugène) (10)............	10 »
Brunot, 24, rue Davy (4)............	1 »
Brunville (Henri de), à Mayenne (16)............	5 »
Bruon, à Mayenne (16)............	1 »
Bruxelle (17)............	0 25
Bucheron (Arthur) (1)............	20 »
Buchet (A.), à Marseille (8)............	5 »
Buculard, maison Bonnard, Jaume et Cie (5)....	1 »
Buffet (Amédée) (3)............	5 »
Buffet (Paul) (3)............	5 »
Bugeaud, à Parigny (16)............	0 20
Bugeaud (Chéri), Réa Caillaud, Michaud, Delphin, Brémond (9)............	2 30
Buire, à Courcelles (5)............	1 »
Buisine (Emile), employé, 2, rue Chevreul (14)...	1 »
Buisson (11)............	2 »
Buisson (Du) (10)............	8 »
Buisson (Emile Du) (17)............	1 »
Buisson (Mme), au château de Belfon (17).......	10 »
Bulliot (A.), ancien chef du cabinet du préfet de la Loire, membre de la L. D. P. (8)............	10 »
Bully (4)............	1 »

	Fr.	c.
Bulteau (Mme veuve), à Bouvines (Nord) (17)	2	»
Burgeot, Mayenne (16)	1	»
Burgod, agent d'assurances, à Lyon (3)	2	»
Burgy (Mme) (12)	0	25
Burion (Amédée) (3)	1	»
Burosse (J.), Cornut, Diane, Ferrand, Becquet (8)	5	»
Burosse (P.) (3)	1	»
Burtte (Mme L.) et ses enfants (2)	30	»
Butte (Mme), femme d'un officier supérieur de cavalerie (14)	5	»
Cabane (7)	0	50
Cabanon-Tri, à Pomérol (10)	10	»
Cabassol (2)	2	»
Cablé (Charles), à Sénones (4)	2	»
Cabrol, 20, rue du Petit-Musc (10)	2	»
Cachal-Froc, lieutenant en 70-71 (10)	20	»
Cachal-Froc (Madeleine), sa fille (10)	10	»
Cadeau, employé de commerce (2)	1	»
Caderousse (Vaucluse), Lafont, 1 fr. ; Massot, 0 fr. 50 (11)	1	50
Cadiou (Mme Paul) (11)	5	»
Caignard (Mme Olivier) (1)	5	»
Caillaut (voir *Lepret*).		
Caillard (Henri), architecte (6)	5	»
Caillaud (Réa) (voir *Bugeaud* [Chéri]).		
Caillaut (Mme) et son fils (3)	1	»
Caillibote, à Sarzeau (10)	1	»
Caisse (cadet), à Longchamp, près Genlis (Côte-d'Or) (16)	0	50
Caisse (Jules), à Longchamp, près Genlis (Côte-d'Or) (16)	0	50
Calixte (7)	1	»
Callamand (voir *Chevalier* [G.]).		
Callens (J.), à Bordeaux (14)	5	»
Callet (voir *Jann*).		
Callet (Antoine) (8)	1	»
Callet (Joseph) (8)	1	»
Calmigcher (9)	1	»
Calvé, 5, rue de Santé (3)	20	»
Calvet, Nantes (3)		»
Calvet (Nelly), neuf ans (3)	1	»
Calvo (M.), 15, rue Condé (7)	2	»
Camaré (M. et Mme L.) (9)	5	»
Camille (C.), à Perpignan (7)	0	50

Camus (Benjamin) de Villeneuve-St-Georges (5)	2 »
Canaguier (Fernand) (14)	2 »
Canard (M. et Mme), commerçants à Clichy (15)	0 45
Cancel, à Talence (14)	1 »
Candeliez (Ch.) (17)	5 »
Canevet (B.), à Quimper (5)	0 20
Canivet (3)	0 50
Canivet-Dufour (Ch.) (9)	1 05
Cannissié (Maurice) (9)	10 »
Cantegril (Louis), à Montpellier (10)	30 »
Cantin (Ch.) (12)	5 »
Canut (Mme) (9)	5 »
Canyette (F.) (voir Latour (F.).	
Capoulade (12)	1 »
Capdegelle (G.), à Sainte-Savine-Troyes (10)	5 »
Carbonel (Mme) (14)	20 »
Cardinal, de Clermont-Ferrand, ouv. tailleur (12)	0 25
Cardinaux (Mlle Mariette) (2)	1 »
Cardon (A.), à Cambrai (10)	5 »
Cardon-Masson (L.) (12)	20 »
Carel (MM.), à Bonneville-la-Louvet (17)	0 25
Carette (M. et Mme Arm.) (10)	5 »
Carez (M.), de Guernesey (17)	0 25
Carlier (Edmond), 134, rue de Rome (5)	5 »
Carmone (P.), à Cambrai (6)	3 »
Caro (Mme la générale) (16)	10 »
Caron (E.), fils (8)	5 »
Carré (Eug.), à Bonneville-la-Louvet (17)	1 »
Carré (L.) (9)	35 »
Carrey (J.), 79, faubourg Saint-Denis (17)	0 50
Carrey (Mlle Rose), cuisinière (7)	0 50
Carrié (G.) (4)	0 50
Carrier (Eugène), d'Alger (13)	5 »
Carteaud, 163, rue Saint-Denis (2)	3 »
Cartier (Henry), à Gaillon (8)	3 »
Cartier-Guermonprez (Mme), à Roanne (8)	10 »
Casriau (8)	0 50
Cassonet (14)	0 25
Castagna (H.)	2 »
Castagnet (Léon) (6)	5 »
Castanède (J. D.) (10)	2 »
Castanier, du Pun, ouvrier tailleur (12)	0 05
Castel (Mme) (3)	3 »
Castellain, ses enfants et leur grand'mère (14)	5 »

	Fr.	c.
Castelli, colon à Gouraya (16)...............	5	»
Castelnau (G.), 1, rue du May, à Toulouse (5)....	20	»
Castelnaudary (F.) (3)	10	»
Castex (G.) (9)..............................	5	»
Castex (Léon), au château de la Grande-Cour (5).	20	»
Cat (F.), à Grenoble (16).....................	0	30
Cathala, à Maureilhan (16)....................	1	»
Catherinet, à Langres (16)....................	3	»
Catiaux (Léon), à Lille (17)..................	0	25
Catillon (9).................................	0	50
Catinot (Léon et Octave), leur tirelire, leur papa (6)...................................	2	05
Cauderat (Rodolphe) (6)	0	25
Caudière (9).................................	1	»
Cauvin, à Fécamp (9).........................	1	»
Cavaillié (Louis) (7)........................	5	»
Cavellier, à Bonneville-la-Louvet (17)........	0	25
Cavourg (T.) (8).............................	2	»
Cazanave (8).................................	5	»
Cayard (Paul), 32, avenue Montaigne (4).......	100	»
Cayre (Camille) (7)..........................	0	75
Cayrou (Paul), 71, rue de Bécon, Courbevoie (16)	10	»
Célerier (Ed.) (9)...........................	5	»
Cenay (V° Charles) (9).......................	5	»
Cermolacce (Eug.) (9)........................	3	50
Cerveaut (L.), rue Letort (8)................	1	»
Cécel (voir *Foucault*)		
Cézanne (H.) (14)	10	»
Chabaud, à Poitiers (13).....................	0	50
Chabert (Pierre) (voir *Mordacq*).		
Chabreuil (Ernest) (8)	1	50
Chabrier (4)	0	50
Chabrol (Maurice), 50, rue de Laborde (4).....	20	»
Chaigneau, à Poitiers (13)...................	0	10
Chaigneau (voir *Bastien*).		
Chaix (G. H.) et son fils Antoine Chaix (10)...	2	»
Chalopin frères (8)..........................	3	»
Chalot (A.) (3)..............................	10	»
Chambard (Henri), à Saint-Julien (10).........	20	»
Chamberger (Mlle Gabrielle), 45, avenue de Wagram (11).................................	5	»
Chambon, marchand, au Chambon (Lozère) (15)..	0	50
Champorin (René de), ancien officier d'artillerie (4)	1	»
Chancel (Famille) (10)	5	»

	Fr.	c.
Channettre (L.), 22, rue Béranger (3).............	2	»
Chanot (Mme E.),femme d'un officier du 2e zouaves (9)...	2	»
Chansroux (Ant.) (3).............................	2	»
Chappelet (Mme) (3).............................	2	»
Charageat, à Aumale (17)........................	20	»
Charbonnier (M. et Mme Robert), de Longchamp (Côte-d'Or) (5)	50	»
Chardin (L.), à Bonvillet, par Darney (Vosges) (16)	1	»
Chardon (Adolphe) (10)...........................	10	»
Chardon (Alphonse) (10)..........................	10	»
Chargé (Mme A.), 12, rue de Bourgogne (5)	10	»
Charles (14).......................................	0	50
Charles et Gabriel (10)...........................	1	»
Charles (Marie) (8)..............................	0	25
Charles, employé, Edmond, cavalier, et Mme E. Lemarchand (9)...............................	1	»
Charlier (E.) (7).................................	1	»
Charlotte et Yvonne, rue de Pantin, à Noisy-le Sec (5)...	2	10
Charnay (Armand), à Marlotte (6)................	20	»
Charnay (Désiré), explorateur (5)	5	»
Charpentier (7)..................................	2	»
Charpentier (4)...................................	10	»
Charpentier (Auguste),à St-Laurent de Condel (3)	5	»
Charpentier (Charles) (14)	5	»
Charpentier (E.), architecte (3).................	20	»
Charpentier (fils), à Longchamp, près Genlis (Côte-d'Or) (16)................................	0	50
Charpentier (François), à Longchamp, près Genlis (Côte-d'Or) (16)................................	1	»
Charpentier (L.) (5)..............................	5	»
Charpentier (Louis) (5)..........................	10	»
Charpentier (Mme L.) (8).........................	2	»
Charpentier (Jean) (8)...........................	2	»
Charpentier (Maurice) (8)........................	1	»
Charpentier (Marie-Louise) (16)..................	20	»
Charpentier-Revoil (Mme E.) (3)..................	20	»
Charron (Bertrand), à Longchamp, près Genlis Côte-d'Or (16)..................................	0	25
Charron (Marguerite) (6).........................	2	»
Charron (Maurice), distillateur, à Blois (14)	1	»
Charton (Mme Jules) (8)..........................	10	»
Charton (René) (8)...............................	10	«

Chartier (H.), à Saint-Mandé (5)	10 »
Chartier (Veuve), à Saint-Mandé (4)	20 »
Charton (12)	1 »
Chasles (Henri) (11)	5 »
Chassaing (Paul), à Sarlat (16)	5 »
Chassery (Alfred), 6, rue de Copenhague (7)	2 »
Chatain (J.) (12)	1 05
Chatain (M.) (14)	1 »
Chatain (Mme), 166, r. du faubourg St-Honoré (14)	1 »
Châtelain (voir *Brosse*).	
Châtelain (Mlle Alexandrine) (6)	0 50
Châtelain (Edouard) (11)	10 »
Chatenet, 7, rue Poccard, à Levallois (14)	1 »
Chatin (Paul) (11)	5 »
Chaudeborde, à Bordeaux (14)	2 »
Chaudet (Pierre) (voir *Chaudet*, docteur).	
Chaudon (Léon) (3)	20 »
Chaumel (voir *Odit*).	
Chaumelle du Sarger (C.) (5)	5 »
Chaumont (Maurice) (6)	0 25
Chaussade (Mlle J.) (4)	5 »
Chausse (Paul) (5)	0 50
Chauvet (12)	1 »
Chauvet (J.) (17)	1 »
Chauvet (Q.), fils (17)	0 50
Chauvet (Marie-Thérèse) (17)	0 50
Chauvin (Mme) (5)	10 »
Chauvin, afficheur, à Caen (6)	2 »
Chauvin, horloger, à Chaumont-en-Vexin (4)	1 05
Chauvin (Maurice) (5)	10 »
Chavant (André), de Lyon (4)	1 »
Chavant (Camille), de Lyon (4)	20 »
Chavant (H.), à Valence (11)	1 05
Chavant (Louis), de Lyon (4)	1 »
Chavant (Pierre), de Lyon (4)	1 »
Chavant (Suzanne), de Lyon (4)	1 »
Chavoix (S.) (11)	10 »
Chemin (L.) (voir *Boutin*, avocat).	
Cheminant (Elie), employé de commerce (8)	0 50
Chenal (P.), à Nancy (12)	1 05
Chêne (G. du) (6)	5 »
Chenel-Chénuste, chevalier de la Légion d'honneur (4)	20 »

	Fr.	c.
Chenu (4)...	1	»
Chéradame (André) (10).............................	5	»
Chéron (Robert) (12).................................	0	50
Chéronnet (M.) (10).................................	5	»
Chervet (Henri) 27, rue Dauphine (14).............	10	»
Cheurlot (voir *Valençon*).		
Chevalier (Alexis), ancien chef des services hospitaliers au ministère de l'intérieur (12).........	10	»
Chevalier (G.) — Lietaud. — E. Duscoglia. — M. Aymès. — J. Lambert. — Callamand. — Clément. — Trois anonymes. — Ensemble (11).	5	»
Chevalier (Joseph), 46, rue de l'Ecole, à Rouen (6).	5	»
Chevalier-Ruffigny (M.), à Poitiers (9)............	10	»
Chevallot (Mlle) (voir *Goraud*).		
Chevilliard (V.), 23, quai de la Tournelle (17)....	10	»
Chevassus (M.) (4)....................................	1	50
Chevrel (J.), 29, rue de Seine (1)..................	5	»
Chevrot (Jean-François), à la Roche (16).........	0	25
Chevrou, à Nîmes (16)...............................	0	50
Cheyrouze (P.) et sa femme (9)....................	1	»
Chichau (A.), à Drumontville, près Alger (7)....	10	»
Chiris (M. et Mme L.) et leurs enfants, à Marseille (4)...	5	»
Chirseau (Mme veuve G.) (7)......................	5	»
Choisnel (Gaston), à Paris (4)......................	5	»
Cholet (E.), à Blamont (4)..........................	5	»
Choppin (Cap. H.) (5)..............................	5	»
Chopy (F.) (3).......................................	1	»
Chouquet (voir *Valençon*).		
Christianus et Miles, à Bordeaux (16)............	5	»
Christophe (4)..	1	»
Chupin (B.), de Dol (9).............................	5	»
Cillard (A.-D.) (11)..................................	2	»
Cimet (Léon), 31, rue de Dunkerque (7).........	2	»
Cintrat (J.), 76, boulevard Magenta, à Paris (5)..	20	»
Ciquet (M.) (8).......................................	0	50
Cirac, au Chambon (Lozère) (10)..................	1	»
Clainche (Mme Le), à Versailles (10).............	2	»
Claire (Mlle), sa voisine et son beau-frère (5)....	3	»
Clarke (Mme), à Périgueux (14)...................	2	»
Claude (A.) (2).......................................	5	»
Claude (E.) (voir *Milhomme*).		
Claveau (O.), officier de la Légion d'honneur (9)..	10	»
Claverie (A.), industriel (4)........................	20	»

	Fr. c.
Clemenceau-Robert (Mme) (9)...............	5 »
Clémentine (7).............................	1 »
Clément (voir *Chevalier* [G.]).	
Clément (voir *Valençon*).	
Clément (9)...............................	2 »
Clerc (Hippolyte), ancien soldat, à Longchamp, près Geulis (Côte-d'Or) (16)...............	0 25
Clerc (Hubert) (5).........................	50 »
Clergel, 1 fr.; Armand, 1 fr.; Lalbe, 0 fr. 50 (2).	2 50
Clerget (Justin) (8)........................	0 50
Clermont (J. Paul), à Bordeaux (14)..........	20 »
Clert (F.), Cher (12).......................	1 »
Clotilde (16)..............................	1 »
Clouet (M.), maître de chapelle à l'Eglise Saint-Georges (6)............................	3 »
Clovis frères et neveu, Pantin (8)............	4 »
Cluseret (12)..............................	5 »
Cochart (H.) (17)..........................	10 »
Cochu Saint-Ange, à Noisy-le-Sec (5)........	1 »
Cocural (voir *Valençon*).	
Cœurdacier (Félix) (10)....................	2 »
Cogniet (Maurice) (4),.....................	10 »
Cohadon, ouv. tailleur, à Clermont-Ferrand (12).	
Cohailles (A.), Limoges (12)................	2 10
Cohéléach (Césaire), à Sarzeau (5)..........	5 »
Coladon (3)...............................	0 50
Colas (M. et Mme) (14)....................	10 »
Colette (17)...............................	2 »
Colin (14).................................	1 »
Colin (12).................................	10 »
Colin (voir *Germain* [Alfred]).	
Collas (14)................................	5 »
Colliard (P.) (11)..........................	3 »
Collin (C.), Lyon (10)......................	10 »
Collinet (Mme Th.) (7).....................	17 »
Collombier (2).............................	5 »
Colmeraner (Alsacien) (1)..................	2 »
Colomb-Cambriel (G.), à Nîmes (14)........	50 »
Colombel (E.) (8)..........................	1 »
Colondre (F.) (11).........................	1 »
Colonna (M.) (8)..........................	30 »
Colonna (M. et Mme E.) (2)................	5 »
Colusse (Ch.) (7)..........................	20 »
Combault, à Mayenne (16).................	2 »

	Fr. c.
Cominge, à Maureilhan (16)	0 50
Commaille (A.) (16)	1 »
Commelli (V.) (13)	2 »
Commin (Aug.) (9)	1 »
Comparot (Louis) (8)	0 50
Conchon, à Gannat (14)	2 »
Contant (B. M.) (11)	0 50
Conty (André), 7, rue Thénard (4)	1 »
Conty (M. et Mme) (14)	2 »
Coppier (J.), à Chambéry (10)	5 »
Coppin (Charles) violoniste (7)	1 »
Coquil (Yves) (voir *Guéro*).	
Cordier (Auguste), à Menton, en souvenir de Sandherr (9)	20 »
Cordonnier (L.), architecte, à Lille (5)	10 »
Corette (MM.) (10)	2 »
Corneray, à Mayenne (16)	2 »
Cornely (Bazile) (2)	10 »
Cornilla (Didier), maison Bonnard, Jaume et Cie (5)	1 50
Cornu (Charles) 130, rue Saint-Denis (4)	5 »
Cornut (voir *Durosse*).	
Corot, fonctionnaire, à Dijon (14)	5 »
Cortex, à Bonneville-la-Louvet (17)	5 »
Costa (Antoine), son fils, pupille de la Tchernaïa (8) (*)	1 »
Costard (Mlle), à Bonneville-la-Louvet (17)	1 »
Coste (17)	0 15
Costu (A.), 5 fr.; Jeansoulin (J.-B.), 1 fr.; Brémond (J.), 2 fr.; Vidal (J.), 2 fr.; Roux (A.), 2 fr.; Fabre (L.), 2 fr.; un capitaine d'état-major, 5 fr.; Duran (P.), 5 fr., Marseille (16)	25 »
Côte (Jean), à Lyon (12)	50 »
Cottin, à Broye (10)	1 05
Cottin (Alfred) (4)	10 »
Cottin (Mme), rue de la Beaume, 15 (14)	10 »
Cottin (Mme E.) (8)	10 »
Cottin (François) (5)	20 »
Cottin (Paul) (8)	1 »

(*) Cette souscription est précédée de celle-ci :
« Costa, ancien capitaine blessé à Ladon (Loiret), (voir page 13) .... 1 »

	Fr.	c.
Coulomb (A.), à la Picque (17)...............	1	»
Coumert (Louis) (voir *Flotard*).		
Coupeau (7)................................	0	50
Courcier (M. et E.) (voir *Gobin*).		
Courdoux (André), au Mans (15)............	10	»
Courrieu (Fr.), à Carlepont (14)............	1	»
Courtadon (Benoît), de Clermont-Ferrand, ouvrier tailleur (12)................................	0	25
Courté, à Crosnières (8)...................	1	»
Courteville (Mme) (14).....................	5	»
Courtois (De) (12).........................	20	»
Courtois et Balmitgère (9).................	5	»
Courtois (F.) (14)..........................	2	»
Courtois (Frédéric), à Saint-Jean-de-Luz (17)...	1	»
Courtois (L.) (8)...........................	10	»
Cousin (voir *Ouvrat*).		
Coutant (12)...............................	0	50
Coutant (E.), à Périgueux (4)...............	5	»
Coutant père (8)...........................	5	»
Coutant fils (8)............................	5	»
Coutelier (Émile) (4).......................	5	»
Couton (E.), Luçon (10)....................	1	»
Couturier (E.), à Sèvres (11)...............	3	»
Couturier (M. et Mme Eug.), à Grenoble (11)...	5	»
Couzinet, de Toulouse, ouvrier tailleur (12).....	0	50
Coyat, rue du Roi-de-Sicile (6)..............	0	50
Cresp (Arthur Le) (5)......................	100	»
Crétin, 104, rue Oberkampf (5).............	10	»
Crétin (Henri), de Lyon (4).................	5	»
Crétu (M.), à Lourdes (10).................	5	»
Cripax (12)................................	0	25
Crochet (Louis), en l'honneur d'un fourrier au 31ᵉ dragons et de son frère au séminaire de Saint-Sulpice (5).........................	1	»
Crochet (Mme), sa fille, Jeanne et Céleste Gros et Georgette Dutertre (5).................	1	»
Croissant (3)..............................	1	»
Croquen (E.), fils, à Ham (8)..............	4	»
Cros (Mme) (3)............................	20	»
Crotte (10)................................	5	»
Crouset (11)...............................	10	»
Crouzet, à Saint-Maurice (Seine) (10).......	1	»
Cruzel (J.) (9).............................	1	»
Cuisnet (E.) (8)............................	1	»

	Fr. c.
Cunat (Armand), (14).............................	1 »
Curnillon (Ch.), à Bordeaux (14)................	10 »
Curot (Mlle) (8)....................................	0 50
Cuvoy (P.), Briantais, à Rennes (12)...........	0 50
Dabieu, dit le Chinois (4).........................	0 25
Dagan (Eug.) et ses amis (13)....................	12 »
Daille (Alphonse), à Oran (14)...................	3 50
Dailly (E) (2)..	2 »
Dallemagne (M.) (6)................................	10 »
Dalmard (F.), architecte (4)......................	5 »
Dalmas (Gaston) (2)...............................	3 »
Daloz-Delacoste (Mme veuve), à Paris...........	5 »
Daly, 98, avenue Henri-Martin (6)...............	30 »
Damengeot (H.), à Longchamp, près Genlis (Côte-d'Or) (16)..	0 50
Damoiselet (J.), à Noisy-le-Sec (5)..............	1 »
Damoiselet Varediles (Famille) (10).............	10 »
Danhlez (Mme Elise) (4)..........................	10 »
Daniel (Jeanne), en souvenir de son frère médaillé de Sainte-Hélène (15).............................	2 »
Dangeul (14)...	0 50
Danna, papiers peints (14)........................	1 »
Danous (Louis), 12, rue Saint-Hyacinthe (3)....	5 »
Darant-Etchevery (Mme) (7).....................	10 »
Dard (9)...	2 »
Dard aîné, nég., r. de Courcelles, à Levallois (14)	2 »
Dard (M. J.) (8)....................................	5 »
Dard (Philippe), 35, r. de Courcelles, à Levallois (14)..	1 »
Dardel (René) (6)...................................	100 »
Dargent (M.) (10)..................................	1 »
Darmeau (Jules), plombier, à Palaiseau (16)....	1 »
Darmaignac (J.), à Saint-Pierre-du-Mont (15)...	5 »
Darsac (Edouard) (14).............................	5 »
Dary (Albert) (11)..................................	5 »
Datel (17)...	0 25
Datey-Softy (M). ex-sous off. de mobiles, blessé à Beaune-la-Rolande (10).........................	1 »
Dauchez (Fernand) (2).............................	10 »
Dauchez (Marcel) (2)..............................	10 »
Dauchez (Théodore) (16)..........................	10 »
Daumas (Emile), à Marseille (3)..................	5 »
Daumazy (Mme) (5)................................	10 »
Dauncau (J.) (voir *Pamecher*).	

	Fr.	c.
Dauten (Emile) (3)	5	»
Davaux (Veuve) (6)	1	»
Daverdoing (Gustave-Georges-René) (4)	8	»
David (2)	2	»
David (8)	0	50
David (Mme), veuve d'officier (6)	10	»
David (M. et Mme) (16)	5	»
David (Jean), à Clermont-Ferrand (7)	3	»
Davin (Lucien), 65, rue Rocher (9)	5	»
Davost (Jules), à Châteaubriant (3)	5	»
Dayet, à Faverney (4)	2	»
Dayon (Mme), à Nancy (4)	5	»
Dayon (Mlle), à Nancy (4)	2	»
Dazenlie (7)	0	50
Debiel (9)	1	»
Debiène (8)	0	50
Debiez (Marie) (7)	1	»
Deblédy (M. et Mme P.) (11)	10	»
Debolle (M.), boulevard d'Enghien, à Enghien (7)	25	»
Debord (16)	0	10
Debrieu, dit le Chinois (4)	0	25
Debuire (Edm.) (9)	10	»
Decaux, chef expéditionnaire, à Charenton (3)	5	»
Decencière (Mme J.), 7, rue Rivay, à Levallois (14)	2	»
Decencière (Jules), à Levallois (14)	3	»
Decloux (Luce), Teneo (4)	2	»
Decock (Emma), marmitonne (14)	0	50
Decorps (Marie) (9)	10	»
Decou (Clovis), à Monteux (Vaucluse) (11)	1	»
Defaux (Henri), négociant, à Lille (3)	6	»
Defrance (Ed.), Oise (10)	5	»
Deforge (5)	10	»
Defretin (P.) (8)	5	»
Defustel (Honoré) (5)	50	»
Degand, photographe, à Nice (16)	5	»
Degardin (3)	2	50
Degas (5)	20	»
Déglos (M.) (3)	5	»
Déglos (Mme) (3)	5	»
Déglos (Mlle) (3)	5	»
Déglos (Edmond) (3)	5	»
Deglos (Victor) (4)	5	»
Degoulet (14)	5	»
Dehau (Mme) (14)	5	»

	Fr. c.
Dehoucq (G.) (voir *Dupont*).	
Dejavolins (Ach.), Bougy (9)	5 »
Dejodon (Mme) (5)	20 »
Delage (12)	1 »
Delage (L.), à Bordeaux (6)	5 »
Delage (Jeanne, René et Marie-Louise) (10)	1 »
Delahaye, à Bonneville-la-Louvet (17)	0 50
Delamotte, Ligue des Patriotes, (1)	100 »
Delange (Mlle Mathilde) (2)	1 »
Delannoy-Loridaux (Jean), négociant, à Armentières (Nord) (11)	5 »
Delannoy (M.) (14)	0 50
Delanoy (Emile), de Paris, ouvrier tailleur (12)	0 25
Delanze (Mme) (7)	1 »
Delaporte (E.) (16)	5 »
Delaporte (Noël) (5)	1 »
Delarace (Julien) (5)	10 »
Delatre (Gaston), commerçant (6)	5 »
Delattre (1)	1 »
Delattre, Paris (12)	2 »
Delaunay (Mme Jean) (8)	20 »
Delaunay (H.) (12)	5 »
Delauncy, à Bonneville-la-Louvet (17)	0 25
Delaunnay (P.) (9)	10 »
Delbos, rue Brisemiche (8)	1 »
Delbos (Joseph), à Aigle (16)	2 »
Delbos. Pour combattre le Youtre (8)	2 »
Delbreil, à Sarlat (16)	1 »
Delchet (M.), 30, avenue des Champs-Elysées (6)	20 »
Delcroix, de Saint-Quentin (10)	1 »
Delcroix (Hyacinthe), à Cambrai (10)	2 »
Delcros (Mme) (17)	10 »
Delcros (Philippe) (17)	10 »
Delcros (René), à Lalynde (Dordogne) (17)	10 »
Delestrade (J. B.) (11)	6 »
Deleuil (Henry), à Marseille (16)	10 »
Deleuze (Michel) (5)	0 50
Delfosse (11)	5 »
Delfosse (Henri), à Piennes (16)	2 »
Delhonte (J.), à Tourcoing (4)	0 70
Deligne (F.), à Cambrai (10)	5 »
Dellac (10)	5 »
Delmas (4)	0 50
Delnat (M.) (8)	2 »

	Fr. c.
Delobel (M.), à Cambrai (10)	2 »
Deloffre (E.), à Cambrai (10)	5 »
Delorme (L.), à Lyon (7)	10 »
Delorme (Philibert) (3)	5 »
Delorme (Mme veuve) (2)	10 »
Delot (Mlle C.), femme de chambre (9)	0 25
Delpain (voir *Bugeaud* [Chéri]).	
Delpech (Valérie), (3)	0 50
Delphieu (H.), à Saint-Denis (7)	1 »
Delpon (F.) (10)	5 »
Delport, négociant, Sarlat (16)	0 50
Delpy, 34, rue Balagny (16)	1 »
Delsart (F.), à Cambrai (10)	0 50
Delsart (M.), à Calais (8)	5 »
Demadrille (Charles) (5)	10 »
Demancé (A.) (10)	2 »
Demancé (A.), à Lassay (16)	0 15
Demarbre (Edmond) (6)	2 »
Demay frères, à Reims (16)	5 »
Demay (Rose) (16)	20 »
Demazure (Pierre), à Bains-les-Bains (16)	10 »
Demetz (Jean), fils d'officier (12)	5 »
Demonceau (J.) (13)	5 »
Demorget (Albert) (voir *Detaille* [Albert]).	
Denarié (A.), à Chambéry (10)	5 »
Denarié (V. et M.) (10)	5 »
Deneuve (Jules) (9)	2 »
Deneuve (Gaston), prop., officier de réserve (2)	10 »
Deniau (F.), Savigny (10)	5 »
Denis (Alphonse), architecte, 13, rue Descours, à Saint-Étienne (5)	1 »
Denis (Maurice) (4)	5 »
Denis, négociant, rue Gide, à Levallois (14)	5 »
Denis, villa Chaptal, à Levallois (14)	1 »
Denise (Louis), de la Bibliothèque Nationale (4)	1 »
Denoux (Mlle) (7)	0 50
Depaules (B.), à Bordeaux (12)	2 »
Deprimoz, au Raincy (5)	0 50
Deprunneaux, à La Prée (Indre) (6)	20 »
Derfinger (voir *Drilmer*).	
Derm (J.) (voir *Ouvrat*).	
Deroullède (G.) (voir *Deschaumer*).	
Derville (A.) (4)	2 »
Desaulnes (L. N.) (9)	1 »

	Fr.	c.
Desbarres, à Argenteuil (5)	0	50
Desbois (14)...................	1	»
Desbordes, boucher, r. de la Juiverie, à Epernay(5)	2	»
Deschamps (F.), à Chambéry (10)...............	5	»
Desenclos (Armand), à Boulogne-sur-Mer (5)....	1	50
Deschamps (Mlle A.) (6).......................	1	»
Deschaumer (J.), et G. Deroulède (4)...........	5	»
Descoqs (M.), Avranches (6)...................	25	»
Descoutures (M.), boulevard Magenta (3)........	2	»
Descuret (C.), commis au ministère de la guerre (9)	5	»
Desgrées, du Lou (9)	10	»
Deshayes (6)..................................	4	»
Desjardins (P.), à Digoin (6)..................	5	»
Desloges (Mme) (6)............................	2	»
Desloges (V.), boulanger, à Rugles (Eure) (6) ...	3	»
Desloges (Mlle Béatrix) (6)....................	1	»
Desloges (Ch.), à Épinal (3)...................	5	»
Desmares (Jean) (6)...........................	1	»
Desmareseaux (H.) (11)........................	1	»
Desmazières (Gustave), 11, square Dutilleul (14).	20	»
Desmedt (A.) (14).............................	5	»
Desnus (Georges), à Alger (16).................	10	»
Desrousseaux (L.), de Medrano (7).............	20	»
Destaville (Désiré), à Perpignan (7)	5	»
Destriez (J.) (12).............................	5	»
Desvignes (René) (3)..........................	1	»
Detaille (Albert), 5 fr.; un toutelgon antidreyfusard, 0 fr. 25; Louis Parry, patriote, 1 fr.; E. Benguey, 2 fr.; Albert Demorget, 0 fr. 50; une vie des Juifs, 1 fr. 25; Mme Albert Detaille, 1 fr (5)	11	»
Déterville, à la Roche-sur-Yon (8)..............	1	»
Deulefs (L.) (12)..............................	0	50
Deux-Etoiles (M. et Mme), à Bordeaux (14).....	5	»
Deuze (E. La). Nice (5).......................	10	»
Devaux (voir Brosse).		
Deveau (C.), Cambrai (10)	2	»
Deveze (Charles), futur soldat (4)..............	2	»
Deville (Marie) (2)............................	20	»
Deville (J.-A.), à Marseille (5)................	20	»
Devouge (Paul), cultivateur, à Brasseuse (Oise) (11)	10	»
Devulder (D.), à Rouen (12)...................	5	»
Deyle (voir Lepret).		
Dhuicque (Ch.) (10)..........................	5	»
Diane (voir Burosse).		

	Fr. c.
Diane (Aline-Elisabeth) (8)....................	5 »
Didelot (Emile), 34, rue Lemercier (4)	1 »
Didier (4).......................................	0 50
Didier (M. Gaston) (7).........................	5 »
Didion (E.) 17, rue Victor-Hugo (12)...........	3 »
Diédérichs (Ch.) (14)...........................	55 »
Dieudonné (A.), archiviste-paléographe (4)......	1 »
Diez, de Paris, ouvrier tailleur (12)............	0 10
Dilier (C.), membre de la L. A. F. (8)..........	1 »
Dior (Lucien), ancien maire de Granville (10)...	10 »
Dizeray (3).....................................	1 »
Doisnel (A.), de Lisieux (16)....................	0 50
Dol (Aug.), à Toulon (17)......................	2 »
Dolinier (Mlle) (10)	10 »
Dolmar (M.), de Saint-Brieuc (7)................	1 »
Dolnet (A.), Vaux (6)..........................	20 »
Domere (Fr.), à Labastie-d'Anjou (17)..........	10 »
Dominique, Marius, Louis, Joseph (10)..........	25 »
Domfront (8)...................................	10 »
Donize (G.), 67, avenue de la République (2).....	25 »
Donnier (A.), fils et frère d'officiers (10)......	2 »
Doré (A.), à Clermont-Ferrand (9)..............	2 »
Doré-Joly, à Pont-sur-Seine (6).................	2 »
Douay (Bernard) (10)...........................	5 »
Doublé (Léon) (4)..............................	0 50
Doucet, à Saint-Nazaire (17)...................	5 »
Douche (J.-E.) négociant, à Annemasse (Haute-Savoie) (17)...................................	2 »
Douet (Mme), 50, avenue Aubert, à Vincennes (3)	20 »
Douce (Gustave) (3ᵉ versement)................	3 »
Douillon (Alphonse), à Bonneville-la-Louvet (17).	1 »
Doussiet (Les frères), de Toulouse (12).........	2 »
Douville (Mlle) (7)..............................	10 »
Douzon, directeur d'assurances, (voir *Acaïs*).	
Dozol (E.), sellier, à Guérande (12).............	5 »
Dravap (L.) (3).................................	0 50
Dreux (Mlle) (9)................................	10 »
Driant (Georges et Marie-Thérèse) (9)..........	20 »
Drion (Léon), médaillé militaire (4).............	2 50
Drilmer, ajusteur; Lang, manœuvre; Derfinger, manœuvre; Imloch, cord.; chacun: 0,25 (16)	1 »
Drivon (Mme), à Lyon (10).....................	2 »
Droulens (Edmond), industriel à Fourmies, et ses quatre fils (12)..................................	0 50

....ouiers (E.), à Fourmies (10)	1	»
Droz (Alphonse). Go ahead!! (15)	1	»
Druenne (A.), à Ounaing (4)	10	»
Druhen père, à Besançon (11)	20	»
Druhen (Maxime), étudiant, à Besançon (11)	5	»
Dubins (Famille) (9)	5	»
Dublaix (3)	5	»
Dubois (11)	0	50
Dubois, Français de France (7)	5	»
Dubois (André) (14)	»	25
Dubois (Arthur), à Bordeaux (14)	5	»
Dubois (A. E.). Deux Français indignés du langage de la presse suisse (7)	10	»
Dubois (Charles), à Orléans (14)	3	»
Dubois, Mayenne (16)	1	»
Dubois (Paul), à Gonfaron (5)	20	»
Dubois-Davesne (Mlle) (16)	1	»
Dubonchel, à Lyon (5)	1	»
Dubourg (Jean) (10)	2	»
Dubourjal du Para (E.) (8)	2	»
Dubreuil (Paul) (11)	20	»
Dubuc (Alfred) (10)	10	»
Duc, à Lyon (7)	0	50
Ducellier (4)	0	50
Duchaine (Charles), d'Alger (5)	1	»
Duché (G.) (2)	20	»
Duché (L.), garçon du Cercle militaire de Fontainebleau (4)	2	»
Duchemin (Henry), archiviste-paléographe (4)	4	»
Duchemin (Paul), à Reims (12)	1	»
Duchesne (G.), à Vulaines (4)	5	»
Duchossoy (P) (12)	1	»
Ducler (souscription pour Mme Henry) (4)	5	»
Duclos (D.) (9)	2	»
Ducoin (Ernest) (4)	10	»
Ducos (M. et Mme Gaston), de Hauron (10)	1	»
Ducouder (4)	0	50
Ducout (J.) (16)	20	»
Ducroix (Jean) (voir *Pamecher*).		
Ducultit (J.), à Pont-Leroy (Loir-et-Cher) (6)	10	»
Dudard (Mme), à Annecy (10)	20	»
Dudraille (Adolphe), agent administratif principal de marine, Broussan-d'Evenos, pr. Toulon (11)	5	»
Duez, 63 bis, rue de Varennes (3)	20	»

	Fr. c.
Dufaut (Léon), Champenois (11)	1 05
Duflaumène (M.), à Bordeaux (8)	5 »
Duflos (Constance), à Versailles (6)	2 10
Dufon (Eugène) (7)	3 »
Dufour (4)	0 50
Dufour (9)	3 »
Dufour (Mme) (4)	5 »
Dufour (Léo), château d'Herdin-l'Abbé (16)	10 »
Dufourmantelle (15)	5 »
Dufraine (F.), à Cambrai (10)	5 »
Dufresne (E. F.), à Rouen (4)	2 »
Dufresne (J.), 22, rue Béranger (3)	2 »
Dufresne (Paul), 19, rue Auber (11)	5 »
Deglos (J.) (5)	5 »
Dugosglia (voir *Chevalier* [G.]).	
Dugravat (F.), Pau (17)	0 50
Dugout (Paul) (4)	5 »
Duguet (Raymond) (1)	5 »
Duhamel (Armand) (14)	3 »
Duhamel (Léon), à Merville (Nord) (9)	20 »
Duhart (Victor), secrétaire en chef de la mairie de Saint-Jean-de-Luz (9)	5 »
Dujardin (Veuve), à Paris (3)	2 »
Dulieux (Victor) (14)	5 »
Dulon, à Melle (3)	5 »
Dumare (L.) (3)	0 10
Dumas, à Cherremorte (Lozère) (10)	1 »
Dumas (G.), à Boisseron (11)	1 »
Dumas-Primbault (G.) (6)	10 »
Dumesnil (9)	1 »
Dumesnil (Mme) (9)	10 »
Dumilatre, vétérinaire, à Orsay (15)	10 »
Dumont (Mme) (10)	100 »
Dumont (Georges), à Laval (11)	5 »
Dumont (L.), à Bois-Colombes (6)	2 »
Dune (Mme veuve), à Marseille (8)	1 »
Duneau (Emile), vigneron, à Luynes (10)	0 30
Dupasquier (M.) (8)	5 »
Duperray (Jacques), et Pierre Bouyer, deux officiers en herbe (6)	5 »
Duperrier (6)	10 »
Dupin (Joseph), à Poitiers (6)	0 50
Duplas (Fl.), de Flavigny (4)	10 »
Dupont (Albert), et plusieurs amis, à Montceau-	

	Fr. c.
les-Mines (16)........	10 »
Dupont (Mme E.), de Latillé (9)........	20 »
Dupont (Henri), à Lille (3)........	50 »
Dupont (Ch.), Ch. Lehingue, G. Dehouck (10)....	5 »
Dupont (Léon) (10)........	0 50
Dupont (Jules), à Audenasse (12)........	0 30
Dupré (Mme veuve Albert) (8)........	10 »
Dupuis (Mme) (5)........	5 »
Dupuis (A.), à Gournay-sur-Marne (6)........	20 »
Dupuis (Mme Adolphe) (15)........	10 »
Dupuis (J.), Paris (8)........	5 »
Dupuis (Marie), fille et sœur d'officiers (6)......	5 »
Dupuis (R.) (9)........	2 »
Dupuis (Paul, Jeanne, Robert et Hélène) (9)....	2 »
Dupuy (Léon et Elise) (5)........	10 »
Dupuy et Cie. (Souscription faite par les ouvriers de la maison d'Angoulême) (17)........	18 »
Duran (voir *Costa*).	
Duraud, à Bonneville-la-Louvet (17)........	10 »
Durand, rue Demarquay (8)........	1 »
Durand (F.) (6)........	5 »
Durand (Joseph), à Vaney (Côte-d'Or) (3)......	5 »
Durand (Henry) (3)........	5 »
Durand (Marg.), modiste (6)........	2 »
Durand-Ruel (M.), Paris (6)........	20 »
Durangel (Charles) (5)........	10 »
Durangel (Gaston) (5)........	10 »
Durangel (Henry) (5)........	20 »
Duranton (Paul) (voir *Gardette* [Benoît]).	
Duranton (Anna), à Ste-Anne-d'Auray (Morbihan) (17)........	0 50
Durbesson (17)........	0 50
Dure (H.) (14)........	5 »
Durengel (3)........	5 »
Durey (Eugène) (3)........	20 »
Durieux (François) (8)........	5 »
Durnerin (J.), aîné (8)........	5 »
Durouchoux (Maurice), 14, cité Vaneau (4)......	20 »
Durrieu (René) (3)........	5 »
Durrieu (Thérèse) (3)........	5 »
Durroty (Jacques) (6)........	20 »
Durtrin (Charles), quincaillier, à Faucognez (8).	1 »
Duscoglia (E.) (voir *Chevalier* [G.])	
Dusserre, café du Petit-Pot (11)........	5 »

	Fr. c.
Dutacq (Amédée) (3)...............................	10 »
Dutailly (Georges) (4).............................	20 »
Dutertre (Georgette) (voir *Crochet* [Mme]).	
Dutertre (M.), à Marciac (11)......................	5 »
Dutheil (Madame et J.) (voir *Fournier* [Paul]).	
Dutheil de la Rochère (André) (8).................	10 »
Duthil (M.) (14)..................................	3 »
Duthoit (Eugène) (15).............................	5 »
Duval, à Bonneville-la-Louvet (17)................	0 50
Duval (Arm.), à Bonneville-la-Louvet (17).........	1 »
Duval (Désiré), à Bonneville-la-Louvet (17).......	0 50
Duval (Mlle E.) (16)..............................	2 »
Duval (Louis-Cyprien) (16)........................	1 »
Duvanel (voir *Guérin*).	
Duveirt (Auguste) (3).............................	10 »
Duverger (Alphonse), à Cambrai (10)...............	5 »
Duverger (Félix), à Cambrai (10)..................	5 »
Duverger (Paul), à Cambrai (10)...................	5 »
Ecacheville (A.) (7)..............................	5 »
Edler (Léon), à Noisy-le-Sec (5)..................	1 »
Edouard (12)......................................	1 »
Edouard, du Petit Paris, et Jeanne Quenardelle (8)	0 50
Edouard (Adolphe), employé démissionnaire de la Préfecture de police (6)....................	1 05
Edouard et Françoise (4)..........................	10 »
Edouard et sa sœur Marthe, d'Aix (14).............	5 »
Elise et Madeleine (14)...........................	5 »
Emile (Paul), à Var, près Rouen (11)..............	1 05
Emilie (3)..	1 »
Emilie (3)..	5 »
Empereur (Veuve l'), à Albayez (7)................	2 »
Engel (Paul), à Oran (17).........................	20 »
Engelhard (Paul), 49, rue Bonaparte (1)...........	5 »
Engelhard (Raoul) (2).............................	5 »
Engelhard (Robert) (1)............................	5 »
Engerand (5)......................................	5 »
Eon, père et fils (3).............................	10 »
Eppelé, lampiste, à Versailles (17)...............	5 »
Epron (Mlle J.), à Versailles (5).................	20 »
Eriol (M.), pour lui et ses deux fils, anciens militaires (14).................................	20 »
Erne (Gaston) (1).................................	10 »
Ernest et Boulou (16).............................	1 »
Ernest et Yves (9)................................	2 »

	Fr.	c.
Ernest, Louis et Armand (6)...............	3	»
Ernest, rue Dumas (14)...................	10	»
Ernevein (voir *Guérin*).		
Ernoult (Eugène), à Roubaix (12)...........	5	»
Esbelin, ouv. taill., à Clermont-Ferrand (12)....	0	25
Esnault, à Bonneville-la-Louvet (17).........	0	50
Esnault (Émile), ouv. taill., à Lavrel (12)......	0	20
Esnault (Gustave), ouv. taill., au Mans (12)....	0	15
Espic (A.), à Châteauroux (6)..............	2	»
Estienne (P. M.) (2)......................	20	»
Etienne (7)	0	50
Etienne (M. et Mme) 7, rue Gœthe (7).......	10	»
Etienne (A.), à Épinal (13)................	2	»
Etienney, à Lyon (9).....................	10	»
Eudel (E.) (9)..........................	3	»
Eugène (7).............................	0	50
Eugène et Charles (11)...................	2	»
Eustache (Marie), à Laval (9)..............	0	25
Evain (Mathurin) (7).....................	1	50
Evrard (L.) (8).........................	1	»
Evrard (P.) (9)..........................	1	»
Fabre (voir *Costu*).		
Fabre (F.) (voir *Pellegrin*).		
Eymar (J), 3, rue Maguelon, à Montpellier (16)..	2	»
Fabre (Alb.), à Cassagnes (6)	10	»
Falaize (Gabriel), secr. gén. du Cercle de l'U. C. (14)	1	»
Falgueirettes (E.) (12)...................	20	»
Faly, rue Poccard, à Levallois (14)..........	1	»
Fanny et Charles, d'Ivry (5)	5	»
Farjas (P.) (12).........................	10	»
Farnié (Mme Gaston) (11)................	5	»
Faubon (Joseph), à Sussy-en-Brie (4)........	5	»
Fauche (Charles) (4)	10	»
Fauche (G.) (7).........................	5	»
Faucher (Edmond), 8 ans (5)..............	1	»
Faucon, de Crest, ouvrier tailleur (12)	0	25
Faulquier (Rodolphe) (12)................	20	»
Faure (A.), rue Nollet (2)	2	»
Faure (F.) (11)	2	»
Faure (J. M.), à la Caille (9)..............	2	»
Faure (Maurice) et sa mère (16)	1	50
Faurial (16)	0	10
Fauvel (A.) (7)..........................	1	»

	Fr. c.
Fauvette (14)	0 20
Fauville, à Cambrai (10)	5 »
Favier (Joseph) (10)	2 »
Favre (Mme Vve), et Louis Favre (6)	25 »
Fays, dit l'Annamite (4)	1 »
Fédit (C.) (2)	20 »
Félix (8)	0 50
Felsenhardt et fils (7)	0 20
Fernand (10)	2 »
Fernaux (Mlle Elisa) (4)	2 »
Ferragus, Algérien de naissance 0.50 ; un antisémite de 6 mois 0.50 ; pour la veuve et l'orphelin 0.50 (16)	1 50
Ferrand (voir *Burosse*).	
Ferrando (4)	0 50
Ferrat (E.), à Marseille (5)	2 »
Ferrat (Sommes recueillies à Marseille par E.) (9) .	8 »
Ferret (A.), à Manneville (7)	1 05
Ferret (T.), à Mâcon (16)	1 »
Ferret (voir *Bardy fils*).	
Ferrière (8)	0 25
Ferry (Ch.) (3) (*)	10 »
Ferry (Charles, Maurice, André), trois futurs soldats qui n'ont aucune parenté avec le député (9)	15 »
Ferval (5)	0 50
Fetizon (P.), à Fécamp (6)	5 »
Fevig, Suippes (5)	5 »
Fichel (Blanche) (9)	2 »
Fierry (René-Marc) (8)	5 »
Figeac (Eugène), employé aux magasins du Printemps (2)	5 »

(*) M. Charles Ferry, député, ayant fait annoncer par le *Temps* qu'il n'était pas le souscripteur de la *Libre Parole*, celle-ci a publié la note suivante : « M. Charles Ferry, député des Vosges, fait dire d'autre part dans le *Temps* qu'il n'est pas le Charles Ferry qui a souscrit. On s'en doutait ». Plus tard, dans son numéro du 21 décembre 1898, la *Libre Parole* a publié une nouvelle rectification ainsi conçue:

« M. Charles Ferry, demeurant rue Copernic, nous prie de dire qu'il ne veut pas être confondu avec le député de ce nom. Pour souscrire comme il l'a fait et en donnant son nom qui est bien le sien, il n'avait pas à demander l'autorisation de son homonyme devenu célèbre depuis les affaires de Tunis ».

		Fr.	c.
Figurez (E.) (7)		5	»
Filhoulan (A.) (11)		25	»
Finaz (Camille) (1)		50	»
Finet (G.), à Chambéry (10)		5	»
Finuccia et son petit Georges (9)		0	90
Fiolet, à Bonneville-la-Louvet (17)		0	50
Fischer (Mlle Caroline), épouse de M. Mondollot, Mme Madeleine Fischer, M. Jacques Fischer, M. Charles Fischer, tous quatre Alsaciens, chacun 0 fr. 50 (12)		2	»
Flament (Edmont) (16)		1	»
Flayelle (Maurice) (9)		100	»
Flèche (Mme La) (8)		10	»
Fléchey (G.) (12)		0	10
Fleureau à Paris (1)		3	»
Fleurot (E.) (8)		10	»
Fleury, valet de chambre (8)		1	»
Fleury (Charles), à Noisy-le-Sec (5)		0	50
Fleury (C. et J.) (10)		3	»
Fleury (M. L.) (4)		10	»
Fleury (Mme Étienne) (12)		2	»
Fligitter, à Seloncourt (11)		2	»
Flizot (J.), 6, rue du Louvre (5)		3	»
Faure (Florentin) (17)		1	05
Flornoy (Eugène), 132, avenue de Wagram (7)		10	»
Flotard (Eugénie), 5 fr.; Flotard (Fernand), 2 fr.; Vincent (Eugène), 5 fr.; Grivet (Georges), 5 fr.; Coumert (Louis), 3 fr.; Coumert (Joseph), 2 fr.; Andreas Ivan, 1 fr.; Ribaud (Léon), 5 fr. à Lyon (10)		28	»
Flotte (Gabriel), à Marseille (12)		1	»
Folette, dite la Terrible (8)		0	50
Foll (C.), à Brest (5)		2	»
Follet (Achille) (17)		2	»
Fonade (Ch.), à Bordeaux (11)		10	»
Fontaine (M) (6)		1	»
Fontaine (Mlle) (2)		5	»
Fontaine, 11, rue Sadi-Carnot, Montrouge (9)		1	»
Fontaine (Irénée), domestique, à Arras (10)		1	»
Fontenay (H. de), 10 fr.; un aspirant à Saint-Cyr, 2 fr.; M. F. 1 fr. (12)		13	»
Forget, entrepreneur (11)		5	»
Forget (Mlle) (8)		0	25
Forget (Raoul) (1)		5	»

Fortioli (P.) (3)	0 50
Fosse (Eugène) (11)	5 »
Foucaud-Laussac (Albert), à Libourne (Gironde) (12)	1 »
Foucauld (Ch.), à Romorantin (14)	2 »
Foucault, à Verdun, 5 fr.; Jeanne, petite Lorraine, de Verdun, 1 fr.; Cécel, son grand frère, 1 fr. (11)	7 »
Foucault (Mme) (9)	2 »
Foucher (8)	1 »
Foueret, grainetier, 62, rue Vallier, à Levallois (14)	1 »
Fougeray (L.), libraire (4)	5 »
Foulon (Emile) (Entrepôt) (9)	2 »
Fouques-Duparc (Henry) (2)	10 »
Fourcade (Joseph) (11)	1 »
Fourcade (Marie) (11)	1 »
Fourcade (Madeleine) (11)	1 »
Fourcade (Suzanne) (11)	1 »
Fourcade (Jenny) (11)	1 »
Fourgous (Henri), à Riom (3)	5 »
Fourmy (Mme et M. H.) (13)	1 »
Fournat (Louis), de Brezenaud (11)	0 50
Fournel (H.), à Rennes (11)	5 »
Fournel (Pierre) (10)	5 »
Fournié (Georges) (1)	5 »
Fournier (4)	1 »
Fournier (4)	1 »
Fournier, à Salins (10)	5 20
Fournier (Aug.) (5)	0 50
Fournier (Mlle Jane) (4)	1 »
Fournier (Paul), Mme Dutheil, J. Dutheil, 18, rue Guénégaud (2)	5 »
Fournols (14)	0 50
Fourrié (J.) (5)	0 50
Fousson (Louis), à Tarascon (7)	1 50
Foy (D.), fils aîné (7)	0 10
Fradin (Mme M. L.) (12)	0 25
Fragnaud (Henri), ancien huissier à Villefagan (10)	3 »
Fragonard (P.), à Cognac (8)	5 »
Franc (Louis) (5)	2 »
Français (A.), à Reims (11)	10 »
Franchet (C.), architecte (12)	10 »

	Fr. c.
François (4)...	20 »
François, garçon de café de l'Univers.............	0 50
François (J.) (5)......................................	10 »
François (Jules) (8).................................	20 »
François (Louis) (11)..............................	5 »
François (Mme) (5).................................	10 »
François (Mme Ernest), veuve et mère de soldats (6)...	1 »
Françoise (Mlle) (3).................................	2 »
Frantz, jardinier, employé aux chemins de fer de l'Etat (6)..	2 50
Fraudet (voir *Ourrat*).	
Frédéric et Mathilde (6)..........................	20 »
Fabrège (Frédéric), à Montpellier (16)........	20 »
Frédérick, 9, rue du Marché (14)...............	2 »
Frémaud (voir *Méquerille*).	
Frémyn (8)..	10 »
Frespin (Mlle Hélène) (7).........................	1 »
Frilay (Vve), Cergy (9).............................	5 »
Frilley (Justin), ex-brigadier-fourrier au 5e escadron du train (6).................................	3 »
Frogerais (G.) (4)....................................	1 »
Froment (2)..	2 »
Frottier (17)...	1 »
Fugairon (Paul), en souvenir de son grand-père, officier du génie (3)..................................	5 »
Gaborit (Clémence) (5)............................	2 »
Gabriel (7)...	0 25
Gabriel, entrepreneur de peinture, 38, rue du Rocher (16)...	5 »
Gabrielle et Georges, Horloger, Rosières et Rosier du 39, rue Blomet (12).........................	0 50
Gachet, dit Capitaine Bull (7)...................	5 »
Gachet (J.), dit Lieutenant (7)..................	5 »
Gaflin (E.), huissier, à Pont-Audemer (8).....	1 »
Gaillard, 88, rue de Belleville (10).............	1 »
Gaillard (Eugène) (12).............................	50 »
Gaillard (G.), directeur de la maison Guillout et Cie (10)...	10 »
Gaillard (M. et Mme) (3).........................	10 »
Gaillot (11)...	2 »
Gal, représ. de la *Libre Parole* à Nant (Aveyron) (16)...	0 50
Galène-Bocquet (L.), (10).........................	5 »

	Fr.	c.
Galichon (A.), à Champniers (Charente) (12)....	2	»
Galien (Edmond), à Avize (Marne) (5)............	2	»
Galla *Christiana* (4)................................	0	25
Gallais (Léon) (10).................................	10	»
Gallay (Joseph) (7).................................	5	»
Gallay (Mme Maurice) (3)...........................	100	»
Galle (L.) (5).......................................	0	25
Galli (Henri) (2)...................................	20	»
Gallice (Mme Eugène) (15)..........................	20	»
Gallice (Marcel) (9)................................	20	»
Gallois (Albert) (4)................................	30	»
Gallois (Charles) (12)..............................	10	»
Galouye (Léon), à St-Laurent-d'Arc (9)..........	3	30
Galtié, à Bordeaux (14)............................	50	»
Galtier (Joseph) (8)................................	20	»
Galvani, de Sainte-Lucie (12)......................	5	»
Galy (Emile) (6)....................................	1	»
Gambotté (1)..	0	50
Gamotot (Mme L.), 27, villa Chaptal, à Levallois (14)	2	»
Gamotot (Léon), 27, villa Chaptal, à Levallois (14)	3	»
Gandon (12)...	0	50
Ganne (Louis), 15, avenue Trudaine (3)..........	20	»
Garcin (M.), Lyon (14).............................	10	»
Gardette (Benoît) et Duranton (Paul), deux ouvriers plombiers patriotes, à Clermont-Ferrand (16)...	1	05
Garelle-Pérard, à Lille (3).........................	1	»
Garès (Philippe) (6)................................	0	25
Garidou, Lyon, républicain d'avant 1870 (17)...	1	»
Garin (Henri), 28, rue de Boulainvilliers (7).....	1	»
Garnier (Mlle) (3)..................................	1	»
Garnier (Robert), un petit Français de huit ans (5)..	5	»
Garreau (Louise) (12)..............................	0	50
Garric (Félix) (10).................................	1	»
Garrigou (Antonin) fils et François Garrigou père (15)..	1	»
Garros (Henri), à Bordeaux (14)..................	10	»
Garros (Jean), à Bordeaux (14)....................	10	»
Garros (Louis), à Bordeaux (14)...................	10	»
Gas (9)..	1	»
Gaspard (P. et C.) (3)..............................	5	»
Gasquet (Elie) (2)..................................	10	»
Gassier (Emile) (10)................................	5	»

	Fr.	c.
Gaubert (M.) père (7).....................	20	»
Gaubert (Martial) (7).....................	5	»
Gaude (M.), d'Haultefeuille, 1 fr.; Madame Gaude, d'Haultefeuille, 1 fr.; Mlle Eugénie Gaude, 0 fr. 50; Améline Solot, employé, 0 fr. 25; Victor Sauvage, employé, 0 fr. 25 (5)	3	»
Gaudet (5)...........................	0	50
Gaudfroy (M.) (8).....................	5	»
Gaudin (Mme veuve) (3)..................	100	»
Gaudin (Victor) (11)....................	1	05
Gaudolphe (14)........................	5	»
Gaudray (Léon) (10)....................	1	»
Gaudrey (P.), 20, rue Bellechasse (16).........	0	50
Gaudu (A.) (10).......................	2	»
Gaulmier (J.) (12).....................	5	»
Gaumerais (D.) (4)....................	1	»
Gautier (L.-E.), à Cannes (12).............	20	»
Gaussen (Aimé) (6)....................	5	»
Gautherin (J.-B.) (8)..................	5	»
Gauthier (F.), à Saint-Servan (6)...........	0	60
Gauthier (G.), à Bordeaux (14).............	5	»
Gauthier (J.), à Lyon (10)................	10	»
Gautier (Henri) (4)....................	20	»
Gautier (Paul) (4).....................	20	»
Gautry, 57, rue Vallier, à Levallois (14)........	1	»
Gauvain (Denys), 8, rue Chaptal, à Tours (7)....	10	»
Gavarni (Pierre) (10)...................	10	»
Gay (4).............................	1	»
Gay (André) (14)......................	0	50
Gay, barbier (11)......................	1	»
Gay, conscrit, à Longchamp, près Genlis (Côte-d'Or) (16)...........................	1	»
Gay (Louis), à Bourges (6)................	10	»
Gay (Noémie), 1 fr.; Gay (Jeanne), 1 fr.; Gay (Marie-Thérèse) 1 fr. (10)................	3	»
Geiger, 1, rue de Ponthieu (6).............	5	»
Gélatine (4)..........................	1	»
Gelhaihe (Edmond), Montreuil (5)...........	1	»
Gelin, Mareux, Tavour, au Perreux (Seine) (10).	6	»
Gellé, Paris (4).......................	5	»
Gély (P.) (9).........................	20	»
Gély, à Pessac (Gironde) (voir *Manceurt* [l'abbé])		
Gendre (Ch. Félix Le) (13)...............	0	60
Geneuil (R.) (voir *Saint-Julien* [G. de).		

	Fr.	c.
Geneviève, 5 ans, de sa tirelire (7)..............	1	»
Genevois (Louis) (3)...........................	5	»
Genin (Henry), 2, Montée-du-Gourguillon, Lyon (11)..	5	»
Gensollen (Octave), La Vaille, La Crau (Var) (10).	5	»
Genteur (Mme) (2)..............................	10	»
Gentil (E.), 197, rue Saint-Charles, à Paris (2)..	5	»
Genty (A.) (3)...................................	1	»
Genty (Mme) (9)................................	1	»
George (5)......................................	5	»
Georgel (Mlle) (voir *Lacroix*).		
Georges (10)....................................	2	»
Georges, Marie, Yvonne, à Port-Louis (8)........	3	»
Georges (P.), Finette, le père et la mère (10)....	10	»
Georges (Le petit), quinze mois, à son petit camarade Henry (15)................................	4	05
Georges (Des), à Lyon (11).......................	10	»
Georgette (La petite) (4).........................	0	50
Ger, 5, rue Guilhem (2)..........................	1	»
Gérard (voir *Germain* ([Alfred]).		
Gérard, Boulogne-sur-Mer (7)....................	2	10
Gérard (Maurice) (2)............................	5	»
Gérard (Virgile), traducteur-juré (2).............	5	»
Gérardin (M. Nun), 122, rue La Fontaine, à Auteuil (6)..	5	»
Gérault, 8, rue Barbette (8)......................	1	»
Gerbaud (Antoine), boulevard Haussmann (4)...	40	»
Gerbaux (D.) (4)................................	5	»
Gerisoul (Mme Paul) (7).........................	20	»
Germa (Roger) (9)..............................	2	»
Germain (Léon) (10).............................	10	»
Germain (A.), à Condé (11)......................	10	»
Germaine (7)....................................	0	25
Germaine, à Henry (16)..........................	2	»
Germaine, Antoinette et Roger (7)................	50	»
Germaine (Mme et Mlle) (10)....................	10	»
Germaine, René, Jean et Emile (4)...............	6	»
Gerne (H.), à Cambrai (6).......................	3	»
Gervaize (Alfred), Nancy (3).....................	10	»
Gesryes, de la Folie-de-Foucarmoux	5	»
Gétrau (J.), employé à la mairie, à Bordeaux (14)	1	»
Gibaut (12)....................................	0	50
Gibaudan, à Maurcilhan (16)....................	1	»
Gibert (Edouard), à Cannes (4)..................	20	»

	Fr. c.
Gibert (Mme Henri), à Avranches (4)	5 »
Giboin (H.), à Cholet (13)	1 05
Gicquel (M. et Mme), à Passy (3)	5 »
Gilbert (8)	1 »
Gilbert fils, à Courbevoie (8)	1 »
Gillan (Ad.), viticulteur, à Pomérols (Hérault) (14)	5 »
Gille (Joseph), 27, rue du Calvaire, au Châtelet (Hainaut) (6)	1 »
Gille (Félix), rue Laurenton (5)	5 »
Gilles (Mlle Marthe) (12)	1 »
Gillet (11)	1 »
Gillet (12)	2 »
Gillet, rue de la Lingerie (8)	2 »
Gillet (E.) (6)	0 50
Gillet, Montjay-la-Tour (7)	0 50
Gilliard (4)	1 »
Gimballe, 221, faub. St-Martin (2)	1 »
Ginesté (voir *Giraudon*).	
Giral (Prosp.), à Nant (Aveyron) (16)	1 »
Girard (12)	2 »
Girard (E.), à Elbeuf (8)	1 »
Girard (J.), négoc., cours Morand, 41 (3)	5 »
Girard (P.), gérant de la maison E. V. (10)	1 »
Girardon (Adrien) (11)	10 »
Giralt (Michel), 11, rue Ste-Catherine, à Lyon (16)	5 »
Giraud (Mlles), filles d'un capitaine d'infanterie de marine, mort aux colonies (3)	5 »
Giraud (C.), à Morez (Jura) (6)	2 »
Giraudeau (Mme) (2)	10 »
Giraudon (Mme), née Uzès (17)	5 »
Giraudon (Ernest) (10)	5 »
Giraudon (L.) et Ginesté, à Sanary (9)	5 »
Giraudon (Maurice) (8)	1 »
Girault (12)	0 10
Girod (Mme Jules), à Vincennes (voir *Grandvaux*, pharmacien)	
Giroux (8)	0 50
Giustiniani (Paul), 29, rue Borghèse, à Neuilly (9)	1 »
Glanin (A.), à Cloyer (9)	5 »
Glotin (Mme veuve), à Bordeaux (11)	20 »
Glotin (Edouard), à Bordeaux (11)	40 »
Glotin (Paul), à Bordeaux (11)	10 »
Gobin (Ch.), M. Courcier, E. Courcier (17)	2 »
Goby (4)	0 50

	Fr. c.
Goby (J.-B.) (4)	0 50
Goby (Jean) (4)	0 30
Godard (8)	0 25
Godard (M.), à Vincennes (10)	2 »
Godard (J.) (17)	5 »
Godart (H.), au nom de plusieurs employés de commerce (5)	1 »
Godchot (Jules), convaincu de la culpabilité de Dreyfus (9)	0 50
Goddo (Léon) (6)	2 »
Godet (Gabriel), à Toulouse (11)	3 »
Godin (Ch.) (6)	10 »
Godonneix (Augustine) (5)	5 »
Goeb (Eugène) (3)	5 »
Gohin (H.) et Gobin (L.) (13)	10 »
Golder (Arthur), chef d'équipe au *Petit Journal* (6)	1 05
Golier (Mme) (12)	0 50
Golleau (7)	0 50
Gomez del Junco, 32, rue Carnot, à Levallois (14)	1 »
Gorand (Pierre) (3)	20 »
Goraud, Mlle Chevallot (10)	5 »
Goret (Albert) (5)	5 »
Gorre (J.). Un taupin (8)	5 »
Gortais (H.) (8)	10 »
Gosan (8)	0 50
Gosmon (6)	0 15
Gosnet (Lucien), place de la République, à Bellême (Orne) (6)	4 »
Gosse (3)	20 »
Gosselin (Albert Roland) (4)	20 »
Gosselin (M. A.), à Rennes (14)	2 »
Gosselin (L.), 39, rue Magenta, à Asnières (6)	2 »
Gosselin (E. Roland) (4)	50 »
Gosselin (François Roland) (4)	20 »
Gouarziou (Le), Breton (4)	2 »
Goubaud (3)	0 50
Goubet (Cl.), 15, rue Voltaire, à Brest (6)	10 »
Goudaert, de la Ligue d'action française, 8, rue des Chats-Bossus (14)	1 »
Goudry (11)	2 »
Goujet (voir *Valençon*).	
Gouget (Camille) (6)	1 »
Gounaud (G.) (12)	5 »
Gounod (3)	1 »

Gourdin (A.) (2)	5 »
Gourgeude, à Reims, ouvrier tailleur (12)	0 05
Gourjon (Albert), à Bordeaux (14)	1 »
Goutenoir (J.) (3)	5 »
Gouvin (5)	20 »
Gouy (11)	2 »
Goyon (Emile), à Mâcon (8)	20 »
Graflin, château des Touches, à Pontvallain (Sarthe) (14)	5 »
Grain (M. et Mme Maurice Le) (10)	30 »
Graindorge (4)	2 »
Gralon (Fils), à Poitiers (5)	1 »
Granbard (Mme) (3)	20 »
Grand-Jean (3)	2 »
Grand (Julien Le) (9)	5 »
Granet (L.), architecte, 20, rue Vintimille (2)	50 »
Grange (9)	5 »
Grange (J.) (6)	2 »
Grangier (A.) (16)	5 »
Grangier, (M.), négociant, à Thenac (Dordogne) (15)	1 »
Grausilier (voir *Germain* [Alfred]).	
Gravet (3)	1 »
Gravier (Paul) (3)	10 »
Grégoire (Marius) (10)	2 »
Grémon (Joseph), Maison Bonnard, Jaume et Cie (5)	2 »
Grenet (3)	5 »
Grenier (Léon), 13, rue Cavé, ex-dreyfusard désabusé (4)	1 »
Gresse (Pierre), 5 fr; Lafond (Gabriel), 1 fr.; Lafond (Georges), 1 fr.; à Lyon (12)	7 »
Gribouville (9)	1 »
Grignan (Henry) (3)	5 »
Grimaud (M.), 17, rue Lemercier, à Paris (6)	10 »
Grininger (5)	1 »
Griolet (voir *Amiel*, clerc de notaire).	
Grivet (Georges) (voir *Flottard*).	
Grondard (Ch.) (5)	20 »
Gros (Céleste) (voir *Crochet* [Mme]).	
Grozer, direction des mouvements du port, à Lorient (6)	5 »
Gruber (P.) (voir *Laloue* [F.]).	
Guelin (Gilbert), 9, rue Marguerite (10)	2 »
Guelpa (Charles) (8)	5 »

	Fr. c.
Guelpa (Paul) (4)	5 »
Guénaud (Denis), ancien soldat, à Longchamp, près Genlis (Côte-d'Or) (16)	0 25
Guérand (Roland), futur cuirassier (11)	5 »
Guéranger (Casimir)	1 »
Guérard (Jean) (15)	10 »
Guérard (M.), antijuif (17)	1 50
Guérard (Pierre) (16)	10 »
Guérin (4)	0 50
Guérin (André), 3 ans (5)	0 10
Guérin (C.) (5)	0 50
Guérin (Edmond), ancien franc-tireur, à Neuilly-sur-Seine (9)	0 50
Guérin (Eug.), 8, rue de Lancry (10)	5 »
Guérin (Gervais) (6)	1 50
Guérin (Jean), dit Cléo (6)	0 50
Guérin, libraire, 37, rue de Rome (2)	20 »
Guérin (Lucien), 9 ans (5)	0 20
Guérin (M.) (5)	0 50
Guérin (Marcel), 12 ans (5)	0 20
Guérin (Mme) (5)	0 50
Guérin (Paul) (7)	20 »
Guérin, Leroux, Ernevein, Duvanel, Tessier, M. Lamastres (10)	1 75
Guérineau (9)	1 »
Guéro (Jean), Eugène Rouault, Paul Picard, P. Trémel, Yves Coquil, A. Le Masson. A bord du yacht *Walhala* (17)	2 »
Guerraz (Louis), rue de Corneille, Levallois (14)	5 »
Guerrin (E.), Cambrai (10)	4 »
Guerry (Jean) (4)	1 »
Guesnier, à Mayenne (16)	0 50
Guest (4)	5 »
Guezenec (Daniel), à Tréguier (16)	1 50
Guibert (J.) (17)	0 50
Guichard et Bertrand (8)	2 »
Guidet (E.) (6)	5 »
Guignard (Maurice) (6)	0 50
Guilbaud (M.), au Bocage, rampe de la Tranchée, Tours (15)	15 »
Guilbert (G.) (4)	5 »
Guilbert (Roger) (6)	5 »
Guilbert, à Saint-Mandé (7)	5 »
Guilbert (A) (4)	10 »

Guilbert, à Bonneville-la-Louvet (17)............	0 50
Guilbert (M. et Mme Léon) (8).................	2 »
Guilbert (Robert), 5 ans, pour le petit Noël de l'orphelin (8)................................	1 »
Guilhaumou (Vve), à Narbonne (10)............	5 »
Guillard, au Casino d'Epinal (12)................	0 15
Guillard (E.) (17).............................	0 25
Guillaume (12)................................	2 »
Guillemet (Edmond), 2, rue de Florence (1)......	50 »
Guillemet (Gustave) (6)........................	5 »
Guillermet (Joseph), Maison Bonnard, Jaume et Cie (5)...................................	1 »
Guilley (Mme), à Valenciennes (3)..............	2 »
Guillou (Mme) (14)............................	1 »
Guiol (Marius), à Marseille (13)................	2 »
Guinemand (M.) (2)...........................	5 »
Guippert, à Maureilhan (16)....................	0 50
Guiraud, à Sarlat (16).........................	2 »
Guisson (9)...................................	1 »
Guitée, Pau (12)..............................	50 »
Guixon-Pagès (M. et Mme) (9)..................	10 »
Guldener (Jules) (5)..........................	2 »
Gunby (Alexandre), à Monteux (Vaucluse) (11)..	1 »
Guy (Bruno), château de Vaux (8)..............	5 »
Guy (Bruno), château de Vaux, près Ste-Menehould (Marne) (5)............................	5 »
Guyard (7)....................................	3 »
Guyardeau (Léon) (5)..........................	0 50
Guyot (Mme Jenny) (8)........................	5 »
Guyot (Léon) (10).............................	0 50
Gyp (Louis) (3)...............................	20 »
Habert (E.), à Lorette (7)......................	5 »
Habert-Fleuret (10)............................	5 »
Hach, restaurateur, 228, rue Saint-Antoine (6)..	5 »
Hache (Alfred) (9)............................	20 »
Haëntiens (Maurice) (17)......................	10 »
Haëntjens (Marcel) (11).......................	100 »
Hagen, à Nîmes (16)..........................	0 50
Haimez-Camus (Ch.), quincailler, 27, rue Neuve (14)..	5 »
Hairel (2)....................................	0 25
Hamard (Marcel) (6)..........................	0 50
Hamel (Angèle et Yvonne), deux fillettes, à Paris (11)..................................	1 »

	Fr.	c.
Hamet, Mayenne (16)	2	»
Hanaide (J.), Rocroi (11)	5	»
Hanny. — *Pauca sed multa* (8)	5	»
Hanriot, à Cherveux (Deux-Sèvres) (11)	2	»
Laram (Mlles Berthe, Lucie, Marthe et Jeanne) (6)	5	»
Hardi (A.), à Outremont (8)	9	90
Hardouin, à Château-Gontier (11)	3	»
Hardy (Mme) (7)	0	50
Harel (Alfred), 34, rue de Turin (1)	50	»
Harlé (Vve) (6)	1	»
Harouel-Garcia (Mme) (6)	50	»
Harpignies (Mme Henry) (4)	10	»
Harris (Reine) (12)	1	»
Harry (5)	5	»
Hary (Mlle Marguerite) (12)	1	»
Hasard et son gosse (8)	1	50
Hatin (Eugène) (11)	20	»
Haubourdin (voir *Houplines*).		
Haueau (h.), architecte-expert (16)	10	»
Hausheer (Mlle Emma) (8)	1	»
Hausheer (Jean) (4)	2	»
Hausheer (Jean) (2ᵉ versement) (8)	1	»
Hausheer (Hugues) (8)	1	»
Hausheer (René) (8)	1	«
Hausheer (Marcel) (8)	1	»
Hautpois (Georges), à Bernières-sur-Mer (3)	10	»
Haut-Samois (Seine-et-Marne) (16)	0	50
Havard (12)	75	»
Hazard (Aug.), chevalier de la Légion d'honneur (11)	1	05
Hébert (Elisabeth et Jeanne) (12)	5	»
Hébert-Stévens (Jean et Geneviève) (14)	5	»
Hébert (Maxime), à Bois-Colombes (8)	5	»
Hédon, à Mortagne (Gironde) (7)	2	»
Heckelm (Mlle J.) (1)	2	50
Hélène (7)	0	25
Hélène (Charles), à Niort (4)	2	»
Hellio (Mlle) (7)	0	50
Hémar (E.) (8)	10	»
Hémar, au Havre (8)	5	»
Hémour (Ch.), à Marseille (5)	2	»
Henai (Marcel-Ernest) (17)	0	50
Henaff (P.), à Quimper (9)	0	25

	Fr. c.
Hendlé (Armand) (17)	0 50
Hénin (Camille), 22, cours Léopold, à Nancy, déteste les Youpins (15)	2 »
Henri (Mme) (3)	1 »
Henri (Du petit) (10)	2 »
Henri (2ᵉ petit), ami du précédent (11)	0 50
Henri (Guy) (voir Ourrat).	
Henri, Victor, Maurice et Paul (17)	20 »
Henriette et Georges, de Cluny. Papa et maman (8)	1 50
Henriette (Mlle) (9)	2 »
Henriette (La petite), son joujou de Noël (16)	0 20
Henrion (Vve), 9, rue de la Montagne-Sainte-Geneviève (5)	10 »
Henriot (Louise) (13)	1 »
Henry (9)	0 50
Henry (2)	20 »
Henry (A.), archiviste-paléographe (5)	5 »
Henry, à Nantes (15)	10 »
Henry (Ch.) (9)	1 »
Henry et Mayda (7)	10 »
Henry, pour son petit camarade (9)	0 50
Henry (Mmes), à Bonneville-la-Louvet (17)	1 »
Henry, Jeanne et Magdeleine, trois bons Français (3)	1 05
Henry (P.), à Arras (12)	5 »
Hérault (A.), promoteur de la Ligue du Bien Public (10)	1 »
Hérault, au Mans (14)	1 »
Herbomez (Armand d'), archiviste-paléographe (11)	3 »
Hériard-Dubreuil, à Bordeaux (14)	20 »
Hermel (Paul) (8)	20 »
Herpin (Mlle) (10)	1 »
Herrier, à Bonneville-la-Louvet (17)	0 50
Hervé (Laure) (8)	1 »
Heurtaux-Varsavaux (8)	5 »
Heymann (Georges) (7)	2 05
Hildebrand (Maurice), petit-fils de Lorraine (9)	0 50
Hiviéri (Pascal) (5)	2 »
Hocquard (Mme Edouard) (3)	20 »
Hoffner (Emile), retraité d'administration, à Billancourt (9)	0 60
Hoinville, à Bonneville-la-Louvet (17)	1 »

	Fr.	c.
Holdy (Alice) (2)	5	
Holzschuch (Maurice) (8)	10	
Hombel (Philippe) (5)	25	
Hombres (Fernand), à Bordeaux (11)	5	
Hommais (E.), à Elbeuf (16)	10	
Honnorat (Auguste), de Saint-André, (Basses-Alpes), à Bône (Algérie) (13)	4	
Hôpital (J. l'), à Evreux (9)	10	
Hôpital (Mme l') (10)	10	
Horloger (voir *Gabrielle*).		
Hortelamp (Marcel et Roger) (3)	10	
Horzelle (Aug.), de Lézignan, et son ami Manceau (8)	2	
Hostalot (M.), à Fraisse, Cabardès (12)	10	
Hottenger (Georges-Alexandre), à Nancy (3)	5	
Houdaille (Mme Fernand) (3)	5	
Houdaille (Georges) (3)	5	
Houdard (Mme Léon) (4)	5	
Houdinet (A.) (3)	1	05
Houette (S.), 39, boulevard Malesherbes (9)	100	
Houplines et Haubourdin (8)	1	15
Houssaye (Mme), à Bonneville-la-Louvet (17)	1	
Houtart (F.), à Cambrai (10)	0	50
Hovelacquer (Alexandre) (12)	5	
Hubert, employé d'assurances (voir *Bastien*).		
Hubert et Marguerite (5)	100	
Huby (B.) (9)	2	
Huby (Mme B.), à Fécamp (9)	2	
Huby (E.) (4)	2	
Huet, 1, rue des Fontaines (14)	5	
Huet (Léon) (4)	10	
Huet (R.), à Caen (14)	2	
Huet (Mlle) et ses élèves (14)	5	
Hugot (Octave) (3)	5	
Hunaud (D') (8)	0	50
Huraud (P.) (2)	10	
Huré (Jules) (6)	1	
Huret (A.), à Boulogne (9)	5	
Huret (Val N. D. Bezons) (16)	2	
Hurster (Ed.), château Beloul (10)	3	90
Huys (L. Van der), licencié en droit (6)	2	
Hyver (8)	2	
Imloch (voir *Dritmer*).		
Iotard, rue de Florence 2, (3)	10	

	Fr.	c.
Irène (12)	5	»
Isabelle, fleuriste (voir Roger, étudiant).		
Isnard (Alb.), archiviste-paléographe (4)	1	»
Izambert (A.), à Bry-sur-Marne (9)	10	»
Izarn (Louis), à St-Martin-aux-Arbres (11)	10	»
Jaccotin (L.) et J. Chassagnon (12)	5	»
Jacinthe, Albert et Émilie (2)	1	»
Jacob, le Voyeur (11)	5	»
Jacquart, de Besançon, ouvrier tailleur (12)	0	15
Jacquemart, à Morez (16)	5	»
Jacquemin (Albert), à Longchamp, près Genlis (Côte-d'Or) (16)	0	25
Jacquemont (Henry) (4)	10	»
Jacques (17)	0	50
Jacques (10)	1	»
Jacques (3)	100	»
Jacques, futur soldat (8)	10	»
Jacques (V.), 26, rue Gutenberg, au Grand-Montrouge (16)	5	»
Jacques et Renette (8)	5	»
Jacquet (Gustave) (2)	50	»
Jacquet, 34 bis, rue Hamelot (3)	5	»
Jalabert (Henri), à Angoulême (16)	5	»
Jalinque (17)	0	25
Jallon (H.) (8)	1	»
Jamat-Foucher, à Aubigny (Cher) (6)	2	»
Jamel (Médéric) (9)	10	»
Jameron (M.) (12)	5	»
Jamon (Mme) (14)	2	»
Janin (12)	0	25
Jann, Callet, Penu (16)	0	25
Janot, à Rosny (5)	1	»
Jars (M. et Mme) (5)	10	»
Jauffret (Edmond), 42, boulevard Notre-Dame, à Marseille (6)	5	»
Jaulin (Eug.) (13)	5	»
Jautrou (L.) (4)	5	»
Jautrou (Mlle Marie) (4)	5	»
Jayer (Paul), 137, rue Monplaisir, à Valence (15)	2	»
Jean (4)	1	»
Jean (17)	5	»
Jean, cocher, à Sérignan (7)	5	»
Jean et Pierre, fils d'officier (5)	10	»
Jean (Le petit) et le petit Robert (5)	5	»

	Fr.	c.
Jeancourt (Antony) (10)	100	»
Jeanin (Eugène) (4)	10	»
Jeanjean (Henri), charron-forgeron, à Aimargues (7)	0	75
Jeanne (4)	0	50
Jeanne et Louise (11)	1	»
Jeanne, ex-bonne de youpins, Val N. D. à Bezons (16)	0	50
Jeanne, Georgette et Yvonne, pour le petit Henry (16)	2	»
Jeanne-Marie-Cécile (3)	2	»
Jeannette, dont la bourse est plus petite que le cœur (9)	0	50
Jeannette (Mlle), au bébé Henry (4)	25	»
Jeannin (André) (7)	20	»
Jeansoulin (voir *Costu*).		
Jeantel (Félix) (11)	10	»
Jeanti (Gaston Arnaud), 10, rue Léonce-Reynaud (2)	40	»
Jeaumeau (Gustave) (12)	5	»
Jehan, de Passy (6)	0	40
Jehan Frollo, ce que peut rendre son escarcelle (8)	2	»
Jemotor (J.), à Dijon (9)	5	»
Jenny, Française écœurée (9)	5	»
Jette, boul. Bajon, à Poitiers (6)	2	»
Joannès, à Lons-le-Saunier (13)	3	»
Job (3)	20	»
Jobart (Camille), à Menton (voir *Beckers* [Ch.]).		
Jobbé Duval, architecte (8)	3	»
Joëssel (Mme) et ses fils, en souvenir de son mari et de leur père (8)	10	»
Joffrain (Léon), à Epinal (11)	2	»
Joissac-Jullia (Aug.) (10)	10	»
Jolain-Moissac (10)	2	»
Jolet (H.), rue de la Juiverie, à Epernay (5)	2	»
Jolin (A.), à Lunéville (12)	5	»
Jolio (M.-E.), conscrit, classe 1898, à Longchamp, près Genlis (Côte-d'Or) (16)	0	50
Jolly (voir *Germain* [Alfred]).		
Joltrain (Mme) (4)	100	»
Joly (Mme Etienne) (10)	20	»
Joncquel (A.), à Hesdigneul (11)	5	»
Jones (Mme) (5)	20	»

	Fr. c.
Jones (Pierre) (8)...	10 »
Jordan (Mlle Marie-Thérèse) (4)	20 »
Joseph (Jules), à Roubaix (16)........................	1 05
Joséphine (Mlle) (7)..	0 50
Josse, ex-soldat amputé et retraité, au Chambon, (Lozère) (10)...................................	1 »
Josserand (7)...	1 50
Joubert (J.), Bourg (14)...................................	5 »
Joubert (Joseph), à Angers (7).......................	20 »
Jouthenit (Mlle Marthe) (8).............................	5 »
Jouer (Jacques), banquier (9)..........................	50 »
Jourdan (Ch.) (17)..	0 25
Jourdain (Mme) (8)..	0 50
Jourdain (Papa), 35, rue Boudeauville (16)......	2 70
Jousselin (Stéphane) (4).................................	10 »
Jouve, de la maison Bonnard, Jaume et Cie (5)..	0 50
Jouvet (V.), imprimeur, à Riom (17).................	0 50
Joyac (Ch. et A.), de Nantes (14).....................	5 »
Joyaux (Mme) (9)...	10 »
Joyeux-Laffuie, à Caen (9)..............................	2 »
Jubin (L.) (9)..	1 »
Jubin (R.) (10)..	2 »
Jude (M.) (7)..	1 »
Judith (9)...	1 »
Jugie (F.) (10)..	10 »
Julie, cuisinière, chez Mme de Crochet (5).......	0 45
Julien (7)...	0 50
Julien (Louis) (8)...	5 »
Jullia (Famille Clément) et ses employés (10)....	20 »
Jullien (Georgette) (8)....................................	10 »
Julut (G.) à Salon (7).......................................	5 »
Jumel (M. et Mme) et Mlle Lesur (7)..............	3 50
Juquin (Mme) (5)...	1 »
Jurd, Alsacien, ex-gendarme (8)......................	1 »
Just (Lucas), à Bonneville-la-Louvet (17).........	0 50
Justin (7)...	0 25
Juville (Mme A.) (4)	10 »
Keilig (Ed.) (7)...	5 »
Keilig (Edm.) (7)..	5 »
Keller (Mme), à Tours (13)..............................	10 »
Kerfer (Pierre), à Quimper (16)	20 »
Kermaingant (3)...	10 »
Ketty, la moitié de sa tire-lire (8)	2 45
Kieffer (Paul), président du patronage des Alsa-	5 »

	Fr. c.
ciens-Lorrains (8)...............................	
Kirchhofer, 6, place Saint-Michel (5)............	3 »
Kisler (Mme), à Périgueux (14)...................	1 »
Klecker (Mme E.) (11)............................	5 »
Klecker (Napoléon-Louis) (11)....................	1 »
Klecker (Napoléon-Michel) (11)...................	1 »
Klecker (Napoléon-Antoine) (11)..................	1 »
Kœnig (10).......................................	0 50
Krauss, anc. soldat d'Afrique, à Longchamp, près Genlis (Côte-d'Or) (16)...................	0 25
Krumenacker (P.), à Villemomble, et sa femme (6)	2 »
Kubler, à Courbevoie (8).........................	1 »
Kuentz (A.) (5)..................................	1 »
Kunkelmann (Henry) (2)..........................	20 »
Labadie, à Bergerac (10).........................	1 »
La Batie (Gabriel) (4)...........................	20 »
Labatte-Muller (volontaire de 1870); Mme Labatte-Muller et Mlle Marthe Bohevie (Sénégalienne) (12)..	3 »
Labaume (4)......................................	0 30
Labie (Mme Alfred) (11)..........................	20 »
Laborde (17).....................................	1 »
Laborde (Maria et Juliette) (8)..................	1 05
Laborde (Louis), 21, rue du Cerf-Volant, à Moulins-sur-Allier (11).............................	10 »
Labori (14)......................................	1 »
Labouchère, de Clamart, ouvrier tailleur (12)...	0 25
Labouine (Etienne) (12)..........................	1 »
Labroue (M.) (6).................................	5 »
Labroue (Mme) (6)................................	3 »
Labroue (Mlle J.) (6)............................	1 »
Labrousse (Daniel) (voir *Baccon* [Gaston]).	
Labrusse (P.) (10)...............................	5 »
Lacarrière (Em.), à Lacapelle-Marivol (15).......	5 »
Lacassagne (4)...................................	5 »
Lacasse (Paul) (6)...............................	10 »
Lacaze (A.), à Maisons-Laffitte (5)..............	10 »
Lachamp (Gustave), à Marseille (4)...............	20 »
Lachèvre (Frédéric) (2)..........................	20 »
Lachèvre (Mme L.) (10)...........................	5 »
Lacolle, 17, boulevard de la Madeleine (8).......	5 »
Lacombe (M.) (2).................................	10 »
Lacombe (fils), à Sarlat, (16)...................	1 »
Lacombe, à Rebréchien (16).......................	10 »

	Fr. c.
Lacombe (Augustin), villa Clémence, à Biarritz (6)	5 »
Lacote, cocher, rue Mouffetard, 87 (7)	1 25
Lacretelle (A. Benoît), rue Lepois, 9, à Nancy (9)	10 »
Lacroix, à Paris (6)	1 »
Lacroix (Mlle), Mlle Georget, Ad. Penin, Ch. Nevroud (11)	1 80
Lacroix (F.) (12)	5 »
Lacroix (F.) (12)	5 »
Ladouce (Victor) (16)	2 »
Laënnec (R.) (1)	50 »
Laever, à Toulouse (11)	1 »
Lafon (12)	0 25
Lafon (Gabriel et Georges) (voir Gresse).	
Lafont (voir Caderousse).	
Lafont, à Cauliac (7)	3 »
Laffon (Mlle Marguerite), en souvenir de son grand-père, tué à Montebello (7)	5 »
Laffraud (Henri), à Longchamp, près Genlis (Côte-d'Or) (16)	0 50
Laforest, à Laclotte (9)	3 »
Laforest (M. et Mme) et leurs enfants (9)	3 »
Lafrogne (9)	5 »
Lafrogne (Joseph), à Nancy (6)	5 »
Lagarde (Louise) (6)	5 »
Lagat (J.) (17)	2 »
Lagonde (Magdeleine, René, Cécile de) (14)	5 »
Lagouste, maître-coq, à Marseille (13)	0 50
Lagrange (Louis de), à Mayenne (16)	5 »
Laleux (A.) (4)	20 »
Lajoue (C.), à Chambéry (15)	5 »
Lajarrige (Jean) (6)	0 25
Lalotte-Germe, à Cambrai (10)	2 »
Lalle (voir Clergel).	
Lallement (André), « bouif », à Nancy (12)	0 60
Lallier (Mme Vve), à Couperay (S.-et-Marne) (11)	1 05
Lallouette (Mme) (15)	20 »
Lamarche (Famille H.) (12)	1 »
Lamarque (Joannès), à Yzosse, (Landes) (17)	10 »
Lamarque (Maurice) (17)	5 »
Lamastre (M.) (5)	0 50
Lamastres (voir Guérin).	
Lamballais (L.), ami du vicaire d'Issé (6)	2 50
Lambert (J.) (voir Chevallier [G.]).	
Lambert (17)	0 25

	Fr. c.
Lambert, à Bonneville-la-Louvet (17).............	2 »
Lambert, maison Bonnard, Jaume et Cie (5)....	0 50
Lambert (E. Louis) (2).............................	20 »
Lambert (L.) — Lebel. — Renault (13)..........	3 »
Lambert (Mme Louis) (8.........................	10 »
Lambert (Marcelle, sœur d'officier (4............	5 »
Lambinet (Félicien) (V.), à Versailles (4)	20 »
Lambinet (Victor, pour arrondir la somme (14)..	1 70
Lambrecht (4).....................................	10 »
Lamiot (Ernest) (6...............................	0 50
Lamothe (de), Sainte-Eulalie-d'Ambarès (14) . . .	5 »
Lamothe (G. et L.) (9).............................	3 »
Lamour (Alfred), 121, av. de Wagram (6)........	10 »
Lampérière (J.) (9.).............................	2 »
Lamy, Bordeaux (14).............................	1 »
Lamy, Groullet, Bizon, Bruchet (17).............	2 50
Lamy (A.), (classe 1847) (9)....................	5 »
Lamy (Léon) (13)...............................	1 »
Lamy (Marguerite), fille d'un ancien marin (4)...	1 »
Lancelot (Ch.) et son frère (10).................	30 »
Lançon (E.), à Oullins (14).....................	5 »
Lande (Paul) (9).................................	1 »
Landry, de Nevers (11).........................	1 »
Landry (Irénée) (9)..............................	5 »
Lang (voir *Drilmer*).	
Langel, pour son camarade de régiment (14)...	3 »
Langle, à Mézières-sur-Vire (5)................	20 »
Langlois, à Nice (12)............................	2 »
Langlois (Jacques) (13)...........................	2 »
Langlumé, à Bordeaux (16).......................	5 »
Languignier (L.), à Paris ; Risse, au Mans (3)...	10 »
Lannau (9)......................................	2 »
Lanos (6)..	5 »
Lanos (E.), à Bessé-s-Braye (8).................	5 »
Lanueau (Mme), villa Chaptal, à Levallois (14)...	1 »
Lao (3)..	1 »
Lapérine (Jules) (9)............................	2 »
Lapeyre (11)....................................	5 »
Laplane (Aug.), à Marseille (5)................	5 »
Laplane (Henry).-à Marseille (5)................	5 »
Lapoire-Chabert (8)............................	2 »
Larché, à Bonneville-la-Louvet (17).............	0 50
Larchevêque (M.), à Fronsac (Gironde) (6)	30 »
Larigaldi, à Mauriac (11)	2 »

	Fr.	
Laripette (Euloge), à Cognac (10)	1	»
Larisse (A.) (13)	5	»
Larivière, 137, boulevard de la Liberté (14)	5	»
Laroche-Néandière (8)	20	»
Larrive (Georges), licencié en droit (3)	10	»
Lartigues, 14, rue Jacques-Cœur (2)	5	»
Larue (Jean), maçon (16)	0	10
Lascombes (V.) (11)	1	»
Lasfargue, comptable, à Sarlat (16)	0	50
Lassalle (4)	1	»
Lassalle (4)	1	»
Lasserre (M.), à Argelès (16)	10	»
Lassince (Mme A.) (13)	1	»
Lassince (Mlles G. et M.) (13)	1	»
Lassince (M. A.) (13)	2	»
Latapie H., à Bordeaux (14)	3	»
Latapy (J.), à Bayonne (10)	5	»
Latis (G.), à Toulon (7)	1	35
Latzarus (Paul) (5)	5	»
Laugier (J.), à Biarritz (5)	5	»
Launay (Albert) (6)	0	50
Launay (Berthe, Marcelle et Luce) (5)	12	»
Launay (Robert), licencié ès lettres (2)	10	»
Launey (Mme E.), 48, rue de Villiers, à Levallois-Perret (1)	10	»
Lauradoux (9)	0	50
Laureau (3)	5	»
Laurens (5)	0	50
Laurens, Sistre, Chalas (8)	3	»
Laurent aîné (17)	0	50
Laurent, de Troyes, ouvrier tailleur (12)	0	25
Laurent (Achille), 177, rue Saint-Martin (2)	5	»
Laurent (M. et Mme) (3)	2	»
Laurent (Mme C.) (10)	5	»
Laurent (Charles) (5)	5	»
Laurent (Constant), à Privas (11)	3	»
Laurent (J.) (9)	5	»
Laurette (Louis), à Marseille (5)	10	»
Laurin (4)	0	30
Lautier père et fils (9)	2	»
Lauweryns de Diepenhède (H.) (11)	5	»
La Vaille (voir *Gersollen*).		
Lavaud (3)	0	50
Lavée (Jules) (2)	10	»

	Fr. c.
Lavergne (Maurice) (12)............................	2 »
Lavialle, 26, rue aux Ours (2).......................	5 »
Lavier (Jean), à Longchamp, près Genlis (Côte-d'Or) (16)..	0 50
Lavigne (V.), à Marseille (5)........................	10 »
Lavollée (Georges) (4)...............................	10 »
Layraud (Mme) (11).................................	5 »
Léal (4)..	5 »
Léauté (J.), d'Uzel (12).............................	5 »
Lebar (Zébu) (voir *Thierry de Martel, étudiant*).	
Lebercasaux (A. Robert) (12)........................	1 »
Lebel (voir *Lambert*).	
Leberge (voir *Valençon*).	
Leblanc (Pierre) (16)................................	0 10
Lebourg (Mme Arth.), à Bonneville-la-Louvet (17)	2 »
Lebrau (Charles), à Ferrais (16)....................	4 »
Lebrun (3)...	0 50
Lebrun (Veuve) (10).................................	50 »
Le Chazaréen (voir *Thierry de Martel, étudiant*).	
Lechevalier (M.), à Châtillon-Coligny (Loiret) (17)	5 »
Leclaire (Me) 36, rue de Bourgogne (8).............	5 »
Leclerc (C.), fils d'un héros de Sedan (9)..........	0 50
Leclerc (Eugène) (16)...............................	2 »
Leclerc (J.) (8)....................................	5 »
Lecointe des Iles (8)...............................	10 »
Lecointe des Iles, propriétaire, membre de la Ligue, 44, rue d'Artois (14)....................	1 »
Lecomte (12).......................................	1 »
Lecomte, à Vauciennes (16)........................	0 50
Lecomte (A.) (6)...................................	0 50
Lecorné, à Beaumesnil (14).........................	3 »
Lecorné (M.) propriétaire à Beaumesnil (Eure)(14)	3 »
Lecornu (A.) (1)...................................	5 »
Lecornu (Ch.), négociant (5).......................	5 »
Lecot (Jean), à Saint-Quentin (16)..................	5 »
Lecouley (Gaston) (2)..............................	10 »
Lednor (E.) (9)....................................	2 »
Ledos (E.-G.), archiviste-paléogr. (4).............	5 »
Lefaucheux, à Ménerville (Algérie) (16)............	1 »
Lefèvre (9)..	10 »
Lefèvre (P.) (voir *Boieldieu*).	
Lefebvre (A.) (12)..................................	0 60
Lefèvre (André), (2e versement), rue Neuve-de-Villiers, à Levallois (14).....................	1 »

	Fr. c.
Lefèvre (E.); A. Capelle; E. Catherine; L. Wilfrid; P. Badin (3)	5 »
Lefebvre (M. Isidore), 225, faubourg St-Honoré. (7)	20 »
Lefebvre (Mme J.) (2)	10 »
Lefebvre (H.), 78, rue Miromesnil (3)	10 »
Lefebvre (Léon) (3)	4 »
Lefèbre-Lefebvre, à Cambrai (10)	1 »
Lefèvre (M.), au Havre (12)	0 50
Lefèvre (Edmond), industriel, rue Neuve-de-Villiers, à Levallois (14)	2 »
Lefèvre (Mlle Marie) (14)	0 50
Lefèvre (Léonard), garde-rivière, à Péronne (47)	2 »
Lefèvre (P.) (voir *Boieldieu* [P.]).	
Lefèvre (M. et Mme) (3)	5 »
Lefèvre-Hellemmes (A.), à Lille (10)	1 »
Lefort (Mme) (5)	5 »
Lefranc, à Bonneville-la-Louvet (17)	0 50
Lefranc (Stanislas), docteur, à Liège (16)	4 90
Lefront, du groupe « Terre de fer », à Choisy-le-Roi (16)	5 »
Legascon (voir *Thierry de Martel, étudiant*)	
Legay (François) (5)	10 »
Léger (Mme) (9)	1 »
Léger (A.) (2)	1 »
Léger (Alexandre) (8)	1 »
Léger (Georges), 1, rue Voltaire, à Levallois (3)	2 »
Léger (Léon) (14)	1 »
Légeron (Charles), garçon de café (6)	1 »
Legrand (Mme Vve) et Mlle Legrand (7)	1 »
Legrand (Mme) (7)	1 »
Legrand (M.) (7)	1 »
Legrand (Edgar), manufacturier, officier d'administration de l'armée territoriale, à Fourmies (9)	2 »
Legrand (Gaston) (3)	20 »
Legré (Maurice) (12)	5 »
Legros, 78, faubourg St-Antoine (15)	2 »
Legros (François), à Fougères (7)	2 »
Legros (Lucie), Ardennaise (13)	1 »
Léguillon, 32, boulevard Saint-Marcel (3)	5 »
Lehé (Hortense) (14)	0 50
Lehingue (Ch.) (voir *Dupont*).	
Loirens (Mme E.) (8)	10 »

		Fr.	c
Lejoux (A.), à Saint-Etienne-Vallée (12)		2	»
Lélée (Joseph de), au Mans (3)		1	»
Lelièvre (4)		2	»
Lelong à Mayenne. (16)		2	»
Leloup (J.) (4)		5	»
Lelu (4)		0	50
Lemaire (9)		2	»
Lemarchand, zingueur, au Mans (14)		2	»
Lemarchand (M. E.) (voir *Charles*).			
Lemarchand (R.), à Rouen (10)		20	»
Le Masson (voir *Guéro*).			
Lemasson (Émile), teinturier, à Villedieu (14)		1	10
Lemassou (G.) (9)		1	10
Lemasson (L.) (8)		1	»
Le Médal (voir *Thierry de Martel, étudiant*).			
Lemesnager, au Mans (14)		10	»
Lemierre (Victor) (5)		2	»
Lemincar (7)		0	25
Lemoine (M. et Mme Maurice) (9)		0	45
Lemoine (Mme N.) (9)		5	»
Lemoine (La famille), à Auchy-lez-la-Bassée (14)		5	»
Lemonnier (16)		1	»
Lemonnier, à Lens (6)		1	»
Lemould, à Creil (17)		2	»
Le Moyne (Gaston) à Mayenne (16)		5	»
Lenon (V.), à Avallon (12)		2	»
Lenormand (Charles), architecte, à Montferrand du Périgord (5)		5	»
Lenormand (Louis) (4)		10	»
Léon (9)		0	25
Léon (16)		1	»
Léon, à Clichy (10)		0	25
Léon (Le petit) (8)		5	»
Léon (Petit) à petit Henry (6)		0	50
Léon et Gilberte (8)		2	»
Léonard (5)		24	»
Léonce, Félix, Jean (5)		20	»
Léonie, femme de Chambre (4)		1	»
Léontine (Mlle) (9)		2	»
Léontine et Frank (10)		2	»
Léopold, son frère et Achille (12)		15	»
Léopold et Anaïs, 2 fr. 50 ; Léon et Amélie, 2 fr. 50 (16)		5	»
Lepant (Léopold), à Vaucresson (11)		20	»

	Fr.	c.
Lepetit, rue Lemercier (8)..................	2	»
Lépine (C.), 170, rue Saint-Antoine (2)...........	5	»
Lépine (Mme); M. Lépine, capitaine au long cours (3)................................	5	»
Lepret, Thévenet, Deyle, Cailbaud, Boucand, Maupin (9)...........................	1	35
Leprêtre, 16, boulevard Montparnasse (10)......	1	»
Le Quellec (Mlle Yvonne), à Bordeaux (6).......	100	»
Le Quellec (Albert), à Bordeaux (14)	5	»
Lerat (Philippe), à Longchamp, près Genlis (Côte-d'Or) (16)..........................	2	»
Leroux (Mlle) (8)............................	0	50
Leroux (Mlle Louise) (2)	10	»
Leroux (voir *Guérin*).		
Le Roy (7).................................	0	50
Leroy à Bonneville-la-Louvet (17)............	2	»
Leroy (Mlle), à Olerville (12).................	5	»
Leroy (Abel) (11)............................	1	»
Leroy (Georges), à Orléans (14)...............	2	»
Lervillé (Valentin), futur chasseur à pied (9)	1	»
Lesage, à Mayenne (16).....................	2	»
Lesage (A.) (8).............................	5	»
Lesain (Mlles Albert), à Bonneville-la-Louvet (17)	0	50
Lesbros (M.) (11)............................	10	»
Lescaie (Henry), à Bordeaux (14).............	5	»
Lescot, propriétaire, ex-volontaire de 1870 (10)...	5	»
Lesenrie (Jules), à Réalcamp (Seine-Inférieure). Vive l'armée (4)	0	50
Lesieur (Ferdinand) (17)	1	»
Lesire (Albert) (12)...........................	5	»
Lesourd (P.), à Tours (6)....................	20	»
Lespinasse (F.), 40, rue Corbeau (3)...........	2	»
Lespinasse (Octave), à Mâcon (11).............	10	»
Lesserteur (Jules) (6)........................	2	»
Lestage (Alcide), à Bordeaux (14)	2	»
Le Sueur (H.) (9)............................	5	»
Lesur (Mlle) (voir *Jamel*).		
Leteissor, à Noisy-le-Sec (5)	1	»
Léticle (8)	3	»
Letiop (E.) (5)	2	»
Letourneur (René) (voir *Thierry de Martel*).		
Leveau, cocher (4)...........................	1	»
Léveillé (E.), à Verzy (3)....................	5	»
Levieils, à Bonneville-la-Louvet (17)...........	0	25

	Fr.	c.
Leuvrinaud (H.), à Paris (5)	5	»
Leymarie (8)	2	»
Lézé (Paul), à Neuilly (4)	0	50
Lherbier (Mme), fille d'officier (11)	5	»
Lhomer (3)	20	»
Lhomer (Th.) (7)	20	»
Liagre (Em.), agent de change honoraire (3)	10	»
Libaros, libraire, à Nantes (12)	2	»
Liégois (Louis-Achille), à Marseille (5)	2	»
Liénard à Mayenne (16)	1	»
Lieubesse, à Tournai (Belgique) (10)	5	»
Lieutaud (voir Chevalier [G]).		
Lily (4)	0	50
Lin (Gustave), à Paris (3)	5	»
Linard (Mme) (1)	20	»
Lindsay (Mlle), 10, rue de Berlin (9)	5	»
Lioult (12)	5	»
Litaud (16)	0	10
Lizer (J.), à Verdun, en souvenir de son frère Edouard (17)	5	»
Liense (14)	0	50
Lobel (Henri) (3)	10	»
Lobien (Mme veuve) (4)	5	»
Loehv (Louis), concierge (12)	1	»
Loire père, Loire fils, à Lorient (7)	2	»
Loire (G.), pour le Morbihannais, à Lorient (7)	5	»
Loiseau (Aline) (7)	2	»
Loitron-Watteau, au Chesne (14)	1	»
Lona (B.) (6)	3	»
Long (Léopold), à Marseille (13)	5	»
Longé (M.), à Vincennnes (10)	1	»
Longin (J.), à Paris (9)	5	»
Longuet (Charles), à Saint-Mandé (8)	1	»
Lorrain (Mme), pour elle et son mari (12)	2	»
Loriot (M.), 136, Grande-Rue, à Besançon (17)	1	75
Loth (Alfred), à Evreux (6)	5	»
Louet (Edouard) (6)	10	»
Louiret (4)	10	»
Louis (11)	0	50
Louis (17)	0	50
Louis, dit Boulzaguet (12)	0	25
Louis (E.) (11)	1	»
Louis et Suzanne (5)	20	»
Louis, Antoine, Marie, Justine, Louis et Jacques		

	Fr.	c.
(9)..	1	»
Louis, Michel, Pierre, Alain et Mimi (10)........	4	50
Louise (12)...	5	»
Louise, cuisinière (8)..................................	0	50
Louise et Lisa (6).......................................	3	»
Loviconi (8)..	2	»
Loyer (Albert), au Houlme (3)......................	10	»
Lucas (J.), tailleur, 152, boulevard Magenta (17).	5	»
Lucas (voir Valençon).		
Luchet, de Paris, ouvrier tailleur (12)...........	0	10
Lucie (7)...	0	50
Lucie et Hippolyte (10)................................	0	50
Lucien (M.), Parisien (6).............................	1	»
Ludovic (12)...	1	»
Lurin (Paul), ex-secrétaire au Ministère de la guerre (8)..	1	»
Luthereau (M. et Mme A.) (4).......................	5	»
Lutier (Maurice) (3)....................................	1	»
Lux (Mme) (6)...	5	»
Lux aîné (8)..	5	»
Lux (M. D.) (7)...	5	»
Lux (Sébastien) (17)...................................	5	»
Luzet (Armand), à Luxeuil (8)......................	20	»
Lydi, 0 fr. 10; Marthe, 0 fr. 10; Bertha, 0 fr. 10; Papo, 0 fr. 25; Deux cousines, 0 fr. 20; Jeanne, 0 fr. 10; Marguerite, 0 fr. 10; Marie, 0 fr. 10; Hélène, 0 fr. 20 (16)......................................	1	25
Mabillais (P.), 71, rue des Saints-Pères (4)......	2	»
Mably (Robert-Louis-André de), (Loire) (6).....	5	»
Machard (Jules) (4)....................................	10	»
Machart (Mlle Cécile) (14)...........................	5	»
Machaux (Mme veuve) (8)...........................	0	50
Macherat (Jules), à Lonchamp, près Genlis (Côte-d'Or) (16)...	0	50
Madeleine (5)...	1	»
Madinier (5)...	10	»
Magnan (Raoul) (4)....................................	1	»
Magne (Félix), futur officier (5)....................	1	»
Magnes-Lahens (L.), à Toulouse (4)..............	5	»
Magnin (Antoine) (9)..................................	5	»
Magnin (Mme), à Poligny (voir Grandvaux, pharmacien).		
Magoulès (Edmond), B. X., 73, rue Rousselle (5).	2	»
Mahon (Paul), à Toulouse (3)......................	5	»

Maillard (Louis) (12)..........................	2 »
Maillart (Emile), 22, rue de la Chaise, à Paris (7)	2 »
Maillet (15)....................................	1 »
Maillet (7).....................................	1 »
Maindron (7)...................................	0 50
Maingault (M. et Mme Henri) (4)...............	20 »
Maingot (9)....................................	0 50
Mairesse (C.), à Cambrai (10)..................	2 »
Mairesse (J.), à Cambrai (10)..................	2 »
Maisant (Mme Alfred) (10).....................	10 »
Maison (R.), Institution du Theil (12)...........	5 »
Maisondieu (Georges et Ernest), à La Trémouille (6)...	10 »
Maitre (Henry), 12, rue Boulle (3)..............	1 »
Maitre (Louis le), d'Uzel (12)...................	0 50
Malivel (A.) à Loudéac (6).....................	5 »
Malleret (Mme René), à Poitiers (6)............	20 »
Mallet (E.) (2).................................	5 »
Malleville, à Villeneuve (17)...................	5 »
Mallez père (E.), à Cambrai (10)...............	5 »
Maly (Tante) (11)..............................	0 90
Malzac (Félix), à Nant (Aveyron) (16).........	1 »
Manandel, 25, rue Cornu, à Bordeaux (14)......	1 »
Manceau (voir *Horzelle*).	
Manceau (Mme), blanchisseuse, rue Oberkampf, (8)...	1 »
Manceron (Mlle) (3)............................	3 »
Mandine (Charles) (5)	1 »
Maneaud (H.) (11)..............................	6 »
Mangrid (H.) (9)...............................	5 »
Manot (J.) à Cerbère (9).......................	2 »
Manquest, à Bonneville-la-Louvet (17)..........	0 50
Mansuy (8)	0 50
Mantin (Georges) (12)..........................	20 »
Marais (Raoul), pupille de la société du 50° mobile (3)	1 »
Marc (P. de), Eugénie et M. Rabier (10)........	11 »
Marcel (5)......................................	5 »
Marcel (M. L.) (9)	1 »
Marcel et Fernand, à Châlons-sur-Marne (15)...	2 »
Marcel et Forichon (Pour MM.) (8)	0 50
Marcel (Roblin) (15)............................	5 »
Marcelle (La petite) (8).........................	0 30
Marcellin (A.) (5)	1 »

	Fr.	c.
Marcenac (14)..	0	50
Marchais (F.) (10)	5	»
Marchal (M. et Mme), de Nancy (3)............	100	»
Marchal (Mme P.) (3)	10	»
Marchand (8)..	0	50
Marchand (A.), père et fils (12)....................	10	»
Marchand (Léon) (7)......................................	5	»
Marchand, 51, rue de Passy (10)..................	0	50
Marc-Michel (Veuve) (13)..............................	5	»
Marche, libraire, à Poitiers (16)....................	5	»
Marcet (Alexis) (4)..	1	»
Marcotte, à Niort (4)......................................	1	»
Marcoux (Ch.), 22, rue Béranger (3)............	4	»
Maréchal (9)..	1	50
Maréchal (E.), à Cambrai (10)	1	»
Marès (Etienne) (12)......................................	5	»
Mareux (voir *Gelin*).		
Maroschal (H.), à Chambéry (10)..................	5	»
Margalhan (T.), à Marseille (5)....................	5	»
Margot et son père (10)................................	5	50
Margraff (17)..	0	15
Marguerite (8)..	0	25
Marguerite (6)..	5	»
Marguerite et Ernest (2)................................	10	»
Marguerite et Louis (3)	5	»
Marguerite et Michelle (11)............................	0	50
Marguerite, fille d'officier en retraite (17)......	2	»
Marguerite, petite-fille d'un vieux soldat (6)	2	»
Marie (8)	0	25
Marie (16)	1	»
Marie-Amélie (17)..	0	50
Marie, Armande, Berthe et Simon, le fond de leur tirelire (9)..	3	»
Marie, Bruno, enfants d'officier (4)................	3	»
Marie, chez M. G. (11)..................................	0	40
Marie et Pauline (8)	2	»
Marie, femme de chambre (4)........................	1	»
Marie, Geneviève, Suzanne et Madeleine (8)....	5	»
Marie-Joséphine (1)	20	»
Marie-Louise (17)	0	50
Marie-Blanche (Mme) et Anicie (6)................	1	»
Mariette (Ch.) (4)..	10	»
Marius, à Marseille (13)................................	0	20
Marlot (Maurice) (16)....................................	2	»

	fr.	c.
Marquez (Charles), à Clermont-l'Hérault (5).....	5	»
Marquez (Henry) (14)........................	2	»
Marquez à Clermont, en plus des 15 fr. déjà reçus (9).................................	20	»
Marteau (L.), rue Brizard, 30 (14)..............	0	50
Marthe, qui a son frère sous les drapeaux (14)...	1	»
Mazet (Mlles Marthe et Renée), de Montpellier (8)..	1	»
Marthon, 6 ans, fillette d'un officier (10)........	2	»
Martial (4)..................................	1	»
Martial (Le petit), 12 ans, sa sœur Eugénie, etc. (7)..	1	25
Martin (André), employé des chemins de fer, à Gannat (6).................................	1	05
Martin (A. (voir *Brosse*).		
Martin, ancien avoué, à Digne (7)..............	5	»
Martin (Henri), jardinier, chez Mme de Prochet (5)..	1	05
Martin (L.), place des Vosges (7)..............	2	»
Martin (Paul), à Saint-Malo (14)	1	»
Martin (Mme Vve) (8)........................	10	»
Martin (M.), 5, place des Ternes (8)............	2	»
Martin (A.), 61, av. de la République (5)	10	»
Martineau (Cl.), E. Moreau (12)................	1	»
Martinet (6)	5	»
Martino, à Marseille (14).....................	1	50
Marval (Paul) (5)............................	20	»
Mary et Georges (3)	5	»
Maryan Bien Kiewicz (4)......................	10	»
Mas, 185, rue du Bois, à Levallois (14).........	0	25
Massé (H.) (voir *Brechet*).		
Mascle, maison Bonnard, Jaume et Cie (5)	1	»
Masix (Al.), à Paris (17)......................	5	»
Masséna (Louis), intérimaire au chemin de fer d'Orléans, à Tours (6)	5	»
Massiny (J.) (14)............................	1	»
Masson, 60, rue Vallier, à Levallois (14)........	0	25
Masson (J.), à Amiens (14)	50	»
Massot (M.) (5)..............................	0	50
Massot (voir *Caderousse*).		
Masure (Jules), à Béthune (16)................	5	»
Masurier (Gaston) (11).......................	3	»
Mathias (Jean), à Dijon (7)	2	»
Mathias (Mme), à Noisy-le-Sec (5)		»

	Fr.	c.
Mathieu frères, à Lons-le-Saunier (10)	5	»
Mathilde et Chapillon, à Quintin (Côtes-du-Nord) (9)	2	»
Mativon (Pierre) (14)	2	»
Maubert (Mlle) (12)	0	10
Mauduit (Alphonse) (6)	40	»
Maugain (Mme Vve) (3)	1	»
Mauge, membre de la Ligue des patriotes (8)	1	»
Mauge-Fornés, à Hupel-Lambert-Descharmes (9)	1	75
Mauil (Firmin), à St-Germain-en-Laye (7)	5	»
Mauil (René), à St-Germain-en-Laye (7)	2	»
Mauline (Henri), architecte (5)	10	»
Maumené (Ch.) (10)	10	»
Maupin (voir *Lepret*).		
Maurice (4)	0	50
Maurice et Lucien (10)	5	»
Maurice et ses frères, trois petits garçons, modeste offrande (4)	5	»
Maurice (Jules), de Poitiers (9)	5	»
Mauroy (Victor), 12, rue Greuze, à Paris (5)	10	»
Maury, à Melun (5)	10	»
Mauss (E. et M.), à Frouard (11)	2	»
Mauzaize (René), rue d'Ulm (10)	5	»
Mavit (Eugène) (8)	0	50
Max, 7 ans, Nancette, 14 ans, d'Alger (14)	0	60
May (L.) (13)	0	50
Mayen (5)	0	50
Mayotte, Germaine, Georges, Ricardo (11)	1	»
Mazel, à Nant (Aveyron) (16)	0	50
Mazerac (J.), à Saint-Rambert-d'Albon (12)	2	40
Mazereau (P.), L. Gallois, Millet, un étudiant, un Poitevin (9)	2	35
Mazet (A.), représentant de commerce, à Montpellier (1)	1	»
Mazobier (14)	5	»
Mazure fils, à Bonneville-la-Louvet (17)	2	»
Mazure père, à Bonneville-la-Louvet (17)	1	»
Meaubre (Georges), 21, rue Meissonnier (7)	20	»
Méchin (Mlle Annette) (6)	0	50
Méhul (Jules), à Marseille (5)	0	50
Meilbaurat (Victor et André), de Montcombroux, en souvenir de l'état-major du 13ᵉ corps d'armée, manœuvres de septembre 1898 (16)	20	»
Meiner (Louis) (4)	20	»

	Fr.	c.
Meissonier (Mlle) (7)...............................	100	»
Mejean (Alfred) (17)..............................	0	50
Melot, à Paris (4)................................	5	»
Melot (Mme), à Paris (4)..........................	3	»
Melot (Mlle Geneviève), à Paris (4)................	1	»
Melot (Mlle Hélène), à Paris (4)...................	1	»
Membré (Edouard), à Saint-Wast-la-Vallée (6)......	5	»
Mendeville (Mlle Eléonore) (10)....................	2	»
Mendeville (Mlle Eléonore) (11)....................	2	»
Mennet, à Bonneville-la-Louvet (17)................	0	25
Mentine (16)......................................	1	»
Mequeville (Mmes) et Antoinette Frémaud, femme et veuve d'officiers (9).........................	2	»
Mérail (8)..	20	»
Mercier (A.) (6)..................................	5	»
Mercier (Edouard), château de la Ruthe, par Revel (5).......................................	2	»
Mercier (Edouard), Un intellectuel, à Nantua (7)...	20	»
Mercier (Eugène) (17).............................	1	»
Mercier (G.), (3).................................	1	»
Mercier (G.), frère du général Mercier (7)........	20	»
Mercier (H.), (3).................................	5	»
Méril (Georges)...................................	10	»
Mertian (Paul) (2)................................	100	»
Méry, architecte (17).............................	5	»
Merzbach (Georges), 12, place Vendôme (16)........	1	»
Mesmer (3).......................................	10	»
Mesmer (Geneviève) (2)...........................	2	»
Mesnard (Georges) (6)............................	20	»
Mesnard (L.) (7).................................	10	»
Mesmer, 232, rue Saint-Antoine (2)................	10	»
Metge (Famille) (10)..............................	2	»
Metgé (G.) (5)...................................	5	»
Metoz, à Villemonble (5)..........................	1	»
Meunier (Dauphin) (16)............................	3	»
Meunier (Elisa), de Flottes 0,25. Pour sa sœur Annette, religieuse, 0,25 (16).................	0	50
Meunier (Georges) (17)............................	20	»
Meurinne (Mlle), fille d'un officier (12)..........	1	»
Meurisse frères, et leur personnel (12)............	5	»
Meyer (Th.) (16).................................	10	»
Meynier (R.), père de quatorze enfants, à Vesoul, (16)...	1	»

	Fr.	c.
Meyrand (Félix), à Chauza (Lozère) (10)........	1	»
Meyrand (Joseph), à Cherremorte (Lozère) (10)...	0	50
Meyrand (Pierre), au Chamblin (Lozère) (10).....	1	»
Mialot (Antoine) (Cher) (14).................	1	»
Micaud (L.), à Valence (8)...................	1	»
Michaud (S.) (9)	1	05
Michaut (F. M.) (2).........................	5	»
Michel, coutelier (11).......................	1	»
Michel (E.) (17)............................	2	25
Michel, 9, place de la Madeleine (2)...........	2	»
Michel (E.), à Brie-Comte-Robert (4)..........	5	»
Michel (Georges) (12)	2	»
Michon (M. et Mme) (10)....................	5	»
Miduval (F.), architecte (13).................	1	»
Miganne, 86, rue de Maubeuge (4).............	5	»
Migard (4)..................................	1	»
Migeot (M. et Mme A.) (8)	10	»
Leurs sept enfants (8).....................	10	»
Mignard (Joseph) (10)	5	»
Mignard (Th.), R. Mignard, Michel Mignard (9).	4	»
Mignien (9).................................	0	50
Mignon (7)..................................	20	»
Mignon (V.), G. A.; M. V.; A. D.; et M. F. à Nice (8)	7	»
Milcent (Jules), 40, rue Saint-Laurent, à Nogent-		
le-Rotrou (12)...........................	1	05
Miles (voir *Christianus*).		
Milheu (Gabrielle) et ses trois petites sœurs (14)	2	»
Milhomme (Veuve) et E. Claude, industriels, à		
Paris (4)................................	10	»
Milleret (Yvonne) (5)........................	1	»
Millet (voir *Mazereau*).		
Millet (M. et Mme), de Sèvres (9).............	1	»
Millet (Emile), à Beaucaire (7)................	10	»
Millet (Jean) (9)	0	50
Millet (Pierre) et Charles Millet (9)............	0	50
Millot (5)	5	»
Millot (D.), à Cambrai, (10)	5	»
Millot (J.) et sa petite Juliette, à Alfort (4).....	2	»
Millot, à Villiers-sur-Marne (9)	1	»
Miniez (Ch.), d'Auxerre (8)..................	1	»
Minucius (3)................................	1	»
Mioche (Mme), veuve d'un capitaine de chasseurs		
d'Afrique (8)............................	5	»
Miquel, à Sarlat (16)........................	2	»

	Fr. c.
Mir (Mme), à Alger, (11)	» 30
Mirapeix (Jules) (11)	1 05
Mislain (V., à Vaucouleurs (10)	5 »
Misset (9)	1 »
Mistral (Constantin), à Marseille (12)	10 »
Moenerlaey (Frédéric), à Bailleul (8)	5 »
Moine, à Bordeaux (5)	2 »
Moisy (Pierre) (2)	1 »
Moitiry (Charles et Alfred), compagnons de Morès, à Verdun (4)	5 »
Moizant (J.) (10)	2 »
Molhérac (Albert), à Alais (7)	1 »
Molinier (Fernand) (11)	5 »
Mollat (René et Charles) (12)	5 »
Mollière (Frédérick) (8)	0 40
Mondollet (voir Fischer) (Mlle Caroline).	
Mondollot père et ses quatre fils : Abel, Emile, Marius et Lucien (5)	2 »
Monchicourt (Mme Vve) et son petit-fils (4)	120 »
Mondollot (Abel), ses deux sœurs et sa mère (12).	1 »
Monjauze (Marcel) (9)	3 »
Mongolfier (M.) (11)	2 »
Mongrand, 16, rue Rodrigues-Péreire, à Bordeaux. (14)	1 »
Monier (Louis) (4)	1 »
Monot (Alb.), membre de L. A. F., à Nancy (7).	10 »
Monneiz (8)	2 »
Monnet (L.) et ses camarades des Bateaux parisiens (4)	1 »
Monsallier (Mlle) (12)	5 »
Monserand (A.), à Cossesseville (7)	5 »
Mont (P.) (6)	0 25
Montagnard (Paul), négociant en huiles, 151, rue Consolat, à Marseille (5)	10 »
Montagnard (Paul), (le personnel de la maison) (5)	10 »
Montagnon, ouvrier tailleur, à Argenteuil (12)..	0 25
Montanari (H.) (7)	2 »
Montaudon (Mme) (5)	20 »
Montavon (voir Christophe).	
Montembault (Georges) (11)	5 »
Monthéau (Charles) (2)	1 »
Monthiers (9)	20 15
Montier (G.) (3)	2 »

	Fr. c.
Monvoisin (7)	0 25
Moog (P.) (10)	10 »
Mopper (Paul), à Paris	5 »
Morand (René), 13, rue Mandar (6)	0 50
Morcellet (voir *Rame*).	
Mordacy (Louis), 1 fr.; Pierre Chabert, aux dragons, 1 fr. (9) ...	2 »
Moreau (3)	1 »
Moreau, directeur artistique (3)	0 50
Moreau (Abel) (2)	4 »
Moreau (E.) (voir *Martineau*).	
Moreau (Henry) et sa petite sœur Louise, à M. (10)	1 »
Moreau (Lucien), avenue de l'Observatoire, à Paris (3)	20 »
Morel, 6, rue Vivienne (5)	5 »
Morel (Alph.), à Marseille	10 »
Morel (Armand), 30, rue Pierre-Belon, au Mans (14)	5 »
Morel (5)	20 »
Morel (Eugène) (17)	1 »
Morel (Eug.), à Marseille (15)	10 »
Moriaux, 109, rue de Cormeille, à Levallois	0 35
Morin, à Bonneville-la-Louvet (17)	0 50
Morin (E.) (10)	20 »
Morin (Gabriel) (7)	10 »
Morin (L.) (9)	5 »
Morin (L), huissier (12)	1 »
Morin (Louis) (7)	10 »
Moritz (A.) (4)	15 »
Morlot (Jules) (3)	2 50
Moro (Jean) (3)	0 »
Morphy (Michel) (8)	100 »
Mortecrette frères, à Douilly (12)	50 »
Morteron (V.) (voir *Christophe*).	
Mosser (3)	0 50
Mottet (Cl.), à Chatou (3)	100 »
Mouchet (André), 9, rue Vézelay (7)	2 »
Mouffe (Mme) (4)	5 »
Mouillon (Ch.), à Longchamp, près Genlis Côte-d'Or (16)	0 50
Mouillon (Emile), à Longchamp, près Genlis (Côte-d'Or) (16)	0 50
Moulin (Mlle) (2)	5 »

	Fr.	c.
Moulis (Em.) (10)...	2	»
Mounema (3)	2	50
Mounier (L.), à Saumur................................	10	»
Mouret (Mme). Don d'une pauvre cuisinière (8)	1	»
Mouret (Mlle), sa fille (8).............................	1	»
Mouret (B.) (6)...	2	»
Mourier (Marius) (9)....................................	0	50
Mouthon (Alfred) (2)	2	»
Mouthon (Alfred), (2e versement) (6).............	1	»
Moutier (Émile) (4).....................................	3	»
Mouton (Alfred)...	3	»
Moyen (Mlle) (4)...	20	»
Moyer (P.) (voir *Christophe*).		
Mouttier, à Chartres (10)..............................	2	»
Muller (Louis) (voir *Ritter* [Louis]).		
Mullot (Bernard) (5)....................................	10	»
Mullot (L.) (5)..	10	»
Mullot (Suzanne) (5)...................................	10	»
Mulot (Louis) (8)...	100	»
Munier (Joseph et Claudine) (13)..................	1	05
Muntz (Jacques) (8)....................................	2	»
Murgey (A.) (9)...	5	»
Mus (P.), à Monteux (Vaucluse) (11).............	0	75
Muzin (E.) (8)...	10	»
Mytho et Jean (1)..	20	»
Nadal (Aug) (10)...	1	»
Nairesse (Elise, Claire et Camille) (13)..........	5	»
Najean (Mme) (3)..	5	»
Nanquette (2)...	5	»
Napoléon (S. Louis), à la Seyne (10).............	1	05
Naquet (Henry) (6).....................................	5	»
Narbonnès (Yves) (3)..................................	20	»
Nativel, Prés-Saint-Gervais (5).....................	0	50
Nault, à Neuilly-sur-Seine (13).....................	0	50
Nautre (7)..	1	»
Nectoux (Joséphine), à Passy (4)..................	1	05
Neigner (L.), au Johannisberg (6).................	5	»
Neil (Gaston) (3)...	1	»
Nerlinger (Ch.), à Toulouse, archiviste-paléographe (4)	2	»
Nespoulous (Ch.), à Toulouse (6)..................	5	»
Neuville, négociant à Loulay (9)....................	1	»
Nevroud (Ch.) (voir *Lacroix*).		

	Fr.	c.
Ney (Napoléon) (2)...............	10	»
Niart (M.), à Cambrai (10)............	2	»
Nicolas (Henri), à Nice (13)............	5	»
Nicolas, à Noisy-le-Sec (5)............	1	»
Nicolas (Paul) (10)...............	2	»
Nicoletti (Paul) (4)............	0	50
Niderlinder (13)...............	10	»
Niel (P.) (3)...............	20	»
Ninette et son petit ami Henry (6)............	2	»
Noailly (Mme) (8)............	8	»
Nodier (Mlle) (12)............	20	»
Noël (12)...............	0	50
Noël (Henry) (4)............	2	»
Noël (MM.), à Bonneville-la-Louvet (17)........	1	»
Noël (Mme et Mlle), à Rouen (9)............	5	»
Noël (Le petit) et sa femme (10)............	1	»
Noël (Petit), comme 2ᵉ versement. Un ami du petit Noël (16)...............	2	»
Noël (voir *Thierry de Martel, étudiant*).		
Nolent, à Bonneville-la-Louvet (17)............	0	50
Normand (Ch.) (4)............	10	»
Normand (Mme et Mlle), à Poitiers (12)........	5	»
Notre (M.) (8)...............	0	50
Nottot (Clémentine), mère d'un officier (9)......	2	»
Noubeau (A.). Un présent au banquet Drumont à Marseille (7)...............	1	»
Noury (Louis) (17)...............	1	»
Nourry (G), (voir *Boïeldieu*).		
Nouveaud (F.), de Seurre (12)............	5	»
Nouvellon (Ch.) (16)............	10	»
Noyant (9)...............	2	»
Noyelle, Lille (14)...............	5	»
Nuque (Maison), à Marseille (9)............	10	»
Oberlé (E.) (4)...............	0	50
Oberweiler (Georges), à Livry (Seine-et-Oise) (2).	5	»
Odette et Georges (16)............	5	»
Odit, de la Pauze, Chaumel, Péquignaud (10)...	3	50
Offray (Achille), à Dommartin (Seine-et-Marne) (9)...............	82	50
Offray (Maurice), à Dommartin (9)............	0	50
Oget (Eugène) (1)............	2	»
Ohmann (M. et Mme L.) (3)............	1	»
Olga, Lucie, Gaston (8)............	1	»
Olive (J.) fils, à Brignoles (11)............	20	»

	Fr.	c.
Olivier (6)............	3	»
Olivier, à Bonneville-la-Louvet (17)............	0	25
Olivier (E.), 22, rue Béranger (3)............	1	»
Olivier (Louis) (9)............	20	»
Ollier (10)............	5	»
Ollive (L.), à Casteljaloux (6)............	5	»
Ollivier (2ᵉ versement) (7)............	2	»
Ollivier (3ᵉ envoi) (12)............	1	50
Ollivier, à Châtellerault (16)............	10	»
Ollivier (Mme), à Vieux-Marché (8)............	0	25
Ollivier (François), à Vieux-Marché (8)............	0	25
Ollivier (Marguerite) (8)............	0	25
Olya (La petite) du boulevard Pereire (4)............	10	»
Oméga (Noël), à Laon (11)............	5	»
Oms (Pierre) (6)............	1	»
Orbière (M. et Mme Fernand) et leurs enfants à Tarascon-sur-Rhône (9)............	5	»
Oreille (7)............	0	25
Orfèvre (André), à Rambervillers (Vosges) (3)...	5	»
Orliac, chef de la musique, chevalier de la Légion d'honneur (9)............	3	»
Oster et son ami Louis (6)............	2	»
Oudin (E.) (8)............	1	»
Ourson (Pierre I) et sa famille (3)............	5	»
Ouvrard (A.) (8)............	0	25
Ouvrat, Baron, Cousin, Guy Henri, Fraudet, J. Derm (9)............	2	»
Oyer (Moïse) (8)............	1	»
Ozanne (G.)............	10	»
Pacquemont (Ch.), 32, rue du Sentier (6)............	25	»
Pagniez (Albert), à Cambrai (10)............	5	»
Pagniez (Alexandre), à Cambrai (10)............	5	»
Pagniez (Charles), à Cambrai ((10)............	5	»
Pagniez (Ernest), à Cambrai (10)............	5	»
Paichard (André), à Château-Gontier (4)............	1	»
Paillard (G.), avenue Trudaine (10)............	20	»
Paillé (C.) (12)............	3	»
Paillé (Victor) : J'ai dix ans, à un petit ami (6).	10	»
Palaysi (Gaëtan) (9)............	2	»
Palmade (Mme et M.) (12)............	10	»
Palmier (9)............	0	75
Pamecher (Henri), Jean Ducroix, J. Dauneau, de Palaiseau (10)............	1	»
Panon (Louise) (13)............	0	25

— 307 —

	Fr.	c.
Paque (C. F.) (7)	10	»
Paquelin (M.), à Chassagne (8)	1	05
Paquet (H.) (10)	5	»
Paquier (A.) (4)	2	»
Parat (F.), à Périgueux (9)	3	»
Paret (Georges) (7)	10	»
Parigot (voir *Petit* [*Léon*]).		
Paris (6)	5	»
Paris (Amélie), 43, avenue du Maine (14)	0	50
Parisse (Jean), à Longchamp, près Genlis (Côte-d'Or) (16)	0	50
Pary (5)	3	»
Parry (Louis) (voir *Detaille* [*Albert*]).		
Pascal (G.), ancien engagé volontaire en 1870 (7)	1	»
Pascal, ancien maire, à Digne (17)	2	»
Pascal, à Digne (17)	0	25
Pascal (Henri), 184, boulevard Chave, à Marseille (12)	0	50
Pascal (Paul), à Bruxelles (16)	5	»
Pascaud (Ed.), à Bourges (4)	10	»
Paschal (Louis), 32, rue des Mathurins (4)	5	»
Pasqualini (12)	5	»
Pasquier (Mme) (7)	5	»
Passard (J.) à Caen (2)	2	»
Passé (Eugène), à Paris (5)	100	»
Patou (12)	0	20
Patras (Julien), à Ruoms (10)	5	»
Patrelle (M.) (10)	10	»
Patris (Bh.), conscrit (10)	1	»
Pattier, à Vitry (9)	5	»
Patureau-Mérand (Raoul), avocat (12)	5	»
Paulus (Paul) (14)	2	»
Paulin, à Bonneville-la-Louvet (17)	0	50
Paulo et Ririce, à Pont (10)	20	»
Pauly (René) et Esther Boyer à M.; Jacques et Marie-Louise L., fille d'un ancien gendarme à M. (Lot-et-Garonne) (10)	0	30
Pauret (8)	20	»
Pauze (de la) (voir *Odit*).		
Paya (7)	0	50
Péan, rue Toussaint, à Angers (16)	2	»
Pebitor (C.): *Sursum corda* (4)	1	»
Péchenet (V.), Ste-Marie-à-Py (12)	1	»

	Fr.	c.
Pecquem (René), quatre ans (12)...............	0	50
Pédouillès (Clément) (12)......................	10	»
Peigné (L.) (voir *Brosse*).		
Pélabon, à Lambersart-lez-Lille (14)	2	»
Pellechet (Mlle), (2)...........................	20	»
Pellechet (Mlle C.), (3).......................	20	»
Pellechet (Mme Pierre), (3)...................	10	»
Pellechet (Raoul), à Dijon (5)................	50	»
Pellegrin (A).. F. Fabre (11)..................	1	»
Pellerin (M.), à Langrune (10)................	10	»
Pelletier (8)...................................	5	»
Pelletier (L. X.), (5)..........................	5	»
Pelling (J.), 11, rue de Tanger (12)...........	10	»
Pellissier (Jean), à Béziers (4)...............	20	»
Pen-Duvallon (F.), (9).........................	1	»
Penet (Georges), (12)..........................	15	»
Penin (Ad.) (voir *Lacroix*).		
Penu (voir *Jann*).		
Pépion et sa nièce, à Laval (4)..............	7	»
Péquignaud (voir *Odit*).		
Péquignot (Joseph), à Besançon (8)...........	1	»
Péquignot (Marcel), à Maîche.................	1	»
Pérenon, café du théâtre de Sétif. Produit d'une collecte entre amis (17)...............	25	»
Péret (3).......................................	10	»
Perier (L.-G.), (3).............................	1	»
Périnel (L.), à Chambéry (10)................	5	»
Pernau (6).....................................	20	»
Pernel (E.), (10)..............................	10	75
Pernot (Félix) (5).............................	5	»
Pernod (Joseph) (11)..........................	5	»
Perreau (4)	20	»
Perrenot (Henri), ex-directeur des fonderies à Huanne (Doubs) (10).......................	3	»
Perret (4).....................................	2	»
Perret, 7, boulevard Beaumarchais (2)........	2	»
Perrier (Edouard) (16)........................	2	»
Perrier frères, miroitiers, à Paris, (4)........	10	»
Perrier (Paul) (12)............................	10	»
Perrier (Pierre) (4)............................	10	»
Perrier (P.), à Clermont (10).................	2	»
Perrin (L.), (8)................................	10	»
Perrin, à Neuilly-sur-Seine (2)...............	2	»
Perrin (Louis), à Paris (5)....................	1	»

	Fr.	c.
Perron (3)	2	»
Perron (R.), à Berne (12)	4	90
Perron (Oscar) (voir *Christophe*).		
Perrot de Chaumeux (15)	10	»
Perrot (P.), à Mayenne (16)	5	»
Persil (Paul) (4)	10	»
Person (Mme Louis), à Plouguenast (C.-du-Nord) (17)	1	»
Péry (François) (16)	10	»
Péry (Louis), à Mérignac (16)	10	»
Pesca-Luna (12)	0	60
Pésichon (Henri), à Fontainebleau (7)	1	05
Peslier, à Mayenne (16)	3	»
Pestourie (Mme veuve), à Brive (8)	2	»
Pété (Charles), à Lyon (4)	10	»
Peters (L.), à Épinal (6)	50	»
Peters (Paul) à Épinal (7)	10	»
Petiot (A.), (3)	2	»
Petit (Auguste) offre son petit Noël (9)	5	»
Petit (Ch.), à Cambrai (10)	2	»
Petit (Charles) (2)	20	»
Petit (Eugène) (10)	2	»
Petit (Félix), à Cambrai (10)	2	»
Petit (Léon) et vieux Parigot, 92ᵉ (8)	5	»
Petit (Louis), ouvrier chapelier (6)	1	»
Petit (Louis), ouvrier tailleur (9)	1	»
Petit (Marguerite) (13)	0	25
Petit (Paul), à Reims (9)	3	»
Petit (Jean) (8)	5	»
Petitjean, Boret (François-Élie) (15)	0	50
Petit-Jean (De la part de) à son petit frère Henry (8)	5	»
Petit-Lafitte (Mme), à Avranches (5)	5	»
Petit Noël (3)	10	»
Petit (Pierre), 5 fr.; la fille d'un vieux soldat 2 fr. (11)	7	»
Petit Riri (Le) au petit Henry (13)	0	50
Petitot (E.) : *Sursum corda* (4)	1	»
Pétreau (J.), à Bordeaux (14)	2	»
Petret (Georges), dix-huit mois (11)	1	»
Peyon (voir *Thierry de Martel, étudiant*).		
Peyrafitte (J.), à Thouars (5)	5	»
Philip (de la part de Régis, Joseph, Léon, Octave et Rémy ; Gabrielle, Marie-Thérèse, Anne-		

	Fr.	c.
Marie, Henriette, Hélène et Noëlle), onze frères et sœurs, prélevé sur leurs futures étrennes pour offrir à leur frère adoptif (10)............	11	»
Philipot, ancien enfant de troupe, à Longchamp près Genlis (Côte-d'Or) (16)................	1	»
Philippe (14)..	0	25
Philippin (Le petit) (17)................................	1	10
Philippon (17)...	10	»
Philippon (Paul), à Bordeaux (11)......................	5	»
Picard (Edmond), à Bordeaux (13)......................	5	»
Picard (Louis) (10)....................................	1	»
Picat (Alpinien) (16)..................................	0	10
Picaudet (4)...	0	30
Piccioni (Henry, Paul et Christian) (7)................	30	»
Pichard (Georges), 8, rue de Fontarabie (6)............	1	»
Pichon (Charles), 12, boulevard Sébastopol (9)..	20	»
Picorit (15)...	1	»
Picqueleu (Roger) (9).................................	2	»
Picard (Paul) (voir *Guéro*).		
Picat (Pierre) (16)....................................	10	»
Piédefert (P.), av. Parmentier, 38 (4)................	5	»
Piéplir (Emmanuel), à Harfleur (3)....................	1	»
Piéplir (Raoul), au Havre (3).........................	1	»
Pierre et Julia, à Bayonne (9)........................	0	50
Pierre et Lucie (8)...................................	3	»
Pierre et Madeleine, fils et fille d'officier (17)....	5	»
Pierre et Marguerite. Pour la mère du petit orphelin (4)..	2	»
Pierre et Marie-Aimée, leurs étrennes (17)............	5	»
Pierre, garçon de restaurant, pour l'orphelin (14)..	0	50
Pierre, Jeanne et Henry (7)...........................	10	»
Pierre-Napoléon, à Villeneuve-Esclapon (10)...........	5	»
Pierre (Paradis), Paris (5)...........................	1	»
Pierre (Petit) (11)....................................	0	90
Pierre (Les premiers cent sous du Petit) (11)..	5	»
Pierron (Pétrus), de Lyon (4).........................	20	»
Pieuchot, à Billancourt (6)...........................	1	»
Pieuchot (Louis, Marie, Louise) (6)...................	1	»
Pigeon (G.) (12)......................................	20	»
Pilate (Henry) (14)....................................	1	»
Pillon (Léon), à Cambrai (6)..........................	3	»
Pilon (fils) (10)......................................	2	»
Pinabel (J.) (12)......................................	0	50

	Fr.	c.
Pinatel (A.), 26, rue Paradis, à Marseille (6)....	20	»
Pinaud (A.) (7).................................	0	50
Pineau (Marcel), à Angoulême (3)................	5	»
Pinel, à Bonneville-la-Louvet (17)...............	0	50
Pinel (Mme) (6)..................................	1	»
Pinel, propriétaire à Montfermeil, ex-sous-officier du 4e zouaves (6).................	1	»
Leur fils, futur zouave (6)..................	0	25
Pingrin (E.), futur soldat français (8)...........	0	50
Son frère (8)...............................	0	50
Pinguet (Maurice) (5)...........................	10	»
Pinot (5)..	5	»
Pinoteau (Maurice) (11).........................	1	»
Pinpin à Clermont-Ferrand (13)	10	»
Pinsau (Marc), à Bommes-Sauternes (14)........	2	»
Pinsonneau (Louis), ex-2e bibi au 53e (9)........	1	»
Pinta (Gabriel) (6)..............................	0	25
Piot, 8, rue de Châteaudun (17).................	5	»
Piot (René) (11)................................	10	»
Piperaud (Un ex-ami de) (8)....................	5	»
Sa femme (8)...............................	0	50
Sa sœur (8).................................	0	50
Picquet-Hardy (G.) (9)..........................	3	»
Piraux (5)......................................	0	50
Piret (L.) et ses amis. Claire Pol (8)	11	»
Pitre (Auguste) (16)............................	0	60
Plat (Auguste), futur soldat de France (16)	1	»
Plat (J.), à Douai (6)............................	5	»
Platel, à Bonneville-la-Louvet (17)..............	0	50
Plévin (J.) (10).................................	5	»
Plinguer, 19e arrondissement (9)...............	0	25
Plus (Louis) (14)	5	»
Pocher (Ch.) (11)...............................	1	»
Poggi, à Londres (11)	25	»
Poignant (Eug.) et Mme Eug. Poignant (10)	10	»
Poignant (Georges) (4)..........................	10	»
Poilvez (Louis) (3)..............................	2	»
Poinsot (Georges) (S.-et-O.) (7).................	5	»
Poinsot (voir *Thierry de Martel, étudiant*).		
Poirrier (M.) (12)..............................	3	»
Poirier (Eugène), à Asnières (2).................	5	»
Poirier (Mme Emilie) (12).......................	0	50
Poisson (Horace) (4)............................	2	»
Poizat (Alfred) (4)..............................	0	25

	Fr.	c.
Poizat (E.) (10)	2	50
Pol (Claire) (voir *Piret*).		
Poléon (5)	5	»
Poli (Mlle Joséphine) (10)	2	»
Pollet (E.), à Lens (6)	10	»
Pollet, à Mayenne (16)	5	»
Poly (M. et Mme) (3)	2	»
Poncet (8)	0	50
Pons (Adolphe) (2)	1	»
Ponsin (A.), à Cambrai (10)	3	»
Ponsin (Maurice) (7)	5	»
Pontaillier (J.) (6)	0	50
Pont-Bichet, ancien dreyfusard, revenu à des idées saines (9)	2	»
Ponteau (H.), à Ouzouer (8)	2	»
Ponthier, à Paris (7)	0	50
Porcher-Dubost (Mlle), à Périgueux (14)	1	50
Porquier-Lagarrique (de) (3)	1	»
Pottier (M.) (8)	10	»
Pottier, à Bonneville-la-Louvet (17)	0	50
Pottier (René) (10)	0	20
Pouarr (François) à Mayenne (16)	5	»
Pouillande Edmond (2)	5	»
Pouilly, industriel (9)	10	»
Poujade (Ch.) (8)	0	50
Poujat, coiffeur, à Ambarès (14)	1	»
Poulain (Jeanne), six ans (3)	3	»
Poulain (Victor) (9)	40	»
Pouland (Joseph) (14)	5	»
Poulet (7)	0	25
Pourcines (George) (4)	5	»
Pouriaud (M.) (4)	20	»
Pouriaud (Mme) (4)	20	»
Prache (Charles) (2)	1	50
Pradel (M. et Mme Georges) (4)	5	»
Pradiès (J.) et Cie, à Toulouse (10)	5	»
Prat. Une victime (16)	0	50
Pravaz (G.) (6)	5	»
Prax (Mario) (10)	5	»
Prève, à Digne (17)	5	»
Prevet (Charles), à Dieppe (10)	1	»
Prévost (Paul), à Constantine (14)	5	»
Prévot (M.) (3)	5	»
Priet (11)	5	»

	Fr.	c.
Prieur (Emile), fils d'officier (5)...	2	»
Prieur (Henry) (2)...	20	»
Prieur (voir *Thierry de Martel, étudiant*).		
Prin (12)...	0	50
Prin (A.) (9)...	5	»
Printz (8)...	1	»
Prot.in (Char...), à Longchamp, près Genlis (Côte-d'Or) (16)...	0	50
Proharam (Paul) (16)...	2	»
Promis (Ad.), à Bordeaux (11)...	5	»
Promis (Mme Paul) (16)...	10	»
Prompsal (Marie), 18, rue Littré (7)...	5	»
Protois (Henry), à Nanterre (4)...	1	»
Proton (C.), à Lyon (5)...	2	»
Prudhomme (E.) (7)...	20	»
Prugnat (3)...	1	»
Psalmon (Famille), concierges (3)...	3	»
Pugeault, 21, rue Vieille-du-Temple (11)...	1	»
Puget (Théodore), à Toulouse, 1 fr.; L. P., 1 fr.; M. P., 0,50; L. E. P., 0,50; ensemble (10)...	3	»
Puig (François) (6)...	1	»
Puissant (A.) (3)...	5	»
Pulou (Mme Ferdinand) (8)...	10	»
Puton (H.) (11)...	5	»
Puyolle (A.) (7)...	2	»
Quaymoud, château d'*** (6)...	10	»
Quecq (Henri), d'Henripret (4)...	50	»
Quenard, percepteur (16)...	2	»
Quenouille (8)...	2	»
Quentin (La petite Jeanne), pour le petit Henry (9)...	1	»
Querlesquin (6)...	0	50
Quéru (Marie) (12)...	10	»
Quesnel, à Bonneville-la-Louvet (17)...	1	»
Questel (Louis), à Noisy-le-Sec (5)...	0	50
Questel (Vve), à Noisy-le-Sec (5)...	1	»
Quille (E.), garçon boucher (10)...	2	50
Quinquand (E.) (6)...	2	»
Quinson (Frédéric), industriel (9)...	100	»
Rabé (Octave), à Maligny (7)...	2	»
Rabier (voir *Marc*).		
Rabin (7)...	1	»
Rabonici (voir *Valençon*).		
Rabussier, 26, rue Denis-Papin (7)...	0	50

		Fr.	c.
Racher (11)		20	»
Racine (Germaine et Marie) (6)		2	»
Racroze (Reynaud), à Avignon (3)		5	»
Ragnet (Eugène) (16)		5	»
Ragon (Adrien) (7)		0	50
Ragot, à Mayenne (16)		2	»
Rahons et Mlle Eugénie. Envoyé de Saint-Germain par quatre orphelins (16)		4	»
Raibault (M.) (9)		0	50
Raillet (voir *Valençon*).			
Raimond (Raphaël) (5)		1	25
Rainaud (J.) (8)		20	»
Ralguy-Legrand (10)		5	»
Rambert (Emile, Maurice, Louis, Madeleine, Marie-Thérèse) (8)		10	»
Ramboz, Hendebourg, Lesueur, Beaucousin, etc., à Neubourg (9)		7	50
Rame. — Guichard. — Ravel. — L. Charton — Morcellet. — A. C. — Un anonyme. — Un nègre. — F. Thévenon. — E. Domergue. — M. Trézard (11)		2	75
Rameau (Marcel et Jules) (9)		2	»
Raméo (Clément), à Triconville (13)		0	50
Ramès (Michel), à Nîmes (6)		6	45
Ranche (A.), un employé (7)		1	»
Rancy (Mme) (7)		2	10
Ranssonne (9)		1	»
Rauvier (Jean) (12)		10	»
Raphaël, 15, faubourg Montmartre		1	»
Raseneu (17)		0	30
Rater (A.) (8)		20	»
Rater (Georges) (3)		100	»
Ravel (voir *Rame*).			
Raverot (Emile) (6)		5	»
Ravier Yvan (4)		1	»
Roybaud (Vve), à Gagny (12)		1	»
Raymond, à Lyon (7)		18	75
Raymond, Marchand (11)		5	»
Raymond (E.), à Chambéry (10)		5	»
Raymonde (Petite) (10)		0	50
Sa Maman (10)		1	»
Raynard (8)		1	»
Rayssier (J.) (10)		10	»
Réaux (12)		0	60
Rebert Peel (6)		3	»

	Fr. c.
Reboul (E.) (5)..	0 50
Reboux (Alfred), à Roubaix (14)........................	0 30
Rebulet (Ch.), architecte, à Biarritz (16).............	3 »
Rebuppeli de Roucoupé (12).............................	1 »
Rebut, à Bonneville-la-Louvet (17)....................	0 50
Reclus (A.) (16)..	20 »
Redin (12)...	0 25
Redon, Lagny (5)...	0 50
Régis Deleuze (M. et Mme) (9).........................	20 »
Régis Jauze, à Auxerre (16).............................	1 »
Regnaud (A.) (9)...	1 90
Règne (Martial), à Monteux (Vaucluse) (11).........	0 50
Régnier (E.), à Fougères (7)............................	1 »
Régnier (L.), Lajugie, Chautard, à Héré (9)........	3 »
Rehoul Lahontes, au château du Fort (Lozère) (10)	5 »
Reichardt (Mme) (3)......................................	20 »
Reinhardt (A.), à Bordeaux (13).......................	10 »
Reixit (6)..	1 05
Reixit, Drauges, Simard, à trois (11).................	1 »
Réjou (Georges), de l'Union Nontronnaise (16),..	2 »
Rémond (D. B.), Giamarchi, Garnier, Paturaud, Antoniadi (14).......................................	7 »
Rémy (Auguste), de l'Epatant (12)....................	0 30
Renaby (Gustave) (4)....................................	5 »
Renant (M. et Mme F.) (10).............................	10 »
Renard (A.) (9)..	1 »
Renard (Adrien), au Parc St-Maur (6)...............	2 »
Renard (M. et Mme A.) (11)............................	20 »
Renaud (8)..	0 50
Renaud, à Reims. Produit d'une souscription (10)	6 50
Renaud (Mme P.) et son petit Jacques (4).........	5 »
Renaud (Victor) (8)......................................	0 50
Renaudin (7)...	2 »
Renaudin, ex-prisonnier de Barberousse Alger (16)...	1 »
Renaul (A.), Paul Pironneau (9).......................	3 »
Renaul (E.) (9)..	1 »
Renault, à Fécamp (12).................................	2 »
Renault (voir Lambert)	
René (8)...	0 50
René à son petit camarade Henry (3)...............	2 »
René, futur dragon (7)...................................	1 »
René (Le petit) — Sa mère Alsacienne — Son frère Savoyard (3)..	15 »

	Fr.	c.
Renée (La petite) (16).........................	0	50
Renée, à Nancy (4)............................	20	»
Renié (Emile) et sa famille (5)................	10	»
Renn (Félix) (10).............................	10	»
Renon Soye (Veuve), à Vendôme (6)...........	10	»
Renoux (Hortense) (16)........................	1	»
Retaux (Geneviève) (16).......................	0	50
Retaux (Jean) (16)............................	0	50
Retaux (Lucien), agriculteur à Saint-Quentin (Manche) (16)...............................	2	»
Retaux (Suzanne) (16).........................	0	50
Réveillon, boulevard de Caudéran, à Bordeaux. Henri Ducuron (17)..........................	50	»
Réville (Garcia) (16)..........................	0	25
Réville (Hippolyte) (12)........................	1	50
Révol, à la Roche-sur-Yon	1	»
Rey (Alexandre, à Monteux (Vaucluse) (11).....	0	50
Reyaud, Parisien (6)..........................	1	»
Reybaud (Aug.), Marseillais (6)................	5	»
Reynal (L.) (4)...............................	5	»
Reynaud (14)..................................	0	50
Ribauville (3)	2	»
Ribello (P.) (10)..............................	5	»
Ribière, négt. à Sarlat (16)....................	0	50
Ribiny (Mme M.), et sa fille (4)................	3	»
Ribles (Henri), Maison Bonnard, Jaume et Cie (5)	1	»
Ricard (P.), à Paris (16).......................	2	»
Rich (5)......................................	20	»
Richard (Félix) (3)	0	50
Richard (J.), à Chambéry (10)..................	5	»
Richard (Mme E.), à Argenteuil (7)	1	»
Richard (M. et Mme), 17, rue de Lyon (4)........	10	»
Richard (Modéré) aîné et sa famille (6)..........	5	»
Richaud (A.) à Digne (17).....................	5	»
Richebé (E.) (14)	5	»
Richer (Mme) (3).............................	1	»
Ridivière (Alfred), 16, rue de l'Université, à Paris (5)	20	»
Rieux (5).....................................	0	50
Rife (V.), à Paris, ouvr. tail. (12)	0	15
Rigal (7)......................................	1	»
Rigal (Pierre), à Tours (9)	1	50
Rigaudy (Mlle Zoé) (5)........................	1	»
Rihouet (André), 79, rue d'Amsterdam (4)	5	»

	Fr.	c.
Rimaillau (17)	1	»
Rihal (Gustave, négociant au Havre. (4)	10	»
Rio (Armand), licencié ès-lettres, à La Bressière, par Pierrefonds (5)	3	»
Rioux (J. B.) (9)	4	50
Riquez-Degand, rue de Béthune (14)	2	»
Risse (voir *Languignier*).		
Ritter (Louis), 0,25; Frédéric, 0,25; J. Thiébaut, 0,50; Antoine Joseph, 0,50; l'ancien secrétaire du colonel du 94°, 0,50; Thomas et Michel, victimes des Voupins, 1 fr.; Louis Muller, 0,50; ensemble (10)	3	50
Riu (J.), à Montauban (6)	5	»
Rivière (H.), à Breuil (9)	20	»
Rivière (Mme), née Le Camus, 23, rue Ménage, à Angers (9)	0	60
Rivoire (Albert), à Lons-le-Saulnier (6)	5	»
Rivollier (J) (11)	1	»
Robert (8)	10	»
Robert (A)., négociant, à Gien (8)	0	50
Robert, à son petit camarade (9)	5	»
Robert (Ch.), à Lyon (10)	5	»
Robert (H.) (5)	10	»
Robert (L.) (9)	10	»
Robert, bébé (Haute-Saône) (16)	0	50
Robert (Le petit) se prive de son goûter (4)	0	50
Robert (Les trois frères) (11)	10	»
Robillard (Mme veuve) (10)	10	»
Robin (3)	1	»
Robin (Alexandre), entrepreneur, membre de la Ligue, 17, rue d'Artois (14)	0	50
Robinet (M.), à Epernay (11)	5	»
Robinson (3)	10	»
Roblot (M.), François, expert, adjoint au maire de St-Etienne du Gué de l'Isle (Côtes-du-Nord) (6)	0	50
Roblot (Mme Léon) (8)	20	»
Roblot (voir *Valençon*).		
Robovnikoff (E.) (9)	1	»
Robyns (L.), 178, avenue du Maine, à Paris (5)	2	»
Rochat (Edouard), à Nogent-s-Marne (Seine) (15)	20	»
Rochefort (A.) (16)	20	»
Rodriguez (8)	1	»
Roger (9)	0	25
Roger, à Etampes (8)	3	»

	Fr. c.
Roger et Gaston (De la part de deux petits garçons), fils d'un ancien maréchal des logis patriote (12)	0 50
Roger, futur cuirassier (7)	1 »
Roger (M. et Mme Al.) (7)	20 »
Rougefosse d'Arc (Roger de la), 20 mois, à Rouen (12)	3 »
Rolière (Roger) (10)	1 »
Rogie fils, à Dompierre (Allier) (12)	0 30
Rogie (L.), à Cambrai (10)	2 »
Rogier père, à Monteux (Vaucluse) (11)	0 50
Rogier, rue du Conseil, à Asnières (2)	5 »
Roisel (Mme de) (14)	20 »
Roland-Gosselin (Mme Léon) (10)	20 »
Rolland (Joseph) (4)	1 »
Rolland, vieux bruleur de loups dauphinois (10)	4 »
Rollier (Théophile), propriétaire, 16, rue des Poissonceaux (14)	1 »
Rollin (Alexis), 2e versement (9)	2 »
Roman (Mme), à Carpentras (11)	1 »
Romanet du Caillaud (9)	5 »
Rombeau (Marg.) (8)	0 50
Romilly (Georges) (8)	5 »
Romilly (Paul) (5)	20 »
Ronard (Ernest) (2)	20 »
Ronard (Eugène) (2)	10 »
Ronard (Louis) (2)	10 »
Rondel, 43, rue du Rocher (2)	30 »
Ronet (Joseph), à Noisy-le-Sec (5)	0 50
Ronet (Marie), à Noisy-le-Sec (5)	0 50
Ronet père, à Noisy-le-Sec (5)	1 »
Roques (Mme C.) (8)	5 »
Rosalie, cuisinière (4)	1 »
Rosat (J.) (3)	1 »
Rosel-Bressan (J.-E.) (11)	3 »
Rosewski (C.) (8)	10 »
Rosier (A.) tanneur, à Dôle (6)	50 »
Rosier (voir Gabrielle).	
Rosières (voir Gabrielle).	
Rosset (E.), à Paris (3)	20 »
Rost (10)	2 »
Rostand (Auguste) et son cousin (6)	20 »
Rostand (Paul), rue Sylvabelle, 53 (16)	5 »
Rouanet (E.), à Bordeaux (9)	5 »

	Fr.	c.
Rouart (Mme Alexis), (6)	5	»
Rouault (Eug.) (voir *Guéro*).		
Rouche (Alfred), 3, rue de l'Arquebuse (13)	0	75
Rouchon (12)	0	50
Rouligou, à Maureilhan (16)	5	»
Rouge (Mme), à Vincennes (17)	5	»
Rougeault (M.), à Sannois (2)	20	»
Rouger (Mme A.) (10)	5	»
Rougon, à Digne (17)	0	25
Rouher (Louis) (16)	20	»
Roujon (A.) (17)	1	»
Roullet (Jacques) (2)	5	»
Rouquerol (Mme) (14)	10	»
Rousseau (10)	1	»
Rousselle (Albert et Henri A.) (4)	10	»
Rousseau (André), un Parisien (4)	0	50
Rousseau (M. L.) (8)	3	»
Rousseau, carrossier (10)	5	»
Rousselle, (Édouard) rue du Bac, 22 (8)	20	»
Roussin (Louis) (8)	1	»
Rouvier (J.) (14)	1	»
Roux (A.) à Angers (4)	5	»
Roux, à Neuville (10)	10	»
Roux (Élie) (10)	20	»
Roux (G.) (3)	5	»
Roux (Georges) et Joseph Duprez, à Marseille (6)	5	»
Roux (Henri de), archiv.-paléogr. (4)	1	»
Roux (J.-L.) (5)	1	»
Roux (Léon Jesse) (5)	50	»
Roux (Mme) (12)	0	25
Roux (Mme Louis) (6)	5	»
Roux (Mme veuve Alexandre) (5)	10	»
Roux (Maurice), à Londres, et Auguste Loué, à Bruxelles (16)	10	»
Roux, à Montpellier (11)	2	»
Roux, à Paris (10)	5	»
Roux (voir *Costu*).		
Rouzeau (4)	0	30
Roy (Jean) (9)	2	»
Roy (Léopold Le), 26, rue Legendre (13)	1	»
Roy (Mme E.) (6)	5	»
Royer, à Longchamp, près Genlis (Côte-d'Or) (16)	0	50
Royer (Lucien), à Longchamp, près Genlis (Côte-d'Or (16)	0	50

Rozé, à Paris, ouvr. taill. (12)	0 25
Rozé (Le représentant de la maison) (5)	2 »
Rozeloz (Louis), à Longchamp, près Genlis (Côte-d'Or) (16)	0 50
Rozeloz, dit Coco, à Longchamp, près Genlis (Côte-d'Or) (16)	0 25
Rozières (Edm.), à Migré (7)	5 »
Rozoy fils, à Sedan (6)	20 »
Rudio (3)	5 »
Rûe (De la) (17)	5 »
Ruillé de Pont (G.) (8)	10 »
Rumeau et sa femme, 53, boulevard de Strasbourg, à Toulouse (8)	1 »
Rutetan, à Toulouse (12)	1 »
Ruy (Alfred), à Choisy-le-Roi (5)	1 »
Rycke (Marguerite de) (16)	0 50
Sabatier-Désarnaud (E.) (9)	10 »
Sabourin, à Poitiers (13)	0 50
Saby (A.) (5)	0 50
Sageret (E.), à Kervihan, (Morbihan)	5 »
Saint-Albert (Le petit de) (Canada), au petit Henry, de Paris (5)	0 25
Saintard (Jules) (6)	0 50
Saint-Michel (12)	0 20
Saison (Mlle C.), Champagne (9)	1 »
Saison (Mme P.), Champagne (9)	1 »
Salègue aîné, charron, à Langoiran (16)	1 »
Salel, négociant (12)	2 »
Saléta (Gustave) (1)	5 »
Sandras (Fernand) (4)	1 »
Sandras (Jane) (4)	1 »
Sandras (Marthe) (4)	1 »
Sandras (Mme Raoul) (4)	5 »
Sandras (Raymond) (4)	1 »
Sansonnet, marchand de vins, 6, rue Beauregard, (12)	1 »
Sanvoisin (J.), à Langeac (5)	2 »
Sardou (H.), à Marseille (5)	1 »
Saulnier (Mme), née de Cildkowska (3)	5 »
Saurin (Armand) (3)	0 25
Saurin (Maria), 16, cité Trévise (13)	0 50
Saurin (René) (13)	0 25
Saurin (Alice) (13)	0 25
Sauzéat, à Clamart (6)	5 »

	Fr.	c.
Savard (P.), à Cognac (5)	10	»
Savary (Mlle) (3)	0	25
Savin-Cambo (Envoi de Jean) (13)	10	»
Sabatier, marchand de vins. Dieu conserve notre petit Maurice! (6)	1	»
Sabourdin (Maurice) (9)	20	»
Saglia (Jean) (8)	5	»
Sagui (12)	2	»
Saintar (G.), boulevard Voltaire, à Paris, 0 fr. 50 sa femme, 0 fr. 25; ses deux fils, 0 fr. 25. Ensemble (16)	1	»
Saint-Estèphe (M.) (7)	10	»
Saint-Léon (Gabriel-Martin), pour lui et pour son fils Joseph (4)	5	»
Saissac (11)	5	»
Salagnard (Arthur), à Bruxelles (5)	10	»
Salavin, chocolatier-confiseur, à Paris (10)	5	»
Saligues (Gabriel) (10)	5	»
Salles (Alfred), comptable (10)	2	»
Salles (Georges) (8)	3	»
Salmon (Yvonne) (9)	2	»
Salvan (Mme) (17)	1	»
Samson (12)	0	25
Samuel (V.), à Saint-Etienne (10)	2	50
Sancy (Emile) (4)	10	»
Sapanel (Emile) (4)	20	»
Saré-Flégier (B.) (15)	5	»
Sarlat (Paul) (3)	2	»
Sartel (Envoi de W.) (16)	5	»
Satis (fils), à Bonneville-la-Louvet (17)	0	50
Satis (père), à Bonneville-la-Louvet (17)	0	50
Saudo (A.), à Cambrai (10)	5	»
Saulez (4)	0	30
Sauvage (Victor) (voir *Gaude*).		
Savary (J.-B.), propriétaire, 11, rue Barthélemy-Delespaul (14)	1	»
Savatier (H.), à Poitiers (9)	5	»
Savigny (C.) (10)	2	»
Savouret (A.), à Saint-Germain-en-Laye (12)	5	»
Schaiblé (Alfred) (5)	2	»
Schaiblé (Emile), constructeur-mécanicien, 63, avenue des Gobelins (5)	5	»
Scheibi (M.) (11)	2	»
Scherb (C.), au Raincy (9)	5	»

	Fr.	c.
Schlomka, 186, rue Saint-Martin (2)............	5	»
Schmitt (P.) (14).............................	7	95
Schmitter (Ch.) (8)...........................	0	50
Schmitz (E.) (9).............................	1	»
Schnaebelé (G), commissaire spécial de police (16).	10	»
Schœphous (Jules), à Osh (Hollande) (10)........	1	90
Schreamecky (9)..............................	0	30
Sciout (17)..................................	5	»
Scrive (Albert) (14)..........................	5	»
Sébileau (9).................................	5	»
Secat (Charles) (3)..........................	5	»
Séguier (3)..................................	5	»
Seigneur (G.) (9)............................	5	»
Sellier (Eug.), Guiguite Sellier, P. Sellier, J. Sellier (9)....................................	3	50
Sellier (J.) (14)............................	0	50
Sell (Albert), de Durmenach (Alsace) (8)........	1	»
Séméchon (Henry) (1).........................	20	»
Semente (Victor), 7, rue Théard (4)............	1	»
Sérac (M.), 15, rue Saint-Louis de Gonzague, à Paris (7)....................................	10	»
Sénamond (16)................................	0	10
Senart (voir *Blondeau*).		
Sénéchal (Jules), à Fougères (7)...............	2	»
Sénéclauze (M.), à Bourg-Argental (5)..........	5	»
Seneziès (Marcel), aux Anthénus, près Montauban (8)....................................	5	»
Sennelier (H.), membre démissionnaire du Touring-Club, envoie le montant de sa cotisation annuelle (17)................................	5	»
Sens (Léon) (12).............................	1	»
Séraphon, à Bordeaux (14)....................	2	»
Sérigny (Mme) (10)...........................	50	»
Séris (Firmin) (9)...........................	5	»
Serizier (L.) (2).............................	5	»
Serrand (Jean et Jacques) (8).................	20	»
Serre (Jean) (3).............................	5	»
Servant-Mahaud (L.), imprimeur à La Roche-sur-Yon (4).....................................	5	»
Serve (La), 6, boulevard Saint-Martin (2)......	10	»
Servies (J.) (9).............................	10	»
Servignat (M. et Mme) (14)...................	5	»
Seudau (6)..................................	1	»
Sévène (A.) (10)............................	20	»

	Fr.	c.
Séverin (Jules) (2)	50	»
Sézille (Gustave) à Caen (7)	5	»
Siafternel (9)	1	»
Siboulet (Eugène) (4)	1	»
Sicard (J.), à Carcassonne (16)	3	»
Signorio (T. de) Souvenir de l'Isle-Rousse (13)...	2	»
Silbat (A.), à Reims (8)	1	»
Silhouette (La), 81, rue Dulong (3)	10	»
Simoe (5)	1	»
Simon (A.) fils (8)	3	»
Simon (Jules) (6)	1	»
Simon, (Rose, Georgette et Eugène) pour leur cher petit ami (5), ...	3	»
Simon (Mme), veuve d'un médecin-major de 1re classe, et sa fille (9)	10	»
Simon (E.) (5)	0	50
Simon (Marcel) (voir *Gaston et Marcel*).		
Simone, à St-Jean-des-Bois. Première et modeste obole à l'orphelin (6)	2	»
Simone (La petite), à Saint-Mandé (9)	10	»
Simonet (Vve), mère d'un officier sorti du rang (3)	5	»
Simonin (H.), à Nancy (4)	5	»
Simonot (M. et Mme René) (6)	5	»
Singrûun, à Épinal (12)	10	»
Sirand (L.), à Nice (9)	5	»
Sire (Alfred), à Tonneins (17)	0	75
Sisteron-Lévêque (14)	2	»
Slaal (Agnès) (10)	2	»
Smeets (L.) (4)	0	30
Soavin (J.), J. P., à Noizet (17)	5	»
Sohège (Paul) (10)	20	»
Sol, fleuriste, rue Gambetta, à Poitiers (6)	5	»
Solange (10)	10	»
Soleillet (E.) (12)	5	»
Solier, à Paris (16)	1	»
Soligot (René), à Reims (3)	5	»
Solot (Améline) (voir *Gaude*).		
Sotty (Félix), à Savigny-les-Beaune, ancien combattant de 1870 (10)	1	»
Sorretta (5)	0	50
Soucaret (Léon) (4)	10	»
Soucaret, et son fils Louis (7)	5	»
Soucher (N.), 18, Grande-Rue, à Bagnolet (16) ..	3	»

	Fr.	c.
Soulier (P.) (5)	5	»
Soullié (Fernand), à Reims (4)	5	»
Soumille (Emile), à Monteux (Vaucluse) (11)	1	»
Souquet (Joseph et Jean) (3)	1	05
Sourbie (Mlle Marie), modiste (10)	1	»
Sourdeau (Marcel) (6)	20	»
Sourdillat (2)	10	»
Stagé (de). Haine aux lâches ! à Levallois	0	50
Stapylton (Mme) (7)	20	»
Steil (Hubert) (voir *Bastien*).		
Stein (A.) (4)	1	»
Stephen (10)	5	»
Stevens (Jean), 26, rue Jouffroy (6)	5	»
Stiévenant, ancien membre du cercle de l'A. des étudiants de Paris (4)	5	»
Strickler (E.) (8)	5	»
Strohl-Zurchestrensa (8)	9	90
Sultzer (Ferdinand) (16)	10	»
Sunhary de Verville, à Marseille (14)	5	»
Sure (Mme Françoise) (2)	1	»
Suzanne (3)	7	»
Suzanne et Marcelle (10)	1	»
Tabary (L. Tabary et Mme) (6)	20	»
Tacler (M.)	0	25
Tacuet, à Poissy (12)	10	»
Taflin, (P. de), à Labarrière, par Champagne-Mouton (Charente) (5)	2	»
Taillefer (Camille), à Salies-de-Béarn (15)	5	»
Tajasque (A.), à Eu (9)	5	»
Talansier (Mme Ch.) (6)	20	»
Tampier, à Bordeaux (14)	5	»
Tancére (Lucien), appariteur, à Longchamp, près Genlis (Côte d'Or) (16)	0	25
Tancrède (A.) (10)	25	»
Tapdanlla (Félix), à Villeneuve (7)	1	»
Tardivon, pour protester (9)	1	05
Tariau (Vve) (10)	5	»
Tariote (fils), 4, Place de la République, à Levallois	1	»
Tartarin de Train (8)	5	»
Tatave, à Vichy	2	»
Tavenet (2)	10	»
Tavour (voir *Gélin*).		
Tesserenc (Jean), à Lodève (13)	2	»

Teisserenc (Victor), à Clermont l'Hérault (5)	10 »
Teissier (René), les Méris (8)	10 »
Teissonnières (Georges) (16)	5 »
Telhon-Rotvir (4)	0 50
Telliez (M. et Mme), pour Mme Henry (16)	1 »
Témoin, avenue de la Loire, camp de Salbris (11)	1 »
Tempère (L.) (10)	5 »
Ternard (J.) (9)	1 »
Terrat (M. et Mme) (4)	1 »
Terrier (André), à Bordeaux (10)	20 »
Terrillon (L.), à Lyon (14)	20 »
Tessier (5)	0 25
Tessier (voir *Guérin*).	
Tétard (Henry) (2)	10 »
Texier (Colmine), à Limoges (10)	10 »
Teyserenc (Victor) (14)	10 »
Teyssèdre, 93, route de Versailles, à Ville-d'Avray (9)	2 »
Teyssier (D.) (12)	1 »
Tharaud (André), pour son futur petit camarade (7)	1 »
Tharaud (Pierre), futur cuirassier (7)	1 »
Thaury (Joseph) (6)	10 »
Thellier (A.), à Aire (12)	2 »
Théo et sa petite sœur Laure (5)	2 »
Théodore (Jean), 16, rue de Noailles, à Marseille (7)	0 25
Théry (Albert) (8)	1 »
Thévenau (M.) (5)	0 25
Thévenau (Maria) (5)	0 25
Thévenet (voir *Lepret*).	
Thévenin (A.) (6)	5 »
Thévenon (F.) (voir *Rame*).	
Thibaud (F.) (10)	5 »
Thibault (Mme) (17)	1 »
Thibaut (Léon), à Juvisy (8)	10 »
Thiébaut (J.) (voir *Ritter*).	
Thiébeaut (Maria) (9)	0 75
Thiéry (P.) (11)	1 20
Thiéry (Mme Raoul) (3)	20 »
Thiron, à Bonneville-la-Louvet (17)	1 »
Thivel (M. et Mme Paul) (4)	20 »
Thiviers (Mme T. de) (13)	10 »

		Fr.	c.
Thomas (J.) à Béthune (2)		5	»
Thomas et Girardot, à l'Hippique, 131, faubourg Saint-Honoré (16)		5	»
Thomas (Jh.), à Valence (6)		20	»
Thomas (Victor), employé (10)		2	»
Thomasson (M.) (8)		1	»
Thorailler (André), à Château-Thierry (11)		5	»
Thorailler (H.) (9)		10	»
Thorailler (J.) (9)		10	»
Thorel (A.) (5)		10	»
Thuault (Mlle Hermance) (4)		3	»
Thuault (Mme) (4)		2	»
Thuillier (4)		5	»
Thurneyssen (Charles) (7)		20	»
Tibcrghein (Paul), à Tourcoing (6)		100	»
Tike-Vaque, ses deux fils et leur oncle (14)		0	15
Tillier (Pierre) (6)		0	30
Timel, rue Fazillau, à Levallois		1	»
Tireau (G.) (4)		5	»
Tisserand (3)		10	»
Tisserand (Alexandre) (6)		2	»
Tisseranot (Alexandre) (5)		5	»
Tissier (André), commis d'agent de change (7)		3	»
Tissot (Mme Paul) (8)		20	»
Tivollier (M.) (13)		1	»
Tixier (Mme), une mère victime de l'incurie gouvernementale (14)		5	»
Tixier (Mlle Suzanne) (7)		2	»
Togny (Eugène) et Frédéric Lucasson, Londres (5)		2	»
Tommasi, gérant des nouveaux accumulateurs D. à Paris (4)		5	»
Tondeur, à Paris (5)		0	50
Tounet (Henri) (3)		5	»
Tourmagnes (9)		1	»
Tournaire (J.), à Tartas (8)		10	»
Tournerie (L.), à Dijon (9)		5	»
Tournoud (M.) (2)		10	»
Tourouble (G.) (9)		10	»
Tourreau (Xavier) (14)		1	»
Tourreil (Mme E.) (2)		50	»
Toury (Ch.) (8)		5	»
Toutain (A.), à Livarot (3)		2	»
Toutain (André) (5)		20	»
Toutoute et Néné. Pour le petit orphelin (7)		2	»

	fr	c.
Train, à Bonneville-la-Louvet (17)	0	50
Trannoy (pour M.), député de Péronne, qui a oublié (16)	0	30
Trécourt (Mlle Colombe) (8)	0	25
Tremblay (4)	2	»
Trémel (P.) (voir *Guéro*).		
Trémoulet, à Cherremorte (Lozère) (10)	1	»
Trepeau (A.) (5)	1	»
Trepreau-Fouquiau (Mme A.) (5)	1	»
Trévis (Frédéric) (3)	5	»
Trézard (M.) (voir *Name*).		
Triadon (Alphonse) (6)	0	50
Triboulet (11)	2	50
Tricot (J. Lucien) (7)	5	»
Tripoteau (Marguerite), à Paris (6)	1	05
Tristan (voir *Bourlier*).		
Trocase (François) (17)	10	»
Troccaz (Joseph), 14, rue Ste-Foy (8)	0	50
Troin (M.), de Cannes (16)	10	»
Troisfontaine (Mme Paul), à Liège. Française de naissance (9)	20	»
Troncin (M. et Mme), 17, faubourg Montmartre (6)	2	»
Troquereau, à Gaiese (8)	3	»
Trouillet, 19e arrondissement (9)	0	50
Trubesset, (A.), 64, rue des Remparts (14)	0	50
Tuana (Henriette) (9)	1	»
Turc (Albert), Val-N.-E. Bezons (16)	2	»
Turc (Adèle) son épouse, Val-N.-E. Bezons (16)	1	»
Turgis, à Paris (3)	20	»
Turion (H.) père (5)	1	»
Turion (P.) (5)	0	50
Turpin (9)	0	50
Turpin (Pierre) (14)	5	»
Vadot (Valent.), à Longchamp, près Genlis, (Côte-d'Or) (16)	0	50
Vadot (Jules), piqueur, à Longchamp, près Genlis (Côte-d'Or) (16)	0	50
Vaght, 20, rue Marjolin, à Levallois	1	»
Vaillant (L.), à Paris (14)	3	»
Vaillant (Marius) (4)	5	»
Valade, à Sarlat (16)	0	50
Valarcher (M. B) (10)	5	»
Vatenrin (Ch.), architecte, à Dijon (5)	10	»
Valentin (Roger) (8)	20	»

	Fr.	c.
Valentin (V.), rue Barbier, à Fontainebleau (3) ..	50	»
Valentin (voir *Christophe*).		
Valentine (Veuve) et ses enfants (3).............	2	»
Valéry (4)....................................	1	»
Valéry (Paul) (4).............................	1	»
Valette, à Maureilhan (16)....................	0	50
Valette (M. A.) (9)...........................	5	»
Vallot (Gaston) (17)..........................	20	»
Villaret, ex-off. 4ᵉ Marsouins, à Nant (Aveyron) (16)	1	»
Vançon (L.), à Milly (S.-O.) (12)	2	»
Vandenberghe (8).............................	1	»
Van der Sluip (L.), licencié en droit (11).......	2	»
Vannimenus (14)	3	»
Van Ormelingen (Mme veuve) (2)...............	10	»
Varache (Catherine et Jacques), une larme, un baiser, leur obole (6)	2	»
Varenne (Mme), sa fille et son fils (9).........	1	50
Varière, à Longchamp, près Genlis (Côte-d'Or) (16)	0	25
Varraud (Raymond), à Lyon (7)................	1	»
Vasserot (Gabriel) (7).........................	20	»
Vaucherel, à Neuilly-sur-Seine (2).............	10	»
Vaudoyer (Albert), licencié en droit (5).......	20	»
Vaudran (Mme), à Melun (5)...................	10	»
Vaudran (A.), à Fontenay-sous-Bois (5)	10	»
Vaupènes (Quatre) (7)........................	2	»
Vautrin (P.) (3)	2	»
Védier (Mayenne) (16)........................	3	»
Veillerot (9)..................................	3	»
Venot (Cyrille) (9)............................	2	»
Verdes (François), à Chantilly (9)	2	»
Verdier (A.), à Sceaux (5).....................	5	»
Verdiné (Mme), femme d'un capitaine (4)	10	»
Verger (Albert), à Bonneville-la-Louvet (17).....	0	50
Vergès (14)	0	50
Vergez (Gabriel) (5)	»	50
Vergus (E.), Nancy (8)........................	5	»
Verhille (Sophie) (3)..........................	5	»
Vermenouze (A.), à Aurillac (7)................	5	»
Vermersch (Mlle) (6)..........................	5	»
Vermersh-Dutilleul (Mme), à Armentières (6)....	5	»
Vermorel (voir *Valençon*).		
Vernet (P.) (5)	1	»

	Fr.	c.
Verneuil (Charles), à Aix-sur-Vienne (16)......	0	50
Vernholes père, à Enghien-les-Bains (16)........	5	»
Vernier (J.) (3).................................	2	»
Verny (Jules) (14)...............................	5	»
Véron (Mme) (12)................................	20	»
Vérondart (L. M.) (12)...........................	0	50
Verrière (A.) (5).................................	2	»
Verseille (Emile), futur soldat (17).............	0	50
Veyssière, à Sarlat (16)...........................	0	50
Vial (Famille) (8)................................	5	»
Vial, à Bonneville-la-Louvet (17)................	0	50
Viar (8)..	0	50
Viard, architecte, 7 rue Fromont, à Levallois...	0	50
Viard (Louise), pour la mère et l'enfant (7).....	2	»
Viarni (Ch.) (14)................................	1	»
Vicendoretz (Marcel) (9).........................	2	»
Vidal (14).......................................	0	50
Vidal (Adam et P.) (10)..........................	0	75
Vidal (P.) (10)..................................	1	»
Vidal (J) (4)....................................	0	50
Vidal (voir Costu).		
Vidon (envoi de H.). Quelques amis à Annonay (10).......................................	39	»
Vienot (Léon) (3)................................	10	»
Viers (Gaëtan) chirurgien-dentiste (11)..........	2	»
Viéville (F.) (14)................................	5	»
Vigeant (M. et Mme) (3).........................	50	»
Vignat (René) à Paris (17).......................	5	»
Vignat, ancien combattant de Crimée et d'Italie (4)	5	»
Vignaud (Thomas) au Caillaud (16)..............	0	10
Vigné, 1er ouvrier boulanger, à Prades (11)......	0	50
Vignon, licencié ès-sciences physiques et natules (6)..	20	»
Vignot d'Auch, ouvrier tailleur (12).............	0	05
Vigoureux (Stanislas) (15).......................	5	»
Viguier (A.) (4).................................	2	»
Vilain (G), à Cambrai (10).......................	0	50
Vilallongue (Mme Camille) (10)..................	20	»
Vildé (Déodostre) (10)...........................	2	»
Vilhermot (Th.) 91 ans, à Maisons-Laffitte (2)...	5	»
Villemain (R.) (9)...............................	20	»
Villenau, de Mustapha (12)......................	20	»
Villéon (Clair) (10)..............................	2	»

	Fr.	c.
Villeroy, à Versailles (1)	100	»
Villetel (J.) (7)	5	»
Villiers (De), agent d'assurances (8)	1	»
Villiot (G.) (8)	10	»
Vimont, (René), 9, rue Lebrun, à Paris (6)	1	»
Vincent (Me A.) (8)	5	»
Vincent (Mme), présidente de l'Egalité (2)	5	»
Vincent (Mme), à Villeneuve-St-Georges (8)	20	»
Vincent (F.), de Courbevoie (4)	0	40
Vincent (René), sa femme Jeanne, sa fille Simone (11)	2	»
Violet (César) (5)	1	»
Viollet-le-Duc (E.) (3)	5	»
Vitalis (Gaston), à Lodève (12)	20	»
Vitalis (Hubert), à Lodève (7)	20	»
Vittoz (L.), à Lyon (9)	3	»
Vivien (10)	2	»
Vivien (M. et Mme P.-N.) (6)	1	»
Vivier (J. de) (voir *Amiel, clerc de notaire*).		
Vizes (M. et Mme A.) (6)	5	»
Voilly (Mlle Clotilde) (9)	1	»
Voitaux (A.) (6)	2	»
Volge (Léon) (9)	1	»
Vollant (Henri et Pierre), à Corbeil (9)	10	»
Vuillaume (Emile et Florentine) (6)	1	05
Vuillemin (Mme) (4)	20	»
Vullien (1)	10	»
Wable (Gustave) (10)	2	»
Wacké (Paul) (9)	5	»
Wagen (Myrtil Van) (12)	2	»
Wallerand (A), à Cambrai (10)	1	»
Wallet (Charles), à Ciret (5)	10	»
Wallick (C.) (12)	1	»
Wan-Pers père, fils et petit-fils (9)	2	»
Wattine (Mlle P.), à Tourcoing (16)	5	»
Weber (Veuve) (3)	10	»
Weiss (Eugène) (3)	1	»
Wetter (F.) (8)	5	»
Weygrand (6)	10	»
Wigniolle (J.) (14)	5	»
Wilbord-Chabrol (3)	50	»
Wilfrid (voir *Lefèvre* [E.]).		
Willemin (Mme), à Avranches (4)	1	»
Willy à son petit ami Dédéphe Henry (4)	5	»

	Fr.	c.
Wunderlisch (6)	5	»
Wurmser (M. et Mme Henry) (2)	30	»
Wurmser (Mlle) (4)	10	»
Wurtz (M. et Mme) (10)	1	»
Xuoar-Sinil, 26, rue des Boulangers, à Paris (5).	5	»
Yvau (L.) (2)	10	»
Yvan (Le petit) au petit Henry (7)	2	»
Yvart (Auguste), 85, rue de la Pompe (5)	20	»
Yvonne et Henry, enfants d'officier (11)	5	»
Yvonne et Olivier, à Fontenay-sous-Bois (8)	2	»
Yvonnes (Les deux) à la vaillante mère (8)	10	»
Zibeline (Mme) (7), ...	2	»
Zumdel (A.), à Alger	10	»
A. (10)	1	»
A. (Famille) (1)	5	»
A. A. (15)	2	»
A. A. (12)	5	»
A. A. (3)	0	50
A. A., ma fille et moi (11)	1	»
A. B. (2)	5	»
A. B. (3)	5	»
A. B. (9)	1	»
A. B. (12)	2	»
A. B. (17)	0	50
A. B., Berrichon (7)	5	»
A. B., à Bois-Colombes (6)	1	»
A. B., à Bordeaux (14)	5	»
A. B. du Quai (4)	1	»
A. B. et M. A. B. D., à Saint-Servan (16)	1	50
A. B. et L. N. (10)	5	»
A. B., négociant à Bordeaux (12)	5	»
A. B. P., femme d'un officier à Tarbes (5)	5	»
A. B., un humanitaire (17)	2	»
A. B. de Tinchebray (17)	0	45
A. C. (3)	3	»
A. C. (9)	2	»
A. C. (16)	2	»
A. C. (Mme) (2)	5	»
A. C. (Mme), à Gérardmer (12)	12	»
A. C., à Paris (2)	50	»
A. C., à Roubaix (9)	2	»
A. C., à Langres (13)	5	»
A. C., à Rouen (2)	5	»

	Fr.	c.
A. C., rue Antoinette (17)............................	0	25
A. C. Un bon Français habitant Bruxelles (17)..	2	»
A. C. (voir *Rame*).		
A. C. Xilence (16)	3	»
A. D. (16)	0	60
A. D. (2)	5	»
A. D. (7)	1	»
A. D., à Moulins (4)..................................	2	»
A. D., boulevard Saint-Germain (12).............	5	»
A. D., chevalier de la Légion d'honneur (4).....	5	»
A. D. ; E. D. ; A. H. ; A. B. ; C. B. (11).......	1	50
A. D. père (2ᵉ versement) (10)...................	1	»
A. D. fils (10)	1	»
A. E. et sa sœur (10)...............................	2	»
A. (Emile), pour son fils (trois mois), futur défenseur de la Patrie (4)	1	»
A. E., 32, rue Saint-Paul, (7).....................	5	»
A. et E., à Médroura, deux jumeaux algériens (4)..	6	»
A. E. G. M. G. (Famille), à Bezons (8)..........	10	»
A. F. (11)	0	50
A. F. (11)	1	»
A. F. (Mme) (10)	2	»
A. F. B., à Lyon (9)	1	»
A. F. N. (2)..	20	»
A. G. (Mme) (2).......................................	20	»
G. G. (Mme), 0,50 ; un orphelin de père et de mère, P. L., 0,25 ; une fillette de onze ans, A. G., 0,25. Total (5)...	1	»
A. G. B., J. G. B. et leurs deux enfants (8).....	10	»
A. G. (La famille), à Bordeaux (14)..............	5	»
A. G., à Rosny-sous-Bois. Pour la veuve et l'orphelin (7)...	5	»
A. G. (Mme). En souvenir de son fils René (11)..	10	»
A. G., ex-biffin du 30ᵉ (14).......................	0	50
A. G., à Neuilly (3)	1	»
A. G. Pour le bon combat ! Un Français, à Pau (6)..	5	»
A. H. (10)...	1	»
A. H. (Mme) (3)	5	»
A. H., 15, C. O. (12)................................	1	»
A. H. D., à Lascaux (10)...........................	100	»
A. H., à Strasbourg (8).............................	5	»
A. J. (Veuve). A une veuve (7)	10	»

	Fr.	c.
A. J. H., à Strasbourg (14)...	2	»
A. J. L., à Belfort (17)...	1	»
A. J. Pour la veuve et l'orphelin, à Viviers (Ardèche) (16)...	1	»
A. K. (14)...	5	»
A. K. (3)...	10	»
A. K., à Quimper (4)...	10	»
A. L. (4)...	5	»
A. L., à Digne (17)...	0	20
A. L. (Mlle), fille d'officier (2)...	10	»
A. L. fils, d'Armentières (13)...	1	»
A. L. (Mme). Pour la réussite du procès (5)...	10	»
A. L. (Mme Vve), à Mayenne (6)...	2	»
A. L., à Mayenne (7)...	2	»
A. L. P. (16)...	2	»
A. L. Pour la bonne cause (4)...	0	50
A. L., relieur (3)...	5	»
A. L., à Versailles (4)...	10	»
A. M. (9)...	10	»
A. M. (2)...	5	»
A. M. H., à Marseille (7)...	7	»
A. M. P., à Valenciennes (3)...	5	»
A. M., représentant de commerce (6)...	5	»
A. M., républicain radical (10)...	50	»
A. M. (M. et Mme) et le petit Robert. Une victime du régime parlementaire (10)...	1	»
A. M. Un Français (10)...	1	»
A. N., à Versailles (2)...	2	»
A. N., à Lyon (3)...	5	»
A. N. Pour la veuve et le petit orphelin (5)...	1	20
A. O. Enfant de Saône-et-Loire (9)...	1	»
A. O. (Mme) (12)...	1	»
A. P., 201, boulevard Malesherbes (9)...	1	»
A. (Ph.) (3)...	1	»
A. P. L. P. (10)...	2	»
A. P., à Paris (1)...	200	»
A. P., à Saint-Germain-en-Laye (3)...	3	»
A. P. Un futur défenseur de la Patrie (14)...	1	»
A. P., villa Paul de Kock. Les Lilas (3)...	10	»
A. P., à Vincennes (9)...	5	»
A. Q. (10)...	1	»
A. Q., à Bourges (12)...	5	»
A. R. (2)...	5	»
A. R. (9)...	1	»

A. R. A bas les traîtres! (3)	3	»
A. R., à Sarlat (16)	1	»
A. R. (Mme) veuve d'officier de cavalerie	2	10
A. S. (16)	2	»
A. S. G. G. (16)	5	»
A. T. à Vincennes (7)	3	»
A. T. et L. D. (16)	2	»
A. T., à Narbonne (7)	5	»
A. V. (2)	5	»
A. V. (Mme) et ses enfants (5)	5	»
A. V., 176, rue Montmartre (3)	2	»
A. V. Un vrai Messin, habitant Epernay (2)	5	»
A. V. (4)	0	50
B. (Un anonyme) (2)	3	»
B. (9)	2	»
B. (Mme) (10)	10	»
B. (Mlle) (10)	1	»
B. (Mme veuve) (3)	5	»
B. (La famille) (5)	1	»
B. (Anne Marie) (10)	1	»
B. B. (10)	3	»
B. C. (11)	2	»
B. C., à Grenoble (12)	1	»
B. (Ch). Collège Saint-Stanislas, à Nîmes (16)	0	25
B., de Rennes (9)	1	»
B. D. et J. P., deux Savoyards à Nice (4)	4	»
B. D. F., Toulousain (17)	0	50
B. D. J. N. R. (10)	20	»
B. D., et L. M., avec tout l'élan de nos cœurs (6)	1	50
B., employé du chemin de fer	0	50
B. (Mme) et de T., et trois orphelins, Georges, Annette et Maurice pour leur petit camarade (9)	2	»
B. et L. D. (9)	2	»
B. (Ferdinand), tuteur de 14 orphelins à sa charge (3)	0	25
B. F. G., à Nantes (8)	2	»
B. F. P. (10)	20	»
B. (Mlle Francine), 63, rue du Bac (3)	2	»
B. G. (Louis). à Noisy-le-Sec (5)	2	»
B. G., à Paris (12)	2	»
B. G., à Versailles (1)	10	»
B. (Henri) (12)	10	»
B. (Henry), à son petit ami Henry (7)	10	»

	Fr.	c.
B. (Jacques) (1).............................	5	»
B. (Jacques)., 13, rue Saint-Roch (3)...........	5	»
B. (Jeanne et Marcel) (6)......................	1	»
B. J., la femme d'un officier d'infanterie (6).....	50	»
B. (Vve), journalière à Nancy	1	»
B. (Louis) (17)................................	0	10
B. (Louis) (7).................................	5	»
B. (Louise-Renée) (8).........................	1	»
B. M. (10)....................................	10	»
B. M., à Colombes (10)........................	3	»
B. à O.(Marguerite), pour son petit ami Henry (11)	1	10
B. M., Est (17)................................	0	50
B. M. L. (Pierre et Louis), à Nice (5)............	20	»
B. (Roger) (5)................................	1	»
B. (Suzanne, Loulou et Paul), à St-Brieuc (6)....	5	»
C. (9)..	1	»
C. (Mme Vve) (2).............................	10	»
C. A. (10)....................................	1	»
C. (Alfred), enfant de St-Dominique (6)	2	»
C. A. L. (La bande du) (7).....................	60	»
C. A. V., à Paris (1)	10	»
C. B. (2)....................................	2	»
C. B. (2)....................................	5	»
C. B. (12)...................................	10	»
C. B. L. (M. et Mme) (3)......................	5	»
C. B., à St-Etienne (3)	10	»
C. (Ch.), à Colombes (15)......................	2	»
C. C. Pour la veuve et l'orphelin (15)...........	1	»
C. C. Une cuisinière (8)	0	25
C. D. (9).....................................	1	05
C. D. (Mme) (14).............................	1	»
C. D., à Paris (5)	5	»
C. D., à Clècles (11)...........................	0	50
C. D. et H. D., prélèvement sur notre bourse pour le pauvre petit chérubin (5)..............	2	»
C... à Digne (17)..............................	2	»
C. D , à Digne (19)............................	0	»
C. (Mlle Edith), une bonne protestante (10).....	2	»
C. E. L. (15).................................	5	»
C. F. Anonyme (9)............................	5	»
C. (Mme), femme d'officier (14)	2	»
C. (Mme), fille de magistrat, veuve et mère d'ingénieurs (7)...................................	2	»
C. (Mme), fille d'officier, à Nice (4).............	1	»

	Fr.	c.
C. F. L. Un ami franc-comtois (7)	5	»
C. F., à Lyon (8)	10	»
C. G. (3)	0	75
C. G., à Jugon (11)	1	»
C. G., (Mme) (3)	1	»
Ch. (5)	5	»
C. H. (Alexandre) (9)	1	»
C. H., L'honneur avant l'argent (5)	5	»
C. J. (Mme) (15)	3	»
C. J., Lyon (3)	8	»
C. (Joseph) et C. (Raymond) (8)	1	50
C. (Joseph) et C. (Raymond) (9)	1	50
C. L. (2)	40	»
C. L. (9)	5	»
C. L. B., à Amiens (12)	1	50
C. L. D., à Nice (6)	5	»
C. L. D. V. B. (10)	5	»
C. L., à Neuilly-sur-Seine (9)	5	»
C. J. (Mme) (10)	3	»
C. J., à Lyon (8)	10	»
C. L. (2)	40	»
C. L. (2)	5	»
C. L. B., à Amiens (12)	1	50
C. L. D. à Nice (6)	5	»
C. L. D. V. B. (10)	5	»
C. L., à Neuilly-sur-Seine (9)	5	»
C. L. (Veuve de militaire). Une lectrice. M. P. (Mlle A.) (10)	3	»
C. M., à l'Isle-Adam (5)	5	»
C. M. D. (Mme) (3)	10	»
C. M., rue de la Bienfaisance (2)	20	»
C. O. V. (10)	1	50
C. G. V. (3)	1	»
C. (Paul et Georges) (4)	2	»
C. P. En avant ! (3)	0	50
C. R., à Compiègne (11)	5	»
C. R. et P. R. (10)	2	»
C. R. (Mme) et ses enfants (12)	0	50
C. (Mme). rue Oberkampf (9)	1	»
C. S., électeur du 16e arrondissement (10) ..	0	50
C. S., négociant, à Nancy (15)	5	»
C. S. R. (11)	11	»
C. T. à Châteauroux (3)	5	»
C. T. Collecte faite le mardi 20 décembre (9) ..	3	50

	Fr.	c.
C. T. R. (11)...	2	»
C. T., à Tourcoing (12).............................	10	»
C., un professeur désabusé (2)...................	2	»
C. (Mme), villa Chaptal, à Levallois............	2	»
C. V. Pour acheter un balai (16)..................	2	»
C. V. Au mur, à Vesoul (12).......................	2	»
D., à Asnières (3)....................................	1	»
D. B. Un prompt coup de balai, S. V. P. (14)...	2	»
D. C. En faveur de la souscription (1)..........	1	»
D. (Mme Clotilde) (9)...............................	0	50
D. C. (Mme) à Passy (11)..........................	5	»
D. et G. (10)...	4	»
D. (Famille) (10).....................................	15	»
D. (Henri) (14).......................................	1	»
D. H. T. D. à Toul (17).............................	1	»
D. L. C. (10)..	5	»
D. L. Deux préparateurs au laboratoire (6).....	0	55
D. (Léon), boulevard Voltaire (9)................	2	»
D. L. G, à Bordeaux (3)............................	100	»
D. (M. et Mme Louise) (7).........................	2	»
D. (Madeleine) (14).................................	0	50
D. (Marcelle) (9)....................................	1	05
D. (Marcelle) et sa petite mère (10).............	1	»
D. M. X. (10)...	2	»
D. P. (10)...	3	45
D., à Paris (3)..	1	»
D. (Mme Suzanne) (4)..............................	0	50
D. V., employé à l'Ecole Normale (17)..........	1	»
E. A. (4)..	1	»
E. A. (Mlle) (3)......................................	1	»
E. A. En souvenir de mon père 0,50 ; L. S. 1 fr. (10)...	1	50
E. A. La mère d'un conscrit, classe 1898 (9)...	2	»
E. A., à Paris (3)....................................	5	»
E. A., 13, rue Montmorency (5)	0	50
E. A. T., 29 P. (12).................................	2	»
E. B. (4)..	2	»
E. B. Anonyme (16)................................	10	»
E. B. (2),...	10	»
E. B...	1	»
E. B. (14)...	5	»
E. B. (4)...	1	»
E. S., à Saint-Maur (16)............................	2	»
E. B., à Coutances (9)	1	»

	Fr.	
E. B., à Vaucresson (2)	1	»
E. B. L., à Bordeaux (6)	6	»
E. B., petite-fille et fille d'officier (6)	5	»
E. B., à St-Brieuc (9)	4	»
E. C. B., à Paris (11)	20	»
E. C. D. (1)	10	»
E. C., à Carcasonne (17)	1	»
E. C., à Marseille (7)	5	»
E. C. P., un timbrophile. Un partisan de la ligne droite (10)	5	»
E. C., 13, rue Montmorency (5)	2	50
E. D. (4)	5	»
E. D. (16)	0	50
E. D., à Orléans (8)	0	50
E. D., négociant (2)	10	»
E. D. Une Lilloise pour la veuve et l'orphelin (14)	0	50
E. D., un épileur (8)	0	50
E. et L., deux Chartrains (14)	1	50
E. et M. (Mmes), à Senlis (10)	10	»
E. F. (15)	100	»
E. F. G., à Digne (17)	0	50
E. F., à Nantes (6)	25	»
E. G. B. M. (10)	2	»
E. G. et L. G., 17, rue Lesueur (17)	2	»
E. G. L., à Valenciennes (17)	25	»
E. G., à Noisy-le-Sec (1)	5	»
E. G., à Roubaix (17)	1	»
E. G. Un républicain indépendant de la Meuse (5)		
E. (Henriette) (12)	1	»
E. H., en souvenir de Clyadelet (Indre) (4)	1	»
E. H. G. L., à Neuilly (10)	50	»
E. H., à Lille (13)	0	50
E. H., musicien (4)	2	»
E. J. (9)	0	50
E. J. (11)	2	»
E. J. et E. M., à Toulouse (12)	0	50
E. J. et E. Q., deux Marseillais (8)	5	»
E. J. et P. L., à Nancy (8)	1	»
E. J. N., Saint-Mihielois (9)	1	»
E. L. (3)	0	50
E. L. (3)	10	»
E. L. (16)	1	»
E. L., à Belleville-s.-Saône (10)	5	»

	Fr.	c.
E. L., à Béthune, ancien mobile de Paris en 1870 (3)..	3	»
E. L., à Pogny (12)................................	10	»
E. L., à Roubaix (5)...............................	5	»
E. L. engagé volontaire en 1870, au 15° bataillon de chasseurs (16)..................................	5	»
E. L. et G. L. (4)..................................	10	»
E. L. H. et sa tante (4)............................	6	»
E. L., neveu de feu le général Desvaux, commandant en chef la cavalerie de la garde, à Metz (16)	10	»
E. L., un admirateur du courage (3)..............	0	50
E. M. (2)...	0	50
E. M. (2)...	5	»
E. M. (8)...	1	»
E. M. (14)..	0	50
E. M., à Cherbourg (6)............................	20	»
E. M. B. (3).......................................	10	»
E. M. D., à Saint-Germain-Bel-Air (7)............	0	60
E. M. et P. M. (2).................................	25	»
E. M. R. (10)......................................	1	05
E. M., veuve d'un capitaine d'artillerie (14)......	2	»
E. P. (9)...	5	»
E. P. (11)..	0	50
E. P. (9)...	0	50
E. P. (sa fille) (9)................................	1	»
E. P. (Mme) (15)..................................	20	»
E. P.; Ach.; M. Vern.; A. H. B.; L. (10).......	3	50
E. P., à Paris (14)................................	5	»
E. P. et G. B. (11)................................	2	»
E. P., à Lyon (7)...................................	2	»
E. P. Une mère (7)................................	1	»
E. qui n'est pas un rentier (9)....................	0	50
E. R. (12)..	2	»
E. R., Alsacien volontaire de 1870 (17)..........	1	»
E. R., ancien sergent secrétaire d'un colonel marsouin (7)...	2	»
E. R., à Bordeaux (6).............................	5	»
E. R., mère d'officier (6).........................	2	»
E. R. M. R. (10)..................................	2	»
E. S. (17)..	10	»
E. S. (3)...	20	»
E. S., à Rivedailles (9)...........................	20	»
E. S. Pour la première épaulette du jeune Henri (7)...	5	»

	Fr. c
E. T., (10)	0 50
E. T., M. T., L. T., famille heureuse de participer à une bonne et juste cause (3)	50 »
E. V. (14)	1 »
E. V., à Virieu-le-Grand (9)	1 »
E. V. H. (3)	5 »
E. V., à Lille (17)	0 55
E. V., 11 ans, futur soldat, au petit Henry (16)	1 »
E. V. Une famille française qui adore son pays. Le père, la mère, les deux garçons et la bonne alsacienne (16)	5 »
J. (Eymond) (10)	5 »
F. (14)	10 »
F. A. (La bonne à Madame) (16)	0 50
F. B. (2)	20 »
F. B. (10)	5 »
F. D., mère du précédent, en souvenir des bons soins du colonel Henry pour son fils (4)	5 »
F. (Eugène), partisan de la justice expéditive (4)	1 »
F. F. L. (12)	100 »
F. G. (4)	2 »
F. G. (16)	5 »
F. (Gabrielle) (4)	2 »
F. G. L. (2)	1 50
F. G., à Lyon (3)	5 »
F. H., place des Vosges (8)	3 »
F. (Jean-Loup) (3)	20 »
F. J. pour confondre les calomniateurs (3)	10 »
F. J. Toulon-Paris (5)	5 »
F. L. (3)	0 50
F. L., à Nancy (8)	2 »
F. (Louis) (8)	2 »
F. L., à Paris (10)	2 »
F. L. T., ancien officier de 1870 (7)	5 »
F. L. T. L. (12)	1 »
F. O., à Lyon (10)	5 »
E. Q. R., une mère de famille lyonnaise (5)	3 »
F. R. (16)	5 »
F. R., à Montpellier, (11)	10 »
F. (Robert), à son petit camarade Henry (5)	1 »
F. T. (4)	0 50
F. T., au Havre (8)	5 »
F. V., à Bordeaux (17)	5 »
G. (7)	5 »

	Fr.	c.
G. (Mlle) (3)	20	»
G. (Famille) (4)	2	»
G. A., à Douvres (Calvados) (12)	10	»
G. A., à Beaune (17)	3	»
G., A., E., T. (17)	1	»
G. (Albert) (10)	10	»
G. B. (4)	1	»
G. B. (4)	1	50
G. B. (14)	10	»
G. B., à Puteaux (7)	2	»
G. B. et sa femme (10)	5	»
Leur fille en souvenir de son grand-père (10).	2	50
G. (Camille), 13ᵉ arrond., et G. M. (5)	2	»
G. (Ch.). Le droit sans la force, c'est l'œil de l'aveugle (3)	2	»
G. D. (3)	1	»
G. D. (9)	10	»
G. D., à Lille (11)	2	»
G. D. A., à Paris (2)	5	»
G. D. Pour la veuve du colonel Henry (16)	3	»
G. E., à Jonzac (Charente-Inférieure) (14) ...	10	»
G. F. (9)	5	»
G. F., à Montmartre (10)	0	50
G. F., à Moulins (17)	4	10
G. F., inspecteur d'assurances (7)	1	»
G. G. (3)	1	»
G. H. (4)	10	»
G. H., ex-musicien au 41ᵉ d'infanterie, classe 1879 (9)	2	»
G. I., au Mans (16)	2	»
G. J.-B. Pour la veuve Henry (5)	0	50
G. (Julia) (12)	0	50
G. (Justine), de Nancy (10)	1	»
G. K. (Mme), veuve d'officier (2)	10	»
G. L. (M. et Mme) (16)	1	»
G. L. (Famille), à Saint-Germain (10)	6	»
G. L., licencié en droit, ancien officier de réserve (8)	5	»
G. L., à Menton (10)	2	»
G. L., tailleur (11)	0	25
G. L., à Versailles (8)	20	»
G. M. (12)	0	30
G. P. (3)	2	»
G. P., à Neuilly (4)	3	»

	fr.	c.
G. P., qui voit clair (14)	0	25
G., à Paris (17)	20	»
G. (Paul) (3)	20	»
G. (Mme Paul) (13)	1	»
G. P. P., à Champigny (7)	2	»
G. P. T. (Albert)	1	»
G. R., de Nantes (16)	0	50
G. R., à Digne (17)	0	10
G. (Robert) (5)	10	»
G. R., à Pontuéan (7)	2	05
G. T. (Mme) (6)	10	»
Son fils (6)	10	»
G. T., 81 (12)	5	»
G. T. souhaite à son ami L. B. qu'avec ses cheveux la raison lui revienne (5)	0	25
G. V. 120. A. P. (3)	1	»
H. (Mme) (16)	0	50
H. (2)	2	»
H. (14)	5	»
H. (M. et Mme) et leurs enfants (6)	20	»
H. (Mme et Mlle) (1)	20	»
H. A., à Beaune (17)	4	»
H. 2 A. C. (2)	40	»
H., à Condé (16)	5	»
H. A., ex-pousse-caillou au 60e (14)	0	50
H. (Albert), contrebassiste à l'Harmonie Saint-Ferdinand, à Chourlier (17)	0	50
H. (Arthur), à la Garenne (9)	0	50
H. B. (16)	1	»
H. B., aîné (8)	5	»
H. B., à Cognac (14)	1	»
H. C. (16)	2	»
H. C. (Mme) (2)	50	»
H. C., à Dunkerque (3)	5	»
H. (Charles) (3)	1	»
H. C. M. F. En protestation contre l'affaire Dreyfus (5)	3	»
H. C., rue Doudeauville (5)	1	»
H. D. (2)	10	»
H. D., à Morlaix. Ils te mordent, mords-les (11)	2	»
H. D., père de quatre militaires (5)	5	»
H. F. (1)	5	»
H. G., à Marseille (7)	2	»
H. G., à Paris (16)	5	»

	Fr.	c.
H. G., Pour défendre l'orphelin (4)	1	»
H. (Gustave), comptable (4)	3	»
H. (Jacques), rond-de-cuir garennois (9)	1	»
H. J. D. (9)	2	»
H. J. P. (9)	5	»
H. L. (17)	1	»
H. L. et D. H. (deux amis) (3)	1	»
H. (Louis), à la Garenne (9)	1	»
H. M., à Nantes (8)	5	»
H. M. L., à Arcachon (14)	2	»
H. M., à Lyon (3)	5	»
H. M., une femme d'officier, à Belfort (6)	5	»
H. X., à Poissy (5)	20	»
H. P. (1)	20	»
H. P. (9)	2	»
H. P. (une Montmartroise) (6)	1	»
H. Q. (14)	0	50
H. R. (3)	5	»
H. R., à Faucogney (5)	3	»
H. R., à Orléans (8)	0	50
H. R., à Châteauroux (8)	1	»
H. R., frondeur, ennemi des voleurs (7)	2	»
H. S. T., obole d'un pauvre à Cette (12)	0	45
H. T., à Limoges, engagé volontaire en 1870. S'il s'était agi d'un vulgaire chrétien, l'affaire Dreyfus eût été balayée en 48 heures (16)	2	»
H. T., à Orléans (8)	0	50
H. Y. (9)	0	50
I. C. L. B. Contre un chef de file (6)....»	3	»
I. L. V. B. à Tonneins (7)	5	»
J. A., à Digne (17)	0	10
J. A. L. (11)	20	»
J. A. P., travailleur manuel (11)	0	30
J. B. (3)	1	»
J. B. (16)	0	60
J. B. (3)	1	»
J. B. (10)	1	05
J. B. (Mme Vve) (9)	10	»
J. B. (Costa), à Bonifacio, Corse (11)	10	»
J. B., garçon pharmacien, et son copain (14)	1	»
J. B. L. (14)	1	05
J. B., à Pont-Audemer (17)	1	»
J. B. R. (12)	1	»
J. B., 76, rue d'Assas (6)	2	»

	Fr.	c.
J. B., à Sarlat (16)...	3	»
J. B. Un jeune homme qui regrette de ne pouvoir donner davantage, se trouvant sans place (10)...	0	25
J. C. (9)...	5	»
J. C. (2)...	20	»
J. C., à Lyon (11)...	1	50
J. C., à T. (Nord) (5)...	3	»
J. C. M., 50, rue du Chemin-de-Fer, à Courbevoie (10)...	2	»
J. C., 10, rue Lebas, à Angers (10)...	0	75
J. C. Un moblot à Ménotey (9)...	1	»
J. D. Lorrain annexé de 1870 (4)...	2	»
J. D. (3)...	1	»
J. D. (7)...	10	»
J. D. Femme d'un lieutenant territorial (8)...	5	»
J. D. Un Bordelais (9)...	0	50
J. D., un tanneur (8)...	0	50
J. D., valet de chambre (6)...	2	»
J. E., à Tarbes (11)...	10	»
J. et M. C., à Bordeaux (14)...	5	»
J. F., à Nant (Aveyron) (16)...	0	50
J. F., à Nant (Aveyron) (16)...	0	50
J. F., négociant (10)...	1	»
J. F., propriétaire (8)...	5	»
J. G., à Cannes (14)...	2	»
J. G., à Bordeaux (17)...	0	25
J. H. (10)...	2	»
J. (Henri), imprimeur-éditeur (3)...	5	»
J. H. Une Alsacienne (5)...	5	»
J. L. (2)...	5	»
J. L. (Mme) (4)...	1	»
J. L., contre Richmann et Hendlé, pour les habitants de Saint-Aubain (8)...	0	50
J. L. D. (10)...	5	»
J. (Léontine) (3)...	10	»
J. L., négociant, rue Chaptal, à Levallois...	5	»
J. L. Pour l'orphelin (6)...	1	»
J. M. (2)...	3	»
J. M., Alsacien (9)...	2	»
J. M., employé d'assurances, 21, rue Chaptal (6)	1	»
J. M. et C. L. à Rouen, deux employées de commerce (11)...	1	05
J. M. F. à Vial (10)...	10	»

	Fr.	c.
J., militaire à Paris (7)	1	»
J. M., pâtissier à Montpellier (11)	0	50
J. M. T., femme d'officier (16)	10	»
J. M. Un rond de cuir qui s'assoit dessus (8)	0	50
J., à Neuilly-sur-Seine (5)	5	»
J. N. S. (3)	0	50
J. O. à Perpignan (11)	1	25
J. O. B. 13 (7)	1	»
J. O. C., employés au chemin de fer de l'Est, à Belfort (12)	1	»
J. P. (3)	20	»
J. P. (2)	5	»
J. P., à Bordeaux (4)	10	»
J. P. (André), à Toulon (7)	0	60
J. P. E. C. Deux fruitiers (11)	1	»
J. P., 23, rue du Mail (4)	5	»
J. P. S., veuve de capitaine, à Besançon (8)	5	»
J. Q. Y., à Saint-Etienne (6)	5	»
J. R. (3)	0	50
J. R. (16)	2	»
J. R., à Coulombs (8)	5	»
J. R., à Marseille (8)	5	»
J. R., à Digne (17)	0	10
J. R. D. Une petite ouvrière du Bon Marché (7)	1	05
J. R. (Famille), à Marseille (17)	3	50
J. S., ami de la Saint-Charles, à Nancy (7)	0	50
J. S. à Lyon (4)	5	»
J. T. (10)	1	»
J. V. L. (15)	5	»
J. V. Lille (17)	0	60
K. (3)	5	»
K. (5)	0	60
K. (M. et Mme) (1)	40	»
K. (Eugène)	2	50
K. S. R. S., à Nancy (8)	5	»
L. (9)	1	»
L. (Mme) (2)	10	»
L. (Mme), à Châlons-s-Marne (4)	20	»
L., à Digne (17)	0	10
L. (Mme), et sa famille (3)	120	»
L. frères, à Lille (16)	2	»
L. A., à Grenoble (11)	1	»
L. (Alexandre) (6)	1	»
L. A., à Lyon (3)	5	»

	F.	c.
L. A. T. (10)	2	»
L. B. (4)	2	»
L. B. (16)	1	»
L. B. (Mme), fille d'officier (2)	10	»
L. B. à Niort (14)	1	05
L. B., éditeur (voir *Haniquet*, étudiant).		
L. B., à T. (Nord) (5)	2	»
L. C. (9)	1	»
L. C., à Levallois (17)	1	»
L. C., de Nîmes (17)	2	»
L. (Ch.) (14)	2	»
L. (Claudine), de la Garenne (9)	1	»
L. C., à Puteaux (9)	5	»
L. C., (René) (14)	1	»
L. D. (2)	5	»
L. D. (Famille) à Blois (8)	6	»
L. D., candidat à Saint-Cyr (8)	2	»
L. D., à Bordeaux (7)	20	»
L. D., à Metz (Lorraine annexée) (8)	10	»
L. D., à Digne (17)	0	10
L. D. (Mme), à Paris (16)	5	»
L. D. (Mme), veuve d'un officier (4)	1	»
L. (Edouard) (1)	0	50
L. E. K. (16)	3	»
L. F. (1)	20	»
L. F. Un ami à Londres (5)	2	»
L. (Gabriel) (10)	5	»
L. G. D. (1)	5	»
L. G., de Vincennes (7)	3	»
L. H. A., à Beaune (17)	3	»
L. H., à Paris (3)	2	»
L., industriel, à Levallois	2	»
L. J. (10)	9	»
L. K. (3)	0	50
L. L. (2)	20	»
L. L., à Fontenay-sous-Bois (7)	2	»
L. L., rue Vivienne (1)	20	»
L. (Lucie) (6)	0	50
L. M. (3)	5	»
L. M., ancien capitaine au 92e de marche (3)	20	»
L. M., bigoudenne (9)	0	25
L. M. Contre un lâche (4)	1	»
L. M. G., de Rouen (10)	5	«
L. M., de Vincennes (10)	2	»

	Fr.	c.
L. M., à Grenoble (10)........................	5	»
L. M. N. (3).................................	1	50
L. M., rue Pajol (12)........................	1	»
L. M. Un petit garde-frein à la gare de Chambéry (16).................................	0	30
L. M. Z. (12)................................	10	»
L. N. Repiquons du même, à Saint-Etienne (12).	5	»
L. N., vétéran de 1870 (14)..................	0	60
L. (Paul) (6)................................	0	50
L. (Mme Paul) (6)............................	0	50
L. P. (2)...................................	10	»
L. P. à Carcassonne (9)......................	10	»
L. P. à Beaucaire (9)........................	5	»
L. P. à Lyon (9).............................	1	»
L. P. à Marseille (3)........................	0	90
L. P., à Saint-Mandé (3)....................	20	»
L. R. (Mme) (5).............................	5	»
L. R., à Rouen (12)..........................	2	»
L. R. (Mme) à Villemomble (6)...............	5	»
L. S. (2e envoi) (17)........................	1	»
L. S., à Epinay (10).........................	1	»
L. S., à Marseille (11)......................	6	»
L. S. Pitié pour Cornély (3).................	2	»
L. B., à Paris (3)...........................	5	»
L. S., à Versailles (6)......................	20	»
L. T., à Nancy (12)..........................	5	»
L. T., à Notre-Dame-de-Liesse (5)............	1	05
L. T. H. (10)................................	50	»
M. (4)......................................	0	50
M. A. (3)...................................	1	»
M., A.. B., (M. Ch.), à Lyon (3).............	30	»
M. A. G., à Poitiers (9).....................	5	»
M. A. L., à Bourges..........................	5	»
M. (Alfred), à Pantin. A bas Dreyfus! (16)....	0	50
M., à Villedieu (11).........................	5	»
M. B., à Bordeaux (5)........................	2	»
M. B., avenue de l'Opéra (8).................	2	»
M. B. B. H., vérificateur d'une compagnie française d'assurances (7)......................	2	»
M. B., caresse au cher petit (9).............	0	50
M. B. (Un vieil ami) (5).....................	25	»
M. B. (10)..................................	2	»
M. B., à Besançon (12).......................	1	»
M. B., à Marseille (11)......................	1	25

	Fr.	c.
M. B., à Ravelles (9)	1	»
M. B. D. (16)	0	25
M. B. Une mère en souvenir de ses petites Yvonne (14)	1	»
M. C. (2º versement) (14)	1	»
M. C. C. (14)	0	25
M. C. C. A. Lecocq (6)	2	»
M. (Césarine), septuagénaire, à Lille, et sa fidèle servante Angèle, sur leurs petites économies (10)	1	»
M. C., couturière (11)	0	50
M. C., femme d'officier (5)	2	»
M. (Ch.) (9)	1	»
M. C. Un Toulousain ami de Drumont (5)	5	»
M. D. (11)	10	»
M. D., à Biarritz (15)	3	»
M. D. Avec l'espoir d'être promptement débarrassé de Dreyfus et Cie (7)	5	»
M. D., à Clermont-Ferrand (6)	5	»
M. D. H. (12)	1	»
M. (Mme Ern.) (9)	0	25
M. et H. d'Angoulême, filles d'un ex-sergent d'infanterie de marine (4)	2	»
M. F. (1)	50	»
M. G. (9)	2	»
M. G. (14)	0	50
M. G. (Mme) (2)	5	»
M. G. (4)	2	»
M. G., de la Biblioth. Nat. (4)	1	»
M. G., sa femme et ses enfants (4)	10	»
M. G. et B. G., à Mustapha, sœurs d'un lieutenant de tirailleurs tué au Tonkin (11)	3	»
M. G. H. O. (7)	3	»
M. G. L. D., à Nantes (12)	5	»
M. G., libre penseur, à Nice (8)	0	50
M. G. Une cuisinière (11)	0	50
M. H., fille et sœur de soldats (6)	5	»
M., H., L., H. (17)	1	»
M. H., veuve d'un officier (11)	0	50
M. J. B. (2)	5	»
M. J., protestante (8)	10	»
M. J. V. V. (14)	1	»
M. L. (2)	10	»
M. L. (3)	10	»

	Fr.	c.
M. L. (2)	10	»
M., la mère d'un officier (6)	20	»
M. L. C. (3)	20	»
M. L. G. (1)	5	»
M. L., mère d'un sous-officier en activité (2)	2	»
M. L. O. (3)	5	»
M. (Louise) (8)	0	25
M. L. (Pour), négociant, rue Esquermoise (14)	0	10
M. (Mlle Lucie) (9)	0	25
M. L. T. (3)	10	»
M. M. (14)	1	»
M., à Montélimar (8)	1	»
M. M. P. (13)	5	»
M. M., un Comtois (17)	1	»
M. M., une sœur d'officier et son grand frère chéri (16)	20	»
M. N. (14)	0	25
M. N. (Mme) (1)	5	»
M. N. fils (14)	0	25
M. N., G. N. (10)	4	»
M. O. (2)	40	»
M. P. (3)	10	»
M. P. (14)	0	25
M. P. (14)	2	»
M. P., à Poitiers (13)	5	»
M. P. de M. (7)	5	»
M. P., employé, à Digne (17)	0	50
M. P. et un facteur commissionnaire à Marseille (9)	1	50
M. P. F. P. (12)	1	»
M. L. N. (14)	0	25
M. (M. et Mme). Protestations (16)	10	»
M. R. et un ancien voltigeur de la Garde (10)	1	»
M. R. Un amateur photographe (11)	1	»
M. S. (2)	20	»
M. S., à Pontivy (11)	1	»
M. T., à Rouen (5)	7	»
M. (Mme) veuve d'un général (9)	20	»
M. V. fille et femme d'artilleur (10)	20	»
M. V., futur industriel (10)	2	»
M. V. Contre la bande (8)	1	»
N. A. (Mme) (Haute-Marne) (4)	5	»
N. D. (11)	1	»
N. F., de Versailles (2)	10	»

	Fr.	c.
N. O. T. Un Franco-Canadien à Saint-Albert (16)..	0	25
N. N., G. C., F. F., à Nice (10).................	3	»
N. T. Sa modeste offrande, avec promesse de donner le double à Delcassé, quand il sera de retour au Haut-Oubanghi (5).....................	1	»
N. Une femme d'officier (8).....................	2	»
O. (Mme) (2)...................................	50	»
O. (Gabriel) (7)................................	20	»
O. (Lucien), à Nancy (13).......................	0	75
P. (10)...	0	15
P. (4)..	2	»
P. (4)..	1	»
P. (9)..	0	25
P. (2)..	5	»
P. (Veuve) (9)..................................	12	»
P. A., à Digne (17).............................	0	10
P. A., père d'officier (8)......................	6	»
P., à Asnières (2)..............................	5	»
P. B. (3).......................................	10	»
P. B., à Ermont (4).............................	5	»
P. B., jeune boucher (17).......................	0	50
P. B., licencié ès-lettres (14).................	1	»
P. B. voudrait voir une L. A. F. à Belfort (10).	1	»
P. C. N., Marseillais (17)......................	0	50
P. D. (M. et Mme) (8)...........................	10	»
P. D. (Albert) (14).............................	1	»
P. et B. Un marchand associé de votre campagne, fonctionnaires (9).............................	1	»
P. (Eugénie) (3)................................	1	»
P. F. (2).......................................	2	»
P. F. Deux semaines d'économie (11).............	1	»
P. G., à Reims (6)..............................	1	»
P. (Georges), ex-marsouin, 13ᵉ arr. (5).........	5	»
P. (Georges, Berthe et Maurice) (10)............	5	»
P. G., rue d'Aumale (10)........................	5	»
P. H. (11)......................................	2	»
P. H., à Elbeuf (12)............................	5	»
Ph. (Th.), pour voir s'animer la statue du commandeur A. L. des M. (9)....................	5	»
P. L. (3).......................................	1	»
P. (Léon), à Honfleur (10)......................	1	»
P. (Paul), à Honfleur (10)......................	1	»
P. L., dégoûté du régime actuel (8).............	2	»
P. L. H. (10)...................................	20	»

	Fr.	c.
P. L. M. (Deux), à Lyon (3)	1	50
P. M. H. R., à Marseille (14)	1	50
P. N., à Marseille (0)	5	»
P. O. (Deux), amis du faible contre le fort (3)	2	»
P. (Paul) (6)	5	»
P. P. et C. P., à Bordeaux-Cognac (14)	2	»
P. P., H. D., F. L., P. G. (9)	1	»
P. P., à Tarbes (7)	2	»
P. R. (M. et Mme) (2)	20	»
P. R., à Dinan (16)	2	»
P. R., 22, rue de Navarin, ancien combattant de Beaune-la-Rolande et Villersexel (7)	1	»
P. R., à Sarlat (16)	5	»
P. S. (17)	10	»
P. S. à la Châtaigneric (7)	0	50
P. T., A. F., A. W., à Epinal (8)	3	»
P. (Th.) (16)	2	»
P. V. (Mme) (10)	2	»
P. W. 1870, rue de Buci (7)	20	»
R., républicain, mais petit fonctionnaire, ni juif, ni clérical, ni huguenot, ex-hussard au 7ᵉ en garnison à Mustapha (11)	3	»
R., à Nancy (9)	2	»
R. B. (3)	20	»
R. B., à Orléans (8)	0	50
R. B. P. M. (13)	1	50
R. B. (Tony) et Adolphe M. (10)	2	»
R. C., au Puy (11)	1	»
R. C., à Perpignan (10)	50	»
R. C., Anonyme, à Lille (5)	1	05
R. C. Une jeune fille (16)	1	»
R. D. (8)	2	»
R. D. (Mlle) de Versailles (8)	20	»
R., à Digden (17)	0	05
R. F. (4)	0	50
R. (François) (14)	0	50
R. G. (6)	5	»
R. (Gustave) (12)	20	»
R. J. B., à Mâcon (9)	5	»
R. (Joséphine) (10)	0	50
R. (Jacques et Marguerite) à leur petit ami (9)	2	»
R. J., P., J., Y., I., R., F., H. (17)	5	»
R. (Jules) (14)	1	»
R. L. (2)	5	»

	Fr. c.
R. L. A., employé de commerce, R. et S., à Rouen (8)	0 50
R. L., à Montargis (12)	1 05
R. L., à Périgueux (8)	1 05
R. M. (2)	0 10
R. M., à Armentières (11)	20 »
R. M. A. B. (9)	0 50
R. (Mlle) (10)	1 »
R. M. O. (2)	20 »
R., ouvrier tourangeau, tailleur de limes (16)	0 50
R. P. (4)	5 »
R. Q., L. M., F. G., V. G., quatre Malaisiens (19)	4 »
R. R. (3)	25 »
R. A., à Bordeaux (16)	0 50
R., à Pianello (17)	0 50
S., chevalier de la Légion d'honneur (3)	1 »
S. Le petit Conrad S., à son cher petit ami Dédéphe Henry (6)	5 »
S. D. (illisible), de Paris (12)	2 »
S. E. B., à Dijon (10)	2 »
S. et L., le cheveu du Creusot (8)	0 35
S. et P. C. (12)	1 »
S. (Georges) et sa famille (14)	10 »
S. L., à Montpellier (11)	3 »
S. L., quatre ans, fille d'un adjudant de réserve, pour les étrennes de l'orphelin (5)	3 »
S. L. (Roger et René), 4 ans et 3 ans (6)	2 »
S. (Mme Vve) (3)	2 »
S. (Mme), veuve d'un militaire, à Reims (4)	5 »
S. S. (11)	20 »
T. (13)	5 »
T. (M. et Mme) (8)	10 »
T. (Famille) (6)	15 »
T., à Lyon (8)	2 »
T. (Antoine) (3)	1 »
T. C. Une victime du Panama (4)	2 »
T. D., à Paris (8)	9 »
T. D., qui a servi au 2ᵉ zouaves (12)	1 05
T. employé de chemin de fer à Nogent-sur-Marne (7)	0 95
T. V. (Mmes). Deux lectrices assidues (7)	100 »
T. (Mme), à Evian-les-Bains (5)	50 »
T. G. (2)	20 »
Th. (16)	2 »

	Fr.	c.
T. H., rue de Cormeille 35, à Levallois..........	2	»
T. (Jean), à son petit ami Henry (16)............	0	50
T. (Le) (3)...................................	1	»
T. L., à Nancy (8)............................	3	»
T. (Paul), à Lille (12).........................	5	»
T. R. (1)....................................	20	»
T. V., à Ault. (14)............................	0	50
V. (9).......................................	2	»
V. (12)......................................	1	20
V. (Mlle) (4).................................	10	»
V. B., à Champagnole (Jura) (9)................	5	»
V. (Charles) (6)..............................	0	25
V. (Mme Clarisse) (3).........................	2	»
V. C., Lorientais (11).........................	1	»
V. et D., à Louveciennes (Seine-et-Oise) (6)....	2	»
V. (Hippolyte) (14)...........................	0	50
V. (Joseph et Victorien) (8)...................	1	»
V. L. (3)....................................	1	»
V. M., républicain écœuré par la République (5)	3	»
V. P. D. (4).................................	4	»
V. P., à Pau (7).............................	5	»
V. (Philippe) (4).............................	40	»
V. R. Une Bretonne (11)......................	0	60
V. V. (Aristide), à Evreux (11)................	1	»
V. V., à Arras (4)............................	1	»
W. (Mme), fille et veuve de magistrats alsaciens (6)..	10	»
W. R. (Mme), à Sées, en souvenir de son mari (8)	5	»
X. (11)......................................	1	»
X. (10)......................................	2	»
X. (M. et Mme) (9)..........................	2	»
X., à Courcois (Allier) (16)...................	1	»
X. (Mlle), à Périgueux (14)...................	1	50
X. (Mme), à Vittel (6)........................	0	50
X., de Montceau-les-Mines (16)................	0	20
X. à Dijon (5)...............................	5	»
X. (Mme), même adresse (5)..................	5	»
X. et son professeur (16).....................	0	25
X., numéro matricule 2801 (12)................	2	10
X. O., à Bordeaux (9)........................	10	»
X. Pour la souscription en faveur de Mme Henry (16)...................................	6	»
X., villa Chaptal, à Levallois..................	0	50
X. X. (3)....................................	1	»

XX., à Libourne (10).............................	2 10
XX., (M.), à Paris (3).............................	2 »
X. X. X. (10)......................................	0 30
X. Y. B. (10)......................................	10 »
X. Y., au Havre (2)...............................	100 »
X. Y. Z. (3)..	1 »
X. Z. Bravo, les femmes ! Un Alsacien (4)......	5 »
Y. (9)...	1 »
Y. (5)...	20 »
Y. D. (16)..	1 »
Z. C. Modeste offrande (16).....................	2 »
Un abonné de l'*Autorité*, à Bolbec (16)..........	0 20
Un abonné, de Thoissey (6).....................	5 »
Un admirateur de Mme Henry (1)................	10 »
Un adversaire de Louis-Philippe (16)............	0 25
Un ancien adversaire de M. Conrad de Witt dans le Calvados (13)............................	2 »
Une Africaine ruinée par les Panamistes.......	1 »
Un agréé de Lyon (10)............................	5 »
Un agriculteur de Gonesse (7)...................	10 »
Un agriculteur du Centre (4)....................	20 »
« L'Aiguille », association professionnelle mixte des patronnes, employées et ouvrières en habillement, 342, rue St-Honoré (8)................	50 »
Ain-Verrel (L') (Lyon) (7)........................	1 50
Dix ajusteurs Franc-Comtois et Alsaciens et leur chef (8).....................................	12 »
Un Albigeois (13)..................................	0 60
Un Alençonnais habitant Clermont, 1 fr.; un Ariégeois, 1 fr. (16)...........................	2 »
Deux Alençonnaises, petites-filles d'un général du premier empire qui aurait fait fusiller impitoyablement l'infâme Dreyfus (5).............	5 »
Un Algérien (4)....................................	2 50
Ancien Algérien qui connaît bien des choses sur les hommes et affaires de ce pays qu'il aime (5)	100 »
Une Algérienne pour le bonheur de l'orphelin (11)..	1 »
Un Algérois (4)....................................	20 »
Une Algéroise (14)................................	1 »
Alix et Raymonde (13)...........................	4 »
Alpin pauvre (17)..................................	0 60

Alsacien, père de onze enfants dont cinq fils mili-

	Fr.	c.
taires (9)...	5	»
Un Alsacien (9)......................................	3	»
Un Alsacien (4)......................................	5	»
D'un bon Alsacien, à Bourgoin (13)............	2	»
Un Alsacien, déserteur prussien (6)............	1	25
Un autre Alsacien d'une vieille famille protestante de Mulhouse (14).....................	3	»
Un Alsacien écœuré (8)...........................	5	»
Un Alsacien émigré de la première heure, à Himmelnasch (7).................................	5	»
Un Alsacien, ex-brigadier forestier (11)......	1	»
Un Alsacien infirme, ancien militaire, n'ayant que sa gratification de réforme (10)........	1	»
Trois Alsaciens protestants (10)................	2	»
Deux appaméens, père et fils, en haine des diffamateurs (11).................................	2	»
Une Alsacienne (8)..................................	1	»
Un atelier de confection, à Vincennes (10)...	2	»
Une Alsacienne (5)..................................	1	»
Une Alsacienne (4)..................................	0	50
Une Alsacienne filleule de l'impératrice Eugénie (7)..	1	»
Une Alsacienne, fille de magistrat à la cour de cassation et veuve d'un colonel enfant de Metz (6)..	10	»
Une Alsacienne mariée à un officier de cavalerie (6)..	5	»
Une Alsacienne qui a son mari officier (6)....	10	»
Deux Alsaciens (6)..................................	0	50
Deux Alsaciens (3)..................................	10	»
Deux amants de la vérité (3).....................	3	»
Un petit amateur yvetotais (13).................	0	25
Quatre amateurs abonnés du Caveau (9).....	5	»
Un ami (8)...	20	»
Un ami (5)...	5	»
Un ancien ami du colonel Henry (3)............	20	»
Un ami de Bradamante (7).......................	0	50
Un ami de Godchaux (17)........................	2	»
Un ami des honnêtes gens (14).................	1	»
Un ami du lieutenant-colonel (7)................	10	»
Un ami pauvre mais sincère du lieutenant-colonel (9)...	2	»
Une amie de Mme Henry (10)...................	5	»
Une amie du 25ᵉ bataillon de chasseurs à pied (6)	10	»

	Fr.	c.
Les amis de Mareuil réunis (10)	5	»
Des amis à Langeais (14)	110	»
Deux vraies amies de l'adjudant Uffertin (8)	0	50
Deux amies de l'armée, à Besançon (12)	20	»
Deux amis de l'Etat-Major (3)	20	»
Trois amis, à Montendre (8)	1	50
Trois amis du petit goy à Libourne (10)	3	»
Quatre Amis goym de campagne (9)	5	»
Six Amis réunis, à Aniche (9)	15	»
Un groupe d'Amis, à Grasse (12)	1	50
Un groupe d'Amis, à Toury (10)	10	»
Un groupe d'Amis écœurés, à Bogonne (14)	20	»
Un groupe d'Amis du café du Faisan d'Or (9)	10	»
Un groupe d'Amis du Crédit-Lyonnais. A bas les Sans-Patrie! (14)	5	»
Un groupe d'Amis : Faribault, agrégé de l'Université, Bonnin, un négociant, Richey, Devauz, Auché, Henry, Legrand, Dumand, Roger, Pimpaneau, un Anglais, un Portugais, une Américaine, un Belge (4)	15	»
Un Amputé de Crimée, à St-Jean-de-Bournay (5)	5	»
Un anarchiste (6)	1	»
Un ex-anarchiste, converti depuis la séance de la salle Chaynes (16)	0	60
Ancester et Ancestrions, à Rennes (8)	3	»
Un Ancien d'Italie, à Mirabel-aux-Baronnies (16)	0	20
Un Angevin (15)	0	05
Un Angevin (14)	1	»
Un Angevin (9)	2	»
Un Angevin. Qui donc balaiera tout cela? (12)	1	»
Deux Angevines (6)	10	»
Un annexé (3)	20	»
Une annexée, femme d'officier (7)	4	»
Anonyme d'Amiens (3)	20	»
Anonyme, à Algers (3)	20	»
Anonyme, à Angers (7)	10	»
Anonyme béthunais (3)	5	»
Un anonyme, à Béziers (6)	20	»
Un anonyme biterrois (5)	1	05
Un anonyme biterrois (10)	5	»
Un anonyme, à Bordeaux (8)	100	»
Anonyme, à Bordeaux (10)	1	»
Anonyme, à Bordeaux (14)	7	»
Deux anonymes, à Briançon (12)	10	»

— 357 —

	Fr.	c.
Deux anonymes brivadois (5).....................	10	»
Anonyme, à Caen (9)............................	1	»
Anonyme, à Chalon-sur-Saône (4)...............	1	»
Anonyme, à Chambéry (6).......................	2	»
Un anonyme de la Chapelle-sur-Rougemont (3)..	20	»
Anonyme, à Cherbourg (5).......................	1	»
Anonymes du Dannemarie (Doubs) (10).........	2	»
Deux anonymes douaisiens (8)...................	2	»
Un anonyme d'Enghien (2)......................	10	»
Anonyme, d'Evreux (14).........................	5	»
Anonyme de Ferrières (2)........................	5	»
Deux anonymes de Forges-les-Eaux (17)........	7	»
Des anonymes d'Humerœuille (5)...............	20	»
Anonyme d'Humerœuille (2ᵉ envoi) (9)..........	1	»
Anonyme, à La Sauvetat (Gers) (5).............	5	»
Un anonyme, le Mans (12).......................	5	»
Anonyme, à Longchamp, près Genlis (Côte-d'Or) (16)...	0	25
Anonyme, à Lyon (4)	10	»
Anonyme, à Lyon (4)............................	10	»
Anonyme, à Lyon (4)............................	20	»
Anonyme, à Lyon (10)...........................	10	»
Anonyme, à Lyon (4)............................	20	»
Anonyme, à Lyon (5)............................	5	»
Anonyme, à Lyon (6)............................	20	»
Anonyme, à Lyon (6)............................	10	»
Anonyme, à Lyon (6)............................	10	»
Anonyme, à Lyon (6)............................	5	»
Anonyme, à Lyon (6)............................	10	»
Anonyme, à Lyon (6)............................	10	»
Anonyme, à Lyon (6)............................	20	»
Anonyme, à Lyon (12)...........................	20	»
Anonyme, à Lyon (16)...........................	20	»
Anonyme, à Maisons-Laffitte (5)	20	»
Anonyme, de la Manche (10)....................	2	»
Anonyme, à Marseille (5)	100	»
Un anonyme, à Maubeuge (14)	1	50
Anonyme, à Maureilhan (16)....................	1	»
Un anonyme à Montauban (3)	5	»
Anonyme, à Montauban (10)....................	10	»
Un homonyme, à Montpen-sur-l'Isle (5)	20	»
Anonyme, à Namur (10).........................	1	90
Anonyme, à Nancy (6)	5	»
Deux anonymes, à Nantes (3)....................	10	»

	Fr.	c.
Anonyme, à Narbonnais (11)	5	»
Anonyme, à Neuilly-sur-Seine (2)	5	»
Anonyme, à Nice (5)	200	»
Anonyme, de Nîmes (12)	5	»
Anonyme, du Nord (17)	1	»
Un anonyme, à Paris (13)	3	»
Anonyme, à Paris, 26 (10)	5	»
Anonyme, boulevard Saint-Michel (1)	20	»
Anonyme, de la Bourse du Commerce. (2)	5	»
Deux anonymes à Paris-Grenelle (6)	1	50
Anonyme, à Passy (17)	2	»
Anonyme, rue Blanche (16)	20	»
Anonyme, rue des Moulins (3)	13	»
Anonyme de Péronne (2)	10	»
Un anonyme péronnais (8)	20	»
Un anonyme de Poitiers (Vienne) (11)	2	»
Anonyme de Quarré-les-Tombes (3)	1	»
Quatre anonymes de Quimper, bons Bretons (7)	2	50
Une anonyme de Reims (12)	5	»
Un anonyme rochefortais (10)	3	60
Un anonyme de Saint-André-d'Hébertot (4)	5	»
Anonyme de Saint-Cloud (6)	2	»
Anonyme de Saint-Germain (8)	20	»
Anonyme, à Saint-Loup-sur-Sernouse (5)	5	»
Anonyme à Salon (6)	20	»
Anonyme, à Sarlat (16)	0	20
Anonyme, à Sarlat (16)	0	20
Anonyme, à Sarlat (16)	0	50
Un anonyme de Saumur (15)	10	»
Anonyme de Seine-et-Marne (9)	20	»
Anonyme de Soissons (17)	20	»
Quatre anonymes de Sous-le-Bois, chacun 2 fr. (9)	8	»
Un anonyme, de Toulouse (5)	10	»
Anonyme, à Tunis (3)	100	»
Anonyme de Vabres (17)	0	50
Un anonyme, Val N. D., à Bezons (16)	0	50
Un anonyme vendéen (16)	3	»
Anonymes, père et fils, Vichy (4)	5	»
Un anonyme de Villefranche-de-Rouergue (16)	10	»
Anonyme de Villefranche-s-Saône (4)	10	»
Un anonyme, à Villers-Cotterets (16)	1	20
Anonyme de Virigneux (7)	5	»

	Fr.	c.
Anonyme des environs de Vitry (8)	10	»
Anonyme, à Wiesbaden (3)	49	90
Anonyme (1)	1	»
Anonyme (1ᵉʳ envoi) (1)	5	»
Anonyme (1)	2	»
Anonyme (2)	20	»
Anonyme (2)	5	»
Anonyme (2)	1	»
Anonyme (2)	0	50
Anonyme (2)	2	»
Anonyme (2)	5	»
Anonyme (2)	2	»
Anonyme (2)	20	»
Un anonyme (2)	5	»
Anonyme (2)	20	»
Anonyme (3)	1	50
Anonyme (3)	1	»
Anonyme (3)	2	»
Anonyme (3)	2	»
Anonyme (3)	5	»
Anonyme (3)	5	»
Anonyme (3)	5	»
Anonyme (3)	1	»
Anonyme (3)	10	»
Anonyme (3)	10	»
Anonyme (3)	20	»
Anonyme (3)	20	»
Anonyme (3)	1	»
Anonyme (3)	100	»
Anonyme (4)	1	50
Anonyme (4)	3	»
Anonyme (4)	5	»
Anonyme (4)	1	»
Anonyme (4)	1	»
Anonyme (5)	1	»
Une anonyme (5)	1	»
Anonyme (6)	1	»
Anonyme (9)	2	»
Anonyme (Un) (9)	1	»
Anonyme (9)	20	»
Anonyme (10)	50	»
Un anonyme (10)	10	»
Envoi anonyme (10)	10	»
Anonyme (10)	1	»
Un anonyme (11)	1	»

	Fr.	c.
Anonyme (11)	2	»
Anonyme (11)	5	»
Anonyme (11)	1	»
Anonyme (11)	1	»
Anonyme (11)	0	50
Anonyme (11)	5	»
Anonyme (12)	0	45
Anonyme (12)	1	50
Un anonyme (13)	1	»
Anonyme (13)	4	»
Anonyme (13)	3	»
Anonyme (13)	1	»
Anonyme (14)	1	»
Anonyme (14)	1	»
Un anonyme (14)	5	»
Anonyme (14)	2	»
Anonyme (14)	20	»
Anonyme (14)	1	»
Anonyme (14)	3	»
Anonyme (14)	2	»
Anonyme (14)	5	»
Trois anonymes (14)	6	»
Anonyme (15)	10	»
Anonyme (16)	1	»
Anonyme (17)	1	»
Aidez-le, vous, indifférents et jouisseurs ! (17)	0	25
Anonyme (17)	1	»
Anonyme (17)	0	25
Anonyme (17)	0	50
Anonyme (17)	5	»
Anonyme (17)	1	»
Un anonyme (voir *Rame*).		
Anonyme. A l'orphelin (10)	3	»
Un anonyme à M. Charles Devos, pour Mme Henry (13)	25	»
Anonyme commercien 2 fr.; son employé 0 50 électeur de Poincaré dont ils demandent la démission. Le petit Henri 0 50 pour son petit camarade (8)	3	»
Un anonyme contre l'oppresseur (16)	0	25
Un anonyme désirant monter une ménagerie foraine (14)	0	25
Un anonyme industriel (8)	20	»
Anonyme ne pouvant faire davantage (14)	1	05

	Fr. c.
Anonyme par force (3)..........................	5 »
Un anonyme par profession (2).................	20 »
Un anonyme par respect de la discipline (7)....	5 »
Un anonyme persuadé que la vérité qui est de Dieu, confondra impitoyablement cette foule d'affiliés au culte du veau d'or, la peste du genre humain (17)................................	1 50
Anonyme pour la Vérité (3).....................	5 »
Anonyme. Pour une femme de dix enfants (12)..	0 50
Un anonyme qui avait donné l'idée de la souscription (2)......................................	20 »
Un anonyme qui regrette de ne pouvoir faire plus (3)...	2 »
Anonyme. Souscription Henry (13)..............	5 »
Anonyme. Sur une circulaire de la Novo-Palovka (12)..	0 50
Une anonyme sympathique (8)...................	10 »
Un groupe d'anonymes (16).....................	11 »
Un apprenti. Maison Bonnard, Jaume et Cie (5) .	0 25
Un apprenti quincaillier à Gien (8).............	0 50
Une apprentie cuisinière (9)....................	1 »
Un groupe d'Artésiens (5)......................	20 »
A quand la fin de l'angoisse ? (4)...............	5 »
Un architecte (11)...............................	5 »
Un architecte à Paris (11)......................	5 »
Un archiviste (4)................................	5 »
Un archiviste-paléographe (4)..................	2 »
Un Ardennais (8)................................	1 »
Un Artésien de la Gohelle (9)..................	5 »
Un Artésien, une Bretonne et un Breton (14)...	0 50
Un attaché à la Banque de France (7)...........	2 »
Un d'Aulaniste, à Mirabel-aux-Baronnies (16)...	0 20
Au nom d'une partie des membres du cercle du Commerce à Saint-Rémy-de-Provence (16)....	20 »
Un Auvergnat (8)................................	0 20
Un Auvergnat (14)...............................	0 25
Un Auvergnat de la montagne (16)..............	1 »
Un Auvergnat de Paris et sa femme (12)........	3 »
Une Auvergnate (8).............................	1 »
Deux Auvergnats intellectuels (17)	2 »
Un Aveyronnais et un paysan forézien (6)......	2 »
Bab Knipp (17)...................................	2 50
Badine (G. de la) (8)	5 »
Un Badinguet de Crimée, à Mirabel-aux-Baronnies	

	Fr.	c.
(16)	0	20
Bal et Ytoussa. On n'achète pas le peuple comme la conscience de certains sénateurs (4)	1	»
Un bar (9)	0	50
Le barbier de Vaugirard (17)	0	25
Un vieux barbouilleur de la rue Danton, à Levallois	0	25
Un groupe de Barentinois (5)	10	»
Un Bas-Alpin écœuré (10)	1	»
Une liste des Bas-Alpins de l'arrondissement de Digne (Basses-Alpes) (8)	7	»
Vingt-quatre Bas-Alpins (11)	24	»
Un Bas-Breton, de Guingamp indigné comme tous ses compatriotes (7)	10	»
Un bas-breton. *Ecid Doué hag ar Vro !* (5)	10	»
Une petite Basquaise de 7 ans, qui renonce à ses étrennes pour le petit Henry (5)	10	»
Un Basque de Tarbes (14)	1	»
Bas-Samois (Seine-et-Marne) (16)	25	»
Sept Bayonnais et trois futurs campagnards: G., L., B. (4)	10	»
Un modeste Béarnais, à Darrieux (5)	2	»
Un Beaujolais. Puisse enfin la magistrature redevenir digne de sa mission sociale, et frapper les grands coupables aussi bien que les petits (16)	0	75
Un beau-père et son gendre (10)	25	»
Bébé (4)	0	50
Un bébé bourguignon pour la mère de son petit camarade (3)	2	10
Un bébé, à Digne (17)	0	50
Bébé Jean et ses parents (6)	1	50
Un Belfortain (4)	2	»
Quatre Bellevillois, à la Fère (9)	2	»
Bénéfice sur le Congo (4)	0	50
Une bergère (16)	0	25
Un Berrichon de circonstance, ennemi des chéquards et des panamistes, pour l'orphelin (5) .	5	»
Un Berrichon, à Nogent-sur-Seine (8)	5	»
Une Berrichonne (9)	0	50
Une Berrichonne à Saint-Satur (17)	0	25
Deux Berrichons honteux de se dire du Cher (13)	0	30
Quatre Berrichons, leur mère et un Franc-comtois, à Pantin (11)	5	»

	Fr.	c.
Bibliothécaire de la Bibliothèque Nationale (Un) (4).	1	»
Deux bijoutiers (3)	4	»
Le biniou d'Ancenis (12)	1	»
Un bistro nantais (9)	0	50
Un bistrot (8)	1	»
Un bistrot (9)	2	»
Blanchisseuse de Kerfunteun (9)	0	50
Un blessé de 1870, fils, frère et père d'officiers (8)	5	»
Un blessé de Gravelotte (11)	5	»
Un ancien blessé de 70, pour son fils actuellement marsouin, sauvé de la fièvre typhoïde (15)	10	»
Deux blondinettes qui plaignent le petit chérubin (2)	2	»
Un vieux bohème (13)	0	25
Un Bolbécais (8)	0	50
Un bombardier (3)	50	»
Un bombardier à Nice (16)	5	»
Une bonne (4)	1	»
Ancienne bonne du petit gendre de Félix (13)	0	30
Une bonne d'enfants (10)	0	25
Un Bordelais (11)	5	»
Un boucher de La Villette (11)	10	»
Un pauvre bougre qui se prive de trois bocks (14)	1	»
Un bouillophobe à Reuil (6)	1	»
Un boulanger (12)	5	»
Un boulanger de Saint-Nazaire, sa famille et son ami (16)	21	»
Un boulanger et une boulangerie berrichons (16)	0	50
Un vieux boulanger à Paris (11)	2	»
Groupe de boulangers, à Rouen (10)	2	»
Deux ex-boulangistes à Aureilhan (6)	2	»
Le dernier bourgeois de Périgueux (10)	2	»
Un Bourguignon. Pour le coup d'épaule (11)	2	»
Deux boursiers (4)	10	»
Un Brabançon (16)	0	35
Un garçon brasseur à Belfort (9)	0	75
Un brave homme contre les canailles, à Viviers (Ardèche) (16)	1	»
Un vieil ami du père Brébant (17)	0	25
Un Breton (14)	1	»
Un Breton (7)	1	»
Un Breton de La Chèze, exilé en Normandie (11)	1	05
Un Breton de la vieille et vraie magistrature (6)	20	»
Un Breton de Pleven (12)	3	»

	Fr. c.
Un Breton de Ploumilliau (4)	1 »
Un Breton qui est tout prêt à cogner (5)	2 »
Un Breton, un employé de collège, un jeune Berrichon, un cuisinier (10)	0 80
Un vieux Breton d'ancienne famille militaire (4)	5 »
Une Bretonne (9)	1 »
Une Bretonne (5)	5 »
Une Bretonne de la dernière heure de souscription (16)	5 »
Une Bretonne de Rennes (7)	2 10
Une Bretonne du Méné (10)	2 »
Une Bretonne. Une veuve et fille d'officiers (9)	11 »
Deux petites Bretonnes (4)	1 »
Deux Bretons universitaires (3)	5 »
Une Briarde des environs de Nangis (17)	0 50
Un Briochin enfant du peuple (5)	0 30
Un Brollois (4)	20 »
Une brune et une blonde envoient leurs caresses au petit orphelin (14)	0 50
Deux Bugistes (7)	5 »
Un bureaucrate, caporal de réserve (9)	0 50
Un cadet de Gascogne (16)	20 »
Un cadet de Gascogne, lieutenant de réserve (16)	5 »
Ce sont les Cadets de Gascogne, Bordeaux! (14)	5 »
Le café Bondan, à Viviers (Ardèche) : Le mastroquet (16)	1 »
Un de ses clients (16)	0 50
Du café Cardinal, à Bordeaux (16)	1 »
Une cagnotte de Levallois pour le jeune Henry (8)	6 95
Produit d'une cagnotte, à Cressanges (Allier) (5)	1 05
Un caissier prudent par nécessité (10)	1 »
Un caissière qui n'aura pas froid aux yeux le jour du chambardement (14)	1 »
Un Calaisien exemplaire (9)	0 50
Un calicot (4)	1 »
Un calicot du P. de D., F., auvergnat pur sang (8)	1 05
Deux calicots (3)	2 »
Groupe de calicots des Ternes (12)	4 »
Un calme qui commence à en avoir assez (12)	0 50
Un cartonniste à Digne (17)	0 50
Un camarade de promotion de Picquart (16)	5 »
Un camarade de volontariat de Poincaré (1878) (6)	5 »
Un Camarguais (15)	20 »

	Fr.	c.
Une cambriolée de Nancy (11)...............	1	»
Un vieux campagnard breton (16)..............	0	50
Un Cavaillonnais (10)..................	5	»
Un Caylussien (16).....................	2	»
Célibataire enragé (14).................	1	»
Cercle agricole, à Nevers (12)...............	1	05
Un Cettois démissionnaire du Touring-Club (16).	1	»
Un Chablaisien pas froussard (8).............	1	»
Une Chablaisienne qui attend toujours la souscription de M. Folliet, son sénateur et de M. Mercier, son député (16)...................	0	25
Un Châlonnais (12).....................	0	25
Un Châlonnais, ancien électeur de Bourgeois (16)	0	25
Un Châlonnais dégoûté de Bourgeois (4).......	1	05
Un Champenois de la Cannebière (14)..........	1	»
Un Champenois de Paris et sa femme (12)......	3	50
Un champion de la revision avec une trique (12).	0	10
Un vieux chantre à Saint-Maur (5)............	1	05
Le gros charcutier, à Versailles (6).............	1	»
Deux charcutiers, un ancien du 155ᵉ et son camarade (16).........................	1	50
Un Charentais, ancien officier ministériel (17)...	2	»
Un Charentais habitant à Chalon-sur-Saône (8)..	20	»
Un Charolais outré de la conduite de Sarrien (14).	0	50
Le chasseur du café d'Harcourt (8)............	4	50
Le plus blond chasseur d'Alexandre III (6)......	5	»
Château-d'Eau (8)......................	20	»
Du château des Vignes, à Rueil (2)............	100	»
Famille chaumoise (9)....................	2	»
Jeune Chaumois (9)......................	1	»
Un chef de train de l'Est et son garde-frein (17).	2	»
Une Chelloise, mère de conscrit (7)............	1	»
Deux petits chemineaux P. L. M. (7)..........	2	»
Un chemisier (7).......................	3	»
Un chevalier de Saint-Grégoire-le-Grand (13)...	3	»
Les chevaliers de la Table Ronde (10)..........	8	»
Les chevaliers de la Table Ronde (16)..........	8	»
Trois chimistes : Reixit, Drauques, Simard (9)..	2	50
De la « Chronique du Bien » (17).............	5	60
Cinq Bleaux (7)........................	25	»
Deux circonciseurs luçois (16)................	2	»
Un citoyen de Giers (8)..................	0	50
Un citoyen du 14ᵉ arrondissement (8)...........	3	»
Citoyen pas riche, mais résolu (9)..............	3	»

	Fr.	c.
Un citoyen qui demande l'institution d'un jury national (4)..	10	»
Un citoyen qui descendra dans la rue si Dreyfus revient (10)...	2	»
Un citoyen de Malijai (11)................................	1	»
Un citoyen qui offrirait volontiers sa botte pour (6)	1	»
Un vrai citoyen d'Annonay (16).........................	0	75
Un groupe de citoyens, à Lyon (8).....................	5	»
Un groupe de bons citoyens du Crédit Lyonnais (1)	3	50
Un civil, outré de la mesure prise pour empêcher les officiers de participer à l'idée généreuse (16)	1	»
Un clairon savoisien (16).................................	0	20
Cinq cléricaux civils et militaires (10)..............	6	»
Le club de la *Chaufferette* (14).........................	2	»
Le Saint-Hubert Club de Gontaud-sur-Chanaule (Lot-et-Garonne). Produit d'une collecte (16)..	5	»
Le club des « Pas-Méchants » (9).....................	3	50
Un cocher de maison bourgeoise (6)..................	0	60
Un cocher de l'Urbaine (1)...............................	1	»
Les cochers du 103, boulevard Hausmann (3)....	2	50
Un ex-Cochinchinois, à Caen (17).....................	1	05
Cœur de France, à Nogent-sur-Seine (11).........	1	»
Cœur fidèle (4)..	3	»
Le cœur d'une veuve, qui admire Mme Henry en la plaignant (3)...	2	»
Un cœur simple et bon de jeune fille pour le petit Henry (6)...	1	»
Garçon coiffeur et son collègue, à Sarlat (16)....	0	20
Collectes des mécaniciens de l'usine Tillon de Courrières (16)...	7	50
Collecte du cercle Jean-Bart, à Dunkerque (10)..	60	10
Collecte du café de la Comédie, à La Ferté-Gaucher (11)..	3	60
Collecte d'un petit groupe d'agents P.-L.-M. (13).	2	»
Collecte entre amis, M. et Mme Bugnet, M. et Mme Legros (2ᵉ envoi), M. et Mme J. G., M. P. M. (11)...	31	50
Collecte entre amis berguisiers tous travailleurs (14)..	10	»
Collecte entre amis rionnois (17)......................	5	»
Collecte entre six amis de Pontarlier (9)..........	3	»
Collecte faite par le syndicat des horlogers-bijoutiers d'Agen, réunis pour le banquet de St-Éloi (10)..	10	»

	Fr. c.
Collecte faite à Jeumont (Nord) (10)	1 70
Collecte faite à l'hôtel de l'Ange Gardien, à Saint-Germain-en-Laye (4)	2 50
Collecte faite à un dîner d'amis, à Mériville (9)..	37 50
Collecte faite à Paulin, envoyée par le service d'architecture (8)	23 »
Collecte faite au Palais de Glace (3)	1 »
Collecte faite dans une charge d'agents de change (5)	73 75
Collecte faite dans un établissement de Rouen (13)	14 »
Collecte faite entre plusieurs employés de Caen (11)	1 60
Collecte faite parmi les employés d'une maison confection (8)	10 »
Collecte faite par les noctambules du train de 12 h. 45 au café Loriot, gare de Vincennes (14).	1 05
Collecte faite parmi certains rédacteurs (14)	0 45
Collecte pour la veuve du colonel Henry faite à Sens à l'Epargne des travailleurs (9)...........	9 70
Un futur colonel, à Dijon, 15e division (16)	5 »
Un combattant de 1870 (7)	0 25
Un combattant de Buzenval (9)	1 »
Un vieux combattant de 1848 (15)	1 »
Un ancien combattant de 1870, à Alger (12)	5 »
Un combattant de Gravelotte (1)	2 »
Comité d'action électorale Justice-Egalité (4)	100 »
Comité de défense des intérêts de Saint-Ouen...	10 »
Comité provisoire de la Ligue des patriciens, à Marseille (9)	100 »
Un comité réuni à Jeumont (15)	0 50
Un 2e comité jeumontois (15)	0 45
Un commerçant (12)	2 »
Un autre (12)	0 50
Un autre (12)	0 50
Un autre (12)	1 »
Un autre (12)	0 50
Un commerçant (12)	2 »
Un commerçant (1er versement) (9)	5 »
Un commerçant artésien (12)	2 »
Un commerçant de Viroflay (14)	1 95
Un commerçant Franc-Comtois (11)	0 25
Un commerçant las de payer l'impôt (4)	1 »
De Commercy (Meuse) (9)	5 »
Un commis auxiliaire de Dunkerque (16)	1 »

	Fr.	c.
Un commis en quincaillerie, à Gien (8)........	0	50
Deux commis des Postes (13).................	2	»
Un communard de 1870 (16).................	0	45
Un compagnon (12).........................	0	50
Un risque-à-tout, coterie du précédent (12).....	0	50
Quatre compagnons terrassiers (6)............	2	»
Un compatriote de Dumas, à Villers-Cotterets (9)	1	»
Une petite cuisinière cauchoise (9).............	1	»
Un compatriote de l'ex-colonel Picquart (3).....	10	»
Deux compatriotes du colonel : Marcel et Pierre. « Revanche » pour leur petit camarade (6)....	1	50
Les complices de la 11ᵉ (3)....................	40	»
Un comptable de la classe 1878 (9)............	1	»
Un concierge victime du Panama (8)..........	1	»
Un condamné résistant de Chion-Ducollet (11)..	0	50
Un conducteur de bateaux à soupape (13)......	1	»
Un conducteur principal (9)	3	»
Un confectionneur de nouveautés du Nord (11).	0	80
Un conscrit (8)...............................	0	60
Un conscrit ariégeois fin de siècle (14)..........	0	20
Un conscrit de la classe 1898, à Nancy (11)	1	»
Deux conscrits de Périgord et d'Auvergne (10)..	10	»
Conservateur des Eaux et forêts en retraite (13).	5	»
Constantine-Sébastopol-Puebla-Extrême-Orient (17).....................................	5	»
Contre la canaille (8).........................	0	20
Contre le honteux régime (16)................	0	50
Un contremaître de l'arsenal, à Toulon (10).....	1	»
Un convaincu (13)............................	1	»
Convaincu que la liberté actuelle est une porte qui ne laisse passer que le mal (4)............	0	25
Ancien copain de Waldeck-Rousseau quand il faisait partie à Poitiers de la pension Vazelle dite des Fossiles et de la Société de Saint-Vincent-de-Paul à la cure de Saint-Porchaire (13)......	3	»
1ᵉʳ Coppin (7).................................	1	»
2ᵉ Coppin (7).................................	1	»
3ᵉ Coppin (7).................................	1	»
Un Corbéen étonné du silence de ses pays (10)..	2	»
Un cordonnier à muscles solides (16)...........	0	60
Un cordier marseillais (11)....................	0	50
Une corniche Lorraine (12)....................	20	»
Un correcteur sans emploi et ses sept enfants (10).	2	»
Un corsaire breton prêt au branle-bas du com-		

	Fr.	c.
bat (6)	1	50
Un Corse (14)	1	»
Un Corse (8)	2	»
Un Corse, à Bordeaux (14)	0	50
Un Corse habitant Marseille (14)	0	50
Cotisation de quatre larbins (9)	8	»
Le coupeur (10)	5	»
Un coureur bicycliste (12)	1	05
Un Coursanais à une patriote (7)	10	»
Un courtier de commerce, à Caen (7)	5	»
Une créole de l'île Bourbon (6)	2	»
Deux petites Creusoises et un petit Creusois (8)	2	»
Le crocodile de Montmerle, à Lyon (7)	0	50
Pour le croquemort de Bourges (9)	1	»
Un cuisinier (8)	0	60
Un apprenti cuisinier (16)	0	50
Une cuisinière (7)	0	50
Une cuisinière (9)	1	»
Une cuisinière (12)	1	»
Une cuisinière (7)	2	»
Une cuisinière de la rue Babylone (4)	0	30
Une cuisinière, native de Villersexel (7)	0	50
Un groupe de cuisinier et garçons (9)	0	15
Une vieille culotte de peau (10)	10	»
Un cultivateur breton (16)	0	15
Un cultivateur corrézien (12)	1	»
Cultivateur de Beauce (9)	1	»
Un cycliste d'Aurax (17)	1	»
Un cycliste membre du Touring-Club de France (4)	0	50
Un cycliste qui engage les pédalards et bécanards à ne plus lire le V., journal de sport (4)	1	»
La plus vieille dame de Cany (10)	5	»
Un groupe de dames de Sanary (8)	73	»
Danjoutins et alsaciens (10)	2	»
Un anc. défens. de la Patrie à Sarlat (16)	0	25
Un défenseur de l'armée (3)	5	»
Un défenseur de Toul, à Thiaucourt (16)	0	50
Un défenseur de Paris (7)	2	»
Un délégué cantonal du XVIIIᵉ arr. (8)	1	»
Trois démissionnaires du Touring-Club, leur cotisation de 1899 (17)	15	»
Trois démocrates chrétiens pas riches (12)	0	75
Groupe de démocrates chrétiens de Rosendaël (10)	5	10
Une demoiselle de 1817 (7)	5	»

	Fr. c.
Trois demoiselles de boutique qui envoient à la veuve Her y leur témoignage de sympathie (14)	0 75
Les quatre demoiselles de la section agence de Paris aux Fonds publics (4)	0 50
Un dépositaire de la *Vérité Vichyssoise*, à Vichy (6)	2 »
Les descendants de Marceau, à Château-Thierry (16)	10 »
Un déserteur prussien en souvenir du Nachexercieren (6)	1 25
Trois dessinateurs, un traceur, un chef d'atelier, à Nancy (8)	3 »
Deux de Besançon (6)	5 »
Un deuxième : assez de comédie (17)	0 50
Un dévalisé par les panamistes (7)	5 »
Un dévoué à la magistrature (14)	0 25
Un pauvre diab'e de Saint-Dié (12)	2 »
Un Dieppois (11)	2 »
L'ancien Dieu vit encore (6)	0 50
Dieu nous préserve du sort de la Pologne! (12)	1 05
Un Dignois, à Digne (7)	0 50
Un Dignois, à Digne (17)	2 »
Un Dignois qui regrette de ne pouvoir verser davantage (7)	0 50
Dijon (9)	10 »
De Dijon, 7 personnes (9)	14 »
Un Dijonnais ouvrier de la dernière heure (16)	1 20
Un domestique (12)	0 75
Un domestique, (2e envoi) (14)	0 75
Une domestique de l'Oise (9)	1 »
Pauvre domestique (9)	0 50
Domestiques de l'entresol de la rue de Madrid (14)	0 50
Un groupe de domestiques de l'entresol de la rue Saint-Dominique (6)	2 »
Un dompteur de singes (9)	1 »
Une dorade de Bourgogne (9)	0 50
Un Douaisien, à Littry (14)	1 »
Un Douarneneiste de passage à Paris (14)	2 »
Un Douarnenniste (5)	5 »
Un futur dragon, à Thiaumont (16)	0 50
Un ex-drapier lillois (12)	1 »
Sa fille et son fils (12)	1 »
Trois Drilings (14)	0 30
Un groupe de droguistes agenais, à Paris (9)	2 50

Le druide (5)	2 »
Un ébéniste, habitué du Café de l'Univers à Vichy	2 »
Un Ebroïcien (10)	1 »
Un écœuré (8)	2 »
Un écœuré (17)	2 »
Un écœuré (7)	5 »
Un écœuré (6)	10 »
Un écœuré de l'affaire à Montreuil-Bellay (6)....	5 »
D'Elbeuf (9).................	2 »
Un Elbeuvien (12).................	10 »
Un électeur, au *Réveil du département de l'Aisne* : Que le député Fournière aille donc à Berlin lécher l'or et les bottes des Prussiens (3)...	0 50
Un électeur beaunois contre Ricard (10)..........	1 »
Un électeur de Bercy, peu fier d'être représenté par C.. dans un conseil municipal qui s'occupe beaucoup trop de politique et pas assez des affaires (6).................	0 50
Un électeur de Bourgeois qui ne votera plus pour lui, à Châlons-sur-Marne (6).............	2 50
Un électeur de Châlons-sur-Marne (12)	0 50
Un électeur de Javel (17).................	0 25
Un électeur de Mantes, étonné, attend la souscription de M. Lebaudy, son député (12(......	2 »
Un électeur de M. Bourgeois (6).................	10 »
Un électeur de M. Massabuau, député (16)........	0 60
Un électeur de M. Poincaré, blâme à un traître (6)	0 50
Un électeur de Nantes, en attendant la souscription de son député (11)	1 05
Un électeur dieppois (6).................	10 »
Un électeur du quinzième arrondissement (17) ..	6 25
Un électeur du 19e qui ne votera plus pour Clovis Hugues (10).................	2 »
Un électeur libre du canton de Moustiers (17)...	0 50
Un électeur parisien, révolté de toutes les infamies actuelles ( ).................	1 »
Un électeur représenté par le citoyen Bénézech (17)	5 »
Un électeur républicain de la Loire (16)......	2 »
Deux électeurs de Boussac (Creuse) (13).........	0 50
Quatre électeurs châlonnais (11)	1 »
Quatre cents électeurs de Romans (Drôme), à raison d'un sou par tête (4)........	20 »
Un petit électricien, à Montpellier (5)............	1 »

	Fr. c.
Une ancienne élève de la Légion d'honneur, fille et sœur de militaires (5)	1 »
Un groupe d'Elusates (16)	14 36
En mémoire de mon fils unique mort au Soudan (10)	3 »
Un groupe de petits employés d'Aigrefeuille d'Aunis (9)	2 »
Un employé de chemin de fer (6)	1 »
Un employé des chemins de fer de l'Etat (10)	2 »
Un employé des chemins de fer (9)	0 50
Un employé de chemin de fer, à Château-Gontier (11)	0 45
Un petit employé de Constantine (10)	1 »
Un employé de cuirs de la maison Foubert et Savary (7)	1 »
Un employé de la guerre (6)	10 »
Un employé de Nancy (13)	1 »
Un employé de la compagnie Singer (14)	0 75
Un employé de la Trésorerie générale (8)	0 50
Un employé des magasins de confection à Saint-Joseph (9)	2 »
Un petit employé du ministère (4)	0 50
Employée dans la couture rue de la Paix (10)	5 »
Obole d'un employé Marseillais (9)	2 »
Un employé, à Nice (14)	2 »
Un petit employé poitevin (12)	0 10
Un petit groupe d'employés. Contrôle commun des chemins de fer français (5)	7 50
Sept employés aux écritures de la maison L. et Cie (5)	2 75
Un groupe d'employés d'assurances au Mans (9)	3 »
Deux employés de banque (10)	5 »
Protestation d'un groupe d'employés de Banque (6)	20 90
Deux employés de bureaux, à Paris (4)	2 »
Un groupe d'employés de chemin de fer (2)	7 »
Un groupe de modestes employés de commerce de Chalon-sur-Saône (6)	5 65
Cinq employés de commerce de la Fére, anciens militaires (17)	5 »
Deux employés de Cognac (8)	1 »
Un groupe d'employés de la Compagnie des Mines de Blanzy, à Monceau-les-Mines (5)	50 »
Trois employés de la Cie d'Orléans (3)	4 »

	Fr. c.
Les employés de la maison Aubry et Cie, à Mirecourt (15).............	2 50
Les employés de la maison Eugène Passé (3).....	7 »
Groupe d'employés de la rue de Sèze (10).......	7 »
Un groupe d'employés de la Société générale, 54, rue de Provence (4).............	10 50
Quatre employés de la voie P. O. (4)............	3 »
Un groupe de dix-sept employés de l'Etat (4)....	16 50
Un groupe d'employés de l'usine Gillet (7)......	4 »
Deux employés de P.-L.-M. à Paris (9).........	2 »
Un groupe d'employés de l'Ouest (7)............	1 »
Des employés des chemins de fer de l'Etat, à Tours (6).............	2 10
Groupe d'employés du P.-L.-M., à Vaucluse (10).	4 »
Trois employés du chemin de fer de l'Ouest (5)...	1 50
Deux employés du ministre de la marine (4).....	1 05
Sept employés d'une grande administration parisienne (12).............	1 25
Un groupe de cinquante-trois employés d'une grande administration parisienne (5).........	23 50
Un groupe d'employés d'une maison de commerce de Bordeaux (12).............	21 »
Cinq employés d'un journal qui n'est pas la *Fronde* (11).............	5 »
Un groupe de petits employés du P.-L.-M. (9)..	2 »
Trois employés du Printemps (4)................	2 »
Des employés d'une maison de Dijon (10)	8 »
Eugène, Eva, Emile, Parisot, Chaussoin, Edmond, Fruck, Georges, Joseph et Edouard, modestes employés (2).............	10 »
Un groupe d'employés français de la Bourse de Bruxelles (9).............	30 »
Trois employés pour la lutte contre les auteurs du krach (4)	5 »
Employé d'une maison de coulisse (4)	6 50
Employé à 200 francs par mois, anc. sous-préfet (3)	1 »
Employé de chemin de fer et sa femme, à Tarbes (9).............	2 »
Un employé de la Compagnie d'Orléans et sa famille (5).............	7 »
Un employé depuis 6 ans à la Bourse de Marseille (13)	1 »
Un ex-employé d'octroi de Nantes (6)...........	1 »

	Fr.	c.
Un employé de commerce de Saint-Etienne (11)	0	50
Un employé du Bon Marché (5)	1	»
Un employé du Crédit Industriel (12)	0	50
Un employé du Crédit Lyonnais pour la veuve et l'orphelin lâchement insultés (2)	5	»
Un petit employé (6)	0	50
Deux employés de l'octroi de Paris, de l'ancienne armée (8)	2	»
Deux modestes employés (4)	1	50
Deux employés du chemin de fer. S. E., C. O. (10)	2	»
Groupe d'employés de chemins de fer, à Châlons (12)	1	50
Un groupe d'employés d'assurances (9)	5	60
Groupe d'employés avranchinais (9)	5	»
Un groupe d'employés civils du ministère de la guerre (4)	3	»
Groupe d'employés de banque, à Bordeaux (12)	4	25
Un groupe d'employés de la nouveauté (rive gauche) (11)	11	60
Un groupe d'employés de l'Est (3)	6	50
Un groupe d'employés des contrib. indirect. (16)	2	»
Un groupe d'employés d'une administration de Saint-Etienne (5)	25	25
Un groupe d'employés d'une grande compagnie de chemins de fer (collecte) (3)	18	»
Un groupe d'employés du personnel des agents du commissariat de la marine à Cherbourg (14)	2	50
Groupe d'employés : Justice! Patrie! (3)	20	»
Groupe d'employés, à Marseille (11)	2	05
Un groupe de petits employés du 10e arrondissesement (10)	15	75
Un enfant de la muette et sa famille, à Vesoul (16)	2	»
Un enfant de l'armée, à Toul (16)	2	»
Un enfant de Saint François d'Assise (1)	1	»
Un enfant de troupe (3)	2	»
Un enfant de Vergèze, à Maureilhan (16)	0	»
Un enfant du Comtat Venaissin (16)	1	»
Un enfant du peuple Français (10)	1	»
Une enfant née en 1870, sa sœur, son père et son fils (17)	3	»
Un enfant de Jean-Bart (16)	1	05
L'enfant du Gros-Caillou (11)	0	50
Au nom de trois enfants (8)	5	»

	Fr.	c.
Deux enfants habitant Pont, dont le père est compatriote de Mme Henry (16)	5	»
Trois petits enfants de la route de Poitiers (10)..	2	»
Les six enfants d'un officier supérieur (11)	2	»
Les petits enfants d'un général de la 1re République (6)....................................	40	»
Un engagé de 1870 (9)............................	1	»
Un ennemi de l'anarchie actuelle (7)	1	»
Un ennemi de la corruption. A bientôt le coup de balai (7)....................................	2	»
Un ennemi des lâches (6)........................	1	»
Un ennemi de Toutée, juge président (11)	1	»
L'ennemi d'un régime qui baisse le drapeau devant les sommations de l'étranger (5).........	5	»
Un ennemi du gouvernement actuel (8)...........	10	»
Entre amis de Ille-sur-Tet (10)	11	50
Un entrepreneur lillois (14)	1	»
Envoi de deux pauvres petits employés indignés (8)..	1	»
Envoi de trois petits garçons au petit Henry (6).	5	»
Un épicier, ancien secrétaire à la 21e section d'infirmerie militaire (14).........................	0	50
Un épicier de Nancy (16)........................	2	»
Un épicier, ex-sous-officier de l'armée (14)......	1	»
Un épicier, sa femme et ses enfants (14)........	3	»
Un commis épicier (14)..........................	0	50
Un commis épicier (7)...........................	0	25
Un commis épicier de chez Potin (6)............	1	»
Un épurateur d'huiles de Rouen (8).............	2	»
Un équarisseur (9)..............................	1	»
La forte équipe de Boulogne-sur-Mer (6)	12	»
Un ex-esclave de l'Etat impie (14)	1	»
Etonné que *La Libre Parole* ne publie pas une interview du capitaine Lebrun-Renaud (4)....	0	25
Etrennes d'un bébé, à Digne (17)................	0	50
Un exploité, au nom de son petit Pierre (dix-huit-mois) (9)..................................	0	50
Un exploité des postes qui souhaite le coup de balai (14).....................................	1	»
Un fabricant de soufflets (16)....................	0	25
Un facteur de Brunoy (5)........................	0	50
Faire pour les autres comme on voudrait qu'il vous soit fait en même occasion. Tertullien (6).	2	»
Une famille alsacienne (3).......................	10	»

	Fr.	c.
Une famille d'honnêtes forgerons (14)	5	»
Une famille bayonnaise (9)	5	»
Une famille belforaine (4)	5	»
Une famille berrichonne, ennemie des traîtres (8)	1	»
Une famille d'artiste, trop nombreuse pour donner plus (12)	0	50
Une famille catholique, à Canteleu-Lambersart (16)	1	»
Une famille catholique d'Alfortville (2)	5	»
Une famille de Buzançais (Indre) (8)	10	»
Une famille de cinq personnes (16)	5	»
Famille de frotteurs, cinq personnes (9)	2	50
Famille dijonnaise (11)	10	»
Une famille d'ouvriers (7)	6	»
Une famille de Maisons-Laffitte (7)	5	»
Une famille de Mortagne (11)	1	»
Une famille de Neuilly (10)	10	»
Une famille d'officier de marine (9)	12	»
Une famille d'ouvriers honnêtes victimes du Panama (17)	3	»
Une famille française (2)	30	»
Une famille militaire (10)	5	»
Une famille originaire de Châteaudun, qui n'aime pas les lâches (10)	0	50
Une famille stéphanoise (17)	1	»
Femmes de ménages (5)	0	25
Femme de soldat (11)	5	»
Femme d'officier (12)	5	»
Femme d'un franc-maçon et mère d'un officier de réserve (5)	5	»
Femme d'un officier d'artillerie et sa fille, à Falaise (8)	12	»
Femme et enfants d'officier (4)	5	»
Femme et mère d'officiers (8)	5	»
Femme, fille et petite-fille d'officiers (5)	5	»
La femme d'un brave soldat de 1870 (7)	0	50
La femme d'un capitaine d'artillerie, à Toul (7)	10	»
La femme d'un combattant (17)	0	50
La femme d'un général (4)	20	»
La femme d'un juge au tribunal de première instance (16)	1	02
La femme d'un officier d'artillerie (5)	5	»
La femme d'un officier de dragons (5)	5	»
La femme d'un officier général de l'Est et mère		

	Fr.	c.
de deux fils officiers (10)....................	5	»
La femme d'un officier pauvre qui s'étonne de ne pas voir le ministre de la guerre en tête de la première liste (2)....................	2	»
La femme d'un officier supérieur de cavalerie en retraite (4)....................	5	»
La femme d'un patriote (4)....................	1	»
La femme d'un professeur alsacien (5).........	2	»
La femme d'un vétérinaire militaire (17)......	2	»
Une femme de Metz (5)....................	100	»
Une femme d'officier (5)....................	5	»
Une femme d'officier (1)....................	10	»
Une femme d'officier (5)....................	10	»
Une femme d'officier (3)....................	10	»
Une femme d'officier (1)....................	20	»
Une femme d'officier (2)....................	20	»
Une femme d'officier (2)....................	20	»
Une femme d'officier (6)....................	50	»
Une femme d'officier (2)....................	100	»
Une femme d'officier alsacienne (14)..........	1	»
Une femme d'officier, à Mézières (10).........	4	50
Une femme d'officier, à Montauban (6)........	5	»
Une femme d'officier, à Toul (5)..............	5	»
Une femme d'officier, à Toulouse (9)..........	5	»
Une femme d'officier d'artillerie (8)...........	10	»
Une femme d'officier de marine (1)............	100	»
Une femme d'officier d'état-major (3)..........	10	»
Une femme d'officier général (9)..............	10	»
Une femme d'officier, à Laval (5).............	10	»
Une femme d'officier pauvre (7)...............	2	»
Une femme d'officier, plus 2 francs et le petit Marc (7)....................	8	»
Une femme d'officier protestante (5)...........	20	»
Une femme d'officier, qui voudrait être riche, pour envoyer davantage (2)....................	5	»
Une femme d'officier, Saumur (14)............	5	»
Une femme d'officier, à St-Dié (Vosges).......	5	»
Une femme d'officier supérieur de cavalerie du 20e corps (9)....................	20	»
Une femme et une fille d'officier pauvre (5).....	1	20
Une femme d'officier de marine (5)............	5	»
La femme d'un lieutenant-colonel d'infanterie (6)	5	»
La femme d'un spahi soudanais (8)............	5	»
La femme et les filles d'un capitaine de cuiras-		

	Fr.	c.
siers (6)	20	»
Une jeune femme veuve d'un officier (5)	5	»
Une honnête femme contre celles de la *Fronde* (12)	2	»
Une pauvre femme et sa fille, à Hyères (7)	0	25
Une pauvre femme, fille et petite-fille de soldats (4)	1	»
Une femme qui n'a pas connu les joies de la maternité (6)	2	»
Un groupe de femmes célibataires (14)	32	»
Les femmes d'officiers de la garnison de Magnac-Laval (8)	10	»
Les femmes journalistes qu'on disent-elles? (4)	0	50
Une femme du peuple gagnant sa vie à la sueur de son front (9)	0	90
Un fermier de Seine-et-Oise (16)	5	»
La petite fiancée d'un lieutenant de chasseurs à pied (12)	2	»
Un titre de Dornant (5)	1	»
Un figaro, à Maureilhan (16)	0	»
Fille de colonel et femme de lieutenant (8)	3	»
Fille de soldat (3)	8	»
Fille d'officier (11)	1	»
Fille d'un ancien officier et sœur d'un sous-officier d'artillerie (5)	5	»
Fille et femme d'officiers (11)	1	»
Fille et femmes d'officiers (7)	1	»
Fille et petite fille d'un carabinier (5)	1	»
Une fille d'officier, à Thiaucourt (16)	0	50
La fille d'un ancien dragon (3)	2	»
Fille d'un ancien soldat, femme d'un universitaire (4)	1	50
La fille d'un ancien sous-officier blessé sur le champ de bataille, à Lyon (5)	5	»
La fille d'un lieutenant-colonel d'artillerie (10)	5	»
La fille d'un officier supérieur en retraite (7)	5	»
La fille d'un sergent au 15e léger, grand'mère d'un lieutenant d'infanterie (4)	5	»
Les filles d'un soldat du premier Empire (16)	5	»
Une fille de marin (1)	10	»
Une fille et femme d'officier (4)	10	»
Une fille sœur et tante de militaires (9)	2	»
Jeune fille (9)	2	»
Une jeune fille rouennaise (8)	2	»
Deux jeunes filles du Patronage d'Athis-Mons (16)	2	»
La fille d'un général (4)	5	»

	Fr.	c.
La petite fille d'un officier pauvre (8)............	0	25
Fille, petite-fille et veuve d'un officier supérieur.	10	»
Une vieille fille pauvre (3).....................	2	»
Six jeunes filles (13)...........................	1	»
Une fillette (2).................................	0	50
Fille d'un ancien magistrat algérien (16)........	3	»
Le fils d'un capitaine du 3ᵉ chasseurs d'Afrique tombé à Sedan (6).............................	0	50
Le fils d'un chef d'escadrons d'artillerie en retraite (8)..	3	»
Fils de charpentier, qui fournira à l'œil, la troussure nécessaire, à Vichy.........................	2	»
Le fils d'un ancien officier de cuirassiers de l'ex-garde royale (11)..............................	10	»
Un fils d'officier (2)............................	5	»
Un fils d'officier, 9 ans, André (5)..............	5	»
De la part d'un fils d'officier (5)...............	10	»
Un fils de républicain de 48, écœuré de la République de 98 (17)................................	2	»
Un fils de soldat (12)...........................	10	»
Un fils de soldat (3)............................	5	»
Deux Fléchois (6)...............................	2	»
Un flandrin (11)................................	0	50
Un fonctionnaire (14)...........................	1	»
Un fonctionnaire (3)............................	10	»
Un fonctionnaire (2)............................	10	»
De la part d'un fonctionnaire (8)................	3	»
Un fonctionnaire de St-Flour (10)................	5	»
Un fonctionnaire français, républicain de la vieille école (8)................................	10	»
Un modeste fonctionnaire (16)...................	7	»
Un fonctionnaire obligé de garder l'anonyme par crainte de révocation (9)........................	10	»
Un modeste fonctionnaire qui a servi au 2ᵉ zouaves (15)....................................	1	»
Petit fonctionnaire de Châlons (10)..............	2	»
Un petit fonctionnaire en retraite (6)............	1	»
Un petit fonctionnaire mâconnais, 1,000 fr. par an, ex-sergent-major (3)........................	0	50
Un fonctionnaire pauvre qui ne peut pas signer (10)	0	60
Un fonctionnaire qui a soupé du régime franc-maçon (12).....................................	0	45
Un fonctionnaire qui ne peut signer (13).........	1	05
Un fonctionnaire victime d'un ancien préfet bon		

	Fr.	c
à tout faire, qui à cause de cela a été nommé préfet honoraire (16)...............................	10	»
Un vieux fonctionnaire qui n'ose pas signer, à Paris (1)..	20	»
Un forestier (13).................................	5	»
Un forestier (16).................................	5	»
Un forestier vosgien de la frontière (5)...........	5	»
Un Forézien. A bas les Panamistes et leur défenseur Waldeck (6).................................	1	»
Cinq forgerons de Renaze (Isère) (6)..............	5	»
Un franc comtois (10)............................	1	05
Un franc-comtois (3).............................	6	»
Un franc-comtois, à Saint-Malo (9)...............	5	»
Un franc-maçon du rite algérien (9)..............	0	50
Un franc-maçon indépendant, qui connaît les dessous de l'affaire (5)............................	3	50
Un franc-maçon, pour affirmer que la moitié de ses frères ne sont pas dreyfusards (6)...........	5	»
Un ancien franc-tireur, à Nancy (14)..............	1	»
Deux frères, l'un industriel, l'autre officier de chasseurs à pied (9).............................	10	»
Les cinq petits frères (5)..........................	5	»
Un frère et une sœur à Cannes (16)................	5	»
Le frère d'un marin tué en 1870 (8)................	5	»
Le frère d'un spahi soudanais (9)..................	5	»
Le frère d'un dragon à Compiègne (3)..............	0	50
Frère de cinq officiers, à Besançon (9)............	1	»
Gagné au piquet à un dreyfusard (11).............	1	»
Gagnés à la manille à quelques patriotes récalcitrants (9).......................................	2	»
Gagné en deux parties de piquet dans un café de B.amont (12)...................................	1	»
Un gagne-petit (4)................................	0	25
Un Garcia : Moreno pour roi, Dieu pour maître ! (9)	1	»
Un garçon de bureau du Parlement (4)............	2	»
De la part du petit garçon d'un officier de cavalerie (11).......................................	2	»
Un pauvre garçon de recette (7)..................	1	»
Un garçon de recettes (9).........................	1	»
Un garçon d'office (8)............................	1	»
Le petit garçon d'un médecin-major (6)...........	5	»
Groupe de garçons de café (9)....................	6	»
Groupe de garçons limonadiers, électeurs de Chauvière (16).................................	1	50

	Fr. c.
Deux gardes, dont un enfant de Gravelotte (17)..	1 05
Un gas de Clazay (12).................	0 50
Deux gas normands (6)................	1 »
Un gas du Mans (9)...................	1 »
Un gascon et un Blavais (9)............	2 »
Deux gascons (12).....................	10 »
Un pauvre gémellois, père de quatre enfants, dont deux sous officiers (14).....................	1 »
Les gens de Malebrune (10)............	20 »
Un gentilhomme pauvre, 3 fr.; toutes les petites économies de ses enfants, 2 fr.............	5 »
Un gentilhomme pauvre. Ex-actionnaire (6)....	1 »
Des gosses de Ville-d'Avray (12).........	0 60
Une goutte d'eau (9)...................	1 »
Le gouvernement que fait-il? (10)........	2 »
Un goy pur sang de la vraie Bretagne (8)......	1 »
Un vieux goy de Bayonne (16)..........	5 »
La grand'mère d'un lieut. d'infanterie.V.D. (10)	10 »
Une grand'mère au nom de ses enfants (12)....	20 »
Une grand'mère et son petit fils (14)......	0 50
La grand'mère du petit Roger (11)........	5 »
Deux Grassois (12)....................	1 »
Un Grenoblois (16)....................	1 50
Club des Grincheux, à Lille, 1re liste : La Goupille, Casquette, Leroux, H. Abotri, Schmet (Ch.), Moethold, Commandeur, Vieux-Fer, Plutin Lejeune, Bon-Esprit, Fwndator, Director (9)...	14 »
Un Girondin (9)......................	0 50
Le groom de l'Union des Yachts français (4)....	0 50
Un groupe de charmantes filles qu'on appelle à Reims : « le matériel à Caen »................	1 »
Un groupe de commis d'agents de change (3)....	25 »
Un groupe de commis de Bourse (2)............	33 50
Un groupe de gens de maison (11).............	3 »
Un groupe de toulonnais déjà portés pour 1 fr. 35 (14)...................................	133 65
Un guêpin d'Orléans...................	2 »
Guignol (4)..........................	1 »
Un guillotin (16).....................	0 40
Habitant de Mortefontaine (13)..........	4 »
Habitant de Peyrillac, à Sarlat (16)............	1 »
Un habitant, à Bourges (5)....................	2 »
Habitant de la rue Charles III, dit Nancy (9)....	4 »
Un habitant de la rue Longue, à Rouen (10).....	0 50

	Fr.	c
Un habitant de Barentin (11)....................	2	10
Un habitant du Mans de passage à Paris (9).....	0	50
Un habitant du pays de Jeanne d'Arc (8)........	1	»
Un habitant du 4ᵉ (9)...........................	5	»
Des habitants de Ville-d'Avray. Pas fiers de leur maire (8).......................................	1	»
Un habitant de Fitz-James et sa bonne Estelle (11)...	2	50
Deux habitants de Beleck-Kerhuon (9)...........	2	10
Cinq habitants de Béthune (7)..................	8	»
Cinq habitants de Saint-Mihiel (4)..............	10	»
Un groupe d'habitants de Coulommiers (4)......	20	»
Des habitués civils et autres du café de l'Univers, à Montélimar (2ᵉ versement) (14)................	11	50
Habitués du café Lepage, à Vouziers.............	5	»
Le Havre. Un soufflet de plus (10)..............	1	05
Hé! la Durand de la *Fronde!* (16)..............	1	»
Une hivernante, à Nice (16).....................	5	»
Une hivernante de Nice (17).....................	5	»
Un homme de bois, à Montélimar (8)............	5	»
Un homme dur, à Versailles (6).................	1	»
Un ex-homme d'équipe à la Cie d'Orléans (4)...	1	»
Un honnête homme qui en a assez (17).........	0	50
Un pauvre homme de Bouléno dou pieu ouri (16).	0	25
Un homme sympathique au malheur (7).........	2	»
Le vieil homme de Rueil (12)...................	5	»
Dix hommes de peine (14)......................	1	»
Souscription d'un hôpital libre de la banlieue de Paris : 1 malade, 1 fr.; 51 malades, chacun 0 fr. 10, 5 fr. 10; l'aumônier, 5 fr.; l'aumônier auxiliaire, 1 fr; l'interne, 2 fr.; 2 externes, chacun 1 fr., 2 fr. (15)..........................	16	10
Hôtel St-Denis, 7, rue de la Cressonnerie (4)....	7	50
Un houilleur du pays des gagas (11)............	1	05
Un honnête homme honteux d'être gouverné par semblable clique ! (10).........................	1	»
Sympathique hommage d'une famille protestante (8)..	2	»
Un horloger de Besançon (12)..................	1	05
Un Huguenot (2)...............................	3	»
Trois humbles pour la défense des faibles (4)...	3	»
Il faut qu'il soit bien compromis pour ne pas agir (14)..	1	»
Illisible (9)....................................	1	05

	Fr.	c.
Illisible, encre bleue (3)...............................	10	»
Un groupe d'imprimeurs de Clichy : Ea.., He.., Al. Paul (4)...............................	2	»
Un 2ᵉ groupe d'imprimeurs de Clichy, Eug. Maur, Em. Aug. François, Paul, Rob. Stéph. A. W. (5)	2	»
Une inconnue (6)...............................	1	»
Un indifférent enragé (3)...............................	100	»
Un indigné (4)...............................	2	»
Un indigné de Paris (3)...............................	10	»
Un industriel (9)...............................	5	»
Un industriel (2)...............................	20	»
Un industriel de la Villette (3)...............................	10	»
Un industriel de St-Chamond, anc. sous-officier du 8ᵉ hussards (11)...............................	3	»
Un industriel d'Orléans (3)...............................	1	»
Deux inséparables de l'Hôtel de Ville (9)........	5	»
Un inventeur et sa femme (9)...............................	5	»
Le Jacquemart de Saint-Alain (16)...............................	3	»
Jacques et Jean (7)...............................	5	»
J'ai de la foi (5)...............................	10	»
Un illisible de Narbonne (7)...............................	10	»
Un illisible de Villey-Sère-Nicole (10)............	10	»
Je me passe de déjeuner pour vous envoyer l'obole d'un malheureux (4)...............................	0	25
Je voudrais pouvoir faire davantage (6).........	5	»
Un jardinier (14)...............................	1	»
Du petit Jésus au petit Henry (13)...............	1	»
Jeune aide de postes (9)...............................	1	»
Une jeune fille (7)...............................	2	»
Journée d'un pauvre (14)...............................	1	»
Une journée de pension de veuve d'officier supérieur de Madagascar. Vive H. Galli ! Vive Maurice Talmeyr ! Vive le généreux anonyme ! (6)......	4	50
Quatre journées de pioupious, à Grenoble (8)....	0	60
Un jurassien (8)...............................	2	»
La justice de Saint-Louis (10)...............................	0	50
Deux lanterniers (16)...............................	0	50
Un laonnois (6)...............................	2	»
Deux lascars auvergnats (16)...............................	1	»
Un lecteur de l'article : « Ce que disent les chiffres » (17)...............................	2	»
Un lecteur du *Petit Provençal*, à Digne (17)......	0	15
Une lectrice émue de l'appel aux braves gens (3).	20	»
Une lectrice suffoquée par l'article de Mirbeau (10)	2	»

Un Levalloisien (11)............................	1 »
Trois lexoviens (8).............................	3 »
Un libraire normand (9).........................	2 »
Un libre-penseur (7)............................	1 »
Un libre-penseur................................	2 »
Un libre-penseur (7)............................	1 »
Un deuxième libre-penseur (7)...................	1 »
Un troisième libre-penseur (7)..................	1 »
Un libre-penseur antiprotestant (5).............	5 »
Un ligueur (3)..................................	5 »
Un ligueur, ex-porte-drapeau (14)...............	3 »
Un lillois (9)..................................	2 »
Un limousin (5).................................	0 50
Un limousin, à Tarbes (11)......................	0 50
Une limousine, institutrice, à Alger (17).......	5 »
Deux limousins. Un parrain et sa filleule (10)..	2 »
Une liste de souscription presque illisible (10)..	1 05
Une loche (9)...................................	0 50
Deux lodevois (14)..............................	20 »
Un longjumellois (17)...........................	1 »
Un lorrain......................................	1 20
Un lorrain annexé (3)...........................	10 »
Un lorrain annexé, engagé volontaire de 1870 (12)..	2 »
Un lorrain annexé habitant Bayonne. Saluts fraternels à la veuve et à l'enfant (11)............	2 »
Un lorrain, pour l'abrogation du décret Crémieux (14)..	0 50
Un lorrain annexé, sans place (7)...............	0 15
Souvenir d'un lorrain (13)......................	1 »
Deux lorrains (6)...............................	1 »
Une lorraine (3)................................	1 »
Une lorraine (9)................................	5 »
Une lorraine de Pont-à-Mousson (4)..............	5 »
Une lorraine de Saint-Dié (10)..................	1 »
Une lorraine et ses quatre enfants (11).........	4 »
Une jeune lorraine (13).........................	2 »
Une lorraine, mère d'officier (6)...............	30 »
Une lorraine qui verse pour réparer l'oubli de Félix (11).......................................	1 »
Cinq loudéaciens, partisans de la lumière, de la vérité, de la justice et de la paix (5)...........	15 »
Louis, 0 fr. 40; Paul, 0.50; Auguste, 0.10; Joseph, 0.10; Félix, 0.50; Gabriel, 0.50. Tous boulo-	

	Fr. c.
manes. Leurs parents, 0,40; leurs sœurs, 0,45; Jean et ses sœurs, 0,45 (17)......................	2 30
Le loup de mer (11)...............................	0 50
Quatre loufiats, un garçon d'office et un sommelier (11)..	3 »
Un luchonnais (11)................................	1 »
Une luçonnaise (11)..............................	1 »
Lugdunum Lutetia (9).............................	1 »
Un luxembourgeois naturalisé français (6)......	5 »
Lyon. Pour acheter un balai (9)..................	0 50
Un lyonnais (4)....................................	5 »
Un lyonnais antidreyfusard (17)..................	5 »
Un lyonnais en souvenir des haricots, à Lyon (7)	1 »
Un lyonnais velu, à Lyon (7)......................	2 »
Deux lyonnais (17)................................	2 »
Deux lyonnais, un Parisien et un Champenois (12)	4 »
Trois lyonnais des Terreaux (3)..................	10 »
Cinq lyonnais patriotes (10)......................	5 »
Un groupe de lyonnais et d'alsaciens (7)........	10 »
Une vieille lyonnaise, fille d'un porte-étendard aux brigands de la Loire (16)..................	3 »
Un maçon (10).....................................	5 »
Un mâconnais antiradical (8).....................	1 50
Un magnytais (10).................................	2 »
Un de la Maison-Carrée (9).......................	1 »
Maisons-Laffitte et Condorcet (3)................	10 »
Un maître d'hôtel antidreyfusard, un négociant en épicerie et un groupe de voyageurs, à Loué (16)	6 »
Un maître d'hôtel; un chef de cuisine, à Bourges (9)..	1 »
Une salle de malades d'un hôpital du 5ᵉ (11).....	1 35
Un malheureux, à Marseille (13)..................	0 10
Un malheureux ruiné par l'escroc Alb. Mayer (10)...	1 »
Une maman et son fils, à Épinal (11).............	1 50
Une future maman (5).............................	1 »
Un manceau. A bas Urbain Gohier! Vive Julien de Lagonde! (6).................................	0 50
Un manceau pour envoyer Coco-bel-œil à l'île du Diable (13)..	1 »
Quatre petits manceaux et leur maman envoient leur modeste obole et promettent le secours de leurs prières (6).................................	1 »
Une mancelle de la rue Montoise, au Mans (14)..	0 25

	Fr.	c.
Un manifestant qui passe (6)	1	»
Un manifestant du 3 juillet 1897, à Digne (17)	0	25
Un manifestant du 2 octobre (5)	0	50
Les sept manilleurs du café de Marseille (14)	1	75
Groupe de manilleurs de Cholet (12)	5	»
Les manilleurs du mardi (9)	6	»
Les manilleurs du café de la Comédie, à Sedan (11)	8	»
Un simple manouvrier cordier (12)	0	10
Deux mansquais patriotes (11)	1	»
Un marchand de couleurs (8)	1	»
Un marchand de nougat (8)	0	20
Un marchand de vins (8)	1	»
Un marchand de vins catholique (4)	1	»
Un petit marchand d'Alfortville (14)	0	50
Un petit marchand de savates du Havre (9)	2	»
Un marchand d'huitres (14)	0	50
Un ex-marchand de soupe, à Vichy	5	»
Un autre marchand de soupe, à Vichy	2	»
Un marchand pour boire un bon bouillon (16)	0	50
Un marchand de chaussures (12)	0	30
Un maréchal-ferrant (16)	0	25
Un marin (11)	1	»
Un marin en mer (8)	5	»
Un marin français (9)	2	»
Un marin, un artiste et sa femme (9)	3	50
Un maronite français (11)	5	»
Un marseillais (17)	0	25
Un marseillais (14)	1	»
Un marseillais de passage à Paris (7)	2	»
Un marseillais qui souhaite que le Midi bouge (10)	1	»
Un vrai marseillais (11)	5	»
Trois marseillais ayant gagné au café de la Bourse (11)	6	»
Les quatre petits marseillais : Marie, Joseph, Henriette et Jean (6)	5	»
Sept marseillais (17)	1	75
Quelques marseillois qui demandent à grands cris une balayeuse (14)	14	»
Une marseillaise qui se délecte à la lecture des listes de la souscription	1	05
Café Georges. Cercle de marsouins, à Cherbourg (9)	5	»
Mascara (2ᵉ envoi) (15)	1	»
Trois mathurins boulonnais (14)	0	50

	Fr. c.
Max et Germaine (4).....................	10 »
Plusieurs maximes de J. du Doré (16).........	1 50
Un mécanicien de l'Est (9)..................	1 »
Un groupe de futurs médecins de la marine et des colonies (11)..................	5 »
Les membres de la fanfare de Valognes (8)......	10 »
Un membre de l'antique corporation des bouchers de Limoges (16)..................	5 »
Un membre de la Société amicale Toski, Toscoff et Toska, à Verdun (11)...............	1 50
Un membre de la société des sciences naturelles de Tarare (10)..................	5 10
Un membre de la Société « le Souvenir français », à Dijon (17)..................	2 »
Un membre de l'Association 5+Ko (9)..........	2 »
Un membre démissionnaire, du T. C. F. (9).....	2 »
Un membre du cercle de l'U. C. (de l'École du Commerce.) (14)..................	1 »
Un membre du T. C. F. (8)..................	2 »
Un membre du Touring-Club. Sa cotisation (12).	4 05
Un membre du V. C. N. (11)..................	1 »
Les membres de la Taverne veulent aider à faire justice (14)	6 50
Quatre membres de la société des sciences naturelles à Tarare (13)..................	7 »
Un groupe des membres du cercle Gapençais (10)	14 25
A la mémoire de mon grand-père, général de la 1re République (8)..................	0 50
En mémoire d'Emile Leclerc (7)................	5 »
En mémoire du vieux Jules (7)................	2 »
Un ménage franco-belge (4)..................	10 »
Un ménage havrais (13)..................	2 10
Un jeune ménage de marsouins, à Brest (16)....	2 »
Un pauvre ménage de vieux français (3)........	2 »
Un petit ménage versaillais (10)..................	0 60
Un vieux ménage de républicains qui commencent à ne plus l'être (9)..................	2 »
Deux ménages de capitaines d'artillerie (10)	10 »
Un menuisier (10)..................	2 »
Un menuisier lecteur de la *Libre Parole*, à Nant (Aveyron) (16)..................	0 25
Les bons petits menus de Clairvaux (16)........	0 50
Mère de soldat, à Epinal (9)..................	5 »
Mère de sous-officier et soldat, sœur d'officiers	

disparus (7)...	5	»
La mère de deux jeunes officiers, à Pavilly (8)...	5	»
La mère d'un capitaine d'artillerie (7)............	5	»
La mère d'un chasseur du 9ᵉ bataillon (7).......	1	»
La mère d'un commandant (2).......................	5	»
La mère d'un conscrit (4).............................	0	50
La mère d'un conscrit de l'an 1900 (5)............	1	»
La mère d'un dragon, à Compiègne (8)............	1	»
La mère d'un jeune officier de Périgueux (8)....	5	»
La mère d'un officier (6).............................	5	»
La mère d'un officier (5).............................	20	»
La mère d'un officier de cavalerie (14)...........	20	»
La mère d'un officier de marine décédé (10)....	5	»
La mère d'un polytechnicien (13)...................	3	»
La mère d'un soldat, à Savenay (5)................	2	10
La mère et la sœur d'un officier (15).............	1	05
Pauvre mère et ses quatre fils (9).................	0	50
Une mère (8)...	1	»
Une mère avec regret de ne pouvoir faire davantage (6)...	5	»
Une mère chrétienne regrettant de ne pouvoir faire plus (11)...	5	»
Une mère de cinq garçons (3).......................	2	»
Une mère de famille (6)...............................	0	50
Une mère de famille, à Bordeaux (6).............	10	»
Une mère de famille, femme d'un vieil algérien (5)...	1	05
Une mère de famille, ses deux filles, pour l'extermination des juifs (10)...........................	1	»
Une mère de huit enfants (2).......................	2	»
Une mère de quatre-vingt-sept ans (3)...........	20	»
Une mère de soldat en deuil de son fils mort pour la patrie (3)...	20	»
Une mère d'officier (4)................................	20	»
Une mère d'officier, ardente patriote (12)......	5	»
Une mère dont le cœur est bien meurtri par l'incurie du gouvernement (6)..........................	5	»
Une mère dont les enfants sont officiers (12)....	10	»
Une mère et belle-mère de trois officiers (6).....	30	»
Une mère et sa fille (7)................................	4	»
Une mère et sa fille (9)................................	10	»
Une mère et sa fille (9)................................	10	»
Une mère et sa fille pauvre en souvenir de leur fils et frère (14)...	1	»

	Fr.	c.
Une mère et sa fillette écœurées des juifs (16) ...	6	»
Une mère française (7)	9	25
Une jeune mère (7)	5	»
Une jeune mère pour la défense de l'orphelin, à Auray (5)	2	»
Une mère, à Vichy	10	»
Deux mères et une jeune fille de Saint-Flour (16)	0	45
Un méridional (16)	0	30
Un messin (6)	5	»
Un messin (3)	5	»
Un messin (3)	20	»
Un messin (4)	50	»
Un messin, anonyme (16)	50	»
Un messin habitant Montpellier (16)	10	»
Un vieux messin habitant Nancy (8)	5	»
Deux métayers du capitaine Machard (19)	5	»
Un métreur-vérificateur (11)	5	»
Un meunier à Paris (10)	1	»
Un meunier demande la démission de Poincaré le pédant (17)	0	50
Un meusien (5)	5	»
Un meusien, contrôleur principal à Beauvais (6)	10	»
Une meusienne de Deuxnouds-devant-Beauzée (5)	0	25
Un vieux militaire meusien (11)	1	»
Un misérable (4)	1	»
Un ancien mobile, voyageur, à Lyon (7)	1	»
Un mobile du Lot (17)	0	90
Un moblot de Paris en 1870! (2)	2	»
Un vieux moblot (6)	1	»
Un vieux moblot de Chanzy (8)	0	30
Modeste (habitués du café), à Valenciennes (7)	3	»
Modeste et obscure obole, (2ᵉ envoi) (15)	5	»
Deux modistes de Belfort (9)	1	05
Un moissagais de Paris (3)	2	50
Un monsieur qui regrette d'être exilé à Montluçon (9)	2	»
Un monsieur, son frère aîné et son plus jeune (10)	20	»
Un Montluçonnais d'occasion (9)	2	»
Un montagnard des Alpes (16)	0	50
Une montagnarde patriote (11)	1	»
Un montargois (6)	2	»
Un montluçonnais (5)	0	35
Un montmartrois (5)	1	60
Mort aux kakignous! (8)	1	»

	Fr.	c.
Jeune mouche avesnoise (11)...............	0	50
Trente-neuf muets (5)....................	113	»
Un mulhousien, à Nancy (17)...............	5	»
Deux mancéens (4).......................	2	»
Un nantais (9)..........................	0	50
Un nantais (5)..........................	2	»
Un groupe de nantaises (17)...............	5	»
De Nantes au champ des martyrs, prends ton sac, Robespierre !(12).........................	0	30
Un nationaliste écœuré de ce régime de ruines (17)	1	»
Né à Sedan (6)..........................	1	»
Ne dirait-on pas que la France se ressaisit à l'appel d'une femme ?(9).....................	2	»
Un négociant (7)........................	5	»
Un négociant de Rennes qui attend la souscription de son député (8)........................	2	»
Un négociant en cuirs de la rue Dieu (7).......	10	»
Un négociant meusien, à Thiaucourt (16)......	0	20
Un petit négociant de la rue des Vinaigriers (2)..	2	»
Deux négociants du Sentier (8)..............	20	»
Un Neuvillois (6).........................	3	»
Une arrière-petite-nièce du général Hoche (16)...	10	»
Une arrière-petite-nièce du général Lamarque (13)	2	»
Une petite-nièce de deux capitaines de lanciers décorés de la Légion d'honneur, à Versailles (16)................................	1	»
Une petite-nièce du chevalier d'Assas (8).......	2	»
Un Nîmois aficionado (9)..................	1	»
Deux Nîmois (7).........................	2	50
Un Nivernais (4).........................	10	»
Un Nivernais (16)........................	0	15
Le Nivernais de Clermont-l'Hérat (8)..........	10	»
Un Nivernais du Donziais (11)..............	0	45
Un Nogentais (5)........................	1	20
D'un normand pur sang (12)...............	9	75
Une normande, à Lons-le-Saulnier (11)........	0	25
Une normande et une alsacienne (9)..........	4	»
Un enfant de N.-D. de Bon Secours et quatre ouvriers, à Guingamp (11)...................	1	»
Obole de Pôvre (2).......................	5	»
Obole de cinq braves gens, à Paris (11)........	5	»
Obole de la petite famille d'un fonctionnaire militaire (4)...............................	5	»
Obole de la veuve d'un officier supérieur et de ses		

	Fr.	c.
fils (7)...	5	»
Obole de la veuve : une savoyarde (11)...........	1	05
Obole du pauvre (12)..	1	»
L'obole du pauvre, à Sarlat (16)	0	05
L'obole du pauvre, à Sarlat (16)....................	0	10
A Mme Henry, l'obole du pauvre de la part d'une victime (10)...	5	»
Obole d'une vieille fille pauvre (10)...................	1	»
Obole du petit-fils d'un ancien clerc (16).........	0	45
Obole du solitaire (12)......................................	0	25
Obole d'un patriote phylloxéré, à Bergerac (16)..	0	50
L'obole d'un pauvre français (4).......................	1	»
Obole d'un vieux journaliste (9)..........................	5	»
Obole d'une française (11).................................	5	»
Obole d'une pauvre vieille veuve, dont le mari, officier supérieur, a été tué à Solférino (11)....	5	»
Humble obole du petit-fils d'un lancier de l'immortelle garde (6)	1	»
Modeste obole de quatre enfants (12)	1	»
Modeste obole d'un fervent de la pédale (11)....	1	05
Un observateur d'Avesnes-s-Helpe (11)	0	50
Les malades de l'Œuvre des tuberculeux (10)	12	20
Un officier ministériel, à Vittel (6)...................	0	50
Modeste offrande (4)	2	»
Modeste et bien respectueuse offrande au fils et à la veuve, envoyée d'un coin de la Mitidja (17)...	20	»
Mon oncle, ennemi des Pitchs (14).................	0	50
Un opéré de la pierre, à Lyon (4)	50	»
Un ordonnance : Chargeons le traître (9).........	0	10
Un originaire de Besse (Puy-de-Dôme) (14)......	1	»
Un orléanais (8)..	2	»
Un orléanais (5)..	5	»
Un orphelin (9)..	1	»
Sa sœur, orpheline (9).....................................	1	»
Une orpheline alsacienne qui a deux sœurs à sa charge (7)...	0	50
Son frère soldat au Tonkin (7).................	0	50
Cinq orphelins, fils et filles d'officiers (7)........	25	»
Un ouvrier (4)...	1	»
Un ouvrier, ancien soldat (11)..........................	1	»
Un ouvrier chapelier, à Lons-le-Saunier (11)....	0	10
Un ouvrier confiseur marseillais (13)................	1	»
Un ouvrier, de Circy, un peu violent (8)........	3	»

	Fr. c.
Un ouvrier, à Montierender (Haute-Marne) (16)	0 30
Un ouvrier, à Saint-Nazaire, désabusé (16)	1 »
Un ouvrier en bâtiment (14)	0 30
Un ouvrier étaplois (6)	1 05
Un malheureux ouvrier de Marseille (10)	1 »
Un modeste ouvrier (17)	0 25
Un ouvrier mouleur (12)	0 10
Pauvre ouvrier Dunkerquois (17)	1 »
Un ouvrier père d'une nombreuse famille à Saint-Servan (17)	1 »
Un ouvrier qui voudrait un coup de balai (9)	2 »
Un ouvrier ruiné par les chéquards du Panama (8)	0 75
Un ouvrier sans travail (11)	0 60
Papa beau-père, ouvrier tailleur (12)	0 25
Un ouvrier toulousain (13)	1 »
Autre toulousain (13)	1 »
Une ouvrière (4)	0 50
Une ouvrière lingère (5)	1 »
Une ouvrière malade, à Versailles (16)	0 30
Cinq petites ouvrières corsetières de la rue des Pyramides (14)	0 25
Cinq petites ouvrières couturières de la rue de la Paix (14)	0 25
Cinq petites ouvrières modistes de la rue Saint-Honoré (14)	0 25
Les ouvrières d'une petite maison de couture, 69, rue de Chabrol	2 75
Cent vingt quatre ouvrières de la Société française d'imprimerie, à Poitiers (9)	8 35
Groupe d'ouvriers (12)	2 »
Un groupe d'ouvriers (14)	2 »
Un groupe d'ouvriers, à Cambrai (10)	0 75
Groupe de 50 ouvriers rennais (9)	5 20
Un groupe d'ouvriers tapissiers de Neuilly	1 05
Des ouvriers patriotes, indignés de la conduite des socialistes vendus et des traîtres (17)	2 »
Deux pauvres ouvriers de Roubaix (14)	2 10
Trois ouvriers et un paysan, pas contents de ce qui se passe, à Grasse (14)	1 20
Trois ouvriers tourquennois (8)	0 75
Quatre ouvriers à Senons (9)	2 »
Quatre ouvriers tailleurs de St-Dié (7)	2 »
Sept ouvriers du port de Bordeaux à 20 sous pièce. A bas Pereire et les appointements de Pauillac!	

	Fr. c.
(17)	7 »
Quelques ouvriers tullistes (8)...............	1 »
Un troisième ouvrier (14)	0 25
Cinq Pagnous du café Foy, à Agen et un d'Algérie (9).....................................	6 »
Papa et fifille (9)	1 »
Le papa de Guiguite (5).....................	3 »
Un papa et son fils (9)......................	10 »
Le parent d'un officier pauvre, à Moulins (5)....	1 »
Pari de deux antidreyfusards (13)	5 »
Un parisien (8).............................	2 »
Un parisien (6).............................	2 »
Un parisien de quarante ans (12)..............	2 »
Un parisien qui ne peut comprendre comment les spirituels dauphinois se font représenter par le sectaire Chenavaz (16)..................	0 50
Un partisan de la salubrité publique (4)........	0 50
Un partisan du 18 brumaire (13)..............	1 »
Un partisan du tout à l'égout (12)	0 10
Deux partisans de la liberté de l'enseignement (10)	5 »
Un partisan et ami dévoué de la survivance (17).	0 50
Un partisan trop violent (9)..................	1 »
En mémoire de Pasteur (8)...................	10 »
Patience! Les petits ruisseaux feront le torrent (2).......................................	2 »
Trois pâtissiers manceaux (10)................	1 05
Le patron et le personnel de la Fileuse (10)	7 »
Paul et Clara, de Montpellier (8)	2 »
Un pauvre homme (4)	1 »
Un pauvre type, à Marseille (13)..............	0 50
Les pauvres du Bréda-Club de Saint-Maixent (8).	10 »
Un pays à Jean Baffier (14)	1 »
Un paysan dauphinois, à Commercy (11)........	1 05
Un paysan écœuré d'un pareil brigandage (5)....	5 »
Un fils de paysan de la Gironde (8)............	1 »
Sa fille Valentine et ses petits amis Lucien et Liline (8).................................	1 »
Un jeune paysan des environs de Dijon (8)......	0 60
Un paysan lorrain (17)	10 »
Un paysan normand (8)......................	5 »
Un paysan qui attend la souscription de M. Cavaignac (6).................................	5 »
Un paysan à Tourville (17)...................	1 05
Une paysanne meusienne (4)	3 »

	Fr.	c.
Une paysanne meusienne (2e versement) (12).....	2	»
Un groupe de paysans réunis chez leur maire (17)	10	»
Penser si bien, pouvoir si peu (14).............	0	50
Un rural penseur libre (17).....................	1	»
Pensionnaires du restaurant Vallée, à Laval (11).	1	50
Deux pensionnaires de la maison L. (7).........	5	»
Deux pensionnaires de l'hôtel de Bourgogne, à Dijon (5).....................................	5	»
Un percepteur de l'arrondissement de Béziers, antidreyfusard (11).........................	2	50
Père de famille (8).............................	0	50
Le père d'un soldat (6).........................	10	»
Un père de cinq enfants (3)....................	5	»
Un père de deux commandants d'infanterie (5)..	3	»
Un père de famille (11)........................	0	50
Un père de famille (17)........................	1	»
Un père de famille (14)........................	10	»
Un père de famille corse et sa maman (6)......	2	»
Un père de famille de quatre enfants, combattant de 70, qui a un fils en faction sur la frontière de l'Allemagne (6).............................	1	»
Un père de famille de sept enfants, dont deux officiers d'infanterie (3).....................	2	»
Un père de famille, dont les trois fils sont soldats (8).....................................	2	»
Un père de famille et ses six enfants (9).......	0	50
Un père de famille français (3)................	0	50
Un père de famille, à Vichy....................	10	»
Deux pères de famille limousins, l'un ex-premier piston et l'autre ex-sous-officier au 9e rég. de marsouins (campagne du Tonkin) (12)........	2	»
Un père de 2 enfants, à Digne (17).............	0	50
Un père de soldat géomètre à Sartrouville (6)...	1	»
Un père d'officier (5)..........................	10	»
Un père de trois officiers et d'un Saint-Cyrien (8)	20	»
Un père et ses enfants (8).....................	5	»
Un père et une mère et leurs vingt-quatre enfants et petits enfants (6).....................	5	»
Un père et une mère, 2 fr.; leurs enfants : Gaby, 0 fr. 50; Claire, 0 fr. 50; Marthe, 0 fr. 50; Jacques, 0 fr. 50; Marcel, 0 fr. 50; René, 0 fr. 50. — Total (11)................................	5	»
Un père indigné, à Royan-les-Bains (7).........	5	»
Un père normand (3)...........................	1	»

Un vieux père, sa fille et son gendre (8)........	1 50
Un péronnais (6).........................	10 »
Une personne sympathique aux affligés (5).....	20 »
Le personnel du café des Palmiers, écœuré de la lâcheté des Dreyfusards (7).................	3 50
Le personnel de la Compagnie d'assurances *La Providence* (10)........................	5 »
Trois personnes rouennaises (10).............	1 50
Un petit commerçant (6)....................	0 50
La petite fille d'un soldat du premier empire, décoré de la médaille de Sainte-Hélène (2).....	5 »
Une petite fille, à Maureilhan (16)............	0 50
Petite fille de magistrat, fille et femme d'officiers (12).................................	10 »
Le petit-fils d'un officier du 1ᵉʳ empire (6).......	2 »
Le petit-fils d'un pensionné de Marengo, qui fit boire deux Prussiens dans un seau, à Mortagne (Orne) (6)........................	5 »
Un petit fils de Chouan (7)..................	20 »
Un petit fils et frère de 2 officiers tués à l'ennemi (10)................................	5 »
Quatre petits-fils d'un général (10)............	5 »
Un orphelin en sentinelle à la frontière (4)......	0 50
Un philo de Duchateau (17).................	0 50
Un picard ennemi des dreyfusards (3).........	3 »
Un picard qui n'est pas à vendre (5)	1 »
Une picarde (16)...........................	0 50
Une picarde (11)...........................	1 »
Deux pigeons de Monte-Carlo (10)............	2 »
Une pilule (4).............................	1 »
Un pioupiou de retour au foyer (1)............	1 »
Les pistons du bazar Louis (16)..............	34 »
Un plébiscitaire (2)........................	1 »
Un plombier (10)..........................	2 »
Un poète d'occasion (11)...................	1 »
Un jeune poète français (17).................	5 »
La Poire (3)..............................	1 »
Une Poitevine, Normande. Honte aux femmes de la *Fronde!* (6)........................	2 10
Un ancien polytechnicien (8)................	10 »
Un polytechnicien, contemporain de Dreyfus (2).	10 »
Un polytechnicien de la promotion de Dreyfus (4)	5 »
Un pompier de Pluvigner (10)................	1 50
Un pontal de Bourg, à Saint-Andéol (10)	5 »

	Fr. c.
Du Pont du Gard (9)	1 »
Un pontilévien (4)	1 05
Un pontilévien (16)	2 »
La popote de six fours, à Toulon (15)	5 »
Un portefaix (6)	1 »
Le porteur de la *Croix*, à Sarlat (16)	0 50
Un ancien postillon de l'empereur contre les lâches qui nous vendent (4)	5 »
Pour connaître la vérité sur la subvention de mille francs par jour donnée par les contribuables à la Société dite française des Nouvelles Hébrides (7)	1 »
Pour être forts, soyons unis (12)	0 30
Pour expliquer l'affaire Dreyfus à M. P. de Cassagnac, Amiens (10)	0 50
Pour la justice gratuite (3)	2 »
Pour le petit goy (7)	1 »
Pour le petit goy de France, un employé et sa femme (9)	2 »
Pour les faibles (5)	10 »
Pour mon petit Georges (7)	5 »
Produit d'une quête faite dans une réunion du cercle central d'études sociales de l'Union nationale, le 14 courant (4)	10 55
Le président du potache-club fontenaisien (12) ..	1 05
Prix de l'achat de mon *Figaro* (17)	20 »
Produit du bénéfice de la vente en gros de l'*Histoire d'un Traitre*, à Alger (14)	5 »
Prix d'une poêle (9)	2 »
Produit d'une gourde, à Ajaccio (16)	17 »
Produit d'une liste de souscription faite à Carpentras (Vaucluse), 41 souscripteurs (11)	31 35
Produit d'un rams fait par trois nancéens (16) ...	1 »
Un prolétaire de lettres (9)	1 »
Un propriétaire de la rue du Faubourg-Montmartre (11)	10 »
Un propriétaire, à Ville-d'Avray, sa dame et ses demoiselles (10)	1 50
Un propriétaire du Rond-Point des Champs-Elysées (16)	10 »
Un petit propriétaire, à Saint-Barnabé (14)	0 25
Le protégé d'un officier (6)	1 »
Un protestataire poitevin (6)	50 »
Protestation contre les agissements du maire d'Is-	

	Fr.	c.
soire et la majorité du conseil municipal (16)...	5	»
Simple protestation (17).............................	1	»
Un Provençal qui a voté pour Michel, mais qu'on n'y reprendra plus (14).........................	1	»
Un pauvre provincial navré de ce qui se passe (5).	2	»
Un Provinois (6).....................................	25	»
Deuxième Provinois (8)..............................	20	»
Cinq purotins de la Compagnie de l'Ouest (11)...	1	25
Quand les arrête-t-on ? (4).........................	0	25
Un quarante sous repentant (13)...................		»
Un quatrain, à Lyon (14)...........................		»
Quête par un gars normand (9)....................	6	50
Petite quête autour d'une table de famille (12)...	4	»
Quête du Pont-Baccarat, à l'inspiration d'un vieux militaire de 1870 (14)..............................		»
De Quimper (17).....................................		»
Une Quimperlaise (7)................................		»
Un Quimperois (10).................................	10	»
Qui na serum (12)...................................	5	»
Un petit ramoneur de passage à Orléans (6)......	0	15
Groupe de rats-de-cave (9)..........................	5	»
Un receveur des postes ; Robert et Roger (10)...	5	»
Une receveuse des postes (2).......................	5	»
Une receveuse des postes en Bourgogne et une employée des postes (6).........................	5	»
Une receveuses des postes et télégraphes de Normandie (9)..	2	»
Un rédacteur de la préfecture de la Seine qui n'aime pas les lâches (2)...........................	1	»
Un rédacteur principal au ministère de la guerre (8)..	5	»
Trois rédacteurs à la côte d'émeraude (12)......	3	»
Un Redonnais qui voit que ceux qui nous gouvernent aiment leur pays comme la sangsue aime le malade (16)....................................	0	50
Regrets de ne pouvoir disposer davantage. Versailles (9)...	0	90
Regret de ne pas pouvoir donner plus (16),......	0	50
De Reims (9)...	1	»
Le représentant à Paris de la loge, l'Emancipation de Montréal (11)..................................	2	»
Un malheureux représentant de commerce de Pantin (16)...	0	20
Trois représentants de fabriques de Roanne (6)..	11	»

	Fr. c.
Un républicain ami de Gambetta (9)	2 »
Un ancien républicain à tout jamais dégoûté (12)	1 »
Un républicain rayonnais (5)..................	5 »
Un républicain dégoûté d'un régime qui ruine et déshonore la France (9)	1 05
Un républicain de la Fère (10).................	0 60
Un républicain de la veille, à Maureilhan (16) ...	5 »
Un républicain de 1848, sa fille, son gendre et sa petite-fille (11).............................	12 »
Un républicain désabusé, qui demande un balai (8)...	0 50
Un républicain du 19ᵉ arrondissement (9).......	2 »
Un républicain écœuré de la lâcheté du gouvernement (12).....................................	0 10
La sœur du susdit (12)	0 50
Un républicain écœuré et désabusé (12).........	2 »
Un républicain français (6)....................	10 »
Un vieux républicain de la 1ʳᵉ heure qui à 80 ans pleure de voir la République si près de finir dans le sang et l'imbécilité (6)...............	3 »
Groupe de républicains, dont un officier (11)....	5 »
Responsabilité ministérielle effective (17).......	1 »
Un retraité de la marine (10)	0 50
Un revenu de Madagascar (16)	1 »
Un risque-à-tout, coterie du précédent (12).....	0 50
Un roannais (11)..............................	0 75
Deux roannais (12)	1 »
Un petit rond de cuir (16).....................	3 »
Quatre ronds de cuir grenoblois (8)	4 »
Roquelaure (11)...............................	0 60
Les roses de Galéa, à Tarare (16)..............	2 »
Un roubaisien attend la souscription de Cassagnac	5 »
Un roubaisien demande la revision faite par une assemblée constituante de courte durée (12) ..	10 »
Une jeune roubaisienne (16)	0 05
Trois roubaisiens (12).........................	3 50
Un rouennais ami de l'Université (8)	5 »
Un rouennais indigné (5)......................	4 »
Deux petits rouennais, rue Bourg-l'Abbé (6)....	2 »
Un ex-rouviériste (16).........................	0 20
Un futur sabreur (13)	0 25
Un saigneur de cochons (11)	2 »
Deux saintais (10).............................	2 »
Un Saint-Quentinois (9)........................	2 »

	Fr. c.
De Saint-Symphorien (12)...............................	0 30
La petite Salle, à Doullens (7).........................	10 »
Six samaritains (12)....................................	5 »
Un groupe de saumurois (16)...........................	75 »
Un savoyard (9)..	2 »
Deux intrépides savoyards pour coopérer à la désinfection (17)..	2 »
Un secrétaire d'ambassade (7)..........................	7 »
Un sédanais (3)..	5 »
De la Seyne, un illisible (8)............................	10 »
Un ancien serviteur du comte de Chambord (7)..	5 75
Illisible signature (9)...................................	3 »
Un sioniste (3)..	10 »
Un socialiste verdunois. Pour que tout finisse (17)...	0 50
Un deuxième : Assez de comédie ! (12)........	0 50
Un troisième : Allons, la Grande Muette, un bon mouvement ! (12)..........................	0 50
Un vieux socialiste écœuré (2).........................	0 25
Un groupe de sociétaires du souvenir de Jeanne d'Arc (14)..	6 »
Pour le Schwartzkoppen de Saint-Julien-en-Genevois (17)..	0 50
Pour ses acolytes (17).............................	0 15
Un socialiste dégoûté de la République imbécile que nous avons (14).................................	0 25
La Société balladatrice de Dijon (10)...................	0 50
La Société des Amis des Arts et de l'Industrie, à Nice (16)...	50 »
Société des anciens combattants de 1870 (13)....	10 »
Société du Jeu de massacre, à Ermont (9).......	2 »
Société « Jeanne d'Arc », à Tours (5).............	2 20
La Société Paloise Oloronaise (16).....................	9 »
La sœur d'un officier (16).............................	1 »
Une sœur de deux officiers supérieurs, à Rouen (8)	2 »
Une sœur de soldats (11).............................	3 »
Une sœur d'officier, à Magnac-Laval (8)............	60 »
Une sœur et une veuve d'officier (3).................	3 »
Deux sœurs, Berthe et Renée-Louise (14)........	1 »
Deux jeunes sœurs (17)................................	1 »
Trois sœurs marseillaises (9)...........................	1 50
Quatre sœurs filles et petites-filles de soldats (17)	5 »
La « Solidarité française », association de peintres (9)..	5 »

	Fr.	c.
Un sous-chef de gare P. O. (8)	2	»
Souscripteur témoin, camp de Salbris, armée de la Loire (15)	1	»
Souscripteurs, à Pierrefeu (Var) (10)	12	75
Un souscripteur de la veuve (7)	0	60
Un souscripteur qui a déjà envoyé son obole pour la souscription et qui fait un deuxième envoi	2	»
Après la souscription de mon père, la mienne : le petit Marc, fils, petit-fils, arrière-petit-fils de bons soldats, chevaliers de la Légion d'honneur (11)	1	05
Souscription dans les bureaux d'un agent de change (1)	135	»
Souscription, à Fécamp (9)	2	50
Souscription de quatre-vingt-six ouvriers de la Société française d'imprimerie et de librairie, à Poitiers (16)	19	85
Souscription recueillie à la petite tablette de Mme Claudel, au Havre (5)	2	05
Souscription recueillie à Reims entre plusieurs amis (17)	5	»
Seize souscriptions (11)	3	»
Ancien sous-maître, à Saumur (9)	10	»
Un ancien sous-préfet de l'Empire, ruiné (2)	0	25
Souvenir de Fogny, 1894 (8)	20	»
En souvenir de mon fils (14)	2	»
En souvenir de saint Antoine (8)	5	»
En souvenir de mon père, lorrain et soldat (16)	5	»
En souvenir des officiers tués à la défense de Nuits, le 18 décembre 1870 (11)	20	»
En souvenir de son mari, une veuve d'officier de Crimée (7)	3	75
En souvenir. La première femme de Paul Meyer (9)	0	75
En souvenir du *Premier Sang*, de Charles Maurras (10)	5	»
Un souvenir inoubliable de Miss Mary (16)	5	»
Un Sparnacien (10)	2	»
Des spectateurs de « Fergus », qui enverrait (?) le montant de la réduction accordée pour cette pièce aux familles d'officiers (5)	15	»
Un strasbourgeois de la maison G. R. (8)	3	»
Deux vieux Strasbourgeois protestants (4)	1	»

	Fr. c.
Sursum corda (8)	5 »
Un sympathique (4)	0 50
Un tailleur uniformier (9)	0 50
Cinq Tannaysiens (7)	5 »
Un tanneur breton, sa femme et son fils (13)	2 10
Un petit tanneur (8)	0 75
Un ex-taupin bourguignon (9)	2 »
Un teinturier, ex-sous-officier (7)	2 »
Un télégraphiste en retraite (6)	1 »
Le petit téléphoniste de la *Croix* (12)	0 50
Deux téléphonistes (9)	0 50
La Terreur de Nancy donne (3)	0 25
Un tourquénois, à Lille (12)	10 »
De Thionville, à Bornes, près Bar-le-Duc (6)	1 50
Un tisseur lyonnais (5)	
Deux tisseurs croix-roussiens, le frère et la sœur (6)	2 10
Deux Tissus de Tissuville (13)	0 50
Titi et Jeanne (4)	2 »
Titine et son frère (14)	0 75
Un tonkinois pur sang (4)	1 »
Tonnay-Charentais XI (12)	5 »
Un Tourangeau (8)	0 25
Un ex-tourlourou (8)	0 20
Un groupe de tourousiens (11)	4 »
Un tourquennois (5)	2 »
Un tourteau (9)	0 50
Un humble travailleur (6)	0 50
Un trempeur (8)	0 20
La tribu des Ménardeaux, à Châlon-sur-Saône (10)	5 »
Un trio (9)	15 »
Une trique (10)	5 »
Le vieux triqueballe, ancien artilleur (10)	5 »
Deux troupiers, leur prêt (2)	1 25
Un tueur de cochons (11)	1 »
Deux typos (2)	2 »
Un de mes déjeuners faute de mieux (7)	1 15
Un des 378 empoisonnés, la sœur du soldat (10)	1 »
Au nom de l'Union de la Lyre et de la Muse (9)	0 50
Union Nationale, de Roanne (12)	10 »
Un qui décharge les bâteaux sur la Seille, à Louhans. Une heure de travail (12)	0 35

Un qui est heureux de faire partie d'un groupe

	Fr. c.
de braves cœurs (7)	2 25
Un qui ne l'est plus (14)	0 25
Un qui ne veut pas faire connaître son nom à Marseille (9)	50 »
Un qui voudrait qu'on désinfecte le café Collet (13)	1 »
Un qui voudrait savoir pourquoi Millevoye diffère son interpellation (9)	2 »
Deux bonnes vaches à lait, à Lérouville (11)	1 »
Un vainqueur du Dahomey (10)	2 »
Deux valenciennes (8)	2 »
Un valenciennois, ex-cabo au 106e de ligne (9)	1 05
Un valenchennos (10)	1 »
Deux valets de chambre, retour d'Allemagne d'hier (8)	2 »
Un vauclusien (9)	0 25
Un vendéen (17)	10 »
Un vendéen, à la Roche-sur-Yon (14)	5 »
Deux vendéens (9)	1 »
Une vendéenne, son fils et une amie (3)	3 »
Vendeuses de la *Libre Parole*, à Vesoul (18)	2 50
Des verreries de la Garance (10)	5 »
Deux versaillais (3)	5 »
Le versement d'un père de famille bordelaise de sept enfants, dont deux officiers d'infanterie (4)	5 »
Un vésulien (11)	0 50
Un autre vésulien (11)	0 50
Un vétéran de 1870 (17)	2 »
Un vétéran de 1870-71 (5)	1 »
Un vétérinaire (17)	2 »
Un veulais (16)	1 »
Veuve d'un capitaine de dragons (8)	5 »
Veuve d'un officier (5)	1 »
Veuve d'un universitaire (9)	5 »
Veuve et fille d'un officier pauvre (4)	5 »
Veuve et mère de soldats (8)	10 »
Veuve, mère d'un officier (11)	1 »
La veuve d'un capitaine de lanciers (6)	10 »
La veuve d'un caporal qui a fait 3 ans au 3e tirailleurs turcos algérien (3)	2 »
La veuve d'un colonel de l'état-major (3)	20 »
La veuve d'un commandant. En souvenir de son mari (16)	5 »

	Fr. c.
La veuve d'un employé d'Etat (16)............	0 25
La veuve d'un gendarme et son fils enfant de troupe............	1 »
La veuve d'un magistrat démissionnaire (9).....	2 »
La veuve d'un officier (6)............	1 »
La veuve d'un officier (5)............	5 »
La veuve d'un officier, à Evreux (3)............	3 »
De la part de la veuve d'un officier (2)............	5 »
La veuve d'un officier général (3)............	20 »
La veuve d'un officier supérieur, à Périgueux (14)............	3 »
La veuve et le fils d'un ancien zouave du 1ᵉʳ régiment (11)............	1 »
Une veuve (11)............	2 10
Une veuve (4)............	5 »
Une veuve (7)............	5 »
Une veuve à la veuve (10)............	10 »
Une veuve alsacienne protestante (4)............	2 »
Une veuve de Dijon (9)............	10 »
Une veuve de la Nièvre (11)............	4 »
Une veuve de militaire (14)............	0 50
Une veuve de militaire (12)............	2 »
Une veuve, à Colombes (3)............	1 »
Une veuve de matelot (1)............	1 »
Une veuve de militaire, à Saint-Germain (6)....	1 20
Une veuve d'officier (6)............	5 »
Une veuve d'officier (17)............	5 »
Une veuve d'officier, à Montpellier (16)............	1 »
Une veuve d'officier de marine (6)............	100 »
Une veuve d'officier de réserve et ses deux enfants, pour défendre une française (13)............	1 »
Une veuve d'officier et ses enfants, en souvenir de son mari (17)............	3 »
Une veuve d'officier général qui salue le drapeau (17)............	5 »
Une veuve d'officier supérieur, à Bayonne (6),...	20 »
Une veuve d'officier supérieur, à Dijon (8)......	5 »
Une veuve d'un militaire russe (4)............	2 »
Une veuve écœurée (11)............	1 »
Une veuve et deux fillettes qui prient pour que la vérité éclate (12)............	2 »
Une veuve et ses deux petits enfants (8)........	3 »
Une veuve et ses enfants, à Périgueux (14)......	5 »
Une veuve et un solitaire de Voiron (10).........	1 »

	Fr. c.
Une veuve et une orpheline qui pensent qu'il serait grand temps que les bons se rassurent et que les méchants tremblent (6)	10 »
Une veuve, fille et mère de soldats (2)	5 »
Une veuve mère de sous-officier (9)	1 50
Une veuve, Nîmes (6)	25 »
Une veuve pauvre d'officier (11)	1 »
Pauvre veuve, à Bayonne (10)	1 »
Une veuve qui prie (9)	2 »
Une victime d'un monde cruel et injuste (12)	0 45
Une victime du Panama (4)	5 »
Une victime du Panama, de la Ferté-sous-Jouarre (4)	1 50
Une victime du protestant de Selves (3)	1 »
Une victime du régime actuel à une plus grande victime (5)	5 »
Deux victimes (9)	1 »
Quelques victimes de la Grande Muette, de Bourges (4)	5 »
Une bonne vieille qui se privera de tabac pour envoyer son offrande (3)	1 05
Un viennois (10)	20 »
Un vieux de Crimée, à Nogent (16)	2 25
Un vieux de la vieille (2)	2 »
Un vieux vidangeur (7)	0 30
Un vieux vidangeur parisien	0 50
De la villa Marie Gabriel (8)	5 »
De la Villa-Daulé, à Saint-Malo (14)	2 »
Un violent de Bourges (8)	2 »
Un viticulteur de Château-du-Loir (Sarthe)	2 50
Vivent les braves gens ! De Saint-Quentin (17)	1 »
Un ancien volontaire de l'ouest (16)	0 50
Un ancien volontaire de l'Ouest (4)	10 »
Volontaire de 1870 avec Charette, à Pornic (10)	1 »
Un volontaire de 1870 au 1ᵉʳ dragons, contre les insulteurs (5)	5 »
Un vorace de la Croix-Rousse (16)	0 50
Vieux yachtmen bordelais (12)	2 »

SOUSCRIPTEURS FACÉTIEUX ET EXTRAORDINAIRES

	Fr. c.
André, pour faire comme M. Piot (11) (7)	1 50
	0 10
Arnault (F.), secrétaire de l'Institut des Chartrons (6)	6 »
Arnoux (Eugène), à Marseille, président du groupe des neurasthéniques (8)	1 50
Asquier, à Remaners, pauvre enregistreur intellectuel (7)	5 »
Astruc-Nathan (Zévaïde). Le mari en faillite ne peut faire son versement, à son grand regret	
Baba Mbareck (16)	4 »
Baccaria (Marie), une pauvre qui n'épouserait pas un juif pour tout l'or du monde (9)	0 50
Blondel, membre de la Ligue. Un sou pour les députés du Nord (14)	1 »
Bernier (Charles), intellectuel (5)	1 »
Bellin (G.), républicain, calotin et antisémite (9)	0 50
Beringer. *Vivat rex noster Dominus Jésus-Christus!* (6)	2 »
Beauvais, au nom de Jeanne Hachette (15)	2 »
Cannot (Le prolétaire E.), à St-Maur-les-Fossés (6)	1 05
Cerf. K. M. (4)	0 50
Charles (Le petit), à son entrée dans le monde (5)	5 »
Cocquerez, membre de la Ligue. Pour réveiller la	

	Fr.	c.
vieille virilité française (14)	0	25
Delhomme (Marie), fiancée à un épicier antijuif (14)	0	60
Delvaille (L.). Ne peut pas donner davantage ayant été dernièrement victime d'un cambriolage (7)..	0	05
Fairan (Le beau)(12)...............................	0	05
Falconetti, inventeur du baume divin, à Marseille (6)..	5	»
Freycinet (Antoine), à Tours. Ne pas confondre avec le ministre de la guerre qui fourre dedans les officiers patriotes (17)....................	0	60
Frugier, à Asnières, dit le Youpin (16)	0	25
Goguey, ancien maître d'hôtel d'une grande famille marseillaise (14).............................	2	25
Guaymard (H.), bouddhiste (2)	5	»
Henri et Alexandre. Vive Labeur ! (9)	1	»
Hibon (M. et Mme Abel). Pour la justice! (6)....	5	»
Jérémie (Isaac), demande une petite souscription pour lui (17).......................................	0	25
Kulp (Jacob), chanteur de Valyeuseuse (5)......	10	»
Laflon (Mme), qui plaint son mari (5)	2	»
Lauras (André), qui trouve que la fille de Félisque ferait mieux de s'occuper de la veuve et de l'orphelin que d'écrire les mémoires de son père (15)..	5	»
Lazare (E.), le Po To Feu (6).....................	1	»
Manau en dèche, ancien épicier à Falaise, fils de procureur général, en opposition des agissements de son paternel (5)........................	0	25
Moret (Joseph), l'heureux gagnant du gros lot de 500,000 fr., à Origny-Ste-Benotte (13)	0	15
Oppenheimer. Rien d'Israël ni des agences (5)...	1	»
Oscar de la Dèche (9).............................	0	50
Ouled el Djezaïr (10)..............................	2	»
Parmentier (A.), descendant du célèbre philanthrope (3)...	10	»
Paul, dresseur de Bob, à Nancy (9)	1	»
Ploock (4)...	0	25
Reille (Ferdinand), directeur général de la Cie anonyme d'assurances à primes fixes « La Thémis », 11, place Saint-Ferréol, à Marseille (6)	10	»
Régnault (Th.) et le comte le More (10)	10	»
Ruiz de Malaga (2).................................	5	»

	Fr. c.
Sale Omont (4)..	0 25
Sans-Gêne (Mmes) et Lulli (17)......................	0 43
Sidi-Turlo, à Vichy......................................	2 »
Soudi Macque, vieux rat de cave (9)...............	2 »
Stéphane (Marc), obole du poète pauvre (12)....	0 50
Son frère, en protestation contre l'*Aurore* (12).	0 50
Thésée, Vivie, Lolo et Margot (4)..................	20 »
Toto (4)...	0 50
Ysi, Dort (4)..	0 25
Zim-Rada-Boum Pacha (3)............................	1 »
Br. Da. Go. La. Sa. (10)..............................	4 »
Che fends des pons betit lorgnettes C. B (7).....	2 »
E. D., un épileur (8)....................................	0 50
G. M. Ah ! si nous avions un gouvernement ! (8)	1 »
L. B., savonnier à Marseille, en attendant la grande lessive (11)...................................	1 »
L. (Edouard). En voulez-vous des mornards ? Oh ! les sales bêtes ! (6)...................................	1 »
P. C., en souvenir de Bec de dinde (12)..........	2 »
T. C. La rage du peuple se développait en s'assoupissant (7)..	0 75
U. Gêne (11)...	0 80
Ach-Té (4)..	0 50
Abdallah-Ben-Gallas (4)...............................	1 »
A défaut et en attendant mieux (3).................	10 »
Ah ! ça, est-ce que ça va durer longtemps ? (3)...	5 »
Ah ! les chameaux ! (4)...............................	» 15
Ah ! le vieux chacal a bien fait rire les patriotes de Paris (16)...	0 50
A l'Anglais Clement-Sot protecteur des traîtres (16)..	0 50
Allons, madame du Ranz, toutes ces dames à la caisse ! (14)..	1 »
Trois anarchistes intellectuels (16)................	1 05
Pendant que Félix chasse. Le lapin, la bécasse, Nous, vrais Français, chassons Les juifs et les francs-maçons. Un Angevin (14)......	0 30
Après Bazaine et Dreyfus, c'est le cas d'abolir la peine de mort en temps de paix pour les pauvres simples soldats (3)............................	1 »

	Fr.	c.
Un architecte qui a les pieds nickelés, à Vichy...	0	30
Un autre architecte qui accouche beaucoup mieux, à Vichy..	»	»
Au diable la farce parlementaire! (16)................	1	»
Avec défense de passer Youtre (6)....................	0	30
La bande à Fifi : Fifi, Porphyre, Tatane, Pépino, Globical, Papol, Pol Léon dit Georges, Fleur de Lys, Nénest (1ᵉʳ versement) (6)........................	18	80
Bavard comme Pie 1/4 (16)..............................	0	25
Petite bête à bon Dieu (11).............................	0	25
Le Beurre d'Ouscamp (9).................................	7	»
Béni Dyck (G.) (4)..	0	30
Bianjanakamirkrou (16)...................................	0	25
Bitdane — Pepita — son oncle (11)................	1	»
Un pauvre bougre (7)....................................	0	30
Boy Gui-Gui et Boy Tu-Tu, de Rodez. À bas les Youtres! (12)...	1	»
Brouillé depuis Wagram (3).............................	2	»
Ça commence à m'échauffer la tête (16)...........	0	20
Ça ira (9)..	0	30
Ce qu'on s'amuse depuis trois jours dans la bonne ville de Paris! (16).......................................	0	30
C'est toi, Nîmois? (11)....................................	2	»
Cesdemoi (17)..	1	»
C'est un beau rêve (12)...................................	0	57
Le chien de la maison qui éternue chaque fois qu'il passe près d'un Youpin ou d'un rédacteur du *Moniteur du Puy-de-Dôme* (16)..................	0	05
57.312 coups de poing (7)...............................	0	60
Comme exemple à suivre par le Président de la République (5)...	2	»
Comment va Félix ? Va-t-il toujours à la chasse ? (11)...	1	05
Un concierge à qui on use ses tapis (7).............	0	25
Un concierge qui est heureux de brosser ses tapis (7)...	0	25
Un groupe de cornichons de Ligis (7)................	9	»
Coussinet de meuble (14)................................	5	»
Credo (2)..	3	»
Un fumiste (10)..	5	»
Fil-de-Fer (14)...	1	»
Un gars de la peau de Caen tannerait bien un juif (7)..	2	»
Un gentilhomme qui renonce à servir de parche-		

min à une belle juive pas trop mal (11)	2 »
La Gloire, le Muscadin, le Beau et élégant, le Sculpteur de chocolat et le Petit cousin ; cinq copains manceaux qui voudraient voir les juifs barboter dans la Sarthe (21)...............	1 35
Un pauvre petit goujon de la Meuse perdu dans les marais où grouillent les Youpins qu'il exècre (3)........................	2 »
Le Goup de Pallai (7)........................	1 05
Un Gras où de Caen qui élèvera son petit Émile en criant : A bas les juifs ! (10)	1 »
Gribouille, chat à Bois-Colombes, une griffe pour les juifs, 1 fr. ; 2e versement, 0 fr. 70 (12).....	1 70
Trois grincheux de Blois (5)..................	3 »
Gris-Gris (14)...............................	1 »
Hamlet de Trou-sur-Oignon (16)...............	10 »
Un hésitant gêné aux entournures (10).........	1 85
Hommage à celui qui a inventé de Frais-Cinet pour la défense de l'armée. Un sabre pointu (16)	2 »
Clémence Eau. Clinique spéciale de forfaitures et de trahisons. On ne traite qu'avec des millionnaires et on paie d'avance (7)................	1 »
Crénaquencrève, un élève potard de Tarare (11).	1 »
De la part du Félisque Nemrod, montant du blanchissage d'une paire de guêtres (14)	1 »
Un dreyfusard Neuvillois (9)..................	2 »
Devant ces trahisons, que disait-il, lui? Rien! rien! Que faisait-il? Il allait à la chasse (8)...	0 25
Devant ces trahisons, que disait-il lui? Rien! rien! Que faisait-il? Il allait à la chasse (10)..	25 »
D'un geste il pouvait sauver la France du cauchemar Dreyfus, il préfère la chasse au lapin (9)	1 50
Démosthène (à propos d'une Macédoine de son pays) (16)	5 »
En dreber iod (5)............................	2 »
Un enfant de Moufmouf (6)...................	0 50
Un enfant de Paris qui est rien épaté de ne pas voir en tête de la souscription le nom de notre cher Président (7)...........................	5 »
En l'honneur de Notre-Dame de la Salette qui a bien averti la France le 19 septembre 1846 (10).	0 50
En l'honneur du bœuf à la mode (4)	1 »

Et si ce n'est assez de tout votre génie
Que le pioupiou d'un sou au villageois s'allie.

(16)	1 »
Et vous, Zurlinden, restez à votre poste (8)	0 25
Eugène, fou de Marguerite à P	5 »
Excusez-nous, M. le président du conseil (8)....	0 50
Une ex-maîtresse de Reinach (6)	5 »
Un ex-espion prussien, déserteur gracié pour services rendus à la patrie allemande (6)......	1 25
Fachoda-Dreyfus! Honte et trahison! (10).......	5 »
M. Faure devrait un peu moins chasser le lièvre et penser un peu plus aux maux de la France (11)	0 20
Félix, qui chasse si bien le lapin, ne pourrais-tu chasser les traîtres? (12)	1 »
Félix, tanneur, qui n'est pas Faure (4)	1 »
Un tioli qui escupi sur la fache à Reinach (14)...	0 25
Flingot (9)	0 15
Un foc (9)	0 50
Un fontenaisien dégoûté de l'ex-marchand de moutarde Guillemet, député dreyfusard. 18.000 fr. logé, éclairé et blanchi (8)............	0 50
L'ex-fournisseur en sécateurs du Zadoc de Nancy (11)	1 »
Un jeune français Katalamboula ben Teirith (7)..	2 »
Un franc vingt la sauva. Un autre franc la vengera	1 20
Les francs-forts (4)	0 25
Humble, modeste, si je suis gentillette, hélas! madame, j'ai fort peu de galette. Mistoufflette (16)	0 50
I-sa-ac (4)	0 25
Je cherche un homme! Diogène républicain au commencement, mais dégoûté à la fin (14)	1 »
Je peux disposer de 4 fr., mais j'en garde la moitié pour un cadeau de noce à Mlle Lucie Faure (16)	2 »
Jouberton, tond les chats et les juifs (16)	0 05
Une juive, trompée par les Youpins, a donné son cœur à un Aryen (17))	10 »
Juifs (6)	1 »
Les cinq sous de Juif-Errant pour faire marcher la vérité (14)	0 25
Un joujou de Saint-Mihiel (Meuse) (12)	1 »
Kiki s'appelle Nestor au pays de la Cagnotte (4).	1 »
Un autre kif-kif (14)	1 »

	Fr.	c.
Konkourkoup Laisblastos (7)...............	3	»
Ko-Pi (4).......................................	0	50
Ko Pi Ho prépare ses bottes (8)............	1	»
Laït-Vis-Rat (4)...............................	1	50
La-Larme-à-L'Œil (16)........................	0	50
L'amant d'Oline (9)...........................	1	05
Deux lapins de la Garenne-Colombes (16)...	1	»
Léon, le rempart de la Savoie (2)............	0	50
Le Roy Mistingne et son frère Lejeune (7)...	1	»
Lolotte, Guigui, français, un biffin du 85e (11)...	2	25
Lolotte qui chante chez elle (11).............	1	»
Loubet et Mephisto, typos, à Châteaubriant (16)..	0	50
Une loufoque de l'avenue du Maine (14)......	0	50
Un lougat qui en veut aux Juifs (11)..........	0	25
Loulou, petite modiste (8)....................	0	25
Loulou et Petit Chat (3).......................	2	»
Loulou-Kiki, Golette-Yaya-Didi, Gosse, Joujou et leur mandataire. Vive l'armée! (8)............	2	»
Mac'Okott (12).................................	1	»
Un Montmartrois, socialiste révolutionnaire, électeur de Rouanet, qui trouve que le Seigneur de la rue Laffitte a le don d'éclairer certaines consciences (13)...................................	3	»
Une négresse du Soudan, descendante de cannibales (6)......................................	1	50
Mahomed ben el Arbi. Vive la France! A bas les juifs! (8)......................................	2	»
Un gros malin qui se gondole d'avoir ouï mugir la vache à Colas (14).............................	0	50
Maman et son bica, Châlons-sur-Marne (6)...	0	30
Le madarin Li-Horel et le torpilleur russe (11)...	3	»
Malheur à ceux qui s'endurcissent (17)........	0	25
Les Mannes (4)................................	0	25
Un maqueux d'oreille, dégoûté des sales nez crochus (13).....................................	0	25
Marseille : Ense calamo et rostro (6)..........	10	»
Les sept membres du Club des Crabes clermontois (12)......................................	3	50
Mes cigares d'un mois (9)....................	1	»
Mes économies de café pendant les quatre jours d'arrêt dont me fait cadeau le défenseur des traîtres (16)..................................	1	»
Une mère de famille qui veut établir la différence entre son sexe et les divorcées de la *Fronde* (9)	2	50

	Fr. c.
Mira, chienne antisémite et son maître grand ennemi des juifs (11)	3 »
Miss et Titon. — Sus au pétrifiant gorille! (4)	2 »
Momie (11)	0 50
M. le potard, donnez de l'onguent gris. Val N.-D. Bezons (16)	1 »
Un Montmartrois, socialiste révolutionnaire, électeur de Rouanet, qui trouve que le Seigneur de la rue Laffitte a réellement le don d'éclairer certaines consciences (13)	3 »
Mon dividende sur mes lagunes (5)	0 50
Montant de deux lames collées à l'ami Fernand (?) de l'Académie française (10)	1 »
Un de Mountalba ; 12 sous. Quel malheur de n'avoir point la poche de Rothschild ! (17)	0 60
N'aurons-nous pas le sort de la Pologne? (10)	5 »
Une négresse du Soudan, descendante de cannibales (6)	1 50
Avec hypothèque sur les biens de Rothschild. Deux Nivernais (7)	0 50
Nounou (7)	1 »
On attend la souscription du général de Boisdeffre (8)	5 »
On est mauvaise tête, mais on est Français : un ancien zéphir (8)	0 50
On n'en finira donc jamais! (4)	0 15
On tapera ferme, as pas peur ma caillou !	0 25
O'razi (10)	2 »
Où allons-nous, mon Dieu? (3)	10 »
Per concha li judi de Prouvenço (9)	1 »
Per Jouse Fabre (16)	10 »
Un petit pétard de Province (6)	2 10
Un pobre basque (12)	0 95
Podas ochus de Moule-de-Gifles (7)	0 25
Trois poilus de la 11e division (10)	3 »
Pour aider un pon Vrançais té Vrance à louer son peau putique (16)	0 50
Pour faire le zouave (17)	5 »
Pour faire le 14e Morvandiau de Semelay, à Chaulgnes (16)	2 »
Pour faire rouspetter l'*Indépendant de Pau*, un ancien chacal (12)	0 50
Pour Félix, à qui ses maîtres de la rue Cadet ne permettent pas de souscrire (10)	0 60

	Fr. c.
Pour M. Félix Faure qui oublie (10)............	1 50
Pour M. Félix Faure qui n'a encore rien donné (4)	10 »
Pour Félisque, Fontenay-le-Comte (10).........	0 60
Pour fêter la noce du Veau d'or avec la vache à Colas (4).............................	0 25
Pour la chose du grade, deux verres de Corniflot en moins cette semaine (15)..................	0 60
Pour les Po-To-Feu Lazare (4)................	0 50
Pour Paul Meyer qui ne donnerait rien (5).....	0 65
Pour réparer la gaffe de Cavaignac, un ami de Menton (16).................................	0 50
Un poursuivi du même jour, à Digne (17)..	0 25
Pour rendre Félisque à sa nourrice (16)........	0 25
Pour un rossignol Dreyfusard (7).............	1 »
P459, 19729, 62, b91s, V2Rg259, p65s, 2xp2d3030, 952, 61, j5st3e2 (17)	5 »
La prédiction tôt ou tard s'accomplira (17).....	0 25
Quand le monocle et les guêtres blanches seront-elles patriotes ? (44).........................	1 »
Quand je vois mon vase de nuit, je pense au grand écrivain national de la pornographie (16)......	0 25
Quand on n'a jamais mangé la gamelle (46).....	0 25
Quelle République ! mon Dieu ! quelle République ! (14)..................................	1 »
Qui a traduit en deux lignes la pièce capitale du dossier secret (44)......................	5 »
Le pauvre rat de la rue Saint-Georges (9).......	1 »
Ratapoil, chien antidreyfusard de Saint-Mihiel (16)	2 25
Deux Sansonnets (7).........................	5 »
Sire Concis (3)...............................	0 50
Un sire qu'on scie depuis trop longtemps avec l'affaire Dreyfus (42)............................	0 50
Senor, le toutou à Lydie, haou aux croupions des Juifs (16).................................	0 25
Son impayable petite jument Belotte. (V. Populus, p. 79) (16)................................	0 50
Rigolo B. Br., le cheval de Charles qui s'associe de tout cœur à sa joyeuse amie Belotte (16)....	0 50
En souvenir de ma sainte femme, victime disparue dans l'incendie du Bazar de la Charité. Elle écrivit après l'année terrible : « Non la France ne périra pas, Dieu l'aime, et près du tombeau où elle semblait descendre, s'est assis l'ange de la délivrance » (41).....................	50 »

	Fr. c.
Un tailleur qui a eu de la chance de ne pas habiller Henri Maret lors de son mariage (7).......	1 »
Saint-Quentin, Tréveil-Picard n'est pas mort (13)	2 »
Tête de Bat (5)..................................	0 50
Le Thé amical (9)................................	1 50
Tombées si bas !.................................	0 50
Torticolis (14)..................................	0 25
Triple-Sec (14)..................................	1 »
D'un qui compte 29,558 jours d'existence (16)...	1 05
Un qui voudrait être entendu par la cour, car c'est lui qui a le dos scié (17)................	0 25
Un vieillard qui a fait sa fortune dans les obligations du chemin de fer du Salvador émises en 1872 (garanties par l'État), émises, 52, rue de Châteaudun, au *Moniteur Financier*, dirigé par un bon, un excellent juif décoré de la Légion d'honneur (13).............................	1 »
Un des deux cent cinquante-cinq « voyous » du splendide hôtel de Mustapha (14)..............	5 »
Un ventre rouge (6)..............................	2 »
Deux vers qui ont la rime en ir (9).............	10 »
Vidi (14)..	2 »
Voilà la vérité sortie du puits et Dupuy la conteste (12)......................................	1 »
Vol au vent, cocher à Montreuil.................	0 50
Voyons, monsieur Félix, sortez de votre torpeur. Chassez moins le lapin et un peu plus les ennemis de la France, les juifs infâmes !.......	1 »
Youdi ben Youdi kif kif alouf ben alouf (12)....	1 »

Excitation à la haine et au meurtre collectifs
DES JUIFS, PROTESTANTS, LIBRES-PENSEURS, REPUBLICAINS, ETC.

	Fr. c.
Albano, algérois, antijuif (16)................	0 50
Aghatois, antisémite à Marseille...............	0 20
Agussan (Jeanne) (voir *Andurans*).	
Alice-Marguerite. Extermination des juifs ! Vive l'armée ! (6)...........................	1 »
Allegrand (Aline), pour acheter de la mort-au-rat pour les juifs (10)........................	2 »
Altmayer. (Voir *Un groupe d'employés antisémites et antidreyfusards*).	
Alzon (J.), antijuif (6)........................	2 »
André (Petit), futur officier. Vive Jeanne d'Arc ! A bas les Juifs ! (14)......................	2 »
André et Marguerite, tous deux antijuifs (16)...	1 »
Andrieux. (Voir *Un groupe d'employés antisémites et antidreyfusards*).	
Andurans (Léon) et Agussan (Jeanne). Pour en finir au plus tôt (15)....................	1 »
Antoine, limonadier (Algérois antijuif) (16)......	0 50
Aquinot (M.), n'a qu'un bras, mais s'en servira (6)	0 50
Ariste et Jeanne. De l'or en attendant du plomb (4)	20 »
Aristide, Albert, Louis, commis épiciers antijuifs (11).................................	0 75
Aubineau (Marcel), de Solliès-Pont et Aubineau	

	Fr. c.
(Charles), qui détestent les juifs (6)	1 50
Augustin, ses quatre cousins (onze et douze ans); A bas les Juifs! (16).................	0 50
Aulon (Mme), antijuive (3)..................	0 25
Aumont (Mlle). Les juifs sont bêtes et canailles (5).	2 »
Aumont (Mme), qui ferait bien cuire un juif (5)	0 50
Ballière (A.) et un de ses amis qui voudraient voir guillotiner cent mille juifs et autres traîtres à la Patrie (3)..................	100 »
Barclichat (La tante), antijudaïsante (14)........	0 50
Bascouf (Joseph), Bellegarde, (Gard). A bas les Juifs! A bas les traîtres! (10)...............	1 »
Beauclair (Ch.) Toujours debout contre les traîtres (7).................	5 »
Beaucour père, de Gueschard, (Somme) 1 fr.; M. Beaucour, fils aîné, 1 fr.; Mme Beaucour contre les misérables qui déshonorent l'armée, 1 fr. (15)..................	3 »
Belgodère (Mme) A bas les juifs! (7)............	5 »
Belgodère fils, Vive la France! (7)...............	5 »
Bellejame (D.). Un partisan du déballage des juifs hors de France (16)...............	5 »
Bellanger (Mme) Les juifs au fumier! 1 fr. Les juifs à la porte! M. Bellanger, 1 fr. Honneur à la Patrie! petite Bellanger, 0 fr. 50 (5)............	2 50
Bernard (E.) débitant de vins, contre les Juifs, oppresseurs du petit commerce (5)............	2 »
Sa femme et son marmot (5)..............	0 25
Besse (M.). (Voir *Un groupe d'employés antisémites et antidreyfusards*).	
Biard (Mlle Anne-Marie). A bas les Youtres! (4).	0 50
Bigot (Edgard) pour la défense de l'orphelin contre la bande des sans-patrie, qui déshonore et avilit la France (13)...............	5 »
Blanchard (Léonce) A bas les Youpins! Vive la France! (8).................	1 »
Blin, antisémite mayennais (12)..............	2 10
Biondeau (Mme) patriote antisémite (3)..........	3 »
Bodin (J.) pour la fripouille et l'abjecte vermine juive (6)..................	5 »
Bonner (Z.), à Bordeaux. Pour la République, la France et l'armée, et pour l'extermination complète de la race juive (5)................	10 »
Bouchard, cocher antijuif. Aider les faibles con-	

	Fr. c.
tre les voleurs et les accapareurs juifs, et venger l'assassinat de notre cher ami Morès (5)...	2 »
Bouchet (François), de la Claie. A bas les juifs! (6)	2 50
Boulanger. Les étrennes que m'a données un juif (11)........	2 »
Bourgadier : Haut les cœurs et veillons aux armes! (4)........	2 »
Bourgoin père et fils, en attendant le chambardement des juifs (7)........	1 »
Bourlez (Auguste), antijuif, à Tourcoing (10)....	1 »
Boultier (Marie). A bas les juifs et toute la séquelle ! (15)........	0 25
Albert Bouy et René Piprot, cotisation dans le seul but de défendre Mme Henry contre des gens sans foi ni loi (16)........	6 »
Brabert, Toulousain, antisémite (5)........	5 »
Brezel (J.) Un antisémite (10)........	0 25
Brigonnet (Mme Hortense), antidreyfusarde (5)..	5 »
Brun (Mme), antijuive (5)........	0 50
Louis de Brunelin abonné de l'Antijuif Marseillais. A bas les juifs ! (11)	3 »
Brunot, ennemi juré de la bande cosmopolite (6)	2 »
Berthe, cuisinière, pour rôtir les juifs, à Caen (11)	0 20
Cagnoux (*), juif, 107, rue d'Aboukir, qui désapprouve ses coréligionnaires (2)........	2 »
Caroline et Germaine, 3 ans et 5 jours, seront antisémites (10)........	2 »
Charles Caron, 16, rue du Moulin-des-Prés, en souvenir de Morès, assassiné par les juifs (16).	3 »
Castets (Louis), un jeune industriel de Dax, qui sait comment on trafique dans Israël (6)......	20 »
Célina, cuisinière. Un bouillon d'onze heures pour les traîtres vendus (6)........	0 50
Chagniel (Léon), patriote antiju f à Marseille (11)	1 »
Champ (Ch.). Juifs et francs-maçons, voilà l'en-	

(*) La *Libre Parole* a publié au sujet de ce nom la note suivante :

« Nous recevons une rectification de M. Cagnoux, 107, rue d'Aboukir. Un mauvais plaisant avait envoyé une souscription à ce nom avec la mention : « Juif qui désapprouve ses coréligionnaires ».

« M. Cagnoux nous dit qu'il n'est pas juif, nous l'en félicitons ; il ajoute qu'il n'a pas souscrit, ceci le regarde.»

	Fr. c.
nemi (6)...	5 »
Chartinier (Eugène). Pour que tous les vilains juifs du dedans et du dehors, ennemis de la France, soient confondus (14)..................	2 »
Son chat « Mimi »...................................	0 50
Chartrain (H.), conscrit Fougerais qui aime son pays et déteste le juif (5)........................	0 50
Chavaud (J.) agréé à Tarare (Rhône), rue Grande 77. Pour sauver la France, il faut d'abord réduire à l'impuissance les vendus à l'étranger, 1 fr. Jeanne Chavaud, pour la veuve et l'orphelin, 0 fr. 25...............................	1 25
Chaumel, Périgueux, 6, place Bugeaud. A bas les juifs !...	2 »
Clément (Léon), royaliste, antisémite, jésuite calotin, etc., (13)................................	0 50
Cochart. A bas les juifs ! (8).......................	0 25
Cochet (J.) gone de Lyon, qui apprend à son fils à faire des nœuds pour pendre les juifs (13)...	2 »
Son gosse qui commence à savoir les faire (13)	1 »
Sa femme...	1 »
Son chat qui mangerait le foie de Reinach s'il n'était pourri.......................................	1 »
Colombier (Famille), père. A quand l'expulsion des juifs?...	2 »
Conseil (Mme), pour la veuve et l'orphelin et l'anéantissement des juifs (5)......................	1 »
Corbin (G. de), en haine des juifs (11)..........	1 »
Cornouiller (Henry), victime des sales juifs. (Algérois antijuif) (16)............................	0 50
Costes (Samuel), la jeune France, conscrit laboureur antijuif (9).................................	1 »
Coudriel, haine aux Youtres, que l'orphelin se souvienne ! (4)......................................	5 »
Coulier (J.). — Pour avoir un jour la jouissance de voir le dernier des juifs pendu avec les boyaux du dernier des judaïsants (6)..........	1 05
Cellé-Crossier (Jules) tire sur la Lys. A bas les traîtres! (13).......................................	0 25
Darcy (J.) à Epinal. A bas les juifs ! (16)........	1 »
Darq (Charlotte). Attend l'expulsion de tous les juifs (15)...	1 »
Debé (René). La France aux Français! Dehors les juifs ! (4)...	5 »

	Fr. c.
Declaix (Mme). A bas les juifs ! Vive l'armée ! (9)	1 »
Degrange (P.) à Touzin. *In odio judeorum* (16) ..	1 »
Delétang (Robert), membre du groupe des étudiants antisémites (9)...............	3 »
Delfau (Albert), en faveur du pauvre contre l'or juif (3).....................	5 »
Demache, patriote à Creil, dit Bon Beurre, ennemi des vautours juifs (10)	1 »
Dennes. (Voir *Un groupe d'employés antisémites et antidreyfusards*).	
Dénégri (Mlle Eugénie). A bas les juifs, ces mille-pattes ! (7)................	1 »
Depoortère (Carlos) à Tourcoing. Victime des juifs (10).......................	1 »
Derigon (P.), républicain radical catholique patriote ; ex sous-officier au 46e de marche de l'armée de la Loire, décidé à marcher, quand on voudra, contre la coalition des antifrançais, anarchistes, intellectuels, juifs, francs-maçons et protestants (2e versement).............	2 »
Derode (Hubert), de Saint-Malo, à qui son père enseigne l'horreur des Juifs (6).............	2 »
Desch, antijuif (4).....................	1 »
Deirand (Pierre), antisémite et patriote (3)......	1 50
Desgranges (Mme), patriote antijuive (3)........	1 »
Desnimes (Henri), à Nîmes, contre le génie du juif malfaisant (10).................	2 »
Després (Marie), qui considère les Dreyfusards comme une pourriture empoisonnant la France (3)............................	20 »
Desurgue (Mme), pour nous désinfecter de la peste juive (14)...................	10 »
Devenas (Claudius). A bas les juifs ! (10)........	1 05
Dormont (L.). A bas les traîtres ! (4).........	1 »
Doutriaux (Charles), cultivateur à Saint-Laurent-Blangy (P.-de-Calais). Vive l'état-major ! A bas les juifs, protestants, francs-maçons et autres intellectuels vendus à l'Angleterre ! 1 fr.; Jeanne Doutriaux, 1 fr.; Marie-Rose Doutriaux, 0.50; Constance Doutriaux, 0 fr. 50 ; Thérèse Doutriaux, 0 fr. 50 (10).................	3 50
Dreux (Jacques), (2e versement). A bas les juifs ! (4)............................	5 »
Dubois (Aug) et Julien son copain, en haine des	

	Fr. c.
Youpins (7)..	1 »
Dubois (J.), à Tarbes. A bas les juifs ! Vive la France ! (10)..	1 »
Dubruille (Famille). A bas les traîtres ! (8).....	0 50
Duclos (Mme Marré), au nom du féminisme chrétien et de l'union nationaliste des femmes françaises. Protestation contre l'œuvre néfaste de la *Fronde* (5).......................................	100 »
Albert Dunel, chef de comptabilité au Grand Bazar, à Verdun, qui voudrait voir tous les Youpins au fond de la Meuse (11)...................	1 »
Dupuy (M.), ennemi des Dreyfusards (5)........	1 »
Durand (Mme), pour houspiller les juifs (5).....	1 »
Durit (A.). Pour la veuve et l'orphelin contre les juifs (16)...	1 »
Eddy, Montluçon, par haine pour les Youpins et par amitié pour Ferdinand B..., lieutenant (15)	2 »
Elisabeth (Mme). à bas les juifs ! (2).............	2 »
Emile, Emilie, Emma et Berthe, du Havre. A bas les juifs ! (6)......................................	5 »
Engel, Alsacien. — Exterminons la juiverie (4).	2 »
Enginard (F.), à Rosendaël, en haine des juifs et des vendus (11)....................................	1 »
Etienne (Fernand et André), à Noisy-le-Sec. Pour la veuve et l'orphelin contre la vermine juive (5)...	2 »
Etiennette. En l'honneur de Drumont ! A bas les juifs ! Sa mère qui les abhorre, son père qui les porte sur son cœur !!! (4).........................	3 »
Faure (Raymond et Auguste), antisémites (2)....	10 »
Fauvel (Pierre), à Vernon (Eure). A bas les juifs (6)	1 »
Fernand, sept ans, rue Franklin, à Bordeaux, qui deviendra patriote et qui saura cogner sur les juifs quand il le faudra (16).......................	1 »
Foutrier, courtier en photographie, antisémite, victime des juifs (7)................................	0 50
Fiblec (F. Le). Hors la loi tous ces bandits ! (7).	1 »
Fleurant (G.). Un partisan de l'écrasement des juifs (3)...	2 » 2 »
Focqueuf (Ernest) (ses cinq filles), en haine des frères V..., insulteurs de l'armée (14).........	5 »
Foucault (Mme) à Mme Henry pour collectionner à *La Libre Parole* les numéros de la souscription, parchemins de son fils ; Mlle Paty, leur	

	Fr. c.
bonne, demande à Mlle de Bovet si la « Ligue des Patriotes féministes » n'a pas des ramifications en province ; Marin, leur employé, ex-clairon du 20e bataillon, prétend que seule la charge endiablée du Chass.-Rif. peut nous débarrasser du dernier Hébral (14)............	0 50
Foulgoc (Paul Le). Débarrassons-nous du chancre juif coûte que coûte (4)........................	2 »
François, limonadier. Algérois antijuif (16).....	1 »
Fredureau, commis épicier et futur conscrit de 1899. Vive l'armée! mort aux juifs! (14)......	0 50
Galy, un antidreyfusard, boulevard Arago (4)...	1 »
Galy, 10, boulevard Arago, antidreyfusard (4)...	1 »
Gannay (René), 14, rue des Quatre-Vents. Dans l'ancien temps, sur la place de Grève, il y avait des potences. Le progrès est en marche, il y a des becs de gaz (7)............................	5 »
Gargaud (H.). A bas les juifs et magistrats eunuques enjuponnés! (16)....................	1 »
Garnier (Hippolyte), libraire-éditeur. A bas les juifs! (7)....................................	0 50
Garo (Gaston et Paul). Antijuif (4)...............	0 50
Gayaut (P.) antijuif (4)........................	5 »
Gendre. (Voir : *Un groupe d'employés antisémites et antidreyfusards*.)	
Georges et Ninie contre le juif immonde (5).....	5 »
Gérant, antisémite (6)...........................	5 »
Germain, comptable antijuif (4).................	2 »
Germaine et Christine, qui voudraient bien embrasser le petit Henry (9).....................	2 »
Leur père en haine des Youtres et leur maman (9)..	2 »
Giraudeau (H.) en attendant les luttes futures (4).	0 50
Goirot. (Voir : *Un groupe d'employés antisémites et antidreyfusards*).	
Goupil (Albert), Clotilde, Bernadette et Jeanne. Haine aux juifs! (16)........................	3 »
Gravereau l'Auxerrois. Paul Bert, avec un prêtre, déjeunait le matin. — Moi, à tous mes repas, je mange du youpin (16)........................	1 »
Gripp (Carlo). Souhaite qu'un monsieur, armé d'une trique, débarrasse le sol français des juifs et des Clémenceau (4).....................	5 »
Groscharles et Crochet (Edm.), antiyoupinards (5)	0 50

	Fr. c.
Guillemot (Eugène), rue de Florence, 2. Vive l'armée! A bas les juifs! (4)	30 »
Haricot (Le). A bas les judaïsants! (7)	0 50
Hayn (G.). J'ai 2 fr. 20 et j'espère grandir pour assommer les youpins (6)	2 20
Hélène, socialiste-athée, antijuif (4)	1 05
Hemrod (J.-B.). Attend l'ouverture de la chasse aux juifs (14)	5 »
Henri à Angers. Pour museler les justiciers tarés et balayer les youpins (9)	3 »
Henri et Gabry, ont horreur des juifs (9)	3 »
Hoch, n'aime pas les tripes à la mode de Kuhn (10)	5 »
Hubert. (Voir Un groupe d'employés antisémites et antidreyfusards.)	
Hue (Pierre) et Charles Lablond pour s'associer à la bonne œuvre, vous envoient leur obole. A bas les youtres! (7)	2 »
Ignotus à Belfort : Il en est des juifs comme des grands malfaiteurs, on est contraint de les faire mourir pour leur apprendre à vivre (6)	0 75
Imbert (Maximin). Je considère moins un juif que le dernier des animaux que j'ai dans mon étable (15)	0 50
Isambert, Sigwald et Durand, trois bazochiens qui, au lieu de papier timbré, voudraient écrire sur du parchemin en peau de youpin (9)	3 »
Jacquemin (Félix), à Sedan, chevalier de la Légion d'honneur. Vivent les braves! honte aux insulteurs d'une femme! (13)	10 »
Jacques et Yvonne, 5 et 7 ans, antisémites enragés (8)	2 »
Jacquet (A.-J.), antisémite, à Saint-Bonnet-de-Curton (10)	1 »
Jean, 7 mois, élevé en haine des juifs (7)	2 »
Jean, Algérois antijuif (16)	0 50
Jean et Moïse, pas juifs (6)	4 »
Jeannot Lapin, 10 ans, antiyoupin (8)	1 »
Jégu, en horreur du dreyfusard et des juifs, à quelque religion qu'ils appartiennent (4)	20 »
Jenner (Robert, Louis, Charles), commis épiciers criant : A bas les juifs! Vive l'armée! (25)	0 75
Joséphine (Mlle), qui n'en mangerait pas (5)	0 50
Jouvet, à Riom. Pour la revision des naturalisations depuis le décret Crémieux et pour la robe	

	Fr. c.
jaune aux juifs (16)	2 »
Jules (Louis), ouvrier fumiste, maison Viville, antidreyfusard (16)	0 25
Julot. A bas les juifs! (6)	1 05
Juquin, antijuif (5)	1 »
Kahm (Roger et Yvonne), à Béziers. A la mer toute la bande infâme des sans-patrie! (11)	1 »
Kaudel (J.-B.). Un jeune commerçant donnerait bien son vin et ses liqueurs si cela pouvait empoisonner tous les juifs (7)	0 50
Kaufeisen (Jean-Marie). (Voir : J.-M.-J.)	
Lablond (Charles). (Voir : Hue [Pierre].)	
Lacombe (Julien), boulanger, se souvenant depuis 1883 de tous les juifs qu'il aurait tant plaisir à faire rôtir au four (9)	0 50
Laffon (Pierre), qui hait les Judas (5)	0 50
Laffon (Mlle Marguerite), en souvenir de son grand-père tué à Montebello (7)	5 »
Laforest (A.), secrétaire de la Jeunesse antisémite de Paris, ancien soldat à la 12e compagnie du 9e de ligne, à Agen (13)	1 »
Landeau, pour le jugement dernier des juifs (6)	2 »
Laplanche. Toujours à bas les juifs! (8)	1 »
Lamartre (Emile). A bas les juifs!	5 »
Latré flétrissant les juifs en la personne de Zadoc-Kahn (6)	0 75
Lauer (G.). Contre ses collègues dreyfusards (9)	5 »
Lautard. A bas les juifs! A bas Picquart! Vive la France! (11)	2 »
Laurent, Algérois antijuif (16)	0 50
Lavigne (F.) et Rapin. Pour la maman et le petit Henry, victimes des youpins (6)	2 »
Lebon (E.) Pour combattre les juifs, ennemis naturels des ouvriers et des honnêtes gens	2 »
Lecerf (Gabriel), à Brosville. Le juif montre au Français l'or qu'il a volé et lui dit : « Vends-moi la France et je te donne ceci! » (9)	0 15
Lecote (Emmanuel), à Bezons, pour aider à écraser la pieuvre dreyfusarde (4)	5 »
Le Coulse, représentant de commerce, avec les honnêtes gens contre tous les youddis et les vendus (12)	1 »
Leduc. A bas les juifs! (14)	0 25
Lefèvre (De la petite Marcelle), pour défendre le

	Fr. c.
petit orphelin contre les affreux juifs et judaïsants (5)...............................	2 »
Léon et Célestin. Pour pendre toute cette tripouille de sans-patrie (6)......................	1 »
Léon, antijuif (4)...............................	5 »
Léonard (Maria), pour le triomphe de la vérité et l'extermination des juifs (5).................	10 »
Lesbeaux (Mme), antisémite de la première heure (16)..	5 »
Lévy, honteux de la conduite de ses coreligionnaires (2).......................................	10 »
Loubeau (Henri), un petit vigneron qui enrage de penser que les youtres peuvent boire l'excellent vin de Montreuil-Bellay, qu'il récolte (12)	15 »
Louis, limonadier, Algérois antijuif (16)........	0 50
Louis. Les huguenots veulent donc une nouvelle Saint-Barthélemy ? Ils l'auront s'ils continuent à s'allier avec les juifs de l'étranger (10)......	1 05
Louis, pour apprendre à détester les youpins (9).	0 50
Louise. A la porte, les youpins ! (16)...........	0 50
Loyer (Jacques), ennemi des juifs et de leurs complices (8)................................	2 »
Luquet (E.) antijuif, à Nice (4)................	10 »
Magnac. Les juifs dehors ! Laval (5)............	5 »
Manon (Maurice). Crions de toutes nos forces : Vive la France et l'armée ! à bas les juifs ! vive Drumont ! (6).............................	1 50
Marais (Mme), femme d'un vieux moblot et mère d'un artilleur. L'inquisition s. v. p. ! (6).....	1 »
Marais (Raoul), frère d'un brigadier d'artillerie et qui, par conséquent, ne faisant qu'un an de service militaire, s'engage dans l'armée pour 4 ans, l'année prochaine. En attendant qu'on écorche tout vif ces c... de juifs (6).........	1 »
Marcadol. Algérois antijuif (16)................	0 50
Marcel (Du petit). Pour défendre l'infortunée veuve et l'orphelin contre les faciles attaques des forts contre les faibles (11)...............	0 50
March (Marie-Louise), une Française contre le juif (4).....................................	20 »
Marengo (Henri), au Vésinet. Tous les juifs à l'Ile du Diable (6)................................	2 »
Marin (voir *Foucault* [Mme]).	
Marquet (Eugène), 2, quai Jemmapes. Je joins	

	fr.	c.
mon cri d'indignation à celui de la France entière (6)	5	»
Marny (Jeannette de), antiyoupinette (6)	2	»
Martinet, porteur de pain, pour nous débarrasser des youpins (6)	0	75
Maubert (André). A bas les juifs!	0	25
Maudin (A.). Victime des juifs aujourd'hui même (9)	0	50
Mauger-Laverte (Fernand) (18 mois), élevé dans la haine des juifs et dreyfusards (4)	2	»
Maurice (Petit), élevé en haine des juifs (9)	1	»
Meignan (M.) qui n'aime pas les nez gros (8)	1	»
Mempenti (L'oncle Marius de) préfère une peau de lapin à une peau de youpin (14)	0	50
Meurant (G.), jeune patriote antisémite (8)	0	60
Michault (Léon), son frère et futur soldat. A bas les traîtres! (Voir Michault [Henri] au chapitre Glorification de l'Armée) (6)	1	»
Michelon (La pension) de Tours : Voir le dernier youpin à son dernier soupir. Nous tous en être cause et mourir de plaisir!	6	»
Milès (Paul) et Stella, deux Français qui n'aiment pas les juifs (8)	5	»
Milès. Face aux Youtres! (9)	1	»
Mimose, antijuive d'Asnières (4)	1	»
Montassier (Henri), qui réclame la cour martiale pour tous les traîtres (12)	1	»
Morland (Mme A.), à Mme Henry et son fils, pour nous débarrasser de la peste juive (14)	5	»
Mothe (Mme), en haine du Syndicat Dreyfus (10)	1	»
Moutier (P.) (Voir Thomas [Mme veuve].)		
Moutiers (A.), au Perche. On crache sur les sales juifs (7)	1	»
Moy (Mlles Marie et Thérèse), qui demandent une nouvelle Jeanne d'Arc pour bouter le juif hors de France. Amiens (8)	2	»
Muraire, écuyer professeur pour équilibrer les cerveaux judaïsants (14)	1	»
Neveu (G.), que les youpins dégoûtent (8)	1	»
Olivier (Gaston) et Staïlu (Charles), (Algérois antijuif) (16)	1	»
Pare (P.), ennemi de la sanie juive (3)	30	»
Parisot (Jules), pour la défense de l'honneur d'un		

	Fr.	c.
petit Français victime des juifs (1)	3	50
Parmentier (Marie), modiste. A bas les juifs ! (16)	1	»
Paty (Mlle) (voir *Fourcault* [Mme]).		
Paul, pour la veuve et l'orphelin, insultés par tous les pêcheurs en eau trouble (16)	5	»
Paulin (Aug.), à Alger. A bas les juifs ! (8)	5	»
Pépin (Eugène), pour l'honneur d'une française et l'horreur d'un youtre (4)	1	»
Perrichon (Adolphe). A bas les youtres ! Vive Drumont ! (6)	1	»
Péton-Nélaton le Niçois qui crie comme Job : A bas les juifs ! (10)	5	»
Piat (Mlle Marie), antidreyfusarde (3)	10	»
Pillot (Camille). Honneur au courage d'une femme pauvre se levant contre la toute-puissance de l'or ! (2)	5	»
Pinot (André). La Saint-Barthélemy des youpins est le seul moyen de sauver la France (16)...	1	»
Planchenault, combattant de 1870, ruiné par les juifs (6)	1	»
Poisson (H.) Vive la Saint-Barthélemy juive ! (7)	3	»
Pons (René et Marie-Rose), élevés par leur père dans la haine des juifs (6)	1	»
Pourcher (M. et Mme Henri), antisémites, château Fraye-Vigneux (10)	3	»
Prévert (André), à Leys. S'il ne reste en France qu'un seul antidreyfusard et antisémite, je serai encore celui-là (3)	2	»
Prévost (Jules). *Pro Christo et confusione Judæorum* (16)	2	»
Primault (Me), à Pontpéan, pour la destruction du youtre (7)	0	50
Prolhac (Henri), valet de chambre, fervent antisémite (6)	1	»
Puech (E.), antidreyfusard qui a soupé des juifs (6)	2	»
Quesnet (Jules), 8, rue Guyot. Pour une veuve et un orphelin français victimes d'une horde immonde (10).	5	»
Raphaël, limonadier. Algérois antijuif (16)	1	»
Rapin. (Voir *Lavigne*.)		
Raymond (Joseph), pour nous désempoisonner des youpins (6)	0	50
Renaud (Mme), qui déplore de voir la France		

entre les mains de la canaille juive (16).......	1 »
Renault (J.) et ses amis antisémites (10)	5 »
Ripé (C.) de Vendôme. A bas les traîtres! (4),...	2 »
Robert. A bas les juifs! (8)	5 »
Robert, à Paris, en haine du chancre juif attaché à la destinée de la France (17).................	20 »
Robert, neuf ans, a prélevé 2 francs sur ses étrennes, exècre le juif (7)	2 »
Rosendaël (E. G. de) (Nord). Trois noms qui seront cloués au pilori de l'histoire : Judas, Deutsch, Dreyfus (14).................................	0 60
Roucard (Jacques), de Metz. Toujours Français! Vive l'armée! A bas les juifs! (3).............	2 »
Roulette (E. La), pour conspuer les youpins (13).	0 50
Rouss, antijuif (4)	0 50
Roussel (Louise). Vive la France! Le juif, voilà l'ennemi! (4).................................	3 »
Roussilhe (J.-E.), à Libourne, proteste contre la campagne infâme menée par le Syndicat de trahison (16).................................	1 »
Royer (Charles), employé à l'Est, antijuif (8)....	1 »
Sabatier (Mme Achille) : Sainte Jeanne d'Arc, patronne de notre douce France, délivrez-nous des juifs! (5)	20 »
Sailly (P. de) Voir : *Un groupe d'employés antisémites et antidreyfusards*).	
Sainte-Marie-Goupil (M. et Mme). A bas les juifs! (16)..	10 »
Sauvry (F.), valet de pied. Sus aux juifs! (3) ...	1 »
Savaneau, antijuif, à Paris (3).................	2 »
Sazilly (de), à Tours, prouver aux juifs et aux sans-patrie que leur règne touche à sa fin (10).	10 »
Sebire, pour la disparition des juifs (14)	0 60
Seignol (Mme), à Mme Henry, contre les sans-patrie (4)	5 »
Signorel, 23, bd des Batignolles. A quand le départ de tous ces flibustiers pour la Palestine? (4)...	2 50
Sigwald. (Voir *Isanbert*.)	
Simon, victime du Panama, désire faire son devoir pour supprimer les juifs (12)............	1 50
Simon (Pierre). A bas les juifs! Pour acheter la corde qui les pendra (15).....................	0 50
Staïlu. (Voir *Olivier*.)	
Suricaut (G.), que tous les youpins soient logés	

	Fr.	c.
dans des tinettes, leur élément naturel, et que les intellectuels dreyfusards qui me font vomir soient envoyés sans-retard à l'Ile du Diable. Levallois..................................	2	»
Tableneuf, antisémite (7)............................	3	»
Terrien. Pour emballer les juifs (8)	0	40
Teursiot. Les juifs sont tous lâches et menteurs en affaires (16)	1	»
Tharin. (Voir *Un groupe d'employés antisémites et antidreyfusards*.)		
Théophile, Ariégeois, ennemi du juif (8)........	1	»
Thibault (A.), qui désirerait casser sa canne sur le nez d'un juif (4)......................................	1	»
Thirion, un vieux Messin, nécessairement anti-youpin (8)...	2	»
Thivelet (Louis), de Paray-le-Monial. Antisémite (9)...	2	»
Thomas (Mme veuve), M. Thomas, P. Moutier, J. Thomas, pour l'orphelin. A bas les les juifs puants ! (7)	1	»
Thomas (E.). Un patriote qui voudrait voir tous les juifs pendus (6)....................................	1	»
Thouvenot. Pour nous débarrasser des youpins, vermine qui nous ronge (6)	1	»
Thouvenot. Pour nous débarrasser de la sale vermine qui nous ronge (14)............................	1	»
Timon (Henri), antisémite, 14, rue Montaigne (3)	2	»
Tirard (Charles), contre les menées des juifs (14)	0	25
Toutonne, antijuif (10)	2	»
Tosq et Globus, antisémites (7)	0	50
Tourrau. A bas les judaïsants ! (11)	5	»
Tourriot (H.) exécrant des juifs (6)..............	5	»
Travert (L.), propriétaire près Bayeux. Honte aux juifs qui m'ont trompé dans une affaire ! (5)...	2	»
Tropé (H.), antijuif (4)..............................	3	»
Tuault (B. de), antisémite breton (3).............	5	»
Turroques, à Casteljaloux. Vive la France ! Vive l'armée ! A bas les juifs ! (5)	5	»
Tuzet (A.), antisémite (17)	1	50
Vallet (Frans) *Væ Judæis*! (5)	1	»
Vallet (R.), futur soldat, à Bar-le-Duc. A bas les juifs ! (5)	1	»
Vattebled (Voir : *Un groupe d'employés antisémites et antidreyfusards*).		

	Fr. c.
Vaucelles (P.). A bas les traîtres! A bas les juifs! (3)..	5 »
Vernet, serait très heureux de voir la youpaille reconstruire avec Brisson le temple de Salomon	
Vernon (Julien). A bas les francs-maçons! (16)..	2 »
Verny (Le cocher), 13, rue Lévy. A bas les juifs! (14)..	2 »
Véronce (La), Orange, spécialités de cravates pour traîtres (17).....................................	3 »
Vévé du Codlades, en haine des youpins (8)	1 »
Viez (L.), président la section rouennaise de la Ligue antisémite (7)...............................	5 »
Violette et Mouchon, deux petits protestants, petits-enfants de pasteur, au jeune Henry victime de quelques-uns de leurs coreligionnaires (5).	5 »
Vincent (M.), à Grignon (Côte-d'Or). A bas la République vendue aux traîtres! (6).............	2 »
Vitte (P. Arno), un Celte-Gaulois, qui de toutes les puissances de son âme réprouve le forfait exécrable d'Israël, son attentat maudit contre la vie de la grande nation d'Amour, la France, par le moyen de laquelle doit s'établir le règne céleste dans le monde (7).............................	5 »
Vothier, Vitry-le-François, ouvrier en machines à découper, qui serviront à découper les juifs (7)..	0 50
Voulquin (Gustave). A bas les juifs! (3).........	5 »
Vulquin (Louis), membre de la Ligue antisémitique de France (5)..............................	1 »
Van Wagen Mystil (12)	2 »
On en fera des pâtés de ces sales juifs (12)....	1 »
Oscar faisant trio avec les deux précédents (12)	1 »
A. A. Je dresse mon chien à les dévorer pour le jour (6)..	1 »
A. A. Les juifs font plus de ravage que la peste (16)..	1 05
A. B. A bas les juifs! (6)..........................	0 50
A. A., ancien sous-officier. En haine des juifs (6)	1 »
A. B. et sa femme, pour que les vendus et les chéquards soient tous envoyés à l'usine de Bondy (10)..	1 50
A. B. Vive la France! A bas les juifs! (8)	2 »

	Fr. c.
A. B. et L. D. Pour l'honneur, pour la Patrie, Pour la veuve, pour l'orphelin, Pour qu'on voie la France unie, Et hors d'elle l'affreux youpin. Deux domestiques (6).....	3 »
A. C. Pour la cause antisémite, la seule, la vraie. A bas les juifs! (9)............	2 »
A. C. Un français écœuré de voir un peuple de braves gens mené par des coquins (16)........	10 »
A. C. et A. T. qui demandent la circoncision jusqu'au dessus des épaules pour tous les juifs (6)	1 05
A. C., antisémite militant à la suite d'un voyage en Algérie (16)................	0 15
A. C., un auvergnat. Sus aux traîtres! (4)	1 »
A. C., libre-penseur antijuif, à Nogent-le-Rotrou (16)........................	5 »
A. D. Pour la destruction de la juiverie, vrai phylloxéra humain (4)................	1 »
A. D., une Parisienne qui a horreur du juif (14).	7 »
A. D. Vive la France et à la porte les infects juifs! (8)........................	2 »
A. D. B. Plus de juifs dans l'armée! (17)........	2 »
A. G., anti-dreyfusard (6)................	1 »
A. G. Pour l'expulsion des étrangers salariés à l'*Aurore* et aux *Droits de l'Homme* (7).......	1 »
A. I. et E. M. D. A bas les juifs! (5)............	2 50
A. et J., antidreyfusards et antisémites (5)	5 »
A. L., antijuif (4)........................	1 »
A. L. Dans la crainte et l'espoir que la maudite affaire est un fléau de Dieu pour en arriver à un nouveau châtiment de la race juive par la France vengeresse (14)................	1 »
A. M. L. R. (Mme). Pour la veuve et l'orphelin, victimes des juifs et doublement sacrés à tous les cœurs français : Vive Rochefort! (8)......	5 »
A. M. L., antisémite angevin (9)	1 50
A. P. victime des juifs (9)..................	5 »
A. R. La vue d'un juif me donne des nausées (15)	1 »
A. R. Pour écraser le vampire (8)..............	20 »
A. R. Pour trouver le poison qui nous débarassera du youpin en commençant par Reinach (5)	1 »
A. S. Pour l'expulsion de la vermine juive (8)..	5 »
A. V. antisémite bourguignon. A bas les sales	

	Fr. c.
youtres! (6)	10 »
A. V. Pour l'extermination complète des youtres (4)	1 »
B.. antisémite (Vesoul) (16)	5 »
B.-A., antisémite (4)	2 »
B. B. G. B. à Lavaur. Devant la trahison des nouveaux bourguignons, je me proclame Armagnac (5)	2 »
B. C., père de famille qui, en cas de guerre, demande avant tout la destruction des mauvais juifs et des dreyfusards (14)	1 »
B. (Edmond). Pour la veuve du colonel Henry, victime de la bande du juif Reinach. Vive Drumont! A bas les juifs! Vive Déroulède! A bas les traîtres! (2ᵉ obole) (16)	1 50
B. (Louis). Une muselière pour les vieilles de la *Fronde*! A bas leur youtrecuidance (10)	1 »
B. D. Vive la France! A bas les traîtres! (5)	5 »
B. D. (Gabriel). Ah! les sales youtres! (16)	3 »
B. et L. Protestation énergique de deux pauvres gueux contre la campagne antifrançaise des sales youpins (6)	0 45
B. F. Pour la France, que le juif pille, que le huguenot trahit. Hardi! les terriens contre le traître et le pillard! (8)	1 »
B. H. (M.).. à Amiens. Christ débarrasse-nous du sale Juif! (8)	2 »
B. P. Les juifs, il n'y en a pas assez; je demande qu'on les coupe en deux (16)	0 25
A. D. et Em. C. A bas tous les immondes youpins! (7)	2 »
C. antisémite (Vesoul) (16)	2 »
C. Un catholique français en haine des juifs et des protestants ennemis de la France (11)	1 »
C. (Félix), par haine des juifs (3)	5 »
C. A. antidreyfusard (8)	1 »
C. B. A bas les juifs! (4)	5 »
C. B. Un abonné du *Soleil* qui envoie son obole pour balayer cette vermine de dreyfusards qui empoisonnent la France (10)	2 »
B. (Ch.) Guerre à l'Alliance juive-protestante! (6)	1 »
C. C. chasseur ardennais, qui demande une chasse à courre aux juifs (14)	0 50
C. D.. à Cècles (11)	0 50
Sa femme qui maudit les juifs (11)	0 25

	Fr. c
C.-D. Clermontois, antisémite chauffé à blanc (4)	0 50
C. G. Mon petit Noël pour combattre les juifs (16)	10 »
C. L. F., breton antijuif (12)	5 »
C. L... à Arras. Pour la veuve et l'orphelin. — Un qui voudrait voir Paris en état de siège, et les délits jugés par des conseils de guerre (7).	2 »
C. L. Un qui commence à comprendre la Saint-Barthélemy en présence de l'attitude antipatriotique des protestants (5)	0 50
C. M. Un israélite dégoûté des juifs (12)	5 »
C. M. A bas les juifs ! (5)	1 »
C. M. Le vrai, l'unique moyen de mater les juifs, c'est de les soumettre à une restitution forcée (12)	0 60
C. P., sanglier qui voudrait donner du boutoir dans les juifs (14)	1 »
C. P. E. Pour la veuve Henry, contre les youpins d'Allemagne et les assassins de Morès (5)	2 »
C. R., à Grenoble. Pour la défense de la veuve et de l'orphelin. A bas les juifs ! (9)	2 »
C. (Roger). En haine des juifs (17)	5 »
C. T. De bien grand cœur pour la veuve et l'orphelin contre les sans-cœur et sans-pudeur (4)	5 »
C. V. Sans tarder, tous les juifs à l'eau (6)	0 50
C. V. Un rouennais indigné des vols juifs (17)	0 60
D... à Vesoul, antisémite (16)	1 »
D. (Anne-Marie-Jeanne), son père, membre de la Ligue antijuive (10)	2 »
D. (Mme). Oh ! les sales juifs ! (6)	0 25
D. (Marius) et J. E., à bas les juifs (8)	1 »
D. D. Vive (sic) les bons patriotes et à bas les juifs! (14)	2 10
D. E. P. B. C. F. A. Un groupe de patriotes marseillais. Vive la France ! Vive l'armée ! A bas les juifs! (6)	6 »
D. L., épicier patriote, à Paris, ancien sergent-major au 36ᵉ de ligne, prêt à marcher sur la bande youpine. Vive la France! vive l'armée! (14)	1 »
D. T., un modeste employé. Vive l'armée ! A bas les juifs ! (10)	0 50
E. A., pour couvrir les frais d'expulsion des juifs du territoire français (14)	0 50
E. A. Un juif écœuré de la lâcheté gouverne-	

mentale	5 »
E. B. Pour l'orphelin Henry. A bas les vendus ! (6)	2 »
E. C. Un coup de botte aux dreyfusards et panamistes (7)..	0 50
E. F. Un Montmartrois. A bas les juifs ! (4)....	0 50
E. G. Balayons le fléau juif ! (6)	1 »
E. G. Bourguignon, largement antisémite (5)....	5 »
E. G., H. G., F. F., L. F., J. M., F. B., A. W., tous antijuifs (4)	6 50
E. G. et L. G. En horreur des juifs et de l'infâme Reinach en particulier (5)	5 »
E. G. républicain socialiste, et son fils, blanquiste révolutionnaire patriote du 2e, à l'enfant du peuple dont le père fut victime des anarchistes capitalistes Jaurès et Reinach. Vive Rochefort ! (6)..	1 50
E. H., dit le Héros, pour l'expulsion rapide des youddis (8)	1 »
E. H. patriote antisectaire (7)........................	10 »
E. L. antijuif (4)..	1 »
E. L. à bas la séquelle judéo-panamiste, franc-maçonne (3)..	1 »
E. L. architecte, rue de Cormeille, à Levallois, ex-brigadier du 8e régiment d'artillerie. Vive la France ! Vive l'armée ! A bas les traîtres !	0 50
E. L. Avec l'espérance que tous les dreyfusards seront bientôt à l'eau ! (8).............................	5 »
E. M. A. A bas les traîtres ! (16).....................	2 »
E. M. Deux Lunellois ennemis des youpins (5)..	1 50
E. P. imprimeur antijuif d'Ille-et-Vilaine (4)....	0 50
E. P. Qui nous délivrera de ces youpins ? (6)....	5 »
E. R. Savoyarde. A bas les juifs ! (4)	0 50
E. T., maître d'hôtel, qui aime son pays et non les youddis de la bande Reinach (11)	1 »
E. T. F. de C., à Jeumont, l'envoi... En voilà trop ! plus d'endurance ! L'heure approche où nous dirons ouf ! Ça se tanne une peau d'Yousouf ? A bas les juifs et vive la France !.............	2 50
E. V. Le juif voilà l'ennemi. Vive l'armée !......	2 »
E. V. Pour exclure les juifs de l'armée et des fonctions publiques (11)......................................	1 »
F. A., employé au Louvre. En haine du juif (8) .	1 »
F. D., (Pour mon ami) qui ne voit pas que l'inertie	

	Fr. c.
et la veulerie de notre bourgeoisie en face du péril juif nous mène à la pire des révolutions (46)	2 »
F. G. Un propriétaire des rives du Beuvron, riche de sentiments antisémites (11)	2 »
F. G. H. Protestation contre les juifs. Hommage à l'armée (15)	60 »
F. J. H. B. Honte au lâche officier qui vient d'épouser une femme juive! (7)	0 50
F. L. à Nantes, antijuif de la première heure, grand admirateur de la persévérance de Drumont (4)	3 »
F. L. G. un Breton qui déteste les juifs (11)	0 50
F. P. A bas les juifs! Vive l'armée! (14)	1 »
F. P. Mort aux juifs! (5)	1 »
F. P. Pour que les juifs et leurs amis s'en aillent au diable (15)	1 »
F. R. Pour un coup de pioche de plus à la démolition de la néfaste puissance juive en France (6)	2 »
Francis (Au nom de), 1 fr.; d'Andrée, 1 fr.; de Germaine, 1 fr. A bas les juifs et leur soutien Kérohant! 1 fr. (3)	4 »
F. U. S. J'abhorre le Syndicat dont j'ai pu apprécier les ignobles agissements (9)	0 40
G. antisémite, à Vesoul (16)	1 »
G. A. Pour le fils d'une victime des juifs (6)	2 »
G. A. *Cuique suum!* A mort fourbes et traîtres! (14)	1 »
G. B. Un patriote qui comprend, par le scandale actuel, la Saint-Barthélemy (17)	2 »
G. B. J'aime la veuve et l'orphelin. A l'eau les sales youpins (4)	1 »
G. B. Un vieux Quimperois patriote antijuif, ennemi acharné des Anglais (10)	5 »
G. B. patriote de Sancy. En haine des francs-maçons judaïsants (7)	1 »
G. C. J. Pour la France qui expire sous la juiverie (16)	5 »
G. D. capitaine au long cours. Heureux de pouvoir dire qu'un youtre ne porte pas ce titre (10)	5 »
G. D. antijuif (3)	15 »
G. J. Un bon Français qui n'a pas peur des juifs, à Aubigny (7)	1 05

	Fr. c.

G. J. cinq pieds six pouces, pour faire du bouillon de chien avec les cartilages de certains nez (16).................................... 1 »

G. V. En souvenir de son mari, qui détestait les youpins (14).................................... 5 »

G. et Z., qui réclament une loi pour expulser les juifs (3).................................... 4 »

H. antisémite, à Vesoul (16).................... 1 »

H. (Mme) antisémite (4)........................ 2 »

H. (Georges). Un coup de balai s. v. p. (8)...... 3 »

H. C. Contre les juifs (8)...................... 0 50

H. C. Pour que la justice ne soit pas rien que pour les juifs (4).................................... 2 »

H. L. En souvenir d'un petit catholique français qui priera au ciel pour le petit Français catholique dont les juifs étrangers ont fait un orphelin (6).................................... 10 »

H. D. A bas les juifs ! (13).................... 1 »

H. D. G. Un protestant qui ne veut pas être confondu avec les Juifs (10).................................... 2 »

H. F. et G. P. Pour la France catholique, pour l'armée contre la juiverie, deux employés français (4).................................... 1 »

H. G. A bas les juifs! (4)...................... 2 »

H. G. de Turin. A quand l'hécatombe des juifs? (17) 2 »

H. J. L. A bas les juifs ! (14)................. 2 »

H. L. frère d'un lieutenant d'infanterie, pour Félix Faure quand il aura tué autant de youpins que de lapins (15).................................... 0 50

H. M. A bas les 44 sans-patrie du Conseil municipal de Paris ! (6).................................... 2 »

H. M. Solidarité contre la juiverie (2).......... 20 »

H. M. Grande-Rue, à Saint-Mandé, tond les chiens, coupe les cheveux, etc. Spécialité pour intellectuels et youpins (14).................................... 1 05

H. M. *Gallicæ Universitatis aggregatus professor, ut fœdissimus Reinachius in jus adducatur, et interea quid de judæis Cicero in oratione « Pro Flacco » habita senserit, legat et secum cogitet* (11) 1 »

H. M., victime des juifs et des panamistes (3).... 10 »

H. M. (Sarthe). Pour l'armée contre les juifs (16) 1 »

H. P.. qui exècre les youpins (4) 0 30

H. R. un jeune fonctionnaire antisémite ; un ami de Drumont ; un fonctionnaire antisémite ; L.

	Fr. c.
G., un ami intime de Drumont; H. G., à Saint-Mandé (10)...	3 50
H. R., victime des juifs (14).........................	5 »
H. S. Un garçon d'hôtel de Nancy, qui ne s'enrichira pas avec les pourboires des juifs (7)....	0 60
H. S. membre de la Ligue antisémitique de France (7)...	1 »
J. sa meilleure amie. Honte aux traîtres! (10)....	1 »
J. B. propriétaire antisémite enragé (1)..........	1 »
J. B. contre les juifs sangsues du peuple (10) ..	0 50
J.-B. Destrue Israël pedibus. Vivières (Ardèche) (16)...	0 50
J. B. Un inventeur a trouvé le moyen d'utiliser les peaux juives, même trouées (11)............	1 »
J. B. Un lecteur assidu de La Libre Parole, ancien combattant de 1870. Vive l'armée! A bas les Juifs! (10)...	1 »
J. C. Lorraine française. Français patriotes, n'achetez jamais aux juifs, 2 fr.; un ancien officier et combattant de 70-71 et dans le Panama, 3 fr. (16)...	5 »
J. C. un patriote de l'Isère qui voudrait voir tous les juifs cloués au mur (11)..............	1 »
J. B. un antisémite (2)...............................	5 »
J. B. T. de Berco, qui ne seront jamais youtres (9)..	5 »
J. D. A bas les juifs! (3)...........................	5 »
J. D. Non, le uif jn'est pas intelligent, car il a craché en l'air et, comme dit le proverbe, cela lui retombera sur... sa marque de fabrique (6).	0 50
J. E. A bas les youpins et les dreyfusards! (10)..	1 »
J. F. et E. G. anciens élèves de l'Université : les bûchers du moyen-âge avaient du bon (4).....	2 »
J. J. pour combattre la race maudite (8)........	20 »
J. L. Pour la France, contre la triplice des francs-maçons, des juifs et des protestants. Un catholique antisémite (6)..................................	10 »
J. M. J. patriote antijuif dijonnais; Jean-Marie Kauffeisen, école Saint-Joseph, rue du Gaz, à Dijon (11)...	1 »
J. O., qui ne restera pas inactif quand sonnera la Saint-Barthélemy des juifs (14).............	2 »
J. P. (Mme). A bas les youtres! 5 fr.; J. A bas les youpins! 0 50; J. D. A bas les vendus! 1 fr.;	

	Fr. c.
H. G. Vive l'empire ! et qui voudrait que l'on casse la tête du sale gorille Reinach, 1 fr.; M. Aventin Bande ou Houga Gers 0 10 (5)....	7 60
J. P. Infâmes ! le sang du colonel Henry vous étouffera-t-il ? (7).................	0 50
J. P. inspecteur d'assurances qui engage ses camarades à en faire de même : A bas les juifs ! (6)..........................	2 »
J. P. *Morto insecto, morto venino (sic!)* (10)....	5 »
J. R. antijuif (4)...........................	1 »
J. R. antijuif (9)...........................	1 »
J. R. Qui attend patiemment l'obole de Félix, ministres et députés qui savent Dreyfus mille fois coupable (12).......................	1 »
J. S. antisémite, le Havre (5)................	2 »
J. T. futur défenseur de la patrie et de la frontière des juifs (8)........................	2 »
J. S. à Reims, pour aider à détruire le microbe juif (8)................................	1 »
J. S. Vive M. Drumont et ses collaborateurs ! A bas les juifs ! (12)........................	2 »
J.-V. Une chiquenaude aux syndiqués dreyfusards (16)............................	1 »
L. A. Pour chasser tous les dreyfusards de France. Vive l'armée ! (6).................	5 »
L. A. A., patriote meusien, ennemi juré du rénégat et avorton Poincaré et de tous les dreyfusards (4)...............................	20 »
L. B. et son fils. A la potence toute la fripouille ! (4).............................	1 50
L. B. On demande le goût des youtres (11).....	5 »
L. B. (Mme). Par horreur des juifs (5)..........	2 »
L. B. un bon patriote du Gros-Caillou (4).......	0 50
L. C. antidreyfusard (14)....................	0 50
L. D. pour la veuve et l'orphelin, victime des juifs (12)...............................	5 »
Lev. (Alb.) à Nancy, youtrophobe (5)...........	3 »
L. H. du Mans. Le juif est le cancer de la France : vite un bistouri (14).......................	1 »
L. J. antidreyfusard (6)......................	1 »
L. J. H. B., ruiné par les juifs (17)............	1 »
L. L. caporal clairon de la Société « Trois-Etoiles », classe 99, se promet de bien s'exercer en vue du grand chambardement (8).............	1 »

	Fr. c
L. M. le véritable limonadier antisémite (12)...	5
L. M. un ennemi des baptisés au sécateur (11)..	1
L. R. rue Pauquet A bas la canaille!............	2
L. R. A bas les traîtres et les vendus! L. R. (11).	3
L. S. membre de la Ligue antisémitique de France (6)	1
L. S. Cette goutte d'eau dans le flot de haine qui brisera le joug juif (16)	1
L. S. un bas alpin qui exècre les juifs (6)	1
L. V. A bas les juifs!	1
M. antisémite, à Vesoul (16)	2
M. (Lydia), vingt ans, riche seulement en haine pour les youtres (10)	0 50
M. A. P., ennemi des juifs (2)	20
M. B. Un français de la circonscription que représente M. Déroulède à la Chambre. A bas les juifs! (16)	0 50
M. D. Pour l'armée contre les juifs (10)	10
M. J. R. contre les juifs (5)	5
M. L. à Bois-Colombes (antijuif sûrement) (16)...	5
M. L., pour voir la fin du règne des Juifs en France (16)	0 50
M. L. Pour confondre ces ignobles juifs (4)	2
M. L. parfumeur qui fait de la pommade antiseptique pour pieds de youpin (8)	0 50
M. L. A bas les juifs et les protestants qui ont acheté les politiciens et les magistrats et qui ne peuvent pas acheter l'armée! (8)..........	10
M. L. de V. J'exècre les juifs, j'aime la France, je désire le Roi (11)	1
M. L. M., antijuif (7).........................	20
M. P. 6, boul. des Capucines, antijuif (5)........	10
M. P. une française. A la frontière tous les juifs et leurs complices (4)....................	25
M. P. une française. Assez de mots, des faits! (14)	10
M. P. S. A bas les traîtres! (9)	2
M. T. antijuif 6, boul. des Capucines (5)	10
M. V. Sang de juif, sang de porc (7)	1
N. dépouiller le juif voleur et le chasser de France (14)	0 30
N. V. Un arverne ennemi de la triplice fangeuse judéo-protestante et franc-maccach (7).......	5
N. V. une antisémite, petite-fille d'un légion-	

naire de l'Empire (6)	2 »
O. (Marcel) et ses parents antisémites (16)......	1 »
P., afin d'acheter des cravates de chanvre (13)..	5 »
P. (Charles), fondateur avec M. C. L., et de leurs propres deniers, de l'Alliance antijuive, l'organe antisémite régulier paru en France (14)........	10 »
P. (Mme), une adversaire des juifs (2)	2 »
P. A. B. Un juif, cet être si couard revêtu de l'uniforme d'officier français, quoi de plus ironique ? (15)	1 »
P. B. La juiverie, c'est le chiendent de l'humanité (16)...	0 25
P. C. Ablis, qui voudrait faire les additions aussi bien que les Juifs (16)................................	0 15
P. G. Ablis, qui voudrait circoncire les juifs (16)	0 15
P. G., délégué de la Ligue antisémitique (7).....	10 »
P. H. Je suis pour les moyens doux, les youpins et les judaïsants à la lanterne! (16)...............	0 25
P. H. Tous les juifs, hors de France! (16)	2 »
P. L. Pour l'achat de la corde qui pendra ces youpins (5)	2 »
P. L. M. (Un) de Nîmes, féroce antijuif. Vive la France! Vive l'armée! Vive Drumont! (7).....	1 50
P. M. antijuif (4)..	0 50
P. R., de Saint-Jean de Losne. Le juif est le phylloxéra du commerce. Vive Drumont! Vive Lasies! (15)...	1 »
P. R. C., ruiné par les juifs, à Château-Chinon (16)	1 »
P. S. antisémite (9).....................................	2 »
R. A. — A la veuve et à l'orphelin contre Judas (3)...	20 »
R.-A. Un Français sans haine pour les juifs et protestants, mais furieusement désireux de les voir confinés dans le rôle d'une minorité infime (16)	5 »
R. B. — Pour l'expulsion de France de tous les juifs (16)	1 »
R. B. Pour Mme Henry et contre les Juifs exécrés; deux Lorraines (7)......................................	100 »
R. D. et L. M. Au nom d'un groupe d'antijuifs. rue d'Assas (16)	1 50
R. G. antidreyfusard; au Mans, qui voudrait que tous les juifs aient les yeux crevés (14)........	0 10
R. G., A. P., Z. S., V. G., E. L. Envoi de cinq	

	Fr.	c.
Rouennais férocement antijuifs et prêts à payer de leur personne pour expulser les juifs (9)...	5	»
R. J. pour l'extermination des juifs et des enjuivés (5).............................	2	»
R. L., en Alsace tous les juifs puent (12).......	0	25
R. G. En souvenir de la fille d'un brave général. A bas les juifs ! (9).......................	1	»
R. P. Pour qu'on réexpédie les juifs à Jérusalem par le prochain courrier et avec des grands coups de botte dans le dos (4)...............	0	50
R. R. D., trois Angevins qui voudraient voir tous les traîtres et ceux qui les soutiennent pendus à la Tour Eiffel (8)................	2	»
S. (Le petit André), à son petit ami Henry, en haine du juif (4)	2	»
S. (Etienne et Auguste D.) ont les juifs en horreur (16).................................	0	30
S. E. Une jeune patriote antijuive (14)........	2	»
S. M. Voilà Noël, si on faisait du boudin ! (7)...	1	»
T. H. Hors de France la vermine, la France aux Français ! (6)................................	10	»
T. et P. deux antijuifs (2)......................	7	»
T. S. sa femme et ses quatre enfants antisémites (9)...	1	»
V. (Mlle) qui déteste tous les lâches en général et les juifs surtout (16)......................	1	20
V. B. et C. V., deux gendarmes qui voudraient avoir le plaisir de mettre leurs menottes aux mains de tous les dreyfusards (10)............	1	»
V. D. (Mme). Haine aux traîtres ! (8)	1	»
V. P., Montulien. Pourrait-on expliquer l'absurde de cette question : Pourquoi les socialistes sont-ils défenseurs des capitalistes richissimes ? (16)	1	50
V, T. U. Un négociant antijuif (4)...............	1	»
X. représentant en pétrole, antisémite (7)......	1	»
X. A. Deux garçons de café antijuif café du commerce (8)	1	05
XXXX. Je trouve qu'il n'y a pas assez de juifs à massacrer : je propose de les couper en deux pour en faire le double. Levallois.............	0	50
Y. B. Une jeune fille qui souhaite l'expulsion de tous les juifs et, en particulier, du sieur Mayer	1	»
Z. L. et H. L. Pour voir la France délivrée des juifs (6)	5	»

	Fr. c.
A bas la calotte judéo-protestante! (5)............	0 50
A bas l'argent impur et corrupteur! (17).........	0 25
A bas cette République, complice des traîtres! (8)	1 »
A bas le cléricalisme protestant à Lyon! (11).....	1 »
A bas la franc-maçonnerie qui ruine la France! (8)............	1 »
A bas la franc-maçonnerie qui salit la France! (3)	2 »
A bas la *Fronde* youpinarde! Vive la femme pot-au-feu! (10)...........	1 »
A bas le juif, ce cancer social! (6)...............	3 20
A bas les juifs! Bourillon, ex-sous-officier au 13ᵉ de ligne, 2ᵉ compagnie de marche, volontaire pendant la guerre 1870-71. Vive l'armée! (14)..	1 »
A bas les juifs! Cannes (9).......................	3 »
A bas les juifs de l'extrême frontière! (14)......	20 »
A bas les juifs et francs-maçons! (11)............	1 »
A bas les juifs en passant! (14).................	0 50
A bas les juifs et les francs maçons! (16)........	1 »
A bas les juifs et les francs-maçons! (17)........	1 »
A bas les juifs et les francs-maçons leurs larbins! (6)...........	5 »
A bas les juifs et les panamistes! Un postier (16).	0 50
A bas les juifs et les traîtres! (16).............	0 50
A bas les juifs! les judaïsants et les francs-maçons! Vive *La Libre Parole!* Un officier territorial du train des équipages (13).........	2 »
A bas les juifs! Mort aux traîtres! (16)..........	1 05
A bas les juifs! à Nant (Aveyron) (16)...........	0 50
A bas les juifs! Oignez Judas, il vous poindra. — Poignez Judas, il vous oindra (16).............	5 »
A bas les juifs! — Pique au flanc! (2)..........	2 »
A bas les juifs! Puisse-t-on du dernier boyau de Rothschild, étrangler le dernier youpin (7)....	1 »
A bas les juifs! Sarlat (16).....................	0 50
A bas les juifs! Un groupe d'Antisémites à Landerneau (6),............	2 50
A bas les huguenots, aussi dangereux, aussi canailles que les juifs! (15)...................	0 60
A bas les judaïsants! (7).......................	10 »
A bas les lâches! (8)..........................	20 »
A bas les mouchards du *Siècle!* (11)............	0 50
A bas les nez crochus! Vive l'armée! (11).......	2 »
A bas les panamistes! Vive Drumont! (17)......	3 »
A bas les quatre vendus! Vive l'armée! (11)....	0 50

	Fr. c.
A bas les sans-patrie du Conseil municipal de Paris ! (8)	5 »
A bas les torchons dreyfusards ! Vive l'armée ! (4)	0 50
A bas les traîtres et ceux qui les soutiennent ! (2)	0 50
A bas les traîtres et les vendus ! A bas les fourbes de la cour de Cassation et d'ailleurs ! Vive la France ! (7)	5 »
A bas les traîtres ! Vive Drumont ! Vive la France ! (13)	1 »
A bas les vampires juifs, francs-maçons et huguenots ! Vive l'armée ! (11)	1 05
A bas les youpins ! (4)	5 »
A bas les youpins ! (4)	1 »
A bas les youpins, les traîtres et les vendus ! (5)	2 »
A bas les youpins ! Vive l'armée et la république ! (9)	1 »
A bas les youtres ! (8)	5 50
A bas les youtres ! (2)	5 »
A bas les youtres ! 1 fr. A bas les juifs ! 1 fr. A bas les youpins ! 1 fr. A bas l'ignoble Rothschild ! 1 fr. A bas le juif Reinach ! 1 fr. Batna (Constantine) (16)	5 »
A bas les youtres ! Un étudiant en sciences (14)	0 50
A bas tous les coquins qui traitent la France comme terrain d'exploitation ! (14)	5 »
A bas les youpins ! Vive la France ! Vive l'armée ! Un abonné (11)	4 »
A bas la maçonnerie ennemie de l'armée ! (6)	2 »
A bas le *Moniteur du Puy-de-Dôme* ! (9)	0 45
A bas le *Soleil* de Coblentz où Gohier écrit toujours ! (16)	0 25
A bas les adeptes du sécateur ! (10)	2 »
A bas les anglais ! (16)	0 50
A bas les baptisés au sécateur ! Quatre employés de la maison A.-B. (5)	2 50
A bas les cosmopolites ! (2)	0 25
A bas les dreyfusards ! (12)	0 10
A bas les dreyfusards ! (12)	1 »
A bas les dreyfusards des Basses-Pyrénées ! (16)	0 50
A bas les émasculés de la Byzance moderne ! (2)	0 25
A bas les ex sans-chaussettes qui ne vivent que de blagologie ! (2)	0 25

A bas les francs-maçons et les juifs ! Pour Dieu,

pour le roi! (13)..................................	0 15
A bas les juifs! (3).................................	» »
A bas les juifs! (6).................................	» »
A bas les juifs! (10)................................	0 50
A bas les juifs! (9).................................	3 »
A bas les juifs! (8).................................	0 25
A bas les juifs! (5).................................	2 »
A bas les juifs! (13)................................	» 25
A bas les juifs! (17)................................	» »
A bas les juifs! (17)................................	» »
A bas les juifs! A bas Reinach! (6)...............	1 »
A bas les juifs! à Arcis-sur-Aube (12)............	0 75
Un abonné voudrait voir Félix chasser les juifs au lieu d'aller chasser chez eux (12)............	2 »
Contre les juifs. Ablis-en-Beauce (10)............	1 50
Achat d'un balai pour la synagogue de l'artillerie. Toul (14)................................	0 20
Acta non verba. Sedan (10)......................	5 »
Un admirateur passionné d'une chambre française qui ferait une loi pour l'expulsion complète de tous les juifs résidant en France et ses colonies (5)..................................	1 »
L'affaire Dreyfus est la pierre de touche. Si la nation capitule devant les sommations du juif, elle signe du même coup sa défaite devant l'invasion. Donc, pas de faiblesse! Que les Manau, les Lœw et Cie se le tiennent pour dit (9).....	5 »
Ah! ça ira, ça ira, ça ira, Tous les Youpins à la lanterne! Ah! ça ira, ça ira, ça ira, Jusqu'au dernier on les pendra (17).........	1 »
Ah! ça ira, ça ira, etc., tous les youpins (11)....	1 »
Ah! si j'avais autant de pouvoir que de vouloir, la chose serait vite faite. Vive la France! Vive l'armée! A bas les traîtres! (16)...............	1 05
Un aixois en haine des juifs......................	3 »
A la frontière les youpins! (7)....................	0 25
A la justification de la révocation de l'Edit de Nantes (10).....................................	1 »
A la porte juifs et francs-maçons! (16)...........	2 »
A la porte les juifs! Qu'on les chasse à coup de trique! (4)....................................	1 05
A la porte les Klotz, Salmont, Spire, etc. (4)...	1 »
A la solidarité juive opposons la solidarité fran-	

	Fr.	c.
caise (6)..........	7	»
A la victime des grands juifs, une autre de leurs victimes, Paris-Bordeaux (5).........	10	»
A l'égout les francs-maçons ! (11).........	0	20
Un Alençonnais outré de la scélératesse de la bande dreyfusarde (2).........	2	»
Trois algériens antisémites : Luc, Edmond, Albel (12).........	1	50
Un alsacien antisémite à Orléans (8).........	3	»
Un alsacien ruiné par les juifs (6).........	1	05
Un alsacien plusieurs fois volé par les juifs (8).	0	60
Un alsacien qui n'aime pas les juifs (3).........	5	»
Un alsacien qui a ferré ses bottes pour les youpins (6).........	2	»
Alsacien protestant. J'ai horreur des youpins, comme mes compatriotes (7).........	1	»
Un alsacien victime d'un juif lorrain, traître à Dieu et à sa patrie (11).........	1	»
Deux alsaciennes de passage à Baccarat. Pour aider à se débarrasser des youtres qui infectent l'Alsace (7).........	2	»
A l'espoir d'un vrai Français qui viendra nous débarrasser de tous ces juifs (5).........	2	25
L'Allemagne prend ses précautions contre l'invasion juive (11).........	0	50
Allez, députés honnêtes, sus aux panamistes ! (16)	0	50
Allez-y, les antisémites ! Courage ! Et donnez aux prolétaires les libertés que les vendus de l'extrême gauche n'ont pas eu le courage de leur conquérir ! (16).........	1	»
Allons, nos députés patriotes ! une bonne loi pour mettre dehors la France les traîtres cosmopolites ! (4).........	2	»
A mesure qu'à Montmartre la basilique s'élève, le masque de Judas de lui-même s'enlève (16).	1	»
A Mme Henry contre cette race de vipères (6)...	0	50
Un ami de l'ordre qui en veut aux youtres (3)...	10	»
Un ami d'un sale youpin qui se fait son propre concierge pour ratisser les étrennes de ses locataires (16).........	0	50
Un chien antijuif chassé de la susdite maison (16).........	0	50
Un ami qui pense comme les deux précédents, c'est-à-dire qui n'aime pas les dreyfusards		

	Fr. c.
(Voir *Jobelot*, p. 63 et *Fortin* p. 78) (16)......	1 »
Un ami. Honte aux insulteurs de l'armée ! Vive la France ! (8)................................	2 »
L'amie d'un officier et son chien youpin qui n'aiment pas les juifs (12)...................	1 »
Trois amis de la rue du Palais, à Lyon, qui préparent leurs fusils, en attendant le train national qui conduira les patriotes à la rencontre du traître (7).............................	3 »

> Anathème à la race immonde
> Qui pendit l'innocence de Jésus !
> Pendons ces juifs qui l'ont pendu
> Ce sera le bonheur du monde.

Serge Joutloff................................	1 »
Un ancien polytechnicien. Pour la veuve et l'orphelin contre le juif (3)..................	5 »
Un andelysien, ennemi des juifs (11)........	1 05
Quatre andomarais antidreyfusards (7)......	5 »
Un angevin qui voudrait avoir à Angers un comité antisémite (10)....................	5 »
Une angevine. Chauves-souris frondeuses, rentrez dans votre trou (14)................	0 30
Un annexé, compatriote du commandant d'Attel, en haine des juifs, des panamistes (12).......	1 »
Sa gouvernante (12).........................	1 »
Anonyme. A bas les juifs !...................	10 »
Anonyme. Sus aux juifs ! (6).................	5 »
Anonymes par devoir. A bas les juifs ! (10)...	10 »
Un anonyme. A bas les juifs ! Que l'orphelin nous porte bonheur (5)....................	1 »
Un anonyme. A bas les youtres ! (8)..........	0 50
Anonyme. En haine des juifs (14)............	2 »
Anonyme. En haine des juifs et des francs-maçons (2)..	5 »
Un anonyme de Caen. France contre Israël (5)..	5 »
Un anonyme qui prie pour les juifs le Vendredi Saint, mais voudrait bien les envoyer au diable (6)......................................	5 »
Anticlérical, antifranc-maçon et par-dessus tout antisémite (9).............................	1 »
Une antisémite, fille et sœur d'officier (3).....	3 »
Un antibouilledîste de Rueil (3)..............	5 »
M. antidreyfusard, à La Seyne (13)..........	5 »
Un antidreyfusard (17).......................	0 50

	Fr. c.
Un antidreyfusard (7)	10 »
Un antidreyfusard (5)	1 »
Un antidreyfusard (5)	0 50
Un antidreyfusard (4)	3 »
Un antidreyfusard de Saint-Mandé (6)	2 »
Un enragé antidreyfusard (4)	0 10
Un antidreyfusard manceau (14)	5 »
Un antidreyfusard manceau (14)	10 »
Un antidreyfusard à Maureilhan (16)	1 »
Un antidreyfusard, à Montélimar (8)	5 »
Un antidreyfusard, à Montélimar (8)	10 »
Un antidreyfusard, à Elbeuf (16)	2 »
Un antidreyfusard avéré (6)	2 »
Antidreyfusard gapençais : les youpins hors de France, — Reinach à l'égout ! (10)	2 »
Un antidreyfusard, son personnel et sa famille (6)	8 »
Un antidreyfusard, partisan résolu de la suprématie de la justice militaire sur la justice civile (16)	20 »
Une antidreyfusarde (5)	1 »
Antidreyfusardes formant le souhait le plus ardent de voir Judas dévoré de remords se pendre à l'Ile du Diable. Honneur à la veuve et à l'orphelin outragés ! (3)	2 25
Antidreyfusards saint-africains (17)	5 »
Des antidreyfusards qui veulent en boucher un coin à Joseph, l'immonde Youpin (3)	5 »
Deux antidreyfusards Toton et sa grand'mère (6)	1 »
Trois antidreyfusards du café de la Porte, à Mirecourt (6)	3 »
Les antidreyfusards des Q. N. — de Nîmes	3 »
Quelques antidreyfusards de Genève	40 »
Un groupe d'antidreyfusards de La Châtre (4)	14 »
Deux antidreyfusards de passage à Cannes (16)	5 »
Deux cents antidreyfusards. Ah! paouré, paouré n'aouras pas dé régret ?* (10)	40 »
Cinq antidreyfusards de Bercy (10)	2 50
Un antijuif (8)	0 25
Un antijuif (7)	0 50
Un antijuif (8)	0 70
Un antijuif (17)	1 »

* Ah ! pauvres ! pauvres gens, n'aurez-vous pas de regret ?

Un antijuif (6)...	2 »
Un antijuif (6)	2 »
Un antijuif (7)..	2 50
Un antijuif (10)...	5 »
Un antijuif (9)..	5 »
L'antijuif, apéritif français (17)......................	5 »
Un antijuif de la place d'Auteuil (14).............	1 »
Un antijuif bayonnais (6)	3 »
Un antijuif de Bordeaux (16)...........................	1 »
Un antijuif bordelais, à Bruxelles (8).............	0 50
Cinq bons antijuifs au café Quaillard, à Sorcy (Meuse) (16)..	4 20
Un antijuif de Chalabre (14)...........................	5 »
Un antijuif de la rue Demours (14).................	0 50
Un antijuif enragé (5).....................................	1 30
Un antijuif et antidreyfusard, Vive l'armée! (4).	0 25
Un antijuif de Franconville (2).......................	0 60
Un antijuif, à Frontès (10)...............................	0 60
Un groupe d'antijuifs de Genève (16)..............	4 50
Un antijuif de Giromagny. Vive Drumont! A bas les youpins! (6)	0 25
Un antijuif marseillais et lecteur assidu de *La Libre Parole*, qui attend une bonne poigne pour fesser tous les youpins (6)	2 »
Un antijuif marseillais (14).............................	1 »
Un antijuif de la plaine Monceau (14).............	1 »
Un antijuif de Montdidier. Vive l'armée! (5)	3 »
Un antijuif patriote, agriculteur à Saint-Fargeau (Yonne) (12)...	1 »
Un petit antijuif de 1 m. 98 (8).......................	0 20
Un antijuif plus grand que le précédent (4)....	1 »
Un antijuif qui voudrait voir la binette de Reinach à la devanture d'un tripier (9)	0 25
Un antijuif revisionniste avide de liberté et de justice (3)	5 »
Un antijuif de Saint-André-de-Cubzac (5)	5 »
Un antijuif de St-Mard (Seine-et Marne) (16)....	2 »
Un antijuif de Saint-Mihiel (9)........................	1 »
Un groupe d'antijuifs de l'impasse de Saxe, n°17 (9)	6 55
Un antijuif sparnacien (9)	0 50
Un antijuif du 3e arrondissement (6)..............	1 »
Un antijuif à Thiaucourt (16)	1 »
Antijuif de Varangeville-la-Haute (Nancy)(14)...	1 »

Un antijuif de Versailles pour aider à débarrasser la France de la vermine juive (9)	0 05
Trois jeunes antijuifs (6)	1 »
Un groupe d'antijuifs de Limoges (6)	43 »
Un groupe de douze antijuifs mentonnais (7)	3 »
Deux fervents antijuifs de Philippeville (11)	2 »
Quatre antijuifs qui ont en horreur von Reinach et une grande sympathie pour la vaillante veuve du colonel (2)	4 »
Quatre féroces antijuifs de Roanne tenant la trique prête pour cogner sur le mufle des sales youpins. Vive Drumont ! Vive l'armée !	0 75
Une antijuive (14)	1 »
Une antijuive écœurée (14)	1 »
Une antijuive et deux antijuifs de La Ferté-sous-Jouarre (3)	5 »
Antijuive et par confraternité (6)	2 »
Jeune antijuive de la Ligue d'enseignement (17)	1 »
Une antijuive lilloise, pour le petit Henry (14)	0 50
Une antijuive n'achetant jamais chez les youtres (4)	1 »
La section antijuive d'Yvetot (14)	5 »
Un antiprotestant de Barbézieux (16)	3 »
Un antisémite à Digne (17)	0 05
Un antisémite (2)	6 »
Un antisémite (1)	1 »
Un antisémite (8)	5 »
Un antisémite (11)	10 »
Un antisémite (3)	10 »
Un antisémite (17)	1 »
Une antisémite (16)	0 25
Une antisémite (2)	3 »
D'un antisémite convaincu (7)	1 »
Un antisémite angevin (13)	1 »
Un antisémite à Vittel (6)	0 50
Grand antisémite (7)	0 50
Un antisémite breton (4)	5 »
Un antisémite bordelais, à Bordeaux (14)	2 »
Un antisémite de Boulogne-sur-Mer (3)	2 »
Un antisémite de Bourges (5)	0 50
Un antisémite champenois (10)	5 »
Antisémite depuis la campagne dreyfusarde. Ecouen (12)	0 50
Un antisémite enragé (8)	1 »

	Fr.	c.
Un antisémite de Joinville (10)	2	»
Un antisémite dans l'espoir de voir l'affaire Reinach en cour d'assises, avec des preuves cette fois (5)	1	»
Un antisémite de Bois-Colombes (3)	2	»
Un antisémite landais (2)	2	»
Un antisémite liégeois, pour aider la veuve Henry à poursuivre Reinach (4)	1	»
Un antisémite lillois (14)	5	»
Un antisémite limousin (12)	2	»
Un antisémite à Loudun (16)	2	»
Un antisémite de la première heure (4)	2	»
Un antisémite de la veille (6)	5	»
Un antisémite de Laveline (16)	1	»
Un antisémite de Mamers, ami de Morinaud (3)	5	»
Un antisémite de Moutiers (4)	1	05
Un antisémite marseillais (7)	1	»
Un antisémite marseillais de la première heure (14)	1	»
Un antisémite marseillais qui paierait cher les deux oreilles de Reinach (12)	10	»
Un antisémite nantais (8)	2	»
Un antisémite nantais (5)	2	»
Un antisémite nantais (5)	5	»
Un antisémite d'Outreau (P.-de-C.) (4)	5	»
Un antisémite orléanais qui propage la vérité (7)	10	»
Un antisémite patriote qui voudrait publier la biographie d'Henry (6)	2	»
Un antisémite pauvre (2)	0	75
Un pauvre antisémite (4)	0	50
Un pauvre antisémite. Pour faire honte à un millionnaire qui s'est fendu de vingt francs (8)	1	»
Un antisémite plébiscitaire (17)	5	»
Un antisémite poitevin (13)	0	50
Un antisémite pour protester contre les agissements de la sœur Frank, supérieure des Assomptionnistes du Bouscat, juive convertie (?)* (14)	1	»
Un antisémite de Pont-St-Maxence et son comptable (6)	7	»

* Ce point d'interrogation a été posé par la *Libre Parole*.

	Fr.	c.
Un antisémite provinois (9)	2	25
Antisémite quand même (8)	5	»
Un antisémite qui aura la peau de Reinach (6)	10	»
Un antisémite rennais (17)	2	»
Un antisémite rouennais (2)	2	»
Un antisémite de Saint-Germain-en-Laye (3)	50	»
Un antisémite tararien qui hait les juifs (7)	2	»
Un antisémite de Versailles : il y a de nobles haines (3)	0	25
Un antisémite versaillais (3)	2	»
Antisémite, victime du Panama (9)	1	»
Un vieil antisémite Montélimar (8)	5	»
Un antisémite du 29, rue de l'Echiquier (10)	1	»
Un antisémite du 44, rue de Vanves (3)	1	»
Un antisémite du Vésinet (9)	1	»
Une antisémite. En l'honneur de l'armée (14)	3	»
Une antisémite, fille et sœur d'officier (3)	3	»
Une antisémite versaillaise (9)	0	50
Deux antisémites (3)	2	»
Deux antisémites aimant la *Libre Parole* et voulant la France aux Français ! (7)	2	»
Deux pauvres antisémites angevins (5)	2	»
Deux antisémites bassorenais (4)	2	»
Deux antisémites à la Ferté-Bernard (10)	2	»
Deux antisémites de Choisy-au-Bac (Oise) (10)	10	»
Deux antisémites de Dax (12)	2	»
Deux antisémites à Dompulien (Vosges) (8)	0	90
Deux jeunes antisémites normandes (5)	5	»
Deux antisémites lensois (8)	6	»
Deux antisémites lyonnais (5)	10	»
Deux antisémites pauvres de St-Mihiel, exécrant les juifs. Pour le triomphe de la Vérité. Vive Drumont ! (6)	1	05
Deux antisémites vierzonnais. Vive l'armée ! A bas les traîtres ! 2 fr. — B et F., pour le petit Henry, 1 fr. (8)	3	»
Deux antisémites urtois (10)	4	50
Deux vaillants antisémites (13)	2	»
Deux antisémites versaillais (9)	2	»
Deux antisémites blésois (12)	20	»
Deux antisémites de Bollène, faisant des vœux pour l'écrasement du hideux Reinach (5)	2	05
Un groupe d'antisémites qui n'aiment pas les dreyfusards. Saint-Julien (Gard) (16)	41	»

	Fr. c
Un groupe d'antisémites à Lassay (Mayenne) (5).	2 50
Cinq antisémites du cercle littéraire de la Châtre (6)	5 »
De Valréas, cinq antisémites, dont un maréchal-ferrant qui voudrait bien voir les juifs entre son marteau et son enclume (9)	3 15
Cinq antisémites de Saint-Pé de Bigorre (12)	5 »
Onze antisémites réunis au café des Mineurs à la machine (7)	11 »
Quatre antisémites exploités par les youpins (6).	2 »
Six antisémites josselinais (7)	3 50
Sept bons antisémites de Lézignan (Aude) (11)..	3 50
Trois antisémites nancéens. Pour raccourcir le nez du perroquet de la rue Saint-Dizier (7)....	1 05
Trois fervents antisémites de Valence (9)	1 50
Trois antisémites employés à la compagnie d'Orléans P. L. J. (17)	5 »
Trois antisémites nimois (4)	5 »
Trois antisémites niortais (10)	1 »
Des antisémites lyonnais qui conservent l'espoir de voir bientôt s'élever une statue à l'intègre colonel Henry (13)	3 50
Les braves antisémites de la pension Larce (3)...	25 »
L'antisémitisme sauvera la France (7)	0 20
Un antiyoudi (17)	1 »
Antiyoupin de Saint-Max-lès-Nancy (Nancy) (11)	1 »
Un antiyoupin de la rue de la Sourdière (2)	1 50
Un antiyoupin de Saint-Savien. Trois membres de l'Armée du Salut de Saint-Savinien (10) ...	1 50
Un antiyoupin de Ville-d'Avray. Des juifs, n'en faut plus ! (8)	0 50
Un antiyoupinard féroce (11)	0 50
Deux antiyoupins de Dol-de-Bretagne (10)	2 »
Deux petits antiyoupins de Nancy (9)	10 »
Trois antiyoupins du Gros-Caillou (3)	3 »
Quatre antiyoupines (9)	2 »
Deux petits antiyoupins de Nancy (9)	10 »
Un antiyoutre, à Brest (7)	5 »
Un groupe nimois de jeunes antiyoupins. Vive notre armée ! (7)	1 20
Aou mou lagués per lei pidiou (14) (*)	0 25

(*) Voici ma contribution pour les pitoyables.

	Fr.
A quand le coup d'Etat qui nous débarrassera de toute la fripouille juive et judaïsante? (6)	1 50
A quand la Saint-Barthélemy? (11)	2 »
A quand la fusillade ? (13)	3 »
Trois arménéens qui en ont assez des salés (10)	1 65
Un arpète antijuif (8)	0 20
Assez de paroles, aux actes maintenant (13)	2 10
Au Christ, qui aime toujours les Francs, qu'il leur rende la foi et le courage de chasser le juif (11)	1 »

> *Auferte gentem perfidam*
> *Credentium de finibus*
> *Ut unus omnes unicum*
> *Ovile nos Pastor regat*

Bréviaire romain en la fête de la Toussaint (11)	1 50
Aujourd'hui, la politique des poches pleines (1)	1 »
Au lieu de la poudre à punaises faudra-t-il de la poudre à canon pour détruire ces mites? (sémites) (2)	0 25
Au mur, les sectaires rouges! (2)	0 50
Au pilori, les traîtres et les vendus ! (16)	3 »
Autorisation de doubler la robe avec du cuir pour raison d'économie. Cinq bougres qui se graissent les muscles tous les matins (9)	1 »
Deux auvergnats, J. R. et R. R. pour le triomphe de la vérité et l'extermination des youpins (16)	2 »
Aux hypocrites qui défendent leurs semblables (14)	3 »
Aux juifs le talion! (12)	1 »
Aux lâches clairvoyants qui permettent aux juifs d'acheter les consciences à vendre (14)	1 »
Aux vaillants cinq patriotes de Taverny, prêts à marcher contre les ennemis de notre belle France (16)	5 »
Au Zola! les youpins! (17)	0 50
Arvernes, pour la prompte expulsion des juifs (17)	5 »
Un atelier de couturières de Saumur : Louise, Marie, Henriette, Laure, Blanche. Fi! les youpins! (6)	1 15
Aumône d'un antisémite pour aider Drumont à éteindre la race (9)	0 25
Un auvergnats qui bûche dru pour écrabouiller les sales juifs, tous voleurs (16)	10 »

	Fr.	c.
Un auvergnat pour aider à détruire la vermine (5)......	2	»
Un auvergnat en souvenir du balcon du Louvre d'où Charles IX... (8)......	2	»
Un autunois antijuif (8)......	2	»
Avant que Dreyfus soit ministre de la garde nationale maçonnique (14)......	0	50
Un avranchinais. Pour faire danser au plus vite la gigue aux youpins au son du canon (6)......	1	»
Balayons un peu ces sales juifs! Svobada (14)...	0	50
Douze balles à tous les traîtres (7)......	0	50
Quelques parisiens, désireux de voir l'extermination des juifs (6)......	6	»
Bébé 5 ans. Vive la France! A bas les juifs! 1 fr.; Sa mère, qui l'élève dans la haine des immondes juifs, 2 fr.; son père, prêt à anéantir le dernier des juifs, 2 fr. (11)......	5	»
Deux belfortains, qui n'attendent qu'un signal pour exterminer les juifs et les vendus (15)....	2	»
Un belfortain qui ne veut pas faire vivre la crapule juive (10)......	1	»
Deux bigots antijuifs (16)......	2	»
Deux bijoutiers qui tiennent en réserve une corde pour les juifs (6)......	5	»
Un bistro qui voudrait tous les empoisonner (16)	0	25
Un bleu qui n'aime pas les juifs (8)......	0	20
Deux bobonnes lasses de servir les youpins (19).	0	50
Bon pour un kilo de strychnine pour empoisonner les g... de juifs (14)......	2	»
Une bonne de juifs dégoûtée des youpins (16)...	1	»
Une bonne de médecin dont les concierges sont dreyfusards (6)......	0	50
Une bonne dont les patrons sont dreyfusards, mais qui f... le camp après les étrennes (9)....	1	»
Une pauvre bonne antiyoutre, mère de deux soldats (4)......	0	50
La bonté de Dieu s'arrête où commence le juif. G. (12)......	2	»
Deux garçons bouchers : A bas les juifs !......	1	»
Quatre bons bougres de Champigny se passeraient bien d'un maire dreyfusard (16)......	2	»
1° Un groupe de bouilleurs surgériens prêts à distiller les youpins......	2	»
2° Ça ferait de bien sale eau-de-vie......	3	»

3° Et de vilain esprit.................................... 1 »
4° Un dreyfusard algérien désabusé par l'ignomi-
  nie de Boule-de-Juif (7)............................ 1 »
5° Un contribuable de Surgères, ex-abonné du
  Temps. A quand un juge pour les juger et un
  un fouet pour les sans-patrie ? (7)................ 10 »
Un vieux bouquiniste qui maudit les insulteurs
  de cadavres (10).................................... 1 »
Un bourguignon clérical et antijuif (9)............. 5 »
Bourse : boutique tenue par des juifs, où l'on
  gagne des poux et où l'on perd son pognon (9). 1 »
Brave Yoyo désire manger du juif à tous ses re-
  pas (6)... 1 »
Un bressan antisémite (6)........................... 5 »
Un breton antidreyfusard (14)....................... 0 50
Un breton patriote qui honnit les traîtres (6).... 1 »
Un breton qui désire ardemment voir la France
  délivrée des juifs (12)............................. 1 05
De jeunes bretons qui crient : A bas les juifs et
  vive l'armée ! (11)................................. 30 »
Trois bretons antisémites. Une abonnée (7)...... 3 »
Une brignolaise antijuive, 1 fr. ; quatre brigno-
  laises patriotes, 5 fr. ; un brignolais patriote
  contre les piétineurs de cadavres, 5 fr. (16)... 11 »
Un briviste antidreyfusard (12)..................... 1 »
Un vieux brocanteur qui achète toutes les vieilles
  peaux de la youpinerie (11)....................... 0 50
3 brodeuses de Bains-les-Bains, (Vosges) qui, en
  travaillant pour un Juif, gagnent 14 sous pour
  15 heures (16)..................................... 0 15
Des brutiais ennemis des juifs (16)................ 5 60
Un bureau de contentieux antidreyfusard (3).... 5 »
Un calaisien, républicain de la veille, écœuré de
  voir la République tomber dans la franc-
  maçonnerie et la juiverie (10).................... 1 »
Un vieux Cambrésien qui rougit d'être représenté
  à la Chambre par il signor Pablo Bertey, franc-
  maçon youpinisé (16).............................. 0 50
Un canadien français antisémite (16).............. 5 »
Un candidat tortionnaire pour le 93 prochain contre
  les juifs, les francs-maçons et les parpaillots (12) 0 50
Un caniche antisémite (9)........................... 1 »
Quatre carentanais pas riches mais antijuifs (15). 0 25
Quatre carentanais pas riches, mais antiyoupins

(9)	1 »
Un caudéranais, ennemi de la bande youpine (4)	2 »
Ce n'est pas une guerre de religion (8)	0 25
Un cénévol. D'un juif et d'un porc, méfie-toi jusqu'à la mort (11)	0 50
C'est pas comme ça qu'on délivrera les 2 millions de Français qui sont la rançon depuis 71 (3) ...	5 »
Un vrai chacal (13)	2 »
Un ancien chacal, ennemi des juifs (8)	1 »
Un châlonnais ennemi des youtres (13)	1 »
Trois châlonnais ennemis des youpins et plus encore de ceux qui les soutiennent (6)	9 »
Un châlonnais qui voudrait se servir de ses deux poings pour mettre les .˙. dehors (6)	1 »
Trois champenois de Rouvroy-en-Dormois (Marne). A bas les juifs, les protestants et les francs-maçons ! (10)	1 50
Champion de France (bicyclette). A bas les juifs ! (14)	7 »
Un charcutier antijuif (5)	1 50
Un charcutier nismois qui voudrait saigner les juifs (7)	0 50
Son frère qui n'aime pas les juifs (7)	0 15
Charcutier lillois, qui voudrait avoir le groin de tous les juifs pour en faire un pâté pour ses chiens (14)	2 »
Une charentaise. Ecraser le juif (5)	0 50
Ex-charpentier victime d'un juif (10)	2 »
Un chasseur. Juif égale bête puante et nuisible: la destruction s'impose (14)	1 »
Un chasseur alpin antiyoutre. Les infirmiers d'un bataillon alpin qui voudraient tanner les juifs (11)	0 50
Trois chasseurs de Woëre, doublement Français à titre de Lorrains de la frontière et d'antijuifs (16)	3 »
Un chauffeur qui voudrait voir tous les juifs dans sa chaudière, à Viviers (Ardèche) (6)	0 50
Un chef de contentieux assurances-accidents, très antidreyfusard (7)	5 »
Un chemisier antisémite (8)	5 »
Un chercheur de sérum antijuif. Un enfant de l'armée (9)	0 20

	Fr.	c.
Un chevalier de la Légion d'honneur qui maudit les sans-patrie, les juifs, les vendus (15)......	1	»
Un chien dreyfusard, à Val N.-D. Bezons (16)...	0	25
Un petite chienne ennemie des juifs (7).........	0	25
Un chouan de race, qui continue de croire que nous sommes finis, absolument opposé à l'expulsion des juifs, demande leur massacre pur et simple (14).................................	1	»
Christ! aide-nous! Prête-nous ton fouet pour chasser les vendeurs juifs du temple de France (3)...	20	»
La cinquante millième partie des biens volés par les juifs à ma famille, 2 fr. 50. Choisis : ou les chasser ou être chassé par eux, 2 fr. 50 (16)...	5	»
Un circoncis qui n'est pas juif (8)................	5	»
Un citoyen de l'armée française voudrait raccourcir les nez à trompes (17).........................	0	50
Un citoyen qui voudrait voir tous les patriotes ne plus acheter chez les juifs (9).................	2	»
Un citoyen pour que l'Etat confisque tous les biens volés par les juifs (14)........................	0	50
Un autre citoyen. Pour qu'on les mette tous à la porte après la confiscation (14)................	0	50
Une classe antidreyfusarde (classe de seconde B) au pensionnat Saint-Genès, à Bordeaux (10)...	3	50
Une belle clermontoise navrée que ses parents lui imposent la fréquentation d'immondes youpins (12)..	»	25
Jeune calicot anti-juif, à Sarlat (16)...............	»	20
Un cocher antisémite. A bas les juifs! (6).......	»	50
Le cocher de la manifestation anti-juive de la Ferté-sous-Jouarre (4)..........................	2	»
Un cocher, membre de la Ligue anti-juive (5)....	1	»
Un cocher savoyard patriote, qui veut l'écrasement complet, à coups de matraque, des juifs (9)...	1	»
Collecte entre dix camarades antidreyfusards (11)	10	»
Collecte faite à la Ligue antisémite de France (11)	17	»
Collecte faite à la réunion de quelques membres de la section bordelaise de la Ligue antisémitique de France. Vive Drumont! Vive Guérin! (14)..	28	»
Collecte entre cinq lyonnais : un émotionné, un désabusé, un dégoûté, un suffoqué, un terrassé par l'audace des juifs (6)........................	5	»

	Fr. c.
Collecte faite à la réunion du comité de la Ligue patriotique antisémite de Nantes. Vive la France ! vive l'armée ! à bas les juifs ! (6)	74 70
Collecte faite à la réunion de la Ligue antisémitique de Vesoul (6)	54 »
Collecte faite dans un milieu ouvrier composé de républicains et de royalistes, mais qui sont tous antiyoupins (14)	3 25
Collecte faite à une réunion du comité de l'Union française antijuive (2)	12 50
Collecte faite à la réunion du comité antijuif du Hâvre, le 23 décembre (13)	4 85
Un colporteur du *Nouvelliste*. A bas les juifs ! A bas Dreyfus ! (14)	» 50
Deux anciens combattants de 1870 et cinq revanchards qui haïssent le youtre (3)	2 60
Comment la *Fronde* s'est-elle laissée gagner par le microbe de juivaillerie ? (6)	1 »
Un commerçant de Nancy, 3 fr.; deux employés, 2 fr. En haine des juifs (9)	5 »
Un commerçant antisémite de Boulogne-sur-Mer, qui espère voir tous les youpins passer à la chaudière, ainsi que l'immonde Reinach, le gendre et neveu du voleur de Panama dont je suis une des victimes (6)	5 »
Un ancien commerçant roulé par les juifs (11)..	0 50
Un commerçant qui a extrait cette somme sans douleur à un sale youddi pour que l'argent de ce Khaï aille à la souscription de Mme Henry (15)..	2 »
Un commerçant rouennais. En haine des juifs (11)	1 »
Un petit commerçants ruiné par les juifs (2)....	1 »
Deux commerçants du quai de Jemmapes qui exècrent les juifs (12)	4 »
Des commerciaux de Rouen qui s'inscrivent de cœur avec tous ceux qui ont le respect et l'amour de l'armée et la haine du juif (14)	2 »
Trois commis d'agent de change antidreyfusards (6)	5 »
Six commis d'agent de change antidreyfusards (3)	12 »
Un comptable alsacien antisémite (3)	0 50
Une comtoise antiyoupinette. A bas les lâches ! (5)	0 50

	Fr. c
Un concierge qui n'a que des locataires juifs (8)	0 50
Deux concierges, rue de Matignon et rue de Penthièvre. A bas les youtres! (5)	2 »
Un confiseur antijuif (4)	5 »
Confiseur de Vichy qui tient à la disposition des dreyfusards une provision de sucre d'orge strychniné (1)	5 »
Un conscrit antijuif (3)	2 »
Un jeune conscrit à Mme Vve Henry contre les insulteurs juifs (8)	1 »
Contre la bande des dreyfusards et des reinachiens (10)	5 »
Contre la bande judéo-dreyfusarde. Un patriote (13)	5 »
Contre la guerre sociale et religieuse que les juifs font à la France. Rennes (6)	5 »
Contre le cléricalisme juif et protestant (9)	2 »
Contre le Conseil municipal judaïsant. Mirabel-aux-Baronnies (16)	0 50
Contre les juifs (7)	2 »
Contre les pharisiens, 1 fr. Respect aux femmes! 1 fr. (6)	2 »
Contre le poison du Talmud (9)	5 »
Contre les souris blanches, canards boiteux, gorilles galeux et autres vermines dreyfusardes (11)	1 »
Contre les youtres. Val-Notre-Dame, à Bezons (16)	0 40
Contre le Syndicat de la trahison (8)	5 »
Contre les tyrans juifs francs-maçons (14)	5 »
Contre les youpines de la *Fronde* (7)	5 »
Contre un journal dreyfusard de Lyon (15)	1 »
Contribuables, combien de temps, payerons-nous la subvention de 1,000 francs par jour au juif Higginson pour ses bédides propriétés aux Nouvelles-Hébrides, pays non français? (9)	1 »
Un coqueleux antisémite (14)	0 50
Un corse antijuif, à Marseille (7)	1 »
Un corse patriote qui déteste les juifs (3)	1 »
Un corse pauvre, prêt à descendre dans la rue, pour combattre les youtres (6)	0 60
Deux corses qui ont nettoyé leur scoupetto et aiguisé leur stilettou (9)	1 05

	Fr. c.
Cotisation faite après dispute avec les juifs de l'établissement Daujeon, à Belfort (11)	0 75
Un bon coup de balai dans l'Hôtel-de-Ville de Paris, pour le nettoyage des dreyfusards, insulteurs de l'armée (11)	0 20
Un coupeur, contre les juifs qui empoisonnent la France (14)	1 »
Un couple antisémite écœuré par les juifs d'Elbeuf (8)	10 »
Courage ! les antijuifs ! encore un effort et nous serons désinfectés (16)	1 »
Le cours d'équitation antisémite de Carcassonne (12)	14 »
Un courtier antijuif (5)	1 »
Deux courtiers français de la bourse de Marseille en relations quotidiennes et forcées avec les juifs (6)	10 »
Deux cousins, pour voir les juifs dans la moutarde (6)	2 »
Créateur du drapeau antisémite, emblème de la très prochaine délivrance (9)	5 »
Un créole de Saint-Maurice, ennemi résolu des juifs et des anglais (3)	5 »
Un vieux criméen et son fils officier, ayant tous deux en haine le Judas (17)	10 »
Un croque-mort. Pour enterrer le dernier des youpins (10)	1 »
C't homme, antiyoupin, absolument convaincu qu'il faut se débarrasser de cette race maudite. Vive Drumont ! (15)	1 »
Un cuisinier antisémite (5)	1 »
Une cuisinière antijuive (14)	0 25
Une cuisinière qui a la joie de détourner les bonnes du quartier d'acheter chez les juifs (8)	1 »
Une cuisinière qui jubilerait de tenir les youpins dans ses fourneaux (14)	0 50
Un cultivateur picard, antisémite (12)	3 »
Un cussagniste qui déteste les juifs (8)	0 50
Un cycliste antidreyfusard de la rue Constantine, à Rouen (7)	0 25
Une dame de la Ferté-Gaucher qui a en horreur les juifs et les dreyfusards (12)	2 »
Dans quelle île déserte se prépare-t-on à expulser et à parquer le peuple juif ? (10)	1 »

	Fr.	c.
Un dauphinois (5)	5	»
Un dauphinois antisémite (9)	2	»
Un dauphinois antisémite, à Lyon (7)	1	»
Débarrassons-nous des juifs à tout prix (6)	2	»
Un ancien défenseur de Belfort qui, pendant le siège, a assisté à l'arrestation de juifs conduisant des bestiaux aux Prussiens (11)	2	»
Dignes défenseurs d'un traître, sachez que pour nous la veuve et l'orphelin sont aussi sacrés que la Patrie (Guibert) (16)	1	»
Défiez-vous des juifs et ne traitez jamais avec eux 0,10. Ne dites pas d'un hypocrite: c'est un jésuite! mais: c'est un parpaillot! 0,10 (16)	0	20
La déformation morale est la logique de la conformation morale (16)	1	05
Dehors les sans-patrie, et ceux qui les défendent, ou la France est perdue! (6)	1	50
De l'or aujourd'hui! Du fer demain! (2)	2	»
De quoi acheter quinze consciences privées (8)	0	75
Désirs juifs :		
1870. — Démembrement de la France	1	»
1880. — Ecrasement de la Grèce	0	50
1890. — Ecrasement de l'Espagne	0	25
1900. — La France devient un royaume judaïque d'Orient	0	50
1910. — L'Italie est détruite au profit du royaume judaïque	0	25
1920. — L'Autriche est annexée à l'Allemagne. Enfin en 2000 le juif aura reconquis l'empire du monde (13)	4	50
Un dégoûté des juifs (7)	0	50
Une demoiselle dégoûtée du trafic des youpins (7)	0	50
Deux qui espèrent voir un jour Dreyfus, Reinach et toute la clique juive à la potence (11)	1	»
Un pauvre diable ruiné par les juifs! (2)	0	25
Dieu délivre la France de la juiverie (10)	2	»
Dieu et patrie! A bas les juifs! (11)	2	»
Dieu et Patrie! A bas les juifs! Voilà la devise d'un Français (16)	0	50
Dieu protège la France qui s'éveille de l'hypnose judéo-maçonnique. — Un officier (10)	5	»
Dieu veuille que notre malheureuse patrie s'arrache au plus tôt de l'étreinte juive et franc-maçonne (11)	2	»

	Fr. c.
Un dieppois écœuré de voir les bourgeois de sa ville natale lécher les pieds du juif Hendlé. A bas les ralliés judaïsants (8)...............	2 »
Un dijonnais antisémite (2)..................	2 »
Un jeune dignois qui exècre les vendus aux juifs (9)..	0 50
Deux domestiques antijuifs (12)................	1 »
Mon domestique Martin pour l'expulsion des juifs (14)..	0 20
Don d'un ennemi des circoncis (3).............	2 »
Don du pauvre contre l'ennemi juif (16).........	1 »
Les dreyfusards ne savent pas encore ce qui bout pour eux dans la marmite (7)..................	1 »
Ecrasons ces punaises ! (13)...................	2 »
Ecrasons l'infâme juif ! (9)....................	2 10
L'Eglise avait raison de se précautionner contre les juifs (16)..................................	0 45
Un antijuif elbeuvien (13).....................	10 »
Un elbeuvien : un coup d'épaule à l'expulsion des juifs (11)......................................	2 »
Deux électeurs dégoutés de la presse judaïsante (du S.-O.), à Sarlat. (16).....................	1 »
Un électeur de Montdidier qui n'a pas voté pour le juif Klotz (3)..............................	5 »
Cinq électeurs ploërmelais. A bas les youpins, même ceux qui fréquentent les salons de notre catholique et royaliste député ! (13)............	5 »
Un employé antijuif, à Digne. (17).............	0 50
Un groupe d'employés antijuifs, à Orange. (8)...	2 10
Un groupe d'employés antijuifs d'Alger. (14)....	4 »
Un groupe d'employés antijuifs de Boisguillaume (4)...	5 80
Trois employés antijuifs de l'agence des Douanes de Paris-Est. (16)............................	3 »
Employés antisémites de la compagnie d'Orléans. (4).....................................	5 50
Deux employés anti-youpins d'Elbeuf. (12)......	1 50
Un groupe d'employés anti-youtres qui attendent impatiemment le cassage de g....s des circoncis. (2)......................................	10 »
Un employé antiyoutre de Châteauroux. (5)......	0 25
Un groupe d'employés de commerce antidreyfusards à Toulouse (4)............................	6 »
Un employé de chemin de fer qui fait la demande	

	Fr. c.
de quelques milliers de youpins pour lui servir de traverses (11)..	1 »
Un employé de commerce d'Ay qui s'offre à remplacer Deibler, quand on exécutera tous les juifs (11)..	0 50
Un petit employé de la Régie qui a horreur des juifs (6)...	1 05
Une employée chez un youtre, qui enrage de le voir exploiter le clergé français (6)............................	0 50
L'obole d'un employé des postes et télégraphes qui a été trompé et volé par des juifs (6)..................	2 »
Un petit employé du P. L. M. Haine du juif! (6).	1 »
Un jeune employé n'aimant pas les nez crochus (4)	0 25
Un pauvre employé victime des huguenots (5)...	0 60
Un ex-employé de la succursale Gompel et Cie, tenue par Anatole Yousouf Jacob, chez lequel il a pu juger de la manière canaille avec laquelle les youpins font du commerce. A bas les Juifs! (8)...	0 50
Trois employés de coulisse antijuifs (5).........	6 »
Un groupe anonyme d'employés français muselés par les juifs (5)..	11 »
Un groupe anonyme d'employés français muselés par les juifs (6)..	2 »
Trois employés de juifs (2).............................	3 »
Petits employés nationalistes, antisémites de Limoges (2)...	7 »
Un groupe d'employés de nouveautés, patriotes antijuifs (3)..	8 15
Les modestes employés d'un patron que la fréquentation des juifs ne rend pas généreux (4).	1 50
Trois employés de Perpignan qui pendraient bien un juif chacun (13)..	5 »
Un quatrième empêché de faire du mal aux juifs par la loi Grammont (14)..................................	0 50
Pour débarrasser la France de la vermine cosmopolite et dreyfusarde. Un groupe d'employés du Crédit lyonnais (3)...................................	6 »
En Allemagne, aucun juif ne peut être officier (12)	1 »
En attendant la révocation des décrets du 27 septembre 1791. A bas les juifs! (9).......................	10 »
En attendant les *Vêpres Siciliennes* juives (11)...	1 »
En attendant qu'une nouvelle Jeanne d'Arc vienne sauver la France (6).......................................	3 »

En avant! Reuillois! balayons notre maire et sa horde dreyfusarde (5)............................	1 »
Première enchère sur les blairs des 250 Youpins de la Ferté-sous-Jouarre (6).....................	0 25
En 1860, les juifs ont dit : « Si dans soixante ans vous ne nous avez pas pendus, il ne vous restera même plus de quoi acheter pour le faire. » Nous y allons (17).......................	1 »
Encore la victime du néfaste protestant de Selves, le neveu de son oncle, le protestant de Freycinet, ancien aide de camp du généralissime Gambetta et actuellement grand chef de l'armée française. Ah! mes enfants, le pouvoir civil! appelez-le donc : pouvoir protestant, pouvoir juif ou pouvoir franc-maçon (16)...............	1 »
Enfin, nous allons régler nos comptes, sales youpins (10)....................................	3 »
Enfin! nous tenons un des vampires! (2)........	1 »
En haine des crapules qui conduisent la France dans toutes les hontes (14)....................	5 »
En haine des cuistres universitaires (7).........	1 »
En haine des dreyfusards et des sans-patrie (9).	1 »
En haine des francs-maçons alliés aux juifs. Cinq petites chrétiennes de Plouharnel, Garnac et leurs parents (10).............................	5 »
En haine des juifs (12).........................	1 »
En haine des juifs. Pour la veuve et l'orphelin (12)	0 50
En haine des juifs qui nous pillent, d'une magistrature avilie, pour le triomphe de la vérité et de la justice! (7)..............................	5 »
En haine des juifs. S'il n'y avait pas de juifs en France, tous les français seraient rentiers à 50 ans (16)...................................	3 »
En haine des sales juifs intellectuels que le gouvernement, au lieu de révocation, nous oblige à payer leurs trahisons (7)......................	3 »
En haine des youpins, Reinach, Dreyfus, etc. (16)	0 50
En mémoire de ce que les juifs m'ont fait perdre sur les houblons (14)..........................	1 »
Ennemi des judaïsants (8)......................	0 25
L'ennemi d'un régime qui laisse salir le drapeau par les juifs (5)................................	5 »
Un ennemi implacable des youtres, qui attend avec impatience l'heure où sonnera le ralliement	

	Fr.	c.
pour l'écrasement d'Israël (3)...............	5	»
Cinq ennemis des juifs (8).................	1	50
Un ennemi avéré des juifs (4).............	1	»
Un ennemi des juifs, à Nant (Aveyron) (16)......	0	50
Un ennemi des juifs (14)...................	1	»
Un ennemi du sérateur, à Thiaucourt (16)	0	50
Un ennemi du syndicat de trahison (6)	20	»
Un ennemi de la vermine dreyfusarde (3).......	1	05
Un ennemi des youpins (4).................	1	»
Un ennemi des youpins (3)..................	10	»
Un ennemi des sales youpins (14)............	7	»
En souhaitant que l'on trouve encore plus de plomb le moment venu que l'on ne trouve d'or pour venger un petit français...............	2	»
En souvenir de l'amiral Courbet écrivant à sa sœur pendant la guerre d'Indo-Chine : « Quelle tristesse d'être commandé par de pareils polichinelles » (16)...............	1	05
En souvenir de Morès (10)...............	100	»
En souvenir de Morès et de Marchand. A quand le chambardement qui délivrera la France de la vermine juive ? 5 fr. Une vieille cuisinière dunkerquoise, 2 fr. (6)...............	7	»
Deux entrepreneurs de travaux publics en haine des youpins du bâtiment et de l'architecture (14)	20	»
Envoi pour l'exécution des juifs et de son beau-frère, banquier (16)...............	0	45
Envoyez le huit (4)...................	2	»
Un épicier antisémite (4)..................	0	45
Un épicier qui ne veut plus vendre de Luciline (10)	2	»
Un épicier qui voudrait voir les juifs dans la mélasse (16)...............	0	25
Quatre épiciers de Besançon souhaitant voir tous les juifs dans la mélasse (7)...............	2	»
Un commis épicier qui crie : A bas les nez de tapirs ! (14)...............	0	50
Un commis épicier, 35, rue des Martyrs. Vive la France et à bas aux juifs ! (14)............	1	»
Un commis épicier qui envoie ses pourboires d'aujourd'hui pour la destruction des juifs (14)...	0	25
Un estampeur antiyoupin (9)..................	10	»
Un etiennais antijuif (16)....................	»	50
Étrangler le dernier youtre avec les boyaux du dernier franc-maçon (5)...............	0	50

	Fr.	c.
Expulsion de la race traîtresse (9)...............	1	»
Expulsion des juifs de l'armée et de la magistrature (16)...........................	1	50
Extermination des baptisés du sécateur (9).....	1	65
Extermination du dernier juif (9)...............	1	»
Un fabricant de pompes antijuif (7)............	5	»
Un fabricant de St-Chamond fournirait les cordes destinées à cravater les youpins (12)........	2	»
Un fabricant de rubans exploité par Israël (8)...	20	»
De la part d'une famille d'alsaciens, expropriée et ruinée par les juifs, à Versailles (10)......	1	»
Une famille angevine en haine des juifs (3).....	2	»
Une famille antidreyfusarde de Verdun (6)......	4	»
Une famille antijuive de Suresnes (15)..........	2	»
Une famille antisémite (11).....................	5	»
Une famille antisémite de l'Horme (6)..........	5	»
Une famille antisémite de Béziers (8)..........	5	»
Une famille antisémite de Lyon (9).............	8	»
Une famille antiyoupinarde à Vesoul, qui voudrait le chambardement des youpins (8)........	1	50
Une famille auvergnate souffrant souvent du froid et de la faim, mais qui néanmoins veut se joindre à tous les vrais français pour exprimer sa haine contre la fripouille juive et dreyfusarde (16)...........................	0	10
Une famille carpentrassienne antisémite (13)....	5	»
Une famille catholique de Beaune indignée de ce que les catholiques achètent encore dans les magasins des youtres (4)..................	1	»
Une famille de Bezons. A bas les juifs et les francs-maçons! (7)........................	4	»
Une famille de huit membres tous atteints d'antidreyfusite aiguë (12).....................	5	»
Une famille d'officiers ruinée par les juifs (10).	1	»
De la part d'une famille de soldats et d'antisémites (4)................................	5	»
Une famille de travailleurs bourbonnais victimes des juifs Lévy (9).........................	0	45
Une famille de Roanne. Puisse l'année nouvelle nous délivrer à tout jamais de la plaie juive et franc-maçonne! (7)........................	3	50
D'une famille d'officier ruinée en 1882 par un juif (14).................................	0	30
Une famille ennemie des youpins (6)............	1	65

	Fr.	c.
La famille d'un alsacien ruiné par les youpins (7)	5	»
Famille ruinée par les juifs (8)	2	»
Une famille marseillaise qui n'achète plus rien chez les juifs et qui engage tous les vrais Français à faire de même (9)	5	»
Une famille saintongeoise indignée de l'audace des juifs (16)	10	»
Faut-il que ces juifs nous aient volés pour entretenir cette meute! (5)	0	50
Un jeune fécampois à Londres. A bas les youtres! vive l'armée! (5)	3	»
Deux femmes d'officiers antijuives (12)	10	»
La femme d'un capitaine de zouaves avec l'espérance de voir condamner ces immondes juifs (6)	2	»
La femme d'un sous-officier qui n'aime pas les youpins (12)	0	50
Une jeune femme à qui la vue d'un youtre fait mal au cœur (9)	2	»
Une pauvre femme en haine de trois préfets juifs qui se sont succédé dans le Loir-et-Cher (10)	0	50
Une femme d'officier antiyoupinette ainsi que toute sa famille (2)	10	»
Deux femmes d'officiers d'artillerie qui détestent les juifs (2)	20	»
Une femme d'officier supérieur. Pour l'armée contre les juifs (5)	5	»
Une femme française pur sang vous prie de l'inscrire en première ligne pour le chambardement des juifs s'il pouvait avoir lieu (11)	1	»
La femme d'un franc-maçon qui exècre les théories de son mari : A bas les juifs! Ah! s'il savait cela! (13)	2	»
Femme et fille d'un officier qui déteste les juifs (5)	5	»
Un ferblantier antijuif (5)	0	50
Un fervent qui crache sa haine à la face de la racaille juive (14)	1	»
Deux fiancés qui aiment leur pays et maudissent les youtres (6)	1	»
Fille, femme et mère de soldats qui espère enfin voir les juifs chassés de notre France (3)	5	»
Une jeune fille prolongée qui restera célibataire plutôt que d'épouser un juif (17)	0	50

	Fr. c.
Une jeune fille qui demande que l'on fasse manger tous les soirs un youpin aux lions de Papa la Vertu ((16))	1 50
Quatre filles à marier qui ne veulent pas de juifs (11)	0 50
Deux fillettes antisémites (4)	0 50
Le fils qui supplie Deibler de lui céder sa place pour l'exécution des youpins (11)	0 75
Un fils d'employé des Contributions directes, indigné de l'influence juive dans les emplois rétribués par l'Etat, à Valenciennes (6)	0 50
Deux fils du peuple élevés dans la haine des juifs (14)	10 »
Mon fils et moi enverrions davantage sans ces youpins de malheur (11)	10 »
De la part d'une fleuriste pour l'achat d'un bateau à soupape pour embarquer tous les youpins (9)	1 »
Un fonctionnaire. A bas les juifs ! (16)	2 »
Un fonctionnaire antisémite (10)	1 »
Deux pauvres fonctionnaires qui détestent les juifs	1 05
Ma faible part à la dot nationale d'un orphelin ; A bas les juifs ! Un petit fonctionnaire du Havre (6)	2 »
Un fonctionnaire outré d'être obligé de servir un gouvernement qui s'associe à tous les juifs, protestants et francs-maçons (9)	5 »
Un français antidreyfusard (6)	20 »
Deux français antidreyfusards (2)	3 »
Un français antijuif d'Amélie-les-Bains (17)	1 05
Un français à qui juifs et judaïsants ont fait perdre tout son avoir (18.000 fr.) (3)	0 45
Un français clairvoyant qui pour la France désire qu'on la débarrasse des youpins (4)	2 »
Un français contre le juif (9)	2 »
Un français désirant un gouvernement républicain assez énergique pour expulser les juifs (9)	1 »
Français contre juif (12)	3 »
Français d'abord, républicain ensuite, jamais juif (9)	1 »
Deux bons français de France qui attendent que de la peau des youtres on fasse des tambours pour l'armée française (5)	2 »

	Fr. c.
Deux petits français qui détestent les juifs, Lolotte et Edmond (9)	5 »
Français ! Haut les cœurs contre les bandits qui prétendent faire de nous leurs esclaves ! (11)	
Français, l'ennemi est dans nos murs ! (16)	1 »
Un français ennemi des youpins (3)	5 »
Un français étonné de voir encore les juifs dans son pays (11)	1 »
Un jeune français, fils d'alsaciens antijuifs (6)	1 »
Pour précipiter la marche de la vérité sur les juifs. Un français de France (8)	0 60
Un français de France, descendant d'officiers et hauts magistrats, frère d'un officier de marine tué à l'ennemi, lui-même officier de réserve révoqué à la suite de la campagne boulangiste, complètement rasé à blanc par les juifs, réduit presque à la mendicité par eux (7)	1 »
Un français, honnête homme, qui longtemps n'a pas cru au péril juif et maintenant en est effrayé (14)	5 »
Un français indigné de voir de vieilles familles françaises s'allier avec la galette des youpins (8)	2 »
Un français qui a constaté en Angleterre et en Allemagne que les Juifs sont les agents les plus sûrs de nos ennemis (6)	1 »
Un français qui a de mauvaises intentions contre les Juifs (3)	0 50
Un français qui demande quel est l'homme qui mettra hors de France tous les juifs (4)	1 »
Le français : « J'avais 60 milliards, je n'en ai plus que 30 »	2 »
Le juif : « J'ai pris 30 milliards »	1 »
Le gendarme : « Faudrait voir ! » (2)	2 »
Français, lisez le Talmud, et la lumière se fera dans votre esprit (5)	2 »
Quatre français exploités par un juif (10)	2 »
Six français las des juifs (12)	1 50
Français, serrons les rangs ! (16)	1 »
Français, soyez unis ! (16)	1 »
Trois français qui ont vu les juifs de près et peuvent les juger (7)	1 50
Un français qui déteste encore plus les juifs que toute la rédaction de la *Libre Parole* réunie! (5)	0 50

	Fr. c.
Un groupe de vrais français qui espèrent voir un jour les Juifs exclus des fonctions publiques (14)	6 45
Un français qui réclame l'interdiction des fonctions publiques aux francs-maçons tant que la Franc-Maçonnerie française recevra les ordres des Juifs et de l'Etranger (3)	4 »
Français, veillez toujours! (16)	1 »
Deux françaises, avec leurs vœux pour la confusion des Juifs (3)	5 »
Deux françaises très pauvres. A bas les juifs! (6)	1 »
Une française antisémite, à Dax (5)	2 50
Une française indignée des menées juives (5)	5 »
Une française nouvellement débarquée exècre les juifs (19)	1 »
Une française qui demande à Dieu d'arracher la France au veau d'or (14)	5 »
Une française qui n'achètera plus pour un sou chez les Juifs (16)	10 »
Ma sœur (16)	1 »
Une française qui prie la vénérable Jeanne-d'Arc de délivrer sa patrie de tous les Judas qui l'oppriment (16)	0 30
Une française qui souffre de voir les Juifs démolir toutes nos traditions (8)	0 50
Une française qui voudrait voir Drumont ministre de la guerre (17)	1 »
Une vieille française d'Orléans. Un intellectuel qui aime sa terre. Une alsacienne ruinée par les juifs. Pour les frères contre Shylock (3)	5 »
Une vraie française, en haine des Juifs (14)	5 »
Un franc-comtois antisémite (9)	2 »
Un franc-comtois qui est du même avis que le lieutenant de cuirassiers de la première liste. Ismaïlia (*) (17)	5 »
La France aux Français, les Youpins à l'Ile du Diable (9)	1 »
France! secoue le fumier qui te couvre! (8)	2 »
Un F∴ qui, écœuré des théories qu'il a enten-	

(*) Cette souscription fait allusion à celle-ci qui figure dans la première liste :
« Un lieutenant de dragons qui, grâce aux dreyfusards, comprend la Saint-Barthélemy.................... 10 fr. »

	Fr. c.
dues, a cessé de verser sa cotisation depuis dix mois (16)....................................	1 05
Les francs-maçons ont bâti le temple de Salomon ; depuis ils sont toujours restés Juifs ! (8)......	0 25
Les francs-maçons ont bâti le temple de Salomon ; depuis ils sont toujours restés Juifs (10)......	25 »
Un franc-maçon qui n'a plus d'âge pour protester contre les Juifs qui ont envahi et qui déshonorent la franc-maçonnerie (6)................	2 50
Un ancien franc-maçon ruiné par les panamistes et les chéquards, et désabusé (14)............	0 25
Français ! A la porte les Youpins ! (12)............	3 50
Deux frères antisémites (8)........................	2 »
Deux frères enfants de l'Alsace autant ennemis des juifs que patriotes français (6)................	2 »
Gabrielle et Rose, antisémites (5)................	1 »
Le gain d'une partie de manille entre quatre français et un Youpin, ce dernier, un des perdants, s'étant fendu malgré lui d'un franc, bien à contre-cœur (13)...............................	5 »
Deux ganaches de la Rochelle, qui voudraient bien manger une salade de sales Youpins arrangée à leur façon (6).......................	5 »
Garçon de café à Caen. A bas les Juifs ! (12).....	0 25
Un garçon de café de la Porte-Maillot insulté grossièrement et lâchement par un immonde Youpin du nom de Dreyfus (7)................	0 25
Un garçon de café qui en a fait une bonne à un sale Youpin (7)...................................	2 »
Un garçon de café, victime de la suppression du pourboire par les Juifs, au Mans (11).........	0 60
Un garçon qui déteste les Juifs (10)...............	2 »
Un petit garçon qui en veut aux méchants Juifs (17)..	0 50
Un groupe de garçons laitiers antisémites qui désirent une poudre insecticide assez forte pour chasser de France les sales punaises juives, à Saint-Clair (9)........................	7 »
Un garde républicain. Non plus *Delenda Carthago*, mais bien *Delenda Israël* ! (5)..........	0 50
Un vieux gaulois : A bas la franc-maçonnerie continentale dont le traître Dreyfus était le plus bel ornement et qui n'est composée que de Juifs,	

	Fr.	c.
de parpaillots antifrançais et d'imbéciles (6)...	1	»
Un gazier antisémite (6)............................	2	»
Quelques jeunes gens antisémites, enragés joueurs de billard (6)..................................	2	»
Le glas des juifs sonne. Haut les cœurs français! (6)..	4	»
Un employé. Le gouvernement ne veut pas faire droit aux revendications de l'Algérie; que celle-ci attende donc le moment opportun (16).	1	»
Un jeune gommeux antisémite, à Marseille (13)..	0	50
Deux gones, Alexandre et Marius, antisémites, à Lyon (7)...	0	50
Un gosse de Lyon archi anti-youpin (8)..........	1	50
Deux gosses de Lyon antisémites (5).............	3	»
Un petit goy, en haine du juif déicide, cause de tous nos malheurs (8)............................	1	»
Un jeune goy ayant horreur des baptisés au sécateur (12)..	1	05
Grâce à l'or, pas un otage ni un immeuble juifs n'ont été détruits en 1870 (16).................	1	»
Grattez les juifs, vous trouverez toujours la canaille (14)...	5	»
Groupe d'action française de la jeunesse de Caen, antisémite-nationaliste. Vive l'armée! A bas les juifs! (14)..	10	»
Un groupe antijuif (14)............................	3	80
Groupe antijuif de la chorale de St-Dié qui voudrait voir supprimer les youpins qui y règnent en maîtres (6)...................................	2	»
Groupe antijuif de Saint-Symphorien-de-Lay (8).	23	50
Le groupe antijuif des troubadours de Carpentras. (Collecte) (15)...............................	10	60
Un groupe de jeunes enfants antisémites de quatre à onze ans, avant le tirage des jouets d'un arbre de Noël, en compagnie de Marie Delval, l'ancienne bonne du petit Henry (16)...........	16	65
Groupe de jeunes gens antisémites bayonnais (12)	20	65
Un groupe de jeunes gens antisémites, qui adresse le mot de Cambronne aux juifs en général et à Reinach en particulier (6)......................	5	»
Un groupe de pauvres antijuifs (8)...............	2	»
Un groupe de quatre demoiselles aimant la noyade juive (8)...	4	»

	Fr. c.
Un groupe de vrais français fécampois pour l'expulsion de tous les circoncis (9)............	2 25
Un habitant de Baccarat qui voudrait voir tous les youpins, youpines et youpinets de la localité dans les immenses fours de la cristallerie. Le tiers de son salaire journalier (10).....	1 »
Un habitant de Commercy contre les youtres (3)	2 »
Un habitant de Dôle-du-Jura ruiné par les juifs (8).................................	2 »
Un vieil habitant d'Epernay, qui a connu jadis sa bonne ville avec trois familles juives. Hélas! depuis 1870, à l'instar du phylloxéra et... des vilaines petites bêtes..., ça a grainé dru ; on en compte 53 aujourd'hui!!! (6)..................	10 »
Un habitué du café de Flore, bon patriote, qui invite les bons français à ne jamais faire un achat dans les maisons de youpins (12)..............	2 »
Hambourg n'a jamais su produire que de mauvais jambons et je suppose que le youtre qu'il nous a repassé doit être encore inférieur dans la race porcine. Lens (4)....	5 »
Un havrais qui voudrait jeter à l'eau tous les allemands qui infestent la ville (8)............	2 »
Deux havraises. Expulsion des juifs (12)........	1 »
Heureuse d'apprendre que quelques familles protestantes indignées de l'attitude de leurs coréligionnaires, reviennent à la foi de leurs aïeux (11)	1 »
Un habitant de la place des Vosges qui n'aime pas les poux (9).............................	5 »
Heureux de contribuer à la première croisade contre les juifs (13)......................	10 »
Heureux de protester contre la campagne juive et maçonnique. Un patriote lannionnais, 1 fr. — Un ouvrier de Lannion, 0,50 cent. — Un petit mousse (6).............................	2 »
Hommage d'un antijuif marseillais (5)...........	0 50
Homme du monde qui déteste les juifs (10)......	10 »
Un honfleurais, ennemis des youtres (2).........	3 »
L'honneur français contre l'or juif (3)...........	1 »
Honte aux femmes à Judas de la *Fronde*! Une qui crache sur le veau d'or (6)...................	2 »
Honte aux prédestinés qui faiblissent! (17)......	0 25
Honte aux partisans d'une cause néfaste et criminelle! (14)................................	0 25

	Fr. c.
Un horloger antisémite de Rennes prie ses confrères de ne rien acheter aux sales youtres (8)........	2 »
Hors de chez nous les baptisés au sécateur et vive la France! (10)................................	7 50
Hors de France le oupin! Schmeist ihn heraus, den Juden Itzig — Denn er wird, nur gar zu hutzig. — Un alsacien resté français au petit Henry (15)...	0 50
Hors de France les juifs! (7)........................	1 95
Hors de France les juifs! (10).......................	1 »
Hors de France les juifs! Une Saint-Barthélemy pour les Francs-Maçons (3)..........................	8 »
Hors de France les sans-patrie! (11)................	1 »
Hors de France les sales youtres! (11)..............	1 »
Hors de France les juifs! (5).......................	3 10
Hors de France tous les juifs! (4)..................	3 »
Hors la France les juifs, *stuprum* de l'humanité! (2)..	0 25
Hors la France la race maudite des juifs! Châlons (4)...	4 »
Quinze huguenots qui protestent contre l'agitation dreyfusarde (14).................................	15 »
Un huissier qui voudrait expulser tous les juifs de France (12).....................................	5 »
Il est interdit à tout juif de circuler sur le territoire français sans une robe jaune qui le distingue d'un citoyen (9)..............................	0 50
Il faudra du temps pour régler tous les comptes, mais avec l'aide de Dieu, nous y arriverons (7)	1 »
Il faudrait une Catherine de Médicis pour faire tordre le cou à tous les youpins (9).............	0 25
Il faudrait pourtant se débarrasser de la franc-maçonnerie (8)....................................	1 »
Il n'est jamais trop tard pour bien faire (16)....	1 »
Il n'est pas un bandit écumé dans nos villes, Pas un forçat hideux blanchi dans les prisons Qui veuille mordre en France au pain de trahison. (Victor-Hugo) (10).....	1 »
Il n'y a donc plus de français? (9)................	2 »
Il y a trop longtemps que nous sommes dans la misère! (17)...	0 35
Ils n'auront pas le dernier mot (9)................	0 60
Ils sont bien coupables les dreyfusards et aussi	

mais assez ! Nantes (16)....................	5 »
Un imbécile qui a cru à l'honnêteté des Rothschild, en souscrivant chez eux à l'emprunt brésilien 5 0/0 à 85 fr. Il est aujourd'hui à 62 fr. (15)....	0 25
L'incohérence de Marguerite Durand, le fiel de Bradamante, les hoquets du reste de la bande valent-ils ? (16)..........................	0 25
Un indigné de l'ignoble campagne des juifs contre l'armée (16)............................	1 »
Un individu qui se bouche les narines toutes les fois qu'il passe rue Laffitte, de peur d'aspirer des microbes juifs (16)......................	2 »
Un industriel antisémite (10),..................	10 »
Un industriel ennemi de la juiverie (7).........	3 50
Un petit industriel ruiné par les juifs. La meilleure guerre à faire aux juifs serait de signaler leurs maisons de commerce (15)................	2 »
Un infirmier. Du sérum antisémite s. v. p.! (12).	1 »
Un inspecteur de chemin de fer indigné des attaques des sans-patrie contre l'armée (4)....	10 »
Un intellectuel. *Ut udæi e Gallia expellantur!*(7)	10 »
Un intellectuel. Vautour, singe, serpent : voilà le juif ! (15)................................	0 50
Un intellectuel indigné contre les joueurs de la flûte dreyfusarde (2).......................	5 »
Un intellectuel lyonnais d'ancien régime. Grâce au courage de deux vaillantes femmes, le flot de l'impudence juive est barré (16)............	2 »
Un intellectuel qui ne mange pas avec Israël (10).	0 50
Une intellectuelle très française, fille d'officier français (14)................................	2 »
Jacquet-Club de Neuilly-Cercle privé du jeu de jacquet où les seuls juifs sont les pions qui à la fin de la partie n'ont pas dépassé la 5ᵉ case du tric-trac (14)............................	6 »
J'ai été volé par Bernheim.....................	0 50
J'ai été volé par H. Lévy......................	0 50
J'ai été volé par E. Weil.......................	0 50
J'ai été volé par S. Lévy.......................	0 50
J'ai été volé par S. Rock.......................	0 50
J'ai été volé par P. Weill......................	0 50
J'ai été volé par tous les juifs avec qui j'ai fait des affaires (7)................................	0 50
Un jardinier dégoûté des sécateurs (14).........	1 »

	Fr.	c.
Un jardinier qui s'associe à l'élan patriotique de tous les français (11)..................	0	25
Un vieux jardinier antidreyfusard (5)............	1	»
Une pauvre jardinière qui, cultivant le chanvre, verrait avec bonheur pendre Dreyfus et tous les dreyfusards (14).....................	2	»
J'attends avec impatience la disparition des circoncis (9)............................	0	25
Je déteste les juifs. A Maureilhan (16)............	0	50
Je ne ferais pas de mal à une mouche. Mort aux juifs! (6).............................	5	»
Je pourrais donner davantage si ce sale juif de Peyre ne m'avait pas volé (10)................	0	60
La jeunesse antijuive d'Aunot (12)...............	10	»
Jeunesse antisémite et nationaliste, à Etampes (11)	1	70
Collecte faite par la jeunesse antisémitique et nationaliste, après la conférence présidée par M. Maurice Barrès (2)........................	33	»
Trois jeunes frères, Joseph, Paul et Gaston, qui préféreraient au pistolet promis pour leurs étrennes, un bon français qui sabre tous les juifs et le syndicat (16).....................	0	75
Jeunes gens et jeunes filles d'Auray flétrissant la conduite des vilains youtres (6)..............	1	65
La judéo-maçonnerie, voilà l'ennemie! (16)......	0	75
Un juif ça pue! Jugez donc une douzaine! (11)..	1	»
Le juif, c'est l'ennemi (16)......................	0	50
Un juif convaincu de la culpabilité de Dreyfus (10)	2	»
Un juif du Dauphiné, à Lyon (7)................	1	»
Le juif est l'ennemi de l'intérieur comme l'Anglais est l'ennemi de l'extérieur (8)............	2	»
Le juif est le pou de la société. Roifieux (5)......	1	»
Le Juif Errant dégoûté de Dreyfus (8)...........	0	25
Le juif n'est pas français. Il faut l'expulsion de cette race nauséabonde (16)..................	1	35
Un vieux juif qui se convertit librement (8).....	2	10
Le juif qui prouve qu'il ne l'est pas (5)..........	0	50
Le juif, voilà l'ennemi! (10).....................	2	»
Les juifs, à la roue. Viviers (Ardèche) (16).......	0	50
Les juifs aux gémonies! (8).....................	5	»
Les juifs, c'est des gens pas propres. Jean (10)..	1	»
Les juifs, c'est l'ennemi! (13)...................	0	50
Juifs dreyfusards traîtres et vendus à la *Lanterne!* (11).................................	0	50

	Fr. c.
Des juifs, il y en a de bons, seulement ils meurent jeunes (17)	1 »
Juifs et francs-maçons, c'est kif-kif (18)	0 50
Juifs et sans-patrie, hors de France! (9)	5 »
Les juifs en Palestine! (11)	5 »
Les juifs ont souhaité l'annexion de mon village natal (Kieselbrech-Dumpel) pour accaparer les biens de mes pères, 0 fr. 30; l'oncle Félix, 0 fr. 15; Fargeotte, 0 fr. 15; Le Quinquenot, 0 fr. 15; M'man, 0 fr. 15 (12)	0 90
Les gros juifs sont les bailleurs de fonds de la franc-maçonnerie (14)	1 »
Les juifs hors de France! (6)	2 »
Les juifs hors de France! (4)	5 »
Les juifs hors la France! (18)	0 50
Les juifs hors la loi! (5)	2 »
Les juifs nos maîtres? jamais! (10)	2 »
Les juifs partiront, ou nous les pendrons! (13)	10 »
Les petits juifs sont les espions de la franc-maçonnerie (14)	1 »
Les juifs procèdent vis-à-vis des français par éviction; que les français procèdent par compression! (16)	0 50
Les juifs resteront-ils longtemps au-dessus des des lois? (8)	0 50
Les juifs se vengent, mais la France se vengera (14)	0 50
Les juifs veulent le titre de français mais cherchent à tuer la France (8)	0 25
Une juive qui renie son origine (5)	1 »
Jusqu'à la mort : A bas les juifs! (17)	2 »
Un justicier : Si les juifs, judaïsants et consorts sont nos maîtres, c'est notre faute; ils ont installé les Etats bandits, les Parlements fumiers, tronqué les lois, sali l'armée, cambriolé notre trésor de guerre en faveur de nos ennemis. Rendons-leur la peine du talion en les forçant de rentrer à la niche ou dans leurs ghettos (16)	1 »
1° Lapidaire antijuif	20 »
2° Lapidaire antijuif	20 »
3° Lapidaire antijuif	20 »
4° Lapidaire antijuif	20 »
5° Lapidaire antijuif (3)	20 »

	Fr. c.
Le moins mauvais des juifs a été mangé par les escargots, c'est pourquoi ils bavent toujours (10)..	0 50
Un lernévot antijuif (17)............................	5 »
Liberté des croyances, mais guerre à l'athéisme, source de tout panamisme (4).................	0 25
Un libre-penseur que les juifs vont faire aller à la messe (7).......................................	2 »
Un libre-penseur ennemi de toutes les religions, mais fier de voir qu'il y a encore de l'énergie en France. Bravo les antisémites ! (16).......	1 »
La Ligue antisémitique de France (4).............	100 »
Ligue antisémitique de France. Collecte faite au cercle antisémite d'études sociales à la réunion du 16 décembre 1898 (4)....................	115 05
Ligue antisémitique de Vesoul (16)...............	54 10
Un ligueur antisémite (16).........................	3 »
Quatre lillois antidreyfusards (5)...................	5 »
Un lillois antijuif (4)...............................	2 »
Un limonadier algérois antijuif (16)...............	0 50
Un limousin qui regrette que Cavaignac n'ait pas eu plus d'énergie avec les dreyfusards (14)	2 »
Deux livreurs du Bon Marché antisémites (9)....	2 »
Un groupe de locataires antisémites à Marseille (17)...	5 »
Une loi contre les vampires juifs (9).............	5 »
Un lorrain. A bas les juifs ! (5)....................	2 »
Un lorrain qui désire ardemment un sabre pour balayer la canaille juive et franc-maçonne (8).	2 »
Une Lorraine écœurée des outrages déversés sur la France et son armée par la juiverie cosmopolite (4)..	5 »
Un loustic pour casser la g..... aux youpins (14).	3 »
Un luron qui attend avec impatience le chambardement des youpins (5).........................	5 »
Deux luxoviennes détestant la race israéli'e (14).	1 05
Un lyonnais respectueux de la liberté de conscience, qui considère l'antisémitisme non comme une question de religion, mais comme une question de salubrité (14)..................	1 »
Un lyonnais ruiné par les juifs (7)................	0 15
La machine à Deibler pour les youpins (10).....	0 50
Un maçon antiyoutre (17)..........................	0 50
Maison droite, les juifs hors de France ou pendus	

(6)	5 »
Malheur à la race juive, ingrate envers la France et qui en pâtira (14)	0 50
Un malheureux dévoyé peut souvent posséder un fond d'honnêteté, mais le plus considéré des juifs renferme toujours l'âme d'un vil coquin, 1 fr. Voudrait qu'à tous ces nez crochus, on accrochât l'emblème des vendus 0,50 (9)	1 50
Trois manceaux antidreyfusards. A bas les juifs! (10)	2 »
Un manutentionnaire qui éprouve un profond dégoût pour les juifs (7)	0 50
« Ma race se vengera sur la vôtre », disait-il (8).	0 50
Une marchande de journaux. A bas les juifs! (3).	1 05
Un marchand de couleurs antijuif (2)	0 50
Une marchande de journaux alsacienne écœurée des youtres (5)	1 »
Une petite marchande victime du commerce juif (17)	1 25
Un groupe de marchands forains morlaisiens qui n'aiment pas les juifs (12)	2 50
Un groupe de marchois décidé à tomber sur les juifs, attend le signal (7)	5 »
Margot (2 ans), ès-zuifs (7)	0 25
La petite Maria (14)	0 50
Mimille et son petit-frère (14)	0 50
Marie et Margot, enragées petites antisémites (12)	2 »
Deux jeunes mariés, antijuifs et patriotes (11) ..	5 »
Pour aider à flétrir le juif. Un marin en retraite (15)	1 »
Un marronnier danserait la gigue s'il voyait tous les youpins dans sa poêle à marrons (17)	0 50
Un marseillais pour l'auto da fé (10)	0 25
Un marseillais qui a fantaisie d'une bonne bouillabaisse de youpins (14)	1 05
Un marseillais qui demande l'extermination des juifs (4)	1 »
Un marseillais qui déplore qu'il y ait en France encore plus de judaïsants que de juifs et qui les enveloppe tous dans le même mépris (14) ..	1 »
Un marseillais qui préférerait voir la fripouille juive algérienne aller en Italie au lieu d'envahir Marseille (9)	0 50
Deux marseillais réclament les boyaux des juifs pour en faire des cordes à violon (6)	1 »

	Fr. c.
Une vraie marseillaise. A bas les juifs! Vive la France! (14)	0 75
Maudite soit la race de Judas! (11)	0 25
Les membres du comité de la Ligue antisémite du commerce poitevin (9)	20 »
Quatre membres du groupe antisémite de Savenay (Loire-Inférieure) (6)	13 »
Un membre de la L. D. P. Ça ne se tue pas, ça s'écrase! (4)	1 »
Un membre de la Société de Saint-Circoncis (17)	5 »
Un membre de l'Union française antijuive (4)	1 »
Un membre de l'Union française antijuive (4)	4 »
Un membre du groupe royaliste de Montmartre, vrai français de cœur et de sang. Vive Philippe VIII! Vive l'armée! A bas la puissance juive! (10)	1 »
Un ménage antijuif (12)	4 »
Un ménage antisémite de Civy (12)	3 »
Un menuisier qui voudrait raboter le nez des juifs (46)	0 25
Un menuisier qui offre de faire à l'œil tous les cercueils de juifs (5)	2 50
Merci aux juifs qui nous ont valu cette manifestation! (9)	2 »
Un commis menuisier, qui fait faire des gourdins pour écraser les groins des youpins (14)	0 25
Une mère de famille pour que ses fils fuient toujours le juif comme la peste (14)	0 50
De la part d'une mère de soldat, désireuse d'offrir son humble obole à une victime des pieuvres juives (16)	2 »
Mère de soldat qui aime le drapeau et l'armée et hait les juifs sans drapeau (20)	20 »
La mère et la femme d'un universitaire antidreysard (8)	10 »
La mère et la fille du sus-dit contre les infâmes youpins (10)	0 50
La mère et la sœur d'un engagé au 19e bataillon de chasseurs à pied. Haine aux juifs! (5)	2 »
Mères françaises, élevez vos enfants dans la haine des juifs (3)	3 »
Mes cinq sous sont plus propres que les appointements de ces dames de la *Fronde* (9)	0 25
Mimi et Bébé, à Poitiers, pour l'extermination de tous les juifs (10)	2 »

	Fr.	c.
Un groupe de mineurs antisémites, à Nancy (14).	2	»
Un mouleur. Pour l'aplatissement de Moule-de-Gifles (6)	0	50
Un modeste. Pour combattre les juifs (4)	0	50
Moi contre eux, ici et partout (14)	1	»
Moi et mes deux fils sommes prêts. Trois pièces pour l'orphelin (14)	15	»
Un moissagais. A bas les juifs! Vive la France aux français (8)	5	»
Mon café d'un mois au petit Henry et ma botte pour les sales juifs (10)	1	»
Un montévillon qui demande une grande quantité de vilains juifs pour les déposer dans son jardin afin d'effrayer les moineaux (16)	0	50
Mort aux juifs! (4)	2	»
Mort aux traîtres! Honte éternelle aux sans-patrie! A bas les juifs et judaïsants! Mort aux souris, fussent-elles blanches! Un groupe de sous-officiers qui attendent l'arme au pied et la rage au cœur la liquidation des affaires Dreyfus-Picquart (6)	6	50
Groupe de treize Morvandiaux antijuifs réunis à la foire de Semelay (12)	23	50
Un bon mouchoir Paulmier pour moucher le plus sale des Youtres (3)	1	»
Deux moulinois antisémites (14)	4	»
Une moutonne qui n'aime pas les Youpins (8)	1	»
M. : Que fait le cochon?	0	25
N. : Il s'engraisse au dépens du propriétaire	0	25
M. : Que fait le juif?	0	25
N. : Il s'enrichit au dépens du Français	0	25
M. : Que fait le propriétaire?	0	25
N. : Il tue le cochon, reprend son bien	0	25
M. : Que doit faire le Français?	0	30
N. : Dépouiller le juif voleur et le chasser de France (14)	0	20
Un mulhousien. A bas les juifs! (8)	1	»
Une muselière à tous les enragés qui déchirent leur pays en faveur d'un traître (10)	0	50
Une nancéenne pauvre, contre les juifs (9)	1	»
Un nancéen, qui se charge des dix derniers youtres de Nancy lors du chambardement (16)	2	»
Un naïf nancéen qui par trois fois a cru à l'honnêteté des juifs et qui par trois fois a été volé		

	Fr.	c.
par eux (16)..	2	»
Sa Nanon, qui maudit les juifs (7) (*)...............	1	»
Un nantais antisémite (5)...................................	1	»
Un groupe de Nantais antisémites (9)...............	10	»
Un négociant antijuif (14).................................	2	»
Un négociant de Boulogne-sur-Mer ruiné par les juifs (16)...	1	05
Un négociant marseillais demande un comité de salut public sanguinaire pour exterminer les juifs (16)..	5	»
Un négociant qui exècre les juifs et les judaïsants, fait des vœux pour que tous ses collègues catholiques suivent son exemple (16)................	2	10
Un négociant de Jérusalem. Pour l'expulsion des juifs de la Bourse de commerce (12)...............	1	»
Un niçois qui n'a cessé de crier, qui crie encore et qui criera toujours : A bas les juifs ! Vive l'armée ! (16)..	1	»
Un niçois qui ne veut plus de youtres (11).......	2	»
Un nîmois, pour l'anéantissement de la race maudite (11)...	2	»
Un normand. A bas les juifs ! (16).....................	»	50
Un normand de Lozon, qui à aucun prix n'achète chez les juifs. Considère que cette résolution, adoptée et scrupuleusement suivie par la masse des français, déterminerait l'exode des infâmes (17)...	1	»
Un nourrisson du boulevard Poissonnière qui n'aime pas les juifs (10).................................	4	50
Nous avons au Mans la rue de la Juiverie et la rue de la Truie-qui-File. Puisse la juiverie, par l'une ou l'autre de ces rues, filer comme la truie ! (14)..	»	50
Nous sommes trente-huit millions de français contre cent mille youpins, c'est-à-dire 380 contre 1 (12)...	2	»
Nous sommes des millions qui voulons le départ des juifs (7)...	1	05

(*) Cette souscription est précédée de celle-ci :

« Erasme-Auger (H.), intellectuel et royaliste. » (Voir page 217.)

	Fr. c.
Un noyonnais : A bas les juifs et leurs valets trop connus ! (16)	» 90
Obole à la veuve d'un officier victime de la juiverie (7)	1 »
Faible obole d'un auvergnin qui déteste les youtres (6)	5 »
Obole d'un chambérien. A bas les youpins ! (6)	2 »
Obole d'une victime des juifs. En avant pour la France aux français ! (14)	10 »
L'obole d'un tanneur volé par les infects juifs du cuir (4ᵉ versement) (14)	5 »
Oh ! Israël, quelle bonne volonté tu as dû mettre pour produire de telles ordures (8)	1 »
Ohé ! de la Taverne ! Dormez-vous à Charleville ? (9)	1 »
On demande un concours pour indiquer le plus sale dreyfusard (17)	0 25
On en fera des pâtés de ces sales juifs (12)	1 »
On n'en finira donc jamais avec tous ces... de youtres (6)	1 »
On ne s'étonnera pas que les établissements universitaires se vident d'élèves. Les pères de famille veulent que les enfants reçoivent une éducation plus française (14)	5 »
On n'hérite pas de celui dont on a insulté la mère (16)	0 25
Un opticien bordelais antisémite (4)	1 »
Un orléanais. A la chaudière les baptisés au sécateur ! (8)	0 50
Un orléanais condamné par le tribunal de simple police d'Orléans pour avoir crié : A bas les juifs et vive la France aux Français ! (5)	1 »
Une orpheline d'officier supérieur dont le mari, victime de la mauvaise foi des juifs, est sans travail depuis deux ans (5)	2 »
Un ours des Pyrénées qui voudrait bien voir les montagnes débarrassées des rapaces juifs (4)	2 »
Ous qu'est mon fusil pour désinfecter la France de la bande Reinach et Cie (9)	2 »
Judas, Deutz, Dreyfus : trois juifs, trois traîtres. Un ouvrier typo (15)	0 50
Un ouvrier alsacien, à Saint-Mihiel, dégoûté des juifs (16)	0 15
Un ouvrier qui veut vider les juifs d'une drôle de	

	Fr. c
façon (14)...	0 25
Un autre ouvrier qui veut faire enrager le rédacteur qui prétend qu'il n'y a que les aristos qui souscrivent (14)......................................	0 25
Des ouvriers antijuifs d'Athies (Somme) (3).....	10 »
Groupe d'ouvriers antijuifs de l'E. P. à Billancourt (14)...	20 »
Un groupe d'ouvriers antidreyfusards de Mouilleron-en-Parade (7)..................................	2 »
Un groupe nombreux d'ouvriers fondeurs-mécaniciens-ajusteurs, pour Mme Henry contre toute la juiverie et les accapareurs. Charleville. Vive la République !.................................	105 »
Un pauvre ouvrier de Digne. Le coup de balai final, s'il vous plaît, à la vilaine araignée qui suce tout le sang de notre pauvre France ! (14)...	
Un ouvrier distillateur français devenu antisémite (4)...	4 »
Un ouvrier régleur antijuif (5)......................	0 50
Cinq jeunes ouvrières de Saumur, se privant d'une collation pour protester contre la lâcheté des juifs : Berthe, Marie-Louise, Camille, Marguerite, Solange (14)..................................	0 75
Une ouvrière trompée par un patron juif qui, à sa délivrance, fera justice elle-même de son séducteur (7)...	1 05
Une ouvrière, pour l'extermination de la race maudite (3)...	1 »
Outré contre le syndicat (14).......................	5 »
Papa mou. Les juifs hors de France ! (6)........	1 »
Papa nous a dit de crier de toutes nos forces : « A bas les juifs et les francs-maçons ! Vive la France aux Français ! » Henri 0,50; Joseph 0,50; Xavier 0,50; Gaston 0,50; Jean 0,50; Marie 0,50; Marguerite 0,50; Isabelle 0,50 (16)..............	4 »
Hardi ! Français, en avant, sus aux youtres. Un pantinois de Botteries et son fils parisien (14).	1 »
Parcere subjectis et debellare superbos (14)......	5 »
Un patriote. Pour lutter contre ces co.uins, l'argent aujourd'hui, demain la vie s'il le faut (3)...	5 »
Un patriote antidreyfusard. Pour acheter le bouillon de onze heures qu'on administrera aux	

	Fr. c.
youtres (16)....................................	1 95
Un patriote antijuif (4)	1 »
Un patriote antijuif (4)	1 »
Un patriote antijuif (5)	1 »
Un patriote antijuif (16)	0 50
Un patriote antijuif (14)	0 50
Un patriote antijuif et antidreyfusard (12)......	0 50
Un groupe de patriotes antijuifs du Lion d'Angers (15)..	20 »
Un groupe de patriotes antijuifs. Vive l'armée ! A bas les traîtres ! (2)	2 »
Dix patriotes antijuifs pantinois (9)	3 »
Groupe de patriotes antisémites de Saint-Chamond (Loire) (14)................................	16 »
Cinq patriotes antisémites (3)...................	10 »
Quatre patriotes antisémites stéphanois (5)......	6 »
Un patriote de Beauvais, ennemi des youpins (4)	2 »
Trois patriotes bourguignons qui veulent ardemment que les youpins soient exclus de toutes les fonctions publiques (7)......................	3 »
Quatre patriotes cettois. Pour l'extermination des juifs (9)	5 »
Un patriote de Meudon. A bas les youpins ! (10).	0 30
Une patriote désirant la victoire antijuive (14) ..	0 25
Un groupe de patriotes Est et X. En haine des youpins (7)....................................	6 50
Un groupe de patriotes écœurés de la lâcheté des juifs (4).......................................	30 65
Un groupe de patriotes, fermement antiyoupins (6)..	7 50
Deux patriotes haïssant les juifs et les dreyfusards (6)......................................	1 »
Un patriote indigné. Chassons les juifs et francs-maçons de l'armée (17)	1 »
Patriotes, ouvrons l'œil ! (16)	0 60
Un groupe de patriotes partisans du chambardement des youpins. Il y est, qu'il y reste ! Vive l'armée ! Mort aux traîtres ! (7)................	5 »
Un groupe de patriotes qui demandent l'expulsion des juifs de toutes les fonctions publiques (15)	10 »
Un patriote qui abhorre les juifs qui nous ruinent et nous trahissent (9)	2 »
Un pauvre patriote lorrain regrettant de ne pouvoir envoyer davantage pour aiguiser le scalpel	

qui fera à notre chère France l'opération du chancre judaïque (11)..............................	0 50
Patriote, mais antijuif, Marseille (13)..............	0 20
Un patriote lorrain, ennemi des juifs (4).........	2 »
Un patriote lorrain, habitant Bar-le-Duc, ennemi des circoncis (10).................................	0 60
Un patriote ne voulant pas que les juifs fassent à la France le sort de l'Espagne livrée aux Maures et de la Pologne trahie et partagée (3).....	2 »
Un patriote normand qui déteste les juifs (16)...	1 »
Un jeune patriote spinalien, futur soldat, qui voudrait bien savoir manier le flingot pour trouer aux juifs leur peau de Prusscos (11).............	0 50
Un patriote des Ternes, A bas les youtres ! Vive l'Armée ! (4)..	0 25
Un patriote de Ville-d'Avray. A bas les juifs! (16)	2 »
Un patriote qui désire l'écrasement de tous les juifs. Besançon (6)................................	3 »
Un patriote qui devient de plus en plus antisémite (12)..	2 »
Un patriote qui fait des vœux pour que Zurlinden nous ordonne le jeu de massacre (11).............	» 25
Un parisien qui demande l'arrestation des gérants des journaux dreyfusards (9)....................	1 »
Parisienne écœurée du mouvement maçonnique qui avilit notre chère France (6)..................	4 »
Une parisienne qui a refusé d'entrer en relations avec les juifs millionnaires (17)................	10 »
Une parisienne qui n'aime pas les circoncis (7)..	1 »
Sa bonne, une picarde (7)............................	0 25
Un partisan de l'expulsion des juifs (4)..........	1 »
Un partisan des faibles contre les forts, et des français contre les juifs (5)......................	5 »
Des partisans de la destruction de la vermine juive (5)..	2 65
Un patron et son commis Robert, antiyoutres (3)	3 »
Pauvre France, c'est la boue qui l'envahit ! (9)..	5 »
Deux pauvres de Dijon. Il y a assez d'or pour acheter la première balle de plomb (7)........	2 50
Deux pauvres vieux pour arrêter l'invasion juive dans les marchés, qui nous fait crever de faim (4)..	0 50
Un pays livré aux juifs est perdu (9).............	5 »
Deux paysans qui n'aiment pas les juifs (9)......	2 »

	Fr. c.
Un pêcheur à la ligne qui réclame la peau d'un youpin pour faire des asticots (15)............	1 25
Pendule et dentelle qui n'aiment pas les petites églises (3).................................	2 »
Un père de famille estropié. En haine des juifs. Mirabel-aux-Baronnies (16)................	0 20
Un père de famille qui a retiré son fils du lycée de l'Etat où il y a des professeurs juifs (12)....	0 50
Un père de sept enfants qui déteste les juifs (4).	0 50
Un malheureux père de six enfants, victime des manœuvres d'un banquier judaïsant (11).....	2 »
Un pauvre père de famille, capitaine d'infanterie exploité par les juifs (14)................	0 50
Un père qui élève ses enfants dans la haine des juifs, à Cambrai (10).....................	1 »
Un père qui fera de ses petits enfants de bons antisémites (4)...........................	1 »
Le père d'un engagé au 20e bataillon de chasseurs à pied et d'un rengagé au 6e bat. Haine aux juifs! (12)...................................	3 »
Un père qui élève ses enfants dans la haine du juif (8).......................................	2 »
Un périgourdin dégoûté de la République juive (13)...	1 »
Périsse plutôt Dreyfus que la France! (15)......	2 »
Un perruquier avranchinais, qui demande à raser radicalement les juifs (6)....................	1 »
Un perruquier de Nantes préparant son rasoir pour le grand jour (16).....................	0 25
Une personne heureuse d'être débarrassée d'un sale youpin qui empoisonne sa maison (5)....	0 50
Une personne qui a été attrapée par les juifs (16)	5 »
Deux personnes unies contre les juifs-protestants (16)...................................	20 »
Des environs de Belfort. Trois personnes antisémites (6)....................................	3 50
Peuple debout! Ne compte plus que sur toi-même! (14).......................................	0 25
Le peuple le plus spirituel du monde est comme le mouton : il trouve qu'en le tondant on le rafraîchit et qu'en le mangeant on lui fait trop d'honneur (16)...........................	2 »
Peut-on trouver aux écoles des jeunes misérables insulteurs de l'armée? (16).................	2 »

	Fr.	c.
Un franc picard, contre les juifs (13)...........	10	»
Une pierre pour le front de David (7)...........	1	»
Pierre (Le petit), antijuif (16)..................	0	10
Un pipot antijuif (9)............................	1	»
Pipa, chien antisémite, aboie dès qu'il voit un juif (8).......................................	1	»
Un placier malheureux, ennemi des étrangers et des juifs (6).................................	2	»
Un placier qui, grâce aux youpins, ne fait plus d'affaires (8).................................	0	50
Plaise à Féliskoff Ier que la peau d'un juif serve à étrangler les autres (10)....................	1	50
Un plombier de Vitry qui offre de bon cœur du plomb pour faire des écumoirs de la peau des juifs (9).....................................	1	»
Plus antijuif que Drumont (15)..................	1	»
Plus de youpins dans les emplois civils et militaires! (17)...................................	2	»
Point de Rothschild pour roi! (14)..............	2	»
Un poitevin, futur papa d'un antijuif (16).......	3	»
Un poitevin, négociant à Alger depuis deux ans, et qui hait davantage les juifs depuis cette époque (11)......................................	5	»
Pontissaliens ayant soupé des dreyfusards et des youpins (16)..................................	2	50
Un pot d'onguent gris pour chasser la vermine (12)..	1	»
Pour acheter des bavettes aux poupées qui écrivent dans la *Fronde* (6)......................	0	25
Pour acheter des muselières à la ville de Tarare (16)..	1	»
Pour acheter du papier d'Arménie pour nous désinfecter de tous ces vilains juifs (9).............	2	10
Pour acheter les juifs (10).......................	5	»
Pour acheter un sécateur pour couper les juifs (6)...	1	»
Pour affirmer mon respect aux chefs de notre armée et mon profond dégoût pour tous les dreyfusards (5)..............................	2	»
Pour aider à défendre un orphelin de quatre ans lâchement attaqué par tout Israël (1)..........	5	»
Pour aider à écraser la vermine juive et ceux qui mangent à leur râtelier (4).....................	2	»
Pour aider à la confusion des juifs (6)..........	5	»

	Fr.	c
Pour aider à la confusion des sans-patrie (10)...	10	»
Pour aider à nettoyer la France et l'armée de la souillure juive (3)...............	5	»
Pour aider au coup de balai (16)...............	0	50
Pour aider la veuve dans son procès contre la tripouille qui reçoit la pâtée des juifs allemands (10)...........	2	»
Pour aider l'orphelin à écraser la tête de la vipère dreyfusarde (2)...............	5	»
Pour ajouter une ligne de plus à une liste d'honnêtes gens (17)...............	2	»
Pour arracher la France des griffes du francmaçon et du juif (8)...............	0	75
Pour avoir une paire de bottes en peau de juif, un artilleur de Bourges (5)...............	5	»
Pour Black, qui reconnaît les juifs à leur odeur, 6 bis, rue d'Aboukir, Courbevoie (17).........	1	»
Poupon, en haine du juif d'à côté, même adresse (17)...........	1	»
Pour brûler le torchon dreyfusard de Marseille (14)...............	30	»
Pour chasser de France les juifs (6)...............	10	»
Un patriote de Montereau. Pour chasser les voleurs juifs (16)...............	1	»
Pour châtier les misérables youpins (5).........	5	»
Pour châtier tous les juifs (9)...............	0	50
Pour cirer mes bottes au derrière d'Israël (6)...	0	50
Pour combattre les sans-patrie, qui sèment la discorde et la haine parmi les Français (14)......	0	75
Pour confondre les anarchistes de haute volée (11)...............	10	»
Pour démontrer qu'il existe une seule conspiration, celle qui se prépare contre la juiverie et les traîtres (9)...............	1	»
Pour désinfecter les wagons qui transporteront les juifs et dreyfusards hors de France (16)...............	1	»
Pour écraser tous les juifs. Sarlat (16).........	0	25
Pour embêter les becs crochus de juifs. Haute-Marne (11)...............	0	45
Pour... embêter les dreyfusards de Reignier (Haute-Savoie)...............	1	»
Pour envoyer tous les traîtres au bagne (8).....	0	50
Pour étouffer le monstre à provenir de l'accou-		

	Fr. c
plement incestueux de la vache à Colas et du veau d'or (7)...	0 30
Pour être vraiment Français, n'achetons plus chez les juifs (6)..	1 »
Pour faire cuire les juifs (16)............................	0 50
Pour faire des cordes à violon avec les boyaux du dernier des juifs (18).................................	2 »
Pour faire honte à la *Fronde* de Mme Durand (14)...	1 »
Pour faire pousser le chanvre en faveur des youddis...	2 »
Pour faire un bouillon de juif assaisonné fortement de Brisson pour le faire boire à la cour de Cassation et aux membres du gouvernement pour s'en débarrasser (13)...........................	3 »
Pour faire une salade de museaux youpins pour servir aux gorilles du Jardin d'acclimatation cent mille fois plus agréables que l'immonde Boule-de-juif (8)...	1 »
Pour la justice antijuive (4).............................	0 20
Pour mettre les femmes chrétiennes en garde contre les juifs.(14)......................................	2 »
Pour Mme Henry. Contre la juiverie (16)........	10 »
Pour Mme Henry et son cher enfant. Une pauvre ouvrière qui dans sa clientèle n'a jamais eu qu'un seul juif, lequel lui a volé son salaire de 200 fr. (11)..	20 »
Pour Mme veuve Henry. Pour l'extermination juif et du huguenot (3)...................................	1 »
Pour mon fils, encore trop jeune pour cogner sur les juifs (16)...	5 »
Pour museler les pédants et les juifs qui ont la même âme (14)...	1 »
Pour nettoyer les miasmes (17).......................	2 »
Pour nous débarrasser du dernier juif, j'en donnerais cent mille fois autant (6)....................	1 »
Pour pendre les juifs de la rue Saint-Lazare qui prêtent au mois sur des titres dotaux (16).....	2 »
Pour prendre comme modèle de crachoir le plus sémite profil d'une grosse juive de la Ferté-sous-Jouarre (8)...	1 »
Pour prévenir le pullulement de la race néfaste des youpins (13)...	1 »
Pour protester contre le choix d'un youpin	

	Fr. c.
comme représentant des officiers territoriaux dans la commission du Cercle militaire de Clermont-Ferrand (15)..............	2 »
Pour protester contre les sans-patrie, les vendus et les traîtres. Vive la France ! vive l'armée ! (16)	5 »
Pour que Drumont et les antisémites deviennent des catholiques complets et n'acceptent pas de duels, ce qui est défendu par l'Église et fait le jeu de leurs adversaires (2ᵉ versement) (15)....	1 »
Pour que le petit youpin du *Soleil* ne fasse pas tant sa poire et pour qu'il retourne à l'école (6)	2 »
Pour que la souscription devienne permanente et serve à l'anéantissement de la race maudite (14)	0 25
Pour que le jeune Henry se souvienne des infamies des juifs (9).................	10 »
Pour que les imbéciles dreyfusards belges, lecteurs du torchon juif l'*Étoile*, soient persuadés que l'armée française abaissée, c'est la Belgique prussienne, savez-vous ! (7)............	1 »
Pour que les juifs soient traités en France comme partout (12)..................	5 »
Pour que nos généraux n'aient plus comme officiers d'ordonnance des Reinach et autres youpins panamistes, anciens amis de Cornélius Herz (10).....................	3 »
Pour que tous les juifs soient pendus (14).......	1 »
Pourquoi le colonel Sandherr a-t-il refusé les 100,000 francs offerts par le frère du véritable traître ? (5).....................	0 50
Pourquoi vouloir que les juifs soient Français ? Les nègres ne sont pas blancs (14)...........	0 25
Pour qu'on déclare biens nationaux tous les biens des juifs (16)...................	0 50
Pour qu'on envoie tous les youpins au Sahara (14)	4 »
Pour ramener tous les youpins de France au rôle de Juifs-Errants (6)...............	2 »
Pour rappeler les protestants, les francs-maçons et les intellectuels à leurs devoirs de Français (13)......................	3 »
Pour reconduire les juifs à la frontière (17).....	1 »
Pour se débarrasser des juifs immondes (11)....	2 »
Pour son voyage de noces à l'Île du Diable (12).	0 60
Pour soustraire un orphelin aux juifs (3).......	10 »
Pour tirer le chancre rongeur qui s'appelle le juif	

	Fr.	c.
(4)	5	»
Pour un bout de corde antijuive (4)..............	0	50
Pour un fils de Français, victime des juifs (10)	10	»
Pour un jeune beau-frère antisémite (10)	5	»
Pour un morceau de la peau d'un juif (7).......	0	50
Pour une judaïsante, son voisin (16).............	0	10
Pour une femme de France contre les israélites (3)	1	»
Pour une peau de juif (16)..........................	1	»
Pour une prochaine manifestation antijuive à la Ferté-sous-Jouarre (6)...............................	3	»
Pour une victime des juifs (8)......................	2	»
Pour vexer la canaille dreyfusarde (16)..........	3	»
Pour voir Dreyfus avec 12 balles dans la peau et le Syndicat sous le couperet de Deibler (3)....	2	»
Pour 10 centimètres de blair (4)...................	2	»
Pour l'achat d'un sécateur national (11).........	1	»
Pour la chute de la *Fronde*, ce sale journal féminin (9)	1	»
Pour la chute des juifs et la paix intérieure (9)..	1	»
Pour la confusion des hypocrites qui feignent de voir dans l'antisémitisme une question religieuse (16)	2	»
Pour la confusion de tous ceux qui se vautrent aux pieds du gorille qui tient suspendus sur leurs têtes les papiers révélateurs (16).........	0	60
Pour la construction d'une cage-loge pour les juifs l'hiver (14)......................................	0	75
Pour la conversion de la viande des youpins en hachis (16)	2	»
Pour la corde qui pendra le dernier youpin (6)..	2	»
Pour la culture et l'inoculation en France du sérum Drumont (2)	0	50
Pour la démonstration des seules preuves fournies par le Syndicat youpiniste (11)	1	»
Pour la désinfection de cent mille paletots (14)..	0	25
Pour la destruction en France des poux de synagogue (6)	10	»
Pour la femme d'un colonel assassiné par les juifs (6)	1	»
Pour la France contre le juif (6)....................	5	»
Pour la France contre les juifs plus tard, aujourd'hui pour la veuve du patriote mort pour la		

	Fr.	c.
France (8)	5	»
Pour la France et contre ses ennemis les traîtres juifs (6)	1	»
Pour la lumière contre les lâches. Un de vos lecteurs (5)	10	»
Pour la nation contre la dictature du chèque à Bordeaux (5)	3	»
Pour l'anéantissement des juifs et des insulteurs de notre armée. Un patriote (6)	1	»
Pour la ruine d'un grand magasin (4)	1	»
Pour la souscription Henry. Un annexé compatriote du comte d'Attel. En haine des juifs, des panamistes et des juges criminels. Pont-à-Mousson (14)	1	»
Pour la suprématie du manche à balai qui démolira le pot-de-vin (14)	0	25
Pour la suprême raclée aux dreyfusards (17)	1	»
Pour l'élimination des juifs de l'armée (10)	2	»
Pour le petit français contre le gros juif. Vive la France ! (6)	2	»
Pour le petit Henry. A bas les juifs ! (6)	0	50
Pour le rapatriement des sales juifs en Judée (7)	5	»
Pour le réveil de trente-sept mille juifs (2)	2	»
Pour le tout à l'égout, ma pierre (7)	10	»
Pour le triomphe de l'Aryen et de l'écrasement des youpins (16)	0	50
Pour leur apprendre à tout chambarder (10)	3	»
Pour leur faire rendre gorge (10)	2	»
Pour l'expulsion complète des juifs de France et surtout de l'armée (7)	1	»
Pour l'expulsion des juifs, 2 fr. — Pour la confection d'un nez en ciment armé pour Reinach. (16)	3	»
Pour la veuve contre le juif (6)	5	»
Pour la veuve et l'orphelin, afin que la force juive ne prime pas le droit français. *Sursum Corda !* (6)	3	»
Pour la veuve et l'orphelin contre la gangrène de l'humanité (6)	3	»
Pour la veuve et l'orphelin contre la hideuse pieuvre juive. Un roannais patriote (10)	2	»
Pour la veuve et l'orphelin contre les hyènes et les chacals (16)	5	»
Pour la veuve et l'orphelin : une autre veuve		

	Fr. c.
chrétienne et un chrétien qui n'auraient besoin que d'un peu de l'or drainé par les juifs pour se marier, être heureux et en faire d'autres (6)	2 »
Pour la veuve et l'orphelin, contre les juifs, plaie de la France (5)	5 »
Pour la veuve et son enfant, victimes du syndicat des sans-patrie (3)	3 »
Pour la victime des juifs (9)	2 »
Pour le bon combat, de vrais Français contre les attentats de la tourbe judéo-internationaliste (3)	20 »
Pour le chambardement	2 »
Pour le châtiment des juifs (4)	5 »
Pour l'écrabouillement des youddis (4)	2 »
Pour l'écrasement des lâches. Un des Fontaine de l'Ile Bourbon (6)	5 »
Pour l'écrasement total et définitif des infâmes francs-maçons et juifs. Que Dieu nous soit en aide ! Vive la France ! (7)	5 »
Pour l'effondrement de la bande judéo-maçonnique (16)	2 »
Pour le grand coup de balai aux traîtres et voleurs juifs (16)	1 »
Pour l'expulsion des juifs et des francs-maçons, qui sont les plus dangereux ennemis de notre belle France (11)	1 »
Pour l'expulsion des officiers juifs qui déshonorent l'armée (8)	5 »
Pour l'expulsion des traîtres et des sans-patrie (12)	0 50
Pour l'extermination des bêtes puantes qui fouillent de leur groin un cadavre (7)	5 »
Pour les dreyfusards de la Ferté-sous-Jouarre (7)	1 »
Pour les victimes de la race maudite (9)	5 »
Pour les youtres nancéiens et autres mon coup de pied (8)	1 »
Pour l'honneur, contre la crapule juive (10)	1 »
Pour l'orphelin. A bas les juifs ! (17)	1 »
Pour louer un wagon d'exportation (12)	0 25
Pourquoi le Syndicat de trahison a-t-il dépensé plus de 37 millions? (5)	1 »
Prière de taper ferme sur les fouines protestantes (10)	10 »
Produit d'un bouchon antisémite, à Mamers (6)	5 »

	Fr. c.
Un professeur de lynchage pour juifs qui offre leçons gratis (3)....................................	3 »
Un projet de loi exceptant les juifs des grades de l'armée (9)......................................	5 »
Un protestant alsacien qui proteste (8)................	10 »
Au nom d'un protestant alsacien qui voudrait pendre le dernier des juifs (6)...................	0 50
Sa nièce Germaine qui l'approuve (6).............	0 25
Un protestant antijuif (7).............................	10 »
Un protestant antisémite depuis le premier numéro de *la Libre Parole* (5).....................	5 »
Un protestant bordelais (5)............................	3 »
Un protestant français qui déplore l'aveuglement de quelques-uns de ses coreligionnaires (6)	1 »
Un protestant de Moyenmoutier (9)................	0 50
Un protestant honteux de voir quelques protestants à l'esprit étroit s'unir avec les juifs contre la Patrie (4).......................................	1 »
Un protestant nîmois, bon français, pour combattre les juifs (16)	1 05
Un protestant patriote qui déplore de voir ses coreligionnaires s'égarer parmi les juifs (12)..	3 »
Un protestant qui n'a pas voulu se vendre aux juifs pour sauver son coreligionnaire Picquart (5)	0 30
Un groupe de protestants (9).........................	20 »
Les protestants sont souvent des traîtres aussi (8)	0 10
Trois protestants, protestant contre les protestants (2)...	15 »
Trois protestants d'Eymel (Dordogne) (14)......	1 50
Deux protestants navrés de l'attitude de certains de leurs coreligionnaires qui ne sont heureusement que la minorité (9)........................	1 »
Un protestant indigné de l'aplomb d'une clique de calvinistes (9)..	0 25
Un protestant d'Andouze (7).........................	2 »
Une protestante (11)...................................	5 »
Une protestante antidreyfusarde (6)..............	5 »
Une protestante, femme d'officier. Quelle calomnie de dire que nous sommes dreyfusards ! (11)	10 »
Une protestante protestant énergiquement contre l'accusation que ses coreligionnaires sont tous dreyfusards (11)...	5 »

Provenant d'un nez fort qui n'est pas précisément d'un juif (6)...	0 25
Un provençal ennemi des youpins (7)............	1 50
Un provençal protestant contre toute assimilation avec les juifs (16)..	1 »
La Providence a voulu que les juifs servissent comme fléau des nations (17).............................	0 50
Puisqu'à Berlin ils aiment tant Dreyfus, balayons tous les juifs à la frontière de l'Est. Pour l'achat du balai (13)...	3 »
Puisse le Christ confondre les projets de ses ennemis, juifs, francs-maçons et enjuivés (4)....	2 »
Quand donc sonnera le tocsin pour débarrasser la France des mauvais youpins ? (14).............	1 »
Quand expulsera-t-on tous ces juifs allemands ?(9)	5 10
Quand Guérin viendra-t-il les redresser à la Ferté-sous-Jouarre ? (6)...	1 »
Quand il n'y aura plus de poux (6)................	0 60
Quand les femmes de France comprendront-elles qu'elles ne doivent rien acheter aux enfants d'Israël ? (17)...	1 »
Quand les ministres comprendront-ils que la corde va casser ? (3)..	» 50
Quand leur coupera-t-on la tête ? (14)............	» 25
Quand serons-nous débarrassés de cette bande, à Marseille ? (13)..	2 »
Quand une cause est juste, Mathieu, on ne fait pas appel aux non-lieu, tarés et anarchistes. Marseille (10)...	1 »
Que ça finisse enfin ! youpins, quittez la France ! (11)...	2 »
Que Dieu écrase les francs-maçons ! (10)........	2 »
Que les français voient les faits et ne se laissent plus prendre aux mots dont les juifs, panamistes et dreyfusards, se servent au mieux de leurs plus vils intérêts (16).....................................	1 »
Que les juifs soient traités comme des pestiférés et mis en route pour la Palestine ou le Pôle Nord. Quant aux dreyfusards non juifs, n'étant plus alimentés, ils feront vite amende honorable. On verra alors ! Vive l'Eglise et l'armée ! Vive la France ! (7)..	1 25
Que le tonnerre écrase les juifs et leurs amis (17)	1 »
Quelqu'un qui aime les juifs à vouloir en faire	

deux avec un seul (12)....................................	5 »
Quelqu'un qui trouve que si Félix Faure aimait la France, il choisirait des ministres antidreyfusards (6)..	10 »
Que son sang retombe sur les juifs maudits (5)..	1 »
La question juive n'est pas une question religieuse. Pas de Saint-Barthélemy! La question juive est une question de race. Vive (sic) les Vêpres siciliennes! (10)...........................	1 »
Quid viderunt oculi mei (9)............................	1 »
Qui desiderit uni ex parvulis istis non perdit mercedem suam (12)...	10 »
Qui donc écrira le livre : Les francs-maçons contre la nation ? (9)..	5 »
Qu'ils prennent garde les gredins qui vendent la France, les Français ont du cœur et les armes (14)...	1 »
Qui vive? France! Les juifs dehors! Marseille (13).	1 »
Qu'on fasse rendre gorge aux voleurs juifs (12).	» 60
Rage au cœur, écume aux lèvres contre les juifs, les francs-maçons et les huguenots (12)........	» 50
Un redonnais qui pense que la France ne redeviendra prospère qu'avec un gouvernement qui s'affranchira de la domination des juifs (16)...	» 50
Un relieur qui voudrait relier les ouvrages antisémites avec la peau des juifs (4)..................	2 50
Reliquat de dommages et intérêts payés à un officier par un maquignon juif (4).....................	5 »
Reliquat d'une partie de manille faite par sept antijuifs de Lyon (6)......................................	7 »
Reliquat rigoureusement exact de 60,000 fr. volés par un juif (14)...	1 35
René, rue de Marseille, 7 ans, 1 fr. André, rue de Marseille, 5 ans, 1 fr. René : frère je n'aime pas les juifs, 1 fr. André : Moi non plus, frère, 1 fr. René : Je les déteste, 1 fr. André : Moi aussi, 1 fr. René : Regarde autour, 1 fr. André : Oui frère, 1 fr. René : En vois-tu de ces youpins? 1 fr. André : Oh non! 1 fr. René : La rue en est garnie, 1 fr. André : Et à chaque étage, 1 fr. René : Grand-père, je les chasserai, 1 fr. André : Je t'aiderai, frère, 1 fr. Ensemble : Avec le petit Henry, 1 fr. Ensemble : N'est-ce pas, grand-père? 1 fr. L'aïeul : Oui, mes petits-enfants! 1 fr.	

	Fr. c.
Venez m'embrasser! (ils accourent), 1 fr. D'un corneillois, parisien, 2 fr. (9)...........	20 »
Une petite rentière volée par un youtre (17).....	0 50
Un représentant antisémite nimois (16)..........	2 »
Un représentant de commerce qui combat le juif par tous les moyens en son pouvoir (6).......	2 »
Un représentant de commerce qui voudrait que tous les employés juifs soient mis à la porte des magasins catholiques (5)..............	1 50
Un républicain antisémite, à Lorient (4)........	2 »
Un républicain libre-penseur, écœuré de voir où son parti a conduit la France. Félicitations aux juifs pour la belle campagne qu'ils ont organisée contre eux (8)......................	5 »
Un républicain que l'enjuivement et la lâcheté du régime actuel ont rendu royaliste (12)........	5 »
Et la République parlementaire à côté (12).....	0 25
Un républicain patriote, par conséquent antisémite (4)................................	5 »
Un républicain qui ne voudrait pas manger du pain juif comme les députés faux socialistes de la Chambre (9).........................	1 »
Pour l'effondrement prochain de l'omnipotence juive ; un vieux républicain beaujolais (5).....	1 »
Un vieux républicain proscrit deux fois, qui désire avant de mourir l'extermination de la juiverie (4).....................................	1 05
Un vieux républicain de 1848 indigné de la république des juifs et des francs-maçons (13)....	1 »
Un vieux républicain ennemi des francs-maçons (7)...................................	5 »
Résultat d'une partie de jacquet gagnée à un des rares dreyfusistes d'Etampes (15).............	5 »
Réveillons-nous, bordelais ! pour protester contre cinq sales youpins dont un cambriole, usuriers de notre ville, réunis pour insulter une femme (10).....................................	1 »
Un revenu d'Alsace où il a étudié de près les youtres (14).................................	0 30
Courage contre la fripouille. Un rochelais patriote (4)....................................	5 »
Un roubaisien ennemi du youtre (2)............	5 »

Un roubaisien qui veut contribuer, dans sa modeste part, à arracher une Française des mains du

	Fr.	c.
juif (6)..	5	»
Un rouennais. En attendant l'ouverture de la chasse aux youtres (5)..	3	«
Trois jeunes gens élevés dans l'horreur du youpin (10)..	2	»
Un roulant qui n'aime pas les juifs (9)................	1	»
Un sablais. Le juif sera toujours l'ennemi de toutes les nations. Bravo Drumont! Tapez toujours sur la race maudite (8)................................	1	»
Cinq sablais qui demandent un vigoureux coup de flaubert pour le nettoyage de la france administrative (12)..	3	»
Sacré cœur de Jésus, hâtez le miracle promis qui doit exulter votre église et délivrer les nations catholiques du joug abject de ceux qui vous ont crucifié (16)..	5	»
Un saint-ambroisien, en haine des juifs (8)......	0	50
La Saint-Barthélemy a sauvé la France du démembrement (2)..	2	»
La Saint-Barthélemy pour tous les youpins ! (9)..	0	25
Une saint-jean de Lasnarie qui demande que l'on fasse aux juifs ce que leur fit Galas en 1636 : les passer à l'huile bouillante (14)......................	1	»
Sainte-Geneviève! délivrez Paris de la peste juive, comme vous l'avez délivrée au XII° siècle de l'épidémie terrible du mal des ardents (5).....	2	»
Un petit saint-quentinois voudrait voir les juifs hors de France (14)......................................	1	»
Sales youtres (17)..	1	»
Sales youtres, à Sarlat (16)................................	0	30
Salut et fraternité. Un antisémite (4)................	3	»
Deux sartenaises ennemies des juifs (11)........	21	35
Satan règne. Réveillons-nous ! (11)................	1	»
Un sauvage de Lyon, antisémite. Lyon (7)......	1	»
Un sauveteur antijuif (8)....................................	0	20
Un savoyard patriote, écœuré de la lâcheté du youtre Reinach (4)....................................	1	»
Un savoyard pour casser le nez des juifs (16)....	0	50
Un autre savoyard antisémite (6)....................	1	»
Un sédanais ennemi du dreyfusisme (16)........	1	»
Les sémites se font graisser la patte et nous payons (14)..	0	15
Semons du chanvre! (4)....................................	1	»
La séquelle de Reinach vouée à tous les diables		

	Fr. c.
y compris celui des Iles du Salut (16).........	0 25
6, rue Sevestre. Taisez-vous, youpins! Vive l'armée! (4)..	2 »
Si Dreyfus n'était pas coupable, il ne serait pas soutenu par les Allemands (12)................	1 05
Si la France s'obstine dans sa doctrine et ses actes d'athéisme et de révolte, qu'elle soit maudite comme est maudit le juif. A Paray-le-Monial (10)...	1 »
Si le drapeau blanc qui a conquis Alger flottait encore, les juifs ne seraient pas vos maîtres, messieurs les Algériens (17)....................	0 55
Si les juifs savaient comme on les déteste à Mortagne! (8)..	2 »
S'il ne faut que le bras d'une femme pour exterminer cette ignoble race, je propose le mien (14)	0 75
Si l'on nous imposait le retour du traître et que les hommes faiblissent, femmes de France, rappelez-les à leur devoir, c'est-à-dire faire justice (16).......................................	1 »
Un socialiste anticlérical de Montmartre qui ne se vend pas (12).................................	1 »
Un socialiste antidreyfusard (7)...................	2 »
Un socialiste bordelais qui a fait la campagne de 70, qui blâme les socialistes qui sont dreyfusards et par conséquent antipatriotes (12).....	2 50
Un socialiste et un bonapartiste antidreyfusards (2)...	2 »
Un socialiste Niortais pauvre et désabusé des farceurs à la sauce Jaurès. A bas les juifs et les Clemenceau (16)..................................	0 75
Un socialiste qui souhaite une Saint-Barthélemy juive (9)...	1 »
Un socialiste révolutionnaire ancien adhérent de la Maison du peuple de l'impasse Pers qui crie : A bas les Juifs et les représentants du peuple qui se vendent au capital exploiteur juif! (16).	2 »
Quatre socialistes antiyoupins (1)................	2 »
Un sociologue qui, voyant ce que les juifs ont fait de la France en le court espace d'un an, est heureux de leur témoigner son indicible exécration (4).......................................	1 50
Sœurs d'officiers de marine qui méprisent les juifs (7)..	3 »

	Fr. c.
Un petit soissonnais pour l'expulsion en masse des juifs (14)...............................	0 50
Un futur soldat écœuré de la conduite des youpins (10)...................................	0 25
Un futur soldat exécrant les juifs (3)..........	1 »
Deux futurs soldats antisémites d'Armentières (16)	1 25
Son collègue plus antijuif encore, à Sarlat (16)..	0 50
Son fils qui, comme lui, crie de toutes ses forces : France, prends garde, le juif, c'est le danger (5)	2 »
Le petit sou de France contre le milliard des juifs (10).....................................	0 05
Un soufflet aux juifs et aux franc-maçons (6)...	5 »
Un sous-chef de bureau juif (16)...............	0 15
Souscription à 0 fr. 25, faite dans son quartier par un levalloisien, avec cette devise : Hors de France les juifs! (16).......................	22 75
La souscription aurait atteint 250,000 francs si les juifs n'avaient volé la moitié de la fortune de la France (17).............................	1 50
Souscription forcée d'un youpin que j'oblige à souscrire en lui gagnant cent sous à l'écarté; il a sué, mais il a rendu gorge, quand même (8)	5 »
Souscription recueillie par le secrétaire du groupe d'action française de la Jeunesse de Rennes (antisémite nationaliste) (11)..................	12 »
Souvenir du 1er congrès antisémite de Lyon (16).	1 75
Un sportman, ennemi des juifs (17).............	1 »
Suprema lex salus (8).........................	3 »
Deux surveillants des hôpitaux de Paris qui protestent contre l'intrusion des juifs dans le personnel médical des hôpitaux (16)..............	1 35
Sursum corda ! (6)............................	3 »
Sursum corda ! 2 catholiques antisémites (16)...	2 »
Sursum corda ! Mort aux juifs ! A nous Jeanne d'Arc ! (14).................................	20 »
Sursum corda ! Que Dieu protège la France et fiche les traîtres Dreyfus et consorts dans la mélasse. Pierre Caron (16)......................	1 »
Sus à Iscariotte ! (3)..........................	1 »
Sus aux fripouillards du Syndicat judéo-protestant-maçonnique ! (8).........................	5 »
Sus aux juifs ! Vive la France ! (2)............	5 »
Sus aux sans-patrie ! (4).......................	2 »
Unissons-nous, français ! *Vis unita fortior*. Un	

	Fr. c.
tabellion nivernais (7)......	5 »
Un tanneur fils d'un combattant de Gravelotte, qui demande l'entreprise de tanner la peau de tous les juifs (5)......	1 »
Tanneurs n'envoyez pas de cuir chez les youpins (10)......	5 »
Taper sur les juifs ça porte bonheur (11)......	5 »
Un teinturier qui voudrait faire passer tous les dreyfusards au bleu (11)......	0 50
Un télégraphiste antidreyfusard (3)......	1 »
Deux ex-télégraphistes militaires, marsouin et hussard, bons patriotes et antijuifs (5)......	1 »
Témoignage de sympathie pour la veuve du brave colonel victime des menées ténébreuses de la perfidie juive et maçonnique (16)......	5 »
Un thomas qui voudrait bien se vider sur le nez d'un youpin (11)......	0 30
Un thiernois. A bas la République juive, panamiste et dreyfusarde! (12)......	2 »
Un pauvre tisseur hazebrouckois, tisserait gratuitement un linceul de juif (7)......	0 50
Titus avait tort en l'an 70 de laisser échapper une partie des juifs (17)......	0 50
Titus, guerre aux lois de naturalisation, rempart d'Israël! (6)......	5 »
Les torrents d'injures envers l'armée seront lavés par des torrents d'eau rouge (11)......	0 20
Un tourangeau antijuif (5)......	5 »
Un tourangeau antisémite (9)......	5 »
A bas les youpins! un tourquennois (3)......	0 50
Un tourquennois patriote jusqu'au fond du cœur et ennemi des crétins de juifs (11)......	1 05
Un tourquennois qui déteste les youpins (4)......	1 »
Un tourquennois indigné des manœuvres de ces intrus que sont ces canailles de juifs (13)......	1 25
Tous à l'île du Diable (7)......	0 25
Tous les coquins ne sont pas juifs, mais tous les juifs sont des coquins (10)......	2 »
Tous les juifs à l'égoût (5)......	0 50
Tous les juifs et francs-maçons s'entendent pour détruire la France (11)......	1 50
Tous les traîtres au mur! (9)......	1 »
Tous les youpins à la potence pour les brûler, tas de voleurs! (8)......	0 25

	Fr. c.
Tous les youpins ont des têtes à gifles. La Bourgogne (16)	1 »
Un travailleur antijuif, à Marseille (13)	0 50
Un travailleur antisémite (11)	0 25
Un travailleur ruiné par d'ignobles corrupteurs panamisards (16)	0 25
Un travailleur ruiné par le sourd, gangreneux et honteux Panama des Halles, bien plus terrible que l'autre (16)	0 25
31 ans à Paris, connais les juifs. Nant (Aveyron) (16)	2 »
Trois pédalars bretons. Préférable pour éviter la peste bubonique d'envoyer les youtres à Panama, faire le commerce de la ferraille (5)	3 »
3 fr. recouvrés sur la somme de 712,000 fr. volés à une familles par les juifs (10)	2 »
Trois d'entre les nombreux qui n'aiment pas la vermine (9)	5 »
Trois jeunes antijuifs, à Sarlat (16)	0 30
Un trottin de chez P... A bas les vilains youpins! (1)	0 50
Un tunisien antijuif (5)	5 »
Un tunisien antijuif (5)	5 »
Un dauphinois antijuif (5)	5 »
Un tourangeau antijuif (5)	5 »
Un tunisien antisémite (9)	5 »
Les typos antisémites de Tonneins (6)	2 05
Un groupe de typos orléanais. Vive la France! A bas les juifs! (6)	2 »
Un à qui la vue d'un juif soulève l'estomac (5)	5 »
Un autre aussi en attendant mieux (6)	0 50
Un de Porrentruy pour envoyer tous les juifs humer l'air de l'Ile du Diable (16)	1 »
Une de la L. A. F. et son mari antisémite (2e versement) (6)	4 »
Union nationale de Puteaux : Vive la République antijuive ! (11)	2 »
L'Union tient les juifs en horreur (9)	1 05
Un groupe de l'Union nationale d'Aix-en-Provence pour protester contre leur président, qui n'est pas antisémite (11)	1 65
Un qui a l'air bonnasse mais qui mangerait du juif à tous les repas (9)	1 50
Un qui affirme que Bazaine n'a trahi qu'en qua-	

	Fr.	c.
lité de franc-maçon obligé d'obéir à Bismarck, plus haut maçon, et qui voit que Judas voudrait avoir en mains des Bazaines à la place des généraux français (7)...............	5	»
Un qui n'aime pas les juifs (10)..................	1	»
Un qui crache sa haine à la figure des juifs (6)..	2	»
Un qui demande le rétablissement de la torture pour assouplir la carcasse de ces bons youpins (10)...	1	»
Un qui demande l'état de siège et les cours martiales (3)......................................	5	»
Un qui désire que la souscription autorise l'achat d'une villa près du château du youtre sans patrie, afin que le passant puisse lire sur le château : « Fourberie et honte ! » et sur la villa : « Honneur et loyauté ! » (11).................	5	»
Un qui espère voir la France aux Français (10)..	2	»
Un qui ne comprend pas qu'on ne fasse point une St-Barthélémy de juifs (6).......................	3	»
Un qui n'est pas bien sûr que le colonel Henry n'ait pas été assassiné par les juifs (11).......	1	»
Un qui n'est pas de l'avis de M. Monniot et pense que la Ligue d'action française a sa raison d'être (14).......................................	2	»
Une qui ne voudrait pas se laisser embrasser par un youtre (12)..................................	1	50
Un qui revient de Zurich, où il a pu constater comment les effrontés menteurs de la presse judéo-prusienne empoisonnent l'opinion d'un peuple sympathique à la France. A bas les fourbes ! (5)....................................	5	»
Un qui voudrait manger du juif, quitte à en claquer (5)...	0	50
Un qui voudrait que la St-Barthélémy soit demain (2ᵉ versement) (10)........................	0	50
Un qui voudrait qu'on désinfecte le café Collet. (13)..	1	«
Un autre qui réclame l'état-civil des juifs de Lunéville (13)......................................	1	»
Un qui voudrait voir le dernier juif pendu aux boyaux du dernier franc-maçon (6)............	2	»
Uzès a l'honneur de s'être débarrassé du juif Crémieux (17)......................................	1	»
Va, infime goutte d'eau, grossir le torrent qui		

	Fr.	c.
peut-être les emportera! Un vieux soldat (40)..	1	»
Cinq vaccinateurs antijuifs (6).....................	2	»
Valentine; son papa; son tonton. — Trois antisémites, à Bordeaux (14)........................	10	»
Un valet de chambre de youtre (6)...............	1	»
Un valet de chambre qui désire servir un maître juif avec une fourche (12).....................	1	»
Vas-y Guérin, nous te suivons! (4)...............	0	25
Un vendéen envoyant un coup de botte à la tripouille qui nous opprime (9)...................	0	25
Un vendéen qui serait heureux de décrocher le flingot de ses ancêtres de 1793 pour canarder les youtres qui empoisonnent la France (7)......	1	»
Les vendus remplissent leurs engagements vis-à-vis de votre patrie (14)........................	1	»
Un vétéran. La lessive (7)........................	2	»
Un vétéran antisémite, à Viviers (Ardèche)......	0	50
Un vétéran de 1870-71 et son fils artilleur, contre les dreyfusards (5)............................	1	»
Un vétérinaire protestant, bistournerait à l'œil tous les youtres pour en détruire la race (8)..	1	»
Une veuve dont le fils a péri victime des grands juifs. Hors de France les youtres! (4)........	5	»
Une veuve. Expulsion des juifs (7)..............	5	»
Une veuve qui prend part à la peine de Mme Henry, et voudrait voir les juifs à la chaudière (5)....	0	50
La victime du juif Simon le lépreux (46)........	0	50
Une victime du Panama, heureuse de l'échec, à Lavy (7).......................................	2	»
Une des nombreuses victimes, ruinée par les juifs (3)..	1	05
Une victime de Dreyfus, de l'infect youpin de Nantes (6).....................................	1	»
Une victime de Goldsmith, Lévy et Cie, dans l'affaire des cafés-restaurants (12)................	0	50
Une victime de MM. Goldchmidt, Lévy et Cie, fondateurs de la Société des Cafés-Restaurants, que la Cour d'appel a condamnés depuis huit ans à rembourser les actionnaires, et qui attend toujours le premier sou que M. Navarre, liquidateur, devrait lui verser. C'est beau la justice! (11)...................................	2	»
Une victime des dépravations d'un juif de la tribu des Lévy (3).............................	2	»

	Fr.	c.
Une victime des juifs (8).....................	5	»
Une victime des juifs (4).....................	5	»
Une victime des juifs de Besançon (3).........	5	»
Une victime du Panama à Biarritz voudrait qu'un bon coup de balai nous débarrassât de cette puante vermine juive (14).......................	2	»
De la part d'une victime qui met les juges et les juifs dans la même poubelle (6)................	1	»
Victrix causa Diis placuit, sed victa Catoni (4)...	0	25
Une vieille de la Salpêtrière qui désire voir tous les juifs crucifiés.......................	0	50
Une vieille de la Salpêtrière qui se privera de vin. A l'eau les juifs! (5).......................	0	50
Un Viennois qui crie : A bas les juifs et ceux qui les soutiennent ! (16).......................	1	»
Deux pauvres vieux ruinés par les juifs (17)....	2	»
Un autre vigneron qui astique déjà son fusil pour le jour du retour de Dreyfus (14)........	0	50
Un jeune Villemonblois qui voudrait remplacer Deibler pour faire la barbe à tous ces sales juifs. Vive l'armée! (16).......................	0	25
25,000 mètres de tilin, 50 centimètres chaque et 50,000 fanaux. Marseille (7)................	1	»
Un visiteur de Senlis pour protester contre l'élévation récente d'un château royalo-juif à Senlis avec cette inscription : *Audax Terrax* (7)..	0	50
Vite, vite, qu'on dresse une potence! (9).......	0	25
Un vivarais, patriote antijuif (16)................	2	»
Vive Dieu! Débarrassez-nous de toute cette ribaudaille! Saint-Côme (9).......................	2	»
Vive le divorce entre juifs et français! (12)......	0	25
Vive l'union politique absolue de l'Europe occidentale! Silence aux juifs! (3)................	10	»
Vive la République honnête, à bas la République des juifs, des francs-maçons et des voleurs! (6)	1	»
Voici vingt fois l'honneur d'un juif, soit (3).....	1	»
Une voie triomphale en 1900. Un juif à chaque arbre de l'avenue des Champs-Elysées (12)....	2	»
Voir le dernier Youpin à son dernier soupir Moi seul en être cause et mourir de plaisir (9)	1	»
Voir le dernier Youpin à son dernier soupir Moi seul en être cause et mourir de plaisir (11)	5	»
Un voisin des juifs Borg et Lévy, marchands de peaux de lapins à Beauvais (3)................	0	25

Volé par les juifs (9)..	2 »
Un volé dans l'Union générale, par le protestant Humbert, ministre de la justice, complice des juifs (12)..	2 »
Un volé du Panama qui demande pourquoi on assure aux juifs d'Algérie le respect de leurs biens, pendant qu'on laisse piller ceux des Français de France par les escrocs financiers (6)	2 »
Un volontaire calaisien prêt à donner sa peau pour aider à donner le coup de balai (10)......	1 »
Un volontaire de 1870. Vive Drumont !.........	5 »
Un volontaire de 1870. Pour le balayage des juifs (16)..	2 10
Un ancien volontaire du 38ᵉ, qui trouve que Drumont a raison et que sans lui la France était perdue âmes, corps et biens (16).........	0 90
Une vosgienne antijuive (7)........................	0 50
Vous avez semé la bonne semence, Drumont, nous n'attendons plus que le signal pour moissonner (4)..	1 20
Un youtrophobe (8)...................................	1 »
Un yportais antisémite, victime d'un juif (8)....	1 05
Un yportais. Les juifs sont démoralisateurs (8) .	1 05
Yousef bou-Dinar. Haine à l'infecte race juive! (13)	5 »
Zut aux juifs! (17)...................................	0 50
Sa mère et sa tante (17)...........................	1 »

Excitation à la Haine ou au Meurtre

DE MM. JOSEPH REINACH, ZOLA, SCHEURER-KESTNER, PICQUART, TRARIEUX, CLEMENCEAU, JAURÈS, FRANCIS DE PRESSENSÉ, YVES GUYOT, ETC.

---

	fr. c.
Achautard et ses amis. Sept balles pour l'ignoble Orang (6).....................	7 »
Adrien et Paul. Pour cravacher l'insulteur de cadavres (6)........................	2 »
Agricola, à Caen. Le vieux lien de ma vache pour pendre Reinach (11)............	0 30
Alimbourg. Vélodrome verdunois, à Reinach : Tais ta g... t'auras de la rave (9)..	0 50
André. Vive la France ! A bas le crapuleux Reinach ! (8)........................	0 50
Aubineau (Charles) (voir *Gaston et Marcel*.)	
Barenton (Emile), d'Orléans. Sus aux dreyfusards ! (3)............................	5 »
Barthélémy (A.) Regrette que Morès ne soit pas là, car il aurait déjà égratigné la peau du gorille (3)................................	2 50
Bayon (J.) (voir *Dupleix*).	
Benoît, qui a Reinach en horreur (3).......	2 »
Berthe, pour purger Picquart (9)...........	1 »

Biard (Mlle Marie). Honte à Reinach! (4).......	0 50
Bise (Jules). Honneur à vous, madame! L'injure vient d'un Reinach (5)...............	10 »
Bixiou, victime non résignée du juif Fribourg et du protestant de Selves (4)...............	10 »
Blot, impérialiste, bonapartiste, ancien marsouin, qui demande le supplice de la cangue pour Reinach (3)...............	2 »
Blot (Alp.) (2ᵉ envoi). A moi la peau de Reinach! (4)...............	0 50
Boiron, patriote détestant les youpins de l'acabit de Joseph Reinach (6)...............	5 »
Brethon (Paul le), archiviste-paléographe, depuis longtemps édifié sur le tact spécial de Meyer, Giry et Molinier (4)...............	5 »
Brocard (Victor) vice-consul de France, et un vieux soldat. Que l'immonde Reinach soit jugé par des magistrats intègres (46)...............	22 »
Camus (voir *Champs*).	
Caron (A.). A bas Reinach et les traîtres! (3)....	5 »
Célix (Adolphe). C'est un gorille, voyez sa face, c'est un youddi. A bas Judas! (16)...............	0 25
Chabaud (Louis), contre le juif Reinach (2)......	10 »
Champs, Camus et Hocquart, voudraient réveillonner avec la peau de Boule-de-juif, quittes à mourir empoisonnés (6)...............	1 50
Chappaz (F.-H.) ancien détenu à Sainte-Pélagie, ancien meurt de faim, victime des juifs de la compagnie du Nord, lors de la grève de 1891. Pour acheter une cage à Jaurès, Gérault-Richard, Yves Guyot, Reinach et les enfermer tous les quatre ensemble en guise de perroquets ou de merles chanteurs (6)...............	2 »
Charles (J.) Pour aider à jeter à l'égoût l'immonde Reinach (2)...............	
Charasse (Gaston), souhaitant de tout cœur la condamnation de von Reinach (4)...............	3 »
Cherré. Reinach est un lâche sans pudeur (8)....	0 50
Chrétien (E.) Pour la confusion du youtre Reinach, insulteur des morts (4)...............	2 50
Christine, 20 mois. Zola-caca (6)...............	0 20
Christophe (A.), Montavon (A.), Moyer (P.), Morteron (V.), Perron (Oscar), Valentin, résultat d'une manille. Les mêmes pour couper les jam-	

	Fr. c.
bes à Chozel, à Alfred (14)........................	1 »
Clinchant (Mlle.) contre le juif Reinach. Bar-le-Duc (3)...	10 »
Cognaçais (H.). En haine de la cour de Cassation, de Reinach et de tous les traîtres (4)..........	1 50
Colande (Lucien), garçon boucher qui sortirait volontiers les boyaux de Reinach ainsi qu'à sa bande de sales juifs (12)........................	1 »
Constant (Maria-Adèle). Pour acheter une muselière à l'infecte Reinach (16)...................	1 50
Costes (L.). Dégoût et mépris absolus de la race abjecte des youpins, contre le sale youpin Boule-de-juif (11)................................	1 »
Courbe (Louis). Pour que Reinach von youpin soit le linton de za zale varce (4)...............	
Crochet (Pierrot), qui voudrait tremper Reinach dans une tinette (5).............................	1 »
Cyrano. Contre le sale youpin Boule-de-juif (11).	0 50
Delaunay (Louis), ses frères et sa sœur. A bas Zola ! A bas Dreyfus ! A bas Picquart et tous les youtres ! Vive la France ! (6)...............	1 »
Delœutre (Léon). Pour faire crever la République et Reinach (14).................................	1 »
Delfs, contre Reinach le lâche, 7, rue Drevet (4).	1 »
Don Béra. Une cravache à l'usage du bas des reins du youtre Boule-de-juif, à jeter à l'égoût après l'opération. Oh !... La cravache s'entend (6)...	5 »
Derdinger (Veuve), Pierre et Nicolas Derdinger. Contre l'affreux juif (6).....................	3 »
Desfarges (Lucien). En attendant de voir Reinach à l'égoût (6).....................................	0 50
Didelot (Mme G.) à Chatou (Seine-et-Oise). Contre les infamies de Reinach (7).................	20 »
Dion. Voudrait caler ses roues avec la ciboule de Reinach (8)......................................	1 »
Dollez (Le père). A bas Yousouf ! (6)............	0 25
Duffaure (Ch.) à Nice contre le juif Reinach (3)..	20 »
Dupleix (L.) et J. Bayon, 55, rue Cler, à la disposition de Picquart (6)........................	2 »
Dupont (Paul), 66, rue Saint-Sabin (2ᵉ envoi). pour la confusion de Boule-de-Juif, l'insulteur de femmes (9)...................................	1 »
Dupuy B. (André). Pour faire fondre Boule-de-juif (5)...	0 50

	Fr. c.
Dupuy-B. (M. et Mme Lucien). Une muselière pour le singe (5)....................	0 50
Durand (Eugène), à Marseille, contre l'ignoble Reinach et sa bande (11)................	5 »
Durenne (un groupe d'ouvriers de l'usine), de Bar-le-Duc, et un de leurs amis : dégoût et mépris à Reinach lâche insulteur de femme sans défense, chassé comme un chien galeux de l'armée française (16).................	9 75
Franz (le petit) qui, lorsque l'heure sera venue de tremper la soupe dans la grande soupière, s'engage à étrangler Reinach (13)...........	2 «
Gabriel. Incline-toi Reinach, ignoble brute juive. (6).................................	1 »
Garidon, de Lyon, pour dire aux intellectuels Duclaux, Grimaux, et *tutti quanti* que ce n'est pas Pasteur qui serait devenu dreyfusard, parce qu'il était patriote avant d'être savant et que sa science n'était pas vaine (14)...............	1 50
Gast (Un membre de la famille), qui regrette de n'être pas assez riche pour protester d'une façon plus efficace contre M. Gast, maire de Ville-d'Avray (2)............................	2 »
Gaston et Marcel (2ᵉ versement), 1 fr. ; Aubineau (Charles), élève de J.-B., à Say, 1 fr.; Simon Marcel, 1 fr.; pour le transport du gorille Reinach au jardin des plantes (6)..........	3 »
Collecte faite parmi les employés de la maison P. G. qui souhaitent que le neveu du plus célèbre escroc du siècle serve de pitance aux nègres : P. Gautier, 2 fr.; Mme P. Gautier, 1; Maurice et Lucienne Gautier, 0,50; Edouard, 1; Mme Edouard, 0,50; Chrétien, 1,; Ernest, 0,25; André, 0,25; Paul, 0,25; Beaufils, 0,25; Désiré, 0,10; Gaston, 0,10; M. V., 2; A. V., 1; Lautzenberg, 1; Pour le jeune Henry, J. B. Y, 2,10. Total (6)...............................	13 30
Germaine, Andrée, Yvonne et Suzanne, quatre vraies françaises contre l'ignoble individu Reinach (5).............................	2 »
Gody (Henri). Pour voir les hideuses grimaces que fera devant ses juges l'odieux Reinach, le plus répugnant des youtres (5)............	2 »
Henri et Pépa. Vive Méline et à bas Brisson! (16).	1 50

	Fr. c.

Herlant-Deschamps (Mme), une corde pour Reinach, insulteur d'une veuve et d'un orphelin (7) — 20 »

Hubert. La croix d'honneur à qui étranglera Reinach (9.)................................. 1 »

Hibert (Jean). Poison pour Reinach (9)......... 1 »

Hocquart (voir *Champs*).

Jacquel, en exécution de l'immonde Reinach! (6) 5 »

Jacques, Jean et Bertrand, fils d'officier, contre Boule-de-juif (16).......................... 10 »

Jaffré. A bas Reinach et toute sa bande! (8).... 2 »

Joseph, qui crie : A bas Zola! 0.25; Julia, qui dit : A bas les juifs! 0.25; Edmond, qui les détestera, 0.25; Paul, qui les haïra, 0.25; et tous en chœur : A bas les insulteurs de femmes, les lâches, les traîtres, les vendus! Vive la France! (5)................................ 1 »

Labonne voudrait voir Reinach quelque part (5). 0 25

La Guiche, président de l'Union des bons marcheurs, pour la condamnation du vampire Reinach (5)................................... 0 50

Lagunie (Ch.). C'est pour la veuve et l'orphelin contre le plus gredin des youpins (5)......... 1 »

Lambert (Ad.) (6).

    Ce n'est pas même un juif! c'est un païen immonde,
    Un renégat, l'opprobre et le rebut du monde,
    Un fétide apostat, un oblique étranger. (Victor Hugo). 1 50

Lamioque (Mlle). Pour les cartouches qui fusilleront Dreyfus (7)............................. 1 »

Larombe (Rémy) (2) (*). (14) .... 10 »

Leclerc (E.).

    Une femme, un enfant pleuraient sur un calvaire.
    Sous ton vomissement tu les croyais flétris.
    Lâche, tu t'es trompé, la France, juste et fière,
    En leur donnant son or, te crache son mépris. 1 »

(*) Cette souscription était accompagnée de la lettre suivante que la *Libre Parole* a insérée :

« Monsieur le rédacteur,

« Je gagne 200 francs par mois et j'ai femme et enfants. Ma femme a mis de côté 25 francs et cela depuis plusieurs mois, pour s'acheter un pauvre manteau pour le 1ᵉʳ janvier.

« Elle exige, et je le fais avec le plus vif plaisir, que je prélève 10 francs et que je vous les envoie pour coopérer aux frais du procès que va soutenir cette pauvre et vaillante Mme Henry

	Fr. c.
Lejannot (Auguste). A bas Reinach!	0 50
Lernould (Emile), 2 fr.; Lernould (Urbain) fils, 1 fr.; Lernould (Emile), 1 fr.; Lernould (Arthur) fils, 1 fr.; un ouvrier qui mettra le drapeau à sa fenêtre le jour où Reinach sera condamné, 0 fr.50 (4)..	5 50
Leroux (Ferdinand). Contre l'immonde Reinach (14)..	0 25
Lescure (Mlle), rue du Cherche-Midi. Pour l'écrasement du youpin Reinach (5)............	1 »
Magniès (Jeanne). Boutez les juifs dehors (14) (*)	
Maleductus et ses amis, pour enfouir le macaque Reinach (4)................................	3 »
Marcel, leur filleul. Contre Reinach au cœur de chacal (7)..	0 50
Margot (2 ans), ès-juif, sa maman, son papa, dessinateur pauvre, jubilerait de voir Reinach écorché vif comme Marsyas par Apollon (7) ...	0 50
Marie (Petite) deux ans et demi, pour acheter un pot avec portrait de Reinach au fond (17)......	2 »
Marie (Eug.), pour l'enfouissement de Dreyfus (14)	0 25
Marie, Valentine et Rosa (10)......................	1 »
Martial contre l'ignoble Reinach (7).............	3 »
Mathilde (Petite), à la honte du duc d'Orléans, le vendu aux juifs! (14)............................	0 50
Maton (Voir *Trousse*.)	
Maxime et Gabriel, pour la confusion de Boule-de-juif (6)..	2 »
Ménard (Eugène), pour défendre la veuve contre la lâcheté d'un ignoble gredin (3)............	20 »
Michel, pour acheter une vieille corde à Reinach	
Michelon. A bas Reinach! (8)....................	0 30

contre cet abominable gredin qui a nom Reinach. Ah! si ces gens-là pouvaient apprécier de près la haine que leur a vouée le vrai peuple travailleur et honnête! mais cette haine n'a d'égale que le mépris qu'un gouvernement aussi faible et aussi lâche inspire; on donne toute raison à la masse quand elle s'écrie : Tous panamistes, nos gouvernants!! Voilà ce que l'on dit. Les Roche, les Maret sont bien où ils sont, côté youpin.

« Pardon de cette trop longue lettre et recevez, je vous prie, mes salutations distinguées. « REMY LAROMBE. »

(*) La *Libre Parole* n'indique pas le montant du versement de Mlle Jeanne Magniès.

	fr. c.
Montavon (A.). (Voir : *Christophe* [A.])	
Morteron (Voir : *Christophe* [A.])	
Mornmaert (Voir : *Poré*.)	
Moyer (P.) (Voir : *Christophe* [A.])	
Mugnier, savoyard, patriote antisémite, pour acheter une petite chaîne pour attacher le chacal dit Boule-de-juif (6)	3 »
Muraccioli, en haine du misérable Brisson (3)...	2 »
Muraccioli. Pour acheter une botte de foin à Brisson et une autre à Bradamante de la *Fronde* pour les faire taire tous deux (9)	1 »
Nicolle à Caen. Bouttons dehors le juif Hendlé (11)	0 30
Noëglin (F.), 21, rue Beautreilles. Contre l'immonde Reinach (9)	0 50
Odette et Suzanne, obole faite au fils du colonel Henry, pour venger son père des injures du juif allemand Reinach (14)	5 »
Olinger, à Vitry-le-François. Expédiez-moi Reinach, je vous renverrai les morceaux (7)...	0 50
Omer-Tenne, d'Orléans, qui voudrait tanner la peau de Reinach (16)	0 50
Pascal (J.-B.) Indignation et mépris (4)	20 »
Pathiot, Vitry-le-François. Donne-moi ton cœur, Reinach, pour le faire manger à mon cochon ! Ah! non, ils ne se mangent pas entre eux (7)..	0 50
Paul. A la lanterne le vampire! (10)	0 25
Paulet (Armand) reinachophobe (9)	2 »
Payard. Pour un pauvre contre un enrichi par le Panama (3)	6 »
Pépin (M.). Son mépris pour Reinach (5)	5 »
Perrière (Th.), employé d'Etat révoqué en 1889 par les non-lieu Yves Guyot, Jules Roche et autres Reinach (3)	3 »
Perron (Oscar). (Voir : *Christophe* [A.])	
Peythieu. A bas Reinach! (8)	1 »
Picard (Georges), de Bourg, qui n'a rien de commun avec le dreyfusard, son homonyme (9)	2 »
Pierre et Isabelle, pour la victime du gorille Reinach (11)	0 50
Pierre et la chère Meneje, pour fumer les jambons du lubrique anthropopithèque Yousouf (17)	0 50
Pilon, contre le pourceau Reinach (8)	1 »
Poré et Mornmaert, pour faire tanner la peau de Reinach et Cie (16)	2 50

	Fr. c.
Poulain (Lucile). Que ne suis-je un homme! Quelle râclée cet immonde Reinach recevrait. (5)......	3 »
Prevost (A.) Au diable l'infâme Reinach, au diable le marquis de Crac (6)......	5 »
Prieur (A.) Lugnol contre le juif Reinach (5)......	1 50
Putois-Crette (G.), éditeur, pour la veuve du colonel Henry contre le juif Reinach (2)......	10 »
Ragu (Émile), à Gien, prendrait bien la place de Deibler pour guillotiner Reinach et ses sales youpins (9)......	1 50
Rita, pour l'extermination du répugnant Reinach et de ses coreligionnaires (8)......	1 »
Richard (Félix), pour l'orphelin et contre le plus lâche (3)......	0 50
Robert (G.) contre Reinach (46)......	5 »
Rose. Au peloton d'exécution le vieux forban! (40)	0 25
Sabot (J.) Honte à Reinach! (7)......	5 »
Saint-Hilaire, de Marseille, pour combattre le neveu de von Panama de Nivillers (40)......	0 50
Sault (Léon). Pour l'application des justes lois contre Boule-de-juif et sa bande. Un peu d'or en attendant le plomb! Bien dit, Drumont ! (6)	5 »
Simon (Marcel). (Voir *Gaston et Marcel*)......	
Stop, de Nantes : un pot de crème pour Reinach-Zola (12)......	0 45
Thérèse, en exécration de Reinach (9)......	1 50
Touyrac (Auguste) (2ᵉ versement), ennemi de tous ces fumistes qui ont pour nom Jaurès, Clemenceau, Zéro-Mouchard, etc. (40)......	2 »
Tribut (Louis). A la Seine, le gorille Reinach! (7)	1 70
Trousse (Idoine) et son ami Maton, pour la femme française contre le juif allemand Joseph Reinach (6)......	2 »
Vaillant (L.), rue Viollet-le-Duc : fixé sur la culpabilité de Dreyfus depuis qu'un français visitant le cabinet de l'empereur d'Allemagne, y a lu sur la *Libre Parole* : « Dreyfus est pris. » Il était donc de la maison pour être désigné si succinctement (2)......	2 »
Valentin (voir *Christophe* [A.]).	
Vallée (Léon), pour qu'on traîne Boule-de-juif en cour d'assises (5)......	5 »
Velmout, 73, rue des Petits-Champs, je voudrais que la boule de singe fût à la gueule du canon	

	Fr. c.
(16)	2 »
Veller (Franz), un camouflet à l'ignoble Reinach (6)	10 »
Victorine : un lot d'épingles pour piquer Reinach jusqu'à ce qu'il en crève (14)	0 50
Villebeseix (Gustave), en horreur du youtre qu'il redoute pour ses économies (16)	1 50
Vallon (Valérie de). Au pilori l'insulteur ! (10)	0 25
A. Pour échauder Reinach (8)	1 »
A. B. Honneur à Drumont et à Rochefort ! A bas Reinach ! (16)	2 »
A. C. une corde pour pendre haut et court l'immonde Reinach (7)	5 »
A. C. une couturière, cœur de française, qui désirerait la peau du sale youtre Reinach pour faire une culotte à Gugusse (12)	1 »
A. G. pour aplatir Boule-de-juif (6)	1 »
A. M. qui désirerait être le cuisinier de von Reinach pendant 24 heures, à Valenciennes (6)	0 25
A. M. (M. et Mme), d'Orléans, d'abord pour Mme Henry et surtout contre Reinach (16)	1 »
A. M. D. V. F. A. contre les fripouilles Reinach, Clemenceau, Zola, Trarieux et Cie (14)	0 75
A. P. contre Boule-de-juif (4)	1 »
A. P. en haine du chacal Reinach (7)	2 »
A. P. un commerçant indigné de la conduite de l'immonde Yves Guyot (6)	1 »
A. V. pour l'achat du fer qui doit percer la langue du calomniateur Reinach (5)	1 »
B. (Mme) collecte pour l'enterrement du syndicat (6)	12 50
B. L. contre Reinach (9)	1 »
B. L. contre Reinach (10)	1 »
B. L. contre Reinach (10)	1 »
B. L. contre Reinach (11)	1 »
B. L. contre Reinach (12)	1 »
B. L. contre Reinach (14)	1 »
B. L. contre Reinach (16)	1 »
B. L. contre Reinach (16)	1 »
C. B. Soufflet au lâche juif Reinach (7)	1 »
C. C. Employé dans une banque juive, contre le lâche Reinach (7)	» 50
C. G. un ennemi de l'espion anglais Clemenceau (9)	5 »

	Fr. c.
C. J. L. Pour le noble veuve contre l'ignoble juif Reinach, un abonné au *Nouvelliste*. Vive l'armée! (14)	1 »
C. M. et S. D. lyonnais, soldat de 70. Vil Reinach, à bas la clique scélérate! (16)	1 »
Ch. (La petite Lucie), qui retient la tête de Reinach pour jouer à la boule (8)	1 »
D. à Lunel, pour faire pendre ce triple saligaud de Reinach, lequel pourtant devrait être pendu pour rien (7)	3 »
D. Les dreyfusards, l'espion Clemenceau en tête, osent insulter parce qu'ils sont soutenus par les pouvoirs publics; autrement, ils auraient déjà été écrasés par le véritable peuple (7)	» 50
D. (Veuve) de Champagne, contre Reinach, insulteur des veuves (6)	1 »
Tu veux du « chambardement », o Reinach, tu en auras, mais ce jour-là, gare à ta peau! (6)	2 50
D. F. Une orléanaise qui a dans les veines le sang de Jeanne d'Arc, crache à la figure de l'ignoble Reinach (9)	1 »
E. Louise. Boule-de-juif, respectez les femmes! E. B., à Villemonble, contre le plus hideux des lâches (10)	1 »
E. B. Pour payer une partie de la pension de Reinach au jardin d'acclimatation (15)	1 »
E. G. L. M. T. 4 petits avignonnais contre l'infâme youtre Reinach (16)	1 20
E. F. Le nom seul de Reinach me donne des nausées (11)	3 »
E. F. G. Qui donc nous débarassera de ce chancre phagédémique ? (6)	1 »
E. G. pour le châtiment de l'insulteur de femme et de tombe (5)	1 »
E. L. Pour le repos de l'âme du beau-père de Reinach (6)	1 »
E. L. (Mme), trois fois honte au juif Reinach! (8)	1 »
E. P. rue Tiquetonne. Offrande d'une ouvrière au pauvre orphelin dont le lâche Reinach insulte la mère (4)	1 »
E. Q. Pour offrir au petit Henry un Zola !!! avec son anse ! (16)	1 »
E. T. et son ami G. F. à Jeumont, que la volte-face plus que suspecte d'Hervé et de Korobant	

	Fr. c.
n'a pas du tout surpris. C'est égal, ce désir de lumière intempestif a déjà causé quelque éclipse de « Soleil » (16)..............................	5 »
E. V. Achat d'un crachoir pour Reinach (16)....	0 50
E. V. Pour venger la veuve et l'orphelin du traître Reinach (11)................................	1 »
E. Y. (Mme), une protestante, désolée d'avoir reçu chez elle l'infâme Reinach (6)...............	10 »
F. (Antoin). Le Mans. Puisse ce modeste envoi contribuer à confondre le répugnant Reinach (7)	6 10
FT.... Clemenceau, Reinach et Brisson à Montfaucon (5).......................................	10 »
G. Françoise 190, rue de Rivoli. A bas Picquart! A bas les juifs ! (4).............................	10 »
G. et M. L. Danton proclamait que l'on n'emporte pas la Patrie à la semelle de ses souliers. Clemenceau et sa bande trouvent que l'argent n'a pas d'odeur : question de milieux. A bas les juifs! (4)...	5 »
G. C. Avec l'espoir que Reinach sera puni (2)...	2 »
G. F. Heureuse de contribuer à l'écrasement de ce sale juif (11)..................................	1 »
G. P. H. M. E. G. Est-il veinard cet animal de Reinach d'être tant aimé...Sacré Joseph va! (14)	2 50
G. R. En haine de Reinach (5)	5 »
G. R. Qui met au concours la face de Yousouf comme modèle de crachoir (4)..................	2 »
G. R. Un antijuif modeste qui voudrait bien cracher à la figure de cette fripouille de Reinach (4)	1 »
H. A. Voudrié rougré lou nas dé Reinach (12)...	1 »
H. I. Lyon pour sonner l'hallali des gibiers de potence Clemenceau, Reinach et C° (5)	2 »
H. T. Bravo à la femme fière et héroïque et vaillante que l'affreux Reinach ne fait ni reculer ni pâlir! (4).....................................	1 »
H. T. Contre le Crésus moderne acheteur de conscience Reinach (6).........................	2 »
L. H. Contre Reinach et la juiverie (6)..........	5 »
J. A. Pour la lumière qui rouvrira le groin de Boule-de-juif (3)..................................	2 »
J. C. et P. M. Pour la veuve et l'orphelin. Deux tanneurs de Milhau qui voudraient tanner et gratis les peaux de Reinach et de Dreyfus (7) .	4 »
J. E. Pour un lavement au vitriol en guise d'étren-	

	Fr.	c.
nes à Boule-de-juif (5)..............................	1	»
J. F. A bas Reinach et Dreyfus! (11).............	1	»
J. G. Ecœuré des votes d'un certain Chambige, vendu au Syndicat (16)............................	1	»
J. G. Qui maudit ce misérable Reinach, pour le tort qu'il fait aux *bons* juifs......................	1	»
J. M. Contre l'ignoble Reinach et Clémenceau le vendu (11)..	5	»
F. (Jos.) Réservez le museau de Reinach pour le charcutier d'à-côté (10)......................	1	»
J. R. ; E. D. ; C. D. ; E. M. ; P. I. Un groupe de modestes employés, 17, rue de l'Echiquier. Pour la justice et la confusion de l'immonde Reinach ! (4)..	3	50
K. Pour taper sur la hure de Reinach. Vesoul (16)	2	»
K. (Ch.) Pour la veuve et l'orphelin, contre un lâche et un menteur (14).........................	5	»
I. et F. D. Pour un brave contre un lâche (17)...	1	»
L. A. Pour la veuve et l'orphelin contre l'ignoble juif Reinach (11).................................	20	»
L. A. Un patriote qui voudrait donner à Reinach une pilule purgative pour toutes ses infamies (14)..	0	50
L. (Ch.) A bas Reinach ! (6).........................	2	»
L. B. (André). Contre le sale youtre Reinach (5).	0	50
L. D. Contre le juif Reinach (4).....................	20	»
L. D. En haine de l'immonde tripouille Reinach (2)..	2	»
I. D. C. C. Contre l'immonde Reinach (8).........	2	»
L. D. P. Honte à Gast! Ville-d'Avray (7).........	0	30
L. D. P. Un ligueur qui n'a pas étranglé Vaughan, rue d'Allemagne, à cause de sa décrépitude (3).	2	»
L. L. Pour répondre à la liste Picquart parue dans l'immonde *Siècle* sous la direction plus immonde de Guyot, et du Prussien von Reinach, patriotes à l'eau douce (6)........................	1	25
L. M. Pour la noble veuve, contre l'ignoble juif Reinach (7)...	2	»
L. P. antijuif auxerrois, voyageur de commerce, ex-soldat au 1er zouave, pour la défense d'une brave contre l'immonde crapule juive à tête d'orang-outang (5)..................................	1	»
L. S. Pour repasser le sécateur de Zadoc-Kahn (9)	0	20
L. T. A bas le phoque-écuyer de Reinach ! (3)....	1	»

	Fr. c.
L. V. 3ᵉ versement, écœuré de voir Constans ambassadeur après son passé. N'avons-nous donc plus d'hommes? (7)....................	3 »
M. (Mme). Contre l'horrible campagne des infâmes (5)...	5 »
M. Un savon pour mieux hisser la corde destinée à ce lâche gorille (7).........................	0 50
M. (Le petit Paul). Pour vouer Yousouf chimpanzé aux furies infernales (10)....................	2 50
M. F. Sus à Yves Guyot qui dénonce les officiers souscripteurs ; qu'on s'en souvienne (11)......	0 50
M. H. Une anguille de Melun qui crache à la face odieuse de l'abject Reinach et de tous les juifs l'expression de son profond mépris. Vive notre belle armée ! (9)................................	2 »
M. M. *Quousque tandem abutere patientia nostra, Reinach* (5).....................................	6 »
M. (Maurice). A bas Reinach ! (4)................	10 »
M. H. B. Reinach : *Sic volo, sic jubeo.* La rép. : *Fiat voluntas tua* (11).........................	0 50
L. (Mme) et Mlle B. A Mme Henry, contre Reinach (3)...	4 »
M. R. Se servira de la mâchoire de Reinach pour tuer 1,000 youpins (8).........................	0 50
N. Écœuré des agissements de Reinach (16)......	5 »
N. E. Tout surpris que ce répugnant vomitif soit encore vivant (9)................................	0 50
O. L. Une Française qui a horreur de Reinach (3)	2 »
P. (Le petit Fernand). Pour écraser celui qui ne s'est pas engraissé avec de l'eau claire (10)....	0 25
P. (Léon) reinachophobe (9......................	5 »
P. A. Contre le hideux Reinach et la clique (11).	1 20
P. B. V. Trois *Borgeois* de Belfort. Reinach allez vos cacher (12).................................	1 50
P. C. Pour accrocher la tête de Reinach à la devanture d'un charcutier (16)....................	0 25
P. L. Je tiens dix coups de pied dans le derrière à la disposition du youtre Reinach (14).......	10 »
P. L. Pour Mme Henry, contre l'ignoble Reinach (6)...	2 »
P. P. Pour casser un abatis à Reinach (8).......	0 50
P. Q. contre Reinach (11).......................	1 »
P. R. Proteste contre les professeurs des établissements universitaires qui font du dreyfu-	

sisme et montent la tête aux jeunes gens (17).	2 »
P. R. qui veut la peau à Reinach (2)............	2 »
R. et L. A bas Reinach ! (4)...................	10 »
S. (Armand), frère du précédent, ébéniste antijuif qui voudrait avoir la tête empoisonnée de Reinach pour en faire un maillet. Vivent Drumont, Max Régis, Jules Guérin! et à bas les juifs ! (7).................................	0 50
S. (Pierre) ébéniste antisémite de 21 ans qui voudrait la gueule de boule dogue de Reinach dans son pot à colle et sa peau pour la raboter avec plaisir. Vivent Drumont et tous les députés antijuifs! (7)................................	0 50
T. (M**) qui crache sur Reinach (16)............	1 »
T. (Joséphine). Je souhaite, pour son Nouvel An, un bouillon de onze heures à Joseph Reinach (6)	2 »
Th. dentiste de Vichy, désireux de retenir la mâchoire de Reinach............................	2 »
V. B. Contre le traître Dreyfus et contre Reinach (5)....................................	7 »
V. B. Deux employés voulant voir pendre Reinach (4)..................................	2 »
X. de Libourne, qui voudrait savoir si l'anarchiste Ch. Malato, de l'*Aurore*, continue à toucher 500 fr. par mois de Rothschild, 2 fr. : L. de Libourne, par dégoût de Clemenceau. Le Ponce-Pilate, maire de Montmartre, se lave les mains de l'assassinat des généraux Lecomte et Clément-Thomas, ses mains sont encore sales, 1 fr. (6)...................................	3 »
X. En haine de l'un des principaux menteurs de la bande dreyfusarde responsable de la mort de deux généraux fusillés, soudoyé par l'Angleterre à laquelle il a contribué à livrer l'Egypte (13)..	2 »
X. P. Pour la veuve et l'orphelin, victimes de l'immonde Reinach (7).............................	0 50
XX. je sacrifie ma vie pour tuer Dreyfus. Levallois.....................................	0 50
A bas les dreyfusiens Duclaux, Bonnet, Ajalbert! Un auvergnat patriote (16).....................	1 »
A bas les mômiers ! (13).......................	0 50
A bas l'hypocrite R. de Marseille. Un ex-abonné	

	Fr.	c.
(14)...	0	60
A bas l'immonde Reinach (8)......................	1	65
A bas l'insulteur! (11)...........................	1	»
A bas l'intègre Brisson! (11).....................	2	25
A bas Méline! (10)................................	0	65
A bas Monod! A bas Buisson! Vive l'armée! (8).	1	05
A bas Picquart, oh oui! (2).......................	0	50
A bas Reinach! (12)..............................	0	25
A bas Reinach (8)................................	0	25
A bas Reinach! (12)..............................	0	30
A bas Reinach (3)................................	0	50
A bas Reinach! (14)..............................	0	50
A bas Reinach! (8)...............................	0	50
A bas Reinach! Digne (17)........................	1	»
A bas Reinach, Clemenceau, Bard, Lœw, Manau! L. à Villedieu (Indre) (10)..................	0	75
A bas Reinach dit le « Bel Hamadryas »! (2).....	1	»
A bas Reinach et consorts! Une veuve du siège de 1870 (16).................................	0	50
A bas Reinach, Guyot et Trarieux! (10)..........	2	»
A bas Reinach, juif et franc-maçon! (14).........	1	»
A bas Reinach le singe! (3)......................	0	70
A bas Rouanet, le valet des juifs! (13)..........	1	»
A bas Trarieux! qui n'aura plus ma voix. Un délégué sénatorial (5)...........................	2	»
A bas l'affreux youtre! (9).......................	0	50
A bas Boule-de-juif! (12)........................	1	»
A bas Brisson! (4)................................	1	»
A bas Clemenceau! (10)..........................	1	»
A bas Clemenceau! (9)...........................	1	»
A bas Freycinet, le valet du syndicat (13).......	2	»
A bas Kerohant, le traître! Sarlat (16)..........	0	70
A bas l'affreux gorille Reinach! (16)............	1	»
A bas le chimpanzé! Digne (17)..................	0	25
A bas le juif Gougenheim! Vive l'empereur! (14)	2	»
A bas le répugnant Boule-de-Juif et ses amis! 0 fr. 50; un contrôleur d'omnibus, ex-sous-officier d'artillerie, 0 fr. 50; de la mitraille pour le jour du chambardement, 0 fr. 50; Vive Drumont, Cassagnac, Rochefort! (14)........	1	50
A bas le prussien Reinach! (17).................	0	50
Achat d'une tinette pour recevoir les ordures que Clémenceau dépose chaque matin dans le torchon dreyfusard allemand intitulé l'*Aurore* (12)	0	

	Fr. c.
Achat d'un torchon pour les boules de loto de Joseph, le jour du jugement (8)............	0 50
A la confusion de l'insulteur des femmes Boule-de-juif (2)............	1 »
A la frontière Clemenceau, Reinach, Jaurès, Kerohant, et toute la bande (16)............	1 »
A la hideuse face de l'immonde Reinach (10)....	1 »
A la hure de Reinach, insulteur de femmes, à Nantes (10)............	» 60
A la lanterne les profanateurs de la justice. Au poteau le dos tourné, l'insulteur sans nom qui souille notre sol. Un patriote lyonnais (6).....	2 »
A la porte Freycinet le vendu! (10)............	1 05
A la potence Brisson, qui seul a engagé l'affaire! (16)............	» 50
A la voirie les Reinach, les Clemenceau et cette bande de chevaux de retour qui déshonorent la chambre criminelle et que l'Histoire clouera au pilori d'infâmie. Un marseillais (6)............	1 »
A la vue de Reinach, les nausées abondent (17)..	1 »
A l'eau le sale juif, à Vittel (6)............	» 50
A l'eau Reinach! Un sous-chef de gare de l'Ouest, 2 fr. 50; un chef de district de l'Ouest, 2 fr. 50 (6)............	5 »
A l'espion anglais Clemenceau, tout mon mépris (14)............	1 »
Trois bas-alpins. Reinach et les youpins sous la meule (16)............	» 50
De la part d'un alsacien, qui ne s'assoiera plus à table au dîner de l'Alsace tant que Scheurer-Kestner et les autres en feront partie (8)......	20 »
Un alsacien qui n'attend pas de Scheurer et Cie, la désannexion de son cher pays (4)............	2 »
Un alsacien territorial contre l'affreux Reinach (4)	2 »
Un vieil alsacien qui a connu le grand-père du traître, humble marchand de chèvres, à Dornach (Alsace) (12)............	0 25
Un ami de Reinach à l'envers (4)............	0 »
Groupe d'amis voudraient qu'on empaillât Reinach (14)............	7 »
Trois amis marseillais, F. R., A. C. et A. J., avec l'expression de leur plus profond dégoût à l'immonde Reinach (10)............	3 »
Cinq amiénois, contre les millions du Syndicat	

	Fr. c.
Dreyfus (12)	5 »
Un amateur de têtes de turc en attendant celle de Boule-de-juif (11)	0 50
Un amateur photographe qui désirerait photographier Reinach sous la guillotine (10)	0 25
A Mme Henry contre Reinach le lâche (6)	2 »
A Clemenceau, Trarieux, Jaurès et Guyot, l'Angleterre reconnaissante, 1 fr. Un opportuniste d'hier, n'importequiste de demain, 2 fr. (16) ..	3 »
Un administré du beau Cast, maire de Ville d'Avray (7)	1 »
A Montfaucon la Souris Blanche et vive la France aux Français ! (15)	1 »
Un pauvre amputé qui aimerait jouer aux quilles avec Boule-de-juif (6)	0 25
Un anarchiste dégoûté depuis que Sébastien Faure, Allemane, Joindy et Cyvoct sont devenus des calotins juifs et protestants (5)	0 50
Anonyme. Pour la veuve du colonel Henry contre le juif Reinach (5)	10 »
Un anonyme de Ham, contre Reinach (3)	5 »
Anonymes d'Étampes. Témoignage de sympathie à la veuve et à l'orphelin (6)	5 »
A nos trois gloires républicaines : Panama, Dreyfus et Fachoda ! (10)	1 »
Un antijuif de Saint-Ouen pour la honte de Boule-de-juif (4)	0 50
Deux antisémites de Courseulles-sur-Mer, pour l'enfouissement pour cause d'hygiène publique de l'ignoble Reinach (6)	1 »
Deux antisémites. Pour la confusion de Yousouf von Reinach (7)	2 »
Deux antisémites qui espèrent voir pendre Reinach et autres (6)	5 »
Trois antisémites de Sablé, en haine des juifs en général et de l'immonde Reinach en particulier (5)	2 »
Trois antiyoupins de Châteauroux. A. B. B. pour acheter de la corde pour pendre Reinach	
Un apprenti antijuif. Encager Reinach et le Syndicat à la façon des écureuils pour tourner la grande roue de 1900 (16)	0 25
A quand la réhabilitation de Judas Iscariote ? (16)	1 »
A quand le poteau pour Dreyfus, Reinach, Pic-	

	Fr.	c.
quart et tous les youpins. Un versaillais (12)..	5	»
Un archiviste-paléographe pas intellectuel, qui connaît trop Paul Meyer et Giry (5)............	1	50
Un ardéchois ruiné par Reinach, inventeur des primes de la sériculture, primes qui ont achevé cette malheureuse culture au profit de l'étranger (13)..	1	»
Cet argent était destiné à acheter à la foire un pistolet d'honneur pour un député de Marseille (11).....................................	0	30
Un futur artilleur qui voudrait casser le groin du roi des panamistes dit Boule-de-juif (4)....	1	»
Assez de guano, M. le fournisseur Reinach (10)..	0	75
Trois associés flétrissant les agissements de la bande à Reinach (8)............................	1	»
A-t-on retrouvé chez Dreyfus le manuel de tir qu'il avait touché au 2e bureau de l'état-major ? Vidi, à Grenoble (12)...........................	1	»
Au journal *La Libre Parole*, j'adresse ma modeste obole pour une malheureuse mère qui va poursuivre un lâche gredin (10).....................	0	60
Au nom des bonnes mœurs, protestation contre Georgette (7)...................................	10	»
Au nom d'un patriote qui voudrait voir Reinach au pilori (5)....................................	2	»
Au pied de la statue « Quand même » et en face du Lion de Bartholdi, deux sous-officiers de la garnison de Belfort indignés par la conduite infâme du sinistre chef de la bande dreyfusarde Reinach (7).....................................	5	»
Au pilori l'immonde Reinach et toute sa bande (5)..	2	50
Un auvergnat antisémite et sa femme. En haine de Yousouf, rare spécimen de singe anthropomorphe, qui a sa place indiquée au jardin des Plantes (16)....................................	1	50
Deux auvergnats écœurés par Ajalbert et Duclaux (3)..	4	»
Aux aveugles qui ne trouvent pas la poutre dans l'œil de Dreyfus (14)...........................	1	»
Avec cette pièce, je crache tout mon dégoût à la face de l'immonde Reinach (14)................	2	»
Avec l'espoir d'un deuxième et prochain enfouissement à Niviliers (3)...........................	1	»

	Fr. c.
Quatre aveyronnais qui voudraient savoir pourquoi le sénateur J. Fabre est passé dans le camp des anti-français dreyfusards (16)	1 »
Un jeune bas-alpin informe le sale youtre Reinach des tomates l'attendent (9)	0 50
Une basque, écœurée de l'ignominie de l'immonde Reinach (6)	2 »
Deux beaucerons écœurés de la mauvaise foi des dreyfusards en général et de Reinach en particulier (6)	2 »
Le bélier antisémite de Tourcoing pour taper sur la g... à Reinach (6)	2 50
Un bistrot de Corbigny, 1 fr. ; un ex-sergent, moniteur général qui ne demande qu'à pocher le nez de Reinach et sa bande (12)	1 50
Un bistrot de St-Denis, qui voudrait voir Reinach, Dreyfus, Zola et toute la séquelle dans une tinette à Ternois (6)	»
Bon pour une guillotine à répétition pour exécuter tous les youpins, Reinach et Rothschild en tête (14)	2 »
Deux bordelais qui demandent la peau du c... de Reinach pour battre la générale lors du chambardement (13)	1 »
Un bordelais partisan de faire coffrer Brisson et sa bande (16)	0 50
Un bordelais qui ne veut pas embrasser Reinach (9)	1 »
Une botte de paille pour flamber le gorille (12)	0 25
Un boucher de Durtal, Maine-et-Loire, qui se chargerait de dépouiller l'infect Reinach (10)	2 15
Un bouchon à Boule-de-juif, 10 queues de billards antisémites (14)	1 25
Un Bouscasié degousta doou Youtré Reinach (9)	2 »
Un boulanger qui voudrait mettre Reinach et Dreyfus dans son pétrin (12)	1 »
Un garçon boulanger ennemi des juifs (4)	1 »
Boule-de-juif à la potence. Digne (17)	0 15
Boule-de-juif (3)	1 »
Deux boulomanes de la rue Chaix (Marseille), qui voudraient bien prendre Boule-de-juif pour but (12)	1 »
Bourgeois est avec les traîtres (16)	0 25
Un breton révolté par le cynisme du youtre Rei-	

	Fr. c.
nach (3)...	2 »
Un breton indigné de l'effronterie et de l'outrecuidance du youtre Reinach, ancien député sans patrie (7).................................	0 60
Brisson démocrate et autocrate quand même (9)..	1 50
Brisson, Ribot, Dupuy, trois plus coupables que les Juifs (8)......................................	0 25
Trois brivins, patriotes brivadois, pour un piège à renard destiné à prendre Reinach et sa séquelle (16)..	0 50
Cache ta sale tête Reinach! (9)....................	0 90
Camille flétrit Reinach en des vers charmants (6)	3 »
Une ceinture de virginité pour Picquart (8).......	1 »
Ce serait vraiment par trop sot de ne pas bouter Clemenceau, Reinach et toute leur valetaille ..	1 50
C'est juif, prussien et ça bave sur une femme (7)...	1 05
Un cévenol ennemi de Reinach, parce qu'il a ruiné les Cévennes séricoles, sous prétexte de de les défendre (13)..............................	2 »
Un vrai chacal qui méprise de Reinach (16)......	1 »
Un châlonnais, Rostchild à 1 fr. 65 de rente tous les dixièmes de seconde. Combien a-t-il volé aux Français?..	1 65
Un charpentier qui offre gratuitement une potence pour Reinach. Vichy..............................	5 »
Un chasseur qui a plus d'une fois pensé à canarder Reinach et sa bande (16)..................	5 »
Un chef de cuisine qui cuisinerait bien la bande Reinach (5).......................................	1 »
Sa fille qui l'aiderait à en faire un pâté (5)	1 »
Un chef de gare de l'Ouest pas curieux, mais qui voudrait bien assister aux obsèques du Hambourbeois J. Reinach (16)....................	0 50
Un chien coiffé d'un bonnet phrygien qui veut ronger un os à Reinach (10)....................	5 »
Des choros du Théâtre de R.. pour chanter les « de Profundis » de Reinach (12)................	1 »
Neuf citoyens de Valence désireux d'envoyer leurs bottes dans le dos de Reinach (7)..............	9 »
Un citoyen qui déteste Reinach (3)	1 »
Un citoyen du Cher qui a la conscience plus chère que celle de Brisson (9)	0 50
Clemenceau, vous faites fausse route! Il est vrai	

	Fr. c.
que vous changez souvent d'opinion (10)......	
Le hideux cloporte von Reinach a-t-il une figure ? (10)...	3 »
Une collecte faite contre Boule-de-Juif, gendre et successeur de l'escroc suicidé qui pourrit à Nivillers (4).....................................	3 75
Collecte faite au sein des délégations financières algériennes pour Mme veuve Henry de poursuivre Reinach (17)..............................	207 »
Comme on a envie de décrocher son fusil en entendant glapir ce hideux chacal de Reinach prêt à la moindre alerte à terrer sa couardise sous les bancs d'un prétoir vendu (17)................	
Comme termes de mépris contre l'immonde Reinach (7)..	2 »
Un commerçant patriote qui crie : A bas les juifs et surtout à bas Brisson ! (14)..................	1 »
Un concierge qui se charge de casser la figure à Reinach (11)......................................	1 »
Conspuez le juif Reinach, le lâche, l'insulteur d'une femme et d'un enfant (4)..................	4 »
Contre cette canaille de Reinach (5)...............	1 »
Contre cette fripouille de Reinach (4).............	1 »
Contre cet odieux Boule-de-juif, le digne neveu de l'oncle de Nivillers (2)........................	5 »
Contre Clemenceau et Yves Guyot, les salariés des juifs et anglais (14)...........................	2 »
Contre Freycinet qui a toujours porté malheur à la France (14).....................................	2 »
Contre l'affaire Reinach (9).......................	0 05
Contre le cochon de juif Reinach, sept officiers de Bretagne (6)....................................	10 »
Contre le hideux gorille Reinach. Un patriote de Besançon (16)....................................	5 »
Contre le huis clos de Bertulus et Georgette (7)..	10 »
Contre le plus immonde des youtres (2)..........	3 »
Contre le plus laid des ouistitis (16)..............	1 »
Contre les Kerohant, A. France et autres intellectuels (11)...	1 50
Contre les lâches attaques du misérable étranger que les Français ont la sottise d'accepter comme un des leurs (7)...............................	20 »
Contre les Lévy, Manau, Forichon, Weil, Lœw, Bard, Zola, Pressensé, Brisson, Clémence (Oh!)	

	Fr. c.
Reinach, Brisson, Jaurès (16)...........	1 »
Contre les vendus Trarieux et Guyot (12)........	1 »
Contre l'ignoble Reinach. Un antijuif (6)........	1 »
Contre l'immonde gorille Reinach (8)............	1 05
Contre l'immonde Reinach (9).................	2 »
Contre l'immonde Reinach et en l'honneur de la vaillante Mme Henry. M. et Mme E. L. B. (11)..	2 »
Contre l'infâme calomniateur Reinach (6)........	20 »
Contre l'infâme raison sociale Judas-Dreyfus-Law-Clemenceau-Pressensé-Reinach et Cie (6)	1 »
Contre Reinach (7)............................	1 »
Contre Reinach (10)..........................	5 »
Contre Reinach (10)..........................	10 »
Contre Reinach (2)...........................	50 »
Contre Reinach et Cie (9).....................	2 »
Contre Reinach, le microbe du choléra dreyfusard (9).................................	3 »
Contre Reinach, Pressensé, Monod, Paris et autres intellectuels plus ou moins académiques (4)...	2 »
Contre une canaille pour une honnête femme ! (5)	5 »
Contre un prince du Sanhédrin et la juiverie insultante (10)................................	1 50
Contre Yousouf Boule-de-Juif, Zola et Pressensé (10).....................................	3 »
Quatre copains anti-Boule-de-juif, à Philippeville (17).....................................	2 »
Un admirateur de Taine, pour rappeler que les origines de la France contemporaine ont été traitées de prose d'émigré par J. Reinach, immigré récent (16)	0 15
Un cordonnier patriote pour museler Reinach (3).	0 50
Un cordonnier qui a hué Reinach à Digne (17)..	0 30
Un cordonnier qui voudrait employer la peau de Reinach pour faire des chaussures (10).......	0 50
Coup de pied au hideux gorille (4)..............	2 »
Cinq courannieux : Jardin public dépourvu de monstre. Envoyez de suite gorille Reinach (12)	5 »
Une course chez Macquart pour M. Reinach (17).	1 »
Cinq petits cousins trop heureux de participer à la confection de la « bombe glacée » destinée à von Reinach (16)...........................	2 50
Une petite couturière montmartroise, pour faire une robe au président de la Haute Cour avec la peau de Reinach (8)	0 50

	Fr.	c.
Son mari, pour un coup de balai à ces juifs (8)..	0	50
Crachat sur la face de Reinach (13)...............	1	»
Un crachoir à la porte de *La Libre Parole* et la tête de Reinach dedans (2)....................	2	»
De Criquetot connaît l'énigme de l'envoutement du pseudo-savant Duclaux (7)................	1	»
Un croyant à la culpabilité de l'immonde Dreyfus (4)..	3	3
Un croque-mort voudrait fourrer dans la caisse le vieux pourri de Reinach (12)................	2	»
Un cuisinier de Laon, voudrait truffer la peau de Reinach (7)....................................	0	50
Une cuisinière qui voudrait farcir Reinach (4)...	0	50
Ma cuisinière qui tient à la disposition de M. Saint-Auban l'eau de vaisselle nécessaire pour donner à Reinach un gargarisme et un lavement (14).......................................	3	»
Un cultivateur fertois, qui voudrait voir von Reinach et sa bande de crapules lâches, traîtres et vendus à la frontière (14).......................	1	50
Un curieux qui voudrait savoir pourquoi Anatole France a été remercié par la maison Lemerre, et Zola par la maison Hachette (9)............	2	»
Un curieux qui voudrait connaître les payeurs et encaisseurs du Syndicat Dreyfus	5	»
Un cycliste qui voudrait faire passer ses deux roues sur la g. à Reinach......................	0	25
Une dame de militaire qui, personnellement, ne peut-être visée par les circulaires stupides d'un ministre de la guerre ami du dreyfusard et mouchard Yves Guyot (15)................	0	60
Une dame qui ne voudrait pas embrasser von Reinach (10).....................................	2	»
Deux dames françaises crachent au visage de Reinach (9)	2	»
Dans l'espoir de voir enfin au bagne les Guyot, Clemenceau et consorts (2	1	»
Dans l'espoir de voir un ministère Guyot, Clemenceau, Bard, Wilson, Reinach, Rouvier, Ribot, avec Dreyfus à la guerre et président du Conseil (4)...................................	0	75
De la part de M. Eugène, sa cousine et son ami Jean, pour faire transporter Reinach et son ami Dreyfus au collecteur de Clichy................	1	50

	Fr. c.
De la part de quelques purotins de la Basoche pour esquinter le sale birbe Reinach (6)	7 50
Demain, en face de la résistance, il sera lâche et prudent (5)	5 »
Un ancien chef d'escadron d'état-major et aide de camp d'un général en chef pendant la guerre demande la déportation immédiate de Reinach, Ranc, Clemenceau, Pressensé, Yves Guyot et *tutti quanti* afin de laisser respirer la France (1).................................	5 »
Un descendant de Jacques d'Arc, frère de Jeanne, ruiné par Rothschild (affaire Bontoux) (17) ...	0 50
Deux francs pour acheter une corde destinée à l'immonde youtre Reinach (13)................	2 »
Deux qui se fichent de Bourgeois et de sa séquelle de vertu (14)	0 90
Cinq pauvres diables de la douane de Belfort contre Boule-de-juif (5)...	2 »
Un jeune dignois qui se propose de faire une bonne conduite de Grenoble à l'immonde Reinach s'il reparaît dans les Basses-Alpes (9)	0 50
Un ancien disciple de Jaurès désabusé depuis son enrôlement au Syndicat (4)	0 30
Dommage que Yousouf n'ait pas eu de frères ; ils l'auraient vendu (14)	0 25
Deux domestiques qui ont refusé de signer la liste Picquart (6)..........................	2 »
Donnez-moi quatre sous de tête de Reinach (4)..	0 20
Dreyfus et Reinach, la trahison et la lâcheté, encore deux nouveaux noms juifs qui passeront à la postérité comme celui de leur ancêtre Judas (8)	5 »
Un dreyfusard algérien désabusé par l'ignominie de Boule-de-juif (7).........................	1 »
Un dunkerquois qui d'une main donne pour la veuve Henry et qui de l'autre casserait volontiers le museau à Reinach (4)................	2 »
Dupuy et Freycinet = Hérode et Pilate (5)......	1 50
Eh bien, Rouanet, tu étais si malade, quel est donc le vin de réconfortant qui t'a remis sur pied pour défendre les juifs ? Ce n'est pas à la bouteille que tu as dû le boire, c'est au pot (13).......................................	1 »
Eh bien ! Rouanet ? Tu fais comme les copains de	

	Fr. c.
la montagne, tu soignes ton estomac pour avoir du cœur? Un crève-la-faim de la Butte (16)...	0 20
Un habitant de la rue Custine (13).............	1 »
Un électeur trompé par l'austère Brisson (3)....	1 »
Un électeur de Saint-Omer qui met Ribot et Reinach dans le même sac (4).......................	0 25
Un électeur sénatorial de St-Etienne qui regrette beaucoup d'avoir voté pour le guanophile Waldeck-Rousseau (12)................................	1 50
Un électeur du 10ᵉ arrondissement qui attend la mise en jugement du traître, Brisson, 0 25; sa femme, 0 25; sa fille aînée, 0 25; sa fille cadette, 0 25. Total (12)	1 »
Un électeur du Xᵉ, dégoûté de Brisson (10)	2 »
Un employé des ponts et chaussées en haine de l'ignoble rognure de macaque (6).................	0 50
Employés, à Dombasle. Pour aider une sœur de France à cracher à la face du youpin Reinach (4)	8 »
Quatre employés des finances qui voudraient voir Reinach transformé en saucisson de Lyon (17).	2 »
Un employé du Crédit Lyonnais pour aider la France à se débarrasser de Reinach et de sa bande immonde (2)..................................	1 »
Un employé du Bon Marché, malgré la défense de son administration couarde qui craint de déplaire aux youtres, souscrit quand même (17)..	1 »
Un employé de la Banque de France médiocrement enchanté d'avoir Rothschild comme grand patron (17)...	1 »
Un employé de la Banque de France qui protestera toute sa vie contre la collecte faite dans les bureaux au profit de Magnin, l'ami des juifs (16)...	0 50
Un employé de commerce qui voudrait remplacer Deibler le jour où on guillotinera Reinach. A Silve (10)...	0 50
Un employé aux chemins de fer de l'Est qui désire l'extermination de Boule-de-juif (7)........	1 »
En attendant de voir Boule-de-juif à l'égout (3)..	2 »
En attendant que je me trouve en face de Boule-de-juif pour lui cracher au visage (2)...........	1 »
En commençant par les Prussiens, Reinach et Loew et le reste de la bande bien connue, puis ensuite chasser, expulser à perpétuité tous ces	

	Fr. c.
voleurs, sales et puants juifs (16)............	0 50
En dégoût du capitaine de territoriale, médaillé, qui sert d'agent électoral à l'infâme Reinach (4)...	5 »
En expiation de la goujaterie de P. Meyer (8)....	2 »
Un enfant de la Cannebière, victime du Panama, à l'infâme Reinach (16)......................	1 50
En haine de la famille Reinach, qui a fait tant de mal à la France (1)............................	2 »
En haine de la sale bobine de Reinach et de tous les youtres (6)..................................	1 »
En haine de l'étranger et en horreur de Reinach (13)...	0 45
En haine de Reinach (10)........................	5 »
En haine de Reinach (Digne) (17)................	1 »
En haine de Reinach, pour mépris (4)............	5 »
En haine des sales juifs Reinach et Lœw (3).....	5 »
En haine d'un lâche juif, insulteur d'une veuve (14)	1 65
En haine du traître Dreyfus, des infâmes Picquart et Reinach et de l'ignoble trio de la cour de Cassation (14).....................................	2 »
En l'honneur de Mme Henry et de son fils, pour fourrer Reinach à l'eau. Un groupe de modestes employés (6)..................................	2 70
En mémoire du beau-père de Reinach (6)	2 »
Un ennemi acharné de Boule-de-juif (2).........	0 50
Un ennemi de Freycinet désireux que tous les officiers en activité souscrivent nominativement (16)...	0 75
Un ennemi de Reinach (4).......................	20 »
En protestation de la liste passée dans les bureaux de la compagnie du gaz en faveur du forban Picquart (4)................................	1 50
Un petit commis épicier qui voudrait voir le sale Reinach dans un tonneau à Richer (14)........	1 25
Un commis épicier qui demande qu'on arrête le Juif Reinach (14)...............................	0 25
Un commis-épicier qui garde un bon bout de corde pour pendre Boule-de-juif (14).........	0 50
En souhaitant que Mme Vve Henry puisse faire condamner comme il le mérite le riche calomniateur. Un artilleur qui entame son dernier écu 3 fr. Un artilleur de Schvobidorf, 2 fr. Un camarade à Teufionvillage, 2 fr. Quelques	

	Fr. c.
autres, 6 fr. Un dernier qui voudrait chambarder Boule-de-juif, 3 fr. ……………………	15 »
En souvenir de ma mère, bretonne et vraie patriote (8) ……………………………………	1 50
Son fils, cavalier de la classe 97, attendant la demande de volontaires pour aller fusiller Dreyfus, son prêt : ……………………………	0 40
Sa petite fille, son gâteau du dimanche (8)….	0 10
En souvenir. Trois personnes que l'indignation contre le cynique Reinach fait tressaillir dans leur tombe (3) ……………………………	3 »
Un épicier qui voudrait voir Reinach dans un grand bocal à cornichons. Léon. (14) ………	0 50
Un épicier qui demande qu'on empaille Boule-de-juif pour en faire un feu de joie (14) …………	1 »
Un commis épicier qui crie : Vive l'armée ! à bas Reinach et ses roquets ! (14) …………………	2 »
Un commis épicier, ancien infirmier, qui se chargerait de donner un lavement carabiné au hideux Reinach (14) ……………………………	0 50
Sa bonne amie (14) ……………………………	0 50
Un commis épicier qui voudrait voir Reinach dans la moutarde (14) ………………………	1 »
Trois esclaves de Rothschild (7) ………………	13 »
Et de Freycinet ? (8) ……………………………	0 50
Expression de dégoût pour le viticole Reinach (6) ……………………………………………	5 »
Fais pas le malin, Rouanet ! (14) ………………	0 20
Famille française : le père, la mère, une demoiselle et trois fils. Contre la fripouillerie Reinach et Cie (5) ………………………………………	6 »
Une famille protestante alsacienne, en haine des antipatriotes Scheurer-Kestner, Monis, Pressensé et Cie (4) ………………………………	10 »
Une famille dieppoise indignée de l'attitude du dreyfusard R., rédacteur à *l'Impartial de Dieppe* (10) ……………………………………	2 »
Une famille heureuse de voir que les infamies de l'infect Reinach aient pu tourner au profit de sa victime (7) ………………………………………	5 »
Félicitations à qui cassera les dents de Gohier (1).	2 »
Une femme d'officier, pour défendre l'honneur de l'armée contre les Reinach et Cie… Que Freycinet vienne me chercher ! (16) ……………	5 »

	Fr. c.
Une femme d'officier protestante, née alsacienne, en horreur de la campagne dreyfusarde et du lâche Reinach (6)............	5 »
Une femme du monde qui a cessé toute relations avec les Rothschild, Ephrussi, Cahen, Camondo, Hirsch et Bamberger, et conseille à toutes ses amies d'en faire autant (6)..........	5 »
Une femme qui ne peut pas regarder le portrait de Reinach sans se trouver mal (5)............	2 »
Un fiancé qui adore sa Rosinette autant qu'il déteste l'infect Reinach (11)...............	2 »
Une jeune fille vendéenne, vraie patriote, pour faire foudre Boule-de-juif (6)...............	1 05
Un groupe de jeunes fleuristes pour acheter une pique pour y mettre la tête du sale youddi (7)	3 60
Un fonctionnaire antisémite par dégoût du pustuleux Reinach (8).......................	5 »
Un fonctionnaire troyen antisémite et antidreyfusard qui méprise profondément Reinach (9).	1 »
Cercle de la France libre à Lyon. Les signataires dreyfusards des listes de l'*Aurore* n'ont donné que leur nom, les patriotes donnent leur cœur et leur argent (6)...............	5 »
Un français de Mons, en haine de Reinach et d'un de ses partisans, le consul de Mons (5).......	0 95
Un français de quinze ans écœuré du cynisme et de la lâcheté d'un Reinach sale youpin allemand (4)..............	5 »
Un français disposé à tirer la ficelle le jour où Clemenceau sera amené sur la place de la Révolution par la vindicte publique (6)............	1 »
Un français écœuré, mais non surpris du mal que causent actuellement Reinach et ses coreligionnaires (6).............	5 »
Français et antidreyfusards, à Thiaucourt (16)..	5 »
Un français honteux d'avoir pour compatriote Georges Clemenceau et ses ignobles collègues (3)............	5 »
Un français patriote victime de Rothschild (2)...	1 »
Un français qui aurait été surpris de voir une cause juste défendue par Clemenceau (2)......	0 20
Un vrai français qui compte avoir les oreilles de Reinach (16)...............	1 »
Un français qui croit que pour être dreyfusard	

	Fr. c.
aujourd'hui il faut être ou un corrompu ou un corrupteur (18)..............................	5 »
Un français qui demande pour l'ignoble tripouille Reinach et ses collègues les égoûts dont ils n'auraient jamais dû sortir (5)................	1 25
Un français qui ne juge le « divin héros » que sur cette phrase haineuse et hypocrite, à méditer par les intellectuels : « Si on trouve, dans ma cellule, le rasoir d'Henry, ce sera un assassinat » (6)..................................	2 »
Deux petits français qui veulent la tripe de Reinach (12).................................	1 50
Un bon français. A bas Zola, Picquart et Cie ! (16)	5 »
Une française qui se réjouit d'entendre les hurlements d'un gorille à qui le jury va couper le sifflet définitivement (6)...................	0 30
Une française qui voudrait faire un pâté avec la bidoche à Reinach pour empoisonner tous les youtres (15)..............................	5 »
Quatre frères. H. G. Pour saigner le porc Reinach. Cambrai (10)........................	0 25
Quatre frères. A. G. Pour le flamber, à Cambrai (10).......................................	0 25
Quatre frères. M. G. Pour l'étriper. Cambrai (10)	0 25
Quatre frères. O. G. Pour l'enfouir. Cambrai (10)	0 25
Trois frères patriotes qui voudraient rencontrer le lâche Reinach pour lui cracher sur son sale grouin (7).................................	3 »
Freycinet, en frappant ce qu'il a d'abord toléré, frappe traîtreusement des soldats français et livre un gage de plus à leurs ennemis (16)....	1 05
Une friction avec *cent poings* à Reinach (10).....	2 »
Trois Gapençais écœurés des louches agissements de cette crapule de Reinach (16)..............	1 50
Un ancien garçon de laboratoire du franc-maçon Duclaux et du juif prussien Kaiser (16)........	1 »
Un garçon d'écurie qui voudrait bien étriller Reinach (10)..................................	1 05
Une garde-malade qui poserait avec plaisir une sangsue sur le nez crochu de Reinach, et son père, cordonnier, fils d'un soldat de la République et de l'Empire, décoré. Vive l'armée ! (15)	1 »
1870. Un garde républicain, ex-charcutier, qui voudrait voir les tripes à Reinach (5).........	0 50

	Fr. c.
Trois gascons qui n'aiment pas Reinach (11).....	1 05
Une gifle à Reinach (14)........................	0 50
Une gifle au singe (8)...........................	0 50
Une dernière goutte d'eau dans ce lac pour faire prendre un bain à cet ignoble juif (17).......	2 »
Une goutte d'eau pour former le torrent qui doit laver l'injure de l'immonde juif (5)...........	0 50
Groupe stéphanois de charbonniers qui pensent que le plus mauvais charbon est moins crasseux que la personne de l'immonde Reinach (15)....	5 »
Groupe du vendredi. A bas Reinach le lâche ! (5)	15 »
Un Graylois (Haute-Saône), qui demande à notre armée insultée, de mettre sabre au clair et de nous débarrasser de la vermine dreyfusarde (9)	2 10
Groupe de Guisards. A bas Fournière ! (9)......	10 »
Un petit groupe patriote qui flétrit les Clemenceau et les Reinach (8)...........................	5 25
Des habitants de Ville-d'Avray, pas tiers de leur maire (8)......................................	1 »
Un habitant de Caen antidreyfusard (5).........	1 05
Un habitant du 2ᵉ arrondissement. A bas Mesureur le dreyfusard ! (8).............................	5 »
Quelques habitants de Bergues, outrés des votes de leur maire, l'ex-bonapartiste L. Clayes, sénateur dreyfusard (8)...........................	7 »
Un groupe d'habitants de La Pallice qui avaient bien envie de faire noyer Dreyfus dans l'avant-port quand ils l'ont vu embarquer pour l'île de Ré (9)	14 »
Quelques habitués du café Terminus cour de Rome, pour aider au soufflet à donner sur la face ignoble de Reinach (6).....................	20 »
Un havrais qui demande la peau de Reinach (14).	0 50
Un havrais qui voudrait bien Reinach pour aller à la pêche aux étoiles (14).....................	0 55
Un homme qui voudrait voir Reinach pendu (9)..	1 »
Honneur à Marcel Kœcklin, et honte au dreyfusard Georges! (6)..................................	1 »
Honte à Clairin, conseiller municipal du 17ᵉ, passé dans le camp dreyfusard ! (8)............	0 50
Hommage sympathique et respectueux à la veuve outragée par l'ignoble juif, 3 fr. Deux filles de magistrat révoqué, sœurs d'officier... Dans la famille, toque et sabre ne se vendent pas, 2 francs (10)....................................	5 »

	fr. c.
Honneur aux officiers qui ont signé crânement leur nom ! Honte à Freycinet assez lâche pour les punir (16)...............................	1 »
Honnie soit la doublure du ministère Brisson, le plus infâme traître de notre époque (8)........	2 »
Honte à Boule-de-juif, l'infecte crapule ! Limoges (7)..	2 »
Honte à Brisson, Poincaré, Barthou, etc. ! (12)..	1 »
Honte à Dupuy qui soutient les juifs au moment où ils voudraient livrer la France à l'étranger ! (14)...	0 50
Honte à Reinach ! A bas les youtres ! (6).........	0 50
Honte au lâche insulteur ! (6)....................	0 50
Honte au ministre de la guerre prenant parti pour Reinach ! (16)............................	1 »
Honte aux chrétiens qui n'ont pas encore envoyé leur obole à la femme chrétienne pour l'aider à confondre l'infâme Youddi ! (9)................	1 »
Hors de France le chambardeur ! Vil espion ! Corrupteur ! (4)...................................	2 »
Il est aussi laid au moral qu'au physique, ce Molinier de l'Ecole des Chartes (12)................	2 »
Il faut appeler un chat un chat et Dreyfus un traître (14).....................................	1 »
Il s'est trouvé un misérable assez lâche pour assassiner le regretté Carnot. Labori n'a pas eu le cœur assez large pour refuser de se vendre à ce sans-patrie de Zola, et il ne s'est pas trouvé un homme assez brave pour souffleter cet immonde eunuque de la rue de Bruxelles (16)....	1 »
Il y est, mon bon ami, au diable. Qu'il y reste. Vive l'armée ! (14)..............................	5 50
Les immortels principes de 89 selon cinq gredins : Reinach, Clemenceau, Guyot, Jaurès, Lew. *Liberté* : Le juif aura le droit de voler, de trahir ; le chrétien, le droit seulement de haïr. *Egalité* : Le juif habitera dans les plus beaux châteaux, le chrétien pourra porter les vieux chapeaux. *Fraternité* : Le juif chaque jour mangera du chrétien et donnera les os à manger à son chien (16).........................	0 50
L'incognito de la C. P. en horreur du vautour Reinach (5)....................................	3 50
Insulter à la douleur d'une veuve est une infa-	

	Fr. c.
mie qu'en France jamais on ne *Tollaire*. Lave les mains Cavaignac-Pilate ! (7)................	0 50
Jaurès, le lâche, n'a pas osé venir s'y frotter (13)..	1 »
Je demeure convaincu de la culpabilité de Dreyfus : pour l'aider à confondre l'insulteur de l'armée (7)..	2 »
Je donne peu, mais empêchez Reinach de le prendre (6)..	1 »
Je doute, monsieur de Kerohant, que les dreyfusards vous aient assez payé pour ce que vous avez perdu (9)....................................	1 »
Josué a arrêté le soleil et Hervé de Kerohant l'a détourné (17)....................................	3 »
Juif et franc-maçon : pour acheter une matraque afin de passer à tabac l'immonde gorille Reinach (8)..	5 »
Un jurassien. Un joug pour accoupler Trouillot et Reinach (14)....................................	0 30
Kerohant, passant au Syndicat, s'est dit royaliste et catholique ; ainsi Judas, avant de trahir son Dieu, lui donnait un baiser (14)................	0 25
Au lanceur de Cornélius Herz, tout mon mépris (14)..	1 »
Un ancien électeur de Yousouf-crapule, à Digne (17)..	0 25
Un lecteur ennemi d'Henri de Rothschild (4)....	2 »
Un lettré qui, dans l'Université, admire les patriotes, les véritables savants comme Lebaigue, et méprise les dreyfusards et les pédants tels que Louis Havet (14)............................	2 »
Un libre penseur, qui ne veut pas plus des cléricaux juifs ou protestants que des autres. A bas Reinach ! (6)......................................	0 50
Un lyonnais. Contre toutes les fripouilles Reinach et Cie. (16)..................................	1 05
Ma bosse à Reinach (8)............................	0 20
Maintenant, et toujours contre Bourgeois (12)...	0 20
Auguste, le père, 0,25 ; Jeanne la mère, 0,25 ; André Madeleine, 0,50 ; M° de St-Auban doit écraser l'infâme (16)....................................	1 »
Malédiction à Reinach et à sa race ! (4)..........	5 »
Trois manilleurs antisémistes de St-Denis pour empailler Reinach (7)............................	3 70

onze Marchiennois, patriotes écœurés des procédés indignes des youtres et à titre de protestation contre l'infâme conduite de Reinach, l'insulteur des femmes (14)..................	11 75
Mascarade, contre le juif Smadja (13)............	1 »
Un groupe de masseurs qui promettent à Boule-de-juif un bon massage et la douche en cercle pour le jour du chambardement (7)............	5 50
Maxima debetur puero reverertia, M. Reinach (14)	1 »
Un mécanicien qui voudrait faire trébucher Reinach dans ses engrenages (9).....................	0 60
Trois membres de la Ligue des Patriotes estimant que 12 balles dans la peau du traître et la paillasse de Reinach seront un soulagement pour les patriotes (5)..................................	1 50
Un membre du Touring-Club dont Reinach est le trésorier (5)......................................	2 »
Un ex-membre du Touring-Club dont Reinach est encore le trésorier (14)...........................	5 »
Un membre du Touring-Club de France dont le trésorier M. de Reinach n'est pas juif comme on le dit (7)....................................	1 »
Un membre du T. C. F., qui démissionne pour protester contre maintien de Zola comme membre d'honneur (5)............................	1 50
Un membre du Touring-Club, pas zoliste (6)....	5 »
Un membre du Touring-Club de France qui demande la radiation de Zola de notre société (7).	1 «
Un membre du complot contre Reinach (3)......	1 »
Un membre la L. D. P. Pour une cravache pour couper la figure à Reinach (4)...................	1 »
Un membre de la Ligue. A bas Reinach, Boule-de-juif ! (14)...	0 50
Un membre de la fanfare libre de Forges-les-Eaux, pour protester contre le toast porté au dernier banquet de la musique au coreligionnaire de l'immonde Reinach : le juif Hendlé (Ernest pour les dames) (5)..................	0 50
Un menuisier qui n'a point voté pour Poincaré..	
Un militaire qui n'aime pas Trarieux (9).........	2 »
Une mère de famille réclamant les têtes de Reinach, Dreyfus, Zola, Labori pour monter une boutique de têtes à massacre, 1 fr. 05. Pour tanner la peau de Reinach, 0 fr. 50. Un jeune bachelier. A	

	Fr.	c.
bas les juifs! 0 fr. 25 (8).............................	1	80
Une mère de famille et ses enfants qui s'étonnent qu'on puisse être aussi lâche que Reinach (6) .	1	»
Mes dix sous valent mieux que les 100,000 francs de Rothschild (6)..................................	0	50
Ma femme (6)...	0	50
Quatre mitrons de chez Philippot, qui mettraient volontiers Reinach dans le pétrin ou dans le four (12)..	1	75
Un mitron de Vincennes a de la place dans son four (12)..	0	25
Un montmartrois dégoûté de Rouanet (14)........	0	50
Un musicien qui réclame les boyaux de Reinach pour faire gémir son violoncelle, 2 fr.; deux antiyoupins rochelais, 2 fr. (10)..................	4	»
Quatre muzanins (Vaucluse), pour acheter une corde en aloès pour pendre Reinach (8)........	1	50
Un nancéen contre l'ignoble Reinach et sa bande (3)...	5	»
Un groupe de nationalistes de Châteauneuf-du-Pape, indignés de la conduite du youtre Reinach (16)..	10	»
Un nemrod ségalin, qui voudrait avoir Reinach au bout de son fusil (16)............................	0	10
N'est-ce pas Lavisse, Monod et autres Anatoles? (16)..	0	25
Ne tenons pas rigueur à Ch. André Bajon (9) ...	0	50
Ni pour ni contre les juifs, mais pour la veuve Henry contre Reinach (3)..........................	2	»
Le petit Noël et son fils Benjamin. A bas Brisson! (14)..	0	25
Une nourrice qui consentirait à nourrir Reinach si elle croyait l'empoisonner (13)................	1	»
Noël : A bas le youtre Lévy! (9)....................	5	»
Nous demandons des prières pour M. de Kerohant (5)..	3	»
Nous ne voulons pas des Trarieux, Scheurer-Kestner, etc. pour ducs et barons (14)..........	1	»
Un noyau dans l'orifice du buccal Sidi-Hamadryas (4)..	0	25
Oboles de cinq anciens électeurs de Clemenceau dans le Var, écœurés du rôle de leur ancien député. Pour la souscription pour la veuve du colonel Henry contre le juif Reinach (14)...	2	25

	Fr. c.
Obole de quatre employés de bureau d'Orléans, pour confondre Reinach, le lâche insulteur de femme (14)...............................	3 10
Modeste offrande d'une patriote indignée de la scélératesse du juif allemand Reinach (4)......	2 »
On ne juge pas un traître, on le tue (Saint-Just, décembre 1792) (14)............................	2 »
Un orang du Jardin des Plantes désolé de ressembler à Reinach (17)............................	0 50
Six ouvriers et employés contre l'immonde Reinach et tous les vendus aux juifs (16)........	0 90
Un ouvrier de scierie mécanique qui voudrait bien avoir la g...le de yousouf Reinach pour lui faire un trait bas (14)............................	1 05
Un brave ouvrier qui voudrait f... son poing sur la g.... à Reinach (17)............................	0 50
Un palfrenier qui a en horreur Reinach et sa bande (5)............................	0 25
Panama, Reinach, Arton, Cornélius Herz, Dreyfus, si c'est ça la République, en v'la assez! (3)	5 »
Par ton odieuse calomnie, tu prétends ne pas nuire à la veuve, infâme et lâche Reinach (10)....	1 »
Pas de pitié pour l'affreux Reinach. Bolbec (16)..	0 20
Pas de pitié pour Reinach, voleur de fortunes, de poules et de lapins, grand empoisonneur de chiens (5)............................	0 75
Une pasquinade c'est plus hai que Brisson (14)..	0 50
Quatre passants pour embêter Reinach (6)......	5 »
Deux patriotes anti-Reinach (9).................	5 »
Deux patriotes pour aplatir Boule-de-juif (7)....	3 »
Quatre patriotes pour la confusion du Gorille (4)	3 30
Quatre patriotes de Meudon pour faire trinquer Reinach (4)............................	4 »
Quatre patriotes que Reinach devrait bien attaquer en face (4)............................	4 »
Tois patriotes protestant contre les infamies de Reinach et ses complices (7)...............	3 »
Trois patriotes de Constantine qui ont brûlé l'immonde Reinach en effigie (16)...............	6 »
Un groupe de patriotes de P. P. flétrissant Reinach (6)............................	2 50
Un groupe de patriotes de Salernes (Var), honteux d'avoir eu pour député un Clemenceau, porte-parole du syndicat de trahison (7)............	75 »

	Fr. c.
Un groupe du syndicat tropézien pour la défense de la veuve et de l'orphelin contre la bande Reinach-Clemenceau (14)..................	36 10
Un patriote antisémite qui voudrait voir Reinach et sa bande dans cent pieds de mélasse (7)....	0 50
Un gosse patriote noiséen qui voudrait bien casser le croupion de Reinach d'un coup de botte (16)..	0 25
Un jeune patriote meusien. Pour envoyer Boule-de-juif en Allemagne (6)......................	2 »
Un jeune patriote toulonnais qui voudrait gifler le gorille Reinach (10)........................	5 »
Un patriote lorrain qui voudrait voir le prussien Reinach, Læw et Cie dans une tonne à Richer (6)...	0 25
Un patriote. Pour aider à faire de Reinach des boîtes de conserves destinées à l'Ile du Diable (6)...	1 »
Un patriote. Pour aider à la condamnation de Boule-de-juif (14)...............................	0 75
Un patriote prêt à servir du baron de Reinach à tous les youtres (6)............................	5 »
Un patriote qui a vu le père de Joseph Reinach serrer la main aux officiers prussiens sur la terrasse de St-Germain-en-Laye en 1871 (4)....	22 »
Un patriote qui demande la pendaison des Reinach, Dreyfus, Clemenceau et des syndicataires (4)...	2 »
Un patriote qui conspue le néfaste Brisson (16)..	3 »
Un patriote qui prendrait volontiers le costume de vidangeur pour incorporer dans la marchandise Richer, les voleurs, vendus et traîtres : Reinach, Manau, Zola, Brisson, Lœw, etc. (12).	1 50
Un patriote qui voudrait casser la g... à Reinach (6)...	3 »
Un patriote qui voudrait voir Reinach pendu (5).	1 50
Un patriote qui voudrait être juré dans l'affaire Henry contre l'immonde Reinach (2)..........	5 »
Une patriote qui maudit Reinach et les juifs (3).	20 »
Deux patriotes qui ont donné leur démission du Touring-Club, parce que l'immonde Zola en fait toujours partie. La cotisation qu'ils auraient versée en 1899 (16)......................	10 »
Un patriote désirant voir Reinach et toute sa	

bande à l'Ile du Diable (6).............................	1 »
Un patriote de Louveciennes qui voudrait rencontrer Reinach sur le viaduc de Marly-le-Roi (5)..	5 »
Un patriote de Roanne qui estime que le dreyfusard Waldeck-Rousseau, sénateur de la droite (à quel titre?) n'est pas prêt à chausser les guêtres de Félix (6)...................................	10 »
Un patriote du Var pour voir la tête de l'immonde gorille Reinach à six pieds sous terre (6).......	1 »
Un patriote : Reinach dans le brasero à Carrara (17)..	0 50
Un vieux patriote impatient de voir un jeune officier couper la gorge à l'odieux Reinach (6).	5 »
Une patriote. En haine de Boule-de-juif, insulteur d'une veuve et d'un orphelin (13).........	0 50
Le père de trois futurs soldats, souffletant Reinach le prussien (9)................................	1 »
M. Dupuy oublie que son père est né dans le pays de Beaurepaire et de Daumesnil. Ces deux illustres ne seraient pas philosémites et dreyfusards. Un périgourdin (16).........................	5 »
Deux personnes de Bar-le-Duc. — Un soufflet de plus à Reinach l'immonde, et tous les juifs hors de France ! (7).......................................	1 »
Plusieurs personnes ennemies de tout ce qui est fausseté et ruse et qui voudraient pouvoir acheter un récipient de la maison Lesage pour y mettre Reinach en conserve (16)..............	3 25
Peuple volé, n'oublie jamais pour ta vengeance que Clemenceau, Rouvier, Freycinet étaient liés à Cornélius Herz. J'envoie plus qu'ils ne valent : 10 sous par tête (7)......................	1 50
Le pif à Reinach dans le pot à Zola (10).........	5 »
Le Pip'Club, cercle dramatique d'Esquermer, à Lille. A bas Reinach et sa sale race ! (7)......	3 »
Pitié pour Trarieux, le martyr calviniste, à la rivière inquiète et au ruisseau en deuil (6)....	0 50
Une pointe à la toque de Messieurs Demange et Mornard (15)...	0 50
Un poitevin, amateur d'écus, pour aider à mater un colossal gredin, 1 fr ; sa tante Amélie, fille de capitaine de hussards, 0 fr. 50; sa femme, petite-fille d'un capitaine, 0 fr. 50; ses filles	

	Fr c
Jeanne et Marguerite, 1 fr. (12)...............	3 »
Un groupe de Poitiers. Respect à la veuve et honte à Reinach (6)..........................	3 »
Un petit groupe de Poitiers qui voudrait ficeler Boule-de-juif dans un sac n° 9, pour l'envoyer faire connaissance avec les caïmans de la Guyane (6)................................	4 »
Deux pontoisiennes qui envoient des chardons à Reinach (7).................................	1 »
Un potard du 17e et ses esclaves pour réduire Boule-de-juif en pilules et les faire prendre à tous les youpins de France pour les empoisonner (4).................................	5 »
Une potence pour Brisson, un pilori pour Jaurès (12)......................................	0 25
Pour acheter une cravate à Boule-de-juif. Vive la France ! A bas les juifs! (12)................	3 »
Pour acheter une muselière à l'infect Reinach (4)......................................	4 »
Pour acheter une muselière au bouledogue (4)...	10 »
Pour acheter un bateau à soupape, 0 fr. 50 ; pour saler Boule-de-juif (8)..................	1 »
Pour acheter la corde pour pendre Reinach (4)..	0 50
Pour acheter à Reinach sa machine à chambarder (10)	0 25
Pour acheter une noix de coco au chimpanzé Reinach (4)................................	0 25
Pour aider à faire éclater à tous les yeux l'infamie de Picquart (11)............................	3 »
Pour aider à enfouir dans son ignominie le plus infâme des lâches (7)........................	10 »
Pour aider à fourrer l'orang-outang Reinach dans cent pieds de mélasse (16)...................	2 »
Pour aider la veuve et l'orphelin contre l'infâme insulteur juif Reinach. Orléans (3)...........	20 »
Pour aider la veuve Henry à se défendre contre Reinach (6)................................	20 »
Pour aider Mme Henry à constater que le youpin Yousouf se dérobe devant une femme, après l'avoir défiée et insultée (16).................	2 10
Pour aider Mme Henry à faire mettre en cage le gorille Reinach (6)...........................	1 »
Pour ajouter une tresse à la cravache qui doit cingler Reinach (3)...........................	2 »

	Fr. c.
Pour avoir les boyaux de Dreyfus et de Reinach (9)...	0 50
Pour broyer, avec les moulins à café de l'oncle, la hure du neveu (10)............................	0 50
Pour chambarder le chambardeur (6)...........	1 05
Pour chambarder le chambardeur (8)............	5 »
Pour châtier l'infâme Reinach (14).............	10 »
Pour combattre le vilain Sapajou (4)............	2 »
Pour combattre l'insulteur de la veuve (14)......	5 »
Pour combattre Reinach et ses ignobles souteneurs (8)..	5 »
Pour condamner l'ignoble traître et lâche Reinach (6)..	2 »
Pour confondre le sale youtre qui a insulté la sépulture d'un soldat français (4)..............	1 »
Pour débarrasser ces bons juifs de leur père Joseph qui leur fait bien du tort (9)............	1 50
Pour demander au plus Faure tanneur de France de prendre la peau de Reinach pour en faire un tambour (14).................................	1 »
Pour désinfecter le banc après la condamnation. Digne (17).......................................	0 25
Pour deux boulettes de mort-aux-rats destinées aux francs-maçons A Dreyfus et G. Picquart, de la part d'un initié indépendant et patriote (10)	1 »
Pour écrabouiller la tête à massacre de Reinach (9)..	1 »
Pour écraser la hure au juif Reinach (7)........	5 »
Pour empoisonner l'immonde Yousouf, avec les tablettes de café de sa crapule de beau-père (5)	1 »
Pour enlever à Reinach sa peau humide et immonde pour en faire une pelisse au traître Dreyfus (16)....................................	1 35
Pour enlever le ballon à Reinach et à toute sa clique (14)......................................	1 »
Pour envoyer à Cayenne Brisson et son sous-verge Vallé, achetés par les traîtres.........	1 »
Pour envoyer ce juif ambulant rejoindre son toutou sur son fumier... Oh! les sales bêtes! Un fidèle admirateur (6)............................	2 »
Pour exprimer tout le mépris que m'inspire l'acte de ce lâche et sinistre juif Reinach, à la face duquel je crache. Un ex-Algérien eunuque du vrai, Vive la France aux Français! Marseille	

	Fr. c.
(6)...	3 »
Pour étriller les oreilles crasseuses du sale Reinach (10)...	0 50
Pour étaler l'opprobre de Brisson (12).............	12 »
Pour faire fondre Boule-de-juif (5)................	2 »
Pour faire empailler le plus dégoûtant des singes (4)...	1 »
Pour faire des saucisses avec les boyaux de Reinach (16)...	0 20
Pour faire de la pâtée pour les chiens avec les traîtres et vendus, Zola, Reinach, Guyot et Clemenceau (7)..	1 »
Pour faire danser la gigue à Reinach à coup de botte (12)...	2 »
Pour faire fondre Boule-de-juif. Un marsouin (9)	2 »
Pour faire interner l'ignoble enragé Reinach à l'Institut Pasteur. Un groupe de patriotes d'Arc et Senans (7)..	7 »
Pour faire plaisir à Pressensé (10)..................	2 »
Pour faire ramasser, dans une poubelle, Boule-de-juif, Zola, Manau, Lœw et Bard, et les cuire dans un tonneau Richer (10).............................	1 »
Pour faire triompher l'innocence de la victime et couvrir de honte le calomniateur (11)..........	1 »
Pour f... une fessée au youpin (7)................	0 25
Pour l'achat d'un fond de culotte nécessaire après le duel, ou, suivant les circonstances, d'un bouquet de fumier pour mettre sur son charnier (12)..	5 »
Pour l'achat d'une bonne corde en chanvre à l'usage de Yousouf (3)....................................	3 »
Pour l'achat d'une pelle à fumier à l'usage de la plus puante des charognes juives (6)...........	2 »
Pour la confusion de l'infect Reinach (11).......	0 50
Pour la confusion de l'infect Reinach, Piot, 8, rue de Châteaudun (8)..	5 »
Pour la confusion de Rothschild, Rouvier et Reinach (17)...	1 50
Pour la confusion du gorille Reinach et des sans-patrie (16)..	10 »
Pour la confusion du lâche qui piétine sur un cadavre. Aug. Bernard (6)................................	3 »
Pour la construction d'une loge de ménagerie destinée à expulser de la France entière l'igno-	

	Fr. c.
ble engeance Dreyfus, Picquart, Reinach, Zola, comme bêtes inconnues depuis Pharamond jusqu'à nos jours (16)...............	0 25
Pour la conversion de Poincaré au judaïsme (10).	0 30
Pour la corde qui pendra Reinach par un bout et Dreyfus par l'autre. Un ex-artilleur à pied (11)	1 »
E. A. L. Pour la défense de l'orphelin contre la bande immonde qui martyrise la France (5)...	1 05
Pour la livraison la plus prochaine de Reinach à Deibler. Un voyageur de commerce (3)........	1 »
Pour la punition de l'insulteur (12)...............	5 »
Pour la restauration des appareils de Montfaucon d'après les procédés de l'industrie moderne. Pour boire à l'artiste qui pendra Boule-de-juif (4)...............	0 50
Pour l'arrestation de Clemenceau, Vaughan, etc. (9)...............	1 »
Pour la suppression de Dreyfus (3)...............	0 50
Pour laver le sale grouin de Reinach, un artésien catholique et monarchiste, ami du capitaine Nerey, un nancéen et sans étoiles, sa mère et sa sœur (14)...............	4 »
Pour la vaillante française qui tient Reinach en échec (4)...............	5 »
Pour la veuve du colonel Henry, contre le juif Reinach. Deux employés de la compagnie de l'Est (3)...............	4 50
Pour la veuve du colonel Henry contre l'ignoble Reinach (5)...............	2 »
Pour la veuve du colonel Henry contre l'ignoble Reinach (5)...............	5 »
Pour la veuve et l'orphelin, contre le goujat qui les insulte (14)...............	5 »
Pour la veuve et l'orphelin dont Débris-de-Singe a voulu ternir le nom (3)...............	50 »
Pour le bannissement de l'immonde Reinach et de toute la Youpinaille: Ramoud père, Ramoud Théodore et les ouvriers Denancé, Louis Barbé et Ernest Salard, tailleurs à Lassay (Mayenne) (9)...............	1 50
Pour l'écrabouillement de l'immonde Reinach et de toute sa race. Un abonné (6)...............	2 »
Pour l'écrasement de Boule-de-juif (5)..........	5 »
Pour l'écrasement du quadrumane Reinach et le	

triomphe de la vraie Justice (3)...............	0 50
Pour l'enfant du peuple contre la pègre panamiste, ses austères foirards, ses sinistres polichinelles et la tourbe des stipendiés (14)......	2 »
Pour l'envoi d'une épée au couard Reinach, l'insulteur de femmes, s'il consent à se battre avec M. Andrieux ou M. Marcel Kœcklin (12)......	20 »
Pour l'envoi rapide du gorille Reinach aux antropophages africains (12)...............	2 »
Pour les pincettes qui reconduiront Reinach à Francfort (8)...............	1 »
Pour l'internement dans un asile de fous dangereux de Reinach, Picquart et Cie. Un groupe de commis épiciers autunois (10)...............	0 50
Pour l'orphelin contre l'immonde macaque Reinach (5)...............	0 50
Pour l'honneur contre le plus crapuleux des Youddis allemands (5)...............	3 »
Pour marier Reinach (10)...............	1 05
Pour matraque en gayac au macaque Reinach 1 fr.; ou plutôt goguenot pour Guyot Saligaud, 1 fr.; encore mieux tous mes vœux pour que l'on fesse-Mathieu, les Trarieux, les non-lieu et autres amis des Hébreux, 2 fr. (16)........	4 »
Pour mettre à mariner la tête de cochon de l'insulteur de femmes sans défense (5)............	5 »
Pour mettre Reinach dans sa collection. Un montreur d'ours de Cherbourg (9)...............	0 50
Pour Mme Henry, contre le bandit Reinach. Un libournais français qui demande un homme à poigne (9)...............	2 »
Pour MM. Menet et Forichon, qui n'osent pas souscrire (12)...............	0 25
Pour Mme Henry contre J. Reinach (3).........	10 »
Pour Mme Henry, quelques patriotes lyonnais profondément indignés du youtre Reinach et de sa bande judéo-protestante. Vive la France aux français! Vive l'armée! E. B., 20 fr.; F. B., 20 fr.; H. A., 10 fr.; R., 5 fr.; J. G., 5 fr.; J. G., 5 fr.; A. G., 5 fr.; G. P., 5 fr; E. P., 5 fr.; Ch. P., 5 fr.; L. P. 5 fr.; B., 5 fr.; J., 5 fr.; I. G., 5 fr.; K., 5 fr.; H. D., 5 fr.; A. C., 5 fr. (5)...............	120 »
Pour Mme veuve Henry contre Reinach (2)......	31 60

	Fr. c.
Pour moucher un infect youpin (3)............	20 »
Pour offrir au roi des tanneurs des guêtres en peau de gorille (11)........................	1 »
Pour payer la corde qui pendra Reinach (8).....	1 »
Pour payer la goutte aux troupiers qui fusilleront Dreyfus, Reinach et tous les traîtres (16).	2 »
Pour payer une cage au gorille circoncis Reinach (6).................................	5 »
Pour plomber contre un mur l'immonde Reinach et autres sales dreyfusards le jour du chambardement (9)....	2 »
Pour poursuivre Reinach le sale prussien : en attendant que l'on expulse son ignoble bande (3).......................................	5 »
Pour préparer la cellule à Zola (16)............	0 50
Pour propager ces locutions nouvelles : Oh! le malpropre qui a fait Zola dans son pantalon! Et, bon sang, j'ai une envie de Pressensé qui me coupe les flancs (13)................	3 »
Pour protester contre Reinach (14)............	1 »
Pour protester contre la décision d'un ministre de la guerre enjuivé (16)...................	1 »
Pour que Psichari fasse paraître ses considérations sur le baiser de Judas (14)............	0 50
Pour que Waldeck, l'homme et plaideur des causes infâmes fasse grâcier l'oncle qui est en Grèce (5)...............................	5 »
Pour que le vaniteux et grassouillet de Pressensé aille faire une conférence à Armentières (12)..	0 75
Pour rappeler Georges Clemenceau à la pudeur (14)...................................	1 »
Pour redorer la pointe du casque de Reinach (9).	0 25
Pour se débarrasser de la bande dont Reinach tient la tête (12)........................	1 »
Pour se débarrasser de Reinach et Cie. Il n'est pas besoin d'un sabre, un pot d'onguent gris suffirait (10)............................	1 »
Pour traquer dans le maquis de la procédure une hyène puante (4).......................	4 »
Pour tresser la corde au bout de laquelle pourrira la charogne de Reinach (9)................	0 25
Pour un anneau dans le nez de Reinach. Un marsouin (9)................................	0 50
Pour un billet d'exportation à Yves Guyot (8)...	1 »

	Fr. c.
Pour une bonne cause contre Yves Guyot, Farrell à Aix-en-Provence (14)............	5 »
Pour une mèche de fouet à l'usage de Reinach. Un catholique miséricordieux (11)...........	0 50
Pour une roulaquette à Clemenceau (8).........	1 »
Pour une veuve contre l'ignoble Reinach (3).....	20 »
Pour voir ce qu'il y a d'infamies derrière le masque d'austérité protestante et franc-maçonne de Brisson (13)..........	1 »
Pour voir Deibler embrasser Reinach (14).......	1 »
Pour voir le grouin de Reinach en cour d'assises (8)	2 »
Pour voir tanner la peau de Reinach (12)........	10 »
Pourquoi le chancelier de la Légion d'honneur laisse-t-il la croix à Reinach? Ce lâche goujat n'a-t-il pas assez vomi sur l'armée? (8).......	5 »
Pourquoi le père La Pudeur ne défend-t-il pas l'exhibition à nu du visage de von Joseph Reinach? Ce spectacle est indécent et dangereux pour une femme (10).............	3 »
Pourquoi ne l'arrête-t-on ce misérable Prussien? Vive l'armée! (14)..................	0 50
Pressalé à la lanterne! (7).................	0 25
Prière au grand maître Drumont d'engager ses distingués collaborateurs à avoir plus d'égards pour la famille des singes en évitant d'assimiler Yousouf Reinach au gorille (2)............	2 »
Ancien prisonnier de 1870, qui a longtemps coupé dans la pommade collectiviste de Jaurès, suivra Rochefort, Drumont, Déroulède *per fas et nefas* (7)..................	5 »
Prix d'un bout de corde pour pendre un youddi ou Clemenceau l'espion anglais, le vendu aux juifs (5).................	0 50
Prix d'une botte de foin à partager entre deux ânes, Dupuy et Freycinet (14).............	
Un premier prix de tir, qui ne manquera pas le sale grouin du dégoûtant youpin Reinach (11)............	1 »
Procès antigorite (11).................	0 60
Procumbit humi « Bos » (Bercy-Rappel) (6).....	0 50
Produit d'une quête faite à la réunion du comité de l'Union nationale des Quatres-Chemins, le 17 courant, contre le Syndicat antifrançais dans la personne du vilain youpin Reinach (7)	4 50

	Fr. c.
Un protestant français et patriote, écœuré de la conduite de Pressensé et consorts (8)...........	2 »
Un protestant ruiné par les coreligionnaires de Reinach (17)................................	2 »
Protestant contre l'agitation créée par Reinach et Cie (12).................................	2 »
Protestation contre les infamies de Reinach et de Gohier. Sus aux traîtres ! Les officiers d'un fort de l'Est (10)............................	0 25
Quand donc pourrons-nous donner « autre chose » pour Reinach et sa bande ? (2).............	2 »
Quand donc von Reinach sera-t-il dans la marmelade ? (10).................................	2 »
Quand une famille Gémit de douleurs, Reinach, le gorille, Insulte à ses pleurs. (9)...........	0 50
Quand on voit Clemenceau d'un côté, il faut passer de l'autre comme pour éviter une ordure (10)	0 15
Que dirait le père Roux ? A bas Clemenceau et toute sa bande ! (16).......................	2 »
Que Dreyfus soit innocent, c'est Clemenceau qui le dit, mais pourquoi le croirais-je ? (14).....	1 »
Que la bave de Reinach retombe sur lui et sur tous les youtres ! (10)......................	1 »
Quel mufle, ce Dupuy ! (6).....................	1 »
Que tout vase de nuit porte désormais le nom de Zola (16)..............................	0 50
Qu'on le pende ! (4.)...........................	4 »
Quousque tandem abute, o Reinach patientia nostra ! Une fille du pays des Chouans (10)....	0 60
Regrets de ne pas avoir trouvé la mort aux rats qui puisse nous débarrasser de la vermine juive et du macaque Yousouf (11)............	2 »
Reinach a assez renâclé. *Malu lou* (7)...........	1 »
Reinach à la lanterne ! Digne (17)	0 25
Reinach à lanterne ! (7).........................	0 25
Reinach assis sur le paratonnerre de la tour Eiffel sera le clou de l'Exposition (9)..........	1 »
Reinach, crapaud, reptile, amphibie à corps orbiculaire, verruqueux et sale, s'est établi depuis 1870 en France, dont son beau-père a voulu commencer la ruine par le Panama et que Reinach gendre ne complétera pas (8)............	2 »

	Fr. c.
Reinach dans le jet d'eau le 3 juillet 97 à Digne (1)..	1 »
Reinach dans un tonneau Richer (11).................	1 »
Reinach ! Décembre est doux Et le lilas bourgeonne. Gare à ton nez bonhomme ! Reinach ! Décembre est doux ! (3).......	0 30
Reinach doit s'apercevoir combien il est méprisé (16)...	5 »
Reinach et sa bande à Saint-Laurent-du-Maroni (11)...	0 50
Reinach, sale bête, cesse de h...., la France s'apprête à te chambarder ! (10).........................	0 75
Reinach se convertir : Mgr Servonnet prie pour lui (2)...	0 60
Un reinachophage résolu, dût-il en mourir empoisonné (14)...	0 25
Un vieux républicain de 1848 anti-brissonniste (3)	0 50
Un vieux républicain qui constate que Reinach, insulteur de l'honneur d'une veuve et d'un enfant de 4 ans, n'a même pas le courage de paraître dans les réunions dreyfusardes (3)......	3 »
Deux républicains antipanamistes et antidreyfusards, à Marseille (8).....................................	1 50
Un revisionniste indigné de l'acharnement lâche et inutilement cruel du *Siècle* et de l'*Aurore* contre les officiers qui furent à l'état-major (9)	20 »
La Révolution sociale, les grands principes de 89, tout le tralala des réunions publiques, quand il s'agit d'un Youpin, tu colles ça dans ton sac, hein ! Rouanet ? (16)......................................	0 50
Restitution en compte et proportionnelle à Reinach (12)...	0 30
Réveil du Beaujolais. Ecrasez Boule-de-juif (4)..	5 »
Trois pauvres petits rouennais désireux de voir le gorille enfermé (11).......................................	0 50
Un rouennais. Pour renvoyer notre cher préfet à Venise, grand canal (15)......................................	1 »
Six saucissonniers ; Charles, Emile, Lucien, Anatole, Michel et Paul, qui saucissonneraient volontiers Reinach (8)..	6 »
Des savoyards désolés de voir Reinach s'établir en Savoie (16)..	5 »
Un savoyard contre le juif allemand Reinach (6).	1 »

	Fr. c
Un savoyard, dégoûté de Reinach (7)	8 »
Son frère qui ne l'est pas moins (7)............	2 »
Un savoyard ex-ramoneur qui a conservé sa raclette pour le grouin de Reinach (16)	0 25
Saint-Barthélemy pour l'ignoble Reinach ! (4)...	10 »
Trois St-Quentinois. Fais le beau, Reinach ! (9).	2 »
Sale Reinach, à Bar-le-Duc, les souteneurs mêmes se découvrent devant un cercueil ! (17)....	1 »
Une salle d'armes de Moulins, 4 antiyoutres qui voudraient tenir Yousouf Reinach à la pointe de leur épée (6)	9 »
Sept sectionnaires sachant que le juif ne mange pas de cochon, envoient leur prêt à la veuve d'un brave colon, pour inviter Joseph, le Prussien Reinach, à demander aux assises un autre genre de barbaque (6)	1 75
Serrons les rangs ! Vive Drumont ! Reinach à la voirie. Un versaillais français de France (15)..	20 »
Un servannais qui voudrait voir couper la tête à Yves Guyot et à Clemenceau (44)	1 »
Si Cambronne était là, comme il débarbouillerait bien vite J. Reinach et Cie ! (7)	2 »
Sies fléous del grand barri san Miquel de Toulouse, quan tourat sul mour al Pressensé (*) (7)...	5 »
Si Esterhazy était un traître il y a longtemps que Reinach l'aurait acheté. A bas les traîtres! (10)	0 15
Si Mme Henry avait brûlé la g..... à l'affreux Reinach, tous les français auraient applaudi (5)	0 50
Si maman demande la peau du gorille Reinach, elle en confectionnera une nouvelle tunique de Nessus pour empoisonner toute la youpinaille (7)	0 25
Sitôt éclose, la Ligue des contribuables prend pour secrétaire un Berr, dans le but évident d'être mieux bernée (13)	2 »
Cinq socialistes anciens admirateurs de Jaurès (7)	1 »
Un socialiste bordelais qui voudrait voir une gigue de Reinach à l'étal d'un charcutier (12)...	0 25
Un socialiste dégoûté de la République imbécile que nous avons.	
Sa femme, une Lorraine, qui crache à la g...de	

(*) Six bons bougres du grand faubourg Saint-Michel de Toulouse qui ont donné sur le museau à Pressensé.

	Fr.	c.
Reinach (17)	0	25
Socialiste marseillais, que dégoûte l'attitude de Jaurès (6)	5	»
Une socialiste désillusionnée sur Jaurès, Millerand et Cie (11)	2	»
Un Sorbonnien écœuré du contact de Brisson (16)	20	»
Un soufflet à Reinach (5)	1	»
Souhait du nouvel an à M. de Freycinet : « Vieillard, va-t-en donner mesure au fossoyeur » (16)	1	»
Sept souscripteurs contre les juifs et Picquart (3)	9	90
Souscription d'un archiviste paléographe, ancien élève de Meyer et de Giry (8)	2	»
Sportsman savoyard heureux de la disqualification de Michel Ephrussi par son Gospodar (5)	2	»
Un ex-subordonné de Brisson (9)	1	»
Un survivant de la charge des cuirassiers de Reichoffen, prêt à charger Dreyfus et Picquart (5)	2	»
Sus à Reinach! (5)	5	»
Sus à Reinach et sa bande. Deux lorrains annexés (8)	2	»
Sus au misérable juif prussien Reinach, détrousseur de l'épargne française ! (3)	2	»
Sus au plus répugnant de la gent simiesque (9)..	2	»
Le Syndicat à la guillotine! Digne (17)	0	30
Un vieux tambour qui voudrait la peau de Reinach pour battre la charge du chambardement, 1 fr.; son fils, 0.50 (6)	1	50
Un tanneur qui travaillerait avec plaisir la peau du sale Joseph (11)	1	05
Quatre teinturiers stéphanois qui réclament les faces verdâtres du chacal Boule-de-Juif et de sa bande, pour les passer au joli « bleu de Prusse » qu'ils aiment tant (11)	4	»
Témoignage de dégoût pour l'odieux Reinach. Un presque vieux de l'armée de l'Est (17)	2	»
Témoignage de mépris pour Picquart (11)	2	»
Témoignage de sympathie pour la mère et le fils. Honte à Reinach!(5)	1	»
La tête de Zola pour faire peur aux moineaux de mon jardin (11)	0	25
Deux tinettes mobiles crachent leur contenu à la face du sale académicien qui a deux fois vendu sa voix à Zola (9)	1	«
Un torchon pour Reinach. (12)	0	30

— 335 —

	Fr.	c.
Une tourangelle, en attendant qu'elle puisse envoyer 40 coups de pieds dans le...nez du youpin Reinach (10)...............................	2	»
Tout ce qui est vraiment français te méprise !(9).	1	»
Un joli toutou de Liancourt tire la langue à Reinach (16)................................	0	50
Tarieux, vous êtes un imbécile ! 1 fr. Un libre-penseur qui préfère l'alliance du sabre et du goupillon à l'alliance de la Bible et du poignard.	2	»
Une trique pour Clemenceau qui, maire du dix-huitième arrondissement, laissa lâchement assassiner les généraux Lecomte et Clément Thomas (12)................................	0	60
Trouve que Reinach se conduit comme un c.. (8)	3	»
Tu as de la veine Rouanet! Il est vrai que si le proverbe est vrai! (13)......................	1	»
Rouanet je t'ai toujours dit que ta vieillesse serait heureuse et que tu finirais la vie dans une large aisance. Ton discours de vendredi a dû être fortement éclairé! Le devin du bar oriental de la rue Ramey (13)................	4	»
Tu en as menti, Brisson, ta décision était bien prise de livrer le pays avant l'affaire Henry (10)	2	»
Un ancien turco demande le lynchage des deux épileptiques Pressensé et Reinach (8).........	1	»
Tu veux du chambard, Reinach! 1 fr., vilaine tête à claques, 1 fr., nous vous chambarderons, crois-le bien, 1 fr., toi et tous les sales youpins, 1 fr. Haine à tous les juifs, 1 fr. (16).	5	»
Un typo qui trouve la figure de Reinach flattée par le qualifiquatif de singe (12)................	0	60
Quatre types qui passeront l'ignoble juif Reinach à tabac (3)..................................	10	»
Un des six cents patriotes de Dijon qui ont poursuivi Reinach de leurs huées et de leurs crachats (4).....................................	1	»
Un que ça démange chaque fois qu'il voit von Reinach (10)..................................	2	»
Un qui a vu Reinach entre 14 gendarmes à Digne (17).......................................	0	50
Un qui exècre Reinach et la sale bande. Nancy (11)..	1	

Un qui dira pourquoi le petit chirurgien céramiste, agrégé, fils de député, n'hésite pas à se ren-

	Fr. c.
dre ridicule en pleurant sur le juif infortuné (11)	4 »
Un qui marchera au jour du chambardement contre le sale youpin Boule-de-juif (11)	1 »
Un qui ne se pardonnerait pas d'avoir eu Reinach pour officier d'ordonnance (13)	5 »
Un qui préfère être dans sa peau que dans celle de Reinach (8)	2 »
Un qui prétend que le grand chasseur de l'Elysée ferait bien d'essayer son adresse sur le gorille du Parc Monceau (6)	0 75
Un qui voudrait cracher sur la frimousse à Reinach (15)	2 »
Un qui voudrait voir établir en cour d'assises les comptes de Clemenceau: D'où vient l'argent de ses danseuses, de ses chasses et du reste ? (16)	1 »
Un qui voudrait voir Francis de Pressalé (9)	2 »
Vade retro Judas ! Un vieillard, ancien universitaire qui n'a pas assez de malédictions pour l'immonde Reinach et sa race, y compris les intellectuels (10)	2 »
Un Varois si honteux d'avoir eu Clemenceau pour député (10)	1 »
Un vendéen de huit ans et demi, futur officier de marine, qui voudrait voir Reinach aux fers! (6)	0 50
Une vendéenne comprenant que M. Guillemet, questeur, 18,000 francs d'appointement, logé, chauffé, éclairé, mais chargé de famille, ne peut se permettre aucune dépense inutile, souscrit pour lui (10)	0 60
Une vendéenne patriote, flétrissant la conduite de Reinach (5)	1 »
Un versaillais qui en sait long sur Picquart et la famille Gast (16)	1 »
Un vétérinaire pour chaponner Reinach (9)	1 »
Une vaillante veuve contre l'infâme. Un Français de France (4)	20 »
Victime du Panama causé par Reinach (8)	0 50
Un vieillard pauvre qui horripile les dreyfusards (3)	1 »
Un vieux ruiné par les escroqueries du baron Reinach (1)	0 50
Un vigneron d'Ay, qui cassera la g... à l'immonde fripouille Reinach, si jamais il vient y	

	Fr. c.
montrer son sale mufle (11)	0 50
Un vidangeur qui n'oserait pas toucher Reinach, de peur de se salir (6)	0 50
Vive la France ! Honneur à la vaillante femme qu'honore en l'insultant ce Syndicat infâme : Dreyfus, Lœw, Reinach, Schœurer-Kestner, Zola ! Que leurs noms montrent bien d'où viennent ces gens-là ! (10)	4 »
Vive l'armée ! Dreyfus et Picquart au bagne ! Reinach à l'égout ! (5)	4 »
Voir pendre Reinach par les pieds jusqu'à ce qu'il ait rendu l'argent qu'ont volé les juifs (12)	0 25
Voyant Clemenceau, le lanceur de Cornélius Herz et de Boulanger entrer dans le Syndicat, je me suis méfié ; lisant les articles du gaillard, j'ai été à peu près convaincu de la culpabilité de Dreyfus (4)	2 »
Yousouf, l'affreux youtre Gare à ton museau ! Tu n'es qu'un J... F... Prends garde à ta peau. (6)	0 30
Le rabbin Zadoc aurait dû raser Reinach de plus près (7)	1 50
Zouzou sur l'œil, zou sur le groin Zouzou sur le dos du sagouin. (7)	0 15

INSULTES A LA COUR DE CASSATION ET A LA MAGISTRATURE

 |Fr. c.
---|---
Allaire, (Eugène) à Sedan, honteux du rôle infâme de la chambre criminelle de la Cour de Cassation, regrettant de ne pas voir le gouvernement français défendre la France contre les traîtres et les espions et tous les juifs (8) | 10 »
Binazet (J.) Sus à la chambre criminelle et à l'égoût les dreyfusards ! (6) | 5 »
Bioche (Alph.) protestant contre les infamies commises par les valets de la chambre criminelle (8) | 10 »
Cortier (J.) à T. A bas Chambareaud, Manau et Bard à Caen (6) | 2 »
Eudin, 0,30 ; Mutel, 0,30 ; Liot, 0,30 ; Grandin, 0,30 ; Marie 0,30. A Berlin les Prussiens Lœw, Manau, Bard et toute la clique enjuponnée ! (16) | 1 50
Grandin (voir *Eudin*) |
Laigneau (Jules) Anathème aux juges de la Cour de Cassation et autres Bertulus ! (4) | 5 »
Liot (voir *Eudin*) |
Lucas (Gabriel), à Genève. Les garanties que peut offrir à la France Herr Lœw, frère du prussien, sont encore plus illusoires que sa procédure ; en attendant la fin de l'infâme comédie, j'envoie pour la bonne cause ma modeste offrande (11) | 25 »
Marie (voir *Eudin*) |
Mutel (voir *Eudin*) |
Pfeiffer. Pour protester contre la Cour de Cassation (2) | » 75

	Fr. c.

A. qui croyait à la bonne foi de Picquart avant le conflit inventé par la chambre criminelle (6).. — 3 »

C. F. G. J'ai su confidentiellement qu'à la Cour de Cassation, le président se *Lœw* à neuf heures, voue ses *Manau* diable; l'autre va au *Bard* prendre un *Chambareaud* ; puis, se rendant à la *Brisson*, après s'être débarbouillé avec de l'eau *Dupuy*... je *Barthou* et vous dis: un *Poincaré*, c'est tout ! (12) — 0 25

L. B. Un indigné contre la chambre criminelle de Cassation, le coupe-gorge et non le sanctuaire de la justice (6) — 3 »

P. Je ne suis pas tranquille, car Lœw est là (14). — 1 »

P. médaillé militaire honteux de Lœw (4) — 3 »

T. D. Pour protester contre les magistrats juifs, protestants et francs-maçons de la Cour de Cassation. Vive l'héroïque colonel Henry ! (7) — 0 50

V. B. et son fils Achille, artilleur, qui ne sont pas dupes de la comédie des juges de la Cour de Cassation, gagnés à la cause du juif Reinach (7) — 1 »

A bas la Cour de Cassation ! (9) — 1 05

A bas les Ganelons de la Cour de Cassation! (2).. — 0 25

A bas les juifs de la chambre criminelle qui ne sont que des vendus! (6) — 1 »

A bas Manau ! ex-marchand de pots de chambre, rue de la Mairie, à Moissac. Un ancien client. (5) — 2 »

Afin de donner un peu de pudeur à l'usage des trois de la Cour de Cassation (13) — 3 »

Afin d'essayer de désinfecter les robes des conseillers de la chambre criminelle prostituée aux juifs (4) — 3 »

A l'étal des charcutiers l'on trouve les sosies de Lœw (17) — 0 25

Un alsacien qui se souvient des relations amicales de la famille Dreyfus et Lœw lors de ses débuts dans la magistrature à Schlestadt (14). — 3 »

Des alsaciens réunis le 19 décembre pour célébrer entre compatriotes le centième anniversaire de la réunion de Mulhouse à la France, envoient 150 fr. pour rappeler à Lœw son attitude servile, alors qu'il combattait les républicains comme procureur impérial à Mulhouse, et pour

	Fr. c.

rappeler aux dreyfusards que le père du traitre prêtait, à Mulhouse, à la petite semaine (13)... 140 »

Au gibet les criminels de la chambre criminelle ! (16).......... 0 50

A vendre par un maneau ; consciences de la Cour de Cassation (8).......... 2 »

Un Bard de l'Isère qui rougit de son homonyme de la Cour de Cassation (11).......... 0 50

Un citoyen qui préfèrerait être jugé par des officiers que par Lœw et le hideux Bard (2)...... 1 »

Un citoyen qui proteste contre les mensonges de Bard (14).......... 0 50

Contre le père du notaire prussien Lœw qui veut faire la loi aux Français (8).......... 1 »

Contre les manœuvres de la trop criminelle Cour de Cassation (9).......... 1 «

Contre Lévy dit Lœw (12).......... 1 »

La Cour de Cassation est une des sentinelles de la République (9).......... 2 »

Un corse qui voudrait trouver les Lœw dans les maquis de ses montagnes et non dans ceux de leur procédure (11).......... 2 »

Des crachats pour Manau, Lœw, Bard, Reinach (9) 1 »

Une cuisinière qui serait enchantée de faire une gibelotte des Bard-Manau-Lœw, pour être servie à Picquart (3).......... 5 »

Un curieux qui voudrait savoir si Bard-Lœw et autres travaillent aux pièces ou à forfait (12).. 0 25

Deux dames de la Ferté-Gaucher qui souhaitent une ramure à toute la Cour de Cassation (10). 2 »

Un pauvre vieil employé qui ne s'explique pas que la Cour de Cassation, respectée jusqu'ici, se laisse déconsidérer irrémédiablement par sa section criminelle enjuivée (15).......... 0 50

En haine de l'immonde chambre et de la loi de 1883 (8).......... 0 25

En horreur du poisson Alphonse Bard (3)........ 1 »

En vue de la lumière que fuient l'immonde Reinach, le criminel Picquart et la chambre criminelle (6).......... 3 »

La fille d'un honnête magistrat. A l'égout les vendus de la Cour de Cassation ! (17).......... 3 »

Un fonctionnaire des colonies ennemi des fripouilles de la Cour de Cassation (5).......... 1 »

	Fr. c.
Un fonctionnaire en retraite dont la conscience est révoltée en lisant dans le journal *l'Éclair* paru aujourd'hui la preuve que ce misérable Bard est de mèche avec cette fripouille de Picquart (15).........	2 »
Un forézien qui, sans oublier le Lœw de l'Union générale, dira un jour son fait au Lœw de la Révision juive (8)............	1 »
Un Français de France qui trouve odieux ces retours intempestifs à la Bard.... barie (6)........	2 »
Un Français qui rappelle que le conseiller Chambareaud n'a dû qu'à la pitié, provoquée par la simulation de folie, d'échapper au peloton d'exécution (3)............	10 »
Un Français qui voudrait voir schlaguer les volatiles juifs de la basse-cour (5)............	0 50
Dix bons Français. Manau et Bard ont-ils touché ? (9)............	1 »
Les mêmes, pour savoir ce qu'on a payé aux journaux dreyfusards (9)............	1 »
Une Française indignée contre les Peaux-Rouges de la Cour de Cassation (5)............	5 »
Garçon ! En *Lœvez ce Bard* et donnez-moi *Ma-naute !* (11)............	0 50
Honte à Bard. Vive la France ! Vive l'armée ! Respect aux chefs ! Une mère de soldat (16)......	1 »
Honte aux magistrats de la cour criminelle ! (4).	20 »
Il y a trop de Bard, de Lœw et de Manau (16)....	2 10
Ils n'ont confiance qu'en Lœw, fils d'un juif renégat. Un ancien lecteur du *Soleil* (1).........	5 »
Lebret a dit : « Tu peux compter, ô France, sur la sérénité de Bard ». Mais maintenant il faut qu'il y joigne d'urgence la sérénité de Picquart. Le plus *serin* des trois n'est pas celui qu'on pense (16)............	3 »
Libera nos à Manau (3)............	2 »
Libera nos à Manau (13)............	0 50
Lœw, Bard et Manau à la lanterne !............	3 »
Lœw, Bertulus et Bard sont-ils donc si mordants ? — Qu'on m'aboule cinq sous... ils crachent leurs cinq dents (12)..	0 25
Lœw est alsacien ! N'en déplaise à Conrad de Witt, si c'est avec de pareils alsaciens que nous devons reprendre l'Alsace-Lorraine !!! (13)	0 25

	Fr. c
Manau, Lœw et vous Bertulus, saluez la justice qui passe (14).....................................	0 50
N'y aura-t-il pas à la Chambre un homme de cœur pour livrer Freycinet au mépris des honnêtes gens? (16)...	3 »
Une mère et sa fille qui, bien que pauvres, bénissent le sort de ne pas être de la famille de cette canaille de Manau (8)........................	0 60
Une mère lorraine, son fils, médecin militaire et ses filles à Nancy. En mépris des magistrats de la cour et en haine des juifs et intellectuels, traîtres à leur patrie (7)................................	5 30
Un messin qui a autant de respect pour les arrêts des conseils de guerre que de mépris pour certains juges de la Cour de Cassation (16)......	10 »
Un patriote qui espère que les trois membres de la cour criminelle, Lœw, Bard et Manau seront bientôt pendus (16).................................	1 »
Un père de famille, ancien trompette au 2ᵉ cuirassiers, attendant anxieusement l'ordre de sonner la charge pour culbuter les Manau, les Bard et les Lœw (14).................................	0 50
Le peuple cassera la Cour de Cassation (8)......	1 »
Point de Lœw, Manau et Bard pour princes (14).	4 »
Pour acheter les peaux de lapin de la Cour de Cassation (10)..	5 »
Pour acheter un fouet à Lœw (7)................	2 »
Pour acheter un martinet pour les vieilles catins de la Cour de Cassation et un crachat sur le museau du sale Reinach (9)......................	1 »
Pour couper le... nez à Lœw, Manau, Bard et Cie (12)..	1 »
Pour éclairer la religion des membres de la Cour de Cassation; c'est vrai qu'ils peuvent avoir une fâcheuse préférence pour les lumières de Reinach et Cie (7)....................................	1 50
Pour la cassation pas du tout criminelle de l'éteignoir système Lœw et Cie. Un petit Belge (3).	5 »
Pour l'affichage du discours Lasies et la confusion du Prussien Lœw et de ses acolytes (10).....	1 »
Pour M. Mercet et le président Forichon, qui n'osent pas souscrire (14)..........................	0 25
Pour le nettoyage de la cour du crime (17)......	1 »
Pour pendre Bard, Manau, Picquart et Bertulus	

	Fr. c.
entre Lœw et Dreyfus (16)...............	0 50
Pour « périviériser » Manau, Bard et Lœw (9)...	0 25
Pour repousser l'éteignoir que la Cour de Cassation met sur la lumière (9)...............	1 »
Pour un code de justice à la chambre criminelle (8)..	1 »
Des protestataires contre la Cour de Cassation, qui avaient déjà protesté contre elle lors du premier procès Zola (16)..............	3 65
— « Quesnay, dit Bard, nage en l'erreur ! » Q., plus franc : — « Bard est un menteur. » — De Q. ou Bard, qui faut-il croire ? Q., car Bard boit ; Q. ne peut boire (16).....	0 30
Qu'on arrache l'hermine des épaules de Lœw, Bard, Manau, etc. (17).....................	0 50
Reinach est bien tranquille ; la cour d'assises le condamnera ; ses intimes, Manau, Lœw, Bard, l'acquitteront (16).......................	2 »
Remerciements à Bard pour avoir débiné le truc avec son cher Picquart (16)..............	5 »
Rue Réaumur, depuis l'affaire Un conseiller en cassation A fait bâtir une maison. D'où vient l'argent ? C'est un mytère ! (13)....	1 »
Un sac à Lœw, à Bard et à Manau, des étrivières à Freycinet (17)...........................	0 25
Sur la claie et à la voierie, Manau et Cie (14)...	0 25
The Bard, cheval à réclamer (17)............	0 25
Vétérinaire marseillais, voudrait circoncire Manau et Bard (10).............................	2 »
Une victime du juif Lœw (1)..................	1 »
Une victime de l'Union Générale, tuée par Lœw (6)	2 »
Ce wagon-Bard me fait Manau cœur (8).........	1 »
Solinhac (Justin). Un qui est sûr que le parquet de la Seine soutient les israélites et les méchants (7).................................	1 »
E. M. A bas les juges frelatés (9)............	1 »
F. A. Une française navrée qui voudrait croire encore à la justice (2)....................	5 »
I. D. K. V. Où qu'elle est, la justice ?........	0 50
N. D. B. Une désabusée de la justice (10)........	0 50
P. (Mme). Contre les robins déshonorés (4)....	2 »

	Fr. c.
X., à Lille. Contre les magistrats enjuivés (10)	3 »
A bas Barrabas ! Dans le désert, les juifs avaient déjà crié : « Manne ! eau ! » (10)	2 »
A bas la toge rtiste emblème, (12)	0 60
A bas les chats fourrés et le grand sénateur des chemins de fer du sud (10)	1 05
A l'adresse des quelques membres de l'Institut (2)	4 »
A la honte et au renversement de la magistrature d'aujourd'hui (16)	2 »
C'est la magistrature française, cette vieille catin, qui trousse déjà ses jupons sales pour abriter Reinach (16)	1 »
Un citoyen indigné des actes d'une magistrature déjà flétrie par un vote de la Chambre (6)	3 »
Un citoyen qui demande l'institution d'un jury national avec référendum d'un commun tribunal d'appel pour reviser les arrêts des juges larbins des politiciens (15)	1 05
Un convaincu par expérience qu'il n'y a plus de justice en France et que 99 pour 100 de ces enjuponnés se rendent criminels pour de la bonne galette (5)	1 »
Dans le trio des chats fourrés (16)	2 »
Un dégoûté de la magistrature (14)	0 25
En haine des juges d'un tribunal des environs de Paris (10)	2 »
Un ennemi des gas puants de la chicane. Honte à notre civilisation ! (8)	0 50
La femme d'un magistrat honnête (4)	10 »
Le fils d'un magistrat du temps où la magistrature était honnête (4)	2 »
Une française qui préférerait se faire justice elle-même plutôt que de recourir à celle de son pays (10)	5 »
Jamais un militaire ne doit se pourvoir dans un palais de justice, autrement il est roulé (16)	1 »
La justice n'est que pour les riches, aussi la pauvre femme sera-t-elle victime (9)	5 »
La justice ? Quelle honte ! (17)	1 »
Deux langonnais qui trouvent que les chefs militaires ont beaucoup trop de patience (14)	2 »
Deux malouines. Honte aux magistrats vendus aux juifs ! (6)	1 »
Naquet a fait la loi du divorce, c'est pourquoi ju-	

	Fr. c.
...ge et justice font divorce (12)	0 50
Obole d'un français du Var protestant de toutes ses forces contre les traquenards de la haute magistrature (21)	1 »
Un vieux parisien n'ayant plus confiance dans la magistrature depuis les affaires de Panama et Dreyfus (41)	2 25
Un patriote qui voudrait à la France un gouvernement honnête et une magistrature incorruptible et excluant le juif (8)	5 »
Un patriote stéphanois ennemi de la racaille judiciaire se ralliant au panache jaune du roi des juifs Zola, Reinach, Labori (46)	0 50
Deux petits fils d'un magistrat au temps où la magistrature était honnête. Châteaudun (6)	5 »
Peut-on tolérer que le titre de magistrat soit prostitué à des valets de la race juive, opprobre de l'humanité ? (14)	0 50
Que Dieu dirige. La justice est boiteuse en un jour de troubles (4)	1 »
Revision de la magistrature vénale et libertine (14)	0 25
Sans indépendance de la justice militaire, pas d'autorité militaire ; sans autorité militaire, pas d'armée, et sans armée, pas de France (15)	1 »
Un humble serviteur de la justice qui préfère sa pauvre peau d'huissier à celle des princes de la magistrature (41)	0 50
En souvenir de Saint-Yves, protecteur des pauvres, modèle et patron des vrais magistrats et des vrais avocats (6)	3 »
Travaux forcés pour les magistrats prévaricateurs (17)	1 »
Un qui se méfie des arrêts de la justice (41)	1 05
Un qui se plaint de la justice civile (4)	0 25

APOLOGIE DU FAUX

	Fr. c.
Alers, architecte. Pour le triomphe de la cause (1)	1 »
Alfred. Pour la veuve et l'orphelin (12)..........	0 45
Alléon (Mad.-Marie). Pour la bonne cause (4)....	10 »
André, au petit camarade Henri (14)............	0 50
André, pour le Noël de son petit camarade Henry (16)...	1 50
André, pour grandir avec son petit ami et apprendre à détester les traîtres (9)............	0 50
André (Mon petit) à son camarade Henry, orphelin, afin qu'unis aujourd'hui dans le malheur, ils restent unis dans l'avenir pour la défense du drapeau, le triomphe de la loi et la gloire de la France (8)...............................	2 »
Ange-Garnier. Respect aux veuves! (5).........	1 »
Antoine, 3 ans 1/2. Part de Noël et d'étrennes (17)	1 »
Antoinette et Eugénie : pour la faiblesse contre la force brutale (16).........................	1 »
Armet (Jules), pour la veuve et l'orphelin ; qu'ils se souviennent et soient vengés (5)............	1 »
Aubry (G., Charles et H.) Tous les sous de leurs tirelires avec un gros baiser pour leur camarade, le petit Henry (4)...................	3 35
Aulay (Louis), en l'honneur du nom d'Henry qui a commis son faux par folie patriotique (7)....	5 »

	Fr. c.
Auvray (La petite Alice), résidant à Bruxelles, envoie ses meilleurs baisers au petit Henry (12).	1 »
Aviné (P.) 5, rue Tardieu. Pour honorer la mémoire de celui qui s'est tué pour l'honneur de la France et pour secouer le joug des juifs (5).	2 »
Baccon (Gaston), Violette (Joseph), Labrousse (Daniel) pour le triomphe d'une noble cause (3).	2 50
Bansard (Charles, Lucien, André), pour l'orphelin (7)............	5 »
Bardy fils, aux Sables-d'Olonne, pour l'honneur de l'orphelin, 0 fr. 50; Ferret, porteur du *Petit Journal*, 1 fr.; un père de trois soldats 5 fr. (12)..	6 50
Baronnet (Indre), afin de protéger le jeune Henry contre les attaques odieuses des youpins (10)..	1 05
Basset (Adrien), en mémoire d'Abel, pour le petit orphelin (5)............	1 05
Baudot (Jules), de Bar-le-Duc, en l'honneur du colonel Henry (5)............	5 »
Béconf (Paul et André), à leur petit camarade Joseph (8)............	2 »
Bériot (Mme Camille), pour la digne veuve du colonel Henry (14)............	10 »
Bernet (Mme L.) fille, arrière-petite-fille et nièce d'officiers, pour le petit Henry (14)............	20 »
Besse (Alphonsine), pour le pauvre petit orphelin (6)............	2 »
Blanche, à un petit ami malheureux (6)........	50 »
Blondeau (Lucienne), cinq ans, avec un gros baiser pour son petit ami (3)............	1 »
Boitard (Magdeleine), fille de capitaine d'infanterie, à Lorient, à son petit ami Henry (6).....	1 »
Bonchamp (Hubert), contribution à l'assistance due par les honnêtes gens (2)............	5 »
Boulonnais, crieur aux Halles. Aidons-nous les uns les autres (4)............	1 »
Bourrier (Mme), pour le bébé (Lozère) (10)......	1 »
Breton (Victor). Hommage respectueux aux morts et à ceux qui les défendent! (5)............	10 ».
Bretz (Mlle Anna), pour la veuve et l'orphelin (7)	1 »
Brigault. Pour sauver l'honneur du colonel Henry (4)............	0 20
Buffet (Pierre). Pour la veuve de l'infortuné colonel Henry (5)............	20 »
Buisson (Eugène), à Versailles. Bravo, Madame,	

	Fr. c.
c'est le commencement de la fin ! (3)	1 05
Castell (Petit Jacques), à son petit frère Henry, un baiser (11)	1 50
Castrol (Le petit André de), à son camarade Henry (17)	1 »
Cerf (Mme. F.) Pour l'orphelin (16)	10 »
Chapelain et ses fils, Gloire à ceux qui meurent pour la France ! (5)	2 »
Chaperon (Armelle), âgée de 5 ans, à son petit camarade Henry (15)	1 »
Chaperon (Gaëtan), pour la veuve, témoignage respectueux et une modeste offrande pour l'orphelin (15)	1 »
Charles, Marie-Thérèse, Marcel, André, Germaine, pour l'orphelin (6)	50 »
Charton (René), à son petit camarade (3)	5 »
Chatelain (Léon), (voir *Des saziens jouant aux dominos* page 87).	
Clément (J.), dont toutes les sympathies vont à Madame Henry, à son fils et à Drumont. Vive la France aux Français! (5)	5 »
Colibri, Un baiser au chérubin (14)	5 »
Cornu (E.), pour que l'orphelin puisse venger son père (7)	5 »
Cosson (Paul), pour acheter au petit Henry, ce qui lui fera plaisir pour ses étrennes (14)	50 »
Dalin (P.) pour défendre la mémoire du martyr en patriotisme (4)	3 «
Derencière (Jeanne), 2 ans, qui embrasse le petit orphelin, à Levallois (14)	1 »
Derepas (G.), pour soutenir la cause de Madame Henry (8)	2 »
Desbois (Y.), père et fils, admirateurs de la courageuse veuve (7)	5 »
Donien (Henri), pour la défense de la veuve et de l'orphelin (4)	1 »
Doffe (M.), pour l'orphelin et la patrie (6)	20 »
Drieber (Pierre), de Thann, pour la veuve d'un noble soldat, et en haine de Scheurer-Kestner (4)	5 »
Dubreuil, puisqu'il faut de l'argent pour la justice (9)	1 20
Duval (Armand), Rennes 5 fr.; Deux patriotes : Neuvilles, Tougen 10 fr.; l'honneur ayant l'ar-	

	Fr. c.
gent ; respect au soldat mort pour le pays! (15)	15 »
Duval (J.), honneur à la mémoire d'Henry. Honte à Reinach ! (7)	1 »
Edler (Yvonne), 2 ans et Edler (René), 5 ans, à Noisy-le-Sec, pour le petit orphelin (5)	1 »
Fanny, Pauline et Suzanne, à Caen, pour l'accomplissement d'une noble tâche (6)	3 »
Ferret (voir Bardy fils).	
Feuillant (Xavier), qui s'honore toujours d'avoir été le camarade du lieutenant-colonel Henry (8)	20 »
François (Léon), 10 ans, à son petit camarade Henry (6)	0 50
Gaillard (Le petit Achille), pour le petit Henry (8)	2 »
Gehin, Alsacien, pour Mme Henry (2)	3 »
Gérald (Marie, Gabriel, Antoinette), au petit orphelin (17)	3 »
Germain (Alfred), Le Manser, Agaesse, B. (Armandine), Sabourin, Robineau pour élever le petit Français que les vautours du Syndicat ont fait orphelin (6)	4 10
Gosselin (Paul), pour défendre la mémoire d'un ancien collègue de son père (7)	10 »
Gourdel (François), employé de commerce, pour la défense de la veuve et de l'orphelin (3)	1 »
Guérin (Lucien), sa femme, ses enfants, pour le colonel Henry (3)	5 »
Guérin (Madeleine), à un orphelin (4)	20 »
Guerraz (Marcelle), 2 ans, pour le petit Henry, rue de Corneille, à Levallois (14)	1 »
Guillardeau (Eugénie), pour le faible contre le fort (7)	0 50
Guy, pour son petit compagnon (10)	2 »
Halley (M. et Mme F.), à Mme Henry (6)	1 »
Halley (Léontine et Emile). Pour le petit Henry (6)	0 50
Henri, Bernard et Colette. Au petit orphelin (6)	5 »
Henry (Mme Vve) et ses six garçons. Pour la veuve Henry (8)	0 50
Henri (Un petit) d'Armentières au petit Henry (14)	3 »
Hoffmann (Famille), à Nancy. Pour le petit Henry (14)	2 75
Hommey (M.), à Argentan. A celle qui a le courage de se défendre (6)	10 »
Jean, en mémoire de son grand-père, officier, à son petit camarade Henry (6)	7 »

	Fr. c.
Jean, Pierre, Elisabeth, François, Louis et Georges, à leur petit camarade (12).........	6 »
Jolou (Maxence). A son camarade Henry, pour son Noël (12)........................	5 »
Joseph, Marie, Pierre et Maurice, à leur petit ami (7)..............................	0 50
Labrousse (Daniel). (Voir *Baccon*).	
Lanoue (Louis). Tous au drapeau! le blanc à l'enfant, le bleu à la mère, le rouge à Henry (4)...	2 »
Larcher (Maurice), dix ans, à son petit camarade Henry (14)........................	0 25
Leblond (L.). Pour le petit Henry, de la part de deux enfants heureux (8)...............	5 »
Lépine (Robert et Jacques). A la vaillante veuve de l'héroïque colonel Henry (3)..........	5 »
Leroux (Robert). (Voir : *Des Sagiens, jouant aux dominos* page 587.)	
Louise et Henri. Pour le petit orphelin, pour que Dieu le protège (12).................	5 »
Mabille. Pour la veuve d'un martyr (12)........	1 »
Madeleine (La petite). Pour le petit Henry (4)....	2 »
Marcelle au petit orphelin (7).................	1 »
Marguerite, pour sauvegarder l'honneur de la veuve du héros Henry (5)...............	0 25
Marguerite (la petite) pour le fils du soldat (14).	1 »
Marie-Louise, une brunette au blondinet (6).....	1 05
Mary et Totote, pour l'orphelin (6)............	2 »
Meulot (Jeanne), pour empêcher de souiller une tombe (4).............................	2 »
Molinier (Eugène et Suzanne) pour la justice et la vérité (9)..........................	2 »
Montaigne-Leplat (J.). Dieu sauve la France! 2 fr. Mme Montaigne-Leplat. Vive l'armée! 1 fr. Marie : Toutes les femmes d'honneur sont avec Mme Henry, 0 fr. 50. Alfred. Les juifs seuls sont assez vils pour trahir la patrie. 0 50. Jean. Vive Drumont! A bas les juifs! 0 fr. 50. Léonie. Vive Déroulède! 0 fr. 50. Julia. Courage petit Henry, tu vengeras ton père! 0 fr. 50 Alphonse. Vive Lasies! 0 fr. 50. Une femme de journées, pour la veuve et le petit orphelin. 0 fr. 50. Lille (16).......................	6 10
Mourier, trois futurs soldats envoient à leur petit camarade (17).....................	1 50

	Fr.	c.
Nireng, pour le goy de la veuve Henry (5)......	5	»
Ollivier (Albert et Emmanuel) de Marseille, pour leur petit frère, l'orphelin du colonel Henry (4)	1	»
Paccard (A.) en faveur de l'infortunée veuve Henry (4)...........................	50	»
Paris (G.) pour le procès de la veuve éprouvée (4)	2	»
Paul. Après Henry, c'est Mercier! (14).........	2	»
Perrot (Ange-Marie), six ans, A mon petit camarade Henry (5)............................	1	»
Pierre, fils d'officier, prend dans sa tirelire une obole pour aider son petit camarade Henry, du même âge que lui (6).........................	2	»
Pierre, pour sauvegarder l'honneur du petit Henry (5)......................................	0	25
Pilon. Vive Henry! (4).............................	2	»
Poncelet (E.) Givet, pour aider à obtenir justice (16)..	2	»
Porte (Jacques), pour la défense de l'honneur de la veuve et de l'orphelin (4)..................	10	»
Prieur (M. et Mme). Honneur à la mémoire du brave colonel Henry! (14).......................	5	»
Quinçay (Bénédict). Sois riche, petit, pour te défendre un jour contre les juifs qui ne te pardonneront jamais le martyre de ton père (16)..	2	»
René et Robert, par sympathie pour le fils d'un défenseur de la patrie (5).....................	5	»
Rimbaud (J.) pour la victime du syndicat (5)....	2	10
Roger (Petit), deux ans, à son aîné pour venger l'honneur de son nom insulté par la vermine juive (4)......................................	1	»
Rougeault, à Sannois. Collecte faite par le personnel de l'usine pour Mme Henry et son jeune enfant (8)....................................	30	25
Rolland (Mlle Gabrielle), pour la veuve du colonel Henry odieusement insultée (4).............	20	»
Sage (A. Le) pour un soldat martyr (7).........	1	»
Steiger (Mme Vve) pour la digne et sympathique veuve (4).....................................	5	»
Sterger, à Redon, bon courage à tous! Il y a encore des honnêtes gens (4).....................	10	»
Suzanne, 11 ans; Didié, 9 ans; Florence, 7 ans; Lucie, 19 mois, déjà antijuifs, pour le petit Henry (8).....................................	2	»
Tenéo (Martial), pour le faible contre le fort (4)..	5	»

	Fr.	c.

Tex (Marie), rue de Rome, modeste offrande par amour de l'héroïque soldat Henry et par haine du vilain youpin et de sa séquelle (6).... **3** »

Thérèse (Mlle), pour la veuve du colonel Henry (3). **2** »

Violette (Joseph). (Voir : *Baccon* [Gaston]).

Voizet (Jehan) et Dumas (Jane), à leur petit ami, le fils du loyal colonel Henry que la méchanceté juive ne pourra jamais atteindre. Vive la France ! Vive l'armée ! Papa et maman ajoutent : Vive Drumont ! A bas les juifs ! (6)...... **2** »

Vyotta. A la mémoire du martyr, du vrai héros et pour l'exécution prochaine des insulteurs de notre armée (4)................................. **2** »

Wittez (deux bébés Louis et Yvonne), à leur petit ami pour défendre son pauvre papa (4)........ **2** »

A. C. Contre l'outrage. Une mère française. Seuil (Ardennes) (16)......................... **2** »

A. (Cl.) pour laver la mémoire du colonel (8)... **10** »

A. C. L'obole d'un Français attristé, à la courageuse veuve Henry (4)......................... **5** »

A. (Edgard) pour la veuve d'un brave (3)........ **10** »

A. F. à Maisons-Laffitte. Hommage à la mémoire d'un brave et à sa veuve ! (11)............... **5** »

A. J. Pour la veuve du colonel Henry (3)........ **0** 60

A. L. A celle qui a droit à nos vives sympathies, nous qui avons le cœur vraiment français (7).. **100** »

A. P. (Mme) pour l'orphelin qui, plus tard, vengera la mémoire de son père (3)............... **5** »

A. R. pour la défense et l'honneur de la veuve et de l'orphelin (2).............................. **1** »

A. R. Honneur à la victime des juifs ! (5)........ **1** »

B. (Marie) (Voir : *Des Sagiens jouant aux dominos*, page 587).

B. H., rue de Sévigné, pour Mme Henry et l'orphelin (3)...................................... **2** »

B. P. à Sedan, pour la veuve du brave Henry, victime de la faiblesse gouvernementale (4)... **2** »

C. (Germaine) (Voir : *Des Sagiens jouant aux dominos*, page 587).

C. H. (Veuve). Toutes les mères de France sont avec vous (11).................................. **1** »

D. C. A. un admirateur du colonel Henry (3).... **1** »

E. (Mme Charles). Honte à ceux qui insultent les

	Fr. c.
morts et outragent une femme et un enfant! (5)	0 50
E. D. B. pour la veuve du colonel Henry (6)......	10 »
E. J. pour la veuve et l'orphelin contre les monstres d'Israël (4).................	5 »
E. M. C. pour honorer la mémoire du colonel Henry, le grand cœur (16).............	2 »
G. (Jean), deux ans, partage sa tirelire avec son petit camarade Henry (10)............	2 »
G. F. M. R. pour le petit chérubin victime des juifs (8)........................	1 »
G. (Ch.) pour le fils du peuple qui donna à la France son honneur et sa vie (7).........	3 »
G. W. et Cie, et les employés de la maison, tous sympathiques à la cause de Mme Henry (5)....	20 »
H. A. (Siebert) Respect au malheur! (8).........	20 »
H. M. et Y. de V. Pour le petit orphelin (6)......	6 »
H. P. S. 47, rue Rochechouart, en l'honneur du patriote Henry (3).................	5 »
H. C. J. pour que le fils du brave soldat combatte et vainque un jour le juif et l'Anglais (16).....	2 50
H G. T. E. H. Quatre écolières, général Foy et Edgard-Quinet, avec leur mère, pour l'expression de leur sympathies à Mme Henry et son fils (7)...........................	5 »
J. B. pour la veuve du colonel Henry qui s'est tué pour ne pas divulguer un secret d'État (5)..	5 »
J. P. P. Trois petits garçons, pour contribuer à la vengeance de leur petit camarade (4)......	3 »
L. B. (Mlle) pour l'orphelin (4)	1 »
L. B. (Veuve) à Besançon, patriote, à la noble veuve d'un soldat héroïque.................	2 »
L. G. pour une cause juste (2)................	2 »
D. G. T. de B. volontaire de 70, admirateur du vaillant colonel Henry (6)...............	10 »
M. (Mlle.) pour la veuve courageuse du colonel Henry (2)...........................	5 »
M. L. B. un tonkinois, respectueux hommage à la mémoire du colonel Henry, un de ses anciens subordonnés (4)....................	5 »
M. L. S. à Harr pour la justice et le bon droit (9)	0 50
M. M. une dame de Lyon pour le cher petit et l'honneur de l'armée (16)...............	5 »
M. P. pour la veuve Henry et son enfant (10)....	2 »
L. R. (M. et Mme.) pour la veuve et l'orphelin.	

	fr.	c.
deux victimes doublement sacrées à tous les cœurs français (6)........	20	»
M. (Ch.) pour la veuve et l'orphelin contre le veau d'or (1)........	3	»
M. (Jean), 3 ans, partage ses étrennes avec son petit ami Henry (16)........	2	»
M. B. C. pour la veuve du colonel Henry (5)....	10	»
M. L. et sa fille, pour consoler l'enfant du patriote Henry (6)........	0	25
M. R. (Mlle) à la veuve (4)........	0	50
M. R. Un fils de capitaine de chasseurs à pied au fils du colonel Henry (2)........	2	»
N. B. En l'honneur du colonel Henry (7)........	5	»
O. C. à V. pour la veuve et l'orphelin (7)........	1	»
P.-G. à Clermont Ferrand, pour la veuve et l'orphelin d'un martyr du patriotisme (13)........	5	»
P. H. rue Danton à Levallois pour le petit Henry (6)........	2	»
P. (Jean) fils d'officier, pour son petit camarade Henry, à Châlon (4)........	5	»
R. L. (Mme) En attendant la souscription de madame Félisque pour la veuve d'un bon serviteur du pays (14)........	1	»
R. P. Pour la veuve et l'orphelin (5)........	5	»
S. (Suzanne) (Voir : *Des Sagiens jouant aux dominos*, page 587).		
T. D. Mère, défends-toi! Enfant, souviens-toi! (7)	0	50
V. L. (M. et Mme) et leurs enfants. Hommage à Mme Henry! (6)........	1	»
X. Pour le petit Henry et qu'il se souvienne! (12)	8	»
X. flétrit le faux Cavaignac, bourreau de ce digne Henry (16)........	10	»
Un abonné. Pour soutenir le droit contre les ploutocrates (4)........	10	»
Trois acathéniens de la rue du H. Respect aux morts! (4)........	2	»
L'acte du colonel Henry a été une conséquence des lâchetés ou de la trahison de tous nos ministres républicains (15)........	0	50
Un fervent admirateur du colonel Henry (12)....	0	10
Un admirateur du colonel pour sa mort patriotique (4)........	5	»
Un admirateur du colonel Henry (3)........	5	»

	Fr. c.
Un admirateur du courage de la colonelle (7)....	5 »
A la brave et malheureuse veuve du colonel Henry. Une compatriote (5).................	1 65
A la glorieuse mémoire de la victime de l'amour propre imbécile d'un ministre vaniteux qui se posa en homme intègre (17).............	0 45
A la mémoire d'un brave soldat de 1870 (9)......	5 »
A la mémoire du colonel Henry, mort pour la patrie (3).................................	5 »
A la noble veuve du colonel Henry (5)...........	5 »
A la noble veuve et au malheureux orphelin d'un soldat patriote, sympathique offrande (4)......	1 »
A la veuve d'un brave (17).....................	2 »
A l'exemple du général Mercier, je fais cette souscription afin d'aider Mme Henry à venger son mari ; je fais appel à toutes les personnes qui sont dans l'administration des préfectures, mairies, etc., etc. (4).....................	20 »
Alsacien (Un) à la mémoire respectée du colonel Henry (3).............................	5 »
A Mme Henry, une byzantine (10)...............	10 »
A Mme Henry, digne de la sympathie de tous les français (6)..............................	5 »
Anonyme, pour la veuve du colonel Henry (6)...	2 »
Anonyme Lyon. Bravo pour la souscription Henry! (16)..............................	20 »
Anonyme, pour le procès Henry (4).............	10 »
Anonyme, pour Mme Henry (5)................	10 »
Un antidreyfusard, admirateur du colonel Henry (3).................................	2 »
Deux antisémites, avec leurs plus vives sympathiques tendresses pour le fils du colonel Henry 1 fr. (5).................................	5 »
L'argent d'une messe pour l'honneur de la veuve (9)....................................	2 »
L'arrière-petit-fils d'un capitaine de dragons tué à l'ennemi au colonel Henry mort pour la patrie (14)................................	4 »
Attaquer une femme et un enfant, c'est une chose qu'en France personne ne peut souffrir (7)....	1 »
Au colonel Henry (2)...........................	0 50
Au petit Henry (13)............................	1 »
Au fils de la veuve. Digne (17).................	0 50
Au fils du héros dont la France est fière (12).....	1 »

	fr.
Au grand patriote Henry, un pauvre mais vrai Français de France (5)....................	1 »
Azor, Au petit orphelin (4).........................	10 »
Un groupe de bazochiens avides de vraie justice (3)...	11 »
Bébé, à Aldis, pour le petit Henry (7).............	0 05
Deux bébés français à leur petit ami pour défendre la mémoire de son père (2)...............	5 »
Une bourguignonne, pour la courageuse veuve, Levallois (10)......................................	0 50
Cher petit ange que j'embrasse, mon cœur pour t'aimer, mon humble offrande pour te défendre, mon bras pour te venger (5)............	0 25
Collecte pour la veuve du colonel Henry faite à Sens à l'Épargne des Travailleurs (9)........	9 70
Colonel Henry, l'or juif voulait salir ton honneur, l'or français immortalise la mémoire et ton patriotisme. A quand la statue, noble victime du devoir? (15)..	0 60
Un comédien à la veuve et au petit enfant d'un officier français salis par un Reinach (2).....	2 »
Deux commis épiciers antisémites à la veuve du brave colonel Henry (2)...........................	1 »
Un compatriote du lieutenant-colonel Henry (10)	10 »
Cotisation de plusieurs camarades qui veulent se joindre à la souscription en l'honneur de la veuve et de l'orphelin (16)....................	1 50
Contre une lâche action, Gap (7)..................	2 10
Un défenseur de la veuve et de l'orphelin outragés par le veau d'or juif (6)......................	1 »
Une domestique qui conspue les insulteurs d'une femme, d'une veuve, d'une mère (16)........	1 »
Donner pour la défense de la mémoire du colonel Henry est un devoir pour tout vrai Français (3)	1 50
Dormez en paix, mon colonel, vous serez vengé (2)..	5 »
La droiture contre la canaillerie (6)...............	100 »
De la part de trente-six employés de la même administration qui veulent soutenir Mme Henry pauvre et faisant dignement son devoir contre le riche et méprisable Reinach (3)........	26 »
Des employés français et patriotes d'une grande maison d'approvisionnement aux Halles, leur obole pour la veuve et l'orphelin, leur sang	

		fr.	c.
pour le drapeau (9)...		5	»
Dix-neuf employés de commerce lyonnais, admirateurs de la folie patriotique du lieutenant-colonel Henry (11)................................		10	»
Un groupe d'employés qui espèrent que le fils vengera le père (4)...		6	»
Deux enfants pour aider le petit Henry à lutter contre les juifs (11)..		5	»
Deux enfants de Saint-Malo, pour témoigner leur sympathie à Mme Henry et à son petit garçon (10)...		5	»
Les cinq enfants d'un officier de marine envoient à leur camarade Henry l'obole apportée par petit Noël et prient Dieu pour lui. Aie foi en Dieu, petit ami, sa justice est la seule (16).................		5	»
Ses petits enfants au petit Henry (10).................		2	»
Une enfant de Marie à la veuve du brave colonel Henry (5)..		0	50
Un enfant, au petit orphelin (14)..........................		1	»
Un enfant pour un autre enfant (5)....................		5	»
Une enfant de 9 ans, fille d'un officier à son petit camarade Henry (4)..		5	»
Enfant, souviens-toi des juifs, tes bourreaux (7).		0	50
En déplorant la mort du colonel Henry et avec l'espoir qu'on fera de son fils un chrétien et un soldat (11)...		10	»
En faveur de la veuve du lieutenant-colonel Henry (11)...		10	»
En faveur du martyr des traîtres. Epinal (16)....		5	»
En France, calomnier un mort, insulter une femme et exciter sa douleur, c'est une lâcheté. En Judée, comment appelle-t-on cela ? (5)....		2	»
En l'honneur du nouveau d'Assas (17).............		1	»
En souvenir de notre cher martyr (12).............		2	»
En souvenir du lieutenant Henry. Thiaucourt (16).		1	»
En souvenir du séjour du colonel Henry à Lamarche pendant les grandes manœuvres de l'Est (5)...		2	»
Exoriare aliquis nostris ex ossibus ultor (5)......		5	»
Exoriatur ultor (7)..		10	»
Une famille sympathique à la courageuse veuve du colonel Henry (5)..		3	»
Une petite famille de patriotes souhaitant à Mme Henry de gagner son procès contre le mal-			

	Fr. c.
propre youtre (7)..	5 »
Un fils d'officier à son petit camarade, Bizerte (17)...	5 »
Une femme d'officier à la veuve du colonel Henry (6)...	20 »
Une femme d'officier à Mme Henry (6)...............	20 »
Une femme d'officier qui pense à Mme Henry (8).	1 »
Une femme d'officier supérieur qui admire la courageuse veuve (6)..	5 »
La femme d'un officier supérieur à Mme Henry, sa modeste offrande (4)..	5 »
La femme française à une mère malheureuse et au cher orphelin (16)..	0 50
Une femme de France (11)..................................	0 25
Fille et sœur de militaires, je veux contribuer à la défense de la veuve outragée par un lâche (6)..	5 »
Fille et veuve d'officier, pour Mme Henry et son enfant (5)..	5 »
Une fille d'officier, avec tout son mépris pour les lâches qui insultent à la douleur d'une femme sans défense, pour le pauvre petit (5)..	7 »
Une fille et nièce d'officiers supérieurs, pour le procès d'une faible femme contre Reinach (5).	5 »
Un groupe de jeunes filles du Crédit lyonnais avec leurs tendres caresses pour le cher petit (5)..	3 »
Fils d'Henry, souviens-toi ! (4)...........................	5 »
Le jeune fils d'un officier de réserve, futur défenseur de la patrie, à son petit camarade Henry pour son Noël (14)...................................	5 »
Le fils d'un officier supérieur en retraite au jeune ami Henry (4)...	10 »
Le fils d'un officier de gendarmerie, soldat de demain, à son petit camarade Henry. Vive l'armée ! (8)..	0 50
Deux véritables français de Lyon, pas riches, mais dévoués à la cause antisémite, envoient leur obole pour défendre le grand patriote Henry (7)...	1 05
Huit petits français pour l'orphelin (10)..........	10 »
Trois petits français : Camille, Paul et Maurice pour leur petit ami Henry (5).............................	2 »
Un français admirateur de la noble veuve (4)....	2 »

	Fr. c
Un français d'Anzin écœuré. Pour Mme Henry et son fils (9)............................	3 »
Un jeune français de France à son petit ami Henry (9).................................	1 »
Un petit français de Nanterre, au petit Henry (8)	1 »
Son père, ancien fantassin, au 105e de ligne (8)..	1 »
Un français pauvre pour l'honneur d'un soldat (6)	1 »
Un français pour aider Mme Henry à se défendre contre les gredins juifs (4)................	3 »
Un français, pour la noble veuve victime (10)...	5 »
Un français qui prie M. Drumont de capitaliser ce qui restera après le procès pour le fils d'Henry à sa majorité (3).......................	10 »
Une française émue de pitié pour la misère et le malheur de la veuve et de l'orphelin d'un soldat patriote (4).............................	50 »
Une petite française de deux ans pour le petit Henry (8).................................	0 50
Une française pour l'infortunée veuve du colonel Henry (3).................................	2 »
Une Française, pour la veuve et le fils de l'honnête homme, mort victime de l'odieuse bande anti-française, dont fait partie le lâche et monstrueux Reinach (9)..........................	3 »
Une française unie de cœur à Mme Henry. Honneur à Drumont qui réunit tous les honnêtes gens! (3)...................................	5 »
Dix frères et sœurs pour l'honneur de la veuve (6).......................................	10 »
Un frère d'officier (8)........................	1 »
Versé par un groupe de gabelous Nord-voyageurs, brigade B. pour aider Mme Henry à confondre un lâche (5)................................	4 »
Un gardien de bureau au ministère de la guerre en souvenir du brave Henry et en exemple pour MM. les chefs et employés qui n'ont pas encore versé (14)...........................	1 »
Une graine de l'Ain, habitant Grenoble. Pour la veuve et l'orphelin du regretté colonel Henry, contre les insectes nuisibles (6)..............	2 »
Henry, n'oublie pas le sang de ton père qui crie vengeance (5)................................	2 »
Henry a été un bon citoyen. et Cavaignac un naïf (8).......................................	1 »

	Fr. c.
Mme Henry peut commencer les poursuites, la France est pressée (9)............................	2 »
Hommage d'un des compagnons de luttes et de dangers du colonel Henry (17)................	10 »
Hommage d'un patriote picard à Mme la colonelle Henry (16)......................................	0 25
Hommage de respect et de sympathie à Mme Henry et à son jeune bébé (6).......................	5 »
Hommage respectueux à la veuve. Un baiser à l'orphelin (16).....................................	5 »
Honneur à la mémoire du colonel Henry, respect à la veuve, protection nationale à l'enfant (11),	2 50
Honneur à Mme Henry, honte aux dreyfusards! (5)	5 »
Honneur au colonel Henry! A bas ces sales youtres! Dreyfus à la lanterne! Un atelier de moulistes (4)..	2 »
L'honneur de Mme Henry, c'est d'être insultée par la canaille (14)................................	0 60
Il est excellent de penser aux vivants, mais il ne faut pas oublier les morts. Idolâtre (4)........	5 »
Quatre jeunes imprimeurs d'art. Pour la veuve et l'orphelin (6).......................................	1 »
Trois incirconcis. Pour le petit goy (8)..........	22 50
Instruis-toi, petit, deviens fort, pour venger ton pauvre père insulté! (14)........................	1 »
J'ai sept ans les copains! Voilà mon chocolat de la semaine pour l'ami René. Faites comme moi. (11)..	0 40
J'ai douze ans et 2 fr. d'économie, petit Henry je te les donne pour venger ton père (6)......	2 »
Je voudrais être assez riche pour prendre à ma charge le procès de la noble veuve du colonel Henry (5)..	2 »
Justice à l'orphelin! (10)............................	5 »
L'immanente justice apparaîtra (17)..............	0 25
Une main amie, à la veuve et à l'orphelin (3)....	
Un marsouin qui espère que le fils du colonel Henry sera l'orgueil de sa mère et de sa patrie (8)..	5 »
Un mécanicien, ancien sous-officier qui a vu et admiré le drame si vrai de *Fergus*, envoie à la veuve et à l'orphelin son obole, différence qui lui a été faite sur une place, en sa qualité d'ancien sous-officier (16)................................	0 50

	fr. c.
Mère d'officiers. Pour la veuve du colonel Henry (11)	3 »
Une mère de famille qui plaint Mme Henry (10)	1 »
Une mère à Mme Henry, avec sa sympathie et ses meilleurs vœux (3)	5 »
Une jeune mère envoie un baiser au petit Henry et le plus beaux de ses crachats à Bradamante (10)	0 50
Une mère qui aurait compris que Mme Henry se fît justice elle-même (2)	5 »
Mes félicitations à Mme Vve Henry et un bon baiser pour son petit garçon (12)	0 50
Modeste envoi d'un admirateur de la veuve Henry qui regrette de ne pouvoir donner plus (9)	1 »
Modeste offrande pour la souscription en faveur de Mme Henry (11)	1 05
Une modiste de la rue de la Paix, avec tous ses vœux pour Mme Henry (1)	5 »
Une petite modiste qui ne se figurait pas que des hommes étaient assez méchants pour attaquer une pauvre femme. Un baiser pour l'orphelin chéri (8)	1 »
Un groupe de Mulhousiens. Pour protester contre l'ignoble campagne menée par les dreyfusards contre l'armée, et pour honorer la mémoire du brave colonel Henry (17) (*)	1500 »

(*) L'*Express* de Mulhouse a publié la lettre suivante :

Monsieur le directeur de l'*Express*, Mulhouse.

L'*Express*, dans son numéro d'hier, rapportait qu'un groupe de Mulhousiens avait versé 1,500 francs pour la souscription ouverte par la *Libre Parole*.

Nous nous sommes procuré le numéro du 1er janvier, où figure cette souscription inattendue. Nous pensions y trouver des noms, car les Mulhousiens n'ont pas l'habitude de se cacher derrière l'anonymat quand ils tiennent à faire une manifestation : cela a été surabondamment prouvé par les centaines de signatures mulhousiennes sur les listes en faveur de Zola et du lieutenant-colonel Picquart.

Or, voici en quels termes est faite cette souscription, que la *Libre Parole* publie avec la manchette, en caractères d'affiche: *Une fête à la Libre Parole — La Réponse de l'Alsace.*

Un groupe de Mulhousiens. Pour protester contre l'ignoble campagne menée par les dreyfusards contre l'armée, et pour

	Fr. c
Aux naïfs qui virent un brin de menue paille dans les yeux d'Esterhazy et du colonel Henry (14)...............................	1 »
Un ancien, à celui qui s'est sacrifié pour sauver la France (9).................................	2 »
Une néo-castrienne, pour Mme veuve Henry. Courage et espoir! (6).............................	5 »
Un normand admirateur du colonel (14)............	1 »
Obole pour défendre la veuve du colonel Henry. A bas les traîtres! Un patriote engagé volontaire à seize ans, le 13 août 1870 (12)..........	1 »
L'obole fraternelle de la veuve à la veuve (14)...	5 »
Obole d'un fonctionnaire à la malheureuse veuve du colonel Henry (6)..........................	1 20
Obole du pauvre pour la défense du droit et de la justice, et la confusion d'un lâche insulteur de femme, Bertrand, à Reims (16)..................	» 50
On ne lâche pas des serviteurs comme Henry, capables de servir leur pays, entendez-vous Cavaignac! (3).................................	5 »
Un orphelin pour venger son frère orphelin, le p-	

honorer la mémoire du brave colonel Henry.....fr. 1.500.

Nous admettons — tout en ne comprenant pas — qu'il y ait à Mulhouse quelques personnes pour lesquelles l'innocence du capitaine Dreyfus n'est pas encore péremptoirement établie. Il en est, en effet, qui n'ayant pas suivi de près toutes les phases de cette lugubre affaire, se révoltent devant la nécessité de reconnaître l'infamie de tant de hauts fonctionnaires qui ont lutté contre la revision et qui, aujourd'hui encore, s'acharnent à en fausser les résultats.

Cet aveuglement, comme l'a dit Reinach, *a la cause la plus noble: l'impossibilité de croire à un certain degré de perversité et d'indignité.*

Mais ce que nous n'admettons pas, c'est que, pour entraver l'élan général de leurs concitoyens vers la Justice, des Mulhousiens, ne fussent-ils que deux ou trois, aillent jusqu'à se solidariser avec un Henry et glorifier la mémoire d'un faux témoin, parjure, faussaire... et peut-être pire, que seule la terreur du bagne a acculé au suicide.

Nous attendons donc la publication des noms des manifestants par la *Libre Parole* pour croire à l'authenticité mulhousienne de cette souscription.

Un groupe de signataires des listes Zola et Picquart.

	Fr.	c.
tit Henry (3)..	2	10
Orpheline envoie à son petit frère du malheur son épargne (7).................................	1	»
Une ouvrière bien française, pour la défense d'une noble cause (3)................................	5	»
Trois ouvriers graveurs. Respect à la veuve, amitiés à l'orphelin (5)...............................	3	»
Quelques patriotes antijuifs du café du Labyrinthe, pour l'enfant du colonel (8)................	6	»
Un groupe de patriotes, membre du comité du cercle du Château d'Eau, en témoignage de leur mépris des lâches qui insultent une femme et un enfant (11).....................................	10	»
Des patriotes approuvant votre conduite et flétrissant vos lâches insulteurs (3)..............	15	»
Un patriote cholotais, admirateur du lieutenant-colonel Henry et antidreyfusard enragé (6)....	1	50
Un patriote rennais. Pour la veuve et l'enfant du colonel Henry, victimes des traîtres et des insulteurs de l'armée française (16)...................	5	»
Quatre patriotes rennais pour une femme et un orphelin victimes des juifs (6)..................	4	»
Par sympathie pour Mme Henry, expulsez les youpins. Une apprentie modiste (4)..............	1	»
Sept personnes de Tournay (Charente). Pour la veuve et l'orphelin (10)..........................	10	50
Trois jeunes patriotes rouennais qui ont cassé leur tirelire pour envoyer un gage d'affection ému à l'orphelin du glorieux colonel Henry (5).......	4	»
Trois patriotes, Gustave, Victorin et Georges, comme témoignage de sympathie à Mme Henry et à son fils (9)...	3	»
Trois patriotes de Tunis pour la mère malheureuse lâchement insultée par un coquin........	70	»
Pede pœna claudo (6)................................	2	»
Les petits-enfants du capitaine de cavalerie Daniel de Lambese, à leur petit camarade Henry (7)..	5	»
Deux plumassières, pour la veuve du colonel Henry (6)...	2	»
Potius mori quam fœdari ! La Ferté (Loiret) (14).	3	»
Pour aider à venger la mémoire d'un brave (4) ..	2	»
Pour atténuer un peu le malheur causé par Cavaignac (16)..	5	»
Pour ceux qui croient que la justice n'est pas pos-		

	Fr. c.
sible (17)...	2 50
Pour défendre la mémoire d'un héros sali par l'immonde crapaud Reinach, les économies de deux écoliers de Vichy (6)....................	1 »
Pour défendre l'honneur du vaillant soldat Henry (6)...	2 »
Pour faire un homme du petit goy (6)............	5 »
Pour la défense de Mme Henry, Vichy (4).......	2 »
Pour la courageuse épouse du colonel Henry (11)	0 25
Pour la défense des faibles (7)..................	1 »
Pour la défense des faibles contre les forts (10)..	3 »
Pour la défense de deux causes chères aux cœurs français, la patrie et l'honneur d'une femme (6)	1 »
Pour la défense de l'honneur, un groupe de rubaniers (8)..	10 »
Pour la défense de la veuve Henry contre les juifs, plusieurs employées (2)............................	5 »
Pour la défense de la veuve et de l'orphelin (6)..	4 50
Pour la faiblesse brutale contre la force brutale (12)...	10 »
Pour la justice quand même ! (4).................	21 15
Pour la justice et la vérité. Les indigènes de la 1re liste (2e versement) (5).........................	5 50
Pour la malheureuse veuve, un vieux général, en souvenir du père de Mlle Marie-Anne de Bovet, son ancien chef (2)...........................	25 »
Pour la mémoire du colonel Henry. Aux calomniateurs (3).....................................	20 »
Pour la noble veuve du malheureux colonel Henry (3)...	0 50
Pour la vérité (11).................................	2 »
Pour la vérité et la justice (11)..................	5 »
Pour la veuve et l'orphelin : un sage (11).......	0 50
Pour la veuve Henry (12)..........................	21 »
Pour la veuve du colonel Henry contre le youtre Reinach (3)..	1 »
Pour la veuve du colonel Henry (4)..............	10 »
Pour la veuve du colonel Henry (5)..............	5 »
Pour la veuve Henry à Paris (8)..................	10 »
Pour la veuve du colonel Henry et son enfant (17)	1 »
Pour la veuve du colonel Henry et la réussite de son procès (4)..................................	1 »
Pour la veuve du colonel Henry, un directeur d'œuvre militaire, à Riom (15)..................	1 05

	Fr	c
Pour la veuve du colonel Henry. Un lieutenant de cavalerie qui a le malheur d'avoir un sale juif comme capitaine (7)...............	5	»
Pour la veuve du colonel Henry, pour l'armée, respect à celui qui n'est plus (10)............	10	»
Pour la veuve du colonel Henry, victime de son patriotisme (3)...............................	5	»
Pour la veuve du malheureux colonel Henry (14).	10	»
Pour la veuve d'un vaillant soldat et d'un bon français (5)......................................	20	»
Pour la veuve et l'enfant du soldat Henry, qui n'étant pas un sectaire juif, protestant, francmaçon, ni même un sectaire catholique, a compris que jamais il n'y aura de motif assez puissant pour autoriser une faute (15).......	5	»
Pour la veuve et son fils. Qu'il venge un jour son père (6)......................................	2	»
Pour la veuve et l'enfant Henry (16)............	1	»
Pour la veuve et l'orphelin (9).................	0	50
Pour la veuve et l'orphelin (15)................	0	45
Pour la veuve et l'orphelin (16)................	0	50
Pour la veuve et l'orphelin (16)................	5	»
Pour la veuve et l'orphelin (17)................	0	50
Pour la veuve et l'orphelin, Brest (15).........	25	»
Pour la veuve et l'orphelin. La direction de l'Union dentaire (5)..............................	20	»
Pour la veuve et l'orphelin, un antidreyfusard (16)	1	»
Pour la veuve et l'orphelin. Gérardmer (14).....	1	»
Pour la veuve et l'orphelin. Un petit employé de Lille (4)..	2	»
Pour la vérité et la justice (14)................	1	»
Pour la victime lâchement calomniée (9).......	5	»
Pour le droit et pour l'honneur. Orléansville (10)	5	»
Pour le fils d'un soldat mort victime de son culte pour l'armée et la patrie (7)...................	20	»
Pour le futur général Henry (14)...............	3	»
Pour le héros patriote, colonel Henry, pour sa noble veuve (6)..................................	1	»
Pour le Noël du petit Henry (12)...............	2	»
Pour le petit Noël du petit Henry, avec un baiser (7)..	5	»
Pour le petit Henry, une petite Bretonne de Morlaix (6)..	2	»
Pour le petit orphelin (9).......................	100	»

	Fr.	c.
Pour le petit orphelin, deux Rambolitains (15)..	2	»
Pour le petit orphelin du futur membre de la Ligue (4)............	3	»
Pour le procès de la veuve du colonel Henry (2)...	20	»
Pour le procès de la veuve et l'avenir de l'orphelin (6)............	3	»
Pour le procès Henry, Avenue Duquesne (9)....	10	»
Pour le procès Henry, Versailles (10)............	10	»
Pour l'érection d'un monument à la mémoire du colonel Henry (14)............	1	»
Pour le jeune Henry (6)............	10	»
Pour le triomphe de la vérité............	0	50
Pour le triomphe de la vérité et de la justice (3)	5	»
Pour les deux imbéciles qui ont causé la mort du colonel Henry (14)............	1	»
Pour les faibles lâchement outragés (3).........	0	50
Pour les frais du procès : 3 capitaines de la garnison de Belfort (3)............	15	»
Pour l'honneur du petit Henry (11)............	1	»
Pour l'honneur du petit Henry (6)............	2	»
Pour l'orphelin (2)............	0	25
Pour l'orphelin (3)............	4	55
Pour l'orphelin (6)............	1	05
Pour l'orphelin, en souvenir de l'ange envolé (16)	5	»
Pour l'orphelin et la bonne cause (10)............	2	»
Pour l'orphelin. *Instar omnium* (15)............	2	»
Pour l'orphelin français, un sourire de Thomas Vireloque (11)............	1	»
Pour l'orphelin d'un brave soldat et brave homme (16)............	10	»
Pour mon petit ami Henry (14)............	0	10
Pour Mme Henry (5)............	5	»
Pour Mme veuve Henry (12)............	2	»
Pour Mme Henry, de la part de mes petits-enfants, pour l'orphelin (16)............	16	»
Pour que la souscription atteigne 100.000 fr. (6).	3	»
Pour que Dieu sauve son bon et malheureux père (9)............	1	05
Pour un orphelin futur militaire qui doit venger son père (16)............	2	»
Pour une noble cause. Albi (17)............	2	»
Pour une noble cause, trois rédacteurs de l'administration centrale des postes et télégraphes (4)	1	50
Pour une noble femme et un faible orphelin (9)..	1	»

	Fr. c.
Pour venger l'outrage fait à une digne femme (3)	5 »
Pour venger la digne veuve d'une victime du devoir professionnel; deux femmes de capitaines de chasseurs à pied (frontière de l'Est) (4)	6 »
Pour venger la mémoire du héros, victime des traîtres (5)	1 50
Pour venger le héros mort au champ d'honneur (6)	1 50
Pour venger l'honneur du colonel atteint par un lâche (8)	20 »
Pour venger l'honneur du colonel Henry, 3 offrandes (6)	7 »
Pour venger mon défunt client (6)	2 »
Pour vous montrer le vrai, j'ai pris un subterfuge. C'est un faux, c'est un crime ! Et, faussaire aujourd'hui, Pensant comme Brutus, j'ai voulu, comme lui, Cacher le criminel dans la gloire du juge ! (16)	1 »
Produit d'une collecte faite entre petits collégiens pour la défense de leur petit ami Henry (8)	12 25
Pro justicia (8)	8 »
Que Dieu protège la veuve et l'orphelin ! (2)	3 »
Que l'armée se venge et nous venge des ennemis de l'intérieur ! (14)	0 50
Que ne puis-je donner plus pour une si belle cause ! (5)	0 50
Regret de ne pouvoir faire plus (10)	0 50
Regrets de ne pouvoir faire plus pour une aussi noble cause (4)	1 »
Un vieux républicain, à la vaillante veuve (2)	20 »
Respect aux morts ! (4)	0 25
Un groupe de rouennais et de rouennaises pour défendre la veuve et l'orphelin contre le gorille Reinach (5)	10 »
Un Rochois pour la victime des dreyfusards (14)	1 »
Deux saintais au petit Henry (16)	5 »
Des sagiens jouant aux dominos au profit de Mme Henry et de son baby. Marie B. ; Léon Chatelain ; Germaine C. ; Robert Leroux ; Suzanne S. (8)	2 »
Salut à la veuve et à l'orphelin ! (14)	0 10
Une savoyarde indignée, compatissante pour la veuve Henry et fière d'être la mère d'un officier français (5)	3 »

	Fr. c.
Souscription faite en faveur de Mme Henry dans une réunion du Cercle républicain de Fraize (Vosges) (16)............	52 »
Une sœur par sympathie pour Mme Henry et son fils (6)............	5 »
La sœur d'un sous-officier. Pour le Noël du petit Henry (4)............	0 25
Pour la mémoire du colonel Henry. Un socialiste (3)............	1 »
Sympathies respectueuses à la veuve d'une victime du devoir (12)............	1 »
Tandis qu'il lui suffit d'être condamné ou prévenu pour être innocent, noble et divin (16)...	0 25
Témoignage de profonde sympathie d'une femme d'officier, à Castres (6)............	10 »
Trouvé le 25 décembre dans une cheminée de la rue Sarrette pour le petit Henry (14).........	20 »
Un de ceux qui savent que l'acte du colonel Henry n'avait d'autre but que d'arrêter l'odieuse manœuvre des traîtres et des lâches (5)............	20 »
Un qui aurait voulu être juré, si Mme Henry s'était fait justice (5)............	0 50
Une veuve adresse toutes ses sympathies à Mme Henry (14)............	2 »
Une veuve qui admire et approuve Mme Henry (2)............	400 »
Une veuve pour la veuve du colonel Henry (2)...	20 »
Une veuve. Courage, Madame Henry! (14)......	2 »
Une veuve avec enfants, qui comprend la douleur de Mme Henry (14)............	1 »
Viduas honora (Saint-Paul) (2)............	0 50
Vive la fille de l'humble cabaretier de Péronne! (14)............	5 »
Vous ne ferez aucun tort à la veuve et à l'orphelin (16)............	3 »
Un Zouzou qui a servi sous les ordres du colonel Henry et qui reste convaincu que celui-ci n'a pas cessé d'être un loyal soldat (9)............	5 »

A la suite de sa 16ᵉ liste, la *Libre Parole* a publié les lignes suivantes :

« Un patriote de Rennes nous envoie une épée pour le

fils du lieutenant-colonel Henry ; il accompagne son don de la lettre suivante adressée au fils du malheureux officier :

« 25 décembre 1898.

« Mon cher enfant,

« Je vous fais remettre par l'intermédiaire de la *Libre Parole*, une épée...

« Veuillez l'accepter, la conserver et vous souvenir, en la regardant parfois, de votre père bien aimé mort pour la patrie.

« Vous ne connaîtrez pas mon nom ; en tout cas, souvenez-vous, dans vos prières, du patriote breton qui vous offre cette épée ; vous serez digne d'en porter, plus tard, une autre plus grande et plus moderne. Travaillez pour cela : rendez-vous digne du colonel Henry et de sa vaillante compagne si éprouvée, et croyez, mon cher ami, à la sympathie bien vive d'un ami inconnu. »

GLORIFICATION DE L'ARMÉE

	Fr. c
Abel, laitier, à Villemomble. Honneur à l'armée! A bas les traîtres! (6)	2 »
Achille, Joseph, Pathique, Rasmord, un tringlot Vive l'armée! Expulsez les youpins! (5)	2 05
Aline (Mlle) Vive l'armée! (14)	0 50
Anastay (Alfred) qui supplie de ne pas le confondre avec la famille du lieutenant. Vive l'armée! (8)	2 »
André (M. et Mme) restaurateur, pour la veuve et l'orphelin. Vive l'armée! (14)	2 »
Daulet (Georges), à Ligny. Vive l'armée! Vive la France! (3)	0 50
Bébé. Vive l'armée! (2)	0 50
Belgodère père. Vive l'armée! (7)	5 »
Bertau (C.) Vive l'armée! (17)	1 05
Blondel (Mme) fille et petite-fille d'officiers morts au service de la France (5)	1 »
Bossuet (Pierre), socialiste patriote antisémite. Vive l'armée! (7)	1 50
Buisine (Edouard), en l'honneur de l'armée française, vilipendée par les ennemis de la patrie (12)	5 »
Caillat (Constant) Vive l'armée! (3)	2 »

Carrey (Mme) Franc-comtoise, mère de huit enfants, dont cinq sous les drapeaux (17)......	0 50
Chambrion (René) âgé de deux ans, à Levallois, à son futur camarade de régiment (5)......	0 50
Corniche-Lacordaire. Vive l'armée! (10)......	200 »
Colas (E.) Vive l'armée! (10)......	0 50
Dambrun (P.) Pour Mme Henry et vive l'armée! (6)......	1 »
David. Vive l'armée! (14)......	0 25
Delattre (Veuve du capitaine), du 2ᵉ zouaves. Vive l'armée! (14)......	5 »
Depoix à Rouen. Vive l'armée! (12)......	0 50
Desnoyers (Louis) Vive l'armée! (11)......	10 »
Divoux (Ch.) à Cette. Vive l'armée! (17)......	1 »
Drebrisse (Georges). Pour défendre l'honneur de l'armée et de ses chefs (4)......	5 »
Duchassin (Mme veuve) 4, rue Berzélius, vive l'armée! (4)......	1 »
Duval (E.) Nous croyons dans la justice militaire (14)......	1 »
Ellier (René). Vive l'armée! (14)......	5 »
Esnault-Pelterie (Mme), Vive l'armée! (6)......	10 »
Famin (H.) père et fils. Vive l'armée! Vive la France! (6)......	2 »
Gaillard (La petite Hélène) en mémoire de son grand-père, ancien soldat d'Afrique, chevalier de la Légion d'honneur (8)......	1 »
Gaston, qui sera marsouin comme petit frère, Torine et Yvonne qui aiment les soldats et détestent les juifs (14)......	0 75
Genestout (Louis). Vive l'armée! Bordeaux (6)...	10 »
Geoffroy (Mme). 23, avenue de Clichy. Vive l'armée! (4)......	1 »
Geyer, alsacien, admirateur de l'armée française (6)......	5 »
Gotteland (J.-B.) Vive l'armée! (16)......	2 »
Grateloup (de) Pour l'armée jusqu'à la mort! à Levallois (14)......	1 »
Guichard (Joseph). Vive l'armée! 1 fr. — En attendant la souscription des généraux, 0.30 (15)	1 30
Guignard. Vive l'armée! (14)......	0 25
Guillemet (Jean) Vive l'armée! (2)......	100 »
Guillon (Vve), à Brest. Mon fils est militaire. Vive l'armée! (6)......	5 »

	Fr.	c.
Hanner. Vive l'armée! (14)	1	»
Jolly (Charles-Léon), de Montmorillon Vive l'armée! (8)	1	»
Lambert (Louis) Vivent nos bons soldats! A bas les juifs! (4)	1	»
Landes (Edgard) Vive l'armée! A bas les traîtres!	5	»
Langlois (Mlle Henriette) couturière, 11, rue Lemercier. Vive l'armée! (4)	0	50
Lanos (L. G.) Vive la République! Vive l'armée! (4)	2	»
Laurent (Achille). Un groupe d'employés de la maison. Vive la France! Vive l'armée! (8)	10	»
Lios (M.) Vive l'armée!	1	»
Léon-Jean. Vive l'armée! (9)	2	»
Lesenne (Mme Jules) à Réalcamp. Vive l'armée! (4)	0	50
Lesieur. Vive l'armée! (14)	2	»
Lernould. Vive l'armée! A bas les traîtres! (14).	1	»
Leveillé-Nizerolle (H.). Vive l'armée! A bas les juifs! (4)	20	»
Mainvilliers. Hommage reconnaissant au général Maillard, en souvenir de la Saint-Cyrienne (10)	3	»
Maillet à Orange, un vieux de Crimée. (11)	3	»
Maurice et Marcel, fils d'officier (8)	20	»
Michaut (Henri) berrichon, ancien soldat au 67e. Vive l'armée! (6)	1	»
Moneau (F.) à Cosne-sur-Loire. Vive l'armée et la France aux Français! (6)	2	»
Mouret (Mme), don d'une cuisinière (8)	1	»
Son fils, ex-canonnier. Vive l'armée! (8)	1	»
Perrin (Emilie) (Voir Vérot [Jeanne]).		
Petit (Georges), industriel à Pont-Audemer. Vive l'armée! (7)	20	»
Pirron (Edouard) et Joseph Pirron. Vive l'armée! (7)	10	»
Pouget (J.) Vive l'armée! A bas les traîtres! (3).	5	»
Porquerolles. Vive l'armée! (14)	12	»
Prieur (M. et Mme Henri). Respectueuses sympathies à Mme Henry. Bons baisers à son charmant fils. Vive la France! Vive l'armée! (14)	5	»
Prieur (M. et Mme Paul). Vive l'armée! Vive la France! (6)	1	»
Recordon (E.) à Montargis, ancien sous-officier de		

	Fr.	c.
Crimée, qui crie: Vive la France aux Français! Vive notre admirable armée! (8)	5	»
Riquet et Lalotte, à Boeni. Protestation contre les insultes faites à l'armée (16)	1	»
Robert (M. et Mme Camille). Vive l'armée! vive Drumont! (6)	10	»
Segnard (La famille). Vive l'armée! (14)	1	»
Simone (Petite). Vive l'armée! A bas les juifs! (10)	0	50
Sisterne (Mlles). Vive l'armée! (17)	1	»
Stéphan. Vive l'armée! (8)	0	50
Taberne (Frank) Vive Dieu! Vive la France! Vive l'armée! (17)	10	»
Théa. L'armée avant tout! (9)	1	»
Thonier (Antoine) Respect et confiance aux chefs de notre armée (12)	200	»
Touyrac (Auguste). Vive l'armée! A bas les juifs! (6)	2	»
Tranchet. (G.). Vive l'armée! (6)	1	»
Tusé (Charles). Un défenseur de l'armée (3)	»	50
Urbain à Maisons-Laffitte. Vive l'armée! (16)	20	»
Varend (Victor). Vive l'armée! (11)	10	»
Vauterin-Marcoing. En pensant à mon fils, sergent aux tirailleurs sénégalais, sur la Côte-d'Ivoire (5)	5	»
Vincent (La famille). Vive l'armée! (14)	0	50
Vollés et ses amis, tous ennemis des juifs et: Vive l'armée!	2	50
Vérot (Jeanne) et Emilie Perrin à son service. Vive l'armée! (7)	1	»
A. A., J. S. et J. L. Vive l'armée! Pour la veuve et l'orphelin! (6)	3	»
A. (Ch.) Vive l'armée! (12)	100	»
A. D. Antisémite et fervent patriote. Vive l'armée! (4)	2	»
A. D. Vive l'armée! (5)	0	50
A. E. E. Honneur aux officiers souscripteurs! Honte à Freycinet! (14)	1	»
A. (Emile). Vive l'armée! (14)	1	»
A. F. B. F. Vive l'armée! (5)	1	»
A. F. D. antidreyfusard manceau. Vive l'armée!	0	50
A. G. à Nancy. Pour l'armée, contre ses insulteurs (6)	2	»

	Fr. c.
A. G. Vive l'armée! (5)...............................	0 50
A. H. Quand même! (5)...............................	5 »
A. V. (M. et Mme) à Asnières. De tout cœur avec *La Libre Parole*. Vive l'armée! (8)...............	5 »
B. (Mme), A. B. (Mlle), mère et sœur d'officiers (16)..	15 »
B. (Rosa) alsacienne, indignée de la campagne juive en faveur du traître Dreyfus. Vive l'armée! (6)	2 »
C. C. Vive l'armée! (14)............................	2 »
C. D. de passage à Pantin. Vive l'armée! Haine aux dreyfusards! (16)............................	0 20
C. et D. Vive l'armée et vive la France! (6)......	1 »
C. F. Vive l'armée! (16)............................	5 »
C. G. S. Un négociant en vins. Vive l'armée (14).	0 50
C. (Jean-Baptiste) Vive l'État-major! (5).........	1 »
C. M. Vive l'armée (4).............................	1 »
C. M. Vive l'armée! (5)............................	8 50
C. M. à Toul. Serrez vos rangs! (4)...............	6 »
D. Vive l'armée! A bas les juifs! (4).............	2 »
D. (Henri) 12 ans. Vive l'armée (7)...............	2 »
D. L. et son fils. Vive l'armée! Vive la France! (16)..	2 »
E. C. Vive l'armée! (5)............................	0 50
E. de E. Vive l'armée! A bas les juifs! (16)......	20 »
E. G. Respect à l'armée! (9)......................	2 »
E. J. Vive l'armée! (14)..........................	1 »
E. M. Un patriote. Vive l'armée! (14).............	0 50
E. P. M. G. Vive l'armée! (5).....................	1 »
E. Q. Vive l'armée! (5)...........................	0 50
F. à Melun. Haut les cœurs et qui vive... France! Un officier de cœur, sinon de fait (12)........	5 »
F. A. C. Haut les cœurs! Face au drapeau (4)....	1 »
F. C. Vive l'armée! Un cultivateur et un jurassien (17).......................................	1 05
G. E. De la part d'une petite-fille d'officier supérieur de marine mort pour le drapeau, 19 ans, (12)..	1 »
F. P. Savoyarde. Vive l'armée! (16)...............	0 50
G. Une famille militaire, à Brest (6).............	5 »
G. A. Vive l'armée! (10)..........................	20 »
G. F. pour l'armée (7)............................	20 »
G. (Léon) Vive la France! Vive l'Armée! Vive Drumont et son œuvre! (6)............................	0 60
H. B. Vive l'armée! Vive la France! (14)..........	1 »

	Fr. c.
H. D. Vive l'armée! (5)	0 50
H. P. L. B. Vive la France! Vive l'armée! (6)	2 »
H. R. Vive l'armée! (5)	0 50
Jeanne et Mimi, amies de l'armée (6)	5 »
J. B. fils. Un électeur de Pontoise. Vive l'armée! Drumont (16)	1 50
J. B. Un alsacien. Vive l'armée! vive Drumont (5)	1 »
J. C. Vive l'armée! A bas les traîtres! (2)	5 »
J. D. Pour l'amour de la patrie et le culte du drapeau (9)	1 »
J. G. Un corrézien. Vive l'armée! (16)	1 »
J. L. Vive l'armée! (4)	50 »
J. M. Vive l'armée! (5)	0 50
J. O. Vive l'armée! (12)	5 »
L. (Annette), mère d'un soldat qui aime la France et l'armée (6)	1 »
L. C. Vive le 31e de ligne, ami Danchez! (3)	2 50
L. L. Témoignage sympathique pour l'armée (7)	5 »
L. L. C., ami de l'armée (8)	10 »
L. L. protestant, médaillé du Tonkin, renie les menées antipatriotiques de certains de ses coreligionnaires, infime minorité heureusement! Vive l'armée et la France aux Français. (10)	0 60
L. N. Chartres. Contre les traîtres et les insulteurs de l'armée (8)	1 95
L. V. Vive l'armée! (16)	1 »
M. Vive l'armée! (2)	1 »
M. à Levallois. Vive l'armée! A bas les traîtres.	5 »
M. (Famille). Vive la noble épée du Christ! Vive l'armée française! (16)	10 »
M. C. Un petit garçon, futur bon soldat (16)	0 50
M. D. Vive l'armée! (5)	1 »
M. H. Vive l'armée! (6)	1 »
M. H. à Versailles. Vive l'armée! (6)	3 »
M. J. à Orléans. Vive l'armée! (8)	0 50
M. J. P. A. Vive Galliéni! (6)	1 »
M. L. Vive l'armée! (4)	100 »
M. M. ancien sergent cassé du 26e de ligne : Vivent les salutaires rigueurs de la discipline et de la justice militaires! Vive l'armée! (4)	5 »
M. (Victor) à Lille. La France aux Français! Vive l'armée! (16)	0 50

	Fr. c.
P. Vive l'armée ! (2)	1 »
P. J. à Lille, admirateur de l'armée et de ses chefs (4)	0 75
P. M. Vive l'armée ! (17)	0 50
R. (Mlle) une patriote. Vive l'Armée ! (10)	1 05
R. J. dit Poupoule. Vive l'armée ! (2)	0 50
R. L. Vive l'armée ! (4)	100 »
S. R. au Mans. Vive la France ! Vive l'armée ! (5)	10 »
S. R. Vive l'armée ! (8)	10 »
T. L. Vive l'armée ! (14)	0 50
X. C. Contre la canaille dreyfusarde. Vive l'armée ! (4)	0 50
Un jeune africain qui voudrait voir Dreyfus au diable. Vive l'armée ! (14)	0 50
Un groupe d'agents de la 2ᵉ section des travaux de Paris pour affirmer leur confiance dans l'armée nationale tout entière (6)	10 »
A la mémoire du général Bourras, colonel du corps franc des Vosges, commandant supérieur des gardes nationales du Rhône à Lyon 1870-71. Un parent (6)	10 »
Un alsacien patriote attend un sabre avec impatience (17)	1 »
48,000 francs d'amende pour chaque article contre l'armée (17)	0 60
Deux amis de l'armée à Besançon (12)	20 »
Deux amis de l'armée. Prélèvement sur leurs dépenses de café (10)	2 »
Deux amies de l'armée pour le triomphe de la justice et de la vérité. En avant ! (5)	20 »
Un ami de l'armée (10)	1 »
Un ami de l'armée (10)	1 »
Un ami de l'armée française (4)	5 »
Un ami de l'armée, à Narbonne (5)	10 »
Amis, astiquons nos sabres. Mirabel-aux-Baronnies (16)	0 20
Deux angevins de la Doutre. Vive l'armée ! (10)	5 »
Anonyme. Vive l'armée ! (14)	2 »
Un conscrit haut-alpin. Au drapeau ! (16)	0 50
L'armée c'est la nation, et la nation c'est l'armée (9)	1 »
Un artésien. Vive l'armée honnête ! A bas le juif canaille ! (3)	100 »

	Fr. c.
Au nom de mon fils, militaire pour un an (9)	10 »
Au nom du défenseur de Fachoda (5)	1 »
Un ex-futur tordache, actuellement échoué comme le plus jeune des clercs de notaire dans la banlieue de Paris. Vive l'armée! Vive la marine! (13)	0 50
Châlet des Bruyères, Golfe Juan. Vive l'armée! A bas les traîtres! (17)	5 »
Un citoyen français qui ne veut pas que les juifs et les franc-maçons fassent l'épuration de l'armée comme ils ont fait celle de la magistrature (3)	1 »
Trois comtois, fils et petit-fils de magistrats qui aiment l'armée (16)	5 »
Un corse et sa famille : *morte a i traditori!* Vive l'armée! (14)	1 50
Un petit cultivateur qui se fait honneur de croire à la parole d'honneur des généraux français (10)	1 »
Un défenseur de l'armée (3)	5 »
Demain, peut-être, nos généraux auront à conduire au combat et à la mort des milliers de français, et il ne se trouverait personne pour arrêter l'audace des insulteurs! (16)	1 »
Un groupe de domestiques d'un château à Mézidon, pour l'honneur du drapeau (4)	5 »
L'éditeur de « Vive l'armée! » et du « Péril protestant! » deux œuvres de salubrité publique (6) (*)	5 »
Cinq employés du chemin de fer du Nord. Vive la France! Vive l'armée! Mort aux traîtres! (5)	2 50
Un employé, pour Dieu et patrie (10)	1 »
Un groupe d'employés antidreyfusards. Vive l'armée! (6)	3 50
Un groupe d'employés. Pour l'honneur du drapeau, la flétrissure des youpins et de l'immonde Reinach (6)	5 »
Un ennemi des juifs, à Reims, 2 fr. C'est ça la République? Alors vive le sabre et le goupillon! 0 fr. 25 (16)	2 25
En souvenir de mon fils Robert, soldat (5)	5 »

(*) *Vive l'Armée* et *le Péril protestant!* ont été édités par M. Tolra (librairie Saint-Joseph), à Paris.

	Fr.	c.
En souvenir d'un messin, pensionné de Napoléon 1er, pour avoir sauvé quarante-deux soldats français blessés. Ses descendants à P. (5)	5	»
Un commis épicier. Vive l'armée! (14)	0	25
Un petit commis épicier qui crie : Vive l'armée! A bas les juifs! (14)	1	»
Un commis épicier, jeune conscrit. Vive l'armée! (14)	0	50
Plusieurs commis épiciers patriotes, qui crient : Vive l'armée! vive la France! (14)	1	»
Un épicier du faubourg Poissonnière qui crie : Vive l'armée! à bas les juifs! (14)	0	50
Un épicier qui déplore la campagne de diffamation faite en vue de la ruine de l'armée et du démembrement de la France (14)	3	»
Un épicier. Vive l'armée! (14)	1	»
Une famille de Bordeaux : deux grand'mères; le père La Patience; Miss qui n'aime pas les intellectuels; la grande sœur : Vivent les militaires! L'autre : Pour Lucie Faure qui n'a encore rien donné; Bonbon X. qui embrasse le petit Henry; un ami; 2e servante à pied (10)	3	60
Une famille de stéphanois aimant la France et son armée (8)	4	»
Une petite famille pas-riche. Vive la France! Vive l'armée! Sus aux traîtres! (4)	5	»
Une famille profondément attachée à l'armée (3)	5	»
Une famille roubaisienne, antisémite et patriote. Vive l'armée! (14)	2	»
Une femme écœurée de ce que le Conseil municipal déteste l'armée (7)	2	»
Un fils de soldat de Napoléon 1er qui aime l'armée (17)	2	»
Un fils de la grande Muette (10)	2	»
Le fils d'un officier à Évreux (3)	3	»
Pour son fils sous les drapeaux (26) (*)	1	»
Une jeune fille qui déplore de ne pas être homme. Vive l'armée! (10)	3	»
Une jeune fille qui désire comme le plus grand honneur d'épouser un officier (4)	5	»
La fille d'un général qui croit à la parole d'honneur des généraux (4)	10	»
Un fonctionnaire qui attend le général X. (3)	2	»

(*) Cette souscription est précédée de celle-ci :
Solier, à Paris (16) .... 1 .

	Fr	c.
Français, avançons au ralliement ! Vive l'armée ! et au drapeau ! (4).....................	1	»
Deux français. Vive l'armée ! A bas Reinach ! (10)	2	»
Une française. Soutenons le droit et la justice : Vive l'armée ! (9).....................	1	05
Une vraie française qui qui a foi dans la parole d'honneur des généraux (2).............	4	»
Frappé de quatre jours d'arrêts par le ministre de la guerre pour avoir pris part à la souscription de la *Libre Parole*. Vive l'armée ! (16).....	1	»
Un frère de Saint-Cyrien. Vive l'armée ! (4).....	2	»
Un gapençais. Vive l'armée ! (12).............	0	60
Un garçon boucher. Vive la France ! Vive l'armée ! (6)............................	0	50
En haine des criminels ! Vive l'armée ! (3)......	0	50
En honneur de l'armée (14)...................	5	»
Honneur et respect à l'armée, seule institution restée digne en France et qui saura nous venger ! (7)............................	10	»
Honneur à l'armée et à ses vaillants chefs ! (16)..	0	50
Honneur à l'armée et à ceux qui la défendent ! (3)	3	»
Honneur aux officiers français qui ont su, qui savent et qui sauront toujours mourir pour la patrie ! (3).............................	5	»
Honneur au drapeau ! (3).....................	1	»
Honte aux insulteurs de l'armée française ! (14)..	0	30
Un libre penseur aimant mieux maintenant l'Armée et l'Eglise que les bandes anarchistes, le Temple et la Synagogue (5)...............	1	20
Ligue antisémitique de Bordeaux. Vive l'armée ! A bas les traîtres ! (17)......................	20	»
Un lillois indigné des insultes à l'armée française (14)............................	2	»
Un bon lillois qui n'a pas beaucoup mais qui a la haine du juif et du traître. Vive l'armée ! (14).	0	50
Un groupe de marseillais qui s'honore d'être contre les insulteurs de l'armée (5)............	17	75
Un marseillais, ami de l'armée outragée........	1	»
Un groupe de marseillais patriotes, contre les détracteurs de l'armée (14)..................	5	»
Des patriotes marseillais. Vive l'armée !........	5	»
Six patriotes marseillais. Vive l'armée ! (14)....	6	»
En mémoire des tirailleurs sénégalais ! Vive l'infanterie de marine ! (7).....................	5	»

Un ménage qui aime l'armée (8)...............	1 »
Un menuisier de Marseille en l'honneur du sabre libérateur (11).......................	1 05
Un mussipontain. Vive l'armée ! (4).............	2 »
Un nancéen, ancien volontaire de 1870..........	2 »
Sa femme...........................	2 »
Leurs deux fils, André et Georges, futurs soldats. Vive l'armée ! (5).....................	2 »
Un nancéen. Vive l'armée ! (6)................	0 50
Un nancéen. Vive l'armée ! (6)................	2 »
Deux normands : Honneur au général Mercier, futur président de la République, s'il plaît à Dieu ! (6)...........................	15 »
Un ouvrier. Vive l'armée ! (14)................	2 »
Un groupe d'ouvriers armuriers. Vive l'armée ! A bas les juifs ! (3)......................	4 50
Un patriote qui veut crier : Vive l'armée ! ailleurs que dans la rue (13)...................	2 »
Un vrai patriote. Vive l'armée ! (4).............	0 50
Un patriote, contre la bande de gredins insulteurs de l'armée (5)........................	1 »
Un patriote. Vive l'armée ! (14)................	0 50
Un patriote douaisien qui espère en l'armée et en ses chefs (16).........................	1 »
Un patriote de Lannion. Vive l'armée ! (16).....	5 »
Une personne qui a fait le siège de Metz, a pu apprécier le courage et la grandeur d'âme de l'armée. Viroflay (6).....................	10 »»
Pour avoir l'occasion d'écrire : Vive l'armée ! (11)	5 »
Pour défendre l'honneur de l'armée (8)..........	20 »
Pour la défense de l'armée (2).................	10 »
Pour la défense de l'armée insultée (4)..........	1 »
Pour la défense du drapeau français outragé par une bande de crétins. Un groupe de pauvres diables (6)...........................	9 »
Pour l'armée, seule capable de faire respecter la France. Marseille (13)...................	1 »
Pour les 18,255 officiers de l'armée qui n'ont pas encore souscrit (7)...................	0 25
Pour l'honneur de la France. Un père, une mère et leurs dix enfants bien Français et qui crient : Vive la France ! Vive l'armée ! (11)..........	2 »
Pour l'honneur de l'armée contre la clique (8)...	25 60
Pour l'honneur du drapeau français (5).........	1 »

Pour notre vaillante armée, Maureilhan (16)...	1 »
Une protestante qui aime l'armée française (16).	2 »
Deux protestantes, femme et fille d'officiers (8)..	2 »
Qu'est-ce qui a fait la gloire et la force d'une nation, si ce n'est son armée ? Il n'y a que les lâches et les sans-patrie qui crachent sur notre drapeau (5)..............	1 05
Que l'armée triomphe des ennemis de la France à l'intérieur et à l'extérieur (15).............	5 »
Cinq rennais, veillée de Noël. Honte aux diffamateurs de l'armée ! (16).............	1 65
Un respectueux de l'armée (8)............	1 »
Un roubaisien qui n'aime pas les traîtres. Vive l'armée ! (14)............	1 »
Une rouennaise. Vive l'armée ! A bas les juifs ! (7)	5 »
Un groupe de sarzeautais, pour protester contre la décision de Freycinet frappant d'arrêts les officiers qui ont souscrit. Vive l'armée ! Honneur à ses chefs ! (10)............	1 50
Deux savoyards, un ex sous-officier au 22ᵉ alpins et un employé en pharmacie, qui ont au cœur l'amour de la patrie. Vive l'armée ! Vive la République ! Vive la France aux Français ! A bas les sans-patrie ! (11)............	1 05
Un bon savoyard. Vive l'armée ! (16)...........	1 »
Un simpliste qui ne comprend pas qu'on hésite après la parole de cinq ministres de la guerre dont deux civils et parmi eux M. de Freycinet (9)................	10 »
Si notre chère France était envahie, comme tous alors béniraient l'armée au lieu de l'insulter ! Honneur donc à notre si vaillante armée ! (10).	1 »
Deux sœurs patriotes et admiratrices de l'armée (5).............	10 »
Deux sœurs dont le frère sera soldat (11).......	0 25
La sœur d'un militaire ayant foi dans la parole des généraux français (8)............	5 »
Un socialiste qui aime l'armée. Maureilhan (16).	2 »
Un futur soldat. Marseille (13)............	0 20
Spes unica (12)............	1 05
Les troupiers conserveront l'amour des chefs (19)............	0 50
Vengeance pour la patrie outragée : Vive l'armée ! (11)............	2 »

,ive l'armée! (3)	0 50
Vive l'armée! (7)	1 »
Vive l'armée! (8)	5 »
Vive l'armée! (13)	1 »
Vive l'armée! (16)	0 25
Vive l'armée! (17)	0 50
Vive l'armée! (17)	0 50
Vive l'armée! (17)	1 »
Vive l'armée! A bas les juifs! (4)	1 »
Vive l'armée! A bas les juifs! (7)	2 »
Vive l'armée! A bas les juifs! (9)	0 50
Vive l'armée! A bas les juifs! (14)	0 50
Vive l'armée! A bas les juifs! (15)	10 »
Vive l'armée! A bas les juifs! 6, rue Edouard Charton (16)	1 »
Vive l'armée! A bas les juifs! à Marseille (4)	5 »
Vive l'armée! A bas les traîtres! (6)	20 »
Vive l'armée! Dieu protège la France! (15)	5 »
Vive l'armée! à Digne (17)	0 50
Vive l'armée et à bas les traîtres! Un de vos lecteurs (7)	2 »
Vive l'armée! et en souvenir de Bayard (2)	20 »
Vive l'armée et *La Libre Parole!* (9)	0 75
Vive l'armée et les honnêtes gens, dont Drumont est le chef! (7)	1 »
Vive l'armée! Honte aux gens sans patrie et aux complices des étrangers ennemis de la France! (8)	20 »
Vive l'armée! Issoudun (4)	5 »
Vive l'armée! La France aux Français! Un groupe d'employés de l'Etat antidreyfusards (5)	9 »
Vive l'armée! Lorient (6)	5 »
Vive l'armée! Un bordelais (11)	1 »
Vive l'armée! Un fonctionnaire savoyard (4)	2 »
Vive l'armée! Un futur conscrit de 1900 (14)	0 25
Vive l'armée! Vive Drumont! A bas les infâmes! (6)	21 50
Vive l'armée! Vive Drumont! A bas les juifs! (4)	2 »
Vive l'armée! Vive Drumont! A bas les youpins! (3)	1 »
Vive l'armée! Vive la cause de la digne veuve! Contre un Reinach!!! Des bordelais (4)	5 »
Vive l'armée! Vive la France aux Français! (4)	2 »
Vive le 21ᵉ de ligne! Un ancien caporal, classe 84 (17)	0 50

	Fr.	c.
Vive la France et son armée! Un thionvillois (6).	3	»
Veuve d'officier. Vive l'armée! A bas les youtres! (3)	2	»
Une veuve et mère de trois fils, son obole. Vive l'armée! (6)	5	»
Un vieux de Châteauroux, heureux de crier: Vive l'armée! (12)	2	»
Un vézulien qui a fait colonne en Afrique en 70-71. Vive l'armée! Vesoul (16)	5	»
Vive l'église! Vive l'armée! (13)	3	»
Yaya, Pépin, Papour. Vive l'armée! (7)	1	»

GLORIFICATION DE LA PATRIE

	Fr. c.
Arnor (Liane). Quand verrons-nous notre France libre et régénérée? (4)	10 »
Astier, Redon, A. Tournier, Victor Astier, Henri Burenelon, Gabriel Burenelon, L. Brunat. Vivent les patriotes auvergnats de Thiers! (16)	50 »
Astruc (Adolphe), modeste offrande d'un bon patriote, rue Neuve, à Perpignan (10)	0 30
Baraire (Louis), la France aux Français! (7)	1 »
Bignon (Michel), patriote biarrot (17)	0 25
Bellet (C. et L.) Dieu protège la France! (10)	5 »
Blondel fils, jeune patriote (5)	0 50
Brethon (J.). Vive la France aux Français! (10)	10 »
Bretzelra (Mme Jean), fille. Pour la France (7)	5 »
Brunat (L.) (voir Astier).	
Berthe et Philippe. Pour la vérité. Vive la France! (17)	2 »
Une jeune patriote, Eva Boirot, à Charroux (7)	1 »
Canyette (E.) (voir Lalone [F.]).	
Capelle (Claudius). Vive la France aux Français! (7)	1 »
Capelle (Pauline), de Liège, Française de cœur (6)	1 »
Cassau (Jeanne), 10, rue Bridaine. Une patriote (12)	0 05
Caulet (Pierre), fils de soldat (10)	3 »
Cartier (P.), un patriote savoyard (14)	1 05
Chapuis (Mme), patriote, 150, boulevard Magenta (4)	5 »
Chaudet, un vieux Gaulois (14)	1 »

	Fr.
Charvet (Félix) (Voir : *Un groupe de patriotes républicains du lycée Ampère*, page 623).	
Charvet (Pétrus) (Voir : *Un groupe de patriotes républicains du lycée Ampère*, page 623).	
Clapier (M.), catholique, qui veut la France aux Français (3)...........................	10 »
Cordier (Michel), cultivateur, patriote (16)......	2 10
Colombier (famille). A bas les traîtres ! (3)......	2 »
Decré (Mme veuve) (Voir : *Lemaire*).	
Decré (Victor) (Voir : *Lemaire*).	
Delaitre (Jean), futur soldat ; Delaitre (René), futur soldat. Pour la France aux vrais Français ! (12)...	1 »
Denis (A.) Vive la France ! (8).................	3 »
Dumoneh, à Levallois. Vive la France ! (14).....	1 »
Dugrisson, à Lille. Dieu et Patrie ! (8)..........	3 »
Dugard (Eugène), patriote (5)...................	10 »
Dubuisson (C.) Une Française de France (10)....	10 »
Duret (A.) Vive l'armée ! Vive la France ! (8)....	1 »
Dupin (Emma) Vive la France ! Vive l'armée ! (14).	1 »
Dusjuel (F.) Vive la France ! Vive l'armée ! (5)...	0 50
Etienne (Anthelme) (Voir : *Un groupe de patriotes républicains du lycée Ampère*, page 623).	
Eymar (Joseph), à Montpellier. La France aux Français ! (14)......................................	3 »
Frédéric (Pierre), huguenot, mais français ! (3)..	3 »
Fournis (François) (Voir : *Un groupe de patriotes républicains du lycée Ampère*, page 623).	
Galliker (Mme). Vive la France ! (6)............	3 »
Gaudion (Pierre) Un bon petit cœur français, élève des frères (4)......................................	0 50
Guillot (Gaston). Qui vive ? France ! A Longchamp près Genlis (Côte-d'Or) (16)................	2 »
Georges. Vive la France ! (16)..................	0 50
Grelet (Emile), 229, faubourg St-Antoine. Souscrire pour le fils du colonel Henry, c'est crier : Vive la France ! 0 50 ; Grelet (Mme) qui est de l'avis de son mari et qui voudrait bien embrasser le gosse, 0 50; leur ami Henry qui abonde dans leur sens, 64, rue Vieille-du-Temple, 0 50 (9)	1 50
Gruber (P.) (Voir : *Laloue* [F.])	
Hausknecht (A.) (Voir : *Laloue* [F.])	
Henry. Dieu et Patrie ! (14)....................	1 »
Henry. Vive l'armée ! Vive Déroulède ! Levallois	

	Fr. c.
(14)	0 50
Hepp (Mlle). Pour se joindre à la société des bons patriotes (11)	7 »
Jacquet Sudas (voir *Morel* (Michel));	
Jouquet (Aug.). Pour Dieu et la France ! à Naut (Aveyron) (16)	0 50
Jeanet (Henry), à Saint-Claude. La France aux français ! (4)	5 »
Kieffer (Émile). Vive la France ! Vive l'armée ! (13)	1 »
Labouchère (Édouard), à Saint-Bénézet, membre de la Ligue des patriotes (4)	10 »
Lalone (F.), Hauknecht (A.), Reeb (L.), Canyette (E.), docteur Muller (P.), Stephan (A.), Gruber (P.), habitant Melun (Seine-et-Marne), tous alsaciens-lorrains ! (6)	10 »
Lanos (Ed.) membre de la Ligue des patriotes (6)	0 52
Le Bas (Mme), patriote, 150, boulevard Magenta (4)	5 »
Le Chauve (Léon), ses souhaits pour 1899 (17) ...	0 70
Legrand (Henri) (voir *Lemaire*);	
Lemaire. Collecte faite entre clients de la maison. Un vieux patriote, 1 fr. Un compatriote de Mme Henry, 1 fr. Decre (Mme veuve), 1 fr. Decre (Victor), 1 fr. Legrand (Henri), 0 50. F. Y. 0 50. S. L., 1 fr. Un antidreyfusard, 2 fr. Contre les insulteurs de l'armée, 0 50. Vive l'armée ! 2 fr. On demande un général à poigne. 0 50. L. R. (Mlle). 0 50. Pour l'extermination des vendus, 0 50 (16)	12 »
Le Loch (Jean), Dieu et mon pays ! (10)	1 »
Le Mennet (F.), membre de la Ligue des patriotes	
Linas (Félix) (voir *Morel* (Michel))	
Marius, patriote marseillais (9)	0 20
(91)	2 »
Mézi, Un patriote français, ami de l'armée (17) ..	0 50
Millé (Ed.). Dieu veuille confondre son ignoble diffamation. Vive la France aux Français ! (3).	5 »
Millot. Un patriote qui ne sépare pas l'armée de la France (16)	10 »
Monti (M. et Mme) patriotes algériens (3)	10 »
Morelley. Obole d'un gueux patriote (4).	1 »
Morel (Michel). Jacquet Sudas. Félix Linas, trois catalans patriotes, antijuifs (16)	15 »
Moroni (M. F.) patriote corse (9)	0 50

		Fr. c
Muller (docteur P.) (Voir : *Laloue* [F.])		
Neirers (Maurice). Vive la France catholique! (10)		0 50
Parent (Ferdinand) (Voir : *Un groupe de patriotes républicains du lycée Ampère*, page 623).		
Pierre. Que Dieu sauve la France et protège l'armée ! (17)		0 50
Parrot (Mlle et Mme), deux gauloises (9)		2 »
Perrin (2e versement) *Pro Patria !* (17)		5 »
Perron (Maurice), futur officier! Vive la France! (4)		1 »
Pommey (Jules), membre de la Ligue des Patriotes (3)		1 »
Prache (Ch.), catholique français (12)		0 75
Redon (voir *Astier*).		
Reeb (L.) (voir *Laloue* [F.]).		
René. Vive la France ! (16)		0 50
Rindot. Vive la France !		1 05
Rolland (F.) Ligue des Patriotes (9)		5 »
Routier (A), patriote, 4, boulevard Denain (9)		10 »
Turencton (Henri et Gabriel) (Voir : *Astier*).		
Schrainer (Joseph), cantonnier. Vive la France ! (16)		1 »
Sanua-Abou-Naddara (Le cheick J.), antijuif. Vive la France! (16)		1 »
Saujean (William). Vive la France ! (3)		5 »
Sipriot Hans (Casimir). Vive la France ! Je me souviendrai ! (8)		0 75
Stephan (A) (voir *Laloue*) [F.]		
Thomassin (Charles), à Vignot. Un patriote qui désire que la France sorte victorieuse du bourbier dans lequel elle se débat (9)		2 »
Tournier (A.) (Voir : *Astier*).		
Travers (Charles), employé au P.-L.-M. (16)		0 50
Voirin, vieux patriote de 1816 (8)		10 »
Véret. Un patriote de Bobec (16)		1 »
Verbeck (Marcel). Vive la France ! (14)		2 »
A. Française non antisémite (6)		5 »
A. A. architecte. Pour l'amour de la France et de son armée (1)		5 »
A. C., P. C., G. N. Trois bretons patriotes (6)		1 50
A. C. Un patriote (4)		5 »
A. D. Défendons mieux notre honneur que notre argent (14)		1 »
A. D. E. Trois patriotes (5)		6 »

	Fr. c.
A. D. Patriote antisémite (7).....................	3 »
A. D. Patriote de Montmirail (9)..................	2 »
A. F. Membre de la Ligue des patriotes et capitaine de territoriale (6)........................	5 »
A. G. Un groupe de patriotes (3)..................	10 »
A. G. Un français, Pour le bon combat. Pau (6).	5 »
A. G. Collecte dans la famille de Passy ; un conscrit de 1875, 2 fr. 50; un conscrit de 1900, 2 fr.; j'ai douze ans et j'ai déjà souffert des juifs, 2 fr. 50; une mère française, 2 fr.; une bourguignonne patriote, 1 fr. Total (3)........	10 »
A. L. Patriote et républicain (6)...................	0 30
A. L. Vive la France! (10)........................	5 »
A. L. La France aux Français! (16)...............	1 »
A. M. Un Français (10)...........................	1 »
A. M. Un tourangeau patriote (7).................	1 »
A. M. Vive la Patrie! (8).........................	1 »
A. T. Un employé patriote (3)....................	1 »
A. T. Membre de la Ligue des patriotes qui n'aime pas les youpins (3).....................	1 »
A. T. O. archiviste paléographe. Vive la France! (4)	5 »
A. Y. M. E. Les économies d'une petite patriote (6)	2 55
B. B. La France aux Français! (16)...............	1 »
B. D.-B. soldat sous Louis-Philippe. Patriote de la Côte-d'Or (5)................................	2 10
B. G., M. X. Suzanne et Madeleine, six et sept ans, françaises (8).............................	9 90
B. K. V. M. Quatre patriotes antijuifs (5).........	4 »
C. industriel, rue des Arts à Levallois. Tout pour la France et pour Dieu!.......................	1 »
C. (Albert) Un français qui ne décolère pas (4)..	1 »
C. B. Deux petites françaises (4).................	1 »
C. C. (Mme) membre de la Ligue de patriotes (3).	50 »
C. D. à Tourcoing. Vive la vraie France! Dieu et Patrie! Liberté!(14)........................	5 »
C. D. les juifs. Deux patriotes du Crédit Lyonnais (4)..	1 25
C. E. et T. Contre les compromissions louches du Syndicat, trois patriotes qui espèrent toujours et quand même (9).....................	3 »
Ch. (Edouard) âgé de 3 ans, qui crie déjà : Vive la France! 1 fr.; son père, officier de réserve, qui rappelle au jeune Henry le mot du poète : *Ex ossibus oriatur ultor*, 1 fr. (8).................	2 »

C. L. P. Un groupe de patriotes (2)	4	50
C. R. français, à Poissy (6)	3	»
C. S. un patriote (7)	5	»
C. T. Pour la Patrie, vive la France ! (7)	2	»
D. (Pauline). Une française indignée des crimes de la République franc-maçonnique (11)	1	»
D. (Famille) du Grand-Montrouge qui crie bien haut : Vive la France aux Français ! (16)	2	»
E. S. intellectuel patriote (1)	2	50
E. D. Une française (6)	20	»
E. E. Modeste offrande d'un cœur français (8)	3	»
E. M. et M. J. Deux patriotes de la plaine Saint Denis (6)	0	50
F. Un patriote bourguignon (3)	1	»
F. D. M. et G. Patriotes douaisiens (11)	0	60
F. M. Pour la défense nationale (10)	5	»
F. M. A. Patriote de Saint-Étienne (10)	5	»
G. C. (M. et Mme) à Levallois. Bons Français de France (5)	50	»
G. B. Un vrai défenseur de son pays et de sa religion (16)	1	»
G. (Ch.) Vive la France ! A bas les juifs ! (4)	2	10
G. D. Un gaulois contre un sémite, en attendant que ça se généralise (7)	0	50
G. H. Patriote (14)	1	»
G. L. Pour la cause française (8)	3	»
H. A. Pour la patrie outragée (13)	4	65
H. B. « Pro Patria » (13)	2	»
H. C. Vive la France chrétienne ! (17)	1	»
H. C. Deux patriotes pauvres (16)	2	»
H. C. et L. M. Deux jeunes patriotes rambolitains (12)	5	»
H. E. Vive la France ! (4)	0	50
H. L. Français (9)	1	»
H. L. Français (5)	1	»
H. L. Un patriote (5)	2	»
H. L. Un patriote (9)	1	»
H. (Louisette). Patriote de seize ans. De l'audace ! (9)	1	50
I. A. et sa femme, deux écœurés des ignominies commises depuis un an contre la justice et la patrie (6)	5	»
J. (Cinq patriotes de la maison) (5)	5	»
J.-B. et A. B. patriotes de la rue Valadon (5)	1	»

	Fr. c.
J. B. E. français de France (17)	1 05
J. H∴ un franc-maçon patriote (7)	1 »
J. L. Dieu et Patrie ! (10)	5 »
J. L. une française (10)	2 »
J. M. un vrai français (16)	1 05
L. B. à Taverny. Un vrai français de France (16)	1 »
L. B. à Nice. Une goutte d'eau pour grossir le torrent patriotique (10)	1 »
L. C. une famille de vrais français de Fresnes (8)	1 »
L. C. patriote sans travail (8)	2 »
L. B. un patriote (2)	2 »
L. C. un père gaulois (11)	1 »
L. D. de Pignan-l'Hérault, bon patriote (9)	2 »
L. et J., deux français de France (5)	2 »
L. F. française de Marseille	0 60
L. F. T. B. trois marseillais patriotes, 15 fr.; P. L. pour le drapeau, 1 fr.; B. L., 1 fr.; M. G., 50 c.; J. T., 50 c. (6)	18 »
L. M Une française (6)	2 »
L. R. Une famille bordelaise patriote (9)	1 05
M. Un fils et un petit-fils de français (2)	3 »
M. Un patriote, à Digne (17)	0 15
M. pauvre vieux concierge, ex-sous-officier: Pour la défense du drapeau, le montant de deux journées (2)	1 50
M. A. Vive la France ! (4)	0 50
M. C. à Tours, dessinateur patriote, ancien Oranais (9)	1 20
M. C. fils, membre de la Ligue des patriotes (3)	50 »
M. C. C. membre de la Ligue des patriotes (3)	50 »
M. D (Georges) Pour mon ange, 0 25; un groupe de patriotes, 23 fr.; un ancien sergent du 9ᵉ de ligne, 1 fr.; Total (5)	24 25
M. D. Un cœur français qui sonne la charge (7)	0 50
M. G. Une bourguignotte. Vive la France ! Vive l'armée ! (17)	1 »
M. H. V. Vive la France ! (4)	0 50
M. J. plus française qu'anglaise (16)	5 »
M. L. B. Pour les français de France contre les cosmopolites (3)	20 »
M. M. Une veuve patriote, ennemie des sans patrie, juifs et francs-maçons (10)	1 »
M. V. (Mlle) Une jeune patriote (9)	1 »
N. R. à Beauvais. Pour la France ! (17)	2 »

	Fr
P. C. Honneur, patrie ! (11)	0 50
P. L. A. à Paris. La France, ses arrêts ; ou la République sera nationale, ou elle périra, demain, dans l'imbécillité ou dans le sang (16)	0 20
P. L. E. B. Quatre patriotes (7)	2 »
P. (Marie). Vive la France ! (14)	0 50
R. Vive la France ! (7)	3 »
R. S. B. R. Quatre patriotes stéphanois (8)	8 »
R. D. Un patriote berrichon (16)	1 »
R. G. A bas les sans-patrie ! Vive la France ! (6)	0 50
R. L. de Monaco. Une vieille patriote (5)	5 »
S. R. Un intellectuel français et lorrain. Vive la France aux vrais Français ! (10)	1 »
T. (Henri) valet de chambre patriote (11)	1 »
V. (Marie). Dieu et France ! (7)	3 »
V. A. Perpignan. *Pro Patria !* (10)	5 »
V. C. Français prêt à lutter (9)	1 »
X. Vive la France ! (10)	5 »
X. Vive la France ! (10)	5 »
X. P. (Le jeune frère de). Vive la France ! Vive la Patrie ! (7)	0 50
Z. Honneur et patrie ! (16)	5 »
Un groupe d'abonnés du Pied de Mouton. La France aux Français ! A bas les juifs ! (6)	12 »
Un bon alpin patriote (3)	3 »
Un alsacien patriote et protestant (17)	1 »
Un alsacien protestant, français par dessus tout (6)	5 »
Une alsacienne, 1 fr. 05, et sa bonne ayant les mêmes sentiments de haine pour tous les traîtres, 0 fr. 30. Ensemble (16)	1 35
Un alsacien protestant, navré de l'attitude de certains pasteurs (6)	5 »
Un alsacien d'une vieille famille protestante de Mulhouse (14)	10 »
Un alsacien deux fois français, garçon laitier antiyoupin, à Monfaret (5)	2 25
Deux amants patriotes	0 50
Deux amis français (14)	10 »
Quelques amis de l'Union nationaliste de Saint-Henri (8)	6 50
Un ami de Populo, à Montélimar (8)	2 »
Quelques amis de l'Union nationaliste de Saint-Henri (Bouches-du-Rhône) (9)	6 50

	Fr. c.
Un groupe d'amis, vrais français, vrais patriotes (8)	10 »
Trois amis de la France et de l'armée (5)........	15 »
Une annexée patriote, à Levallois................	0 50
Patriote et libre-penseur, à Levallois	1 »
Patriote et antijuif, à Levallois.................	1 »
Anonyme, mais bien français (10)...............	5 »
Un anonyme. Pour Dieu et pour la France ! (10) .	5 »
Un anti-Cornélyste en l'honneur du drapeau, pour l'amour du pays (4)............................	3 »
A quand un gouvernement français ? (17)........	1 »
Un arcachonnais qui voudrait voir tous les patriotes se compter (14)............................	10 »
Un ardéchois et un charentais patriotes (5).....	2 »
Ardennois patriote (10).........................	1 »
Un argentonnais patriote (3)....................	0 75
Un asniérois en haine des sans-patrie (10).......	1 »
Un vieil assureur patriote, à Dijon (11).........	5 »
Un groupe d'assureurs tourangeaux (15).........	14 »
Au nom de l'humanité et de la justice, un Français et une Française, Marseille (7).....	25 50
Auvergnats et militaires, deux fois français (8)..	5 »
Un bachelier patriote (9)........................	5 »
Un bas-alpin pauvre, mais patriote (16).........	1 »
Un berger patriote et sa femme (13).............	0 50
Une berrichonne qui aime sa patrie (5)..........	0 50
Un bizantin. A quand la revanche ? (12).........	1 »
Un bleu. Vive la France ! (11)..................	5 »
Cinq bordelais patriotes, honteux pour la patrie de la campagne des infâmes (6)................	5 »
Deux bordelaises antisémites et patriotes, la tante et la nièce (6)...........................	5 »
Une cagnotte de lyonnais patriotes (8)..........	30 »
Une cagnotte patriotique (10)...................	2 10
Un groupe de jeunes calaisiens qui se montreront fidèles à la patrie (12)........................	5 45
Un groupe de camarades patriotes de la maison S. V. (2).....................................	27 »
Un catalan français (11)........................	1 05
Un champenois patriote (11)....................	2 »
Un champenois patriote (9).....................	10 »
Un charbonnier patriote, à Marseille (13)........	0 10
Le Chat gris. Debout les patriotes du Morvan ! (11)	0 50
Le Cercle des Mêlés, à Flers. Vive la France ! (14)..	14 »

	Fr. c.
Un chauvin militant (3)	5 »
Une chrétienne (7)	2 »
Une chrétienne. Noël! Noël! cri de la vieille France. Pour son relèvement par Notre Seigneur Jésus-Christ (13)	20 »
Un chellois patriote (5)	0 50
Un citoyen patriote (8)	0 50
Un cœur français (10)	1 »
Un coiffeur de Bourg, patriote, mais pas intellectuel, 1 fr.; ses cinq enfants, 1 fr. (8)	2 »
Collecte faite chez de vrais français à Gorgolin (Var) (16)	21 10
Collecte entre petits employés patriotes (4)	17 50
Collecte faite à la sortie d'une réunion dreyfusarde, à Mâcon, par un patriote (5)	15 »
Collecte de bons français du café Amouroux, à St-Nazaire, près Perpignan (14)	10 35
Collecte faite entre employés patriotes, à Valenciennes (11)	5 50
Un colon français patriote (4)	1 »
Un commerçant patriote de Neauphle-le-Château, écœuré des agissements de nos gouvernants dans l'affaire Dreyfus (6)	4 »
Un commerçant rennais et sa famille, en haine des youtres Ober, Jobé(*), Weill, Sexer, Albert et Hurstel. Vive la France! (11)	2 »
Un comptable, ancien soldat d'Afrique. Dieu et Patrie (11)	2 »
Un comptable patriote (9)	1 »
Un conscrit patriote (5)	3 »
Un contribuable de Surgères, ex-abonné du *Temps*. A quand un juge pour les juger, et un fouet pour les sans-patrie? (7)	10 »
Deux courtiers patriotes à Marseille (5)	2 50
Une Corse. Que Dieu veille sur la patrie et console la veuve et l'orphelin (17)	5 »
Une Corse patriote, à Marseille (17)	2 »
Cinq dames patriotes (9)	5 »
Un groupe de dames patriotes de la rue Léonce-Reynaud (6)	3 »
Une vieille dame au patriotisme ardent (12)	20 »

(*) M. Jobé, de Rennes, a écrit à la *Libre Parole*, qu'il n'était pas Israélite.

	Fr.	c.
Debes pro patria (3)....................................	10	»
Denier de veuve, à Nancy. Honneur et Patrie! (8)	5	»
Ex-déserteur en temps de paix, amnistié, père de famille pauvre, n'ayant connu que la Suisse et la Belgique, l'Allemagne jamais! mais qui aima toujours passionnément sa France et les vrais principes républicains (10)....................	0	15
Un désespéré : pauvre France! (16)..................	1	»
Devise patriotique d'un anonyme (16).................	1	»
Dieu et la France! (2).................................	1	»
Dieu et patrie! (8)....................................	0	20
Dieu et patrie! (13)....................................	1	»
Dieu et patrie! Montebourg (Manche) (5)........	2	»
Deux employés patriotes de Saint-Georges-des-Groseillers (9)..	4	»
Un Dignois patriote (9)................................	0	50
Un diplomate patriote (7).............................	1	»
Un doyen pour la France (12).......................	5	»
Un groupe d'employés de commerce, français et antisémites de Gérardmer (9)....................	1	50
Groupe d'employés marseillais patriotes, qui voudraient voir loin Billot, Méline et Darlan qui ont laissé commencer cette ignoble comédie (17)	5	75
Un groupe d'employés, amis de l'armée, pour venger leur défunt client (6)....................	5	»
Un modeste employé lyonnais. A bas les sans-patrie! (7)...	0	50
Un groupe d'employés de chemins de fer. Vive la France! A bas les juifs! (5)....................	1	50
Un groupe d'employées, femmes de France (6)...	8	»
Trois employés patriotes (2)..........................	2	50
Un employé patriote, à Marseille (13).............	1	»
Un employé à la Bourse depuis douze ans, qui est édifié sur l'honneur et l'honorabilité des juifs (5)	1	»
Un employé au chemin de fer du Nord. Vive la France aux Français! (6)............................	2	»
Un employé. Vive la France! (7)...................	1	»
Un modeste employé et bon patriote manceau (14)	2	»
Un groupe d'employés de chemin de fer patriotes, rue de Palestro (3)..................................	4	50
Un groupe d'employés patriotes (1)................	7	»
Un groupe d'employés patriotes (F. I.) (3).......	5	»
Un groupe d'employés patriotes d'une grande administration (5)..	2	25

	Fr. c.
Un groupe d'employés de commerce patriotes (5).	5 »
Un groupe d'employés de commerce. La France aux Français! (11)............	15 »
Un groupe d'employés patriotes de la compagnie du gaz (8)..................	5 70
Un groupe d'employés patriotes de la maison Mondollot (2)................	11 »
Un petit groupe d'employés patriotes marseillais (6)..................	5 50
En avant, pour la patrie opprimée ! (8).........	0 75
Encore un des six cents patriotes de Digne (16)..	0 50
Deux enfants d'officier, 20 fr.; une alsacienne, toujours et quand même française, 10 fr. (10)..	30 »
Un enfant désireux de se distinguer plus tard dans l'armée (4)............	1 »
Un enfant qui aime sa patrie (2)............	0 50
Un ennemi de tout ce qui est contre la France (5).	5 »
Un épicier patriote demande que l'affaire Dreyfus finisse (14)..................	0 50
Un épicier patriote de Montmartre (4).........	2 »
Un épicier patriote. Vive l'armée ! (14)........	0 50
Un commis épicier patriote qui voudrait venger son pays trahi (14)............	0 50
Plusieurs commis épiciers patriotes et antijuifs de la rue Mozart (14)............	1 »
Et comme l'armée, c'est la France. Vive la France ! (16)..................	0 50
Une famille de patriotes (3)...............	5 »
Une famille de patriotes (14)...............	15 »
Une famille de patriotes de la rue de l'Annonciation (10)...............	5 »
Une famille de patriotes de la rue Vaugelas (16)..................	9 »
Une famille patriote (10)............	1 »
Une famille patriote de Charenton (9).........	2 »
Une famille patriote de Rouergue (14).........	0 50
Une famille de vrais patriotes et vrais français (10)..................	40 »
Un groupe de féministes patriotes, mais peu riches (14)..................	1 25
Une féministe très patriote antijuive (6)........	0 25
Une femme de chambre pauvre, française et patriote (5)..................	2 »
Une femme de France (16)...............	5 »

	Fr. c.
Une femme française (2)........................	5 »
La femme d'un patriote (4)......................	1 »
Une femme de chambre bretonne qui aime son pays (4)..	0 50
Une femme française qui met son espoir dans Jeanne d'Arc, idéal de l'armée et de la patrie française (7)................................	5 »
Une femme française et fière de l'être (11)......	1 10
Une femme pauvre mais riche de patriotisme (4).	1 »
La petite fiancée d'un bleu et plusieurs de ses amies, toutes braves françaises (16)............	1 50
Fils d'un officier, qui attend d'être grand et instruit pour verser son sang pour son cher pays (11)...	1 »
Une fille d'un soldat patriote, retraité, et médaillé (9)..	1 »
Fille pauvre de militaires pauvres, mais française patriote (9)..................................	10 »
Fille, petite-fille, nièce d'officier du premier Empire, cousine germaine d'un lieutenant-colonel en activité, pour l'armée et la Patrie (8)......	1 »
Un fonctionnaire patriote (11)..................	5 »
Un fonctionnaire vrai français de France (10)....	1 »
Un français (6).................................	2 »
Un français (11)................................	2 »
Un français (7).................................	5 »
Un français (3).................................	5 »
Un français (6).................................	2 »
Un français (11)................................	1 »
Un français (3).................................	1 »
Aux bons petits français, futurs officiers (9)....	3 »
Un groupe de français protestants (7)...........	7 »
Premier envoi d'une vraie française (1).........	5 »
Cinq français de Lyon et cinq françaises (12)....	1 »
Cinq français qui n'aiment pas qu'on écrive Patrie avec un B (5)................................	10 »
Deux français (4)...............................	10 »
Deux français de Leysin (15)....................	9 90
Deux français de Nogent-le-Rotrou (8)..........	10 »
Groupe de français à Feydey-sur-Leysin (Suisse) (11)...	30 »
Un groupe de bons français de Saint-Ouen (10)..	4 75
Un groupe de bons français du café Lakanal (8)..	9 »
Un groupe de français patriotes (16)............	3 50

	Fr.	c.
Un groupe de français que les dreyfusards appellent des brutes galonnées (3)	60	»
Neuf bons français pour protester contre les manœuvres des sans-patrie (7)	2	50
Quatre bons français (10)	3	05
Quatre bons français de Montauban (4)	4	»
Quatre bons français de Passy (3)	3	50
Quatre françaises qui sont prêtes à tout pour la France (12)	10	»
Six français habitant à Toulouse (10)	14	»
Trois français (16)	3	»
Une française protestante (8)	10	»
Trois français ennemis des traîtres et des lâches (2)	2	»
Trois français, à Reims (5)	5	»
Trois français, dont trois carabins (9)	5	»
Trois petits français (2)	6	»
Trois bons petits français, Germaine, André et Jeanne (7)	20	»
Trois jeunes Françaises, à Duravel (5)	5	»
Trois petites françaises, à Bayonne (7)	3	»
Un français (1)	10	»
Un français (2)	5	»
Un français (6)	6	»
Un français (12)	20	»
Un français, à Antibes	50	»
Un bon français (9)	5	»
Un bon français, à Grasse (2)	2	»
Un bon français de la rue de Rivoli (6)	2	»
Un bon français de la Côte-d'Azur (10)	20	»
Un bon français, Cambrai (10)	5	»
Un français de France ayant son fils au 113e de ligne (8)	2	»
Un français de Digne (17)	1	»
Un français de Digne (17)	0	25
Un français de cœur et chrétien d'âme, pour la libération de la France et le salut de son cher fils (5)	3	»
Un Français de France, à Orléans (8)	13	»
Un Français de France (10)	1	»
Un Français de France (11)	1	50
Un Français de France à Chazelles-sur-Lyon (16)	0	50
Un Français de France toujours avec les braves gens et les braves gens contre les lâches, les vendus et les sans-patrie (8)	5	»

	Fr. c.
Un français, une française (3).........................	10 »
Un français de France et ses trois fils (8).......	5 »
Une française de France (8)............................	2 »
Un français de France qui a plaint l'infortuné colonel Henry, mais qui réserve son mépris pour le simiesque Reinach (4)..........................	2 »
Un français de la France dauphinoise (11)......	0 50
Une française de Pont-à-Mousson (9)............	3 »
Une français d'Epinal (16)...............................	1 »
Un français de la rue Saint-Merry (4)..............	5 »
Un français d'Evreux (16)................................	5 »
Un français de Mulhouse (16)..........................	0 50
Un français de la rue des Martyrs (2)..............	0 50
De la part d'un français (6)..............................	20 »
Un français désireux de se voir suivi par ses compatriotes fixés comme lui à Genève (11).......	2 »
Un français de souche de passage à Tours (6)....	1 05
Un bon français de Versailles (3)....................	10 »
Un français écœuré (4)...................................	5 »
Un français écœuré, à Montbrison (4)............	10 »
Un français écœuré de la lâcheté de nos dirigeants (5)	5 »
Un français écœuré à Millau. Aveyron (11)......	2 »
Un français écœuré, qui adoptera bientôt une autre nationalité si les iniquités se prolongent (17)	1 »
Un français écœuré qu'un abject sectaire de la race maudite puisse publiquement déjecter sa bave puante sur l'honneur d'une femme infortunée et sur celui d'un enfant de 4 ans (6).....	2 »
Un français établi à Barcelone (17).................	1 »
Un français et un turc résidant en Belgique, dégoutés des vomiturations des journaux belges (12)...	1 »
Un français indigné (2)....................................	5 »
Un jeune français s'est privé de sa sortie hebdomadaire pour offrir son obole (7)..............	2 »
Un jeune français de la Bouzule (10).............	1 50
Un petit français de France (16).....................	2 »
Un vieux français de France. Courage et en avant! sur tous les ennemis de l'intérieur (6).	10 »
Un petit français de 4 ans (8).........................	0 25
Un petit français de 7 ans qui veut devenir officier (9)..	1 05
Un bon français obligé, comme tant d'autres. de rester à l'écart (2).......................................	5 »

	Fr.	c.
Un français qui a foi quand même dans l'avenir de son pays (7)......................	1	»
Un français qui aime son pays (6)................	5	»
Un français qui crie avec vous : Vive la France aux français ! Vive l'armée ! A bas les juifs et les protestants ! (6).......................	10	»
Un français qui ne se décentralisera jamais (4)..	0	25
Un jeune français qui partira dans trois ans (3).	0	90
Tout français qui peut doit souscrire (12).......	3	»
Un français qui regrette de n'avoir pas vu le président et ses ministres en tête de la 1re liste (5).	1	»
Français qui voudrait bien voir les français ne pas se battre entre eux (5).................	0	25
Un français réformé et un français déformé (10).	0	10
Un français revenu de ses illusions (9).........	5	»
Un français, sa femme et son fils, à Lyon (11)...	2	»
Un véritable français (4).....................	0	25
Un vieux français (14).......................	20	»
Un vieux français (2)........................	10	»
Un vieux français pour éclairer la vérité qui est marche (4)...............................	5	»
Un vrai français, croyant Dreyfus coupable (14).	1	»
Deux françaises (11).........................	3	»
Deux françaises de cœur, Versailles (6).........	2	»
Deuxième versement d'une vraie française (2)...	2	10
Une française (2)............................	2	»
Une française (3)............................	1	»
Une française (4)............................	5	»
Une française (5)............................	1	»
Une française (5)............................	20	»
Une française (6)............................	10	»
Une française (8)............................	2	»
Une française (12)...........................	1	»
Une française (16)...........................	5	»
Une bonne française (14).....................	5	»
Une française à l'étranger (14)................	0	30
Une française aimant la France (13)............	0	20
Une bonne française (7)......................	5	»
Une bonne française et sa fille (6).............	20	»
Française de la vieille France (14)..............	0	35
Une française d'Alger (17)....................		
Une française de cœur, indignée de tout ce qui se passe (5).............................	6	»
Une française de race envoie sa modeste obole (8)	0	50

	Fr. c.
Une française de Rouen (8)...............................	3 »
Une française de Suresnes (3)...........................	1 »
Une française, femme d'officier (5).....................	5 10
Une française indignée qui voudrait pouvoir faire davantage (3)..	2 »
Une française. Je suis fière d'employer à une telle cause l'argent gagné par mon travail, car derrière la veuve et l'orphelin, derrière l'armée indignement outragée, il y a la France, et c'est elle que j'aime par-dessus tout (7)..................	3 »
Une jeune française (6)....................................	3 »
D'une française patriote (7)..............................	1 »
Une française patriote (5).................................	5 »
Une petite française (8)...................................	0 25
Une française pour la justice et la bonne cause (4)...	200 »
Une française pour la lumière et la justice (17)..	1 »
Une française qui a foi quand même dans l'avenir (7)...	5 »
Une française qui déplore ce qui se passe dans son pays depuis un an (9)...............................	1 »
Une française qui regrette de n'avoir pas vu le nom du chef de l'Etat sur les listes, pour défendre la mémoire d'un brave soldat (6)....	0 60
Une française republicaine qui trouve que Félix aurait dû s'abstenir de chasser dans les circonstances pénibles que nous traversons (17).	3 »
Sur les économies d'une bonne petite française (4)	0 30
France, France ! quelques traîtres de moins et tu seras toujours la grande nation du monde civilisé (Napoléon). Un qui n'oublie pas (14)......	1 50
La France aux Français! (Le père et la mère)...	1 25
La France au Français! Vive l'armée! Nancy (14).	5 »
La France d'abord (3)......................................	10 »
Un franc-comtois patriote (4)	0 20
Un franc maçon aimant sa patrie (12)...............	1 »
Un ancien franc-tireur de 1870 (5)....................	2 »
Frère et sœur. Vive l'armée ! Vive la France ! (14)..	1 50
Froude. Une française (10)	4 »
Un petit gabelou français (6)............................	2 »
Gabelou patriotes (8).......................................	2 50
Gardien du drapeau à Ribérac (5)....................	5 »
Un gaulois (17)...	1 »

	Fr.	c.
Un gaulois de Lutèce et sa Gauloise (5)	2	»
Un gaulois de Saint-Germain (9)	12	»
Un gaulois des Gaules (3)	1	»
Un vieux gaulois (9)	5	»
Un vrai gaulois (6)	5	»
Une gauloise que n'atteindra jamais la folie des traîtres intellectuels (10)	0	50
Gesta Dei per Francos (4)	0	25
Gesta Dei per Francos (9)	»	55
Un girondin patriote. Vive la France! Vive l'armée!	2	»
Gloire à notre France éternelle! Gloire à ceux qui sont morts pour elle! Un huguenot doublement navré (7)	1	»
Un guisard patriote (3)	10	»
Haut les cœurs! Vive la patrie! Un sedanais (15)	5	»
Hélas! la France est bien à plaindre. Un cettois (16)	1	»
Henri et Margot. Notre amour est bien fort, mais combien plus fort notre amour pour la France et notre haine des traîtres (6)!	1	»
Un huguenot dégoûté des protestants (6)	100	»
Un huguenot patriote (14)	50	»
Un huguenot patriote (7)	2	»
Un brave huguenot. Vive la France! Vive l'armée! En arrière les traîtres, en arrière les lâches! *Sursum corda!*	50	»
Un inintellectuel, mais patriote (4)	1	»
Jean et Antoinette. Un français de France et sa fiancée (6)	2	»
Je n'ai pas de diamants, mais j'ai un mari qui a travaillé pour payer les dettes de son beau-père et réhabiliter sa mémoire en faisant lever son jugement, ce qui lui donne la grandeur d'un roi. Vive la France! (10)	0	60
Job mais patriote (11)	1	55
Jules et Valentine, petit ménage d'officier. Vive la France! (2ᵉ versement) (9)	5	»
Deux jurassiennes patriotes, à Lons-le-Saunier (8)	2	»
Un laboureur socialiste mais patriote, à Gers (7)	0	50
Un groupe de larbins aimant leur pays (17)	3	»
Le riche donne ce qu'il veut, le pauvre ce qu'il peut, tous deux sont peuple de France (17)	2	»

	Fr. c.
Un libre-penseur patriote, à Lusignan (Vienne) (15)	1 10
Un libre-penseur français (9)	0 25
Un libre-penseur qui a le culte de la patrie (16)	5 »
Ligue des intérêts de la défense nationale (3)	100 »
Ligue des patriotes (2)	200 »
Ligue des patriotes, comité d'Alise-Sainte-Reine, les dames de la Ligue (16)	5 »
Deux limousins patriotes (6)	2 »
Un limousin patriote (16)	3 »
Une lorraine de Nancy pense à sa patrie mutilée (7)	2 »
Lucie, Simone, Suzanne et Lili, 4 françaises (6)	1010 »
Un magdunois, patriote antijuif (18)	2 »
Une malheureuse veuve grande patriote antijuive (6)	0 25
Marcel, un petit patriote de onze ans (14)	0 50
Un mari à sa femme vrais français, à Saint-Germain (3)	10 »
Marie, Marguerite et Charles, trois vrais cœurs français (6)	5 »
Un mayençais petit-fils d'Adam Lux. Vive la France ! (3)	5 »
Un membre de la Ligue des patriotes (2)	1 »
Un membre de la Ligue des patriotes (3)	1 »
Un jeune ménage bien français (12)	5 »
Un jeune ménage patriote (14)	0 50
Un ménage patriote (9)	2 »
Une mère française et catholique (16)	1 »
Une mère française qui crie : Vive la France ! (5)	2 »
Une mère vraie française et ses cinq enfants dont l'un est militaire (9)	1 »
Un messin patriote à Vittel (6)	0 50
Un montmartrois. Vive la France ! Vive l'armée ! (4)	2 »
Un nancéin de vieille famille lorraine qui constate avec plaisir que Nancy est en train de redevenir une ville complètement française (16)	20 »
Une nancéienne qui aime sa patrie (11)	5 »
Un nationaliste du XVIII⁰ et une employée de l'Etat bonne patriote (2)	1 25
Neuf Quimpérois patriotes (14)	4 50
Les Niçois français. Claudius, Etienne et Laurent qui crient avec la *Libre Parole* : Vive l'armée! À bas les Juifs! (7)	4 »

	Fr.	c.
Une normande patriote (2)	1	»
Obole d'un pauv e. Vive la France ! (7)	1	»
Obole d'un petit groupe de jeunes gens patriotes d'Orléans (7)	2	»
Un orléanais qui prie Jeanne d'Arc de délivrer la France (7)	1	»
Cinquante ouvriers, membres de la Ligue des patriotes (3)	50	»
1,700 ouvriers français d'Armentières, protestent avec indignation contre les menées des sans-patrie et chargent leur président général Louis Prévost de remettre à la souscription ouverte par *La Libre Parole*, une somme de cinq centimes par ouvrier. Total (10)	85	»
Deux ouvriers boulangers de Vincennes, patriotes (11)	2	»
Quatre ouvriers bretons et patriotes contre les soi-disant nobles de Rennes qui continuent à constituer la meilleure clientèle des maisons juives (12)	1	»
Quatre ouvriers réservistes qui, avant de voler à la frontière, iront apprendre à un mauvais drôle de la rue du Larcin ce que signifie : France (14)	0	25
Un groupe d'ouvriers des forges de Zamaris (Gard) Vive l'armée ! (14)	2	10
Un ouvrier français de France à Séville (15)	7	50
Un ouvrier républicain et patriote. Vive la France ! (14)	14	»
Trois ouvrières françaises (11)	0	75
Une ouvrière catholique, patriote antijuive (14)	1	»
Une partie de piquet patriotique par trois bons français, de Vitry-le-Croisé (Aube) (11)	3	25
Patrie (3)	20	»
Cinq patriotes de l'hôtel Sainte-Catherine (11)	5	»
Cinq patriotes normands, à Tessy (11)	5	»
Cinq petits patriotes bordelais (6)	1	»
Cinq patriotes pontissaliens (9)	5	»
Cinq patriotes salinois (11)	3	»
Deux patriotes (9)	4	»
Deux patriotes (16)	5	»
Deux patriotes albigeois (9)	2	»
Deux patriotes amis de la justice écœurés des infamies actuelles (9)	1	95

	Fr.	c.
Deux patriotes béarnais, Vive la France ! (14)...	2	»
Deux patriotes d'Aulnay-les-Bondy (8).........	10	»
Deux patriotes de Causances (11)..............	1	05
Deux patriotes de la r. Pillette, à Valenciennes (8)	5	»
Deux patriotes de Lizy-sur-Ourcq (8)..........	0	50
Deux patriotes de Raon-l'Étape (9)............	2	»
Deux patriotes et une patriote (5)............	6	»
Deux jeunes patriotes salonais (11)...........	0	50
Deux petites patriotes nogentaises (11).......	2	»
Deux patriotes à Versailles (10)..............	4	»
Deux patriotes versaillaises, fille, femme et sœur d'artilleurs (6)................................	10	»
Dix patriotes de Baccarat (9)..................	2	»
Groupe de patriotes à la direction de Vincennes (9)	12	75
Groupe de patriotes de la P.-S (11)............	19	»
Groupe de patriotes de Lassay (10)............	10	»
Groupe de patriotes de Saint Julien (13)......	10	»
Groupe de patriotes garéens (10)..............	14	50
Groupe de patriotes gascons (12)..............	10	»
Groupe de jeunes patriotes, Vive la France aux Français ! (10)...............................	8	45
Groupe de patriotes mâconnais (14)............	7	30
Un groupe de patriotes à Verrières (Vienne) (11).	7	»
Un groupe de patriotes républicains du lycée Ampère, de Lyon : Charvet Félix, Charvet Pétrus, Anthelme Étienne, Parent Ferdinand, Fournis François. Pour l'armée, pour la France. A bas les cosmopolites ! (5)...................	3	»
Un groupe de patriotes de la Celle-Dunoise (16).	2	»
Un groupe de patriotes de Paray-le-Monial (16)..	15	»
Huit patriotes de Theil, (Ardèche) (10)........	4	»
Huit patriotes intransigeants d'Aillevillers (17)..	4	»
Liste de souscription des patriotes Clavettois (9)	50	»
Onze patriotes : qu'importe la trique pourvu que l'on tue Marianne ! (12).....................	6	25
Patriote dauphinois, ex-chass. alpin (9).......	1	50
Patriote et Français, toujours (3).............	1	»
Patriotes de la mairie d'Alger (7).............	5	»
Patriote lorrain (10)...........................	5	»
Patriote lorrain (10)...........................	1	»
Patriote de Neufchâteau (10)..................	1	»
Patriote rennais (10)..........................	5	»
Patriote thiancourtoise (Une). Thiancourt (16)...	1	»
Son mari, Thiancourt (16).....................	1	»

Patriote, mais pas riche (13)	2	»
Quatre patriotes (2)	3	»
Quatre patriotes de la maison. A Jean-Bart (4)	3	»
Quatre patriotes de l'avenue Gabriel (10)	10	»
Quatre patriotes réunis au Lac, commune de Vos (13)	13	»
Quelques patriotes d'Hirson (10)	12	10
Sept patriotes (2)	6	75
Six patriotes de Camargue (9)	6	»
Trois patriotes (10)	2	10
Trois patriotes (2)	2	»
Trois patriotes brestois (6)	15	»
Trois patriotes de Dunkerque (11)	3	»
Trois patriotes de Fléchambault (12)	1	05
Trois patriotes du Crédit Industriel (3)	3	»
Trois patriotes d'Uzès (12)	1	50
Trois jeunes patriotes Roannais (10)	3	»
Trois patriotes nantais (6)	15	»
Trois patriotes qui font bonne garde à la frontière (7)	3	»
Un boulanger patriote (5)	5	50
Un groupe de patriotes du Crédit Lyonnais (4)	12	»
Un groupe de patriotes du Crédit Lyonnais (3)	5	»
Un groupe de patriotes d'un maison d'alimentation de la rue du Havre (9)	10	»
Un groupe de patriotes fertois pour la bonne cause (6)	6	50
Un groupe de patriotes indigènes (4)	12	»
Un groupe de patriotes lunévillois (6)	23	»
Un groupe de patriotes neuvillois qui demandent le chambardement des panamistes enjuponnés et des vieilles peaux de lapins (6)	13	»
Un groupe de patriotes à Sarthène (8)	5	»
Un groupe de vrais patriotes flétrissant les traîtres (8)	5	»
Un groupe de patriotes habitués du café du Commerce à Marseille (6)	49	»
Un groupe patriote d'Héricourt pour la noble cause (6)	10	»
Une famille de patriotes lillois (9)	5	»
Un patriote (3)	15	»
Un patriote (7)	2	50
Un patriote (8)	0	75
Un patriote (8)	2	»
Un patriote (9)	10	»

	Fr.	c.
Un patriote (12)	2	»
Un patriote (14)	0	50
Un patriote (14)	0	25
Un patriote (16)	2	»
Un patriote (16)	0	50
Un patriote (17)	1	»
Un patriote, admirateur de Delcassé pour son succès de Fachoda (16)	5	»
Un patriote alsacien (10)	3	»
Un patriote antidreyfusard (4)	1	»
Un patriote antidreyfusard de Bohain (4)	20	»
Un patriote antidreyfusard, pour la mère et pour le fils (5)	3	»
	3	»
Un ardent patriote à Marseille (5)	1	»
Un patriote ardent qui réclame le poteau d'exécution pour tous les dreyfusards sans exception (10)	1	»
Un patriote attristé (6)	1	»
Un bon patriote (10)	4	»
Un patriote bourguignon qui a assez de la République (9)	1	»
	5	»
Un patriote breton (13)	1	»
Un patriote à Cambrai (10)	1	»
Un patriote à Cambrai (10)	5	»
Un patriote à Cambrai (10)	5	»
Un patriote cherbourgeois (4)	2	»
Une patriote de Digne (9)	0	45
Un patriote à Digne (16)	0	25
Un patriote doulennois (10)	0	30
Un patriote du boulevard Haussmann (14)	0	50
Un patriote du Pont-de-l'Arche (4)	1	05
Un patriote du Vésinet (6)	1	05
Un patriote écœuré de la justice (3)	5	»
Un patriote en dèche. Pour la justice ici-bas, en attendant celle de Dieu (7)	0	25
Un patriote et une patriote (4)	1	50
Un patriote français et provençal à Cannes. Vive la France aux Français ! Vive la Provence aux Provençaux (6)	10	»
Un patriote fils d'alsacien (14)	3	»
Un patriote garchois (7)	20	»
Un patriote girondin (13)	5	»
Un patriote guisard (12)	2	»
Un patriote houplinois (10)	2	»

Un patriote indigné (9)	1	»
Un patriote indigné (9)	10	»
Un patriote landais et son fils (10)	1	»
Un patriote lillois, radical et franc-maçon avant l'affaire, qui change, lui aussi, son fusil d'épaule (14)	0	50
Un patriote manceau, qui tient à affirmer son mépris pour les immondes dreyfusards et ses sympathies pour l'armée (12)	5	»
Un patriote meusien et parisien (8)	1	»
Un patriote à Montélimar (8)	2	»
Un patriote nancéen (10)	1	»
Un patriote nantais (11)	5	»
Un patriote nantais. Vive le roi ! Vive la France ! (16)	1	»
Un patriote navré que tous les officiers de l'armée française n'aient déjà souscrit (5)	5	»
Un patriote navré ! Vive l'armée ! Vive la France !(16)	1	»
Un patriote nivernais (8)	2	»
Un patriote orléanais	0	50
Un patriote parisien et son amie Julia (17)	1	»
Un patriote parisien indigné (5)	20	»
Un patriote pauvre (5)	»	50
Un patriote périgourdin (4)	5	»
Pour le fils d'un brave, un patriote (14)	0	90
Un patriote propriétaire à Menton (11)	1	50
Un patriote qui abomine tous les vendus (5)	10	»
Un patriote qui a senti l'outrage et qui demande un sabre (11)	0	75
Un patriote qui crie de toutes ses forces : Vive la France ! Vive l'armée !	2	»
Un patriote corse habitant Paris, proteste contre l'attitude de certains députés de la Corse (17)	2	»
Un patriote de Boulogne-sur-Mer (13)	2	»
Un patriote de Caudebec (9)	0	50
Un patriote de Coursan, (Aude) (10)	5	»
Un patriote de Croissy (7)	0	60
Un patriote de deux jours (11)	0	50
Un patriote de la Ferté-Bernard (12)	1	05
Un patriote de Nogent-le-Rotrou, ancien artilleur au 31ᵉ (14)	0	50
Un patriote de la frontière de l'Ouest (12)	5	»
Un patriote de la place Clichy (10)	6	»
Un patriote de la rue d'Assas (14)	1	»
Un patriote de la Villette (5)	2	»

	Fr.	c.
Un patriote de Ménilmontant (10)	20	»
Un patriote de Monceau-les-Mines (12)	1	05
Un patriote de Neuilly (3)	10	»
Un patriote, Vive l'empereur ! (14)	0	25
Un patriote stéphanois (10)	1	»
Un patriote toulonnais (16)	0	50
Un patriote, Tu dors, Félix, et la France est dans l'enfer	0	50
Un patriote déplorant la faiblesse du gouvernement contre les dreyfusards, à Bordeaux (14)	1	»
Un patriote de quinze ans (13)	0	30
Un patriote de Roussas (11)	7	»
Un patriote des Basses-Alpes (16)	1	»
Un patriote désirant voir la justice reprendre sa vraie place (3)	1	05
Un patriote de Thun (Nord)	2	»
Un patriote de Watrelos. Vive la France ! A bas la youpaillerie ! (2)	2	»
Un patriote, sa femme et sa petite fille (17)	1	»
Un patriote, rue Clapeyron (2)	5	»
Un patriote royaliste et chrétien, rien de Kerohant, sans désaveu (4)	2	»
Un patriote rochellois, pour faire plaisir à son ami dreyfusard Chauveau. A bas les dreyfusards ! Vive la France ! (14)	2	75
Un patriote qui trouve que Brisson et Dupuy c'est kif-kif (17)	0	50
Un patriote qui regrette que le traître Dreyfus ne fût pas condamné à mort et fusillé (5)	1	»
Un patriote qui préfère l'alliance du sabre et du goupillon à celle de la truelle et du couteau (8)	5	»
Un patriote qui ne fait pas montre de je m'en foutisme (4)	2	»
Un patriote qui n'a rencontré que des lâches parmi les dreyfusards (4)	5	»
Un patriote qui déteste les chambardeurs (7)	5	»
Un patriote qui demande pour étrennes l'empalement de Reinach et de sa bande (17)	1	»
Un patriote, son père et sa fille (4)	1	»
Un patriote, son père et sa fille (4)	1	»
Un patriote stéphanois (10)	5	»
Un patriote marseillais (6)	1	»
Une veuve patriote lorraine et sa fille (14)	2	»
Une vieille patriote (14)	5	»

	Fr.	c.
Un vieux patriote de Lyon (5)	10	»
Un vrai patriote (9)	5	»
Une vrai patriote, à Digne (17)	0	25
Une patriote (11)	0	50
Une patriote (2)	5	»
Une patriote (5)	20	»
Une patriote (8)	0	50
Une patriote, à Maureilhan (16)	0	50
Une patriote campagnarde (16)	3	»
Une patriote charantaise (9)	2	»
Une patriote de Burgères (Charente-Inférieure)(5)	5	»
Une patriote de Passy (9)	0	60
Une patriote de Saint-Prix (S.-et-O.) (3)	2	»
Une patriote indignée (12)	5	»
Une patriote landaise (4)	1	»
Une patriote mère de deux enfants (9)	2	»
Une patriote mère de cinq enfants (9)	2	»
Paul et Emilienne, français de France! (7)	10	»
Pauvre France! (7)	7	50
Pauvre France! (16)	5	»
Pauvre France! (7)	3	»
Pauvre France! Dieu ait pitié d'elle et de nous! (5)	0	75
Pauvre France! Cinq patriotes de Grasse (17)	1	05
Un percepteur. Vive la France! (14)	2	»
Un père de famille patriote de Rambouillet (14)	0	25
Un père qui offre ses cinq fils à la France (9)	5	»
Une personne qui aime la France et la voudrait heureuse, prospère et religieuse comme autrefois (14)	1	»
Pierrot et Poupon, deux patriotes toulousains (12)	2	»
Un ancien polytechnicien, qui n'est pas antisémite, mais qui aime la France et l'armée (12)	2	»
Pour le triomphe de la vérité et la plus grande gloire de la France (14)	5	»
Pour Dieu et pour la patrie! (10)	2	»
Pour la France! (4)	2	»
Pour la patrie! (16)	1	»
Pour la patrie! (6)	3	»
Pour la patrie et pour l'armée! (2)	5	»
Pour la patrie française et pour l'armée! (3)	2	»
Pour la patrie vendue! (17)	0	25
Pour les trois blessures que j'ai reçues pour la France contre les Chinois (10)	3	»
Pour que la France redevienne la vraie France (16)	5	»

	Fr. c.
Un postier, Appel à tous ses collègues patriotes (6)	0 50
Un modeste praticien de province et ses trois fils patriotes (11)..	5 »
Produit d'une souscription pour Mme Henry. Union des Patriotes de Roubaix (17)............	38 35
Pro Deo, Pro aris, Pro focis (4)........................	1 »
Un professeur, ancien soldat. Vive la France !...	0 50
Sa mère. Vive la France !...............................	0 50
Son père. Vive la France !...............................	0 50
Pro Patria (2)..	5 »
Pro Patria (3)..	10 »
Pro Patria (5)..	5 »
Pro Patria (7)..	0 25
Pro Patria (9)..	5 »
Pro Patria contra Judeos (8)...........................	2 »
Pugnemus pro Patria (11)...............................	1 »
Deux protestants affligés. Une lorraine patriote (11)..	2 50
Protestant, mais français de cœur et d'âme (2)..	10 »
Un protestant français (5)................................	5 »
Un protestant patriote écœuré (3)....................	0 50
Une protestante patriote attristée de l'attitude de ses coreligionnaires (6)...............................	10 »
Une protestante patriote indignée de l'attitude de ses coreligionnaires (4)...............................	5 »
Une protestante française (4)...........................	2 »
Protestation contre les affiches antifrançaises apposées à Nîmes (11).....................................	2 25
Protestation contre une campagne antifrançaise (17)..	0 50
Quand même ! Vive la France ! (5)..................	2 »
Que Dieu protège la France (7)........................	1 »
Que l'offrande atteigne 100.000 fr. Vive la France ! (7)..	6 »
Qui n'a pas peur ? C'est un groupe de patriotes français du quartier Bonne-Nouvelle ! (4)......	6 »
Que tous les français versent leur obole ! (3).....	2 »
Deux républicains socialistes (7)......................	1 »
Un républicain patriote (8)..............................	2 »
Un républicain patriote. Vive la France ! (11)....	20 »
Un vieux républicain patriote (10)....................	10 »
Un vrai républicain dégouté de la république actuelle (7)...	1 »
Un vrai républicain désabusé de la République	

	fr. c.
juive et protestante (7)	0 50
La République a fait faillite à sa devise (17)	1 »
La République n'a tout de même pas été trop sotte (16)	0 25
Sabre et goupillon. A bas les crapulards juifs, protestants et francs-maçons ! Vivent nos petits soldats et leurs vaillants officiers (11)	2 »
Salut à ce réveil de l'âme française (6)	5 »
Le vieux sang gaulois (4)	6 50
Un sanglier patriote (9)	0 50
Un sauveteur lorrain annexé. Pour Dieu et la patrie ! (8)	2 »
Un savoyard écœuré (4)	1 »
Un savoyard français (16)	0 25
Un groupe de Saujonnais qui crient : Vive la France ! Vive l'armée ! A bas les juifs ! (13)	6 »
Un savoyard, pour le triomphe de la justice, si c'est possible encore en France (6)	2 »
Si la science n'a pas de patrie, l'homme de science en a une, a dit Pasteur (9)	1 »
Un solitaire patriote (8)	1 »
En souvenir de mes parents. Vive la France ! (16)	1 »
Souscription de 64 patriotes de Levallois-Perret (9)	96 45
Souscription faite par un groupe d'ouvriers et employés des usines à chaux et ciment de Lafarge, protestant de tout cœur contre les menées antifrançaises de la bande dreyfusarde (7)	15 »
Souscription patriotique d'un juif républicain et antidreyfusard, navré ce tout ce qui se passe (11)	3 »
Un spectateur de *Fergus*, qui voudrait que pour l'exemple toute la France pût applaudir cette pièce empreinte du pur patriotisme (9)	1 »
MM. les Suisses dreyfusards venus en France sont priés de respecter le pays qui les protège (9)	0 25
Semper fidelis. Vive la France ! (5)	10 »
Sus à ce gouvernement plus cyniquement traître à la patrie qu'Ysabeau de Bavière	5 »
Un tonnenquais patriote (17)	1 05 »
Un groupe de tonnerrois vrais français de France (9)	5 »

	Fr. c.
Deux tourangeaux patriotes (11)...............	5 »
Tout pour la patrie! Les ouvriers tanneurs de Terrtoireie(?) (9)..............................	5 »
Un qui fait des vœux pour le relèvement de la France (12)...................................	0 50
Un vendéen pas riche, mais patriote (17).......	1 05
Un vendéen patriote, sa femme et ses fils, futurs soldats (6)...................................	3 »
Veulerie de toute part. Soyons donc français! (14)	1 c
Veuve d'officier mort pour la Patrie (9)..........	20 »
Veuve d'un officier mort en 1870 (7)............	5 »
Vive Dieu! Vive la Patrie! Un élève des Arts décoratifs (14)...................................	1 »
Vive la Bourgogne! A bas les juifs! (5)..........	5 »
Vive la Bourgogne! A bas les juifs! Quand même! (9).......................................	5 »
Vive la France! (2).............................	0 25
Vive la France! (3).............................	10 »
Vive la France! (8).............................	2 »
Vive la France! (15)............................	1 »
Vive la France! (17)............................	0 50
Vive la France! A bas les juifs! (11)............	1 »
Vive la France! A bas les juifs! (5).............	1 »
Vive la France! A bas les traîtres! A bas les juifs! A bas Picquart! Marseille (3)..................	2 »
Vive la France! A bas les traîtres! Une veuve (16)	0 50
Vive la France! A bas les youpins! (6)..........	2 50
Vive la France aux Français! (11)..............	2 »
Vive la France aux Français! Mirabel aux Baronnies. (16).....................................	0 50
Vive la France aux Français! Un universitaire de Lille (11)....................................	1 »
Vive la France aux Français! Vive l'armée! A bas Reinach et sa clique! Vive la Ligue antisémite et la Ligue des patriotes! (16).................	1 »
Vive la France delivrée des juifs! (4)...........	1 05
Vive la France! et vive l'armée! Libourne (12)..	1 »
Vive la France! Pontoise (11)..................	1 »
Vive la France! Mort aux traîtres et aux juifs leurs amis! Gaston (4).........................	10 »
Vive la France! Trois antiyoupins, à Saint-Loup-sur-Semouze (10).............................	0 50
Vive la France! Vive la République! A bas les traîtres et les vendus! (17).......................	1 05

	Fr. c.
Vive la France! Une famille alsacienne (4)	10 »
Vive la France! Vive l'armée! A bas les juifs (26)	2 »
Vive la France! Vive l'armée! A bas les juifs, traîtres, lâches et corrupteurs! (17)	1 50
Vive la France! Vive l'armée! A bas les youtres! Conservez cette vermine! (17)	1 »
Vive la France! Vive l'armée! Un patriote nantais (6)	1 »
Vive la France! Vive l'armée! Une bonne poignée de mains à Drumont, un vrai français (16)	3 50
Vive la France! Vive l'armée! Vive Déroulède! (5)	1 »
Vive la France! Vive l'armée! Vive la République! (10)	3 75
Vive la vraie France! A bas les sans-patrie! Montjoie! Saint-Denis! (6)	2 50
Vive la Patrie! (12)	0 25
Vive la Patrie! Vive l'armée! Magdelaine (4)	5 »
Vive l'armée contre les mal baptisés! (10)	1 »
Vive les races latines! (4)	0 25
Vive la République antijuive! (14)	2 »
Vive le drapeau! Vive la France! (5)	5 »
Vive l'Eglise, la France, l'armée! (14)	1 »
Vive notre religion et vive la France! (8)	0 60
Une vosgienne patriote qui demande l'impartialité des juges (2)	2 »

INSULTES AUX INTELLECTUELS

	Fr. c.
Bouisset (E.) ancien capitaine au long cours. Sans haine, mais pour la patrie et pour protéger le drapeau contre le crachat des intellectuels (8)	2 »
Drouin (A.) dans son horreur pour les intellectuels et les vendus (6)	0 50
Gaz (Adolphe), à Tours. Modification au dictionnaire : *Intellectuels* : qualificatif donné à la fin du XIX° siècle à un certain nombre de décadents, dépourvus d'intelligence, de sens moral et de patriotisme (voir *Dreyfusards*) (16)	0 50
Gunet, à Saint-Bel (Rhône). Plus fier d'être classé avec les patriotes qu'avec les soi-disant intellectuels (10)	5 »
Mercier, brasseur, rue de Fleurus, et ses employés qui voudraient corriger la fortune recélée de ces youpins des intellectuels censés : En avant, marche ! (5)	5 »
Vincent (J.), compatriote de Clemenceau, mais pas intellectuel du tout (17)	2 »
A. M. A bas les intellectuels ! (4)	1 »
A. M. simple paysan qui n'a pas eu le temps d'être un intellectuel (3)	5 »
A. S. ouvrier français à Conches. L'intellectuel est celui qui n'a pas de cœur (7)	0 15
G. P. officier de l'instruction publique, non intellectuel (6)	5 »
G. V. par mépris contre ces paons stupides nom-	

	Fr. c.
més intellectuels (3)........................	1 50
J. L. Pour ramener au bon sens les intellectuels d'Ablis-en-Beauce (16).....................	0 15
L. R. Pour voir réaliser le rêve d'un pauvre poète obscur mais nullement intellectuel (9)........	0 50
P. J. un faux intellectuel d'Albi (16)............	0 15
P. M. G. Un non intellectuel (16)...............	2 25
A bas tous les intellectuels primaires, secondaires et supérieurs (12)...........................	0 50
A Berlin, les intellectuels! (16)................	0 25
Deux amis de Pierre Quillard, d'avant les *Routes rouges* (7).................................	10 »
Un grand ami de l'armée taxant les intellectuels aussi peu intelligents que patriotes (6)........	10 »
Après 1870, le patriotisme des universités aboutit à la glorification d'un traître (8).............	2 »
A quoi reconnaît-on un intellectuel? (16).......	0 25
A ce qu'il proclame coupable les acquittés (16)..	0 25
Tandis qu'il lui suffit d'être condamné ou prévenu pour être innocent, noble et divin (16)...	0 25
N'est-ce pas, Lavisse, Monod et autres Anatoles (16)...	0 25
Un arriéré qui regrette Lamartine par ce temps d'esthètes et d'intellectuels (4)...............	1 »
Beati pauperes cerebri! Heureux les intellectuels! D. M. D., à Louhans (7).....................	100 »
Une bretonne, bonne catholique, femme d'un Israélite alsacien qu'elle aime et respecte tout en restant catholique et n'ayant nullement l'intention d'imiter l'exemple de l'épouse catholique du grand poète juif Kahn, collaborateur avec l'illustre poète shakespearien Ménard (dit Louis) dans la *Revue Blanche* (11)............	5 »
Un contempteur des cuistres universitaires (2)..	3 »
Contre les intellectuels qui ont perdu la raison (13)...	1 »
En haine des Homais, soi-disant intellectuels (11)	5 »
En haine des intellectuels qui n'ont pas eu l'honneur de servir dans l'armée (4)................	2 »
En haine des lâches et imbéciles coquins vaniteusement groupés sous le vocable d'intellectuels (10)...................................	1 »
En mémoire de Démosthènes, patron des intellec-	

	Fr. c.
tuels et des grands orateurs, qui jeta son bouclier pour fuir devant l'ennemi (13)............	1 »
Un groupe d'employés antiintellectuels.........	13 50
Une famille française. Pour les droits de l'armée, complètement méconnus par les prétendus intellectuels qui détruisent nos forces militaires et ouvrent notre cher pays à l'invasion (10)....	10 »
Haine à mort aux Dreyfus et aux intellectuels. Un père et une mère torturés par eux. Honneur à l'armée et à ses vaillants défenseurs! (6)....	1 »
Un ignare qui n'ira pas prendre des leçons de convenance près de l'intellectuel Meyer, grand pontife de l'École des Chartes (10)............	» »
Intellectuel veut dire incohérent, déséquilibré (3).	5 »
Le mot intellectuel appliqué aux athées est joyeux (14)..	1 »
Les intellectuels sont des détraqués, ce qu'ils font est une erreur de jugement, il faut se garder de les suivre et considérer de quel côté sont les ennemis de la France (14)............	5 »
Les intellectuels sont des lâches (14)..........	0 25
Un intellectuel intelligent (8)................	0 50
Intellectuel ancien élève du ridicule Havet (9)...	5 »
Les intellectuels sont des professeurs d'anarchisme consultants (16)......................	5
Le petit intellectuel, président de la Société des sciences naturelles de Tarare (12)............	3 »
Un intellectuel pas plus bête que les autres (6)..	0 50
Un intellectuel de Marquette (16)...............	0 50
Un industriel qui en son nom et au nom de ses ouvriers, prie les intellectuels de lui ficher la paix (4)..	10 »
Je demande aux intellectuels la différence de l'amour patriotique extrinsèque et intrinsèque (16)..	1 50
Je dis comme Voltaire : Mais ne pardonnons pas à ces folliculaires De libelles affreux écrivains téméraires Qui ne pouvant entreprendre un honnête métier (sic) S'occupent jour par jour à salir du papier (17)...	0 50
Un mécanicien de la marine qui n'est pas francmaçon et encore moins intellectuel (13).......	1 »
Un monsieur qui a appris par expérience que le terme d'intellectuel n'a que de très vagues rap-	

	Fr. c.
ports avec celui d'intelligent (14)...............	0 50
Intellectuel non sot, qui connaît un peu de latin et de grec (9)................................	0 50
Quelques orléanais intellectuels, patriotes et antidreyfusards (14)................................	5 45
Trois orléanais qui voudraient voir Rabier dans 100 pieds de moutarde (8).......................	3 »
Un paléographe qui n'est pas de l'école des Meyer, des Giry et autres Molinier (9)..................	5 »
Un patriote révolté de l'abominable campagne des juifs et des intellectuels sans patrie (16)......	0 50
Un pédagogue non intellectuel (16)................	1 50
Pour administrer une douche aux intellectuels aliénés dreyfusards, dont la place est à Charenton. Une intellectuelle patriote (6).........	2 »
Pour circoncire les intellectuels de la société des sciences naturelles de Tarare (12)...............	1 35
Pour combattre les intellectuels (6)..............	1 50
Pour faire honte aux intellectuelles de la *Fronde* (12)..	2 »
Pour l'armée et contre tous ces détraqués, soi-disant intellectuels, traîtres et vendus (3)........	0 50
Pour portraire les intellectuelles de la *Fronde* et les envoyer au salon (14)......................	0 45
Que Dieu nous délivre de la vermine intellectuelle qui est en train de pervertir notre beau pays de France (16)....................................	0 25
Quousque tandem?... Le jour où l'armée le voudra, les soi-disant intellectuels se jetteront à ses pieds avec plus d'ardeur qu'ils n'en mettent aujourd'hui à l'injurier. C'est alors qu'on verra où est vraiment la « suprématie! » (15)........	20 »
Deux rennais étonnés qu'un sabre libérateur n'ait pas encore botté le derrière de toutes ces fripouilles intellectuelles (6).....................	2 »
Respectueuses salutations d'un des nombreux pères de famille exploités par les intellectuels (11)..	1 »
Deux simples esprits écœurés de voir un intellectuel judéo-protestant, frère de prussien, tenir en main la balance où va se juger l'honneur de la France (6).................................	2 »
Souscription d'intellectuel pour encaquer dans la poubelle toute la clique judiciaire (12)........	0 25

	Fr.	c.
Trio intellectuel lyonnais......................	2	»
Un qui ne se serait jamais douté que les intellectuels fussent si bêtes (16)......................	1	»
Vivent les intelligents, à bas les intellectuels! (14)	5	»

ADMIRATION

DE DRUMONT, MAX RÉGIS, JUDET, ROCHEFORT, GUÉRIN, Mlle DE BOVET, ETC.

	Fr. c.
Antoine, Joseph et Jean, trois orphelins, au petit Henry, et vive Drumont ! (5)	5 »
Beau, de Marseille, admirateur de *La Libre Parole* (14)	1 »
Bonneterre dévoué à Guérin (8)	5 »
Brueys de Saint-André (M. et Mme). Profonde sympathie et grande admiration pour le grand patriote Drumont. (17)	20 »
Chauvin (Pauline), admiration de Drumont (5)	1 »
Clerget (Paul), dévoué à Guérin (3)	10 »
Collet (M. et Mme), à Moutinort (Marne), 3 fr.; famille A. S., dont le chef nonagénaire, républicain militant, admire Drumont et tous les membres de la rédaction, 2 fr. (10)	5 »
Coulon (J.), à Avignon. Vive Drumont ! Vive Lasies ! (16)	5 »
Coupeau (Léon), à Ferté-Bernard. Vive Drumont ! Vive Déroulède ! Vive Judet ! A bas les juifs ! A bas les traîtres ! (5)	20 »
Demory (Edouard), employé de commerce patriote. Bravo Rochefort ! (3)	1 »
Dreux (Jacques). Vive Déroulède ! Vive Drumont ! Vive la France ! (2)	5
Dumas (voir *Périer*).	
Dumur, 51, avenue d'Italie. Pour les faibles, et merci à Mlle Marie-Anne de Bovet et à Dru-	

	Fr. c.
mont pour les braves cœurs (6)............	10 »
Farel (Ferdinand). Vive Drumont ! Vive Forain ! (16).........................	1 »
Féchan-Pahiot (L.) antijuif. Bravo Guérin pour votre article « Les Tueurs ! » (8)............	1 »
Foulca (E.) et un ami. A bas les vendus ! Vive Drumont ! (2).....................	5 »
Gaillard (voir Lebrat).....................	
Galland (Octave), d'Orléans. Vive Déroulède ! (6).	0 40
Germain (Florine), victime des juifs. Vive Jules Guérin ! (6).......................	2 »
Girardet (Mlles), admiratrices de Drumont (3)...	4 »
Guise (Jules). Vive Rochefort ! A bas les juifs ! (8)	1 »
Heckenauer (Emile), Vive Subran, le futur vainqueur de La Villette-Combat ! (14)...........	0 50
Drumont, pendant son séjour à Carnac (7)....	1 05
Jaulin (Albert), à Cognac. En souvenir de Morès (14).........................	5 »
Jeanne-Marie. Une ancienne bonne de l'hôtel des Voyageurs qui a eu l'honneur de servir E. Lance (Pierre). La gent israélite est consternée; allons ! *Pro Regis et legis amore* (16)..........	0 30
Latron (Paul). Vive Drumont ! Vive Déroulède ! (6)...........................	0 50
Le Boucher de Luzy (Capitaine), auteur du « Parfait ordonnance pour Reinach ». Je vous admire Drumont ! (10)...................	0 30
Lebrat, Gaillard, Stanislas, (Les citoyens). Admirateurs de Drumont, Rochefort, Max Régis, pour l'achat d'une corde pour l'infect youpin Reinach et son état-Major (14).............	3 »
Lecomte (J.). Vive Drumont ! (4)............	5 »
Lelandais (E.) (*) (2).....................	2 »

(*) La souscription de M. Lelandais était accompagnée d'une lettre ainsi conçue :

« Montivilliers, le 13 décembre 1898.

« Monsieur Drumont,

« Je vous prie d'excuser aussi le peu que je vous offre afin de pouvoir venir en aide à cette veuve héroïque, qui soutient avec tant de vaillance l'honneur de son mari, qui n'a eu de tort que son excès de zèle pour sa patrie, zèle si habilement exploité par la crapule qui, après avoir conduit le soldat au désespoir, ne craindrait pas de conduire dans la même voie la veuve et l'or-

	Fr.	c.
Lemaitre (George), Lille. Vivent Drumont et Lasies ! A bas les Juifs ! (16)..................	1	»
Mallard-Cressin (Mme), veuve d'officier........	15	»
Son fils, Maurice, qui crie déjà : A bas les lâches ! et vive Drumont ! (16).................	5	»
Muscat (Mme), admiratrice de Drumont (17).....	2	»
Naveau. Honneur à Marie-Anne de Bovet ! (16)..	0	50
Noaillat, (Georges de), admirateur de Drumont (6)	5	»
Olivier. Vive Drumont ! homme de cœur, grand patriote dévoué à la veuve du colonel Henry, (3ᵉ versement) (16)...........................	1	50
Petit Louis. Vive Drumont ! (5).................	0	50
Périer (Paul), Léon Dumas.. Vivent Drumont, Déroulède, Lasies ! (14).....................	2	»
Pletneff (Alexis de), membre honoraire de la Société slavophile de Saint-Pétersbourg. Vive Drumont ! qui a peut être sauvé l'alliance franco-		

phelin, si leur courage n'était soutenu par vous et tous ceux dont vous êtes le chef.

« Je suis pauvre, Monsieur Drumont, simple ouvrier, je n'ai pas l'honneur de vous connaître, mais votre bravoure, votre zèle à défendre avec tant de cœur une cause aussi sacrée qu'on appelle la patrie ; vous dont le nom est synonyme d'honneur, de loyauté et de courage, je vous admire et vous choisis comme modèle ; je suis persuadé qu'à votre voix, tous les gens de cœur, tous les Français et Françaises, riches ou pauvres, vont se cotiser pour venir en aide à cette veuve dont la cause est celle du pays tout entier. Je ne veux pas chercher à faire des phrases pour vous faire savoir ce que je pense, car je sais que vous m'avez compris ; ce que je suis heureux de vous dire, c'est que mes idées sont les mêmes que les vôtres et que mes souhaits seront exaucés lorsque l'on sera arrivé à vaincre définitivement cette vermine de youtres et de francs-maçons qui paralyse notre chère France et étouffe momentanément le sentiment national.

« Je termine en vous priant d'agréer, monsieur Drumont, les sentiments d'admiration que je vous porte.

« Emile Lelandais,

« Ferblantier, 2, place Carnot, Montivilliers
« (Seine-Inférieure) ».

M Emile Lelandais figure également dans la 5ᵉ liste sous cette rubrique :

« Le ferblantier Emile Lelandais de Montivilliers ...   3   »

	Fr.	c.
russe en affirmant l'idée de Patrie (6).........	1	»
Pousargues (G. de) témoignage d'admiration à Drumont pour son patriotisme constant et éclairée (6)................................	30	»
Rougeault, à Sannois. Vive l'armée ! Honneur à Drumont ! (17).....................................	10	»
Sonis-Dinard (G. de) Honneur à Mlle de Bovet ! (6)	5	»
Soussan (Albert) Vivent Drumont, Marchal, Morinaud et Faure, Guérin et Max Régis ! A bas les juifs ! (7)...................................	1	»
Stanislas (voir *Lebrat*).		
A. C. Vive Drumont !...........................	2	»
A. F. Bravo la *Libre Parole* ! (11)................	5	»
A. H .F. Vive Déroulède ! Segonzac (5)	3	»
A. M. et J. L. admirateur de Drumont (6).......	2	10
B. à Fontainebleau, admirateur de Drumont et de Régis (4).....................................	1	05
C. (Albert) Vive Drumont, à bas les juifs et Reinach ! (7).....................................	1	»
C. (Marie de) Vive la France ! Vive le commandant Marchand ! Vive le *Psst !!*... Vive la *Libre Parole !* A bas Reinach ! (10)................	1	05
G. B. Vivent les hommes courageux, Drumont, Déroulède. Millevoye ! A bas les traîtres ! (9)..	2	»
D. C. T. hommage à Drumont et à Guérin (17)..	0	50
E. A. L. 2ᵉ versement. Honneur à Drumont ! (7).	0	60
E. B. M. M. Ah ! Drumont, Drumont, te voir, t'embrasser et mourir ! Un de tes adorateurs (9).	3	»
E. P. Vive la France ! Vivent Déroulède et Drumont ! (14).....................................	1	»
E. S. C. Honneur à Drumont ! Vive l'armée ! Vive la Patrie !.....................................	1	»
F. Le gros bolide de la Villardière, à Lyon, admirateur de Lasies (11)...........................	2	»
G. (Marcelle). Une admiratrice enthousiaste de Max Régis (15).................................	1	»
J. A. (Mme) A Mlle A. de Bovet. (4)..............	100	»
J. C. un vrai patriote. Vive Rochefort ! (5).......	2	10
J. C., J. B., L. L. admirateurs de Drumont et de Déroulède (6)...................................	15	»
J. F. employé d'industrie et admirateur de Drumont (7).......................................	1	»
J. J. Une jeune française qui voudrait porter cu-		

	Fr.	c.
lotte pour marcher sous les ordres de Déroulède (16)............	1	»
J. M. A. B. M. L. Quatre périgourdins qui ont lâché le *Soleil*. Bravo à Drumont! A bientôt les 100.000! (8)............	4	»
L. grand admirateur de Drumont, contre les traîtres infâmes (10)............	1	»
L. A. Vive l'armée! Vive Drumont! (17)............	2	50
L. B. Luttez Drumont, car Reinach veille. Ce vampire vous volera le dossier secret (11).....	1	»
L. (Mlle B.). Bravo Lionne!............	1	»
L. E. et F. G. deux voisins de Drumont, 9, passage Landrieu (6)............	1	»
L. O. Nous vous attendons, Cassagnac! (6).....	1	»
M. L. de V. Un admirateur de Drumont (14).....	5	»
M. G. (Mlle) Honneur à Drumont, notre député. Vive Régis! (14)............	1	»
M. R. Vive Drumont! (14)............	0	50
N. C. admirateur de Drumont (6)............	0	50
N. (Valentine-Léo), Le Creusot. La France n'a pas assez de Drumont et de Déroulède (4)........	1	05
P. C... ancien admirateur et ami du marquis de de Morès (12)............	5	»
R. (Ch.) admirateur de l'œuvre de Drumont (10).	9	50
R. L.. secrétaire-adjoint de la Ligue. Vive Thiébaud! (14)............	1	»
W. Un admirateur de Drumont (3)............	3	»
Un abonné. Vive Esterhazy! Vive Drumont! (14).	1	»
Un admirateur de Drumont et de ses courageux collaborateurs (6)............	1	»
Admirateur de MM. Drumont et Millevoye (7)...	1	50
Un admirateur de Drumont, Lasies, Guérin, Déroulède, Cassagnac (4)............	1	»
Un admirateur de Drumont pour la cause de la veuve et de l'orphelin (14)............	5	»
Un admirateur de Drumont. Vive l'armée! Boulogne (7)............	1	»
Un admirateur de Déroulède (2)............	0	15
Un admirateur de Drumont (14)............	1	»
Un admirateur de M. Drumont (5)............	5	»
Un admirateur de Cassagnac (4)............	1	05
Un admirateur de Drumont et de Judet, à Nantes (12)............	0	45

	Fr.	c.
Un admirateur du Drumont (8)...............	20	»
Un admirateur de Drumont (10).............	2	»
Un admirateur de Drumont (14)..............	1	»
Un admirateur de Drumont (14).............	5	»
Un admirateur de Drumont, à Châtel-Montagne (4)	2	10
Un admirateur de Drumont, à Vannes (8)........	2	»
Un admirateur de Drumont, à Rouen (17).......	2	»
Un admirateur de Drumont, ancien interne, à Alger (10).................	4	10
Un admirateur de Drumont et Lasies (8)........	1	»
Un admirateur de Drumont et de Cassagnac (17).	1	»
Un admirateur de Drumont et de Cassagnac. Pour étrangler le dernier des youtres et des francs-maçons, plaie de la France, avec les boyaux de Reinach. F. T. (9)...............	1	05
Un admirateur du député d'Alger (11)..........	1	05
Un admirateur du grand patriote et français Paul Déroulède (10).........................	1	50
Un admirateur du Sacré-Cœur (14)............	5	»
Un admirateur passionné de Torquemada (11)...	1	»
Un admirateur de l'œuvre de Drumont (8)......	0	50
Trois admirateurs de l'œuvre de Drumont (8)...	15	»
Un admirateur de Morès, élève de l'Ecole coloniale (6)................................	1	»
Un admirateur de l'Inquisition (5)............	5	»
Un admirateur de l'héroïque et malheureux commandant Marchand, à Auxerre (7)............	1	50
Un admirateur de Guérin (6)................	2	»
Un admirateur de Guérin (5)................	0	50
Un admirateur de Georges Thiébaud (14)........	0	15
Une admiratrice de Drumont, indignée d'entendre crier : A bas l'armée! (16).............	1	»
Admiratrice de Drumont, pour la veuve (10)....	5	»
Une admiratrice de Drumont, tante de trois neveux, futurs antisémites (17)................	5	»
Deux jeunes admiratrices de Lasies (10)........	0	50
Une algérienne admiratrice de Drumont et de Firmin Faure (1).........................	10	»
Un admirateur du brave Drumont (9)..........	5	»
A l'honneur de Morès! (16)..................	0	60
Une alsacienne. Gloire à Drumont et à ses collaborateurs! (17)...........................	1	»
Trois amis de Drumont, à Saint-Flour, qui ne conseillent pas à Dreyfus ni à Picquart de venir		

	Fr.	c.
voir le pont de Garabit (7)...............	5	»
Un ami de la justice, admirateur de Drumont (4)	2	»
Anonyme. Vive Georges Thiébaut! (14)......	1	»
Un anonyme, admirateur de Lasies (14).......	1	»
Anonyme de Tournus. Vive Drumont!......	5	»
A quand la trique? Vive Drumont! (11)......	5	»
Au grand lutteur Drumont (12).............	3	»
Un petit béarnais. Vive Drumont! A bas les youpins! (10).................................	1	»
Le beau-père catholique de l'Israélite ayant envoyé un bon de poste le 11 décembre à Lucien Millevoye (11)..............................	5	»
Un besogneux admirateur de Drumont, à Toulon (5).....................................	2	»
Bonne santé à Drumont et à ses collaborateurs pour continuer la lutte (16)................	1	»
Un bordelais ennemi juré des juifs et admirateur de Drumont (10)..........................	10	»
Bravo Drumont! A bas Rouanet! (17)........	5	50
Bravo Guérin! (5)........................	1	»
Bravo Guérin! pour avoir giflé le sale individu au veston à fleurs de pensée (16)...........	0	50
Bravo Judet! (13)........................	1	»
Bravo pour Lasies! (9)....................	1	»
Bravo Lasies! *Aquel qué s'en carqua!* (9)......	0	50
Bravo Lasies! Je ne te connais pas mais je te gobe! (14).................................	0	50
Bravo Lasies! Un électeur champenois (10).....	1	»
Bravo Lasies! Vive Lasies! (9)...............	1	»
Bravo Régis! (16)........................	1	»
Bravo Régis! (4).........................	0	25
Bravo Max Régis! (16)....................	0	50
Bravo Régis! Bravo Guérin! Plus de discussions avec tous ces vendus; il faut taper sur ces sales g..... chaque fois que l'occasion se présentera (16)................................	0	50
Bravo Drumont! A bas les traîtres! (16)......	1	»
Un briviste, admirateur de Drumont et de son œuvre (10)..............................	2	»
Une catholique française exaltée par Drumont (5)	1	»
Le cheveu du Creusot (2ᵉ envoi). Je t'admire Drumont; mais quelle ganache que ce Reinach! (13)	0	35
Un colonel d'infanterie. En l'honneur du magnifique article de M. Drumont, paru dans la		

	Fr.	c.
Libre Parole du 30 décembre (17)............	5	»
Un comptable de la Puisaye qui remercie Drumont de la campagne qu'il a entreprise contre les juifs (12).............................	0	50
Courage, Drumont ! toujours ! A bas les juifs ! (2)	1	»
Une cuisinière patriote, Vive Drumont ! (10)....	0	50
Un *De profundis* pour le colonel Henry, un *Te Deum* à Drumont (5)........................	2	»
Une dignaise, admiratrice d'Andrieux (9)......	0	45
Un employé d'octroi. Honneur et gloire au vaillant et chevaleresque Drumont ainsi qu'à ses fidèles collaborateurs (16).................	1	»
Trois employés du chemin de fer de l'Est, à Belfort. Honneur à Drumont et à ses vaillants collaborateurs (6)...........................	3	»
Un électeur pauvre de Givors, admirateur de Drumont (16).....................................	0	45
En l'honneur de Rochefort et pour faire écumer Marel (17).....................................	0	50
Deux enfants de Longueil-Ste-Marie qui aiment la France. Gloire à Drumont ! (9)....	4	»
Une jeune enthousiaste de Drumont (2)........	2	»
Dix électeurs de M. Millevoye, du 16e arrondissement. Ensemble (17)..........................	1	65
Un électeur de Drumont (14).....................	5	»
En avant ! Sus aux juifs ! Vive l'armée ! A bas les traîtres ! Un ennemi acharné des juifs et grand admirateur de Drumont (10)...........	1	»
Une famille admiratrice de la grande œuvre de Drumont, à Marseille (16)....................	20	»
Une femme admiratrice du courage de Drumont (10)...	1	»
Une fidèle à vos souscriptions, ô Drumont ! (4)..	5	»
Un jeune français antisémite de 16 ans, Pierre Barth. Mort à la canaille puante Reinach. Vive Drumont ! Vive Lasies ! A bas les juifs ! (5)....	0	50
Un pauvre français et ses deux fils, admirant Drumont et ayant toujours eu horreur des affreux youtres (14).........................	1	50
Une française. M. Drumont, qui nous donne un si grand exemple de combativité, quand examinera-t-il la revision du procès Drumont-Burdeau ? Cela ferait des fonds pour la sainte cause (16)...	1	»

	Fr. c.
Quatre frères espagnols désirant le bien de la France et fervents admirateurs du grand chef de l'antisémitisme Drumont : Sarna Parati, 0 fr. 25; Piojols Parati, 0 fr. 25; Tigna Parati, 0 fr. 25; Moev Parati, 0 fr. 25 (10)...............	1 »
Gloire à Judet, l'écrivain patriote! Merci à Marinoni. Un français de France (16)...............	1 »
Gloire à Morès et à Catherine de Médicis! (10)..	1 »
Hommage à Drumont et à Rochefort! (5)........	0 50
Hommage à Mme Henry! Vive Drumont! A bas les juifs! Un courbevoisier (9)...............	1 »
Respectueux hommage à Mlle de Bovet! (4).....	1 »
Hommage à Mlle de Bovet! un groupe de lyonnais (9)...	33 »
Hommage à Mlle de Bovet que l'esprit de Jeanne d'Arc a inspirée! (12)........................	5 »
Honneur à Mlle de Bovet et à la *Libre Parole*, son porte-idée! (10)............................	1 »
Honneur à Mlle de Bovet! (2)...................	40 »
Honneur à l'intrépide et loyal Max Régis! (9)....	1 »
Honneur à Félix, pour la manière dont il s'occupe des intérêts de la France! A bas les juifs! Vivent Drumont, Lasies, Judet! Une victime des juifs (7)...	2 »
Honneur à Drumont! Un ouvrier nimois (16)....	0 60
Honneur à Drumont, Judet, Rochefort! pour la campagne du drapeau (16)...................	0 25
Honneur à Drumont, honte sur la juiverie et sur ses plats valets! Un groupe de marseillais patriotes et antijuifs (5)........................	10 »
Honneur à Drumont, Déroulède et Régis! (9)....	0 50
Honneur à Drumont! (14).......................	2 »
Honneur à Drumont! (15).......................	20 »
Honneur à cette bonne *Libre Parole!* (9)........	1 »
Honneur à Marie-Anne de Bovet! Pour protester contre la lâcheté des Reinach et consorts (5)...	2 »
Honneur à Morès! (4)..........................	1 »
Honneur et courage à Drumont! (6)............	5 »
Un humble apporte sa seconde obole. Vive Drumont! Vive les nationalistes! (17)............	0 60
Un jardinier qui admire Drumont et qui exècre les juifs et qui planterait bien Reinach par la tête (13).....................................	0 50
Judet, Drumont, Rochefort, vous avez bien mé-	

	Fr. c.
rité de la patrie ! (15)	2 »
Un lecteur de Rochefort, à Maureilhan (16)	0 20
Un libre-penseur sedanais, admirateur de la belle campagne de MM. Drumont, Rochefort et Judet (16)	20 »
Deux ligueurs nantais admirateurs de Drumont, Judet, Lasies, Guérin (16)	0 50
Loulou Riry. Vive Drumont ! A bas les youpins ! (16)	1 »
Malgré le vote de la Chambre, une antisémite quand même. Vive Drumont ! (14)	0 50
Deux malheureux du canton d'Istres : la veuve d'un combattant de 1870, 0 fr. 25 ; son fils, extirailleur au 8°, 0 fr. 25. Vivent Rochefort, Drumont, Judet et Déroulède ! (7)	0 50
Un vieux marsouin, qui croit que la campagne de Drumont sauvera la France (6)	5 »
Un membre de la Ligue des patriotes. Vive Déroulède ! (6)	1 »
Une mère et sa fille, admiratrices de Drumont (5)	5 »
Un mitron havrais, sa femme et sa fille. Vive Régis ! (14)	2 »
Deux vieux nîmois aimant la France et vive Drumont ! (7)	10 »
Une normande dont l'idéal serait d'être garçon pour collaborer à *La Libre Parole* avec Drumont le défenseur de l'opprimé. A la rédaction tout entière, sa famille, lectrice de la « Bonne Parole », adresse l'expression de sa profonde sympathie, en particulier à Drault, pour les bons moments passés à lire la *Semaine de Chapuzot*. Vrais pour ses comédies (7)	5 »
Obole d'un brave homme, admirateur de Drumont (14)	0 45
Obole d'un vendéen plus patriote que riche. Honneur à la *Libre Parole* (16)	0 60
Un groupe d'ouvriers nationalistes patriote roubaisiens, adorateurs de Drumont et de son œuvre (9)	3 30
Un ouvrier tailleur. Vive Drumont !	0 05
Un ouvrier tailleur. Vive Judet ! (13)	0 50
Un ouvrier mécanicien, admirateur de Rochefort (14)	5 »
Un patriote admirateur de Drumont. Pour la	

	Fr. c.
veuve du colonel Henry, victime des juifs (5)..	1 05
Trois chats patriotes. Vive Thiébaud ! (10)......	1 »
Un patriote artésien fervent admirateur de Drumont, prie l'ignoble Reinach d'agréer, lui et la tourbe immonde de ses amis, l'assurance de son profond mépris (6)...........................	5 »
Deux patriotes lyonnais qui considèrent la race juive en France comme les dix plaies d'Egypte. Vive Drumont, Lasies, Guérin et Max Régis ! (10)	2 »
Patriote d'Ambert. Vive le grand patriote Drumont ! (16)...............	2 »
Un patriote de l'avenue de Wagram. Courage et persévérance à Drumont et ses collaborateurs dévoués (8)...........................	2 »
Un patriote d'Eure-et-Loir, admirateur de Drumont (6).................................	2 »
Un patriote doublé d'un antisémite qui voudrait voir à la chambre 450 députés comme Drumont, Déroulède et Millevoye (7)	2 »
Une patriote partageant toutes les idées de Drumont et faisant des vœux pour leur triomphe (7)...............	5 »
Un patriote qui envoie à Lasies toutes ses sympathies (1)...........................	1 »
Un pékin. Vive Lasies ! (10).................	5 »
Un petit fils de breton pour servir à empailler Dreyfus et toute sa bande, la haute et basse cour. Vive Drumont ! (8)...............	5 »
Petit Henri. Vive Rochefort ! (5).............	0 50
Un philo étudiant, royaliste catholique, dégoûté du *Soleil* et admirateur de Drumont. Pour la veuve et l'orphelin. Que Dieu préserve la France du *fœtor judaïcus* et des brigandages de Jean-Sans-Terre. Vive Dieu ! Vive la France ! Vive le roi ! (17)........................	1 50
Pour les faibles. Une protestante convertie, admiratrice du talent de Drumont (14)...........	2 »
Pour offrir à Charles Devos un coupe-papier d'honneur (17)......................	0 50
Pour sa femme et ses enfants ! Vive Drumont ! Vive Déroulède ! (16)...................	1 »
Un provençal. Vive Drumont ! Vive l'armée ! (4).	2 »
Un quimperois antijuif, admirateur de Drumont et de Max Régis (4)...................	5 »

	fr. c
Un cettois patriote. Qu'un youpin ou un salarié par les juifs s'avise de toucher à un cheveu de Guérin ou de Max Régis! Vive Rochefort! Vive Déroulède! Vive Drumont! notre noble et vaillant écrivain (11)...............	0 45
Une jeune rambolitaine, admiratrice de Drumont et ennemie des youpins (7)...............	0 75
Régis, vengeur de Morès (12)...............	2 »
Un représentant en métallurgie, admirateur de Drumont dès la première heure (4)...............	2 »
Un républicain cettois, antijuif, qui crie: Vive Drumont! Rochefort! Déroulède! Gloire immortelle à Morès! Honneur à Guérin et à Max Régis! ses dignes et vaillants successeurs (11).	1 05
Un rouennais qui crie: Vive Guérin! à bas les juifs! (2)...............	1 »
Un rouennais admirateur de Drumont et de Max Régis (2)...............	3 »
Un sedanais patriote qui crie: Vive Drumont! (16)...............	1 »
Deux socialistes antisémites, grands admirateurs de Drumont et Guérin (11)...............	1 »
Un socialiste patriote, admirateur de Rochefort (3)	1 50
Un soissonnais. Honneur à Max Régis et à ses confrères! (14)...............	0 50
Suivons Lasies et Guérin! (8)...............	0 25
Témoignage de profond respect pour la noble veuve, de sympathie pour l'orphelin, d'admiration pour Edouard Drumont, terrasseur de monstres (6)...............	1 »
Un tertiaire de Saint-François, admirateur de Drumont (4)...............	0 50
Une veuve d'officier supérieur, admiratrice de Drumont (9)...............	2 »
Vive Déroulède! Vittel (6)...............	0 50
Vive Déroulède! Marseille (13)...............	1 »
Vive Déroulède! (2)...............	0 50
Vive Drumont! (4)...............	2 »
Vive Drumont! (9)...............	5 »
Vive Drumont! A bas les juifs! (6)...............	1 95
Vive Drumont! A bas les juifs! (15)...............	2 »
Vive Drumont! A bas les juifs! Un ex-sous-officier de chasseurs (10)...............	0 50
Vive Drumont! A bas les juifs! Vichy (10)......	10 »

	Fr. c.
Vive Drumont! Au pilori, Reinach, et Dreyfus aux supplices de l'Inquisition ! (6)............	1 05
Vive Drumont! contre Reinach le puant! (17) ...	1 »
Vive Drumont ! Défense aux youpins de regimber (7)...	1 »
Vive Drumont, Déroulède et autres patriotes ! (13).	0 60
Vive Drumont, Déroulède! A bas les juifs ! Edmond D. (7)...................................	0 75
Vive Drumont et la *Libre Parole* ! (14)............	0 50
Vive Drumont et la rédaction de la *Libre Parole!* Aurillac (11).....................................	2 10
Vive Drumont et Rochefort ! (7)..................	1 »
Vive Drumont et ses collaborateurs! (8).........	1 50
Vive Drumont ! Une famille de militaires (6)....	5 »
Vive Drumont! Vive Déroulède! A bas les juifs et les dreyfusards ! (5).............................	1 »
Vive Drumont! Vive Guérin! A bas les juifs ! P. M. (5)..	2 »
Vive Drumont! Vive l'armée! A bas Reinach! (12)..	1 05
Vive Drumont! Vive l'armée! A bas les juifs ! (16)..	0 75
Vive Drumont! Vive Déroulède ! (4)............	2 »
Vive Drumont! Vive Lasies ! A la Seine les youtres ! (14)...	0 50
Vive Drumont! Vive Max Régis! (6).............	1 »
Vive Drumont ! Vive Max Régis! (7)............	0 50
Vive Drumont! Vive Morinaud! Vive Régis! A bas tous les youtres d'Algérie et de la Métropole! P. B., ex sous-officier du 5ᵉ bataillon d'Afrique (16)....................................	1 05
Vive Georges Thiébaud! (14).....................	0 15
Vive Gervaize (4)..................................	1 »
Vive Anne de Bovet! A bas les lâches ! Un patriote (8)...	1 05
Vive Lasies ! (16)..................................	1 »
Vive Lasies et Guérin, les braves ! (9)	1 »
Vive Lasies, le second Morès ! (14)..............	0 50
Vive Lasies ! Vive Drumont ! Un sous-officier de cavalerie (10)	1 50
Vivent les honnêtes gens ! (11)..................	6 »
Vive Max, héros de la liberté algérienne ! (4)....	3 »
Vive Max Régis (12)...............................	4 »
Vive Papillaud ! (5)................................	1 05

	fr. c.
Vive Paul de Cassagnac ! (15)...............	0 75
Vive Régis ! (16)............................	1 »
Vive Régis, maire d'Alger, et Drumont, prophète ! Vendetta ! (6)............................	0 30
Vive Régis, sans peur et sans reproche ! (42)...	5 »
Vive Régis ! Vive Drumont ! Un mineur breton (6)...	1 05
Vive Rochefort ! Vive Cassagnac ! Vive Drumont ! Vive Guérin ! (17).........................	1 »
Vive Saint-Auban ! (9).......................	2 »

SOUSCRIPTIONS ALGÉRIENNES

I

Comité central antijuif de Mustapha (*)

	Fr. c.
Abramm....................................	0 25
Acezat (François)..........................	0 25
Afchain....................................	0 25
Alabarbe (Veuve)...........................	1 »

(*) La lettre suivante, annonçant la souscription du *Comité central antijuif de Mustapha*, a été publiée par la *Libre Parole* le 1ᵉʳ janvier 1899.

« Mustapha, 31 décembre 1898.

« Le Comité central antijuif de Mustapha, avant de connaître la date de la clôture de la souscription Henry, avait mis en circulation des listes qui seront closes mardi, et qui seront transmises à la *Libre Parole*; veuillez en prendre acte pour ne pas laisser de côté vos amis mustaphéens tout aussi antidreyfusards que ceux de la métropole.

« Nous profitons de l'occasion pour adresser à l'énergique député d'Alger, à la veille de la nouvelle année, le témoignage inébranlable de notre confiance. A la vaillante rédaction de la *Libre Parole* nos souhaits pour 1899.

« Nous prions Drumont d'être notre interprète auprès de Régis pour lui renouveler également nos félicitations, nos sympathies et nos encouragements.

« Toujours vive la République! A bas les juifs!
« Pour le Comité central,
« Le secrétaire général,
« Jeandet »

La souscription du comité central antijuif de Mustapha, celle du Comité républicain antijuif Gandillot, celle de la commune de Relizane et celle des Délégations financières algériennes ont paru dans la *Libre Parole* le 15 janvier 1899. Elles forment la 18ᵉ liste.

	Fr. c.
Alfonsi (Alexandre). A bas les juifs!..............	0 50
Allier..	0 25
Amédée...	0 25
Amichaud...	0 50
An...	0 50
Anglade (Prosper)......................................	0 25
Ardemane...	0 25
Argentez..	0 25
Aréguit (Mme)...	0 25
Augé...	0 50
Arzoud..	0 50
Balester...	0 25
Balester (Isidor)..	0 25
Barberis...	1 »
Barcelot...	0 55
Barrat...	0 50
Barthelmi...	0 25
Bartonnet...	0 50
Baschiéra..	0 25
Bastelica (Dominique)................................	0 25
Baudin..	0 25
Baugé (J.-B.)..	0 25
Bazus..	1 »
Beaurepaire..	0 25
Bellot..	0 50
Benoit...	0 25
Berthier (Berthe), domestique......................	0 50
Bertrand..	0 25
Bézaran...	0 25
Bézina (Mlle)..	0 25
Bilon...	5 »
Blanquet..	2 »
Boig..	0 25
Bomparal (J.)..	0 25
Bondu...	0 25
Bonnet..	0 50
Borghèse (Jos.)...	0 25
Borguèse...	0 25
Borhot (M.)..	0 50
Bort, boulanger...	1 »
Bourielle..	0 25
Bourgnard..	0 25
Boutier (P.)..	0 25
Bouvet (G.)..	0 50

Bouzon	0 25
Breil	0 50
Breil (A.)	0 50
Breil (L.)	0 50
Broquet	0 50
Brunet	0 50
Bussière (H. F.)	6 50
Cadet (Emile)	0 25
Caillat, (ami de Déroulède), ouvrier jardinier	1 »
Caillaud	0 50
Cavelli, cafetier	0 50
Caminade	0 50
Carrère (Paul)	2 »
Carissio	0 25
Carolat	0 25
Chabanne ben Mohamed ben Ali, domestique	0 25
Chalon	0 25
Chantreux	0 50
Charrier	0 25
Chaze (J.)	5 »
Cheminot, zouave qui est dégoûté des juifs	0 50
Cherignon	0 25
Chevin (Léon)	0 50
Chérot (P.)	0 50
Chmit	1 »
Chevot	0 25
Clément (V.) sellier	1 »
Cobrat	25 »
Comay (Mme) veuve d'un capitaliste, admiratrice de Max Régis	2 »
Comban (Alex.)	0 25
Comis	0 25
Contrel (Mme veuve)	0 50
Coulet (Louis)	0 25
Cortès	0 25
Consart	0 50
Cristy	0 25
Crivelle (G.)	5 »
Danjoux	0 25
Debrincat	2 »
Dedieu	0 25
Demar (Louis)	2 »
Demen (A.), horloger	1 »
Desfossey	0 50

		Fr.	c.
Dibacee..	5	»
Dirson...	0	30
Drouillet..	0	25
Ducomte..	0	25
Dujol..	0	25
Ducros..	0	25
Dumoulin (Albert)....................................	0	50
Dupont...	0	50
Dupont (L.)..	0	50
Durand...	0	50
Durand...	0	25
Duranton...	1	»
Erzé..	0	50
Etterzig..	2	»
Etienne...	0	25
Eyl (L.)..	0	25
Fabre...	1	»
Faivre (Léon) antijuif, judéophobe à outrance...	0	20
Falca...	0	50
Faure (Casimir)......................................	2	»
Fidry...	1	»
Fleury (M.)..	5	»
Fond (Louis)...	0	25
Fond (T.)..	0	50
Fonta...	0	25
Fossati...	0	25
Fournier (D.)..	1	»
Fusch (Emile)..	0	25
Gallon..	0	15
Garançon...	0	25
Gardais (Louis)......................................	2	»
Gauthier..	0	25
Gayon (Vve)...	1	»
Gayon (P.)..	2	»
Géauly...	0	25
Gile (Mme)..	0	25
Giraud...	1	»
Girault...	0	50
Girodon (Mme)......................................	2	»
Girodon (René)......................................	2	»
Goll (A.)...	0	25
Gorgean..	0	25
Georgeon...	0	25
Gouinec, chef monteur...............................	0	50

	Fr. c.
Granier..	0 25
Granjean...	0 25
Grauley..	0 25
Gros...	0 25
Gudet..	0 25
Guillaumon...	1 »
Guillet (Mme)..	1 »
Guy..	0 25
Hamdar (T.)...	0 25
Henri, qui voudrait voir tous les juifs au poteau !	2 »
Hérisson...	1 »
Hormiker...	0 25
Houillet..	0 15
Hugues...	1 »
Huriot..	0 25
Isnard..	0 25
Jamreau..	0 50
Jaume (Vve)...	0 25
Jole (C.)...	1 »
Joly (Vve)...	1 »
Jourdin...	0 50
Jubilo..	1 »
Jumeau...	0 25
Jusot (Jean)...	0 25
Juverd...	0 25
Kalmann..	0 25
Kassem (Ali). A la porte les juifs! Vive l'Algérie!	1 »
Kiener..	0 25
Koen...	0 25
Lacazet..	1 »
Laffitte (Fernand).......................................	2 »
Lambert (Georges)......................................	1 »
Lanzani..	1 »
Lassuz...	0 25
Laurens (Paul)..	0 50
Léandry (Mme)..	1 »
Lebas (Louis)...	0 25
Lebas (Max)...	0 50
Léomi..	0 25
Lescornel..	1 »
Levent...	0 25
Lhansen (Marie)..	0 25
Lippel..	0 25
Lopez..	0 25

	Fr.	c.
Macis	0	25
Magueris	0	25
Maillot	0	25
Maréchal (Désiré)	0	25
Mas (Mme Vve)	0	25
Masset	0	50
Mathieu	0	25
Mayeur (Vve Joséphine)	0	50
Ménella	0	50
Mercadal	0	25
Mestre	0	25
Michel	0	25
Michel (Honoré), propriétaire	1	50
Millon	0	25
Monèt (Mme)	0	25
Monio	1	»
Monnia	0	50
Moreau	0	25
Morisset	0	50
Mousseux	0	50
Muzart (Jules)	0	25
Niro (L.)	0	25
Nivet	1	»
Paque (Fernande)	0	50
Péclot	0	75
Pédégaist	2	»
Perel	0	25
Perrier	0	25
Pierre	0	25
Pierre (Joseph)	0	25
Piris (G.)	1	»
Pons	0	25
Pons (Fernande)	1	»
Raubiaf	0	50
Raveton (Mme Henriette de)	0	50
Raveton (Mlle Fernande de)	0	50
Raveton (Fernand de)	1	»
Rediac	0	25
Régis (Max)	10	»
Ribes (Mme)	0	25
Richard	0	25
Richeux	1	»
Rivière	2	»
Roca (Mme Veuve)	0	50

	Fr. c.
Rotier	0 25
Royollier (Louis)	0 25
Rubin (J.) A bas les Juifs! Vive l'armée	2 »
Rubin fils	1 »
Sabatier	0 25
Sartre	0 25
Sautel	0 25
Sauvau. A bas les Juifs! Vive Régis!	1 »
Schmit	0 50
Schmith (J.)	0 25
Schuh	0 25
Singuinetti (Mlle)	0 25
Sintes (Joseph)	0 10
Sollet (Morand)	0 50
Smedt (Désiré de)	0 50
Stchenn (Pierre)	0 50
Stemel (Victor)	0 25
Stemelle	0 25
Stchann (R.)	0 25
Suchet	0 50
Tabone (Charles)	0 25
Teintignan (Edouard)	0 25
Têtefort	0 50
Thuillier (Mme)	0 25
Thuillier père	0 10
Thuillier fils	0 25
Thuillier (Mlle Germaine)	0 10
Torregrosia	0 25
Torrey (François)	0 25
Tortonès (Agnès)	1 »
Franchant	0 25
Touvennin (Auguste)	0 10
Tulle	0 25
Turpin	0 25
Verens (Louis)	2 »
Vettard, le cuisinier	0 20
Vichet	0 25
Villette	0 25
Vincent	0 25
Viseault	0 25
A. M. A bas les Juifs!	0 50
M. B.	2 »
M. H.	0 50

	Fr. c.
X..	0 50
XXX...	0 25
XXX...	0 25
A bas les juifs !..	1 50
A bas les traîtres !...	0 25
A bas les vendus !..	0 25
A bas les youdis !...	0 50
A la guillotine les juifs, les judaïsants, les traîtres et les vendus !..................................	0 40
Une algérienne...	2 »
Un antijuif, élève tambour, demande la peau de Reinach pour sa caisse...............................	0 25
Un antijuif..	0 25
Un antijuif qui voudrait faire partie du piquet d'exécution lorsqu'on fusillera Dreyfus..........	0 25
Idem, ibidem...	0 25
Deux marchands de poisson. Vive Drumont !...	0 50
Pour répondre au ministre qui a puni les officiers souscripteurs...	0 25
Un patriote...	0 50
Zut pour Rouanet !...	0 10
Anonyme...	1 »
Anonyme...	1 »
Un anonyme..	0 25
Anonyme...	0 50
Un anonyme français.....................................	0 25
Un groupe d'ouvriers.....................................	1 »
Antijuifs..	0 50
Un antijuif français.......................................	0 50
Au poteau, Dreyfus !......................................	0 25
Antijuive...	0 50
Un cordonnier antijuif demande la peau de Reinach pour faire des bottes d'égoutier.........	0 25
Un français. A bas les juifs !.............................	0 25
Un français qui veut chasser les juifs de l'Algérie..	0 20
Un français. Vive Drumont !.............................	0 50
Un français. Vive Régis !.................................	0 50

II

Comité républicain antijuif Gandillot, d'Alger (*)

	Fr. c.
Aignon Courby...	0 25
Alfonsi (Charles)...	0 50
Antoine, antijuif...	0 50
Auton (Mme)..	0 25
Barboteu (Joseph), musicien de l'orchestre municipal...	1 »
Beaudeli...	0 25
Bellegarde (père)..	0 50
Bertrand (Marius)..	0 50
Bidault, antidreyfusard...................................	0 50
Bonetti (F.)...	1 »
Bouissou..	2 »

(*) Liste de souscription parue dans la *Libre Parole* du 15 Janvier 1899, précédée de la lettre suivante :

« Alger, le 6 janvier 1899.

« Monsieur Edouard Drumont, député d'Alger, directeur de la *Libre Parole*, boulevard Montmartre, 14, Paris.

« J'ai l'honneur de vous adresser ci-inclus :

« 1° La liste de souscription ouverte par le Comité républicain Antijuif Gandillot, d'Alger, en faveur de la veuve du colonel Henry, s'élevant à trois cents francs.

« 2° Un mandat représentant ladite somme, à l'adresse de M. Charles Devos, administrateur de la *Libre Parole*.

« Le comité vous serait reconnaissant de vouloir bien faire publier la liste avec son en-tête, dans le numéro de votre journal qui suivra la réception de la présente.

« Il vous prie en même temps de transmettre à Max Régis, J. Guérin et Lionne, leurs meilleures amitiés; à Rochefort, l'assurance du plus chaleureux et du plus cordial accueil; à tous les membres du groupe antisémite, le renouvellement de leur pleine confiance.

« Agréez, monsieur le député, l'expression des vœux que forme le comité tout entier pour la réussite de nos projets, c'est-à-dire la ruine et l'expulsion des Juifs, et celle de son entier dévouement.

« Le président du comité Gandillot,

« H. Pignodel. »

	Fr.	c.
Bou-Mendjel, fils d'un officier de l'armée d'Afrique	5	»
Brissaud (fils)	0	50
Broyer (Mme)	0	25
Bruyère	2	»
Brun (H.)	5	»
Caillot (L.)	1	»
Carnet de Nesle	2	»
Cestin, conseiller municipal et ses amis	10	»
Chanel (V.)	1	»
Chevallier (G.)	1	»
Chevrolat	2	»
Crémon, antijuif	2	»
Crouzet (Charles)	0	50
Devaux (Louise)	1	»
Dosset, chasseur à pied	0	50
Dreuil	1	»
Dumont (voir *Trouillot*).		
Esaella	1	»
Eulérier	0	25
Faure (A.) conseiller municipal, chevalier de la Légion d'honneur	5	»
Fiflot et sa famille	1	»
François	0	»
Gabit	1	»
Génevay (Emile)	0	50
Godeau (Mme Vve) mère de sept antijuifs	1	»
Grenoble-la-Tronche, chasseur et pêcheur	0	50
Guérin (Jules)	0	25
Guérin (Eugène)	0	25
Guichardon	0	50
Herbey (d')	1	»
Jourdan	1	»
Kieffer et Rosalie Lavedan	1	»
Koller	1	»
Lacourt	1	»
Lavedan (Rosalie). (Voir *Kieffer*.)		
Le Prioleand	1	»
Lucion	0	25
Maïacoud (L.) fils	1	»
Marcelle et Alice	1	»
Marguerite (G.)	0	25
Marguerite, brodeuse	0	25
Marie	0	15
Martin, avocat	2	»

	Fr.	c
Martin, avocat, vice-président du Comité........	3	«
Maséa (Marie)................	2	»
Maubé....................	0	50
Mentzer (A.) Vive l'armée!............	0	50
Milliès...................	1	»
Mondié....................	0	50
Morat (Marguerite)..............	0	50
Moncion...................	1	»
Mumlint...................	1	»
Muret (Pierre), fabricant de balais........	0	50
Nami....................	0	50
Peyron...................	1	»
Pierre....................	0	25
Pignol....................	0	50
Puel.....................	2	»
Raimond, ex-officier.............	1	»
Randavel..................	0	50
Raphanel..................	1	50
Reboul (Alexandre).............	1	»
Renaouda, Miloud ben Chir. Vive la France aux Français!..................	0	25
Rivas (P.).................	0	50
Roumégas..................	1	»
Roumégas (Noël)..............	0	50
Scala (D. Charles).............	2	»
Salor....................	0	50
Savelli (Mme André)............	1	»
Savelli (André), fils d'un Corse,........	1	»
Seelles...................	0	50
Scoto....................	0	50
Scotti (V.).................	1	»
Séguin...................	1	»
Seguy (L.), père..............	1	»
Sicart (Mme)................	1	»
Trouillot et Dumont à l'équarissage. Famille franc-comtoise................	1	»
Vitali (Vve)................	0	50
P. A....................	0	50
X.....................	0	50
X.....................	0	50
X.....................	1	»
XXX....................	1	»

	Fr.	c.
A bas les fumistes Laurens et Cie !............	1	»
A bas les juifs ! A bas les youtraïsants !.........	0	50
A bas les juifs ! Pour la France ! Pour l'Algérie !	1	»
Un admirateur de Drumont................	5	»
Un admirateur de Max Régis...............	2	»
A la mer les juifs !.....................	0	25
Un alcoolique........................	1	»
Un algérien anti juif....................	2	»
Un algérien antijuif....................	0	20
Un groupe d'algériens et algériennes, français d'origine.........................	1	50
Une algérienne antijuive.................	0	20
Un ami du Télemly à Dumont..............	1	»
Anna, antijuive......................	0	25
Anonyme...........................	2	»
Un anonyme........................	0	50
Une anonyme.......................	0	50
Un groupe d'anticharognards et d'antidreyfusards.............................	5	»
Un anti-chelba (poisson juif)..............	1	»
Un anticlérical.......................	1	»
Un antidreyfusard	0	50
Un antijuif	5	»
Un antijuif	1	»
Un antijuif	0	50
Un antijuif	0	25
Un antijuif	0	25
Un antijuff, ami de Régis et pur français.......	2	»
Un antijuif convaincu	0	50
Un antijuif de la rue Bab-el-Oueb...........	2	»
Un antijuif de Cadix	0	50
Une antijuive de dix ans	0	25
Un antijuif de onze ans.................	0	25
Un antijuif dévoué à la cause, habitant Alger...	0	50
Un antijuif écœuré de la campagne du *Télégramme*............................	1	»
Un antijuif félicitant Nicaise « le failli » d'avoir retiré sa plainte contre l'élection de Max Régis, son ami, à la mairie d'Alger.............	0	25
Un antijuif indépendant.................	1	»
Un antijuif limousin...................	0	30
Un antijuif pur-sang...................	2	»
Un antijuif qui ne peut se nommer..........	0	25
Un antijuif qui ne portera pas la chéchia dans 23		

	Fr. c
mois...	0 10
Un antijuif qui rêve.............................	1 »
Une antijuive.....................................	0 25
Une antijuive dans l'âme.....................	0 20
Un antiyoupin enragé...........................	1 »
Un arabe demandant 24 heures seulement!......	0 25
Bébé antijuif......................................	1 »
Bombes de dynamite pour les youpins.......	0 20
Bon pour une fricassée.........................	1 »
Un boudin boursouflé de cochonnerie équivaut à une juive!.................................	0 50
Un calicot admirateur de Drumont............	1 »
Casser la g... à Laferrière et Cie.............	0 50
Celui qui abat les juifs avec des tomates.....	0 10
Un champenois de la Pouilleuse...............	2 »
Un chevalier de la Légion d'honneur.........	1 »
Un clerical..	0 50
Convaincue de 13 ans, qui se prive d'un chocolat	0 25
Un corse de la Corse antijuive................	0 50
Une dame antijuive..............................	0 50
Un groupe d'employés de maison française.....	1 25
Les ennemis du juif hollandais................	0 40
Un ennemi déclaré des juifs (voyou d'Alger).....	2 »
Un ennemi des dreyfusards....................	0 25
Un espagnol......................................	0 50
Eureka...	0 50
Français et antijuif..............................	2 »
Kif-kif le précédent.............................	2 »
Français républicain............................	1 »
Un français antijuif.............................	5 »
Un français qui n'est pas de France..........	0 50
Une française d'origine. A bas les juifs!......	5 »
Un goutteux qui marchera certainement pour le triomphe de l'idée, le grand jour venu!......	1 »
Un gueulard antijuif............................	0 10
Horreur à Hérode Ier! Un antijuif............	0 50
Je n'aime pas Rouanet..........................	0 50
Le juif! voilà le cancer du commerce algérien!...	0 50
Le juif! voilà le fumier de l'écurie sociale....	0 50
Léon (L.)..	0 50
Un lion antijuif..................................	1 »
Un ancien marin.................................	5 »
La mort subite aux juifs.......................	2 »
Ni à acheter ni à vendre.......................	2 »

	Fr. c.
Par honte de passer toujours pour des cosmopolites............	0 50
Une patriote............	0 50
Un groupe de patriotes............	2 »
E. B. Pour expulser les juifs............	1 »
Pour permettre à la Cour de Cassation de se laver les mains............	5 »
Un qui préfère dix naturalisés à un sale youtre.	0 50
Un propriétaire rentier............	0 50
Quand même ! Toujours et contre tous. Honneur à Max Régis !............	0 25
Un Ravachol antijuif............	1 »
Régis est une enclume sur laquelle on frappe toujours et qui ne cède jamais............	0 25
Reinach dans un chaudron !............	0 50
Un requin qui attend dans la mer Rouge, les juifs pour les dévorer............	1 »
Sang français, sang antijuif............	1 »
Un socialiste antijuif : au bagne Jaurès de Reinach............	0 50
Un vieux sous-officier de dragons............	0 50
Un ex-sous-officier de tirailleurs............	5 »
Sur la g... d'un juif : une huître grasse............	0 50
Vivent Drumont et Régis ! A bas les juifs !......	1 »
Vive Régis !............	0 50
Vive Régis !............	0 50
Un voyou antijuif............	0 50
Un 2e voyou antijuif............	0 50

III

Commune de Relizane (*)

	Fr. c.
Andrieux, propriétaire, maire de Relizane	20 »
Antonin, ex-sous officier au 4° dragons	1 »
Badarous	0 50
Bellia (Fédéric)	1 »
Benaouda, Miloud ben Chir. Vive la France aux Français !	0 25
Borja (Pierre)	0 50
Botella (Josph)	1 »
Boubeker bel Hadj salah	1 »
Boujot (E.)	0 50
Boyer (veuve)	1 »
Calmette (J.)	0 50
Castillo (E.) entrepreneur	0 50

(*) La souscription de la commune de Relizane était accompagnée de la lettre suivante :

« Relizane, le 29 décembre 1898.

« Cher député,

« J'ai l'honneur de vous adresser, sous ce pli, un mandat postal de la somme de 103 fr. 50, montant de la souscription ouverte en faveur de madame veuve Henry.

« Dans le cas où la souscription de votre vaillant journal serait close, et qu'il vous serait impossible d'y faire figurer la somme ci-dessus, je vous prierai de publier quand même la liste des souscripteurs, et de prendre un livret de caisse d'épargne pour le jeune Henry.

« Ce livret lui rappellera sans cesse l'infamie d'Israël et ce qu'il doit à la cause de l'armée pour laquelle son noble père s'est sacrifié.

« En présentant, au nom des souscripteurs, mes hommages respectueux à madame veuve Henry, je la prie de nous honorer de l'envoi de la photographie de notre jeune ami.

« Veuillez agréer, monsieur et cher député, l'expression de mes meilleurs sentiments.

« Le Maire :

« Andrieu.

	Fr. c.
Canicio (Emile)	0 50
Chalançon, docteur, conseiller municipal......	5 »
Clairain, ex-sous-officier, médaille militaire....	1 »
Coste, ex-zouave, médaille du Mexique.........	1 »
Dellac..	2 »
Eichelberger, gendarme en retraite.............	1 »
Ferral, ex sous-officier au 2ᵉ tirailleurs.........	1 »
Foucard, conseiller municipal...................	2 »
Fournier (Marius), volontaire en 1870, réformé par suite de blessures	0 50
Gabert, conseiller municipal....................	2 »
Gassen, Miloud bel Arbi, ancien élève de la Medersa de Tlemcen	0 25
Gaubert (Armand), ex-sous-officier d'infanterie de marine	0 50
Gavarry, vétérinaire.............................	2 »
Godillot, notaire	5 »
Guyard (Veuve)..................................	1 »
Hermandez (Manuel)............................	1 »
Hermandez (R.)..................................	1 »
Houdot. Pour copie conforme	0 25
Hours, ex-chasseur à cheval....................	1 »
Jayez, ex-zouave au 1ᵉʳ régiment...............	1 »
Kaïd (Kaddour), caïd, chevalier de la Légion d'honneur.....................................	2 »
Krithy..	1 »
Lacotte, conseiller municipal...................	0 50
Leiddeker (Jacob), cafetier (n'est pas juif).....	0 25
Lidon, directeur du Comptoir d'escompte......	1 »
Maracchi, cafetier................................	1 »
Martel (Louis)....................................	1 »
Martin (Antoine).................................	1 »
Martin (J.) judaïsant repentant	1 »
Masson, ex-zouave...............................	0 25
Metz (de) chef d'escadron d'artillerie en retraite, officier de la Légion d'honneur................	5 »
Michel (E.) ancien légionnaire	0 50
Mohammed ben Chikr	0 25
Monréal (Antoine) frères........................	2 »
Peyre..	0 50
Plas, conseiller municipal.......................	1 50
Pravalorio (Ch.)..................................	1 »
Puech	1 »
Ramonda, banquier, conseiller municipal......	0 50

	Fr.	c.
Richerms, adjudant en retraite, décoré de la médaille militaire............................	1	»
Rivière, propriétaire, chevalier du mérite agricole, 1er adjoint au maire	2	»
Rodier (C.).................................	0	50
Rodier, propriétaire, conseiller, conseiller municipal...................................	1	»
Ruter, ex-sous-officier à la légion étrangère.....	1	»
Ruftieux, pharmacien.........................	1	»
Sabuco......................................	0	50
Saubert, propriétaire, conseiller général, 2e adjoint...................................	1	»
Soler..	2	»
Soullié......................................	1	»
Toumia (Mohammed), conseiller municipal, ex-spahis....................................	1	»
Turboust (Veuve).............................	2	»
Ville (Ch.)...................................	1	»
Venel, conseiller municipal....................	0	25
Zemmori, cafetier maure, naturalisé............	0	50
S. H..	1	»
Un antijuif, ancien capitaine au 2e zouaves......	1	»
Un antijuif, n° ouad, qui voudrait les savoir en route pour la Palestine.......................	0	25
Pour sauver l'honneur de Mme Henry	0	25
Un qui voit avec plaisir Dreyfus où il est.......	0	25
Vive l'armée ! à bas les traîtres !	0	25

IV

Délégations financières algériennes (*)

	Fr.	c.
Aymes...	5	»
Begey...	10	»
Bertrand..	5	»
Besson...	5	»
Boisse..	5	»
Bouché...	2	»
Joly de Brésillon.................................	5	»
Casanova...	6	»
Chanlogue.......................................	5	»
Chaumont..	5	»
Christophle......................................	5	»
Colonel Corps...................................	10	»
De Courtois.....................................	5	»
Deloupy...	5	»
Dessolier..	5	»
Gand (de).......................................	5	»
Garau (Ed.).....................................	5	»
Gardin (Du)....................................	10	»
Guettier...	10	»
Irr (Paul).......................................	5	»
Laborie (Ch.)...................................	5	»
Lacretelle.......................................	10	»

(*) Cette souscription était annoncée par la lettre suivante, publiée dans la *Libre Parole* du 1ᵉʳ janvier 1899 :

« Oran, 31 décembre 1898.

« Je vous confirme mon télégramme du 29 courant, concernant la souscription des délégations financières algériennes en faveur de Mme veuve Henry.

« Je vous envoie, par lettre chargée, *deux cent douze francs* souscrits par trente-quatre délégués, sur quarante-huit, avec un manifeste signé par trente et un délégués demandant au gouverneur général l'abrogation du décret Crémieux avec effet rétroactif.

« Amitiés.

« Paul IRR ».

Lasserre..	10	»
Lesueur..	5	»
Le Vasse...	5	»
Montravel (vicomte H. de)......................	5	»
Muller...	5	»
Perret...	5	»
Perrin (Antoine).................................	10	»
Pierrard...	5	»
Ricci..	5	»
Rivaille...	5	»
Rolland...	10	»
Sabatier..	5	»
Vidal...	5	»
Un antijuif, Vive l'armée!......................	0	25
Un fonctionnaire, ex-caporal au 3ᵉ zouaves.....	1	»
Un français. Vive l'armée!.....................	2	»
Un qui déteste les youtres.....................	1	»
Un ancien zouave................................	1	»
Un ex-zouave, à bas les juifs! Vive l'armée!...	1	»

ÉTRANGERS

	Fr. c
Ancel (Louis), suisse. Vive l'armée française ! (5)	10 »
Andrée (Miss) (9)	2 »
Calisch (M.) d'Amsterdam, de passage à Paris. A bas les juifs ! (9)	0 50
D'Eduero, un belge ami de la France, souhaits pour 99 : « A la Youtocratie une Saint-Barthélemy bien méritée » (15)	2 »
Elvira, jeune espagnole (9)	2 »
Janssens (M.), Anvers. Pour qu'on démolisse l'observatoire de Mathieu Dreyfus (16)	1 90
Kairisse, belge qui s'engagerait dans l'armée française pour trouer la peau de Reinach (5)...	0 25
Lennox (Mme D.) américaine, hôtel du Louvre (8)	20 »
Mauroy (Alph.), drumontiste belge (11)	0 45
Mikhalowsky, russe orthodoxe, véritable ami des français (4)	2 »
Nicolaïdès (N.) directeur de l'*Osmanié* (10)	50 »
Parati. Quatre frères espagnols désirant le bien de la France, et fervents admirateurs du grand chef de l'antisémitisme Drumont : Sarna Parati, 0,25 ; Piojols Parati, 0,25 ; Tigna Parati, 0,25 ; Mœw Parati, 0,25 (10) (*)	1 »
Petrof (Dimitri), philologue russe orthodoxe (4)	2 »
Petrof (Vera), russe orthodoxe (4)	2 »

(*) Ces mots veulent dire la gale, la teigne, des poux pour toi.

Rens (grands, belge (11)........................	0	25
Richard, candidat en droit à Liège. Honte aux vendus (6)..................................	2	»
Samine (S. de) moscovite antisémite (3)........	100	»
B. (Émile), un belge ne croyant pas au suicide du colonel Henry (14)..........................	1	»
E. G. un suisse de Paris, protestant contre l'attitude de certains de ses compatriotes (3)	10	»
E. G. suisse de Paris, qui proteste contre la parfaite mauvaise foi d'E. A. N., correspondant parisien du *Journal de Genève*. 3ᵉ souscription (8)	10	»
E. T. russe orthodoxe (4) (voir *Mikhalowsky*).		
H. (Auguste), un belge qui aime la France (4)...	1	50
H. (Auguste), un belge qui aime la France (4)...	1	50
L. M. à Tournai (11)...........................	1	»
Une africaine ruinée par les panamistes........	1	»
Une allemande, à Nice (11)....................	2	»
Une américaine (10)............................	1	»
Une américaine protestante, pour la France et l'armée (6).................................	100	»
Une protestante américaine et française de cœur, dégoûtée des protestants (2)..................	10	»
Une famille américaine de Pensylvanie qui aime la France (16)................................	5	»
Une anglaise amie de la France et très grande admiratrice de Drumont (9)....................	20	»
Table de bavarois muette depuis la circulaire (14)	14	»
Un belge (3)...................................	5	»
Un ami belge (4)...............................	0	25
Un comptable belge aimant la France (7)........	1	»
Un belge qui combattra toujours l'ignoble campagne menée par l'étranger (16)..............	5	»
Une belge, petite-fille de général français (7)....	5	»
Une créole de l'île Maurice voue au mépris tous ceux qui fréquentent les juifs (6).............	5	»
Deux sœurs belges (7).........................	2	»
Une écossaise amie de la France et ennemie des juifs (12)...................................	20	»
Un espagnole petit-fils de breton (16)..........	5	»
Deux espagnols, frère et sœur, qui aiment la France (7)..................................	1	»
Un étranger qui aime la France (4).............	5	»

Un étranger qui respecte l'armée française (8)...	5 »
Une étrangère qui aime la France et son armée (17).............	5 »
Une étrangère qui aime la France et son armée (16).............	5 »
Un finlandais antisémite, employé, admirateur de l'armée française (7).............	2 »
Un flamand antisémite (14).............	1 »
Deux petites flamandes et un petit flamand leur frère, ainsi que leurs parents (17).............	1 25
Un pauvre poète de Genève (12).............	0 15
Un génevois contre les protestants de Genève qui voudraient faire la morale à la France, 1873 (13).............	0 25
Un génevois écœuré et qui en veut à Rothschild (11).............	2 »
Deux hellènes, pour la confusion du youtre Reinach (6).............	1 »
Un fils de la libre Helvétie ami des généreux et vaillants gaulois par sympathie pour leur héroïque défenseur Drumont (17).............	1 »
Un hollandais contre l'immonde Reinach (4)......	3 »
Un protestant hollandais pauvre, ami de la France (10).............	10 »
Un hongrois (12).............	1 05
Une irlandaise (7).............	5 »
Trois irlandaises (7).............	12 »
Un italien n'ayant pas pu faire autrement (14)..	0 25
Un italien qui aime la France (16).............	0 20
Une bonne famille luxembourgeoise (13).........	2 »
Noël. Protestation d'un belge et liégeois contre l'attitude de la presse libérale, radicale ou socialiste de Liége, favorable ou vendue aux juifs errants et sans patrie (14).............	5 »
Un jeune polonais, ennemi des juifs et des sans-patrie (10).............	1 »
Un polonais, deux lorrains, un italien, à Saint-Mihiel (15).............	2 »
Un portugais qui serait gai de voir crever Reinach (3).............	1 »
Un russe (2).............	500 »
Un russe qui admire le patriotisme de Rochefort, Drumont et Judet (17).............	10 »
Un suisse qui aime la France (3).............	3 »

	fr. c.
Un suisse qui aime la France (6)...............	0 50
Un jeune suisse qui aime la France et déteste les juifs (14)..	1 65
Un russe qui désire garder l'anonyme (17)......	100 »
De la part d'un suisse antisémite, chose rare (5).	3 »
Un suisse protestant, à Lyon (10)...............	2 »
Un suisse protestant qui aime la France (3).....	2 »
Un suisse protestant. Vive l'armée française!....	10 »
Un suisse qui crie : Vive l'armée française!.....	5 »
Un suisse sincère ami des bons français!........	5 »
Un suisse. Vive la France! Vive la vaillante et glorieuse armée française! Honte aux traîtres ! (14)...	2 »
Une suissesse antidreyfusarde (14).............	2 »
Une suissesse, française de cœur, contre Reinach et sa bande (10)..................................	1 »
Un turc, qui néanmoins n'aime pas Picquart (8).	10 »
Une famille viennoise (16).......................	1 »

OMISSIONS ET RECTIFICATIONS

ARMÉE

	Fr. c.
Augerd (capitaine), à Annecy (18)...............	5 »
Ayet (Ed.), ancien soldat (18)	2 50
Blanc (D.), ancien sergent-major, guerre de 1870. Une petite famille de Guyotville près Alger, composée de : Marie-Marguerite, Léa-Renée-Huguette-Antoinette Puech et Maurice de Marivaux, sous-officier en retraite (16).........	5 »
Bonnafous (F.), ex-officier, vignoble de Villedaigne, fait appel aux vrais patriotes, mais refuse les dreyfusards (18).......................	40 »
Bourillon, ex-sous-officier au 13ᵉ de ligne, 2ᵉ compagnie de marche, volontaire pendant la guerre de 1870-71. A bas les juifs ! Vive l'armée ! (14).	1 »
Bréon (Commandant et Mme) (3) (Voir page 2)...	5 »

L'annuaire militaire ne contient qu'un seul commandant du nom de Bréon. C'est le commandant C. F. Lancrau de Bréon, chevalier de la Légion d'honneur, chef d'escadron au 7ᵉ régiment d'artillerie, à Rennes. Le commandant de Lancrau de Bréon était un des juges du conseil de guerre qui, le 9 septembre 1899, par cinq voix contre deux, a condamné le capitaine Alfred Dreyfus à dix ans de réclusion. D'après quelques journaux, ce serait précisément le commandant de Bréon qui, avec le président, colonel Jouaust, aurait voté l'acquittement du capitaine Dreyfus.

Casassa, lieutenant au 30ᵉ d'artillerie (4).

Cette souscription a paru sous la rubrique « Anonyme. » (Voir page 359).

	Fr. c.

Cléménion (Claude), ancien soldat (18)............ 2 50
Duhamel, officier de réserve (18)................. 0 25
Farraire, ex-chasseur d'Afrique (18)............... 1 50
Galerie, Mercier, Caussé, lieutenants de cava-
    lerie (6) (Voir page 4)......................... 14 »
    La note indique que le lieutenant Galerie ne figure
pas à l'annuaire de 1898. Il est probable qu'il faut lire :
Galène. Le lieutenant Galène, en effet, appartient au
17e régiment de chasseurs, ainsi que les lieutenants
Mercier et Caussé.
Keller, lieutenant au 30e d'artillerie (4).
    Cette souscription a paru sous la rubrique « Ano-
nyme ». (Voir page 359).
Le Boucher de Lusy (capitaine), auteur du *Parfait
    ordonnance pour Reinach. Je vous admire. Dru-
    mont !* (10).................................... 0 50
Leiris (X. de), capitaine de cavalerie, à Vesoul
    (16) (Voir page 14)............................ 5 »
    Au lieu de Leiris (X. de), il faut lire : Leiris (V. de).
Leprenez (Paul), officier de réserve au 18e batail-
    lon de chasseurs à pied (4) (Voir page 43).... 5 »
    Il faut lire Lepreux (Paul).
Libour (Capitaine de vaisseau) (6)................ 20 »
    Cette souscription figure dans la 6e liste sous la
rubrique : « Un anonyme à Salon ». (Voir page 358).
Marivaux (Maurice de), sous-officier en retraite.
    (Voir *Blanc (D.)*).
Marlière (L'ancien cuirassier O. de la). A bas les
    traîtres ! Vive la France et l'Irlande ! (16).... 1 »
Marul (Gaston), ancien sergent, au 4e de ligne (4)
    (Voir page 63)................................. 5 »
    Il faut lire : Marcel (Gaston).
Mauduif (R. de), lieutenant de chasseurs, à Châ-
    teaudun (14) (Voir page 5).................... 5 »
    Il faut lire Mauduit (R. de), lieutenant au 1er chasseurs.
Mercier (général), ancien ministre de la guerre
    (3) (Voir page 8)............................... 100 »
    Outre le nom du général Mercier, on trouve dans les
listes de la *Libre Parole* :
    Mercier (M. G.), frère du général Mercier (7) (Voir
page 300).. 20 »
    Parisot (Mme Aug.), sœur du général Mercier, à
Nancy (8) (Voir page 330)...................... 20 »
Mougen, lieutenant de cavalerie territoriale (4)

	Fr. c.
(Voir page 18)..	5 »

Au lieu de Mougen, il faut lire Mougeud.

Naudin (R. de), lieutenant de chasseurs, à Châteaudun (11) (Voir page 18)...............................	5 »

Cette souscription doit être ainsi rectifiée :
Mauduit (R. de), lieutenant au 1ᵉʳ chasseurs.

Pasquier (Roger), officier démissionnaire (18)...	5 »
Penguerin (A. de), officier démissionnaire (12) (Voir page 44)...	50 »

Au lieu de Penguerin, il faut lire Penguern.

Poussard (Henri), ancien soldat (18)...............	2 50
Renou (Raymond), chevalier de la Légion d'honneur, ancien capitaine aux chasseurs à pied, antijuif (6) (Voir page 15)............................	1 »

Au lieu de 1 », il faut lire 5 ».

Sigé (Eugène), ancien soldat (18)..................	2 50
Siou (Armand), ancien soldat (18)..................	0 20
Siou (Charles), ancien soldat (18)..................	0 20
Thurneyssen, lieutenant au 30ᵉ d'artillerie (4).	

Cette souscription a paru sous la rubrique « Anonyme. » (Voir page 359.

Valerio (capitaine), artillerie. (Voir page 3).

Le capitaine Valerio est indiqué à tort comme ne figurant pas à l'annuaire militaire de 1898. Il appartient, comme capitaine commandant la 12ᵉ batterie du 8ᵉ régiment d'artillerie en garnison à Nancy et à Troyes. On sait que le capitaine Valerio, qui sort de l'École de Versailles, a figuré au procès de Rennes, comme témoin à charge. Il avait été spécialement désigné pour expliquer le système de M. Bertillon.

Weiss (Emile), ancien soldat (18)..................	10 »
G. de B., L. de B., M. de B., 55 ans de service, 16 campagnes (18)...................................	5 »
R. de B., capitaine de hussards (18)...............	5 »
Au pied de la statue « Quand Même ! » et en face du Lion de Bartholdi. Deux sous-officiers de la garnison de Belfort indignés de la conduite infâme du sinistre chef de la bande dreyfusarde, Reinach (7)...................................	5 »
Cinq officiers buvant le champagne en l'honneur des arrêts infligés par le ministre à un de leurs camarades, envoient à Freycinet l'expression de leur dégoût (18)..	5 »

	Fr. c.
Deux capitaines de l'armée d'Afrique, révoltés de la campagne menée contre l'armée (18)	2 »
Deux lieutenants de zéphyrs (18)	10 »
Frappé de quatre jours d'arrêts par le Ministre de la guerre pour avoir pris part à la souscription de la *Libre Parole*. Vive l'armée! (26)	1 »
Protestation contre les infamies des Reinach et de Gohier. Sus aux traîtres! Les officiers d'un fort de l'Est (10)	0 25
Quatre capitaines de cuirassiers (18)	15 »
Sept officiers de Bretagne. Contre le cochon de juif Reinach (15)	10 »
Société fraternelle des anciens marins et soldats coloniaux, Hazebrouck (18)	2 50
Trois capitaines de la garnison de Belfort. Pour les frais du procès (3)	15 »
Un Algérien, fils et frère d'officier, et officier lui-même (4)	5 »
Un colonel d'infanterie. En l'honneur du magnifique article de M. Drumont, paru dans la *Libre Parole* du 30 décembre (17)	5 »
Un commissaire de la marine (9)	5 »
Un ex-artilleur 1836 (18)	1 »
Un groupe de sous-officiers qui attendent l'arme au pied et la rage au cœur, la liquidation des affaires Dreyfus-Picquart. Mort aux traîtres! Honte éternelle aux sans-patrie! A bas les juifs et judaïsants! Mort aux souris, fussent-elles blanches! (6)	6 50
Un officier de réserve (18)	2 10
Un officier supérieur républicain, changerait volontiers son fusil d'épaule (18)	5 »
Un lieutenant d'infanterie (18)	3 »
Un lieutenant du 138e régiment d'infanterie (5) (Voir page 36)	30 »
Au lieu de 138e, il faut lire 131e.	
Un pauvre lieutenant du 33e d'artillerie. Juliette et Marguerite, qui regrettent de ne pouvoir donner davantage (5)	1 »
Un pauvre père de famille, capitaine d'infanterie, exploité par les juifs (11)	0 50
Un négociant, sous-lieutenant de réserve, Orléans (10)	5 »
Un sous-officier de cavalerie. Vive Lasies! Vive	

	Fr. c.
Drumont!....................................	1 50
Un tapissier, ancien sergent au 26e régiment d'infanterie (14).................................	2 »
Un vieil officier (18)............................	5 »
Un vieux soldat. Va, infime goutte d'eau grossir le torrent qui peut-être les emportera! (10)...	1 »

CLERGÉ

Clodrée (L'abbé) (18)..........................	2 »
L.. (L'abbé) (8) (Voir page 98).................	2 »
Il faut lire : Larieu (l'abbé).	
P. (H.-G.) Un abbé qui déteste la vermine juive (4)..	0 72
En union avec l'armée et le pays, un goupillon à 900 fr., pas fier d'avoir le Labori comme paroissien (17).....................................	1 50
Un prêtre de l'Aude, fils de soldat. Pour la France! En avant! (12) (Voir page 102).......	2 »
Il faut lire : Barbe, curé de Montbrun.	
Un prêtre charentais. Sortons-nous du puits? (18)	0 60
Deux vicaires de Bordeaux (18)................	2 »

NOBLESSE

Broc (marquis et marquise de). Que Dieu protège la France! (16) (Voir page 105)...............	25 »
Le marquis de Broc, 43, faubourg Saint-Honoré, a écrit à la *Libre Parole* qu'il n'avait rien donné à la souscription.	
Eglise (A. de l') (5)............................	0 50
Elbée (Marquis d') (6) (Voir page 106)..........	10 »
Il faut lire : Elbon (marquis d').	
Dubreuil (comte de Landal) (2) (Voir page 108)...	30 »
Il faut lire : Du Breil, comte de Landal.	
Dymer de la Chevalerie (comte) (12) (Voir page 108)..	20 »
Il faut lire : Aymer de la Chevalerie.	
Espalungue d'Arros (Baron et baronne d') (18)...	5 »
Ferrière (de) (18)..............................	10 »
Franqueville (de) (18)..........................	10 »

	Fr. c.
N. (La vicomtesse de) (5) (Voir page 113)........	100 »
Giresse la Beyrie (Baron A. de) (18)............	50 »
Hemery de Lanzernay (18)......................	20 »
Marle (Mlle P. de) (6)........................	10 »
Pouget de Saint-André, Taberne (18).............	10 »
Riberd (de) étudiant (Voir *Néboud Maurice de*, page 122).	
Sarran de Lacombe (Albert) (18)................	5 »
Sudrie (J. de la) (18).........................	10 »
Villeray de Gallian Vaudrevange (5) (Voir page 125)..	100 »
Il faut lire : Villeray de Gallian Vaudrevange.	
Ch. (Aymar de) (18)...........................	2 »
F. (L. de), à la Bazoche (8) (Voir page 126).....	5 »
Il faut lire : Ferrières (L. de).	

Lire : M. (La vicomtesse de), unie aux sentiments si noblement exprimés par Mlle de Bovet.

DÉPUTÉS

Pontbriant (Du Breil, comte de), député de Châteaubriant (18)................................	20 »

MAGISTRATS ET ANCIENS MAGISTRATS

Deux anciens magistrats. (9) (Voir page 136)....	20 »
Au lieu de 20 », il faut lire 40 ».	

INGÉNIEURS

Maillot, (L.) ingénieur (18).....................	10 »

UNIVERSITAIRES

Dieudonné (A.) archiviste-paléographe. (4) (Voir page 262).....................................	1 »
Duchemin (Henry), archiviste-paléographe. (4). (Voir page 263)................................	4 »
Faribault, agrégé de l'Université.(Voir *Un groupe d'amis*, page 357)	
Henry (A.) archiviste-paléographe (5) (Voir page 281)..	5 »
Herbomez (Armand d'), archiviste-paléographe.	

	Fr. c.
(11) (Voir page 281)...........................	3 »
Isnard (Alb.) archiviste-paléographe (4) (Voir page 283)..	4 »
Le Brethon (Paul) archiviste-paléographe, depuis longtemps édifié sur le tact spécial de Meyer, Giry et Molinier. (4) (Voir page 308)..........	5 »
Ledos (E.-G.) archiviste-paléographe (4) (Voir page 290)..	5 »
Nerlinger (Ch.) à Toulouse, archiviste-paléographe (4) (Voir page 304)...........................	2 »
Roux (Henri de) archiviste-paléographe (4). (Voir page 319)..	1 »
A. T. O. archiviste-paléographe, Vive la France ! (4) (Voir page 607)...........................	5 »
Un archiviste-paléographe (4) (Voir page 361)....	2 »
Un paléographe qui n'est pas de l'école des Meyer, des Giry et autres Molinier (9)........	5 »*
Un universitaire, indigné de voir l'Université dirigée par les protestants (16) (Voir page 151) ...au lieu de 3 », lire 5 ».	3 »
Vive la France aux Français ! Un universitaire de Lille (11) (Voir page 631)...................	0 50

MÉDECINS

Deuxième médecin. Arrivent aux honneurs par la déchatomie, et méritent l'intimité du chef de l'État. *O Samuel, quousque tandem!* (16) Voir page 139)..................................... Au lieu de déchatomie, lire : dichotomie.	0 50

ÉTUDIANTS ET ANCIENS ÉTUDIANTS

Lenormand (Charles), interne des hôpitaux. Une poigne, s. v. p. (7) (Voir page 179)............ M. Lenormand nous prie de déclarer qu'il n'a pas souscrit à la *Libre Parole*.	1 »
Ravaut, interne à St-Antoine. A bas les juifs ! (5) (Voir page 180)................................ La *Libre Parole* a annoncé qu'elle avait reçu la visite de M. Paul Ravaut, interne des hôpitaux, qui lui a déclaré qu'il n'avait pas souscrit. (Voir la note de la page 125).	0 25

Lycée Hoche. groupe d'élèves de spéciales protes-

	Fr. c.
tant contre l'admission souvent favorisée des candidats juifs à l'École Polytechnique (10) (Voir page 189)............................	11 »

Au lieu de groupe, lire : unanimité.

ARTISTES

Ganne (Louis), 15, avenue Trudaine (3)...........	20 »

GENS DE LETTRES ET PUBLICISTES

Bovet (Remis à Mlle Anne de) : MM. Delhorbe, Eveillé, Iribe, Lindenlaub, Perreau, Thiébault-Sisson, Rousseau, Villetard de Laguérie, journalistes (1) (Voir page 169).................	40 »

La première liste de la souscription Henry a paru dans la *Libre Parole* le 14 décembre. Le matin même, dans ses nouvelles de la dernière heure, l'*Eclair* en répétait les noms ci-dessus comme suit :

« Delhorbe, Eveillé, Iribe, Lindenlaub, Perreau, Thiébault-Sisson, Rousseau, Villetard de Laguérie, rédacteurs au *Temps*, etc. »

Rincé (Charles), rédacteur en chef du journal *La Vendée* (18)....................................	14 »
Ténéo (Martial), pour le faible contre le fort (4).	5 »

EX-LECTEURS DU *SOLEIL* ET AUTRES JOURNAUX

Dailhon (F.), ex-lecteur du *Soleil* (6)............	1 »
Je doute, M. de Kerohant, que les dreyfusards vous aient assez payé ce que vous avez perdu (9)	1 »
Josué a arrêté le soleil et Hervé de Kerohant l'a détourné (17).....................................	3 »
Kerohant, passant au syndicat, s'est dit royaliste et catholique ; ainsi Judas avant de trahir son Dieu lui donnait un baiser (14)....................	0 25
Nous demandons des prières pour M. de Kerohant (5)...	5 »

LECTEURS DE LA *LIBRE PAROLE*

Bravo, vaillante *Libre Parole* ! (18)..............	1 »
Un lecteur marseillais de la *Libre Parole* (12) (Voir page 211)..................................	10 »

Il faut lire : Jules Guez.

JOURNAUX

Vérité Lorientaise (la) (Voir page 214)

En même temps que la souscription de la *Vérité Lorientaise*, la *Libre Parole* publiait cette lettre :

« Les rédacteurs et lecteurs de la *Vérité Lorientaise* félicitent hautement le maître Drumont pour sa campagne féconde et antijuive et applaudissent à la souscription en faveur de Mme Vve Henry. Comme bretons, ils votent également des félicitations à Raphaël Viau, le bon ami des juifs nantais. Officiers, sous-officiers, nous crions tous : A bas les juifs! A bas Clemenceau!

ROYALISTES, CÉSARIENS ET CLÉRICAUX

	Fr. c.
Carles (Georges) Vive le duc d'Orléans ! (12).....	3 »
Roché, secrétaire du comité royaliste du 19ᵉ (9)..	2 »
H. S. royaliste carcassonnais (17)...............	0 50
J. F. bonapartiste et socialiste (16).............	1 05
A bas le juif Gougenheim ! Vive l'Empereur ! (14)	1 »
Avec le regret de n'avoir pas encore vu figurer un seul royaliste nancéin (9)	1 »
Un bonapartiste, à Maureilhan (16).............	0 50
Un fidèle bonapartiste, rue de la Boétie, 103 (10).	24 »
Un bonapartiste antijuif de Trouville-s-Mer (17).	2 »
Un catholique pauvre (8)........................	0 30
C'est ça, la République ? Alors vive le sabre et le goupillon ! (16).............................	0 25
Un chrétien du Castellet (18)....................	0 05
Un groupe de commerçants et industriels catholiques réunis au Sacré-Cœur à l'occasion de leur messe mensuelle (6).....................	33 75
Un vieux conservateur verse au nom du prince Victor (17)...................................	0 25
Un dégoûté de la République (16)...............	0 30
Un fougueux impérialiste......................	2 »
Un marseillais royaliste........................	1 »
Un marseillais bonapartiste, apporte son obole à votre liste, avec un cri partant du cœur : Vive la France ! (13)	0 30
Un membre du groupe royaliste de Montmartre, vrai français de cœur et de sang. Vive Philippe VIII ! A bas la puissance juive ! (10).....	1 »

	Fr. c.
Une mère chrétienne (18)............................	10 »
Une nantaise royaliste et patriote (12)..........	1 »
Un vieil orléaniste (11).................................	1 »
Un ouvrier royaliste (16).............................	1 05
Un ouvrier royaliste (9)..............................	1 05
Un ouvrier royaliste et antisémite de Charleville (16)..	1 »
Quatre ouvriers de Montmartre qui réclament un second Napoléon pour enlever toute la charogne pourrie qu'il y a en France (8)......................	2 »
Un partisan de la survivance, ex-soldat du Pape, exècre la République (17).............................	0 60
Deux partisans du fils de Louis XVII, mais peu fortunés comme lui du reste (16)..................	0 60
Onze patriotes. Qu'importe la trique, pourvu que l'on tue Marianne (12)............................	6 25
Un patriote. Vive l'empereur ! (4).................	0 25
Un patriote. Vive l'empereur ! (14)...............	0 25
Un patriote breton qui a assez de la République (9)...	5 »
Un patriote chrétien attristé de la pusillanimité des généraux et des évêques (14)..................	1 30
Un patriote nantais. Vive le Roi ! Vive la France ! (16)...	1 »
Un patriote qui a senti l'outrage et qui demande un sabre (14)...	0 75
Un philo-étudiant, royaliste, catholique, dégoûté du *Soleil*, et admirateur de Drumont. Pour la veuve et l'orphelin. Que Dieu préserve la France du *fœtor judaïcus* et des brigandages de Jean-Sans-Terre. Vive Dieu ! Vive la France ! Vive le Roi ! (17)..	1 30
Pour laver le sale groin de Reinach, un artésien catholique et monarchiste, ami du capitaine ; un nancéen et sans étoiles, sa nièce et sa sœur (14)	4 »
Deux rennais étonnés qu'un sabre libérateur n'ait pas encore botté le derrière de toutes ces fripouilles intellectuelles (6).........................	2 »
Un républicain que l'enjuivement et la lâcheté du régime actuel a rendu royaliste (12).............	5 »
La première république symbolise le crime, la seconde l'imbécillité, la troisième la boue (16).	10 »
Un royaliste aveyronnais (18)........................	5 »
Un royaliste enragé (Lach) (18)....................	5 50

	Fr. c.
Une ségréenne. Pour la Patrie. Vive l'empereur ! (7)..	5 »
Si le drapeau blanc qui a conquis Alger flottait encore, les juifs ne seraient pas vos maîtres, messieurs les Algériens! (17)........................	0 55
Souscription du Comité de l'Œillet-Blanc (3)....	20 »

DIPLOMATES

Brocard (Victor), ancien vice-consul de France et vieux soldat. Que l'immonde Reinach soit jugé par des magistrats intègres! (16).........	22 »
Un diplomate patriote (7)...............................	1 »

DIVERS

Alhaïza (Adolphe) (18).................................	2 »
Arquani (E.) (18)..	1 »
Arquani (Mme) (18).....................................	1 »
Auché (Voir *Un groupe d'amis*, page 357).	
Bassera (Voir *Un groupe d'employés*, page 692).	
Bechet (E.) à Verdun (18).............................	2 »
Belinaine (18)...	5 »
Bernet (Mme la colonelle) (1) (Voir page 240)....	50 »
Lire (4) au lieu de (1).	
Besse (Voir *Un groupe d'employés*, page 692).	
Bigot (*Un groupe de socialistes français*).	
Bigot, à Rennes (11)...................................	3 »
Cette souscription a paru sous la rubrique : *Seize souscriptions* (11).	
Blain (P.) (18)..	0 50
Bohevie (Mlle Marthe), sénégalienne (Voir *Labatte-Muller*, page 226).	
Boissac (H. de) (18)...................................	10 »
Bonfils (Valentin), industriel à Roubaix (12) (Voir page 243)...	20 »
Au lieu de Bonfils, lire : Roussel (Valentin) fils.	
Bonnafous (F.), à Villedaigne (18).....................	5 »
Bonnin (Voir *Un groupe d'amis*, page 357).	
Boudier (Voir *Groupe d'employés ayant été signalés par les dreyfusards dans l'Aurore et qui ont protesté*, page 692).	

	Fr. c.
Bourget (18)	25 »
Bourlet (G.) (18)	1 »
Bretz (Jean) (8) (Voir page 246)..........................	2 »
Au lieu de Bretz : lire Brem.	
Brunetti père (18)	0 25
Brunetti fils (Antoine) (18)	0 50
Bugnet (M. et Mme) (Voir *Collecte entre amis*, page 306).	
Catillon (G.) (Voir *Groupe de ranniers, à Londres*, page 693).	
Cau (Jean), meunier (18)	2 80
Carrier (Voir *Un groupe de socialistes français*).	
Cazaret (18)	50 »
Charron (Maurice), distillateur à Blois (14) (Voir page 251)...	1 »
M. Charron a écrit à la *Libre Parole* qu'il n'avait rien donné à la souscription.	
Chevalier (Alexis) (Voir *Legrand (Ed.)*).	
Clémenceau-Robert (Mme) (9) (Voir page 254)	
Au lieu de Clémenceau-Robert, lire : Clémence-Robert.	
Combaz (18)	0 25
Courrier, courtier en vins, au Chambon (10)........	1 »
Courrier (Mme), pour le bébé (10)........................	1 »
Debrus (18)	9 90
Dechaux (voir : *Un groupe d'employés*, page 692).	
Delage, à Bordeaux (18)	5 »
Detain (J.-B.) (Voir : *groupe de ranniers, à Londres*, page 693).	
Devaux (voir *Un groupe d'amis*, page 35).	
Dilio (Oscar), ancien soldat (18)..........................	20 »
Doucet (Léon) (18)	10 »
Dorval (Georges) (18)	3 »
Drauques (voir *Trois chimistes*, page 365).	
Dumand (voir *Un groupe d'amis*, page 357).	
Duprez (Joseph) (voir *Roux (Georges)*).	
Dussarget (18)	1 »
Durand (voir *Un groupe de socialistes français*).	
Eleuriet (Marguerite) (Voir *un groupe d'ouvrières en carton*, page 692).	
Esnault (Emile), ouvrier tailleur, à Lavrel (12) (Voir page 267)...	0 20
Au lieu de : à Lavrel, lire : à Laval.	
Felgères (Pierre), rue d'Amsterdam, 79 (2)........	20 »

	Fr. c.
M. Pierre Felgères a été classé par erreur parmi les gens de lettres.	
Estienne (voir *Groupe de socialistes français*).	
Fournat (Louis), de Brézemaud (11) (Voir page 270)	1 »
M. Fournat, a écrit à la *Libre Parole* que, bien que son nom ait paru sur les listes, il n'a rien donné à la souscription.	
Au lieu de Brézemaud, il faut lire : Brézeneue.	
François (Em.-Aug.) (voir *Un deuxième groupe d'imprimeurs, à Clichy*, page 387).	
Fillon (Mme S.) (18)	1 »
Gaillard, 88, rue de Belleville (voir *Groupe d'employés ayant été signalés dreyfusards dans l'Aurore et qui ont protesté*. Voir, page 692).	
Garres (H.) (18)	20 »
Gauvin (voir *Groupe de socialistes français*)	
Gavarone (Joseph) (18)	0 25
Genève (Michel) (18)	4 90
Géraud (Mlle J.) (18)	1 »
Girardot (voir *Thomas*).	
Granbard (Mme) (3) Voir page 277)	20 »
Au lieu de Granbard, lire Gambard.	
Grenier (Léon), 13, rue Cavé, ex-dreyfusard désabusé (4) (Voir page 277)	1 »
M. Grenier a écrit qu'il avait été victime d'une plaisanterie.	
Grobuis (18)	0 25
Guibbert (18)	2 »
Guidertacle (J.-J. E. van) (3)	10 »
Henry (voir *Un groupe d'Amis*, page 357).	
Jolin (A.), à Lunéville (12) (Voir page 284)	
Il faut lire : 20 sténographes civils et militaires de Lunéville.	
Joseph (Jules) à Roubaix (16) (Voir page 285)	1 05

Le *Siècle* a reçu de Roubaix, en date du 31 décembre, la lettre suivante:

« Je vous serais très obligé, si vous vouliez bien insérer la protestation suivante :

« Je proteste contre l'emploi qui a été fait de mon nom dans la liste de souscription en faveur de Mme Henry dans le numéro du 29 décembre de la *Libre Parole*, n'ayant jamais souscrit ni autorisé personne à souscrire en mon nom.

« Veuillez agréer, Monsieur le rédacteur en chef, l'assurance de ma considération distinguée. « Jules JOSEPH. »

	Fr. c.
Jouer (Jacques), banquier (9) (Voir page 285)...	50 »
Au lieu de Jouer, lire Jones.	
Jourdain (M. et Mme Roger) (2)	100 »
Cette souscription a été portée sous la rubrique : Château des Vignes, à Rueil (voir page 385).	
Juliette, Marguerite et un pauvre lieutenant du 35ᵉ d'artillerie qui regrettent de ne pouvoir donner davantage (5)............................	1 »
Kerfer (18)......	20 »
Laguerre, propriétaire (18)........................	2 »
Leblond (G.) (Voir *Un groupe de socialistes français*, page 692).	
Leluc (A.) (Voir *Un groupe de canniers à Londres*, page 693).	
Lefrançois (Georges) (18).........................	1 »
Legrand (voir *Un groupe d'amis*, page 357).	
Legrand (Ed.) et Alexis Chevalier (18)	10 »
Legros (M. et Mme) (voir *Collecte entre amis*, page 366)	
Lestomat (18).....................................	5 »
Lhuillier (voir *Un groupe d'employés*, page 692).	
Lieubesse, à Tournai (Belgique) (10) (Voir page 294)	5 »
Au lieu de Lieubesse, lire Leuilliette Dubrœucq.	
Lillo (Henri) (18)..................................	0 25
Lorgeon (Voir *Groupe d'employés ayant été signalés dreyfusards dans l'Aurore, et qui ont protesté*, page 692).	
Loué (Auguste) (Voir *Roux* (Maurice).	
Loustalot (Louis) (Voir *Un groupe d'ouvrières en carton*, page 692).	
Lucasson (Frédéric) (Voir *Togny*).	
Lutard (M.) (18)...................................	2 »
Mallebœuf (18)....................................	5 »
Mariz (Solange) (17)	1 »
Maubert, agent principal à l'*Union* (12)..........	1 »
Marie Blanche (Mme) et Anicie....................	1 »
Maur (Eug.) (voir *Un groupe d'imprimeurs de Clichy*).	
Mazières (Louis-Melchior) (18)...................	0 50
Milleret (18)......................................	20 »
Mondet (voir *Un groupe d'employés*, page 692).	
Moteau (voir *Un groupe d'employés*, page 692).	
Mozères (C.) (18).	
Nicolin (18).......................................	0 25
Normand (Gustave). Un employé (11).............	2 »

	Fr. c.
Orbière (M. et Mme Fernand) et leurs enfants, à Tarascon-sur-Rhône (9) (Voir page 305).......	5 »
Au lieu de : Orbière lire : Corbière.	
Parisot (Mme Aug.) sœur du général Mercier, à Nancy (8).............................	20 »
Peirère (Voir *Groupe de socialistes français*, page 692).	
Pellicot (18).........................	20 »
Perronat (18).........................	2 »
Petit (L.).............................	1 »
Pimpaneau (voir *Un groupe d'amis*, page 357).	
Pinta (M.), Pinta (Gabriel), Pinta (Pauline), Pinta (Mme) (voir *Groupe d'employés ayant été signalés dreyfusards dans l'Aurore, et qui ont protesté*, page 692).	
Pironneau (Paul) voir *Renaud* (A.), p. 315.	
Poirier (Jean-Marie), ancien clerc de notaire à Dinan (18)...........................	1 65
Pons'gnon (P.) (Voir *Groupe de canniers*, page 693).	
Quenenney (Lucie) (Voir *Groupe d'ouvrières en carton*, p. 692).	
Quentin (Jeanne) (18)...................	1 »
Raimon (Aug.) (18).....................	5 »
Raux (E.) Voir *Un groupe de canniers*, page 693).	
Régis Deleuze (M. et Mme) (9) (Voir page 315).	
Au lieu de Régis Deleuze (M. et Mme), il faut lire : Deleuze (M. et Mme Régis).	
Régis Jauze, à Auxerre (16) (Voir page 315).....	1 »
Au lieu de Régis Jauze, il faut lire : Jauze (Régis).	
Richey (Voir *Un groupe d'amis*, page 357).	
Riveron, villa Joséphine. Golfe-Juan (18)........	13 50
Roger (voir *Un groupe d'amis*, page 357).	
Reixit (voir *Trois chimistes*, page 365).	
Saillat (voir *Un groupe d'employés*, page 692).	
Schœnnagel (Alfred) (18).................	1 50
Sevin (Adolphe). Obole d'un picard habitant le Nord (41)...........................	1 »
Simard (voir *Trois chimistes*, page 365).	
Tallot (voir *Groupe de socialistes français*).	
Thomas (E.) (Voir *groupe de canniers*, page 693).	
Thomi (A.) (18)........................	20 »
Vassenthiez (Juliette) et Vaveyeies (Bathilde) (Voir *Groupe d'ouvrières en carton*, page 692).	

	Fr.	c.
Vial (Famille) (18)..................	5	»
Vincent (J.) (18).....................	2	»
Vinot-Ancerville (Léon). Le montant de sa cotisation du Touring (18)............	5	»
Weiss (voir *Un groupe d'employés*, page 692).		
Worth (18)........................	2	»
Wuillaume, Un jurassien (11)...........	0	50
A. B. lorrain annexé, à Nancy (8).......	10	»
A. C. (18)........................	0	75
A. C. du F. un sauveteur girondin trois fois médaillé (12).....................	10	»
A. D. (18)........................	0	50
A. R. (18)........................	5	»
C. M. (18)........................	1	»
G. Julien (18).....................	5	»
L. G. (18)........................	2	»
M. C. (18)........................	2	»
P. C. (18)........................	5	»
P. E. (18)........................	2	»
R. Gir. Un meusien antidreyfusard, typographe au *Républicain de l'Est* (11)............	0	75
T. C. (18)........................	0	50
V. B. Ouvrons l'œil, et le bon ! (10).......	1	»
XXX (18)........................	1	50
XX (18)..........................	1	»
X (18)...........................	0	50
Anonyme (18)......................	0	50
Anonyme (18)......................	1	»
Anonyme (18)......................	1	»
Anonyme (18)......................	2	»
Anonyme (18)......................	10	»
Anonyme d'Orléans (18)...............	20	»
Anonyme à Salon (6) (Voir page 358).....	20	»
Cette souscription désigne le capitaine de vaisseau Libour.		
Un antidreyfusard (18)................	2	»
Un blancois qui, dans un duel, a eu l'avantage de larder les fesses d'un Rodomont, défenseur du juif Torrès (18).................	1	20
Un breton indigné de tout ce qui se passe (18)..	0	50
Un capitaine au long cours (18)..........	1	25

		Fr.	c.
Un deuxième capitaine au long cours (18)		1	25
Château des Vignes, à Rueil (2) (Voir page 365)		100	»

Cette souscription, dit la *Libre Parole*, doit être attribuée à M. et Mme Roger Jourdain.

Collecte faite parmi un groupe de républicains de Mées (Basses-Alpes) (18)	15	»
Épicier de la rue Saint-Jacques, collecte (18)	4	»
Une femme de militaire du cadre de réserve, Besançon (18)	10	»
Un fils de militaire (18)	3	»
Ses fils (*) (5)	1	»
Un lorrain (18)	1	»
Un marin de l'Adria (18)	0	50
Un montagnard auvergnat (18)	1	50
Faible obole de la première victime que M. Lépine a faite en Algérie (18)	1	»
O tempora ! O mores ! (18)	3	»
Un groupe d'employés : Moteau, Besse, Weiss, Bassera, Mondet, Saillat, Dechaux, Lhuilier (3)	8	»
Groupe d'employés ayant été signalés dreyfusards dans l'*Aurore* et qui ont protesté : Gaillard, 88, rue de Belleville, 1 fr. ; M. Pinta, 0 fr. 50 ; Mme Pinta, 0 fr. 50 ; Pinta (Gabriel), 0 fr. 50 ; Pinta (Pauline), 0 fr. 50, habitant tous quatre, 23, faubourg du Temple ; Lorgeon, 67, rue des Carrières, Charenton, 0 fr. 25 ; Boudier, 6, rue Bichat, 0 fr. 25. Ensemble : (10)	3	50
Les ouvriers de chantiers de M. Barthe (Louis) à Aspect (collecte) (14) (voir page 237)	2	»
Les ouvriers et ouvrières de la maison Pinel (8)	2	»
Un groupe d'ouvrières en carton : Loustalot (Louise), Fleuriet (Marguerite), Vaveyeles (Bathilde), Vassenthiez (Juliette), Quenenney (Lucie) (16)	0	90
Pour mon grand-oncle le Bailli de Suffren (16)	20	»
Un républicain (18)	2	»
Un républicain pas antisémite mais antidreyfusard (8)	5	»
Résultat d'une quête faite chez Mme Jacob, à Neuilly (12)	60	»

(*) Cette souscription est précédée de celle-ci : Veuve d'un officier (voir page 402).

	Fr. c.
Seize souscriptions (44) (voir page 400)........	3 »
Cette souscription est celle de M. Bigot, à Rennes.	
Groupe de socialistes français. G. Leblond. Carrier, Bigot, Durand, Estienne, Gauvin, Peirère, Taliot (47)...	10 50
Groupe de vanniers, à Londres : Raux (E.), Thomas (E.), Detain (J.-B.), Ponsignon (P.), Leduc (A.), Catillon (G.) (17)............................	5 »
Une veuve d'officier (48)...................................	1 »
Vive Galliffet, quand même! Vittel (6)................	0 50

SOUSCRIPTEURS FACÉTIEUX

Édouard (Adolphe), employé démissionnaire de la Préfecture de police (6) (voir page 266)........	1 05
Cette souscription a été classée par erreur dans les *Divers*. Elle doit être placée dans le chapitre des *Souscripteurs facétieux*.	
P450, 19729, 62, 691s, v23fg356, p85s, 2xp2d3f3f, 952, 61 jist3e2 (17).......................................	5 »
La traduction de cette cryptographie est : « Pour armer le bras vengeur, plus expéditif que la justice ».	

INSULTES COLLECTIVES AUX JUIFS, PROTESTANTS, LIBRE-PENSEURS

Carue (Édouard). A bas les juifs (48)................	0 25
Carue (Émile). A la porte les juifs! (48)..........	0 10
Crochet (Edm.) (Voir *Gros* [Charles]).	
Dagnier, un antidreyfusard (13)......................	2 25
Delval (Marie), ancienne bonne du petit Henry (Voir *Un groupe de jeunes enfants*, page 471).	
Durand (Voir *Isambert*).	
Fontaine (Un des) de l'île Bourbon. Pour l'écrasement des lâches! (6).....................................	5 »
Jules (C.) A bas les juifs! (48)........................	1 »
Pelisson. Tous les vendus à la potence ainsi que ceux qui les soutiennent (48)........................	2 »
Véjux (Louis) A bas les juifs! (48)..................	0 25
Vesperino (Simon) anticlérical. A bas les juifs et leurs souteneurs ! (48).................................	1 »
Vigne. Un antijuif (7)......................................	1 30
T. à Valenciennes. Contre les lâches (5)........	10 »

	Fr. c.
G. B. Un gaulois contre un sémite en attendant que ça se généralise (7)....................	0 50
G. (de) Une dame noble ruinée par les juifs, ce qui a causé la mort de son mari (16).........	0 50
Un alsacien, dont le père a été ruiné par les juifs (18).................................	0 50
Un atelier de petites lingères castraises anti-youpines (18).............................	0 60
Deux basochiens antisémites convaincus en exécration de la bande juive et des vendus (10)...	2 »
Un bressois qui aurait bien vite raison des youpins (18)................................	1 50
Collecte faite dans une société antijuive, les invités (18)...............................	5 »
Un ex-cuisinier en pied, qui possède une excellente recette pour préparer les juifs (18)......	0 50
Un cultivateur Briard, souhaitant la venue d'un gouvernement décidé à appliquer la loi sur les accaparements aux spéculateurs juifs qui ruinent les paysans (10)......................	3 »
Un alsacien français. Obole d'une famille de neuf enfants. Pour le petit Henry, contre l'infâme franc-maçonnerie qui, après avoir voté le maintien de l'Alsace à la Prusse, cherche à déshonorer notre armée et la France (7).............	1 »
Pour faire voir à Hendlé, qu'il reste un peu d'argent aux propriétaires volés des juifs de la Basse-Seine (18)......................................	5 »

INSULTES A REINACH, ETC.

Barbé (Louis) (voir *Pour le bannissement de l'immonde Reinach*, page 547)	
Barth (Pierre), un jeune français antisémite de 16 ans. Mort à la canaille puante Reinach! Vive Drumont! Vive Lasies! A bas les juifs! (5)....	0 50
Bernard (Aug.) Pour la confusion du lâche qui piétine sur un cadavre (6).....................	3 »
Clément, Paul. Emile. Pour l'attaque contre Reinach (18)......................................	23 95
Denancé (voir *Pour le bannissement de l'immonde Reinach*, page 547)	
Farrel, à Aix en Provence. Pour une bonne cause	

	Fr.	c.
contre Yves Guyot (14).............................	5	»
Piot, rue de Châteaudun, 8. Pour la confusion de l'infect Reinach (8).............................	5	»
Ramond père et Ramond (Théodore) (voir *Pour le bannissement de l'immonde Reinach*, page 347).		
Salard (Ernest) (voir *Pour le bannissement de l'immonde Reinach*, page 347).		
Silve (A.). Un employé de commerce qui voudrait remplacer Deibler le jour où on guillotinera Reinach (10).............................	0	50
En haine des traîtres Yves Guyot et Trarieux (18).............................	10	»
Une française patriote, momentanément en Belgique, qui voudrait tenir Boule-de-juif sous ses pieds pour l'écraser (18)..................	1	95

GLORIFICATION DE L'ARMÉE

Prévost (Louis) (Voir *1700 ouvriers d'Armentières*, page 622).		
L'armée lèvera la crosse en l'air, comme au 4 Septembre 1870, pour laisser le peuple chasser la pourriture du pouvoir (6).....................	20	»
Un protestant nîmois ami de l'armée (18)........	5	»
Honneur et gloire à l'armée française ! (18)......	4	90

GLORIFICATION DE LA PATRIE

Une alsacienne patriote (18)......................	0	50
Un bachelier patriote (18)........................	5	»
Collecte faite entre dix personnes françaises (18).	26	»
Quatre français (18).............................	5	»
Un français (18).................................	1	»
Un français humble et pauvre, père de trois futurs soldats (18).............................	0	50
Un groupe de huit patriotes français d'Égypte, à Alexandrie (18).............................	10	»
Pour le pupille des patriotes (18)..................	5	»
*La sœur de trois officiers, dont l'un mort au champ d'honneur (18).........................	20	»
Sa fille	20	»

INJURES A LA MAGISTRATURE

Souscription d'intellectuel pour encaquer dans la poubelle toute la clique judiciaire (12)........	0	25

APOLOGIE DU FAUX

	Fr. c.
Agaesse (voir *Germain*, page 169).	
Bertrand à Reims. Obole du pauvre pour la défense du droit et de la justice, et la confusion d'un lâche insulteur de femme (16)........	0 50
Dumas (Jane) (voir *Voizel* Jehan) page 372).	
Farrell, à Aix en Provence. Pour une bonne cause (14)..............................	5 »
Le Mansee (voir *Germain*, page 369)	
Robineau (voir *Germain*, page 369).	
Sabourin (voir *Germain*, page 369).	
Un qui désire que la souscription autorise l'achat d'une villa près d'un château du youtre sans patrie, afin que le passant puisse lire sur le château : « Fourberie et honte ! » et sur la villa : « Honneur et loyauté ! » (14)................	5 »
Au petit Henry. Regarde et souviens-toi ! (18)...	5 »

ADMIRATEURS DE DRUMONT, GUÉRIN, etc.

Véjux (Vincent). Vive Régis ! (18)...............	0 10
J. A. (Mme). Envoi fait à Mlle A. de Boyet (4)...	100 »
Un Auxerrois, à M. Guérin (18)..................	0 50
En souvenir du bon coup d'épée de Morès et de celui que vient d'envoyer Max Régis (18)......	5 »
Vive Gervaize ! (2ᵉ envoi), un électeur de Gervaize, un lecteur de l'*Impartial*, etc. De Nancy (9)..	8 50

ÉTRANGERS

Joulhoff (Serge).	
Anathème à la race immonde	
Qui pendit l'innocent Jésus !	
Pendons ces juifs qui l'ont pendu,	
Ce sera le bonheur du monde.	1 »
Potworowska (Mme H.-V.) (18).................	49 90
Remy (P.) belge, pour venger l'honneur de la veuve Henry, et pour lui témoigner son profond respect (18).................................	5 »
Stévenart, à Bruxelles (18)....................	1 90
Un espagnol, qui aime beaucoup la France (18).	5 »

ANNEXES

Nous reproduisons ici quelques documents relatifs aux listes de la *Libre Parole* :

Lettres reçues par la *Libre Parole* :

Paris, 13 décembre 1898.

Monsieur le Directeur,

Je suis seul avec une orpheline souvent malade. Quand je travaille, je gagne peu et je ne travaille pas toujours. Nous buvons avec ma fille deux litres de vin par semaine à 0 fr. 30. Nous boirons désormais de l'eau tant qu'il le faudra.

Voici mes premiers *vingt sous* !

Vieux soldat du Mexique, il me faut combattre encore, non pour sauver l'honneur du Drapeau, mais pour conserver pur et sans tache l'honneur du nom d'un orphelin de la Patrie.

C'est un devoir !

Je reprends donc avec joie, mais sous une autre forme, le flingot libérateur.

Nous sommes encore des milliers de vieux soldats d'Afrique, d'Italie et du Mexique. Il nous est arrivé souvent, dans les terres chaudes, sous les murs de Puebla, à Tampico, de prendre un peu, dans notre gamelle, pour soulager un malheureux, peut-être même l'ennemi que nous combattions le lendemain. Et nous n'avions pas toujours de l'eau dans notre *quart*. Rognons encore un peu notre portion aujourd'hui, vieux soldats, mes frères ! pour sauver l'honneur de l'enfant d'un de nos chefs que les scélérats outragent.

Ce sera encore une fois servir la Patrie.

Et attendons ensuite patiemment, *mais sûrement*, l'heure où nous ferons une nouvelle étape, joyeuse celle-là, et pas fatigante du tout, *au contraire* (on la ferait plutôt deux fois qu'une), qui nous conduira en ligne droite, de l'avenue Velas-

quez à la rue de Montfaucon. La corde, hélas ! ne sera jamais assez longue pour que nous en ayons chacun un petit bout.
On dit que ça porte bonheur. Alors qu'on se dépêche.

J. L. (1.)

Paris, le 18 décembre 1898.

Monsieur Drumont,

La ligue antisémite barbiste s'adresse à vous dans l'espoir de voir les noms de ses membres s'ajouter à ceux de tant de vrais patriotes pour protester avec indignation contre les menées honteuses des Juifs et des dreyfusards.

La Ligue est heureuse d'unir sa voix pour crier avec eux : « Vive la France ! À bas les Juifs ! Vive l'armée ! »

Le président : Maurice AUGER.
Le vice-président : Marcel LOYAL.
Le trésorier : Marcel GRATEAU.

Membres :

MM. Pierre Richard, St-Calbre, Tatin Félix, Tatin Pierre, Le Sieur, Albause Chatigny, Sourdeau, Bompart, Moustapha, Henri Level, Planque, Corvington, Willemau, de Cousmaker, Verrier, Lamy, Hébert, Taupin, Rénon, Fourrey, Prieur, Marquet de Vasselot, Regnault, Béranger, Braillon, Schur, Dupety (6).

GLORIA VICTIS

À Madame Henry.

Comme tous les Français j'apporte mon obole ;
Mais je le dis bien haut, car c'est la vérité :
À ceux dont la valeur pour tous est un symbole,
L'argent vient en hommage et non en charité.
Puisque d'un soldat mort on insulte la tombe,
Puisque sa veuve en pleurs, et son fils orphelin,
N'ont plus rien, ici-bas, et que leur espoir tombe,
Je veux les secourir et leur tendre la main.
Aux yeux de son Pays, sachez-le bien, Madame,
L'enfant du grand Henry, par un lâche outragé,
Devient, des vrais Gaulois, l'enfant de cœur et d'âme,
Et, par tous, je le jure, il sera protégé.
Qu'il soit, un jour, ce fils, soldat comme son père,
Qu'il prenne, ardent et pur, sous le feu des canons,
Rang parmi tous les preux en qui chacun espère,
Et qui voient le succès leur donner des blasons.
Pour qu'il venge un martyr, fourbissons son épée :
Son cœur, déjà vaillant, saura guider sa main,
Et, sûrs de le trouver dans la grande épopée,
Au *colonel Henry*, crions tous : « À demain ! »
Vive la France !

SEMPER FIDELIS (8).

Monsieur,

Ma bonne, une pauvre veuve qui a trois petits enfants à sa charge, vous envoie 50 centimes pour votre souscription. Elle désire que sa modeste obole soit accompagnée de cette mention : « Pour en finir avec les Juifs ». Comme elle ne sait ni lire ni écrire, elle m'a priée de vous transmettre sa phrase *textuellement*.

Je profite de l'occasion pour vous féliciter et vous remercier de votre article d'hier matin sur Mme Durand. Nous nous demandions, entre femmes d'officiers, ce que pouvaient bien être, au point de vue moral, les femmes qui font partie de cette ignoble *Fronde*. Grâce à vous, nous sommes renseignées, car le proverbe est toujours vrai : « Qui se ressemble, s'assemble. »

Pardon pour le mot un peu trop... vif de ma bonne et veuillez accepter toute ma sympathie et celle de mes amies.

Une Femme d'officier (13).

Paris, 17 décembre.

Monsieur le directeur,

Pour éviter toute confusion, et bien que j'aie déjà signé la protestation en faveur de la révision du procès Dreyfus, et celle en faveur du colonel Picquart, je vous serais bien obligé d'insérer ces quelques lignes dans lesquelles je déclare n'être point, *et pour cause*, le souscripteur dont le nom se trouve aujourd'hui en tête des listes de la *Libre Parole*.

Veuillez agréer, Monsieur, l'expression de mes sentiment très distingués.

Charles Koechlin,
Compositeur de musique,
Ancien élève de l'Ecole Polytechnique (4).

Sous ce titre : *Comment ils font leur liste*, on lit dans *l'Aurore* :

M. Adolphe Astruc vient d'adresser de Perpignan la lettre suivante à la *Libre Parole* :

Perpignan, le 27 décembre 1898.
Monsieur le directeur du journal la *Libre Parole*,
à Paris.

Absent de Perpignan depuis quelques jours, on me communique à mon arrivée votre numéro du 23 décembre, dans lequel mon nom figure avec mon adresse, dans la liste de souscription pour la veuve du colonel Henry.

Je tiens à protester contre ce faux inqualifiable et j'invite celui qui en est l'auteur à se faire connaître.

Je vous prie, et, au besoin vous requiers, d'insérer la présente dans les colonnes de votre journal.

Je vous salue.

Ad. Astruc fils (10).

Le 1ᵉʳ janvier 1899, l'*Aurore* a publié l'entrefilet suivant :

Sur la septième liste de la *Libre Parole* parmi les admirateurs du faussaire figuraient : *Les descendants de Marceau à Château Thierry* et « la petite nièce de Hoche ».

Or, à Château Thierry, nous écrit notre correspondant, il y a bien une famille *Marsotte*, mais ces honorables castrothéoloriceurs n'ont aucune prétention à descendre du général républicain. Des *Marceau*, il n'en existe pas dans la région.

La famille Hoche qui habite l'arrondissement n'a pas non plus de rapport avec le pacificateur de la Vendée.

TABLE DES MATIÈRES

	Pages
L'Armée	1
I. Armée active	1
II. Armée de réserve, armée territoriale, anciens officiers et officiers retraités	7
III. Initiales et anonymes	19
IV. Officiers et anciens officiers, sans distinction de grade	41
V. Sous-officiers et anciens sous-officiers	60
IV. Soldats et anciens soldats	77
Le Clergé.	
Prêtres et moines	94
La Noblesse	105
Hommes politiques	129
Le Palais	135
Ingénieurs	144

	Pages
Universitaires	147
Médecins	153
Pharmaciens	161
Artistes, peintres, sculpteurs, etc.	163
Gens de lettres et publicistes	168
Étudiants et anciens étudiants	176
Voyageurs de commerce	196
Ex-lecteurs du *Soleil* et autres journaux insuffisamment orthodoxes	200
Lecteurs de la *Libre Parole* et autres journaux	206
Journaux	213
Gardiens de la paix	215
Royalistes, césariens et cléricaux	216
Diplomates	232
Divers	233
Souscripteurs facétieux et extraordinaires	405
Excitation à la haine et au meurtre collectifs des juifs, protestants, libres-penseurs, républicains, etc.	415
Excitation à la haine et au meurtre de MM. Joseph Reinach, Zola, Scheurer-Kestner, Picquart, Trarieux, Clémenceau, Jaurès, Francis de Pressensé, Yves Guyot, etc.	507
Insultes à la Cour de Cassation et à la magistrature	558
Apologie du faux	566
Glorification de l'armée	590
Glorification de la Patrie	604
Insultes aux intellectuels	634
Admiration de Drumont, Max Régis, Judet, Rochefort, Guérin, Mlle de Bovet, etc.	640
Souscriptions algériennes.	
1. Comité central antijuif de Mustapha	654

II. Comité républicain antijuif Gandillot, d'Alger...	662
III. Commune de Relizane................................	668
IV. Délégations financières algériennes.............	671
Étrangers...	673
Omissions et rectifications...........................	676
Annexes..	696

Imp. G JEULIN et Cⁱᵉ, 65, rue Sainte-Anne. Paris.

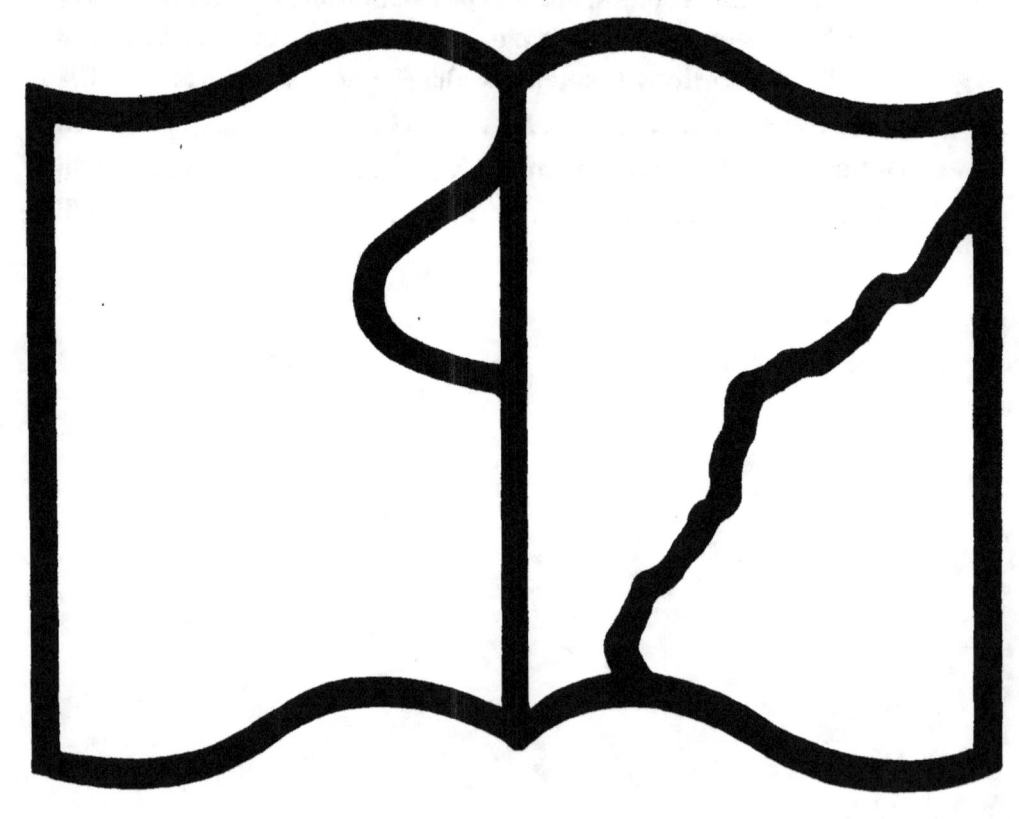

Texte détérioré — reliure défectueuse

NF Z 43-120-11

www.ingramcontent.com/pod-product-compliance
Lightning Source LLC
Chambersburg PA
CBHW061949300426
44117CB00010B/1278